AF504150

LA JOUISSANCE ET LE TROUBLE

JACQUES LE BRUN

LA JOUISSANCE
ET
LE TROUBLE

RECHERCHES SUR
LA LITTÉRATURE CHRÉTIENNE
DE L'ÂGE CLASSIQUE

LIBRAIRIE DROZ S.A.
11, rue Firmin-Massot
GENÈVE
2004

www.droz.org

ISBN: 2-600-00532-3
ISSN: 1420-5254

AVANT-PROPOS

Si l'on entend par « âge classique », comme le faisait Michel
Foucault dans son *Histoire de la folie à l'âge classique*, le long
espace de temps qui s'étend de « la fin du Moyen Age » à
l'aube du XIXe siècle[1], les études rassemblées dans ce volume
ne portent, à l'exception de l'une d'entre elles, que sur la partie
centrale de cet âge, sur le XVIIe siècle et plus précisément sur le
petit « siècle » qui correspond au règne de Louis XIV. Cependant cette période limitée ne peut être comprise que replacée
dans le temps long de la Contre Réforme et des grandes mutations intellectuelles et spirituelles qui annoncent à la fois la
civilisation et la religion des Lumières, et, sinon une complète
laïcisation de la pensée, du moins, effet de la constitution des
religions en confessions rivales et des crises internes de chacune
de ces confessions, un décrochement de plus en plus marqué
entre un mode de penser que l'on peut appeler théologique et
une autonomie de l'individu.

---

[1] Voir J. Le Brun, « Une œuvre classique », dans *Michel Foucault. Lire
l'œuvre*, Luce Giard, éd., Grenoble, Jérôme Millon, 1992, pp. 17-25.

Même si l'historiographie la plus récente a apporté quelques nuances à la thèse qui, issue des travaux de spécialistes surtout allemands, faisait de la « confessionalisation » une des conséquences les plus importantes des divisions religieuses du XVIe siècle, il nous paraît significatif que c'est sous la forme de « confessions » que se présentent au XVIIe siècle les religions chrétiennes : système de pensée et ensemble de pratiques, professions de foi inscrites dans des textes de référence, mise en place de moyens de contrôle des écrits et des actes, organisation de la répression des déviances. Que ces systèmes et ces institutions n'aient pas eu totale efficacité et que bien des espaces d'indépendance aient subsisté ou se soient créés dans ces ensembles, cela ne dissimule pas l'intention centrale et ne diminue pas les efforts pour la réaliser. Le « catholicisme », qui naît à l'époque moderne de l'évolution d'une Eglise « catholique », apparaît ainsi comme la forme religieuse qui rend le mieux lisibles cette visée et les moyens pris pour atteindre ce but, et le temps long qui va du XVIIe au XXe siècle serait le plus pertinent à envisager pour décrire la ligne de cette évolution séculaire et pour tenter de définir tant la conformité du catholicisme avec les grandes tendances de l'époque moderne que ses spécificités.

Cependant, dans la mutation des institutions religieuses, un fait est absolument central, la place prise par l'écriture et par l'écrit. Il est évident depuis longtemps que le développement de l'imprimerie a été à la fois une des causes des réformes protestantes et une de leurs conséquences. Mais le catholicisme, qui se constitue et prend ses caractères durables entre XVIe et XVIIe siècles, ne peut se comprendre qu'en rapport avec l'essor de l'imprimé, non seulement des textes dans lesquels s'inscrit, se définit et se défend la doctrine, mais aussi des textes qui servent de référence à la pensée, à la méditation et à l'ambition théorique. C'est ainsi, exemple particulier mais éminemment significatif, que l'étude des « écrits » d'Ignace de Loyola nous a jadis permis de montrer que le fondateur de la Compagnie de Jésus fut toute sa vie un « homme de l'écrit »[2] et orienta la Contre Réforme dans le sens d'une culture de l'écriture.

Mais cette époque qui vit l'immense développement de l'imprimé est aussi celle où l'on commença à s'interroger sur le texte et sur l'écrit, sur leur pertinence, leur valeur de preuve et leurs limites : débuts de la critique des textes, réflexion sur l'interprétation (interprétation de ce texte qu'est le rêve, interprétation du texte mystique), débuts de l'exégèse biblique moderne, infinis débats sur l'interprétation des documents du magistère et sur la détermination du « sens » des textes... L'historien est, dans ces conditions, invité à donner au texte une place centrale dans son étude de l'âge classique ; le texte est la trace ultime d'une expérience d'écriture, seul témoin de ce qui est dit « mystique », seul savoir de l'expérience qui nous est aujourd'hui transmis ; le récit est pour nous l'alluvion reconnaissable du « cas » individuel, de ce qui a été vécu, imaginé ou pensé. Mais il doit à son tour être interprété. Ce n'est pas un hasard si une discipline nouvelle, l'herméneutique, a commencé au XVIIe siècle à se définir et à donner ses cadres conceptuels à l' « interprétation infinie », pour reprendre les mots de Pier Cesare Bori, qui caractérise le christianisme, cette religion qui articule depuis l'Antiquité le texte-référence avec l'expérience. Or qui dit interprétation du texte suppose (et qui travaille sur les textes en est assez vite convaincu) que le contenu du texte n'en épuise ni la portée ni la force : expression de la pensée, le texte est ce qui trahit la pensée, ce en quoi elle se trahit. Lorsqu'en 1956, dans le n° 1 de *La Psychanalyse*, Emile Benveniste soulignait, dans ses « Remarques sur la fonction du langage dans la découverte freudienne », que l'analyste « doit être attentif au contenu du discours, mais non moins et surtout aux déchirures du discours », ajoutant qu' « un symbolisme spécifique » se constituait « à l'insu du sujet autant de ce qu'il omet que de ce

---

[2] J. Le Brun, « Les "Ecrits" d'Ignace de Loyola », dans *Recherches de science religieuse*, n. 79/4 (1991), pp. 493-505.

qu'il énonce »[3], il traçait aussi le devoir de l'historien travaillant sur les textes. Car l'interprétation des textes du passé ne peut que s'enrichir de ce que révèlent leurs « déchirures » et leurs « défaillances », pour reprendre les mots de Benveniste. L'historien prend conscience de cette insurpassable condition qui fait que la parole est incapable de dire tout ce qu'est une expérience et que l'écrit transmet de l'involontaire et de l'indicible, un peu du caractère éphémère et imparfait de toute expérience. Voué à l'interprétation, l'historien ne peut s'affirmer qu'en s'effaçant devant un savoir incomplet, seule trace de ce qu'ont vécu les hommes du passé.

---

[3] E. Benveniste, *Problèmes de linguistique générale*, coll. TEL, t. I, Paris, Gallimard, 1986 [1ère éd. 1966], p. 78.

CHAPITRE PREMIER
UNE CONFESSION RELIGIEUSE DE L'ÂGE CLASSIQUE :
LE « CATHOLICISME »

Le catholicisme est une des formes qu'a prises historiquement le christianisme, une forme parmi d'autres historiques et d'autres possibles. Or, historique, cette forme du christianisme apparaît comme datée dans son émergence, son développement, sa possible disparition ou ses possibles transformations. Le « catholicisme » au sens institutionnel du terme date du XVIe siècle, le concile de Trente ne constituant pas à proprement parler un point de départ mais le moment autour duquel, dans les décennies qui précédent et celles qui suivent le concile, se met en place ce qui va devenir le « catholicisme ». Cette affirmation rapide exige précisions et discussion.

D'abord, comme en nombre d'autres cas, une précise étude de vocabulaire permettra d'éclaircir les significations et la chronologie. Dans un livre récent et bien informé, John W. O'Malley s'est intéressé aux « noms » qui ont servi à désigner le catholicisme à l'époque que les anglo-saxons appellent « Early Modern » : « Counter Reformation, Catholic Reform, Catholic Reformation, Tridentine Reformation, Tridentine Reform, Confessional Catholicism, Early Modern Catholicism » ? Mais il ne s'est pas interrogé sur la pertinence et la signification de ce « nom » de « Catholicisme », qui lui paraissent aller de soi, en quelque sorte étranger aux déterminations historiques[1].

Bien entendu, l'adjectif « catholique », sous ses formes grecque de καθολικος ou latine de *catholicus* est très ancien et bien antérieur au substantif « catholicisme ». Le fait est constant dans l'histoire des mouvements religieux ou philosophiques : il y a des protestants avant le « protestantisme », des cartésiens avant le « cartésianisme », des quiétistes avant le « quiétisme », etc. Le substantif en -isme, abstrait, est toujours postérieur au groupe social ou idéologique dont il désigne la doctrine ou le credo. Cependant en français, comme en d'autres langues (par exemple en allemand où subsistent « *Katholizität* » et « *Katholizismus* »), de l'adjectif « catholique » sont issus deux substantifs, la « catholicité » et le « catholicisme ». Le premier est anciennement attesté et désigne le caractère de ce qui est catholique ; le second est plus récent et à été long à s'imposer. « Catholicisme » a d'abord eu le même sens que « catholicité » et, dans le premier emploi que j'en ai relevé, il était synonyme d'universalité : en effet dans ses *Controverses*, rédigées en 1595, saint François de Sales intitule l'article XII du chapitre III de la Ière partie : « De l'universalité ou catholicisme de l'Eglise »[2], d'ailleurs sans reprendre le mot dans le cours de son développement ; comme ses contemporains il commente le caractère « universel », qui deviendra une « note », de l'Eglise

---

[1] John W. O'Malley, *Trent and all That. Renaming Catholicism in the Early Modern Era*, Cambridge Mass. - London, Harvard University Press, 2000.

[2] Saint François de Sales, *Oeuvres complètes*, t. I, Annecy, Niérat, 1892, p. 121. Le mot « *catholicismus* » ne figure pas dans le manuscrit des notes de cours de droit de François de Sales dont une partie porte « *De summa Trinitate et Fide catholica* », id., t.XXII, Annecy, Monastère de la Visitation, 1894, pp. 75-78.

catholique et il s'attache à la valeur d'un nom chargé de toute la réalité de la chose[3]. Si on ne relève pas le mot « *Catholicismus* » dans les très nombreux titres donnés dans la bibliographie des livres de P. Polman[4] et de G. Thils[5], on relève trois titres de livres du début du XVIIe siècle dans la longue liste de livres donnée à l'article « *Catholici vox et catholicismus* » de la *Bibliotheca Realis Universalis omnium materiarum rerum et titulorum in theologia, jurisprudentia, medicina et philosophia* de Martinus Lipenius, publiée à Francfort en 1685[6], mais dans les trois cas il s'agit non de l'Eglise que l'on appellera « catholique » mais de la catholicité de l'Eglise. Le substantif ne désigne donc encore que ce à quoi peut se référer l'adjectif. Cependant, même en ce sens, le mot « catholicisme » semble extrêmement rare au XVIIe siècle. Dans le *Lexicon theologicum* de Joannes Altenstaig (encore dans sa dernière édition de Cologne, 1619), il y a bien un article « *Catholicus* », mais il n'est pas question de « *Catholicismus* », et de plus à l'article « *Catholicus* », il est question de « *catholicus* », au sens très large de celui qui croit explicitement ou implicitement, en acte ou par habitus tout ce qui concerne la foi orthodoxe formelle ou informelle ; et Altenstaig parle de chrétien catholique, de foi

---

[3] Melchior Cano, dans son *De Locis theologicis*, l. IV, ch. VI, écrit de la même façon « *Ecclesia catholica, id est universalis* », éd. Paris, 1704, p. 189. Voir sur ce thème, G. Thils, « La notion de catholicité de l'Eglise à l'époque moderne », dans *Ephemerides Theologicæ Lovanienses*, t. XIII, 1936, pp. 5-73.

[4] *L'élément historique dans la controverse religieuse du XVIe siècle*, Gembloux, Duculot, 1932, pp. XIV-XXIX.

[5] *Les notes de l'Eglise dans l'apologétique catholique depuis la Réforme*, Gembloux, Duculot, 1937, pp. XXIX-XLIV.

[6] T. I, p. 264. Dans ces 6 colonnes in-f° on relève : Guil. Perkinsi, *Problema de Rom. Fidei ementito Catholicismo*, Han. 8° 1604 ; Reineri Mercatoris, *Continuatio Examinis veri Catholicismi, opposita Continuationi Disp. Christoph. Scheibleri*, Colon. 4° 1627 ; et Sebast. Schmidt / R. Steph. Andreo, *De Ecclesiæ Catholicismo*, Argent. 4° 1657.

catholique, de vérité catholique, mais pas d'Eglise catholique[7]. « Catholicisme » ne figure pas dans le dictionnaire de Richelet en 1680, ni dans celui de Furetière en 1690[8], ni dans celui de l'Académie en 1694. Le dictionnaire de Moréri, même dans ses rééditions de la première moitié du XVIIIe siècle, ne comporte pas d'article « Catholicisme », et le substantif n'est pas employé dans l'article « Catholique ». Pour désigner l'Eglise catholique, nous avons en ce temps « Religion catholique », « Religion chrétienne et catholique », « *Universalis et catholica Ecclesia* », « *Vera catholicaque Ecclesia* », « Foi catholique », « *Fides romano-catholica* », « *Ecclesia romana* », « Eglise catholique romaine » comme l'écrit constamment Pierre Charron au livre III de ses *Trois Vérités* en 1593[9], et les protestants parlent couramment de « papisme ». Chez Bossuet encore, qui emploie « catholique » au sens d' « universel » et qui a publié en 1671 une *Exposition de la doctrine de l'Eglise catholique sur les matières de controverse*, on ne trouve pas d'emploi de « catholicisme ». Et en 1686, dans *Ce que c'est que la France toute catholique*[10], Pierre Bayle parle d'Eglise Romaine, de Religion catholique, de Religion qu'on appelle catholique, bien qu'il ne recule pas par principe devant les mots en -isme, papisme, Calvinisme, Malebranchisme, Mahométisme, etc. L'émergence de « Catholicisme » pour désigner l'Eglise catholi-

---

[7] Joannes Altenstaig, *Lexicon theologicum quo tanquam clave Theologiæ fores aperiuntur [...] post summum laborem Joannis Altenstaig [...] studio et labore R. D. Joannis Tytz [...]*, Cologne, 1619, pp. 120-121.

[8] Furetière signale le sens ancien, hors du champ religieux, de « catholique » : un « fourneau catholique ou universel » est un fourneau où on peut faire toutes les opérations de chimie.

[9] Voir l. III, ch. 10, dans l'éd. Paris, 1595, p. 446 et suiv. sur le nom de catholique. Mais, de façon intéressante, Charron témoigne du glissement de sens et de fonction de l'adjectif en s'attachant au signifiant et non au signifié : « Mais après tout, il n'est pas ici question, que signifie le mot et le nom de Catholique : car quoi qu'il signifie ou puisse signifier, c'est toujours le nom propre et appellation de la vraie Eglise, comme dit le symbole de la foi » (p. 452).

[10] Voir éd. par E. Labrousse, Paris, Vrin, 1973.

que romaine est donc très tardive. Les lexicographes, même si les données qu'ils fournissent ne constituent pas des preuves rigoureuses, confirment notre enquête : le *Vocabolario degli Academici della Crusca*, atteste un emploi à la fin du XVIIe siècle par Lorenzo Magalotti ; encore en 1771, la « Nouvelle édition » du *Dictionnaire de Trévoux*[11] donne le mot « Catholicisme » avec cette précision : « Mot nouvellement employé pour distinguer la religion catholique » et apporte ensuite des citations de Voltaire ; en 1949, dans son dictionnaire, Walther von Wartburg cite, pour « catholicisme = religion catholique », un texte de 1734, et le plus ancien exemple cité de nos jours par le dictionnaire de Robert est un exemple tiré d'un roman de Balzac : « cette âpreté du catholicisme provincial ». Quant à Littré, en 1863, il donnait à « Catholicisme » : « Communion ou religion catholique. / En un sens plus restreint et s'appliquant aux opinions catholiques d'un individu. Son catholicisme n'est pas tellement austère... »[12].

Nous devons nous interroger sur les raisons de la lenteur avec laquelle s'est imposé ce substantif « Catholicisme » comme synonyme d' « Eglise catholique ». Joseph de Maistre, dans *Du Pape*, utilise constamment l'expression « Eglise catholique » pour désigner l'institution, même si l'on trouve sous sa plume « catholicisme » pour exprimer le caractère de ce qui est catholique : ainsi, à propos du « nom » des différentes Eglises, il note : « Si le protestantisme porte toujours le même, quoique sa foi ait immensément varié, c'est que son nom étant purement négatif et ne signifiant qu'une renonciation au catholicisme, moins il croira et plus il *protestera*, plus il sera lui-même », et il ajoute : « Le nom de catholique exprime au contraire une es-

---

[11] T. II, p. 323. Le dictionnaire comporte aussi une entrée « Catholicité » : « La véritable Eglise. L'Eglise catholique : les pays, l'assemblée des fidèles catholiques » avec un développement apologétique contre les hérétiques, l'irréligion, l'athéisme et le déisme.

[12] Les... sont dans le texte de Littré.

sence, une réalité qui doit avoir un nom »[13]. Un historien comme Sainte-Beuve, soucieux d'éviter l'anachronisme et aussi de prendre ses distances par rapport aux institutions religieuses de son temps, emploie dans son *Port-Royal*, qui date de 1837, les expressions « l'Eglise catholique », « l'Eglise romaine » ou « l'Eglise catholique romaine ». Pourtant, à cette époque, au début du XIXe siècle, le substantif devenait d'usage courant chez les théologiens. C'est en 1825 que pour la première fois Johann-Adam Möhler[14] publiait *Die Einheit in der Kirche, oder das Prinzip des Katholizismus dargestellt im Geiste der Kirchenväter der drei ersten Jahrhunderte*, traduit en français en 1839 sous le titre *De l'unité de l'Eglise et du principe du catholicisme*[15]. Réfutant implicitement et sans polémique le traité *Du Pape* de Joseph de Maistre, Möhler fait de la communication de l'Esprit le principe unificateur de l'Eglise, ce qui constitue son « unité mystique » et qui fait des croyants une communauté spirituelle (*eine geistige Gemeinschaft*) ; il n'y a pas, selon le théologien de Tübingen, de religion du Christ sans communauté des croyants (*die Gemeinschaft der Gläubigen*)[16] et sans une unité qui n'exclut pas la pluralité, *die Einheit in der Vielheit*.

---

[13] Joseph de Maistre, *Du Pape*, l. IV, ch. 5, dans *Oeuvres*, 8ème éd., Lyon, Pelagaud, 1845, t. III, p. 423.

[14] 1796-1838 ; sur lui voir toujours E. Vermeil, *Jean Adam Möhler et l'école catholique de Tübingen*, Paris, A. Colin, 1913, ainsi que J. Geiselmann, *Die katholische Tübinger Schule. Ihre theologische Eigenart*, Freiburg-Basel-Wien, 1964, et que l'excellente thèse de Jean-René Derré, *Lamennais, ses amis et le mouvement des idées à l'époque romantique, 1824-1834*, Paris, Klincksieck, 1962.

[15] Nous utilisons l'édition allemande publiée, introduite et commentée par Josef Rupert Geiselmann et dédiée par ce dernier à son maître et ami Karl Adam pour son 80ème anniversaire, Köln & Olten, Jakob Hegner, 1957. J. R. Geiselmann parlera de l' « esprit » du christianisme et du catholicisme, *Geist des Christentums und Katholizismus*, Mainz, 1940.

[16] Cf. *Die Einheit in der Kirche [...]*, *op. cit.*, p. 5 : l'Esprit en se communiquant « vereint alle Gläubigen zu einer geistigen Gemeinschaft, durch welche er sich den noch nicht Gläubigen mitteilt. [...] Nur in der Gemeinschaft der Gläubigen werden wir Christi bewusst ».

Avec cette œuvre pionnière, le « concept » de catholicisme a pour la première fois pris une véritable consistance théologique, ce qui par contre-coup exercera une notable influence sur l'historiographie.

Un siècle après Möhler, le flambeau sera repris par Karl Adam, qui, en 1924, au lendemain des traumatismes de la guerre de 1914 et dans l'explicite intention de parer à d'autres traumatismes, publie *Das Wesen des Katholizismus*. Le livre eut un succès étonnant[17] et fut traduit en français en 1931 sous le titre *Le vrai visage du catholicisme*[18], modification du titre qui, de l' « essence » au « visage », signe l'écart qui séparait alors la pensée allemande et la pensée française. Comme le livre de Moehler, celui de Karl Adam peut apparaître comme une œuvre de circonstance, réponse au livre de Friedrich Heiler, « le célèbre catholique devenu protestant »[19], qui, en 1923, dans *Der Katholizismus, seine Idée und seine Erscheinung*, avait défini le catholicisme comme le rassemblement d'éléments hétérogènes, une *complexio oppositorum*. Au contraire, le catholicisme est, selon Karl Adam, « le déploiement organique de germes vitaux purement évangéliques et primitivement chrétiens, plantés par le Christ lui-même », « *die organische Entfaltung rein evangelischer, urchristlicher, von Christus selbst gepflanzter Lebenskeime* »[20]. Ainsi toutes les descriptions d'ordre *religionsgeschichtlich* sont impuissantes à dégager l'essence, *das Wesen*, du catholicisme et la conclusion, que va jusqu'à tirer le théologien,

---

[17] Il en était à sa 11ème édition en 1946, Düsseldorf, Patmos Verlag, 1946.

[18] Paris, Grasset, 1931.

[19] Jean Baruzi, *L'intelligence mystique*, Paris, Berg International, 1985, p. 128.

[20] *Das Wesen des Katholizismus*, Düsseldorf, 1946, p. 10. Le livre, comme l'indique le titre était aussi une réponse à *L'essence du Christianisme* (1902) d'Adolf Harnack ; sur cette notion d' « essence », voir E. Goichot, *Alfred Loisy et ses amis*, Paris, Cerf, 2002, p. 57 et sv., et sur le caractère « social » du catholicisme en face du caractère « individuel » du protestantisme, *ibid.*, pp. 79-80.

est que seul le catholique à la foi vivante, « *der lebendig gläubige Katholik* », est capable de cette recherche de l'essence, de cette « *Wesensforschung* »[21]. Ces considérations sont explicitement situées dans le cadre d'un réveil catholique après la guerre de 1914, l'exaltation de la *Gemeinschaft* ou « communauté »[22] contre l'isolement de l'homme moderne, déraciné, victime du kantisme, de la philosophie du *als ob*[23], de l'esprit critique, de l'*Aufklärung* et du déisme, causes du désastre : « La communauté est une donnée primitive sur laquelle seule peuvent croître

---

[21] *Ibid.*, p. 12. De la même façon Hubert Jedin (1900-1980), l'historien du Concile de Trente, formé selon des principes idéologiques assez voisins, professera que l'historien de l'Eglise, à la différence de l'historien du « christianisme », doit être, selon les mots de John W. O'Malley, « a Christian believer and a member of the Church » (*Trent and all That*, *op. cit.*, p. 58).

[22] On ne saurait sous-estimer ici l'influence de l'œuvre du philosophe et sociologue Ferdinand Tönnies (*Gemeinschaft und Gesellschaft*, 1887, rééd. 1912, 8ème éd. 1935, encore rééd. Darmstadt, Wissentschaftliche Buchgesellschaft, 1979 ; insuffisante traduction française de J. Leif, *Communauté et société*, Paris, P.U.F., 1944) non seulement sur la sociologie, en particulier sur Max Weber, mais aussi sur la pensée religieuse et sur la conception des sociétés religieuses, influence se combinant avec celle de Möhler. On notera que Tönnies, dans le Vorwort à l'édition de 1935, se défendait d'avoir voulu faire un traité « éthique ou politique » (rééd. 1979, p. XLVII), mais son insistance sur la communauté de sang, de lieu et d'esprit (Blut, Ort, Geist, Verwandschaft, Nachbarschaft, Freundschaft), sur la communauté suscitant un sentiment commun (*consensus*), sur la force sociale et la sympathie qui rassemblent des hommes comme membres d'un tout (*ibid.*, p. 17 : « Soziale Kraft und Sympathie, die Menschen als Glieder eines Ganzen zusammenhält ») pouvait conduire à des conclusions morales ou politiques, mais aussi inspirer une ecclésiologie.

[23] Allusion au livre, qui eut son heure de succès, de Hans Vaihinger (1852-1933), *Die Philosophie des Als-Ob-System der theoretischen, praktischen und religiösen Fiktionen der Menschheit auf Grund eines idealistischen Positivismus*, 1911 et rééd., selon qui les concepts sont des « fictions » comme si « elles étaient vraies ». On connaît la critique qu'en fit Freud, évidemment pour de tout autres raisons ; voir *Die Zukunft einer Illusion* [1ère éd. 1927], §V, dans *Studienausgabe*, Bd. IX, Frankfurt, Fischer, 1982, pp. 162-163, trad. franç. *L'avenir d'une illusion*, dans *Oeuvres complètes*, t. XVIII, Paris, P.U.F., 1994, pp. 169-170.

les personnes »[24] et le catholicisme est l'affirmation primitive, sans réserve et dans son sens total, « *ursprüngliche Bejahung ohne Abstrich und im Vollsinn, ursprüngliche These* »[25]. Le « Catholicisme » est, dans ces perspectives, une notion fort différente de « l'Eglise catholique ».

C'est la même tension que nous trouvons dans un livre qui a fait date, en 1938, qui à la fois se situe sur la ligne des travaux de Möhler et de K. Adam, élaborant ce qu'est l'essence du catholicisme, et, revenant dans le concept même de « catholicisme » au sens primitif de la « catholicité », réagit contre un sens contemporain de « catholicisme » compris comme Eglise particulière : c'est le livre d'Henri de Lubac, *Catholicisme, les aspects sociaux du dogme*, paru en 1938 dans la collection *Unam Sanctam* aux éditions du Cerf et maintes fois réédité, revu et augmenté. Ce livre, publié dans une atmosphère de reconquête catholique, d'Action catholique et en même temps de renouveau des études patristiques et des études sur la mystique, marque en effet un déploiement de la notion de « catholicisme » en un sens théologique, dans le sens de ce qu'on peut appeler approximativement une « théologie sociale » ou « communautaire », adaptation française de la *Gemeinschaft* des théologiens allemands élargie à l'ensemble de l'histoire. Comme l'écrit H. de Lubac dans son « Introduction », il faut prendre « social, au sens le plus profond du terme : non pas seulement par ses applications dans le domaine des institutions naturelles, mais d'abord en lui-même, en son centre le plus mystérieux, dans l'essence de sa dogmatique. Social à tel point que l'expression de "catholicisme social" aurait toujours dû paraître un pléonasme »[26].

---

[24] Karl Adam, *op. cit.*, p. 20.

[25] *Ibid.*

[26] H. de Lubac, *Catholicisme. Les aspects sociaux du dogme*, 4ème éd., Paris, Cerf, 1947, pp. IX-X ; ici encore relevons le terme « essence » qu'H. de Lubac

Mais si la catégorie de « catholicisme » comporte une double dimension historique et philosophique, comporte-t-elle la dimension théologique qui est celle d' « Eglise catholique » ? La question, loin d'empêcher de faire du catholicisme l'objet d'une étude « historique », est peut-être ce qui impose cette étude, et c'est aussi ce qui est suggéré par un de ceux qui ont réfléchi avec acuité depuis la dernière guerre sur ce qu'est le catholicisme. Il s'agit de Karl Rahner : dans un bref, mais, à sa manière, concis et rigoureux, article du *Lexikon für Theologie und Kirche*[27], le théologien jésuite *s'interroge* sur le concept, « *Begriff* », de « *Katholizismus* ». Il convient de réfléchir un peu sur ce court mais dense article, même s'il est possible, du point de vue de l'histoire et du point de vue de la théologie, de faire quelques objections et d'apporter quelques précisions. K. Rahner comprend sous le concept de « Catholicisme » que l'on ne doit pas prendre pour une « variante » d' « Eglise catholique » : « toutes les expressions vitales historiques (« *geschichtliche Lebensäusserungen* »), toutes les manifestations extérieures (« *Auswirkungen* ») dans les domaines spirituel, politique et culturel qui sont issues de l'Eglise catholique, (ou de catholiques agissant par vocation ou à son instigation), ou qui en ont l'empreinte (*de facto* ou aussi légitimement), mais ne peuvent être simplement identifiées à l'Eglise parce qu'elles ont en même temps une telle détermination populaire (« *völkisch* »), historique, etc., qu'elles ne peuvent être considérées comme l'essence subsistante de l'Eglise, ni comme sa *nécessaire* inscription historique (*notwendige geschichtl. Ausprägung*). Ainsi la distinction catholicisme et Eglise catholique est nécessaire et importante, car beaucoup de formes historiques qui ont affaire

---

reprend quelques lignes plus loin en parlant de « l'essence du catholicisme ». L'auteur se réfère ensuite, p. XI, au livre de Karl Adam.

[27] Réédition de 1961, t. VI, col. 88-89. La contribution de K. Rahner ne figure plus dans l'édition de 1996 (t. V, col. 1368-1370) et l'article *Katholizismus* par Hans Maier, dans sa partie I, « Begriff », prend ses distances par rapport au texte antérieur de K. Rahner.

avec l'Eglise (ses membres et aussi sa conduite) sont interprétées faussement au bénéfice ou au détriment de l'essence propre (*eigentliches Wesen*) de l'Eglise en tant que telle, alors qu'elles n'appartiennent qu'aux contingences historiques qu'une essence produit sans s'identifier à elle ».

Il y aurait beaucoup à dire sur ce texte et en particulier sur cette essence (*das Wesen, bleibendes Wesen, eigentliches Wesen*) de l'Eglise, qui rappelle le « principe » du catholicisme selon Moehler ou l' « essence » du catholicisme selon Karl Adam. Mais nous laissons aux théologiens la discussion de ce point : l'historien ne peut ni découvrir l' « essence » des phénomènes qu'il étudie, ni postuler cette « essence » à partir des phénomènes ; il ne peut qu'identifier ces phénomènes, des faits, et les analyser. Quoi qu'il en soit, les remarques de Karl Rahner sont utiles en justifiant (et en en montrant la *nécessité*) l'étude du catholicisme en tant qu'expression historique de ce que les théologiens appellent l'Eglise catholique.

Plutôt que d' « expression » (*Äusserung* selon K. Rahner), terme qui laisse encore supposer une essence située derrière ce qui est manifesté, nous préférerions parler d'éléments structurants, des éléments qui donnent au catholicisme ses caractères et ses traits particuliers[28]. Ces éléments sont si caractéristiques que si l'un ou l'autre se retrouvait à d'autres périodes de l'histoire, les historiens se sont crus autorisés à parler d'un « précatholicisme », d'un « *Frühkatholizismus* », de « principes catholiques »[29], qui, selon les théologiens catholiques et protes-

---

[28] Sans toutefois postuler, ou poser à l'horizon d'une enquête, comme le fait H. de Lubac (*op. cit.*, pp. XIII-XIV) pour des raisons et dans des perspectives non historiques mais théologiques, une « unité » de la Tradition « en tout ce qui touche aux points essentiels du catholicisme », « l'unité profonde où ne manquent jamais de se rejoindre tous ceux qui, fidèles à l'unique Eglise, vivent de la même foi dans un même Esprit ».

[29] Voir *Lexikon für Theologie und Kirche*, éd. 1961, t. VI, col. 89-90, où sont énumérés un peu en vrac : structure hiérarchique et non charismatique, épiscopat monarchique, stricte *regula fidei*, principe de succession, distinction

tants, les étudiant dès les débuts de l'époque moderne, remonteraient au Christ et à l'Eglise primitive[30].

Ainsi de deux façons, par l'évolution de la théologie, dont est l'écho et le moteur l'évolution du vocabulaire, et par l'évolution de l'historiographie du catholicisme depuis un siècle, les tensions qui se manifestent entre « Eglise catholique » et « Catholicisme » se sont révélées fécondes[31]. Evoquons d'abord les travaux qui dès les années trente du XXe siècle ont porté sur la note de l'Eglise appelée « catholicité ». Ces travaux avaient été préparés par l'*Histoire de la théologie positive* de Joseph Turmel qui date de 1906 mais n'a pas été vraiment remplacée ; ils ont pris une véritable ampleur avec les publications de Gustave Thils que nous avons déjà évoquées, un gros article des *Ephemerides Theologicæ Lovanienses* de 1936[32] et surtout son livre de 1937[33]. Il y montre bien les trois aspects de la notion de catholicité au sens d'universalité : catholicité de lieu, puis de temps, dans un cas comme dans l'autre catholicité quantitative, puis à partir du XVIIIe siècle catholicité qualitative, adaptation d'une doctrine à une situation historique qui était un flagrant démenti à la prétention à une catholicité quantitative.

---

prêtres/laïcs, interprétation autoritaire de l'Ecriture, sacramentalisme, théologie naturelle, etc.

[30] Sur l'historiographie du problème du *Frühkatholizismus*, voir Harald Wagner, *An den Ursprüngen des Frühkatholischen Problems. Die Ortsbestimmung des Katholizismus im älteren Luthertum*, Frankfurt am Main, Verlag Josef Knecht, 1973.

[31] Notons ici que ni le *Dictionnaire de Théologie catholique*, ni le *Dictionnaire d'Histoire et de Géographie ecclésiastiques*, ni l'*Enciclopedia Cattolica* n'ont d'article « Catholicisme » (ou « Cattolicismo »), mais que le D.T.C. a un article « Catholicité ». Encore en 1989 la *Theologische Realenzyklopädie* au mot « Katholizismus » se contente de renvoyer à « Römisch-Katholische Kirche ». En revanche le *Dictionnaire critique de théologie*, J.-Y Lacoste éd., Paris, P.U.F., 1998, comporte un pertinent article « Catholicisme » par Leonhard Hell (pp. 211-213).

[32] Cité plus haut n. 3.

[33] Cité plus haut n. 5.

C'est en ce sens qu'en 1970, dans un livre intitulé *L'Eglise, une, sainte, catholique et apostolique*[34], Yves Congar a analysé l'évolution de la notion de catholicité de l'Eglise et l'émergence progressive, à partir de la controverse antiprotestante, d'un sens purement ecclésiologique de cette catholicité. Il semble bien en effet y avoir quelque paradoxe à désigner par la note de catholicité ou universalité une Eglise particulière et limitée, comme est l'Eglise catholique depuis le XVIe siècle. Et par ailleurs c'est cette apparente contradiction qui a été un des moteurs de l'élaboration d'une « essence » du catholicisme derrière ou en-deçà des formes limitées d'une Eglise qui se dit catholique.

Car les Eglises chrétiennes, telles que nous les connaissons, sont nées au XVIe siècle : l'idée même qu'il pût y avoir *des* Eglises était difficilement pensable pour l'homme du Moyen Age ; l'Eglise n'était pas objet d'une « ecclésiologie » (tard dans le XVIIIe siècle il n'y aura toujours pas de traité *De Ecclesia* dans les cours de théologie), mais l'Eglise était universelle, « catholique » du fait du *consensus omnium*. Certes il y avait des déviances et des hérésies, mais jamais jusqu'au XVIe siècle, même dans le cas des Hussites, les hérétiques n'avaient eu le nombre qui pût leur donner le visage d'une « catholicité ».

C'est une des nouveautés du XVIe siècle d'avoir montré une catholicité divisée, situation contradictoire dans les termes mêmes. Peu à peu les groupes qu'on appelait, et qui s'appelaient mutuellement, hérétiques se sont constitués en « confessions » : en 1965, dans un livre synthétique[35], Ernst Walter Zeeden a

---

[34] Paris, éd. du Cerf, 1970.

[35] *Die Entstehung der Konfessionen. Grundlagen und Formen der Konfessionsbildung im Zeitalter der Glaubenskämpfe*, Munich-Vienne, R. Oldenbourg, 1965. Ce travail pionnier fut suivi par tout un ensemble de recherches menées en Allemagne autour de cette « confessionnalisation » : voir *Die katholische Konfessionalisierung. Wissenschaftliches Symposion der Gesellschaft zur Herausgabe des Corpus Catholicorum und des Vereins für Reformationsgeschichte*, hrsg. von Wolfgang Reinhard und Heinz Schilling, Münster, Aschendorff, 1995. Dans le bilan historiographique de John W.

illustré pour la période 1520-1600 le mécanisme par lequel s'est constituée la « confession », les interférences entre les diverses confessions, les problèmes de frontières idéologiques ou pratiques, et peu à peu ce qu'il appelle une « konfessionelle Stabilisierung », cette stabilisation confessionnelle, constitution de la confession en Eglise, distinction de formes de piété différentes. L'ancienne hérésie se transformait en schisme, s'organisait en corps social, excluant par là de soi tout ce qu'elle refusait, et point seulement dans l'ordre religieux. De plus l'apparition d'écrits quasi-canoniques (Luther, Melanchthon, Calvin, concile de Trente, Catéchisme du concile de Trente, de Canisius, etc.) largement répandus, donnait le fondement à la fois théologique et sacral de l'imprimé à ces nouvelles organisations religieuses : l'ère de l'insécurité dogmatique était close, la définition régnait, l'homme moderne savait ce qu'en telle confession l'on croyait et devait croire ; en même temps se faisait jour la tentation de nouvelles totalités, chaque Eglise sachant et disant toute la vérité de l'homme et du monde. Dans des catéchismes exhaustifs, les canons des conciles, les actes des synodes, les documents magistériaux, tout tendait à entrer dans le discours ecclésial.

Une conscience confessionnelle se développait à l'intérieur de chaque Eglise entraînant refus de l'hérésie, rejet des hérétiques, élaboration de formes de vie religieuse propres et la conviction de chaque Eglise d'être la véritable « *confessio catholica* ». Il devenait impossible de comprendre l'unité et la catholicité de l'Eglise de même façon qu'auparavant et de concevoir de même façon l'obligation pour le salut de faire partie de cette véritable Eglise ; à terme, à la fin du XVIIe siècle, la juxtaposition géographique d'Eglises possédant les mêmes prétentions et les mêmes pouvoirs pour les réaliser pratiquement devait susciter la tolérance (sauf pour ceux qui refusaient cette conception de la confession et de ses caractères contraignants),

---

O'Malley, *Trent and all That, op. cit.*, on trouvera de pertinentes remarques sur cette problématique.

et ensuite l'indifférence. Très tôt le spectacle de la diversité des confessions et de leur juxtaposition conduisit nombre d'esprits libres à chuchoter qu'on pouvait être sauvé en toutes confessions : tel était, aux yeux de Pierre Charron à l'aube du XVIIᵉ siècle, l'athéisme moderne.

Ainsi prit forme ce qui s'appela à partir de la fin du XVIIᵉ siècle et au XVIIIᵉ le catholicisme, non plus un caractère de l'Eglise mais une Eglise. Alors la tension entre les deux sens de « catholique » s'était installée pour plusieurs siècles, au point que l'on peut dire que le catholicisme s'est établi au moment et dans la mesure où la catholicité devenait problématique, rêve ou mythe, ou référence historique et théologique.

Ce n'est pas que le catholicisme renonçât à la note de catholicité de l'Eglise : dans la controverse antiprotestante, au contraire, l'affirmation de la catholicité aussi bien géographique que temporelle restait constante. Bien au contraire, comme le remarquait Jean Baruzi, la Contre Réforme « éprouve au contact des formes novatrices la valeur d'une pérennité dogmatique »[36]. Mais les récits de voyages révélaient ce qui était toujours resté en dehors de cette catholicité géographique et les grandes entreprises missionnaires qui avaient marqué le XVIIᵉ siècle montraient leurs limites et même reculaient en Extrême-Orient. Du point de vue de la catholicité temporelle, les recherches historiques et critiques rendaient de plus en plus difficile de soutenir la prétention à la « perpétuité », ce caractère qui avaient constitué un argument décisif dans la controverse pour Arnauld et Nicole, même si un critique comme Richard Simon, plus sensible aux différences, devinait les limites de cette universalité[37].

---

[36] J. Baruzi, *L'intelligence mystique, op. cit.*, p. 121, et Baruzi ajoute : « Pérennité qui, pour le catholicisme, n'a plus le même sens après cette tragique confrontation que lorsqu'il s'agissait seulement d'hérésies partielles ».
[37] Voir R. Simon, *Additions aux* Recherches curieuses sur la diversité des langues et religions *d'Edward Brerewood*, J. Le Brun et J. D. Woodbridge éd.,

Alphonse Dupront, en 1971, dans un article suggestif[38], a défini les caractères de l'Eglise catholique aux temps modernes et a mis en lumière le passage de la chrétienté, encore parfois efficace et mobilisatrice de la sensibilité et de l'action, à une catholicité où l'ambition de l'universel permettait de résister à tout absolutisme rival, fût-il celui d'un Etat protecteur, mais où l'éclipse de l'eschatologie, la montée de la critique et l'apparition de limitations physiques ou psychologiques ruinaient, au moins à terme, l'idéal d'universalité.

*

*   *

L'historien se trouve ainsi devant la tâche de définir de façon historique, et non pas philosophique ou théologique (comme l'était la considération de l'essence ou du principe) ce qu'est le catholicisme. Nous ne pouvons ici que tracer quelques axes de réflexion. Les éléments qui structurent le catholicisme sont pour l'historien moins des vérités crues, des articles de credo, que l'organisation même de ces vérités et des actes et des pratiques qui en sont l'expression. En un mot, le catholicisme, selon le terme qui s'est imposé à l'époque moderne, est un « système »[39]. Or ce terme de « système » commençait à être considéré de façon péjorative à l'époque moderne, à la fois par les croyants et par les philosophes : les exemples convergents de Pascal, de

---

Bibl. de l'Ecole des Hautes Etudes, Sciences religieuses, vol. LXXXV, Paris, P.U.F., 1983.

[38] « De l'Eglise aux temps modernes », dans *Revue d'histoire ecclésiastique*, Louvain, 1971, n°2, pp. 418-448, repris dans *Genèses des temps modernes. Rome, les Réformes et le Nouveau Monde*, Paris, Gallimard - Seuil, 2001, pp. 283-305.

[39] Sur cette notion de système, voir M. de Certeau, *L'écriture de l'histoire*, Paris, Gallimard, 1975, pp. 157-160, R. Sasso, « "système" et discours philosophique au XVIIe siècle », dans *Recherches sur le XVIIe siècle*, n. 2, Paris, éd. du C.N.R.S., 1978, p. 123-131, et J. Le Brun, *Le Pur amour. De Platon à Lacan*, Paris, Seuil, 2002, pp. 121-124.

Malebranche, de Bayle et de Fontenelle[40] montrent que déjà
« système » désigne un ensemble de principes abstraits et hypothétiques. Au delà des simplifications polémiques, ces hypothèses de base, liées en un tout et structurant, non plus dans
l'unité d'un cosmos et d'une société universelle, mais dans les
limites d'une Eglise, les croyances, les actes, les attitudes sociales, semblent fondamentales au catholicisme. C'est un tout
qui s'offre au regard de l'historien, une totalité et non pas une
juxtaposition d'articles de foi et de pratiques. De plus, avec le
temps, le catholicisme a développé cet aspect systématique
(donc totalitaire et répressif), et on voit apparaître parallèlement
la dénonciation du « système » du catholicisme et le renforcement de ce système. Dès le XVIIe siècle l'extension des procédures inquisitoriales illustre le lien étroit qu'il y a entre ces aspects : une opinion hétérodoxe, même sur un point marginal, et
le seul fait d'une résistance à une autorité ecclésiastique, même
inférieure, sont signes d'hérésie, symbolisant la globalité du
refus et nécessitant l'exclusion[41]. Contre-épreuve, les apologistes du « catholicisme » les plus conservateurs à l'époque
contemporaine, tel un Brunetière[42], n'ont-ils pas loué l'Eglise
catholique pour la force de cet esprit systématique ? Et certain
théologien, transformé pour l'occasion en publiciste, n'écrivit-il
pas en 1968 : « Quant à ce qu'on nomme *le catholicisme*, mot

---

[40] Voir M. de Certeau, *op. cit.*, p. 160 ; Malebranche, *De la Recherche de la
vérité, Oeuvres complètes*, Paris, Vrin, 1972-1976, t. I, pp. 304-306, t. II, pp.
258, 367, t. III, p. 240 : nouveaux systèmes, faux système d'Aristote, systèmes
que les scolastiques en ont faits, etc.

[41] Voir le livre ancien, discutable mais éclairant, de Léon Garzend, *L'Inquisition et l'hérésie*, Paris, Desclée de Brouwer et Beauchesne, [1913].

[42] Alain Archidec, *Ferdinand Brunetière ou la rage de croire*, Lille, Service
de reproduction des thèses, 1976. On trouverait chez Balzac, en 1842, dans
l'Avant-propos de *La Comédie humaine*, des propos analogues : « Le christianisme et surtout le catholicisme, étant, comme j'ai dit dans *Le Médecin de
campagne*, un système complet de répression des tendances dépravées de
l'homme, est le plus grand élément d'Ordre Social » (*La Comédie humaine*,
Bibliothèque de la Pléiade, t. I, Paris, Gallimard, 1976, p. 12).

apparu seulement, si je ne m'abuse, au XVIIe siècle, si l'on entend par là le système artificiel forgé par la Contre-Réforme,
durci par la répression à coups de trique du modernisme, il peut
bien mourir. Il y a même de fortes chances qu'il soit mort déjà,
bien que nous ne nous en apercevions pas encore »[43] ? Ce théologien, il est vrai, ne condamnait ce « système » du catholicisme
que pour mieux exalter l'Eglise catholique, et l'idéologie qu'il
soutient dans son pamphlet est transparente, mais son témoignage est précieux ; resterait à savoir si le système qu'il
condamnait était mort en 1968 et s'il est séparable de l'Eglise
catholique.

Quels sont donc les éléments structurants que rencontre
l'historien lorsqu'il aborde la forme historique du christianisme
qu'est le catholicisme ? Le premier de ces éléments est un certain rapport au <u>texte</u>, au <u>livre</u>. Le texte originaire n'a pas été
considéré par chaque confession de la même façon. Cependant
il serait simpliste d'opposer à un protestantisme fidèle à la
Scriptura sola un catholicisme religion de la tradition, faisant
de l'autorité ecclésiastique la gardienne et l'interprète du livre.
Les choses sont plus complexes, dans l'élaboration théologique
comme dans la pratique des fidèles. L'exemple de Richard Simon, auquel est consacré un chapitre de ce livre, est de ces
points de vue très éclairant. Peut-être sommes-nous maintenant,
mieux qu'en d'autres temps, capables d'aborder ces problèmes,
car les considérables travaux menés depuis une génération sur
l'histoire du livre et de la lecture, sur les éditions et traductions
et traductions de la Bible, et sur l'histoire de l'exégèse biblique[44]

---

[43] Louis Bouyer, *La décomposition du catholicisme*, Paris, Aubier, 1968 ;
achevé d'imprimer le 25 novembre 1968.
[44] Il n'est pas possible de citer tous les titres, contentons-nous d'en signaler
quelques-uns concernant plus particulièrement le catholicisme : B. Chedo-
zeau, *La Bible et la liturgie en français*, Paris, Cerf, 1990 ; F. Laplanche, *La
Bible en France entre mythe et critique, XVIe-XIXe siècle*, Paris, Albin Michel,
1994 ; Uwe Köster, *Studien zu den katholischen deutschen Bibelübersetzun-*

nous amènent à considérer le texte non pas comme un ensemble clos de pensées ou d'expressions, mais comme point de référence et de rassemblement d'auteurs, de lectures et d'interprétations. La diversité des lectures, celle de Richard Simon, de Mme Guyon ou de Fénelon dans le catholicisme, de Grotius, de Jurieu ou de Claude dans le protestantisme, qui font l'objet de plusieurs chapitres de ce livre, montre pour ainsi dire la plasticité de la référence, le « texte » se constituant comme « origine » d'un travail de lecture, suscitant des procédures d'analyse et permettant au lecteur « mystique » ou « critique » de se découvrir dans le geste même de l'interprétation.

Autre élément que nous pouvons placer en second lieu, non pour minimiser son importance, mais parce qu'il paraît nouveau dans sa forme, son émergence et ses caractères à l'époque moderne, l'<u>institution</u>, l'Eglise comme institution, intermédiaire obligé du fidèle catholique, d'autant plus affirmée que c'est sur ce point que les novations ou les retours aux sources des protestants furent les plus importants. Les travaux sur l'histoire de l'ecclésiologie moderne entre Trente et Vatican II étaient encore sommaires et dispersés il y a un quart de siècle. A part des sondages très suggestifs du P. Yves Congar en appendice ou prolongement de ses travaux sur l'ecclésiologie médiévale, à part des études neuves et rigoureuses sur le gallicanisme comme la thèse d'Aimé-Georges Martimort[45], à part une très neuve communication de Jean Orcibal en 1954[46] où sont analysés l'attitude des catholiques, leur fièvre obsidionale et le renforcement du

---

gen im 16., 17. und 18. Jahrhundert, Münster, Aschendorff, 1995 ; et les volumes 6 et 7 de *Bible de tous les temps*, Paris, Beauchesne, 1986 et 1989.

[45] *Le Gallicanisme de Bossuet*, Paris, Cerf, 1953.

[46] « L'idée d'Eglise chez les catholiques du XVIIe siècle », dans Comitato internazionale di Scienze storiche, *X Congresso internazionale di Scienze storiche, Relazioni*, vol. IV, *Storia moderna*, Florence, 1955, pp. 111-135, repris dans *Etudes d'histoire et de littérature religieuses*, Paris, Klincksieck, 1997, pp. 337-355.

caractère sociologique et monarchique de leur Eglise ainsi que l'importance des controverses entre Eglises et à l'intérieur de chaque Eglise, on ne pouvait guère trouver que l'ouvrage de Giuseppe Alberigo sur la doctrine des pouvoirs dans l'Eglise[47]. Désormais bien des lacunes sont comblées et on ne citera ici que le grand travail de Bruno Neveu intitulé *L'erreur et son juge*[48] qui a permis de définir ce qu'est l'institution catholique à partir de ce qu'elle juge comme son autre ou son envers, ce qu'elle rejette et ne peut ou ne veut s'assimiler. N'y ajoutons que les actes d'un colloque tenu en 1998 à l'Ecole française de Rome sur la notion d'orthodoxie qui renouvelle maintes questions[49].

Tous ces travaux sur l'institution catholique moderne, l'orthodoxie et l'hérésie, font paradoxalement découvrir une étonnante variété dans le catholicisme, depuis la soumission directe au pape jusqu'à des tendances à l'épiscopalisme ou au richérisme jamais écrasées, depuis l'exaltation de l'obéissance jusqu'à celle d'une libre soumission à l'Esprit.

Non moins important que le texte et l'institution, ce qu'on a appelé à partir du XVIIe siècle la <u>pratique</u> et les pratiques et que l'on peut aussi appeler, en mettant en valeur une autre de ses dimensions, la <u>morale</u>. Il y a là un caractère des temps modernes, commun aux protestantismes et au catholicisme, et ce n'est pas un hasard si une discipline née au XXe siècle, la sociologie religieuse, a pu fonder ses analyses sur une étude méthodique

---

[47] *Lo Sviluppo della dottrina sui poteri nella chiesa universale. Momenti essenziali tra il XVI e il XIX secolo*, Rome-Fribourg, Herder, 1964.

[48] *L'erreur et son juge. Remarques sur les censures doctrinales à l'époque moderne*, Naples, Bibliopolis, 1993 ; et sur le rôle de la censure, voir plus loin chapitre 13.

[49] *La notion d'orthodoxie*, Rome, Ecole Française de Rome, Paris, de Boccard, 2000. Et voir plus loin les chapitres consacrés à la notion d'hérésie et à Leibniz.

des pratiques et des conduites. Ici encore les travaux sont nombreux et un peu dispersés : d'un côté des synthèses qui à l'échelle séculaire retracent l'évolution des Eglises : on pense à la synthèse d'Alphonse Dupront citée plus haut[50] où sont marqués l'effacement de l'eschatologie, le passage à une sotériologie personnelle, le développement de la morale, l'invention de cette faculté moderne qu'est la « conscience » ; on pense aussi à la synthèse de Michel de Certeau, « La formalité des pratiques. Du système religieux à l'éthique des Lumières »[51], qui dégage bien le caractère signifiant des pratiques dans le catholicisme, l'acte devenant critère d'appartenance religieuse, lieu d'une foi et seule expression repérable de cette foi. D'un autre côté, les travaux sur la morale sexuelle, sur les problèmes de l'argent et de l'économie se sont multipliés depuis un quart de siècle. Par ailleurs parmi les historiens de la littérature nombreux sont ceux qui se sont intéressés à ceux qu'on appelle les moralistes : en 1977 la thèse de Jean Lafond sur La Rochefoucauld[52] a fait date et nous avons aujourd'hui une riche moisson de publications de textes de Nicole et des moralistes et d'études sur ces auteurs. La grande question du probabilisme[53] et celle du rigorisme ont attiré de divers côtés l'attention mais on attend toujours les grandes thèses nécessaires pour éclairer les problèmes essentiels

---

[50] « De l'Eglise aux temps modernes », cité plus haut n. 38.

[51] Repris dans *L'Ecriture de l'histoire*, Paris, Gallimard, 1975, p. 152-212. Voir aussi notre article « Critique des abus et signifiance des pratiques (La controverse Leibniz - Bossuet) », dans *Theoria cum Praxi. Zum Verhältnis von Theorie und Praxis im 17. und 18. Jahrhundert. Akten des III. internationalen Leibnizkongresses [...] 1977*, Band III, Wiesbaden, Franz Steiner, 1980, pp. 247-257.

[52] *La Rochefoucauld, augustinisme et littérature*, Paris, Klincksieck, 1977.

[53] L'article du *Dictionnaire de théologie catholique* qui porte ce nom, écrit par le P. Deman, reste très utile. Voir aussi sur la casuistique, la contribution de J. et J.-M. Gagey, « La casuistique », dans *Histoires de cas, Nouvelle Revue de Psychanalyse*, n° 42, automne 1990, Paris, Gallimard, 1990, pp. 261-284, P. Cariou, *Les idéalités casuistiques*, Paris, P.U.F., 1992, Jean-Louis Quantin, *Le rigorisme chrétien*, Paris, Cerf, 2001, et, aussi de J.-L. Quantin, un important article cité plus loin au chapitre 3.

qui sont ici soulevés. Nous ne dresserons pas ici un état des questions, nous signalerons seulement quelques éléments qui caractérisent le catholicisme. En effet, la dimension pratique et morale du catholicisme ne caractérise pas seulement le XIXe siècle ou des secteurs jansénisant de l'Eglise catholique. Déjà Bernard Groethuysen, dans un livre qui n'est malheureusement connu en France que par une version partielle sous le titre *Origines de l'esprit bourgeois en France*[54], avait fait connaître nombre de textes du XVIIIe siècle qui éclairaient les attitudes morales des catholiques français ; et Bernard Groethuysen mettait cet ensemble d'attitudes en rapport avec la conception du monde et de la vie qu'il appelait bourgeoise, intuition féconde que les travaux d'Emile Poulat[55] ont développée, montrant comment un catholicisme « bourgeois » a pris forme à l'époque moderne et s'est distingué d'un autre catholicisme, d'un catholicisme intransigeant.

Le livre, l'institution, la pratique, le quatrième élément structurant que nous relevons dans le catholicisme est l'<u>expérience</u>. C'est une des notions les plus importantes et les plus ambiguës que nous puissions rencontrer dans cette enquête, mais c'est peut-être celle qui aidera le mieux à comprendre l'essentielle nouveauté ou invention du catholicisme à l'époque moderne[56]. A partir du Moyen Age finissant et du XVIe siècle, l'évolution de l'anthropologie et de la piété conduisit les écrivains religieux, spirituels et théologiens, à mettre l'accent sur l'homme, le moi et ses états intérieurs. La psychologie, prenant

---

[54] Tome I, *L'Eglise et la bourgeoisie*, Paris, Gallimard, 1927 et rééd. Le texte allemand complet : *Die Entstehung der bürgerlichen Welt- und Lebensanschauung in Frankreich*, Halle, Max Niemeyer,1927, Reprint, Hildesheim, Georg Olms, 1973. Voir sur Groethuysen, Klaus Große Kracht, *Zwischen Berlin und Paris : Bernhard Groethuysen (1880-1946). Eine Intellektuelle Biographie*, Tübingen, Max Niemeyer, 2002.
[55] En particulier *Eglise contre bourgeoisie*, Tournai, Casterman, 1977.
[56] Sur l'expérience, voir plus loin les chapitres 2 et 3..

le relais de la cosmologie, devient la métaphore privilégiée de l'itinéraire spirituel : des mystiques espagnols au XXe siècle, l'expérience religieuse paraît être la preuve tangible, la trace accessible de la rencontre avec Dieu. D'innombrables œuvres spirituelles dessinent ainsi une « science expérimentale », pour reprendre les mots de Surin, avant que le XIXe siècle ne procède à un réexamen de ces « faits », d'un côté le savoir psychiatrique dégageant les aspects pathologiques de cette expérience, de l'autre des ouvrages apologétiques définissant « les phénomènes physiques du mysticisme » et « les grâces d'oraison ».

Or l'expérience religieuse si souvent invoquée à l'époque moderne, et devenue objet de débats rigoureux à l'époque du modernisme, apparaît à l'historien comme un postulat, sorte d'objet situé derrière les textes et les documents, ultime axiome : quelque chose, un « fait », s'est passé, qui a été traduit en mots et que nous pourrions connaître par ce rapport qu'est le texte. Postulat que l'on découvre comme l'arrière-plan non critiqué de nombreuses études d'histoire religieuse, d'histoire de la spiritualité : que s'est-il passé ? comment retrouver l'expérience ? Il semble qu'ainsi posé le problème soit presque insoluble, presque aussi insoluble que les problèmes posés par les exégètes d'hier à propos des récits évangéliques de la résurrection. Certes le recours à l'expérience est utile aux apologétiques et contre-apologétiques ; mais par nature l'expérience religieuse est soustraite à l'investigation historique : l'historien n'a entre les mains que des textes, des documents écrits, des autobiographies ou des biographies, des témoignages, des textes polémiques, administratifs, des décisions institutionnelles, et une littérature « religieuse » très abondante. Cette multiplication de l'écrit, de discours issus de l' « expérience » ou parlant de cette dernière, est un phénomène capital de l'époque moderne, Henri Bremond l'avait bien senti : l'histoire du sentiment religieux à l'époque moderne serait « littéraire », de la même façon que l'écrit joue un rôle déterminant dans les nouvelles formes ecclésiales et dans l'enseignement religieux. Déjà un des historiens à qui nous sommes le plus redevables, Jean Baruzi, notait que la seule expérience à laquelle nous pouvons accéder, que la seule qui laissât des traces observables par l'historien était l'expérience de l'écriture[57], déplacement capital de l'objet comme de la méthode de nos travaux. Si nous pouvons accéder à ce qu'a produit une expérience d'écriture, à des textes (comme à ce qu'a produit l'expérience picturale ou musicale), la tâche de l'historien sera d'interroger des textes et des œuvres, de retrouver l'expérience scripturaire qui les suscite et les marque, et non pas un hypo-thétique arrière-plan où se situerait le « fait » ou l' « expérience réelle » : devant la *Vie* de Mme Guyon, nous ne tentons pas de reconstituer ce qu'a effectivement, au delà des mots écrits, senti ou pensé Mme Guyon, ce que Dieu ou le démon ou ses humeurs ont fait en elle, mais nous analysons ce qui est écrit, comment il est écrit, quelle interprétation en peut être donnée, nous tentons de faire parler l'écrit en ses replis les plus cachés. De même devant le texte des révélations de Marguerite-Marie Alacoque nous ne reconstituons pas ce que Dieu ou Jésus-Christ a pu réellement dire à la Visitandine, mais quelle expérience de l'écriture, quels types de discours révèlent ces écrits.

Après Jean Baruzi, Jean Orcibal, à propos de Benoît de Can-field, de Jean de la Croix, de Saint-Cyran, de Bérulle, de Féne-lon, a montré comment l'analyse critique appliquée à des textes essentiels pouvait être fructueuse[58]. C'est d'ailleurs dans ce sens

---

[57] J. Baruzi, « Introduction à des recherches sur le langage mystique », dans *Recherches philosophiques*, t. I, 1931-1932, pp. 66-82, texte non repris dans le recueil d'articles de Jean Baruzi, *L'intelligence mystique*, textes choisis et présentés par J.-L. Vieillard-Baron, Paris, Berg International, 1985. Voir aussi la récente réédition de *Saint Jean de la Croix et le problème de l'expérience mystique*, Paris, Salvator, 1999.

[58] Voir Benoît de Canfield, *La Règle de perfection. The Rule of Perfection*, éd. par J. Orcibal, Bibl. de l'Ecole des Hautes Etudes, Sciences religieuses, vol. LXXXIII, Paris, P. U. F., 1982, et J. Orcibal, *Etudes d'histoire et de littérature religieuses, op. cit.*

que se sont orientés nombre de travaux à l'étranger et aussi en France. Nous pensons parmi beaucoup d'autres à ceux du professeur Ernst Benz dont des livres importants, comme *Die Vision, Erfahrungsformen und Bilderwelt*[59], véritable testament historique et théologique dédié, le fait est notable, à Ernesto Buonaiuti, à Erich Seeberg et à Rudolf Otto, ont marqué une avancée intéressante dans la connaissance de la littérature mystique. Et nous pensons surtout à *La Fable mystique*[60] de Michel de Certeau.

C'est ainsi que l'étude « littéraire » des œuvres catholiques a beaucoup à nous apprendre sur ce qu'est le « catholicisme ». Les modes d'expression, autobiographie, poésie, dissertation, sermon, traité, etc. ne sont pas indifférents, les documents « littéraires » appellent un type de lecture que ne peuvent accueillir les documents d'archives. Ainsi les œuvres spirituelles de Fénelon, comme celles de Bossuet, les œuvres de Richard Simon comme celles de Mme Guyon ou celles de Marguerite-Marie Alacoque, ou les nombreuses biographies de religieuses des XVIIᵉ et XVIIIᵉ siècles permettent de pousser de fructueuses analyses et de se demander s'il y aurait pas des modes « catholiques » (comme il y aurait des modes « protestants ») d'écrire, de lire, d'envisager la littérature spirituelle, qui contribueraient eux aussi à former et à définir ce qu'est le « catholicisme » (et ce qu'est le « protestantisme »).

*

*   *

Livre, institution, pratique, expérience, ces éléments contribuent à structurer le catholicisme à l'époque moderne. En un sens, cette organisation théologique et pratique, ces références à des textes ou à une expérience authentifiée par l'institution des-

---

[59] Stuttgart, Klett, 1969. Et voir plus loin le chapitre 23 sur la place de ces auteurs dans l'historiographie du XXᵉ siècle.
[60] Paris, Gallimard, 1982.

sinent les contours d'une religion, d'un groupe plus qu'une catholicité. Dans ces conditions, nous sommes conduits à penser
que la religion qui s'offre à l'observation de l'historien contredit
le caractère « catholique », universel, qu'elle se plaît à revendiquer à l'époque moderne ? La réponse exige des nuances.
D'abord il n'y a pas *un* catholicisme, mais *des* catholicismes. Ne
pensons pas exactement ici à ce « catholicisme non-romain »,
sur lequel M. Visser t'Hooft publiait un livre en 1933, mettant
en lumière les valeurs « catholiques » (au sens de catholicité)
existant en dehors de l'Eglise romaine, mais plutôt aux différentes formes du catholicisme romain lui-même, à sa diversité.
Parler de « catholicismes » au pluriel n'est d'ailleurs pas une
audace : le terme était employé il y a quarante ans par le chanoine Roger Aubert dans l'Introduction générale de la *Nouvelle
Histoire de l'Eglise*[61] ; à côté de « le catholicisme », nous trouvons souvent dans ce texte important « les catholicismes » pour
désigner les formes prises suivant les temps et les lieux par le
catholicisme. Si toutes les formes de la culture, les situations
politiques, les déterminations anthropologiques entrent en ligne
de compte pour constituer la religion qu'est le catholicisme, il
n'y a pas à s'étonner de la variété des catholicismes. De même
les différences géographiques seront grandes : un même catholicisme prend des formes fort différentes en France, en Hollande, en Europe centrale, à Rome ou dans les pays d'Amérique
latine. Enfin on trouverait sans difficulté des exemples de philosophies, de théologies, de spiritualités, de conceptions de
l'homme et du monde, de la grâce et de la liberté, du naturel et
du surnaturel qui suscitent *des* catholicismes bien différents
entre eux, toujours en tension, en débat, voire en conflit ou
contradictoires les uns avec les autres ; nous considérons
comme catholiques la religion et la théologie des jésuites et
celle des jansénisants disciples de saint Augustin, celles des
mystiques accusés de quiétisme et celles de Nicole et de Bos-

---

[61] Tome I, Paris, Seuil, 1963, pp. 24, 25.

suet, celles des catholiques intransigeants et celles des catholiques bourgeois, pour reprendre les catégories d'Emile Poulat auxquelles nous faisions allusion. Les différences entre ces catholiques sont pourtant considérables, souvent bien plus grandes que celles qui distinguent Fénelon des protestants Poiret ou Ramsay, un janséniste d'un calviniste gomariste, ou tel jésuite d'un calviniste arminien.

Il y aurait une seconde objection à la vision du catholicisme comme religion monolithiquement structurée. C'est la tension permanente que nous évoquions et qui marque cette organisation : sans cesse apparaissent des éléments mal assimilables, ceux que ne peut comprendre la structure et qui toujours animés d'un mouvement apparemment centrifuge mais toujours ramenés au centre, refusent de se considérer comme hors de l'Eglise catholique, et sont même, par bien des côtés, les représentants les plus aigus du catholicisme. Il ne s'agit pas seulement ici des mystiques, mais de bien des « semi-hérétiques » de l'époque moderne, cette nouvelle forme de l'hérésie bien étudiée par Bruno Neveu dans le livre que nous avons cité : il y a peut-être là la seule forme possible d'hérésie à l'époque moderne : les jansénistes, les quiétistes, les américanistes, les modernistes, etc. ont toujours refusé de se considérer comme hors de l'Eglise catholique ; bien plus, ils ont à maintes reprises affirmé leur attachement à l'Eglise catholique. Mais ce sont bien les mystiques qui manifestent le mieux cette distance intérieure prise par rapport à l'institution catholique. Dans l'article que nous avons cité du Xe Congrès des Sciences historiques, Jean Orcibal notait que tous ceux qui avaient des tendances mystiques n'avaient pas un sens très fort de la communauté catholique ; ainsi ce n'est que sous la pression de la controverse antiprotestante que saint François de Sales freina les tendances qui le portaient plus à une piété personnelle qu'à une piété ecclésiale[62]. On trouverait bien d'autres exemples au XVIIe siècle et dans les siècles suivants.

---

[62] *Etudes d'histoire et de littérature religieuses, op. cit.*, pp. 339-341.

Car les mystiques à l'époque moderne tendent à opérer des mouvements centrifuges ou à constituer de petites communautés de parfaits, des réseaux de fidèles, d' « associés » en marge de l'Eglise, mais non pas contre elle : de Surin à Mme Guyon, de Fénelon au Père de Caussade, aussi bien que dans les Eglises protestantes établies au temps du piétisme, il est facile d'analyser cet incessant mouvement dans les groupes mystiques[63]. Or ces mystiques sont aussi, et peut-être même plus, représentatifs du « catholicisme » que les moralistes qui se méfient de l' « enthousiasme » et du « fanatisme ». Ici encore, il semble qu'en sa pointe le catholicisme (il faut peut-être dire le christianisme, car le protestantisme serait dans un cas analogue) suscite toujours son autre ou son contraire, qui est à la fois sa ruine ou ce qui le nie et ce qui suscite sa vitalité. Sans tomber dans un hegelianisme de salon, on peut poser que le catholicisme suscite toujours sa négation, et est d'autant plus parfait qu'il crée les conditions de sa disparition : l'histoire des rapports du catholicisme avec le livre, avec la critique, avec l'histoire ou avec la philosophie apporterait ici des exemples décisifs.

Ces hypothèses permettent de reprendre sur de nouvelles bases un problème récurrent chez les historiens et les sociologues, problème obscurci plus qu'éclairé par l'actualité, celui des rapports entre Eglise et secte. Si l'on s'en tient au repérage de différences apparentes, à la description d'attitudes ou de pratiques, on se met dans l'impossibilité de faire de rigoureuses distinctions, les différences s'estompant au fil de l'analyse ; si inver-

---

[63] Malgré son caractère ici ou là discutable, le livre de Leszek Kolakowski, *Chrétiens sans Eglise. La conscience religieuse et le lien confessionnel au XVIIᵉ siècle*, trad. franç., Paris, Gallimard, 1969, a fait date dans l'historiographie. Voir plus loin le chapitre 19 sur le quiétisme. Et sur les rapports entre la spiritualité du pur amour et le piétisme, voir J. Le Brun, « Echos en pays germaniques de la querelle du pur amour », dans H. Lehmann, H. Schilling, H.-J. Schrader (Hg.), *Jansenismus, Quietismus, Pietismus*, « Arbeiten zur Geschichte des Pietismus. Bd. 42 », Göttingen, Vandenhoeck & Ruprecht, 2002, pp. 76-91.

sement on compare des discours ou des credos, on ne peut pas plus découvrir de différences significatives, des discours, autant que des pratiques, analogues pouvant masquer d'essentielles différences. La seule voie pour sortir de l'aporie serait de mener une analyse que l'on pourrait nommer « structurale » de chacune des sociétés religieuses considérées et, hypothèse de travail vérifiée dans la plupart des cas, on pourra définir comme Eglise (et cela s'applique au catholicisme comme au protestantisme)[64] une société ou une communauté qui procure à tous ses membres, et cela dans la logique même de son engagement, tous les éléments, intellectuels, philosophiques, éthiques, pratiques, etc., lui permettant de se séparer de cette société ou de cette communauté ; s'en séparer, non pas dans une attitude de refus passionnel ou dans le ressentiment, mais, comme nous venons de le dire, suivant la logique même de son engagement, et suivant les raisons qui le fondent, en tirant en quelque sorte de cette négation toute la positivité qu'elle comporte. Si nous appliquons cette hypothèse à notre objet, nous voyons le catholicisme de l'époque moderne élaborer, et rendre à beaucoup accessibles, les instruments de la critique, de l'histoire, de la réflexion philosophique, de la distance mystique, etc. Ce que nous avons appelé d'un mot du XVIIe siècle le « système » catholique suscite, dans la logique même de ce système, sa propre contradiction.

Considérant plus particulièrement la seconde moitié du XVIIe siècle et la première moitié du XVIIIe, sur lesquelles portent la plupart des travaux rassemblés dans ce livre, nous sommes frappés par le phénomène difficilement explicable du passage de la religion du XVIIe siècle à la philosophie des Lumières. Paul Hazard a consacré à ce passage un livre qui eut un

---

[64] L'analyse pourrait aussi s'appliquer au judaïsme, comme les exemples de Sabbataï Zevi et de Jacob Frank étudiés par Gershom Scholem le montreraient : retour aux « sources originales de la foi juive », rébellion « à l'intérieur de la tradition juive » (voir A. Momigliano, *Contributions à l'histoire du judaïsme*, Nîmes, éd. de l'Eclat, 2002, pp. 249-250, 255).

grand succès, *La Crise de la conscience européenne*, et qui reste, dans l'ensemble, solide, même s'il souligne plus les ruptures que les continuités. Or nous constatons que le passage du catholicisme au déisme et à l'incroyance ou à la religion du Vicaire savoyard ne s'est produit ni par affaissement, ni par subversion, ni par l'effet d'un quelconque complot. On peut établir que cette transformation (pour employer un terme plus neutre qu'affaiblissement, ou effondrement) du catholicisme ne s'est pas produite par le travail de quelques libertins, esprits forts ou mécréants : ce ne sont ni les libertins érudits, héritiers de ceux qu'avait si bien étudiés René Pintard[65], ni *Le Militaire philosophe*[66], ni le curé Meslier qui seuls ont suscité la philosophie des Lumières (quelle que soit l'importance évidente de ces hommes et de ces œuvres), ils sont plutôt symptômes que causes, échos ou témoins plutôt qu'initiateurs. On peut au contraire montrer que ce qu'on appelle la philosophie des Lumières est issu du catholicisme le plus exigeant et le plus rigoureux du XVIIe siècle[67] : la philosophie de Malebranche qui est aussi un théocentrisme d'origine bérullienne a pu être comprise au XVIIIe siècle comme favorisant le déisme, une conception d'un Dieu abstrait synonyme de l'ordre ; la mystique fénelonienne issue des mystiques anciens et de saint Jean de la Croix et celle de Mme Guyon écho d'une séculaire tradition ont pu être directement à l'origine de mystiques non catholiques et non ecclésiales et des enthousiasmes les plus éloignés du catholicisme ; même le jansénisme, cet extrémisme catholique, a pu sans contradiction être à l'origine de certaines formes de libre-pensée et d'anomisme religieux, et la critique de Richard Simon, cette

---

[65] R. Pintard, *Le libertinage érudit dans la première moitié du XVIIe siècle*, nouv. éd., Genève, Slatkine, 2000 [1ère éd. 1943].

[66] Robert Challe, *Difficultés sur la religion proposées au Père Malebranche*, éd. nouv. par F. Deloffre et F. Moureau, Genève, Droz, 2000.

[67] Ce qui est une des thèses du livre important d'Alan Charles Kors, *Atheism in France 1650-1729*, vol. I, *The orthodox sources of disbelief*, Princeton, Princeton University Press, 1990.

entreprise d'apologétique catholique vis à vis des protestants comme de Spinoza, a pu être utilisée pour ruiner les fondements scripturaires du christianisme. Nous pourrions multiplier les exemples et encore au XIXe siècle avec Lamennais dont la pensée, même sous ses ultimes formes non-chrétiennes, se déduit rigoureusement de son point de départ qui était un ultracatholicisme. Dans ces schémas d'évolution et de transformation internes se révèle à l'historien un important problème qui se retrouve en plusieurs occasions : comment une religion aussi parfaitement structurée en sa cohérence que le catholicisme moderne engendre-t-elle son contraire, non sous le coup d'une agression extérieure mais par le déploiement de ses caractères propres ?

A la différence de ces évolutions radicales, le catholicisme a aussi manifesté tout au cours de son histoire une tendance à renforcer ses éléments clos, à l'allure sectaire et « anti-catholiques » (au sens d'une non-catholicité) : tendance à former une petite Eglise, un groupe intégral, à construire un système total, à résumer en sa propre doctrine toute la « catholicité » et à l'imposer par tous les moyens de l'autorité. Tout se passe comme si un instable équilibre était toujours menacé par des forces centrifuges ou centripètes, qui chacune, même contradictoire aux autres, révèle aussi *ce qu'est* le catholicisme, l'une de ses « vérités » ou de ses virtualités.

CHAPITRE II
EXPÉRIENCE RELIGIEUSE ET EXPÉRIENCE LITTÉRAIRE

Ce titre, sous sa formulation générale et abrupte, semble ne pas concerner l'historien, mais le théologien[1] ou le philosophe[2]. L'historien cependant se sent concerné parce que les notions d'« expérience » religieuse et d'« expérience » littéraire sont datées ; parler d'expérience religieuse, n'est-ce pas entrer dans une problématique élaborée au XIXe siècle, qui déjà s'imposait avec la réaction de Schleiermacher devant l'*Aufklärung*, et qui s'est développée à l'époque du modernisme, mais bien au-delà des courants et des hommes que l'on peut appeler modernistes au sens strict ? N'évoquons dans le domaine de l'histoire des religions que Loisy, et, plus proche de nos travaux, puisque c'est l'auteur d'une œuvre fondamentale qui a inspiré la façon commune de comprendre le XVIIe siècle religieux jusqu'à une date récente, l'abbé Bremond, historien du « sentiment reli-

---

[1] Cf. *Dictionnaire de Théologie catholique*, t. V., 1912, col. 1786-1868, par H. Pinard, s. v. « Expérience religieuse » ; *Dictionnaire de Spiritualité*, t. IV, 1961, col. 2004-2026 par A. Léonard, s. v. « Expérience spirituelle ».

[2] R. Lenoble, *Essai sur la notion d'expérience*, Paris, Vrin, 1943.

gieux », de la « dévotion », de la « mystique ». Justement tout un ensemble de travaux convergents, ceux d'Emile Poulat, d'André Blanchet, et surtout la thèse d'Emile Goichot, nous permettent d'apprécier avec exactitude les thèses de l'abbé Bremond, les orientations de son historiographie, et de placer au centre la notion d'expérience religieuse. Les perspectives de « psychologie religieuse » n'étaient pas encore courantes vers 1900, quand Bremond les ouvrit[3], et dans un projet de 1905, Bremond exprimait ainsi son ambition ; faire « du W. James poussé dans le concret et en se séparant un peu plus des médecins, *i. e.* en ne cédant pas à la tentation de ne s'intéresser qu'aux cas de haut mysticisme »[4]. Ces idées, issues d'une communication du baron von Hügel sur « Expérience et transcendance », étaient à l'origine du projet de l'abbé, de s'intéresser à « toutes les expériences chrétiennes »[5]. Elles se sont révélées particulièrement fécondes, et presque toute l'historiographie religieuse du premier XXe siècle en est issue.

En même temps, Bremond avait mis au centre de son enquête la littérature[6], ayant finalement retenu le titre d'« histoire littéraire » pour sa grande œuvre, distinguant le champ de la « dévotion » ou du « sentiment religieux », où l'activité de l'homme s'exprime dans des « exercices saintement littéraires », du champ de la mystique, où cessent les actes, où règne le pur amour[7], ces oraisons inactives préparant toutefois la voie à la parole, à la littérature. Allant plus loin et ne séparant pas l'ambition théorique du projet historique, Bremond ne cessait

---

[3] Cf. E. Goichot, *Henri Bremond, historien du sentiment religieux*, Paris, Ophrys, 1982, p. 36, qui note que *The Varieties of Religious Experience* de W. James sont de 1902 et les *Etudes d'histoire et de philosophie du mysticisme* de H. Delacroix de 1908.

[4] Cité par E. Goichot, *ibid.*, p. 49.

[5] *Ibid.*, p.49.

[6] *Ibid.*, p. 75.

[7] *Ibid.*, p. 67, projet de 1911-1912.

d'analyser en termes de continuité[8], en reprenant sans cesse la synthèse et en multipliant les nuances, les rapports entre la poésie, donc la littérature, et la dévotion ou la mystique. Le débat sur la poésie pure n'est qu'un moment, le plus connu du grand public, de cette longue recherche[9]. Donc Bremond, en grande partie à cause de son histoire intérieure, de l'expérience qu'il avait lui-même de la spiritualité catholique, avait élaboré jusqu'au niveau d'une métaphysique les rapports d'une expérience et d'un discours, du « réel » et du « notionnel ».

Nous pouvons ainsi nous demander si la question telle que nous l'avons posée ne reflète pas les catégories bremondiennes, ne serait pas le signe de leur lointaine influence sur nous. Cette notion d'« expérience » (religieuse, littéraire), avant toute utilisation dans le champ de nos recherches, ne doit-elle pas être rigoureusement critiquée ?

Commençons par nous demander si cette notion d'expérience, si familière à Hügel, à Loisy, à Bremond, était aussi familière aux hommes du XVIIᵉ siècle. Déjà, il est vrai, saint Bernard, que les mystiques modernes reconnaîtront comme un de leurs ancêtres, insistait sur le fait que seul pouvait dire ce que c'est que « jouir du Verbe » quelqu'un qui en ait « l'expérience », et que par ailleurs cette expérience était « ineffable »[10]. Saint Thomas de son côté désignera par le terme d'*experientia* ou plus souvent de *quasi-experientia* le *pati divina* dionysien, ce qui ouvrait la voie aux débats ultérieurs. Mais c'est à l'époque moderne, aux XVIᵉ et XVIIᵉ siècles, que la notion prit une importance cardinale en rapport avec le nouveau

---

[8] *Ibid.*, p. 77 et sv. : l'échelle mystique : poésie, dévotion, extase.

[9] Cf. E. Goichot, « La poésie pure ou Emmaüs ? L'enjeu d'une querelle littéraire », *Travaux de linguistique et de littérature*, XVIII, 2, Strasbourg-Paris, 1980, pp. 193-220.

[10] Sermon 85 sur le Cantique, § 14, trad. A. Béguin, Paris, Seuil, 1967, p. 872 ; autres textes dans E. Gilson, *La Théologie mystique de saint Bernard*, Paris, Vrin, 1947, p. 116.

statut de la théologie et des disciplines qui désormais l'articulaient.

On a remarqué qu'à la fin du Moyen Age la théologie s'était constituée comme science spéculative et s'était séparée de ce qu'on appellera plus tard la théologie mystique[11] ; éclatement d'un savoir unitaire lisible dans la promotion, justement à la fin du Moyen Age, des deux instances devenant les fondements de la pensée et de l'action, la « raison » théorique et l'« expérience »[12]. Ici, il est vrai, nous ne nous intéresserons pas à la théorie de la connaissance, mais à la mutation de la théologie, qui est contemporaine du changement de signification qui affecte les rapports de la raison et de l'expérience dans le domaine de la connaissance scientifique[13].

Une nouvelle théologie s'élabore aux XVIe et XVIIe siècles sur le déclin de la théologie spéculative et de la scolastique. On voit naître d'un côté une théologie positive appuyée sur les documents de l'histoire (Bible, Pères, histoire ecclésiastique) redécouverts et interprétés par les humanistes, et, d'un autre côté, une théologie mystique appuyée sur d'autres documents (au

---

[11] Y . Congar, « Théologie », dans D.T.C., t. XV, col. 423 et sv. ; M. de Certeau, *La Fable mystique*, Paris, Gallimard, 1982, pp. 138-155. La première est spéculative, dogmatique, scolastique. La seconde est « pratico-pratique et affectueuse » (M. Sandæus, *Pro theologia mystica clavis elucidarium onomasticon vocabulorum et loquutionum obscurarum...*, Cologne, 1640, p. 4).

[12] Cf. W. Schneiders, « L'expérience à l'époque de la raison », trad. franç., dans *Concilium*, n° 133, Numéro spécial sur « Révélation et expérience », 1978, pp. 33-41.

[13] Sur l'expérience dans la pensée scientifique aux XVIe et XVIIe siècles, voir outre le livre de R. Lenoble, cité supra p. 43, n. 2, des pages un peu sommaires de H. Busson dans *La Pensée religieuse française de Charron à Pascal*, Paris, Vrin, 1933, p. 303 et sv., et l'ample littérature consacrée à l'œuvre de Bacon, aussi opposé au dogmatisme scolastique qu'à l'empirisme des alchimistes. Sandæus (*Pro theologia mystica clavis...*, *op. cit.*, *Praeambula*, p. 9) notait que certaines maximes des mystiques supposent d'autres principes de philosophie que ceux qui sont couramment enseignés dans les écoles des Péripatéticiens.

sens propre des « documents »)[14], ceux de l'« expérience ». Alors que, selon les mystiques du Moyen Age, la vie de l'âme était conditionnée par une métaphysique, par une théorie de ses rapports avec l'essence divine, les choses avaient changé dès les XIIIe-XIVe siècles avec la *Devotio moderna* : dans ces milieux, la réflexion intellectuelle s'opposait à la prière affective et imaginative ; la piété tendait à apparaître comme ce que l'on appellera l'expérience intérieure, et à son tour la vie intérieure était comprise comme une suite d'états psychologiques. Les causes sociales, intellectuelles et anthropologiques de cette évolution commencent à être bien connues. Mais la conséquence, qui deviendra à son tour une des causes favorisant cette évolution, c'est la rédaction, puis la publication de récits de vie, de descriptions de ces expériences mystiques et des révélations qu'elles contenaient.

Certes la biographie spirituelle, sous les formes de l'autobiographie ou de la narration, ne datait pas de la fin du Moyen Age ; songeons à Augustin ou à Guibert de Nogent ! Mais c'est de la fin du Moyen Age que datent l'immense expansion de ces genres littéraires et le rôle qu'ils jouèrent comme expression privilégiée de la vie spirituelle[15]. A travers des itinéraires biographiques, des « paroles » divines transcrites en des mots, c'est par une « littérature », bientôt répandue par l'imprimé, que les secrets de la vie de l'âme parvenaient à un public avide de les entendre. Et ces nouveaux « documents », abondants, à la fois répétitifs et variés, servaient de base à la théologie mystique, à la systématisation d'une « expérience » inscrite dans des textes.

Dans cette littérature qui s'élaborait, certains textes prirent une valeur quasi-canonique, par leur présentation de la vie spi-

---

[14] Cf. M. de Certeau, *La Fable mystique*, *op. cit.*, pp. 146-147.

[15] On rapprochera de ces remarques, nécessairement sommaires, les nombreuses allusions de Ph. Ariès à la découverte de la biographie à l'époque moderne dans *L'Homme devant la mort*, Paris, Seuil, 1977.

rituelle sous la forme d'un itinéraire, d'une expérience. Avant tout, citons les *Exercices* de saint Ignace : sans entrer ici dans les problèmes d'interprétation que pose le livre[16], notons qu'Ignace établit des rapports entre une expérience spirituelle et une expérience de l'écriture, qu'il organise dans son texte même « la progression d'une expérience » selon les mots d'un de ses exégètes[17] : sur l'objectivité de la foi « s'articule la subjectivité des motions de l'Esprit »[18].

Le second texte quasi-canonique que nous placerons au début de cette histoire est l'œuvre de Thérèse d'Avila. Son autobiographie deviendra l'exemple-type de l'itinéraire vers la rencontre avec Dieu. Chez elle nous ne trouvons aucun a priori métaphysique comme chez les mystiques du Moyen Age : des commentateurs ont même relevé des incohérences dans la conceptualisation de ses expériences. Mais ce qui est fondamental pour elle et ses lecteurs, c'est l'ensemble de ses réactions psychologiques que, deux siècles avant Rousseau, elle a admirablement su analyser. Parlons, si l'on veut, de « réalisme » comme le fait un historien récent[19] ; elle est en tout cas la sainte d'un âge moderne où, pour deux ou trois siècles, s'est pour ainsi dire créé le moi, l'intériorité, et où est née une littérature consacrée à son analyse.

Ces expériences paraissent si précises et si particulières que les phénomènes décrits ont pu passer ensuite pour des conditions nécessaires de l'expérience mystique et que des traités ont été écrits pour élaborer théoriquement et théologiquement ce qu'elle avait décrit. De fait, des expressions visuelles et verba-

---

[16] Ici encore il faut remonter aux débats du premier XXe siècle autour du P. Bernard, de Bremond et de leurs contradicteurs, cf. E. Goichot, *Henri Bremond historien...*, *op. cit.*, p. 183 et sv.

[17] J.-C. Guy, dans Saint Ignace de Loyola. *Exercices spirituels. Texte définitif (1548)*, Paris, Seuil, 1982, p. 19.

[18] *Ibid.*, p. 23.

[19] M. Lépée, *Sainte Thérèse d'Avila. Le réalisme chrétien*, Les Etudes carmélitaines, Paris, Desclée de Brouwer, 1947.

les désignent dans son œuvre les rencontres avec Dieu : visions, révélations, ponctuent sa vie, constituent des expériences fondatrices, sont à l'origine des décisions pratiques[20].

Née du succès même des récits des mystiques, une théologie mystique prit alors comme source des « expériences », des « goûts » trop fragiles aux yeux des théologiens scolastiques qui les accusaient de manquer de « sûreté ». Soumis à ces critiques le recours à une expérience prenait une portée polémique, apparaissait comme parallèle au recours aux documents historiques sur lesquels s'appuyait la théologie positive ; avec cette différence, qui sera de moins en moins maintenue, que le recours à l'expérience n'était pas recherche d'une réalité extrinsèque, antérieure, existant par elle-même, hors du geste qui l'exprime. De ce point de vue, Surin pouvait écrire en 1660-1661 que la mystique était « une science tout à fait séparée des autres »[21].

Qu'est-ce donc que cette « expérience » ? Les grands dictionnaires de la fin du XVIIe siècle s'en tiennent au sens scientifique d'observer, de faire une épreuve, ou au sens quotidien d'éprouver quelque chose comme élargissant la pensée[22] : à travers ces sens, nous découvrons, chez Furetière, que l'expérience est opposée à la spéculation et que le raisonnement sur les expériences est opposé au raisonnement sur les causes,

---

[20] La différence entre ses expériences et les œuvres de la mystique rhéno-flamande est à l'origine des débats du XVIIe siècle sur la mystique et de bien des difficultés rencontrées en France par le Carmel, cf. J. Orcibal, *La Rencontre du Carmel thérésien avec les mystiques du Nord*, Paris, P.U.F., 1959 ; *Histoire spirituelle de la France*, Paris, Beauchesne, 1963, pp. 235-238 ; *L'Art du XVIIe siècle dans les Carmels de France*, Musée du Petit Palais, Paris, 1982, pp. 113-115.

[21] *Guide spirituel*, éd. M. de Certeau, Paris, Desclée de Brouwer, 1963, p. 179.

[22] Ainsi Furetière, puis en 1694, l'Académie. On retrouve ces deux aspects sans que le sens spirituel soit analysé, dans R. Lenoble, *Essai sur la notion d'expérience*, *op. cit.*, p. 5. Cf. aussi P. Zoberman, dans *XVIIe siècle*, n° 133, p. 415.

distinction que nous retrouverons dans les textes qui concernent l'expérience spirituelle et mystique.

C'est cette dernière qui était analysée dans le vocabulaire dressé par Maximilien Sandæus et publié en 1640[23], au mot *Experientia*. A la définition « philosophique »[24], est jointe la définition « commune »[25], et Sandæus expose ce qu'est la connaissance « expérimentale »[26] selon les mystiques, une perception de la divine bonté par un amour intuitif, l'acte le plus parfait de la théologie mystique, la théologie même en tant que théologie en acte. Un goût, *gustus*, doit intervenir pour que la connaissance obscure de foi puisse devenir connaissance expérimentale, *visio* ou *intuitio*. Cette expérience laisse en l'âme des vestiges et des « impressions » qui lui sont plus utiles que le discours et les images ; elle se plonge ainsi profondément dans la voie d'amour et de désir vers Dieu, dans la paix et le silence comme s'il n'y avait que cela au monde[27].

Les mystiques ne disent effectivement pas autre chose que ce que Sandæus résumait en deux pages en 1640 : un usage

---

[23] M. Sandæus, *Pro theologia mystica clavis...*, *op. cit.*, p. 204. Des développements sur l'expérience figurent aussi dans le préambule de ce lexique (pp. 3-4 ; sur l'« *Experimentalis Dei notitia* » ; p. 10 : rapprochement entre les expériences des mystiques et celles qui permettent aux « docteurs de ce temps en diverses disciplines » de rejeter les opinions des anciens, par exemple sur l'inhabitabilité des zones torrides réfutée par l'expérience des navigateurs modernes).

[24] « *Rei alicujus simplex perceptio, immediate caussata ; ab objecti sufficienter applicati motione* », Sandæus, *op. cit.*, p. 204.

[25] « *Cognitio nullo docente per usum reperta* », *ibid.* : l'expérience, selon Aristote, est des choses singulières, alors que l'« *ars* » est des générales.

[26] « *Experimentalis notitia aut cognitio* », *ibid.*

[27] *Ibid.*, p. 205. Sandæus reprend un certain nombre de notions que saint Thomas appliquait à la sagesse, *sapida scientia* ; la sagesse n'est pas *in intellectu* mais *in affectu* (2a, 2 ae, q. 45 a 2), elle est une *notitia intellectualis* (*1a* q. 43 a 5 ad 2 ; *1a 2ae* q. 112 a 5) ; cette expérience est expérience de *delectatio* ou de *dulcedo*. Déjà saint Bernard faisait dériver « sagesse » de « saveur », la sagesse étant, selon lui, la saveur du bien (Sermon 85 sur le Cantique, § 8, trad. A. Béguin, p. 867).

(*usus*), l'absence d'un maître (*nullo docente*), un goût (*gustus*), des vestiges et des impressions, et non des discours et des images. Seuls ceux qui ont fait quelques pas dans cette voie sont capables de parler de ce qu'est cette expérience ; le langage est toujours insuffisant, l'expérience est ineffable ; ceux qui la disent sont immédiatement trahis par leur parole, mais ceux qui l'ignorent ne peuvent rien en dire : elle seule donne le sens, comme seul un géomètre peut comprendre la géométrie ou un marin un livre de navigation. Parlant au nom des mystiques, Surin écrit en 1660-1661 dans sa *Guide spirituelle* qu'il ne suffit pas pour entendre la mystique d'être docteur scolastique : « Outre cela il faut qu'il ait le goût et l'expérience des choses spirituelles ; autrement il n'y entendra non plus qu'à un livre qui parlerait de l'art de naviguer ou de la géométrie, pour autant que cette science mystique a ses objets propres et particuliers, du tout inconnus aux autres sciences. Comme donc un homme ne peut point entendre ce qui est du pilotage ou la science de médecine ou la géométrie s'il n'est versé en telles choses, de même ne peut-il point entendre les choses mystiques, quoiqu'il soit théologien scolastique »[28]. Pour évoquer le consensus des spirituels sur ce point, ne citons que trois hommes, aussi différents que possible les uns des autres : Molinos, Bossuet, Fénelon.

Dans la *Guía espiritual*, Molinos souligne que « *la ciencia mistica no es de ingenio, sino de experiencia* »[29], et il oppose cette expérience à la « *ciencia especulativa* »[30]. Il est en accord

---

[28] J.-J. Surin, *Guide spirituel, op. cit.*, p. 178 ; et voir M. de Certeau, *La Fable mystique, op. cit.*, p. 246.

[29] Miguel de Molinos, *Guía espiritual*, Edicion critica, introducción y notas de Jose Ignacio Tellechea Idigoras, Madrid, Universidad Pontificia de Salamanca, Fundacion Universitaria Española, 1976, p. 103. La première édition de la *Guía* est de Rome, 1675.

[30] *Ibid.*, p. 104.

avec toute la tradition pour dénoncer le manque d'expérience[31] de ceux qui, directeurs ou confesseurs, méprisent la mystique ; le manque d'expérience est même selon lui la principale raison pour changer de directeur[32]. Ces remarques ne sont que paraphrases de textes bien connus de sainte Thérèse[33]. Et tout le traité de Molinos exalte la théologie mystique comme pratique et non théorique, comme expérience de la contemplation et non comme connaissance de la science divine[34].

Nous aurions pu penser que Bossuet se fût montré plus méfiant à l'égard de l'expérience ; cependant il n'a cessé de l'élever au-dessus de la spéculation. Il le faisait d'un point de vue philosophique et cartésien dans le *Traité de la connaissance de Dieu et de soi-même*, où il affirmait que la véritable philosophie était établie non sur des livres mais d'après l'expérience[35]. Mais dans le domaine spirituel aussi Bossuet élevait l'« expérience » au-dessus des « discours ». Peut-on faire comprendre ce qu'est la paix de Dieu ? « N'entreprenons pas de persuader par nos discours ce que la seule expérience peut faire connaître ; et ne pouvant vous la représenter en elle-même, finissons enfin ce discours en vous en disant quelque effet sensible »[36]. Dans le *Carême des Carmélites* (1661), Bossuet exposant ce qu'est l'esprit de Jésus notait que « cette sagesse éternelle s'est réduite en venant au monde à ne savoir plus que les afflictions »[37], et il ajoutait qu'il s'agissait « de cette science que

---

[31] « *Por faltarles la experiencia* » (*ibid.*, p. 222), « *por falta de experiencia* » (p. 104), « *por falta de experiencia* » (p. 107).

[32] *Ibid.*, p. 202.

[33] *Vie*, ch. XIII, trad. Grégoire de Saint-Joseph, Paris, Seuil, 1949, pp. 130-131 ; ch. XXII, p. 232.

[34] *Guía espiritual*, éd. cit., pp. 356-357.

[35] Voir ce projet philosophique dans la lettre de Bossuet à Innocent XI, *Correspondance*, Paris, Hachette, éd. Urbain et Levesque, 1909, t. II, p. 126.

[36] *Œuvres oratoires*, éd. Lebarq, Urbain et Levesque, Bruges-Paris, Desclée de Brouwer, 1926, t. III, p. 21, pour la fête de la Visitation.

[37] *Œuvres oratoires*, éd. cit., t. IV, p. 58.

l'Ecole appelle expérimentale »[38], utilisant l'expression, alors commune chez les spirituels, chez Surin par exemple qui intitulait son autobiographie « Science expérimentale ». D'ailleurs l'orateur se reconnaissait incapable de rendre compte pour ses auditeurs de ce qu'était le martyre de l'amour ; seuls ceux qui en ont l'expérience seraient capables d'en parler : « Que ceux-là vous représentent quels sont ces efforts, qui les ont expérimentés. Pour moi je n'oserais en parler ni les approfondir davantage... »[39]. Nous pourrions citer d'autres textes allant dans le même sens, et cela jusqu'à une date relativement tardive dans la vie de Bossuet, jusqu'à l'époque où furent écrites les *Méditations sur l'Evangile*[40]. Ce n'est qu'au moment des débats du quiétisme que Bossuet manifesta une certaine défiance vis-à-vis de l'expérience[41] d'abord avec de notables nuances, au moins dans la direction spirituelle, puis par une fin de non-recevoir brutale, négation de la valeur de toute expérience spirituelle et exaltation unilatérale du discours théologique. Ces négations élaborées dans le feu de la querelle avec Fénelon reprenaient les arguments présentés par les adversaires des mystiques depuis un demi-siècle, mais présentaient bien des différences avec les textes antérieurs, plus sereinement écrits, de Bossuet.

Fénelon se montra au contraire de tout temps en parfait accord avec la tradition des mystiques modernes depuis sainte Thérèse ainsi qu'avec Mme Guyon[42] lorsqu'il se plaignait du

---

[38] *Ibid.*

[39] *Œuvres oratoires*, éd. cit., t. IV, p. 507.

[40] Sermon de Notre Seigneur..., IVe Journée, *Œuvres complètes*, éd. Lachat, Paris, Vivès, 1862-1866, t. VI, p. 8 : « Ceux qui les ont expérimentées souvent ne la peuvent dire, ni expliquer ce qui les touche ».

[41] Nous nous permettons de renvoyer pour ces débats et la place qu'y tient le recours à l'expérience spirituelle à notre *Spiritualité de Bossuet*, Paris, Klincksieck, 1972.

[42] Nous pourrions citer de nombreux textes de Mme Guyon, en particulier plusieurs passages de la Préface du *Moyen court* (éd. 1720, pp. 6-7) invitant le lecteur à faire l'expérience de ce qui a été écrit à partir de l'expérience de l'auteur et d'autres âmes. Voir aussi tout le dossier au chapitre XIX

peu d'expérience qu'on rencontre chez les directeurs[43]. L'*Explication des Maximes des saints* témoignait dès son Avertissement du scrupule qu'avait l'auteur d'exposer le secret de Dieu dans les cœurs « entre les mains des hommes les moins recueillis et les moins expérimentés »[44], et Fénelon présentait son dessein comme une explication des « expériences » et des « expressions des saints »[45]. Toutefois derrière cette revendication de la double autorité de l'expérience et des maximes, nous devinons des problèmes et des débats implicites : expérience et maximes sont-elles deux sources parallèles de la synthèse mystique ? Les maximes sont-elles la traduction de l'expérience ou un autre type d'expérience, ou la seule forme sous laquelle puisse se manifester l'expérience ?

Malgré cette sorte de consensus, au moins pendant une assez longue période, le recours à la notion d'expérience manifeste des difficultés ou des ambiguïtés. Les unes tiennent au statut théologique de cette expérience, les autres concernent l'historien qui, à la suite des auteurs du XVIIe siècle ou de ses devanciers du XXe siècle, a recours à cette notion pour rendre compte de la spécificité des œuvres spirituelles.

Les premières difficultés et les débats qu'elle ont entraînés sont mieux connus, aussi nous contenterons-nous de les rappeler. Toute expérience, au moment de son surgissement, est nouvelle : ce qui pourrait être un constat est en réalité une source de difficultés en un siècle où la note de « nouveauté » est essen-

---

« Expérience. Intelligence » des *Justifications* (éd. 1720, t. 1, p. 246 et sv.) avec des citations venant de sainte Thérèse, de Jean de la Croix, de Jean de Saint-Samson et celles qu'avaient déjà recueillies Nicolas de Jésus-Maria et Jacques de Jésus. Voir aussi les lettres de Mme Guyon à Bossuet qui développent le même thème, dans notre *Spiritualité de Bossuet, op. cit.*, p. 468 et sv.

[43] *Œuvres*, Bibl. de la Pléiade, Paris, Gallimard, 1983, t. 1, p. 599. Cf. p. 973 : Fénelon souhaite pour une communauté un supérieur « qui ait par soi-même une vraie expérience des voies de Dieu ».

[44] *Ibid.*, p. 1001.

[45] *Ibid.*, p. 1002.

tiellement péjorative : les « nouveaux mystiques », les « nouveaux spirituels » qui présentent leurs expériences comme fondatrices ne sont pas désignés ainsi par pléonasme mais pour être marqués d'un signe de suspicion, puisque depuis l'Antiquité et encore plus à l'époque moderne la *novitas* désigne l'hérésie[46].

Outre le caractère de la nouveauté, l'expérience a celui de l'individualité[47] : ces deux caractères apparaîtront comme des reproches majeurs adressés aux mystiques lors de la querelle du quiétisme. Bossuet ne cessera de rappeler le principe de Vincent de Lérins qui mettait le critère de la vérité dans la permanence et l'universalité, « *quod ubique, quod semper, quod ab omnibus* », transposant du domaine de la théologie à celui de la spiritualité le principe de la tradition.

Ces caractères fondent aussi les reproches d'« incertitude » et d'« illusion » que l'on oppose sans cesse aux spirituels au XVIIe siècle. Non qu'eux-mêmes soient aveugles devant ces risques : sainte Thérèse distinguait toujours les expériences qu'elle vivait des illusions qu'elle redoutait : illusions démoniaques, contrefaçons des états mystiques ; erreurs volontaires, intervention de l'activité personnelle au moment où l'âme croit être dans la quiétude, résistances inconnues[48]. On ne compte pas les traités spirituels qui dénoncent ces illusions et essaient de les dissiper : l'un d'entre eux est même expressément consacré à cette tâche de discernement, aussi ignacien que thérésien, *Les*

---

[46] Entre mille, un texte important de la *Recherche de la vérité* de Malebranche, II, II, III § II : « La vérité et la nouveauté ne peuvent pas se trouver ensemble dans les choses de la foi » ; mais Malebranche affirme ensuite avec force que contrairement à ce qui concerne la théologie, on doit aimer la nouveauté en philosophie.

[47] M. de Certeau, *La Fable mystique*, *op. cit.*, note que l'« expérience » qui spécifie les écritures mystiques a pour caractéristique l'ego et le présent. Cf. p. 244 : l'expérience, mise en scène d'un acte présent de dire.

[48] Cf. M. Lépée, *Sainte Thérèse d'Avila. Le réalisme chrétien*, *op. cit.*, pp. 482-505.

Secrets de la vie spirituelle qui en découvrent les illusions (Paris, 1673) du Père François Guilloré. En effet le développement de la psychologie et de l'analyse intérieure ne pouvait que rendre problématique le recours à une expérience au moment même où il semblait lui donner une objectivité indiscutable. Aussi les théologiens dénonçaient-ils le faible poids des expériences des spirituels, Bossuet ne faisant que reprendre ces vieux griefs. Déjà en 1694, devant Mme Guyon, il opposait la théologie à la spiritualité : les saints, selon lui, « n'ont pas toujours su eux-mêmes ce que Dieu opérait en eux »[49], moyen de dévaluer toute expérience dont le sujet serait, par sa place même, le plus mauvais juge. A l'autorité de « quelques mystiques, quelque âme pieuse »[50], Bossuet opposait l'Ecriture, la tradition, les saints reconnus par l'Eglise. Ces longs débats où reparaissaient les mêmes arguments aboutirent à un chapitre de la Préface des *Divers écrits* de Bossuet sur les *Maximes des saints* intitulé : « L'illusion des expériences : il en faut juger par la règle de la foi »[51] : les expériences, écrit Bossuet, « peuvent n'être autre chose que des illusions »[52]. Bossuet n'est pas un isolé : son refus d'attribuer une valeur fondatrice à l'expérience est partagé par ses contemporains ; en 1694, le *Dictionnaire* de l'Académie donne pour exemple à l'article « Expérience » la phrase : « Les expériences sont trompeuses ».

Au fait de l'incertitude de toute expérience s'ajoute chez la plupart des théologiens du XVIIe siècle la conviction qu'il ne peut y avoir d'expérience du surnaturel[53], sinon dans des cas

---

[49] Cité dans notre *Spiritualité de Bossuet, op. cit.*, p. 476.

[50] *Ibid.*, p. 483.

[51] *Œuvres complètes*, éd. Lachat, t. XIX, pp. 196-198 ; cf. notre *Spiritualité de Bossuet, op. cit.*, p. 661.

[52] Ed. Lachat, t. XIX, p. 197.

[53] C'est le système qui se répand au XVIIe siècle, que Suarez avait développé mais qu'il n'était pas le seul à professer, que la fin d'un être naturel est toujours mesurée à ses moyens et que l'appétit naturel ne peut porter que sur quelque chose de naturel. La doctrine des mystiques, comme celle de François

exceptionnels, « extraordinaires ». L'expérience se trouve donc refoulée dans le domaine de l'extraordinaire, du miraculeux, ou du pathologique, en tout cas en un domaine où ne peut s'élaborer un discours rigoureux. Comme l'expérience de l'écrivain inspiré par Dieu pour écrire les textes prophétiques de la Bible apparaît comme extraordinaire et miraculeuse, l'expérience spirituelle est invasion du divin en l'homme et fait taire le raisonnement.

A ces ambiguïtés et ces difficultés soulevées par les adversaires des mystiques au XVIIe siècle s'ajoutent celles que l'historien y découvre : d'abord celle du statut anthropologique de l'expérience, de son caractère sensible ou insensible, affectif ou volontaire. Même si les auteurs spirituels sont unanimes, de Benoît de Canfield à Fénelon et à Mme Guyon, pour reconnaître que cette expérience est du côté de la volonté et non de l'affectivité, si l'un d'entre eux, Claude Martin, peut écrire dans *La vie de la vénérable Mère Marie de l'Incarnation* que l'embrassement de Dieu et de l'âme est, plutôt que sensible, « expérimental parce qu'il est infiniment éloigné des sens »[54], des ambiguïtés et des contre-sens ont commencé à apparaître dès le XVIIe siècle, lorsqu'une anthropologie dualiste, opposition de la raison et de l'affectivité, s'est substituée peu à peu au volontarisme du début du siècle.

Il y a un risque plus grave pour l'historien dans le recours à la notion d'expérience, le risque de considérer que l'expérience se référerait à une réalité existant derrière les textes et les documents, que les textes traduiraient et masqueraient, mais dont il devrait postuler l'existence. C'est ce que nous trouvions déjà dans l'œuvre de Bremond et qui, nous le savons mieux au-

de Sales et celle de Bérulle, est bien plus proche de la doctrine de saint Augustin, d'Origène, de Grégoire de Nysse et d'Hugues de Saint-Victor (H. de Lubac, *Augustinisme et théologie moderne*, Paris, Aubier, 1965, pp. 195-218, cf. p. 290 et sv.).
[54] Paris, 1677, p. 110.

jourd'hui, vient de l'expérience même de cet historien : il ne cessait de poser le problème des rapports entre la spiritualité et la littérature, la mystique et la poésie, en termes psychologiques, en se demandant à partir des textes et des documents ce que sentait l'auteur spirituel ou ce à quoi il restait insensible, ce qui se passait en son esprit et son cœur, quelle réalité ultime, clairement définie par les dogmes de la théologie ou pressentie à travers les analyses de la psychologie religieuse élaborée depuis le XIXe siècle[55], se cachait derrière les mots, les chants ou les gestes.

Il est vrai, pour nous placer dans la perspective de Bremond et des déclarations des spirituels, que le discours, quel qu'il soit, est infidèle par nature au *réel*[56] ; mais cette constatation ne tend-elle pas à préserver de la critique un *réel*, dont ils postulent l'existence comme un au-delà, un « autre », un arrière-plan du langage, des discours et des textes[57] ?

Il y a là d'inévitables conclusions métaphysiques, bien que Bremond et ceux qui adoptent son point de vue aient pensé par le recours au *réel* éviter justement les pièges de l'interprétation métaphysique. Mais le *réel* tel qu'ils l'appréhendent est situé dans le secret de l'esprit et l'âme de l'auteur et non dans l'œuvre littéraire. Cette dernière est voie d'accès au *réel*, traduction du *réel*, et non pas le *réel* lui-même.

---

[55] En particulier W. James qui, selon Bremond, restait à la surface, E. Goichot, *Henri Bremond historien…*, *op. cit.*, p. 236.

[56] *Ibid.*, p. 307.

[57] Cf. H. Bremond, *Histoire littéraire…*, t. VII, p. 198 : « Notre vérité profonde, la seule qui intéresse le juge suprême ce ne sont pas nos actes, mais nos « états » : *Intuetur cor*. Tous les actes peuvent mentir, et comme eux sans doute, les paroles et les écrits qui ne seraient que des actes – et c'est bien le plus grand nombre. Il est néanmoins des paroles, des écrits où affleurent, pour ainsi dire, les " états ", et où l'âme se livre ». Affirmations de théologien et non d'historien : ce dernier n'est pas le « juge suprême » qui aurait la prétention d'atteindre une « vérité profonde », « l'âme ».

A ce point, nous pouvons nous demander s'il ne convient pas d'explorer une autre voie. A vrai dire, elle n'est pas inconnue, et bien des historiens, même sans s'en rendre compte, s'y sont engagés. Quelques œuvres ont néanmoins ajouté le souci de la réflexion théorique à une pratique historique. L'une des plus importantes me paraît être celle de Jean Baruzi ; sa thèse sur *Saint Jean de la Croix et le problème de l'expérience mystique*[58] fit date. Très lucide sur les enjeux de sa recherche, Jean Baruzi posait dans la Préface de la première édition de son livre que le « donné » sur lequel travaille l'historien de la mystique « ne pourrait être de toute manière constitué que par une analyse fondée sur la traduction verbale de l'expérience », donc que « l'aide la plus sûre » doit être attendue de l'étude du « langage mystique »[59]. Les analyses générales seraient moins fécondes que celles des « expériences individuelles »[60], car de toute façon la mystique aboutit à des individus, non pas à des états ou à des traditions universels. Dans le cas de saint Jean de la Croix qui me paraît exemplaire pour ce genre d'enquête, aucune confidence autobiographique ne nous dit comment se sont formées l'expérience et la doctrine : « Toute confidence se soumet à la discipline d'une constante transposition »[61]. Nous atteignons un chant, des symboles, « le lien concret entre l'expérience et la doctrine »[62]. L'étude des textes, des sources, des thèmes, des images, du « mouvement de l'expérience à travers le mouvement de la doctrine », est à la fois la seule possible et la seule solide[63].

Ces vues lucides seront reprises au moment de la 2e édition du livre dans un article de 1931 intitulé « Introduction à des

---

[58] Paris, 1924 ; 2e éd. revue et augmentée, Paris, 1931. Nous citons cette 2e édition.

[59] P. XXIII.

[60] P. XXIV.

[61] P. XXVI.

[62] *Ibid.*

[63] P. XXVIII.

recherches sur le langage mystique » dans les *Recherches philosophiques* »[64]. J. Baruzi s'y demande s'il y a un langage mystique, s'il est discernable, à quel endroit le trouver, à quel moment de la confidence que font les mystiques, questions voisines de celles que nous nous posons aujourd'hui. Or J. Baruzi note, encore une fois après sa thèse, que « nous ne disposons guère que de textes » : s'il y a eu de grands mystiques, des hommes qui ont eu des expériences particulièrement vives qu'ils attribuaient au divin, qui n'ont pas écrit ou dont des témoins n'ont pas recueilli de paroles ou de signes pour en faire à leur tour un texte, ils sont morts, ils n'existent pas pour l'historien. Donc l'expérience devant laquelle se trouve l'historien n'est pas une expérience « mystique », mais une expérience qui a rapport à un texte, une expérience « poétique », « littéraire », un rapport à une écriture. Les conséquences de ce retour lucide sont multiples. D'abord c'est pour nous la perte de l'illusion qu'un mot renvoie à une chose, qu'un texte renvoie à une expérience, à un vécu, à une réalité vitale qui nous seraient accessibles. Rien d'étonnant que de tous côtés les théologiens se soient opposés à la synthèse élaborée par Jean Baruzi. Même Bremond se montre très critique à l'égard d'un homme qu'il juge « un peu esthète », « d'un aristocratisme détestable », et qu'il soupçonne de reprocher à Jean de la Croix de n'avoir pas construit de métaphysique, de ne pas avoir poussé sa pensée jusqu'à une métaphysique de « l'absorption dans le pur élément noétique »[65]. Au tome XI de l'*Histoire littéraire du sentiment religieux*, Bremond ne perd pas une occasion pour traduire en termes métaphysiques et selon les enseignements de la théologie les analyses de Jean Baruzi sur la quiétude ou sur le rôle de l'homme dans l'obscurité mystique[66]. Ces débats nous éclairent bien sur les présupposés de la recherche bremondienne

---

[64] T. I, 1931-1932.
[65] H. Bremond - M. Blondel, *Correspondance*, éd. par A. Blanchet, t. III, Paris, Aubier, 1971, p. 173, 192, 418, 429-430.
[66] *Histoire littéraire...*, t. XI, p. 353, 356 n. 2, 362.

et sur les limites de son caractère « littéraire » : la littérature est bien la « source » de son travail, mais le travail d'interprétation est une justification personnelle et théologique ; malgré l'auteur apparaît ce que Jean Baruzi appelait, pour désigner ses contradicteurs, le « postulat dogmatique »[67].

Essayons donc de nous demander à partir d'exemples concrets ce que pourrait être l'analyse littéraire du langage mystique. Là où il y a langage, il y a héritage. Une lecture des textes, des documents, ne peut être qu'historique, attentive à la tradition littéraire dont les textes mystiques sont toujours l'émergence à une époque donnée.

Toute expérience religieuse dans le monde chrétien étant nourrie de la Bible, thèmes et images articulent à l'avance l'expérience et les textes mystiques : songeons au thème de l'Exode ou aux images du Cantique et à leur rôle dans la structuration du discours. Des travaux à venir permettront d'avancer dans la ligne de la synthèse présentée dès 1949 par Jean Vilnet sur Jean de la Croix[68].

Le spirituel se trouve, au-delà ou en deçà de la Bible, devant la tradition proprement littéraire. Ne prenons qu'un exemple parce qu'il est fondamental et qu'un remarquable historien lui a naguère consacré un ouvrage exemplaire, les *Confessions* de saint Augustin. Les *Confessions* sont un ouvrage autobiographique et à ce titre ont constitué la forme dans laquelle s'est exprimée l'expérience moderne et qui a déterminé cette expérience elle-même. Sainte Thérèse raconte dans sa *Vie* que les *Confessions* lui ont été un jour remises par hasard, « sans doute par une disposition spéciale de la Providence »[69] : « Dès que je commençai la lecture des *Confessions* de saint Augustin, il me sembla m'y voir représentée [...] Arrivée au récit de sa conver-

---

[67] *Saint Jean de la Croix...* , *op. cit.*, 2ᵉ éd., p. VII.
[68] *Bible et mystique chez saint Jean de la Croix*, Etudes carmélitaines, Paris, Desclée de Brouwer, 1949.
[69] *Vie*, ch. IX, trad. Grégoire de Saint-Joseph, Paris, Seuil, 1949, p. 91.

sion, où il parle de la voix qu'il entendit dans le jardin, il me sembla que le Seigneur me faisait entendre cette même voix... »[70]. Ce texte montre fort bien comment l'exemple antique suscite et organise l'expérience moderne ; non pas que la sainte donne une traduction historiciste de cette expérience ; les mots « il me sembla » éliminent, sans l'affirmer ni le nier, mais en l'écartant comme non pertinent, tout discours historiciste qui se poserait la question du « réel ».

Le même jeu entre le texte antique et le texte moderne où s'articulent les discours des deux expériences mises en relation, apparaît dans nombre de récits de conversion du XVIIe siècle dont l'archétype augustinien est reconnaissable. J'ai étudié ailleurs de ce point de vue le récit de la conversion d'Anne de Gonzague qui a servi à Bossuet pour écrire son oraison funèbre en 1685[71] : dans ce récit de ce que Bossuet appelle « les expériences de cette princesse » nous trouvons de nombreux thèmes littéraires (un songe : la rencontre d'un aveugle dans une grotte, thème platonicien). Une « comparaison » entre le rêve et « les choses de la religion », et un décalque du récit augustinien, semblable à celui que nous trouvions chez sainte Thérèse : « je trouvai que... il me semblait sentir... », les *Confessions* jouant ici doublement le rôle de source puisque c'est ce livre que prend Anne quand elle entend un nouveau *Tolle, lege*. De nouveaux rêves structurent le récit de la conversion, et à chaque fois les mots « il me sembla » désignent le caractère « littéraire » et non « historique » de cette expérience que la conclusion résume ainsi : « Voilà ce qui s'est passé dans ces deux songes ».

Les auteurs du XVIIe siècle eux-mêmes étaient beaucoup plus ouverts que certains théologiens des XIXe et XXe siècles à cette problématique « littéraire » parce qu'ils étaient moins

---

[70] *Ibid.*, p. 92, cf. P. Courcelle, *Les Confessions de saint Augustin dans la tradition littéraire. Antécédents et postérité*, Paris, Etudes Augustiniennes, 1963, p. 377.
[71] *La Spiritualité de Bossuet, op. cit.*, pp. 362-365.

pénétrés d'historicisme et de positivisme. Saint François de Sales comprend ainsi, hors de toute interrogation sur l'hypothétique « réalité » d'une scène et de voix, la scène du jardin des *Confessions* de saint Augustin. Pierre Courcelle a remarquablement analysé les passages du sermon XLIX de saint François de Sales qui s'y rapportent[72], montrant comment l'exégèse pratiquée par l'évêque de Genève a su reconnaître dans le texte d'Augustin le jeu des figures et des thèmes et s'attacher à ce que ce dernier « croyait entendre ». Des théologiens ont pu reprocher vivement à Pierre Courcelle que son interprétation faisait évanouir les repères historiques ; mais la « thèse historicisante », et naïve à mes yeux, avait été parfaitement évitée par François de Sales.

C'est d'ailleurs à propos de François de Sales que deux méthodes d'approche de la littérature spirituelle ont pu se définir récemment et s'opposer. Un des livres marquants concernant la spiritualité de François de Sales, publié en 1958, est la thèse de Pierre Serouet, *De la vie dévote à la vie mystique*[73]. L'auteur y suivait avec minutie l'itinéraire de François de Sales, faisant une description de sa « vie intérieure » aux différentes étapes de sa vie. Or cette thèse que l'on pouvait considérer comme quasi-définitive a été, il y a dix ans, remise en cause, par un retournement méthodologique parallèle à celui qu'avaient opéré Jean Baruzi dans les années 20 et Pierre Courcelle dans les années 60. Il s'agit de l'ouvrage de notre collègue Manfred Tietz *Saint François de Sales « Traité de l'amour de Dieu »* (1616) *und seine spanischen Vorläufer* (Wiesbaden, 1973). Bien loin de chercher dans le *Traité* l'hypothétique reflet de l'expérience de François, « die Wiedergabe des Erlebens von François », l'auteur y étudie un exemple de « littérature » religieuse du début du XVIIe siècle en se dégageant du « préjugé autobiographique ». L'étude des genres littéraires, du style, des images,

---

[72] P. Courcelle, *Les Confessions…, op. cit.*, pp. 388-393.
[73] Les Etudes carmélitaines, Paris, Desclée de Brouwer, 1958.

des « autorités », des procédés de l'« *imitatio* », ne nous conduit pas à la reconstitution de l'*Erleben*, du vécu dont ces formes seraient la traduction. L'*Erleben* se trouve non pas derrière, mais dans l'écriture.

Nous avons avec ces principes les grandes lignes d'une approche historique de la spiritualité à l'époque moderne. Nous n'avons pas encore défini ce qu'est le langage spirituel et le langage mystique, mais nous avons posé un programme. Des œuvres fondamentales[74] ont déjà commencé à le remplir.

Contentons-nous de quelques remarques générales. On ne perdra pas de vue que ce langage mystique est essentiellement allusif, comme l'écrivait Jean Baruzi : « La plus précieuse tâche de celui qui étudie la mystique sera de discerner selon quels registres transparaissent pour nous ces allusions »[75]. Allusions qui sont toujours des déplacements, au sens étymologique, des métaphores[76], métaphores naturelles, métaphores sociales, métaphores corporelles, et enfin métaphores que j'appellerais psychologiques, car la psychologie, loin d'être traduction d'une expérience, est elle-même métaphore, façon de parler, à côté, de ce qui ne peut être dit. Il n'y a donc pas découverte d'une vérité ou d'un réel cachés sous le discours, mais une nouvelle façon de parler. Or les auteurs spirituels savent qu'en parlant ce langage ils effectuent une opération métaphorique, mais ils s'appuient sur des métaphores psychologiques qui deviennent elles-mêmes problématiques : l'expression spirituelle passe par la psychologie, mais au même moment le langage qui la traduit est miné par la critique. Loin d'être instrument de traduction du réel, le langage est signe fragile, en risque d'erreur et d'illusion.

---

[74] M. de Certeau, *La Fable mystique, op. cit.* ; voir entre autres p. 257 et sv. Les pages consacrées à la « fiction de l'âme » où l'on peut mesurer la distance par rapport aux conceptions bremondiennes (cf. plus haut note 58).

[75] J. Baruzi, dans *Recherches philosophiques*, t. I, 1931-1932, p. 73.

[76] Cf. M. Sandæus, *Pro theologia mystica clavis…, op. cit.*, Dédicace, n. pag. Et *Praeambula*, p. 7 : « *Metaphoris scatet sermo mysticus* ».

Lisons au chapitre XXV de sa *Vie* ce que sainte Thérèse écrit des « paroles » qu'elle reçut de Dieu : « il me semble utile... d'exposer maintenant quel est ce mode de parler dont le Seigneur se sert, et quelles sont les impressions que l'âme éprouve alors... Ces paroles sont très distinctes, mais on ne les entend pas des oreilles du corps ; on les perçoit cependant d'une manière beaucoup plus claire que par le sens de l'ouïe. Tous les efforts que l'on ferait pour ne pas les entendre seraient inutiles »[77].

Il conviendra donc d'étudier dans les textes spirituels tous les signes de la « similitude » ou de l'« apparence » ; j'appelle ainsi tout ce qui dans le langage désigne un écart de celui qui parle par rapport à la réalité du sens, une sorte de « tout se passe comme si », « il me semble que » : l'apparence est à la fois ce qui est vu et ce qui paraît être, la ressemblance et ce que croit voir le sujet. Bien loin de désigner un terme ou un objet de la vue, ces expressions renvoient au sujet. Ne prenons qu'un exemple, très significatif, celui des révélations de Marguerite-Marie Alacoque[78] : son « expérience » est formée de visions et de paroles qui ont été ultérieurement canonisées, donc qui ont été prises pour l'exacte expression d'une vérité objective : une théologie, une spiritualité, une politique, une iconographie ont même été construites sur ces visions et ces paroles. Or Marguerite-Marie est sans cesse en défiance vis-à-vis de cette expérience, elle en doute : « Voici comme il me semble la chose s'être passée », « il me semblait me voir », « il me fut répondu ». Peut-être par ce doute et cette lucidité sur les limites des mots et des images, cette sainte, archaïque par bien des traits, est-elle une des grandes mystiques des temps modernes.

---

[77] Trad. cit., p. 252. Cf. aussi *Château de l'âme*, V[e] demeures, ch. 1, et VIe Demeures, ch. III sur les illusions.

[78] Cf. notre article, « Une lecture historique des écrits de Marguerite-Marie Alacoque », dans *Les visions mystiques, Nouvelles de l'Institut catholique de Paris*, février 1977, pp. 38-53.

Où se situe donc l'expérience qui était notre point de départ ? Encore une fois recourons à l'œuvre de Sainte Thérèse : comme l'ont bien remarqué ses commentateurs, elle travaille sur les mots, jamais elle ne s'en sert comme d'un moyen de traduction passif. Et l'expérience se situe dans ce travail d'écrivain ; dans les VIIe Demeures, à propos du mariage et des fiançailles spirituelles, elle écrit : « Je me sers de ces comparaisons parce que, comme je l'ai dit, je n'en trouve pas de meilleures... »[79]. Elle crée donc ses mots : « J'appelle », « Je nomme », « Il y a une autre sorte de ravissement que j'appelle vol d'esprit »[80].

Plus que d'une traduction, il s'agit donc d'une création et c'est devant le résultat de cette création que se trouve l'historien, devant des traces d'écriture, « vestigia », « impressiones », « aenigmata », seul objet de son travail et source d'une autre expérience, celle de sa propre écriture. A l'historien d'aujourd'hui comme au mystique d'hier convient l'admirable définition donnée par Rilke le 8 juin 1926 dans son élégie à Marina Tsvétaïeva : « Faiseurs de signes, rien de plus », « *Zeichengeber, sonst nichts* »[81].

---

[79] Chap. II, trad. cit., p. 1035.
[80] VIe Demeures, chap. V ; trad. cit., p. 967.
[81] Rilke, Pasternak, Tsvétaïeva, *Correspondance à trois*, trad. franç., Paris, Gallimard, 1983, p. 162.

CHAPITRE III

UN GENRE LITTÉRAIRE, LE CAS ?

Du *casus conscientiæ* à la *Krankengeschichte* freudienne

Le 18 mars 1909, Freud écrivait de Vienne au Pasteur suisse Oskar Pfister, qui lui avait envoyé un article sur « Ein Fall von psychoanalytischer Seelsorge und Seelenheilung »[1], en le remerciant et en formulant quelques remarques qui lui étaient venues à l'esprit en le lisant. Après avoir noté que son correspondant avait été obligé, à cause du lieu et du public de son article, de taire ou de censurer beaucoup de choses, Freud écrivait à propos de cette « histoire de malade » (*Krankengeschichte*) : « Il est notoire que nos prédécesseurs en psychanalyse, les directeurs de conscience catholiques, n'ont point eu le dessein de ne prendre en considération qu'un minimum des thèmes sexuels ; au contraire ils s'informent de tous les détails, avec la plus grande minutie. Je crois que la vérité se situe entre les deux, mais beaucoup plus près de la coutume catholique que

---

[1] Dans *Evangelische Freiheit*, 1909, n. 3-5.

de votre dessein »[2]. Cet hommage rendu par Freud aux directeurs de conscience s'explique en partie par la personnalité de son correspondant ; il est peut-être aussi justifié par les rapports qu'il est possible d'établir entre les « minuties » de l'étude des cas de conscience dans le catholicisme et les « histoires de malades » auxquelles s'applique la psychanalyse.

On peut faire remonter au XIIIe siècle l'apparition de la casuistique dans le christianisme, au moment où a été élaborée, à partir à la fois de la *conscientia* latine et de la *syndérèse* grecque, une réflexion sur la « conscience » (*Gewissen*), sur l'obligation de suivre cette conscience, même erronée, considérée comme lumière intérieure et instance morale[3]. L'obligation de la confession « *saltem semel in anno* » décrétée par le IVème concile de Latran en 1215[4] et plus encore celle de confesser les fautes graves, « *omnia peccata mortalia* », avec leurs « circonstances » et « après une diligente exploration de sa

---

[2] Freud, *Correspondance avec le Pasteur Pfister (1909-1939)*, traduit de l'allemand par L. Jumel, Paris : Gallimard, 1966 (*Briefe 1909-1939*, Frankfurt am Main, Fischer, 1963), pp. 51-54.

[3] Sur la conscience et les cas de conscience, voir Jacques Le Brun, « La conscience et la théologie moderne », dans *La Révocation de l'Edit de Nantes et le protestantisme français en 1685*, Actes du colloque de Paris (15-19 octobre 1985) réunis par Roger Zuber et Laurent Theis, Paris, Société de l'histoire du protestantisme français, 1986, pp. 113-133 ; Jacques et Jacques-Michel Gagey, « La casuistique », dans *Histoires de cas*, *Nouvelle revue de psychanalyse*, n. 42, automne 1990, Paris, Gallimard, 1990, pp. 261-284 ; Pierre Cariou, *Les idéalités casuistiques. Aux origines de la psychanalyse*, Paris, P.U.F., 1992 ; Christian Biet, *Droit et littérature sous l'Ancien Régime. Le jeu de la valeur et de la loi*, Paris, Champion, 2002, pp. 107-113 ; et surtout Jean-Louis Quantin, « Le Saint-Office et le probabilisme (1677-1679). Contribution à l'histoire de la théologie morale à l'époque moderne », dans *Mélanges de l'Ecole française de Rome, Italie et Méditerranée*, t. 114, 2002, pp. 875-960.

[4] Denzinger, *Enchiridion symbolorum*, 31ème éd., Friburg, Herder, 1957, p. 204, n. 437.

conscience », décrétée au concile de Trente[5], conduisit ainsi à prendre en compte les doutes de la conscience et à chercher des moyens d'approcher le vrai par la référence à des autorités extrinsèques (précédents jugements de théologiens ou de canonistes, exemples historiques, etc.). Mais dans ces conditions, la puissance suprême de l'autorité à définir à partir des textes et à imposer le Vrai et l'Ordre était, au moins à terme, menacée par le pouvoir de la raison et par une intériorité devenue le lieu où se définissaient la gravité d'un acte et la responsabilité d'un sujet à l'égard de cet acte. Le recours à des « directeurs spirituels » et la constitution de « Sommes de cas de conscience », « *Summæ casuum* », pour éclairer ces directeurs furent à l'origine d'une pratique et d'une littérature appelées dès le XVIe siècle à un extraordinaire développement. Même si la décision la plus sûre resta longtemps visée, le « probable », c'est-à-dire ce que l'on « peut approuver », devenait un suffisant motif de moralité de l'action et toute une justification de ce choix du probable s'élaborait sous le nom de probabilisme[6]. La confession et la direction spirituelle, dans leur prise en compte croissante des circonstances et de l'intention de l'acte, semblaient contribuer à une sorte de psychologisation de la conscience, chaque acte pouvant à la limite apparaître comme un cas « particulier », au moment même où il était ramené à un précédent qui servait à le condamner ou à le justifier.

C'est ce que montrent bien les nombreux recueils de cas de conscience accompagnés de leur résolution qui furent publiés dès le XVIe siècle et surtout au XVIIe. Chaque cas (certains recueils en contiennent des centaines) s'y présente comme un récit. Prenons par exemple un recueil qui eut plusieurs rééditions, celui du docteur Jacques de Saintebeuve, docteur de Sor-

---

[5] Sess. XIV, cap. 5 : « *Postquam quisque diligentius se excusserit et conscientiæ suæ sinus omnes et latebras exploraverit* », *ibid.*, pp. 315-316, n. 899-900.

[6] Deman, Th., « Probabilisme », dans *Dictionnaire de Théologie catholique*, t. XIII, 1ère p., Paris, Letouzey & Ané, 1936, col. 417-619.

bonne[7]. Chaque « cas » se présente comme le texte daté d'une consultation effectivement adressée, par des particuliers ou plus souvent par des confesseurs, au docteur de Saintebeuve, suivi de la réponse argumentée du docteur et d'une prescription indiquant l'action à accomplir. C'est donc un récit qui motive la consultation, récit dans lequel « les noms et les autres marques auxquelles on pourrait reconnaître les personnes »[8] sont remplacés par des noms fictifs (Titius, Claudius, Pierre, Jean, etc.) mais qui ne dissimule pas toujours les lieux et qui de toute façon garde une forme biographique souvent très précise. C'est en effet à propos d'un individu qu'est faite la demande et c'est à un individu que sera transmise la réponse. Qu'il s'agisse de l'ordination d'un prêtre, de la profession d'une religieuse, du mariage avec un hérétique, du remariage d'une femme dont le mari a disparu à la guerre, de l'impuissance d'un mari, des actes ou des gestes permis entre mari et femme, de ceux qui sont permis aux ecclésiastiques ou aux religieuses, des questions d'argent ou des conduites auxquelles sont réduits les pauvres nécessiteux, c'est à chaque fois une biographie qui s'esquisse en quelques traits. Certains cas présentent de véritables dialogues : ainsi, à propos d'une lettre de change qui « n'a été acceptée que de parole » et non par écrit, nous avons six pages de dialogue entre Pierre et le banquier où sont présentées les raisons de l'un et de l'autre[9]. D'autres sont l'esquisse d'un roman avec nombre de rebondissements ; citons le début de l'un d'entre eux : « Une fille âgée de dix-huit ans et plus, fait vœu de chasteté entre les mains de son confesseur qui l'oblige à le faire, et le fait plus par complaisance pour lui que par autre motif, quoiqu'elle sût bien ce qu'elle fai-

---

[7] Jacques de Saintebeuve, *Résolutions de plusieurs cas de conscience touchant la morale et la discipline de l'Eglise*, Paris, Desprez, 1695, 2 vol. Sur Saintebeuve, outre le livre de P. Cariou, cité plus haut n. 3, voir [Eug. de Sainte-Beuve], *Jacques de Sainte-Beuve, Docteur de Sorbonne et professeur royal. Etude d'histoire privée*, Paris, Auguste Durand, 1865.
[8] Jacques de Saintebeuve, *op. cit.*, t. I, Avertissement.
[9] *Ibid.*, t. I, pp. 397-402.

sait ; ensuite elle pêche avec le même confesseur, et croit après cette faute qu'elle peut se marier, puisqu'elle avait violé sa promesse, ce qui marque, comme vous voyez, la faiblesse d'esprit de cette personne ; elle se marie ensuite ayant vu un sous-pénitencier, qui lui dit qu'elle le pouvait faire, et sans dispense, parce qu'auparavant il jugea que le vœu n'avait pas toutes les circonstances qui le rendent valide. Elle a eu des enfants qui sont morts, son mari l'a quittée, et en a épousé une autre dans une ville de France. L'on demande si elle le doit recevoir s'il voulait revenir avec elle, et si elle le doit souffrir comme auparavant, et si elle ne peut pas le refuser *quoad thorum*, puisque l'Evangile le permet »[10]. D'autres encore présentent de façon fort romanesque la question de savoir « Si un religieux est excommunié pour avoir fait entrer des femmes dans son monastère » : « Le second dimanche de l'Avent, un ancien religieux ayant convié quelques personnes à dîner, entre lesquelles se devaient trouver plusieurs dames, que ledit sieur rencontra à la sortie de la messe, proche de la porte du cloître dudit monastère où la réforme est établie, et à cause du temps pluvieux les sollicita de passer par dedans le cloître, pour aller dans sa maison qui est du côté de la cour, hors des lieux réguliers »[11]. De telles mises en scène romanesques ne sont pas exceptionnelles dans le recueil des cas de conscience de Jacques de Saintebeuve[12], et les « détails » et la « minutie », dont parlera Freud à Pfister, sont bien des caractères de ces récits. Cependant, au delà de la singularité des cas, c'est une perspective juridique qui règne dans les conclusions : comment la Loi s'applique-t-elle en tel cas ? comment ramener la singularité d'une histoire avec ses circonstances à l'universalité de la règle posée par l'institution et que le

---

[10] *Ibid.*, t. II, p. 357.

[11] *Ibid.*, t. II, p. 228.

[12] Ainsi, parmi d'autres, ce cas : « Si une femme qui a été connue charnellement avant son mariage, peut entrer en religion et faire des vœux, lorsqu'il n'y a point eu de consommation depuis la célébration du mariage », *ibid.*, t. II, p. 361.

casuiste a autorité pour appliquer[13] ? Ainsi, comme il s'agit d'un jugement, ce sont des « témoignages »[14] ou des « preuves », des décisions juridiques ou des autorités textuelles (Bible, décisions de conciles, écrits de casuistes autorisés, etc.), ou enfin, signe de modernité, le recours au « droit naturel »[15], mais non « l'équité naturelle »[16], qui sont discriminants pour la réponse du docteur. L'individualité de celui pour qui on consulte n'entre donc pas comme motif de la décision et la singularité des circonstances n'a pour effet que de préciser le mode d'application de la Loi. « Une personne qui a fait des vœux solennels de religion par violence, et par la crainte d'être abandonnée par ses parents, n'est pas obligée devant Dieu de les garder », mais, comme « elle a laissé passer cinq ans entiers depuis sa profession sans réclamer », qu'elle a pendant ces années renouvelé ses vœux et que le concile ne donne que ce temps pour réclamer, il y aurait « abus » et risque de « scandale » à lui donner raison, et, après un long exposé de ces raisons juridiques et sociales, le docteur n'introduit qu'indirectement la subjectivité de celle qui est l'objet de cette décision en évoquant en une page entière le

---

[13] Ce qui est bien marqué en de nombreux passages du livre de P. Cariou cité plus haut n. 3.

[14] Ainsi les enquêtes pour retrouver les traces d'un mari disparu à la guerre, avec l'évaluation de la qualité des témoins : « Les témoins qui ont déposé ne sont reprochés par aucun, et celui qui dépose au lieu de celui qui est mort, est une preuve de la sincérité du premier témoin, puisque si Mévius et sa concubine avaient voulu supposer le témoignage de ces deux hommes qui avaient passé par E. ils auraient été plus soigneux de prendre leur disposition incontinent après leur retour, sans attendre à le faire après la mort d'un des deux, et plusieurs années même après leur retour », Saintebeuve, *op. cit.*, t. I, p. 346.

[15] « La loi de nature », *ibid.*, t. I, p. 354, « Le droit naturel », *ibid.*, t. II, pp. 259, 589, 592.

[16] *Ibid.*, t. I, p. 362 : « La loi humaine oblige en conscience, c'est pourquoi il n'est pas permis de la transgresser, et quoique la loi humaine doive céder à la loi naturelle et divine positive, personne néanmoins ne dira qu'elle doive céder à l'équité naturelle, et au contraire elle oblige quelquefois quand l'équité semble demander le contraire ; d'où vient que l'on dit que, *Omnis lex humana habet aliquid iniqui* ».

« repos » de l'âme et les grâces que lui procurera l'état de « victime » où, malgré elle, elle a été mise[17]. Cependant, même pour être écartée par les arguments de la Loi[18] ou sublimée en une spiritualité victimale, la subjectivité se glisse dans ces récits : c'est avec une certaine insistance qu'on évoque les reproches de la « conscience » qu' « ému de piété » se formule un religieux[19], c'est avec subtilité qu'on traque, derrière les mots employés, la véritable pensée de celui qui consulte[20] ; bien plus, toute cette littérature des cas de conscience, même si les solutions sont rigoureuses, est une littérature où le « doute » ne cesse de se dire, où la recherche de la « sûreté de conscience » et la crainte de « hazarder son salut » conduisent à une inlassable quête de la certitude en s'adressant à un autre « docte et pieux », à « quelques personnes habiles »[21]. La considération de l' « intention » même reparaît avec les abîmes ouverts par le cas, soumis à Saintebeuve en 1675, d' « un évêque qui avait si peu de religion, qu'au sentiment de ses plus intimes amis, il ne croyait pas, dit-on, même en Jésus-Christ » : comment juger si cet évêque « athée sans foi et sans religion » n'a pas à tel moment « voulu être évêque », s'il a ou « n'a pas changé de sentiments » ? A partir d'une argumentation purement canonique, c'est toute la question de l' « intention suffisante », de la « simulation et fiction », qui se trouve posée[22].

---

[17] *Ibid.*, t. I, pp. 160-163.

[18] Arguments qui eux-mêmes peuvent révéler les limites ou une faille intérieure à la Loi, par exemple sous la forme de l' « événement », qui peut toujours surprendre, ou de la « nécessité subie » insurmontable, voir sur ce point Pierre Cariou, *op. cit.*, pp. 260 et suiv., 292, etc.

[19] Saintebeuve, *op. cit.*, t. I, p. 149.

[20] *Ibid.*, t. I, p. 151 : « Celui qui consulte n'est pas assuré de l'avoir fait puisqu'il se sert dans son exposé d'un terme qui marque son doute ».

[21] *Ibid.*, t. I, pp. 586-587.

[22] *Ibid.*, t. II, p. 60-92. Il s'agit certainement de Philibert-Emmanuel de Lavardin, évêque du Mans († 1671) dont les contemporains se demandaient si les prêtres ordonnés par lui sans qu'il ait eu l'intention de le faire étaient vraiment

Cependant, si la confession a pu, comme Aloïs Hahn l'a montré à maintes reprises[23], jouer un rôle important dans la constitution de l'individualité de l'homme moderne, à la fois en organisant en une « biographie » le flux des événements, des actes et des sentiments, et en mettant au jour les intentions les plus cachées, la casuistique avait pour effet de mettre un point d'arrêt à cette quête et de soumettre au jugement de la Loi, exprimé par ceux qui avaient autorité, les doutes de la conscience. Bien loin de relancer la tentative autobiographique ou la mise en scène plus ou moins romanesque du moi, la casuistique bridait ces tentatives ou ces tentations en posant des conclusions que devait appliquer celui qui consultait ; et même cette éventuelle application n'intéressait pas le casuiste, la conduite, pour ne pas être fautive, devant suivre la décision. Et pourtant, avec la possibilité, reconnue même par un docteur sévère comme Jacques de Saintebeuve, de suivre en sûreté de conscience une opinion simplement probable plutôt que la plus probable, et avec le décrochement opéré explicitement entre le « probable » et le « véritable »[24], était ouverte une autre légalité, celle de la conscience, différente de la légalité de la Loi. Pour articuler l'une avec l'autre, il aurait fallu qu'en un considérable effort théorique théologiens et philosophes élaborent une doctrine de

---

prêtres. Voir des documents et les réflexions postérieures de Voltaire présentés par A. Mothu dans *La Lettre clandestine*, n°8, 1999, pp. 246-248.

[23] Aloïs Hahn, « Zur Soziologie der Beichte und anderer Formen institutionalisierter Bekenntnisse : Selbstthematisierung und Zivilisationsprozess » dans *Kölner Zeitschrift für Soziologie und Sozialpsychologie*, 34, 1982, pp. 408-434 (trad. française : « Contribution à la sociologie de la confession et autres formes institutionnalisées d'aveu : Autothématisation et processus de civilisation », dans *Actes de la recherche en sciences sociales*, 62/63, juin 1986, pp. 654-685) ; « La sévérité raisonnable. La doctrine de la confession chez Bourdaloue », dans *La pensée religieuse dans la littérature et la civilisation du XVIIe siècle en France*, Actes du colloque de Bamberg 1983, hg. v. Manfred Tietz et Volker Kapp, Biblio 17, Paris-Seattle-Tübingen, 1984, pp. 19-43.

[24] Saintebeuve, *op. cit.*, t. II, p. 717 et suiv. toute une consultation du 30 juin 1658 : « De la probabilité. De l'opinion probable ».

la « vérité » à partir des expériences individuelles, des récits faits par les fidèles aux confesseurs et aux directeurs spirituels[25]. Par suite d'une conception extrinsèque et « documentaire » de la tradition, d'une encore balbutiante « analyse de la foi »[26] et d'une insuffisante réflexion sur l' « acte »[27], les énoncés dogmatiques et moraux ne pouvaient apparaître que comme étant d'une nature essentiellement différente des expériences vécues. Dénoncées comme « laxistes », toutes les tentatives pour construire une véritable « science » de l'action ne purent qu'échouer[28] : la casuistique ne put s'engager dans cette voie ; bien au contraire, après la génération des grands casuistes du XVIIe siècle dont on publiait les réponses aux cas de conscience pour lesquels on les consultait, vint la génération des « dictionnaires » de cas de conscience[29] : alors tout ce qui marquait la présence, même effacée, de l'individu, les dates et les lieux, les coordonnées de ses actions, et en particulier le fait de prendre un récit, une « tranche de vie », comme point de départ

---

[25] Et ici la philosophie de Leibniz mettant en valeur le « cas » et la « singularité » serait un bon témoignage du rapport entre une pensée et des pratiques (voir Christiane Frémont, *Singularités, individus et relations dans le système de Leibniz*, Paris, Vrin, 2003, en particulier pp. 32-34, et 275 et sv. sur la « fiction » et le roman).

[26] Sur ces points voir Jacques Le Brun, « L'institution dans la théologie de Henry Holden (1596-1662) », plus loin chap. VII.

[27] Cette réflexion sur l' « acte » avait été engagée dans le cadre des débats autour de la mystique sur la passivité et sur l'activité, mais la confusion par les adversaires des mystiques entre passivité et oisiveté et les accusations de « quiétisme » conduisirent cette réflexion à des impasses.

[28] Sur les attaques contre la casuistique et son déclin à la fin du XVIIe siècle et au début du XVIIIe, au temps même de la « déroute » des mystiques et pour des raisons analogues, voir Jacques et Jacques-Michel Gagey, art. cit., pp. 279-284.

[29] Un des plus importants est celui de Jean Pontas, *Dictionnaire des cas de conscience ou Décisions des plus considérables difficultés touchant la morale et la discipline ecclésiastique, tirées de l'Ecriture, des conciles, des décrétales des papes, des Pères et des plus célèbres théologiens et canonistes*, 2ème éd., 3 vol. in-f°, Paris 1724 (Privilège de 1714).

de la consultation, se trouva relégué dans la position de simple illustration d'une doctrine organisée selon des règles abstraites : ce sera ainsi pour illustrer un chapitre sur le « devoir conjugal » que Pontas introduira l'histoire de « Publia femme de Paulin » qui avait « trouvé après la mort de Salvine sa sœur quelques lettres d'amourettes que Paulin lui avait écrites avant que de l'épouser, dont les termes fort libres lui donnent un violent soupçon qu'il y avait eu alors un commerce criminel entre eux »[30]. Bien plus, la lecture de ces dictionnaires nous apprend rapidement que ces exemples sont tirés de recueils antérieurs, l'immense corpus des cas de conscience jouant le rôle de réserve d'*exempla* traditionnels, coupant désormais la littérature casuistique de ses sources vivantes, du quotidien des fidèles, de leurs doutes, de leurs craintes de pécher et de leurs espoirs d'atteindre la certitude.

Ce sera ailleurs que se diront ces doutes et que s'exprimera l'inquiétude moderne[31], et d'abord dans le roman. Pierre Cariou avait remarqué que le recueil du docteur de Saintebeuve faisait quelquefois penser, rarement il est vrai, à des scènes de Scarron ou de Crébillon[32] ; désormais c'est le roman qui prendra en compte les doutes de l'homme moderne en quête d'une conduite conforme, sinon à une Loi devenue abstraite, du moins à son désir, en particulier à son désir de bonheur[33], et de ce point de vue, dès le XVIIe siècle, *La Princesse de Clèves* de Mme de La Fayette en 1678 ou les *Lettres de la religieuse portugaise* en 1669, attribuées aujourd'hui à Guilleragues, peuvent être considérées comme des cas de conscience adressés au public des lecteurs, public qui s'est substitué aux docteurs dans la fonction de dire la légalité d'une action. Signe de ce transfert, c'est un

---

[30] Jean Pontas, *op. cit.*, t. I, col. 1167.

[31] Sur ce thème important, voir Jean Deprun, *La philosophie de l'inquiétude en France au XVIIIe siècle*, Paris, Vrin, 1979.

[32] Pierre Cariou, *op. cit.*, p. 313.

[33] Voir sur ce point Robert Mauzi, *L'idée du bonheur au XVIIIe siècle*, 2ème éd., Paris, Armand Colin, 1965.

ancien novice des jésuites et ancien bénédictin de Saint-Maur, l'abbé Prévost, qui publiera un peu plus tard, en 1731, avec l'*Histoire du chevalier des Grieux et de Manon Lescaut*, un roman qui laisse deviner à l'arrière-plan le débat entre rigorisme et laxisme, jansénisme et molinisme.

Une autre voie, qui indirectement conduit, elle aussi, au roman moderne, est celle des récits de cas médicaux, ou situés dans cette zone indécise où médecine du corps et de l'esprit et cure d'âme se penchent sur les actions humaines et tentent de leur donner sens ou rectitude. Au XVIIIe siècle, c'est particulièrement en pays protestants et en des lieux marqués par des influences piétistes, mais de façon nullement exclusive, que le lien entre médecine et direction spirituelle est le plus évident et que le *Seelsorger* est à la fois le médecin de l'âme et de l'esprit et le directeur spirituel[34]. Cette littérature médico-religieuse fait une large place aux récits de cas, comme d'ailleurs à la même époque la littérature mystique sous l'influence de Mme Guyon et de son autobiographie, contribuant, comme l'a bien remarqué Pierre Pachet, à former la conscience de l'individu moderne[35].

L'importance des récits de cas est particulièrement grande dans des œuvres médicales consacrées à l'étude d'états situés aux confins de l'organique et du mental, des œuvres qui font entrer dans le champ de la médecine des « affections », pour ne pas dire des maladies dont un certain nombre auraient pu être, et étaient aussi, l'objet des soins du directeur spirituel. Ne nous arrêtons que sur l'une de ces œuvres qui eut un grand succès au

---

[34] Endre Zsindely, *Krankheit und Heilung im älteren Pietismus*, Zürich-Stuttgart, Zwingli Verlag, 1962. Oskar Pfister sera l'héritier de cette tradition piétiste, comme en témoignent ses livres (par exemple celui qu'il écrivit sur Zinzendorf) et les nombreux articles qu'il publiera sur la *Seelsorge* et la pédagogie ; voir ainsi « Anwendugen der Psychoanalyse in der Pädogik und Seelsorge » dans *Imago*, 1912, n. 1, pp. 56-82.

[35] Pierre Pachet, « Madame Guyon et l'individu moderne », dans *Madame Guyon. Rencontres autour de la vie et de l'œuvre*, Grenoble, Jérôme Millon, 1997, pp. 199-210.

XVIIIe siècle et qui par plusieurs traits annonce la littérature psychiatrique du siècle suivant, le livre très répandu du docteur Pomme, docteur en médecine de l'Université de Montpellier, *Traité des affections vaporeuses des deux sexes, où l'on a tâché de joindre à une théorie solide une pratique sûre, fondée sur des observations*[36]. Ce traité porte sur « les affections hystériques et hypocondriaques »[37], ces « funestes maladies dont l'âme est le principe »[38] et se caractérise par le grand nombre d' « observations », de « cas » (ce sont les termes employés à maintes reprises), présentés par le médecin, ses correspondants, ses critiques. Chaque « cas » est exposé en un récit minutieux, comportant un nom ou son initiale, un lieu, une date, l'indication d'une position sociale ou familiale, des événements racontés suivant une chronologie et un enchaînement de « causes » et d' « états ». Le médecin parle à la première personne et se plaît à souligner éventuellement ses relations de parenté ou de voisinage avec le ou la malade[39] ; bien plus il met en scène les sentiments qui l'affectent ou qui affectent les témoins[40] et il manifeste son ironie d'homme éclairé devant les prétendues obsessions et possessions et les remèdes surnaturels que des prêtres tentent d'y apporter[41]. En bien des cas le récit se présente sous une forme romanesque et l'on peut lire comme une nouvelle pleine d'émotion et de rebondissements l'histoire

---

[36] Nous suivons la 4ème édition, Lyon, Benoit Duplain, 1769.

[37] Pomme, *Traité...*, *op. cit.*, t. II, p. 1.

[38] *Ibid.*, t. II, p. 18.

[39] « Ma proche parente », *ibid.*, t. II, p. 3, « Madame Fabre, ma parente », *ibid.*, t. II, p. 57, « Mon épouse âgée de trente-trois ans », *ibid.*, t. II, p. 221, « A Gonfaron, village dans notre voisinage », *ibid.*, t. II, p. 59, etc.

[40] « ...dans des convulsions et dans un état qui aurait intéressé en sa faveur les plus insensibles », *ibid.*, t. II, p. 7, « J'étais chancelant néanmoins et je l'avouerai, à ma honte, le préjugé reçu était pour moi une barrière que je n'aurais osé franchir sans guide », *ibid.*, t. II, p. 10.

[41] Toute la cure d'« une fille que l'on a cru possédée » et qui manifestait « cette espèce de convulsion nommée par les Grecs *opisthotonos* », *ibid.*, t. II, pp. 200-207, serait à lire de ce point de vue.

racontée en 21 pages (bien que la narrateur ait souci de « ne point être trop prolixe ») du « nommé Dominique, laboureur, âgé de quarante-deux ans, d'un tempérament bilieux, résidant à la campagne, à une demi-lieue d'ici » : description réaliste du malade, réflexions du médecin, négligence des proches qui par « préjugés » refusent de donner au malade la potion prescrite, convulsions, « hurlements », « délire le plus furieux », défenestration (« nous rencontrâmes le malade qui courait dans les champs, avec sa chemise trempée sur le corps, les cheveux épars et coulant l'eau, semblables à ceux de quelqu'un qui viendrait de plonger, le nez aigu, les yeux enfoncés, la face pâle et troublée ; enfin telle que celle qu'on appelle *hippocratique* : jamais spectacle plus effrayant que l'aspect de ce frénétique ! »), désir de suicide[42]. La multiplication de ces récits constitués en recueils de cas apparaît comme tout à fait parallèle à l'essor du roman à la fois attendrissant et effrayant, plein de sensibilité et d'un discret érotisme, « conflit de peines et de plaisirs » où les « vives jouissances d'un hymen assaisonné par l'amour » et les « chagrins domestiques », en un mot « les affections de l'âme » sont, autant que les « fêtes » ou « l'abus du café », causes du drame[43]. Le récit du délire de Mlle Baile pourrait être tiré d'un roman noir, et inversement le roman pourrait trouver dans les récits de cas mainte source d'inspiration : « Tout ce qui l'a affectée vivement pendant sa vie, se présente à elle : elle s'entretient avec une jeune dame de ses amies, morte depuis quelque temps ; elle la trouve maigre, et veut la faire manger ; elle ordonne qu'on serve du pain et du fruit ; on lui en présente ; elle en mange pour encourager son amie qui s'obstine à ne vouloir rien prendre ; car c'était à une chaise à qui elle s'adressait ; elle arracha la coiffe de son amie, place des épingles ; elle s'assied et s'assoupit pour un quart d'heure »[44], etc.

____

[42] *Ibid.*, t .II, pp. 156-175.
[43] *Ibid.*, t. II, pp. 5, 88, etc.
[44] *Ibid.*, t. II, p. 362.

Sous le titre de « Mémoire à consulter, sur une affection hystérique invétérée et irritée par les toniques et les stimulants », est publiée dans le même recueil une longue lettre de 34 pages d'Elisabeth *M* à l'auteur du *Traité des affections vaporeuses* ; ce sont ici les paroles mêmes de la malade qui sont proposées, sans commentaire du médecin, comme si ces pages n'avaient pour but que de produire sur la scène le discours de la femme et de susciter l'émotion du lecteur, un lecteur qui ayant lu le traité du docteur saura quel diagnostic poser et quelle thérapeutique conseiller. Lisons quelques lignes de cette lettre ; après avoir dit qu'elle a longtemps hésité à écrire, Elisabeth *M* écrit : « J'ai trop de choses à vous dire ; et ma tête est si épuisée par les souffrances, et plus encore par les remèdes, que je ne sais si je pourrai jamais achever le récit d'une maladie à laquelle je suis en proie depuis vingt ans, et qui est aujourd'hui à son dernier période. Livrée depuis aux caprices de l'art et aux miens propres, à des manies et aux désordres d'une imagination qui a perdu tout frein, pourrai-je jamais vous peindre ma situation actuelle et vous faire connaître les gradations par lesquelles j'y suis parvenue : mon ignorance sur mes maux est des plus grandes ; leurs causes me sont tout aussi inconnues, et les expressions propres à les définir, ne me sont pas familières. Mon récit sera donc informe : vous me le pardonnerez ; je l'attends de vos bontés, et de cette indulgence qui émane d'un cœur généreux et compatissant. Je suis âgée de trente-cinq ans : ma santé fut assez bonne jusqu'à l'âge de treize, auquel temps je devins mélancolique et tout à fait hypocondriaque »[45]. Cette Elisabeth *M* n'est-elle pas la sœur de ces nombreuses femmes à la destinée émouvante et tragique qui peuplent les romans du XVIIIe

---

[45] *Ibid.*, t. II, pp. 399-400 ; la lettre entière est aux pages 399-432.

siècle et dont les lettres, telles celles de *La Nouvelle Héloïse*, portent les confidences[46] ?

Car c'est bien au roman moderne que nous conduit cette littérature des cas. Il est significatif que des romans majeurs de cette fin du XVIIIe siècle soient issus de milieux où des traditions piétistes se mêlaient à des préoccupations médicales pour porter l'attention sur des cas particuliers où les doutes[47] et l'inquiétude des héros conduisaient, sous le nom de « psychologie », à une analyse de soi à la fois douloureuse et salvatrice. Pensons ici à l'*Anton Reiser. Ein psychologischer Roman*, de Karl Philipp Moritz[48] où les expériences de l'auteur dans des cercles guyoniens lui fournirent non seulement le sujet de son roman mais aussi les moyens d'une inquiète introspection. Pensons aussi à l'*Adolphe* (1816) d'un Benjamin Constant qui connaissait, par sa famille et ses relations, les traditions spirituelles d'inspiration piétiste et la tradition médicale illustrée naguère en pays de Vaud par le docteur Tissot, autant *Seelsorger* que médecin[49].

---

[46] Voir Pierre Fauchery, *La destinée féminine dans le roman européen du dix-huitième siècle, 1713-1807, Essai de gynécomythie romanesque*, Paris, Armand Colin, 1972.

[47] Sur l'importance du doute, de la probabilité et de la certitude dans la médecine du XVIIIe siècle, voir Michel Foucault, *Naissance de la clinique*, Paris, P.U.F., 1963, et particulier le chapitre VI « Des signes et des cas ».

[48] 1ère édition, Berlin 1785. Trad. française par G. Pauline, Paris, Fayard 1986. Voir sur Moritz, Robert Minder, *Glaube, Skepsis und Rationalismus. Dargestellt aufgrung der autobiographischen Schriften von Karl Philipp Moritz*, Frankfurt am Main, Suhrkamp, 1974.

[49] Samuel Tissot, *De la santé des gens de lettres*, Lausanne, Franç. Grasset, et Lyon ; Benoît Duplain, 1768. Id., *Avis au peuple sur sa santé*. Edition présentée par Daniel Teysseire et Corinne Verry-Jolivet, Paris, Quai Voltaire, 1993. Sur la religion de Benjamin Constant et ses relations avec le groupe piétiste « Les Ames intérieures » de Lausanne, voir Henri Gouhier, *Benjamin Constant*, coll. « Les écrivains devant Dieu », Paris, Desclée de Brouwer, 1967, en particulier pp. 23-26.

De façon tout à fait parallèle à l'essor du roman moderne au XIXe siècle, l'écriture et la publication de cas se développera de façon considérable dans la littérature psychiatrique, tandis que des romanciers iront chercher dans cette littérature des sources d'inspiration. Il serait facile de multiplier des exemples de l'une ou de l'autre opération. On peut ainsi considérer que des romans comme l'*Edouard* (1825) de Mme de Duras ou l'*Armance* (1827) de Stendhal sont des exposés, certes romancés, de cas de sexualité qui pourront trouver place dans des traités psychiatriques. Et de façon croissante tout au long du siècle romans et nouvelles mettent en scène des cas qui deux siècles plus tôt auraient occupé les casuistes et les directeurs de conscience[50] et sur lesquels se pencheront psychiatres et psychanalystes, un des plus saisissants étant parmi beaucoup d'autres la nouvelle de Barbey d'Aurevilly publiée en 1882, *Une histoire sans nom*[51].

C'est avec Charcot et son collaborateur Bourneville que dans la littérature psychiatrique le récit de cas prit sa forme quasi canonique. La ressemblance avec le roman, et en particulier avec le roman illustré, était reconnue et l'on a bien remarqué que la publication de l'*Iconographie photographique de la Salpétrière* répondait à une intention de « médiatisation » et atteignait un public plus large que celui des médecins : de telle patiente Charcot pouvait reconnaître que les circonstances de sa maladie constituent « tout un roman, une affaire de viol dans

---

[50] On trouve dans le recueil de cas de conscience de Jacques de Saintebeuve plusieurs cas portant sur la question de l'impuissance, *op. cit.*, t. I, pp. 349 et suiv., 592 et suiv.

[51] Barbey d'Aurevilly, *Œuvres romanesques complètes*, Bibliothèque de la Pléiade, t. II, Paris, Gallimard, 1966, pp. 265-364. Sur le « cas» présenté dans cette nouvelle, voir Gérard Bonnet, « Du saignement des règles au saignement provoqué. Etude psychanalytique du syndrome de Lasthénie de Ferjol » dans *Adolescence*, automne 1983, t. I, n° 2, pp. 259-307. Sur les rapports entre psychiatrie et littérature et sur les récits de cas au XIXe siècle voir l'ouvrage essentiel de Juan Rigoli, *Lire le délire. Aliénisme, rhétorique et littérature en France au XIXe siècle*, Paris, Fayard, 2001.

laquelle il est difficile de se débrouiller »[52], et Bourneville présentait une autre histoire « qu'on ne lira pas sans intérêt, nous l'espérons, même après celle de Geneviève »[53] ; et de fait les récits des cas de Geneviève, de Justine Etchevery ou de Rosalie Leroux[54] sont proches de nouvelles contemporaines, et les liens de romanciers comme Jules Claretie[55], Paul Arène ou Alphonse Daudet avec Charcot s'expliquent moins par les relations mondaines que par un commun intérêt pour ces cas et pour la littérature (psychiatrique ou romanesque) capable d'en rendre compte[56]. Il est vrai que l' « objet » de cette littérature se prêtait plus particulièrement à ces rapprochements, ou plutôt, comme en d'autres cas, cette littérature elle-même (et ici aussi les procédés photographiques) contribuait à l'identification et à la définition de son objet, l'hystérie, entité promue au XVIIe siècle par Thomas Sydenham[57] dans un contexte social et religieux particulier, puis exploitée au siècle suivant par le docteur Pomme dans les travaux que nous avons cités. L' « hystérie » en effet était étroitement liée aux mises en scène où elle s'exprimait et aux récits qui en rendaient compte et chez Charcot la « science » et l'« art », loin de se contredire, étaient en parfaite

---

[52] Cité dans Michel Bonduelle - Toby Gelfand - Christopher G. Goetz, *Charcot, un grand médecin dans son siècle*, Paris, Michalon, 1996 (américain, Oxford University Press, 1995), p. 168.

[53] *Ibid.*, p. 164.

[54] *Ibid.*, pp. 162-173.

[55] Jules Claretie, *Les amours d'un interne*, Paris, Dentu, 1881, nouv. éd. Paris, Ollendorff, 1902. Le romancier en plaçant son intrigue à la Salpêtrière se réfère explicitement à *Manon Lescaut* (éd. 1902, pp. 228-229) : « Le roman, par le privilège étonnant de l'art, la toute-puissance de la poésie se substituait à la réalité, l'étouffait, l'exilait » (p. 228) ; Claretie introduit dans son roman, pour ainsi dire en abyme, une scène, « le docteur expliquant à ses élèves le *cas* des malades qu'on lui amenait » (p. 247), l'italique est de l'auteur.

[56] Voir Michel Bonduelle - Toby Gelfand - Christopher G. Goetz, *op. cit.*, *passim*.

[57] Thomas Sydenham, *Dissertatio epistolaris ad [...] Gulielmum Cole, M.D., de observationibus nuperis circa curationem variolarum confluentium nec non de affectione hysterica*, Genève, Samuel de Tournes, 1684.

« cohérence »[58]. C'est d'ailleurs par là que peut se comprendre la parenté de ces cas modernes avec les récits qui au XVIIe siècle racontaient les possessions ou les expériences mystiques : Charcot lui-même en tirait argument pour affirmer que l'hystérie était une entité nosographique « immuable en quelque façon, jusque dans les moindres détails » à travers les siècles[59]. Au delà de cette problématique « immuabilité », ce qui est notable c'est le rôle de l'écriture, en son sens le plus large, et de l'écriture des « cas », des fragments de récits biographiques ou autobiographiques, dans la formation de l'individualité moderne et en même temps de son inquiétude : qu'ils soient adressés au docteur, au directeur, au confesseur, bientôt à un médecin qui prend aussi les traits d'un *Seelsorger*, le cas de conscience, la relation spirituelle, la confession des péchés, ou la consultation sont adressés à un autre dont est attendue résolution des doutes, quiétude intérieure ou santé mentale. Et c'est aussi à cet autre multiple et inconnu qui constitue le « public » qu'est adressé le récit du romancier où ce qui est le plus « privé », tout en se dissimulant, trouve à se dire. Qu'elle prenne la forme des injonctions de la Loi de la part du casuiste, d'une « absolution » (ou de son refus) de la part du confesseur, de la prescription d'une thérapeutique de la part du médecin (et de ce point de vue il n'y a pas radicale rupture entre Pomme et Charcot), la réponse, en transformant la demande en un « cas » (de conscience, médical, psychiatrique) ne parvient pas à refermer ce qui est en jeu dans un récit.

Avec le cas « freudien » sera reconnu et mis en œuvre le rapport entre la cause et le développement de l'hystérie et la

---

[58] Michel Bonduelle - Toby Gelfand - Christopher G. Goetz, *op. cit.*, p. 226.

[59] Préface par Charcot à l'édition de l'autobiographie de Jeanne des Anges publiée en 1886 dans la « Bibliothèque diabolique » (dirigée par Bourneville) par deux de ses disciples, Gabriel Legué et Gilles de La Tourette, Sœur Jeanne des Anges, *Autobiographie*, suivi de *Jeanne des Anges* par Michel de Certeau, 2ème éd. corrigée, Grenoble, Jérôme Millon, 1990.

forme même du texte qui l'exprime et en rend compte[60]. Non seulement Freud insiste encore plus que ses devanciers sur l'importance de considérer les « moindres détails » d'une histoire ou d'un récit[61], même s'il a dû se montrer réservé dans la publication de ce qui concerne la sexualité[62], mais il a lui-même, au début de l' « Analyse critique » du cas d'Elisabeth v. R..., souligné l'importance d'une « présentation (*Darstellung*) approfondie des processus psychiques à la manière dont elle nous est présentée par les poètes (*Dichter*) »[63], ajoutant que l'avantage de cette présentation est « le rapport étroit » qui existe entre l'histoire du malade et les symptômes morbides. Il tire les conséquences de ce fait pour la lecture du cas : « Je m'étonne moi-même de constater que mes histoires de malades (*Krankengeschichten*) se lisent comme des romans (*Novellen*) et qu'elles soient pour ainsi dire dépourvues du caractère sérieux de la scientificité (*Wissenschaftlichkeit*) »[64].

Commentant ce que nous appelons aujourd'hui le « cas Dora »[65], Lacan écrivait en 1951 que Freud exposait ce cas « sous la forme d'une série de renversements dialectiques » et qu'il ne s'agissait pas « là d'un artifice d'ordonnance pour un matériel dont Freud formule ici de façon décisive que l'apparition est

---

[60] Sur le cas « freudien », voir Paul-Laurent Assoun, « Le récit freudien du symptôme. Généalogie d'un genre », dans *Histoires de cas. Nouvelle revue de psychanalyse*, n° 42, automne 1990, Paris, Gallimard, 1990, pp. 173-198 ; Michel de Certeau, *Histoire et psychanalyse entre science et fiction*, Paris, Gallimard, 1987, pp. 118-147 ; Dana Rudelic-Fernandez, « Psychanalyse et récit. Narration et transmodalisation », dans *L'apport freudien*, sous la direction de Pierre Kaufmann, Paris, Larousse, 1998, pp. 845-851.

[61] Dès les *Krankengeschichten* en 1895, trad. française, Freud et Breuer, *Etudes sur l'hystérie*, Paris, P.U.F., 1956, pp. 73 n. 1, 102, etc.

[62] *Ibid.*, p. IX.

[63] *Ibid.*, p. 127-128, trad. de M. de Certeau, *op. cit.*, p. 121.

[64] *Ibid.*, p. 127, trad. de M. de Certeau, *ibid.*

[65] Le titre original de Freud est : *Bruchstück einer Hysterieanalyse*, trad. française par Marie Bonaparte et Rudolph M. Lœwenstein, Freud, *Cinq psychanalyses*, Paris, P.U.F., 1954, pp. 1-91

abandonnée au gré du patient », mais d' « une scansion des structures où se transmute pour le sujet la vérité » ; et Lacan en concluait : « C'est dire que le concept de l'exposé est *identique* au progrès du sujet, c'est-à-dire à la réalité de la cure »[66] ; ce qu'il formulait à la fin de son intervention en notant que le cas Dora, cas d'une hystérique, était privilégié car « l'écran du *moi* y est assez transparent pour que nulle part, comme l'a dit Freud, ne soit plus bas le seuil entre l'inconscient et le conscient, ou pour mieux dire entre le discours analytique et le *mot* du symptôme »[67]. Avec le cas freudien ce sont donc, pour reprendre encore un mot de Lacan, « des maladies qui parlent » et l'exposé du cas nous fait « entendre la vérité de ce qu'elles disent »[68]. C'est aussi une implication particulière de celui qui écrit le cas : au delà de la description exhaustive et de la trompeuse objectivité photographique de l' « observation » selon Charcot, le « je » de Freud apparaît dans ses histoires de malades, avec ses étonnements et ses découvertes, ses résistances et ses erreurs : l'histoire de malade est aussi l'histoire de la construction de cette histoire et du procès d'écriture qui aboutit au « cas ». Nous avions remarqué que la subjectivité du casuiste pouvait se glisser, comme en fraude ou par effraction, dans la résolution des cas de conscience ; désormais elle est élément constitutif de l'histoire qui s'élabore[69]. Encore une fois Lacan l'a exprimé de façon décisive, en rapprochant le cas Dora de *La Princesse de Clèves* qui nous était apparue comme un admirable cas de conscience romanesque : « A l'endroit de Dora sa [de Freud] participation personnelle dans l'intérêt qu'elle lui inspire, est avouée en maints endroits de l'observation. A vrai dire elle la fait vibrer d'un frémissement qui, franchissant les digressions théoriques, hausse ce texte, entre les monographies psychopathologiques

---

[66] Jacques Lacan, « Intervention sur le transfert », dans *Ecrits*, Paris, Seuil, 1966, p. 218.

[67] *Ibid.*, p. 226.

[68] *Ibid.*, p. 217.

[69] Voir Michel de Certeau, *op. cit.*, p. 123-124, 133.

qui constituent un genre de notre littérature, au ton d'une Princesse de Clèves en proie à un bâillon infernal »[70].

Ainsi l'histoire de cas se rapproche du « roman » sous la forme « biographique » qu'a pris ce genre littéraire jusqu'au début du XXe siècle. Mais, comme l'a souligné Michel de Certeau[71], il s'agit d'une « biographie anti-individualiste ». D'une façon toute extérieure, on semble revenir à la casuistique ancienne où la précision des détails avait pour paradoxal effet de bannir l'individualité de la résolution du cas : le casuiste avait en effet pour tâche de ramener à la Loi et à son interprétation la singularité du cas. Avec le cas psychanalytique c'est aussi à une loi, celle de l'inconscient, qu'est ramenée la liberté d'un individu que le roman moderne n'avait cessé, même pour la contredire, de mettre en scène. Mais il ne s'agit pas d'une loi extrinsèque et antérieure, soutenue et imposée par des « autorités », comme la loi que disait le casuiste. Cette loi, à la fois la plus étrangère et la plus intérieure à celui dont est écrite l' « histoire », ce sont les forces mêmes, pulsions, passions et affects que le casuiste avait pour tâche de refouler ou de contourner et que l'idéologie scientifique du XIXe siècle cantonnait dans le genre romanesque peu sérieux et dépourvu de « scientificité », comme l'écrivait Freud.

Une génération de psychanalystes, celle de Freud et de ses disciples, élabora de nombreux récits de cas, bien souvent des cas « littéraires » ou « artistiques ». Cependant on peut constater que cet essor de la littérature des cas coïncide à peu près avec le dernier éclat du roman biographique et psychologique tel que le XIXe siècle l'avait porté à sa perfection. Ce mouvement se tarit à la génération suivante : Lacan ne publia qu'un seul grand cas, celui qui constitue sa thèse de doctorat en méde-

---

[70] Jacques Lacan, *op. cit.*, p. 223.
[71] Michel de Certeau, *op. cit.*, pp. 129-131.

cine publiée en 1932[72] : après la « Position théorique et dogma-tique du problème », une seconde partie y est l'exposé du cas « Aimée », qui peut être considéré comme un des plus parfaits exemples du « genre littéraire » dont nous avons essayé de sui-vre l'histoire depuis l'époque classique. Aucun autre « cas » de cette ampleur et de cette importance proprement « littéraire » ne suivra. Cette constatation nous invite à nous interroger, en ter-minant, sur cette quasi-disparition du « cas », ou au moins sur le moindre intérêt porté aux grands récits de cas, à partir de ces années 1930. Il semble que, de même que la littérature des cas s'était développée au temps de l'essor du genre du roman, on puisse mettre le désintérêt à l'égard du cas en rapport avec le phénomène littéraire qui a marqué la littérature dans les années 20 et 30 et que l'on peut d'une expression commode appeler la crise du roman[73]. Ne prenons qu'un exemple : publiés en 1925, *Les Faux Monnayeurs* d'André Gide peuvent apparaître à la fois comme « le feu d'artifice du romanesque »[74] et comme la dis-solution de tout « récit » dans la tentative d'élaborer un « roman pur », détaché des événements, des descriptions, des dialogues, de tous les « éléments hétérogènes », c'est-à-dire de tout ce qui avait fait la matière non seulement du roman mais aussi des cas de conscience et des cas psychanalytiques. Que la demande de psychanalyse de Gide auprès de « Mme Sokolnicka présentée de façon non déguisée dans son roman *Les Faux Mon-nayeurs* »[75] ait visé à atteindre dans une même subversion à la fois la psychanalyse et le roman est très vraisemblable, toujours est-il qu'après cette œuvre Gide ne pouvait plus écrire aucun

---

[72] Jacques Lacan, *De la psychose paranoïaque dans ses rapports avec la personnalité*, Paris, Seuil, 1975.

[73] Voir Michel Raimond, *La crise du roman des lendemains du naturalisme aux années vingt*, Paris, José Corti, 1966. Id., *Le roman depuis la Révolution*, Paris, Armand Colin, 1967.

[74] Selon le mot de Claude-Edmonde Magny, cité par Michel Raimond, *Le roman avant la Révolution, op. cit.*, p. 172.

[75] Jacques Lacan, « Jeunesse de Gide ou la lettre et le désir », dans *Ecrits, op. cit.*, p. 748.

roman, et que le genre romanesque traditionnel se trouvait lui-même durablement frappé. Ce qu'on pourrait appeler une crise du récit semble donc avoir atteint à peu près dans les mêmes décennies le genre du roman et celui du cas psychanalytique. L'individualité de l'homme moderne que la pratique de la confession et de la direction de conscience avait indirectement contribué à former avait trouvé, pendant environ deux siècles, son expression dans le roman. La psychanalyse, au moment où elle reprenait cet héritage narratif, subvertissait en réalité la mise en scène bourgeoise de cette individualité, redonnait vie aux mythes fondamentaux de l'humanité, et tentait enfin d'articuler le désir d'une « pureté » (au sens où Gide parlait de « roman pur ») dans les concepts et dans leur transmission à une « casuistique ».

CHAPITRE IV
DÉVOTION ET DÉVOTIONS A L'ÉPOQUE MODERNE

Pour comprendre ce qu'est la dévotion et ce que sont les dévotions à l'époque moderne[1], il convient de remonter à l'origine
latine de la notion de « dévotion », à ce qu'était la « *devotio* » à
Rome. Emile Benveniste[2] a consacré tout un chapitre de son
livre sur les institutions européennes au « vœu », « *votum* »,
« *voveo* ». Si l'on remonte à la racine indo-européenne
« weghw », on trouve une double signification concernant la
chose vouée solennellement et l'assurance demandée en
échange de la « dévotion », et « *devoveo* », « *devotio* », dési-

---

[1] Pour une première approche, voir dans le *Dictionnaire de spiritualité*, t. III,
Paris, 1955, les articles « Devotio » par Jean Chatillon, col. 702-716,
« Dévotion (Fondement théologique) » par J. W. Curran, col. 716-727,
« Dévotions » par Emile Bertaud et André Rayez, col. 747-778. Pour toutes
les questions de vocabulaire et de sémantique la thèse de Sister Lucy Tinsley,
The French Expressions for spirituality and devotion : a semantic study,
Washington, The Catholic University of America Press, 1953, reste indispensable par les très nombreuses citations qu'elle apporte et par le tableau qu'elle
présente des évolutions depuis le latin jusqu'au français du XXe siècle.
[2] E. Benveniste, *Le Vocabulaire des institutions européennes*, t. II, *Pouvoir,
droit, religion*, Paris, Minuit, 1969, pp. 233-243.

gnent l'acte de vouer, de consacrer à un dieu, donc à la fois quelque chose que l'on s'engage à accomplir et ce qu'en échange on souhaite obtenir de la divinité. Même si on ne doit pas avoir une conception fétichiste de l'étymologie, comme si la matérialité d'une racine contenait une signification circulant au fil des siècles et des transformations, nous ne devrons pas oublier ce double sens de la « dévotion ».

En effet, la « dévotion » était, comme le montre bien E. Benveniste, mais comme l'exposait déjà Furetière en 1690 dans son *Dictionnaire* et comme le reprenait tout au long du XVIIIe siècle le *Dictionnaire* de Trévoux, « une cérémonie qui se faisait chez lez Romains quand un homme se sacrifiait pour la patrie, comme fit Decius, qui après s'être dévoué, se jeta à corps perdu sur les ennemis où il fut tué »[3]. Une série d'*exempla* antiques ont transmis le souvenir de l'héroïsme des Grecs et des Romains qui sacrifièrent rituellement leur vie pour le salut de la patrie : Codrus, dernier roi d'Athènes, se fit tuer par l'ennemi pour accomplir l'oracle d'Apollon qui avait fait de cette mort la condition de la victoire[4] ; Quintus Curtius se « dévoua » en se jetant dans un gouffre qui ne pouvait être comblé qu'en y précipitant ce que le peuple avait de plus précieux, « les armes et les

---

[3] Furetière, *Dictionnaire*, s. v. « dévouer ». *Le Dictionnaire universel français et latin*, dit *de Trévoux*, Paris, 1771, développe Furetière et écrit : « Dévouement. Terme d'histoire ancienne. Action du sacrifice de sa vie pour le salut de la patrie. L'histoire nous fournit plusieurs exemples de ces sortes de *dévouements*. C'était une cérémonie religieuse usitée chez les Anciens, particulièrement chez les Romains par laquelle un citoyen s'offrait volontairement aux Divinités infernales, pour faire retomber sur sa tête les malheurs dont la république était menacée. Le *dévouement* de Codrus, celui de Decius père et fils sont célèbres dans l'histoire ».

[4] Sur lui voir *Le Grand Dictionnaire historique* de Moreri, S. V. « Codrus ». L'exemple de Codrus avait été rappelé par Platon dans *Le Banquet*, 208 d. pour illustrer un geste causé par le désir de laisser un immortel souvenir de sa valeur.

vertus »[5] ; surtout le consul Decius Mus et après lui son fils et son petit-fils se « dévouèrent » en se jetant sur les ennemis après avoir prononcé les paroles rituelles de la « devotio » que nous rapporte Tite Live[6]. L'exemple de Decius Mus et de ses descendants qui se dévouèrent pour la patrie est d'une extrême importance pour la connaissance de la religion et de la cité romaines, comme l'a encore rappelé récemment Giorgio Agamben dans son livre *Homo sacer* en en tirant de nécessaires leçons pour notre temps et en commentant le rite minutieusement exposé par Tite Live[7].

Ces *exempla* ne sont pour nous des détours qu'en apparence, car ces détours nous conduisent au cœur des questions qui nous retiennent ici. Saint Augustin en effet dans la comparaison qu'il établit dans la *Cité de Dieu* entre la vertu et l'héroïsme romains et ceux des chrétiens, fait à plusieurs reprises allusion à Curtius, à Decius le père et à Decius le fils ainsi qu'à Regulus, assistés par la force, inférieurs certes aux martyrs chrétiens mais exemples pour ces derniers qui risqueraient d'attribuer une valeur intrinsèque à leur mort[8]. Saint Thomas à son tour, dans l'article de la *Somme théologique* qu'il consacre à la dévotion et en dé-

---

[5] Tite Live, l. VII ; dans les *Décades [...] mises en langue française* par B. de Vigenère, Paris, 1617, pp. 299-300. Voir aussi l'article « Curtius (Quintus) » du dictionnaire de Moreri.

[6] Tite Live, l. VIII, et pour son fils l. X trad. de B. de Vigenère citée, respectivement pp. 343-344, et 441. Et voir aussi le dictionnaire de Moreri, s. v. « Decius ou Deciens » et « Decius Mus (P.) » qui donne les références antiques à cet *exemplum*. Sur la « devotio » de Decius, voir Tite Live, *Histoire romaine*, livre VIII, coll. des Universités de France, Paris, 1987, pp. LV-LXXXVIII, 25-27, 107.

[7] G. Agamben, *Homo sacer. Le pouvoir souverain et la vie nue*, trad. française, Paris, Seuil, 1997. Pour la comparaison entre l'*homo sacer* et le *devotus* et l'*exemplum* de Decius Mus, p. 106 et suiv.

[8] Saint Augustin, *La Cité de Dieu*, IV, XX, 169-170 ; V, XIV, 220 ; V, XVIII, 225-226 : « *Si se occidendos certis verbis quodam modo consecrantes Decii devoverunt ut illis cadentibus et iram deorum sanguine suo placantibus Romanus liberaretur exercitus [...]* ».

finissant ce qu'étaient les « *devoti* » antiques, reprend ces exemples en citant Tite Live[9] et en leur conférant le poids de son autorité. Mais il y a plus ; même si Machiavel avait pour ainsi dire désacralisé leur geste en l'interprétant soit comme une manifestation de *virtù*, soit comme une simple ruse de guerre[10], ces personnages qui se sont « dévoués », les Codrus, les Curtius, les Decius sont devenus au XVIIe siècle les figures emblématiques d'un amour pur détaché de tout espoir de récompense (puisqu'il s'agit de païens qui n'attendaient pas les récompenses du Paradis) : les spirituels évoquent ces héros antiques pour montrer l'aspect sacrificiel de l'amour et la valeur de la perte absolue comme ultime critère de cet amour. Dans son commentaire de la Bible écrit en 1684, Mme Guyon développe longuement l'*exemplum* de Curtius[11], et dans sa *Troisième lettre à M. l'archevêque de Paris sur son Instruction pastorale* du 27 octobre 1697, Fénelon tirera argument des païens qui « ne croyaient guère sérieusement les fables que leurs poètes ra-

---

[9] *S. Th.* IIa IIæ ; q. 82, art. 1, Resp. : « *Propter quod et olim apud Gentiles devoti dicebantur, qui seipsos idolis devovebant in mortem, pro sui salute exercitus : sicut de duobus Deciis Titus Livius narrat* ».

[10] Dans son *Discours sur la première Décade de Tite Live*, l. II, ch. XVI, Machiavel note qu'il fallait, pour que l'acharnement qui donne les victoires « persistât davantage au cœur des Romains, que le hasard et la *vertu* des consuls fissent naître l'occasion, pour Torquatus d'immoler son fils, pour Decius de s'immoler lui-même » (dans *Œuvres complètes*, Paris, Gallimard, 1952, p. 552, cf. l. III, ch. I, *ibid.*, p. 610 : « exemples de rare vertu »), et plus loin, l. III, ch. XLV, il évoque la mort de Decius : « Decius, épuisé par le premier choc, voyant l'aile qu'il commandait prête à fléchir, voulant s'immortaliser du moins par la mort puisque la victoire lui échappait, s'immola, comme l'avait fait son père, aux légions romaines » (*ibid.*, p. 713). Dans *L'Art de la guerre*, l. IV, ch. V, il parle de tactique à propos de la mort de Decius (*ibid.*, p. 824). En citant les *exempla* de Decius et de Curtius, Robert Burton au début du XVIIe siècle y voyait un signe de l'aveuglement de gens aveuglés par la superstition (*Anatomie de la mélancolie*, trad. franç. Paris, Corti, 2000, p. 1729). Sur le thème du sacrifice du prince au XVe siècle, voir E. Kantorowicz, *Les Deux Corps du Roi*, Paris, Gallimard, 1989, p. 191.

[11] Mme Guyon, *La Sainte Bible*, Paris, 1790, t. VI, p. 162 à propos de *Judith XIII*, 16.

contaient sur les enfers et sur les Champs-Elysées » et dont « un très grand nombre [...] ont sacrifié leur vie et ont souffert une douleur présente » : « Ils se sont dévoués délibérément à la mort, qu'ils regardaient comme une extinction entière, et comme un anéantissement éternel, pour servir leur patrie et pour pratiquer la vertu »[12].

Ainsi, comme anticipation d'un don et réciprocité forcée, ou sacrifice de soi-même en pure perte, deux dimensions de *vovere* et de *devovere*, du *votum* ou de la *devotio*, restent présentes au XVIIe siècle, alternative ou ambiguïté qui resteront à l'arrière-plan des débats autour du vœu, des vœux religieux, et de la dévotion et des dévotions à l'époque moderne.

La définition que donne saint Thomas de la dévotion dans la *Somme théologique*, IIa, IIæ, q. 82, « *De devotione* », reste en effet sans cesse rappelée dans ces débats et reçoit toute l'autorité attachée au docteur angélique : héritière de la « *devotio* » des Gentils, la dévotion est définie comme une « volonté prompte et prête à accomplir ce qui concerne le culte divin », « les actions qui visent le service de Dieu », « *prompta et parata voluntas exequendi ea quæ ad divinum pertinent cultum* », « *ad facienda quæcumque ad Dei servitium et famulatum spectant* »[13]. C'est d'ailleurs la définition que reprend en substance Johannes Altenstaig au XVIe siècle et à l'aube du

---

[12] Fénelon, *Œuvres complètes*, Paris-Lille-Besançon, 1848-1851, t. II, pp. 495-496. Fénelon reprendra l'argument peu après dans sa *Lettre à Monseigneur l'évêque de Meaux sur la charité, ibid.*, t. III, pp. 356-358, et, après la condamnation de son livre, le 23 mars 1703, il écrivait à Louis de Sacy une lettre où il exaltait l'amitié « sans espérance et sans intérêt », selon Cicéron et les anciens, *Correspondance*, éd. de Jean Orcibal, t. XII, Genève, Droz, 1990, pp. 22-23. Sur la question de l'autorité des anciens en faveur de l'amour pur, voir notre article « L'amour entre-deux-morts. De Fénelon à Platon », dans *Asmodee, Asmodeo*, t. I. *Sul discorso mistico. Du discours mystique*, Florence, USHER, 1989, pp. 77-98.
[13] S. Th., q. 82, *Axioma* et art. 1, *Conclusio*. Voir aussi *ibid.*, art. 1, *Ad primum* : « *cum devotio sit actus voluntatis hominis offerentis seipsum Deo ad ei serviendum* [...] ».

XVIIe dans son *Lexicon Theologicum*, à l'article « *Devotio* », en parlant, avec la citation attendue de saint Thomas, de « *motus mentis in Deum* », de « *quidam actus voluntatis ad hoc quod homo se tradit divino obsequio* » ; et le lexicographe note que « *devotio a voveo quod est aliquid Deo sancta promitto* » mais distingue le « *devotus* » qui élève son esprit à Dieu (« *qui elevat mentem in Deum* ») du « *religiosus* » qui fait les trois vœux, de pauvreté, d'obéissance et de chasteté, distinction de grande importance pour définir le champ de la « dévotion » au XVIIe siècle[14]. Avec les citations de Denys l'Aréopagite, de Hugues de Saint-Victor et de Gerson, la filiation entre ce que l'on appelle la *Devotio moderna* et la « dévotion » du XVIIe siècle est ici très claire. C'est aussi de l'étymologie que part plus tard Maximilien Sandæus dans sa *Pro theologia mystica clavis* à l'article « *Devoveo, Devotio, Devotus* »[15] : « *Devovere est se alicui totum tradere, et addicare, dedicare, consecrare. Hinc, Devotus, alteri consecratus. Devotio, ipsa addictio, seu consecratio. Sed alio modo sumitur a theologis* ». Et Sandæus reprend la définition thomiste en la développant à la lumière de Ruysbroeck et de Louis de Blois.

Car la définition de saint Thomas nous met sur la voie des dévotions qui se sont développées au XVIIe siècle. La *Somme* fait en effet de la dévotion un acte de la vertu de religion[16] ; par la dévotion, l'homme offre à Dieu sa volonté, car, selon saint Thomas, l'intelligence est consacrée au service de Dieu par la prière, la volonté par la dévotion, le corps par l'adoration. Et lorsqu'à plusieurs reprises la question 82 de la IIa IIæ fait, en

---

[14] J. Altenstaig, *Lexicon Theologicum* [...], Cologne, 1619, p. 232 [éditions précédentes : Haguenau, 1517, Anvers, 1576].

[15] M. Sandæus, *Pro theologia mystica clavis Elucidarium, onomasticon vocabulorum et loquutionum obscurarum, quibus doctores mystici* [...] *utuntur* [...], Cologne, 1640 [Repr. Heverlee-Louvain, 1963], p. 164.

[16] S. Th., q. 82, art. 2 : « *Utrum devotio sit actus religionis* ».

écho à la *II^de Epître aux Corinthiens*[17], mention de la
« promptitude » de la volonté, de *« voluntas prompta »*[18], elle
désigne par là l'acte de la volonté dans sa perfection. Mais à
l'article 4 elle introduit une autre détermination, celle de la joie,
« gaudium et lœtitia », la dévotion étant montrée, en soi et principalement, comme cause de la joie spirituelle de l'esprit[19] et
d'une « délectation » qui vient de la considération de la divine
bonté. La promptitude et la joie, en d'autres mots, l' « acte » et
l' « affect », seront, comme le verrons, au cœur des débats du
XVIIe siècle, et c'est sur ces points qu'insistera Sandæus en
1640 dans sa *Clavis*.

En tout cas, c'est à la définition thomiste que se rattachent
ceux qui ont tenté de définir avec rigueur la dévotion, et avant
tout saint François de Sales au chapitre 1 de la 1ère partie de
l'*Introduction à la vie dévote*, intitulé « Description de la vraie
dévotion » : nous y reconnaissons l'écho de la *vouluntas
prompta* thomiste, un amour qui « nous fait opérer soigneusement, fréquemment et promptement », « une agilité et vivacité
spirituelle par le moyen de laquelle la charité fait ses actions en
nous, ou nous par elle, promptement et affectionnement »[20].
« La dévotion n'ajoute rien au feu de la charité sinon la flamme
qui rend la charité prompte, active et diligente »[21].

---

[17] *II Cor.*, VIII, 11 : *« promptus est animus voluntatis »*, 12 ; *« voluntas
prompta est »*.
[18] S. Th., q. 82, art. 1, Resp : *« prompte tradendi se »* et la référence à Ex.,
XXXV, 21 : *« multitudo filiorum Israël* [...] *obtulerunt mente promptissima
atque devota primitias Domino »*.
[19] *Ibid.*, art. 4, Resp. : *« devotio per se quidem et principaliter spiritualem
lœtitiam mentis causat »*. Voir aussi Axioma : *« interna animi exhilaratio sive
lœtitia »*.
[20] François de Sales, *Œuvres*, t. III, Annecy, Niérat, 1893, p. 15. « Pour être
dévot, il faut avoir, outre la charité, une grande vivacité et promptitude aux
actions charitables », *ibid.*
[21] *Ibid.*, p 16.

Nous retrouvons à peu près la même définition dans la *Guide spirituelle* du Père Surin, au chapitre intitulé « De la dévotion », où il écrit : « C'est le fruit le plus délicat de la vertu de religion qui fait que les hommes s'attachent à Dieu avec plaisir et affection »[22]. Et nous ne ferons que mentionner ici l'aide-mémoire théologique du chanoine de Cambrai Jean Polman qui dans sa sécheresse donne de la « dévotion » les deux caractères de « *promptitudo* » et de « *fervor affectus* »[23]. Cependant, en introduisant dans la vertu de religion la « modalité »[24] de la promptitude et celle de l'affection, saint Thomas introduisait la considération de la disposition de l'acte, de ses modes d'exercice, d'une certaine façon la « qualité » dans la religion. Ainsi s'ouvraient les développements de la spiritualité moderne, mais aussi, avec la « modalité » instance de signification ou indice de perfection, tous les problèmes qui cristalliseront autour de la dévotion. Cela nous permet sans doute de mieux comprendre l'essor à l'époque moderne de la dévotion et des dévotions. En effet, dès le Moyen Age, dès le IVe concile du Latran en 1215, ont été fixées un certain nombre de règles minimum pour la pratique sacramentelle et dévotionnelle des fidèles : le concile du Latran, en son chapitre 21, avait indiqué que tout fidèle de l'un et l'autre sexe parvenu à l'âge de discrétion devait au moins une fois l'an confesser ses péchés et au

---

[22] Jean-Joseph Surin, *Guide spirituel pour la perfection*, Texte établi et présenté par Michel de Certeau, Paris, Desclée de Brouwer, 1963, p. 164.

[23] J. Polman, *Breviarium theologicum, continens definitiones, descriptiones, et explicationes terminorum theologicorum*, ed. ultima, Lyon, 1669, p. 420 : « *Devotio est promptitudo voluntatis, et fervor affectus, ad ea quæ sunt cultus divini.* [...] *Fervor est intensio affectus, excludens acediam et teporem* ». Sur la « dévotion » comme promptitude pour remédier à l'acédie, voir le livre de Bernard Forthomme, *De l'acédie monastique à l'anxio-dépression. Histoire philosophique de la transformation d'un vice en pathologie*, Paris, Les Empêcheurs de penser en rond, 2000.

[24] La question 82 de la IIa IIæ note à plusieurs reprises que c'est un « *modus* » qu'introduit la « dévotion ».

moins à Pâques recevoir l'Eucharistie[25] ; et le concile de Trente en 1551, au chapitre 8 de sa 13ème session, fixera l'*usus* du sacrement de l'Eucharistie qui doit être reçu « *fidei constantia et firmitate*, [...] *animi devotione*, [...] *pietate et cultu* [...] *frequenter* »[26], et, au chapitre 5 de sa 14ème session, imposera la confession des péchés mortels et recommandera celle des péchés véniels au temps du Carême, ce qui est une pieuse coutume, « *pius mos* »[27].

C'est donc une pratique assez restreinte qui est imposée. Au-delà s'étend le domaine des conseils. Or la pratique sacramentelle de la confession avec ce qui l'accompagne, examen de conscience, direction de conscience, casuistique, etc. a contribué dans une large mesure au développement de l'individualité moderne. La pratique de la prière et de l'oraison, non plus liturgique mais personnelle, y a aussi contribué. Mais inversement le développement de l'individualité a conduit à l'essor de la forme moderne de la dévotion : dans la solitude de son intériorité, ou en rapport avec un groupe limité, le fidèle choisit d'être le « dévot » de tel mystère, de tel saint, de tel pèlerinage, d'être le participant d'un *colloquium pietatis*, s'il s'agit d'un luthérien allemand. C'est la conscience de son individualité et de la valeur particulière de sa conscience (au double sens, psychologique et moral, de ce terme)[28] qui lui fait choisir une dévotion, qui lui fait poser un acte par lequel il se distingue des *omnes utriusque sexus* de la pratique obligatoire.

---

[25] H. Denzinger, *Enchiridion symbolorum*, 31ème éd. par K. Rahner, Fribourg-Barcelone-Rome, Herder, 1957, n° 437.
[26] H. Denzinger, *op. cit.*, n° 882.
[27] H. Denzinger, *op. cit.*, n° 901.
[28] Voir notre contribution, « La conscience et la théologie moderne », dans La *Révocation de l'Edit de Nantes et le protestantisme français en 1685*, Supplément au *Bulletin de la Société de l'histoire du protestantisme français*, Paris, 1986, pp. 113-133.

Cette dévotion peut être individuelle ou commune à un groupe choisi ou à un groupe qui s'est spontanément organisé autour du message d'un spirituel ou d'une visionnaire : ainsi des publications ont révélé les réseaux qui se sont constitués autour de la personne du P. Surin[29] ou autour de la carmélite Marguerite du Saint-Sacrement, apôtre de la dévotion à l'Enfant-Jésus[30]. Guyonisme et piétisme auront ainsi leurs dévotions, le premier s'adressant à l'Enfant Jésus, constituant un groupe d' « associés », munis d'une Règle[31]. Le groupe de dévotion se constitue sur un choix et, à la différence de l'ordre religieux ou du tiers-ordre, définit lui-même sa règle propre, même si d'individuelle la dévotion tend toujours à devenir collective, à se faire reconnaître par l'autorité ecclésiale, à déboucher sur la reconnaissance d'une liturgie, d'abord privée puis étendue à toute une Eglise : de ce point de vue le développement séculaire de la dévotion au Sacré-Cœur offrirait un exemple particulièrement éclairant.

C'est ainsi qu'à l'époque moderne les dévotions tendent à organiser autour d'elles non seulement la vie intérieure et ecclésiale de groupes de fidèles, mais aussi les grandes synthèses théologiques. Dans une large mesure, c'est un ensemble de dévotions (au Verbe incarné, à Jésus Enfant, à sainte Madeleine, etc.) et de pratiques pieuses liées à ces dévotions (par exemple le célèbre « vœu de servitude » qui a suscité bien des débats) qui ont été à l'origine des grandes synthèses théologiques de Bérulle et qui inversement ont contribué à diffuser fragmentairement ces synthèses. Dans cette diffusion, la multiplication des livres de piété, la constitution d'une immense litté-

---

[29] Jean-Joseph Surin, *Correspondance*, par M. de Certeau, Paris, Desclée de Brouwer, 1966.

[30] Marguerite du Saint-Sacrement, *Correspondance (Lettres reçues à son sujet)*, Saint-Apollinaire, Forelle, 1997-1999, 3 vol., parus.

[31] Mme Guyon, *Règle des associés à l'Enfance de Jésus* [1685], dans *Opuscules spirituels* [1720], réed. Par J. Orcibal, Hildesheim, Georg Olms, 1978, pp. 349-404.

rature de dévotion ayant son style, son mode d'écriture, ses supports éditoriaux, et l'existence d'un large public jouent un rôle essentiel. Les biographies pieuses par exemple consacrent un grand nombre de pages à exposer les dévotions de celui ou de celle dont est écrite la vie : parmi mille autres vies de ce genre, la vie de la visitandine de Melun Anne Marguerite Clément[32] comporte plusiseurs chapitres à récapituler en détail ses dévotions, à la Vierge, à sainte Anne, à saint Joseph, au saint fondateur François de Sales, etc. ; ces dévotions ont fait l'objet de nombreuses lettres de la religieuse et de son directeur (lettres publiées aussi dans la biographie) et le livre prend le relais pour mettre en forme et pour diffuser ces dévotions qui, privées au départ, deviennent alors publiques.

Cependant, si la dévotion, privée ou publique, est bien distinguée du vœu religieux, elle tend à se définir au XVIIe siècle suivant un modèle typiquement « monacal », le glissement du sens thomiste vers le sens d'une « sainte offrande, donation et dédicace de nous-mêmes à la divine Majesté [...] par laquelle nous nous sommes rendus voués, dédiés, consacrés à Dieu, et comme spécialement Religieux, que, au commencement de l'Eglise, on appelait moynes, c'est-à-dire uns ou unis, à cause de la spéciale union avec Dieu à laquelle ils se dédiaient »[33], étant opéré par François de Sales après l'*Introduction à la vie dévote* et en parfaite cohérence avec elle. Cet empire de la dévotion sur toute la vie chrétienne et la relative liberté d'une « volonté » individuelle dans le choix d'une dévotion et du caractère semi- ou pré-liturgique des pratiques par lesquelles elle

---

[32] *La vie de la vénérable Mère Anne Marguerite Clément, première supérieure du monastère de la Visitation de sainte Marie de Melun*, Paris, 1686.

[33] François de Sales, *Fragments sur les vertus cardinales et morales. Œuvres*, t. XXVI, pp. 58-59, cité par Viviane Mellinghoff-Bourgerie, *François de Sales (1567-1622), Un homme de lettres spirituelles*, Genève, Droz, 1999, p. 102. Tout ce livre montre bien que, loin de constituer une sorte d'anachronique « promotion du laïcat », la dévotion salésienne au contraire applique au monde les schèmes monastiques traditionnels.

s'exprime peuvent expliquer que les grandes controverses religieuses de l'époque moderne aient eu lieu plus autour de dévotions qu'autour de propositions théologiques, ou que les conséquences dévotionnelles ou pratiques des options théologiques aient suscité plus de débats hors du champ des spécialistes que les arguments proprement théologiques. Les exemples seraient nombreux de ce fait, de *La Fréquente Communion* d'Antoine Arnauld en 1643 à *L'esprit de Jésus-Christ et de l'Eglise sur la fréquente communion* du P. Pichon en 1745, des débats sur la dévotion à Marie à la fin du XVIIe siècle[34] à ceux que suscita la dévotion au Sacré-Cœur surtout à partir de la publication en 1729 de *La Vie de la vénérable Mère Marguerite Marie, religieuse de la Visitation Sainte-Marie* de Jean-Joseph Languet.

De façon plus précise, c'est autour de la question de la nature et des caractères de la dévotion en général (et point seulement de telle dévotion) que la querelle du quiétisme et du pur amour fut soulevée et se développa. Et il est notable que ce soit l'interprétation des caractères de la dévotion selon la définition de la question 82 de la IIa IIæ de saint Thomas qui ait constitué un des points discriminants du débat : la proposition 27 de la bulle *Cœlestis Pastor* de 1687 condamnant les erreurs de Molinos relève pour le condamner le refus attribué à ce dernier de la « dévotion sensible »[35], les juges romains estimant que le *gaudium* et la *laetitia* thomistes sont de l'ordre du « sensible » et que la méfiance à l'égard de ce « sensible » ou de l'affectivité est condamnable[36]. Quant aux critiques et condamnations dont a fait l'objet Mme Guyon, elles ne reconnaissent pas dans le *Moyen court et très facile de faire oraison que tous peuvent*

---

[34] Voir Paul Hoffer, *La Dévotion à Marie au déclin du XVIIe siècle. Autour du Jansénisme et des « Avis salutaires de la B.V. Marie à ses Dévots indiscrets »*, Paris, Cerf, 1938.

[35] H. Denzinger, *op. cit.*, n° 1247 : « *Qui desiderat et amplectitur devotionem sensibilem, non desiderat nec quærit Deum sed seipsum* [...] ».

[36] Voir le commentaire de cette proposition par Fénelon, *Œuvres complètes*, éd. cit., t. II, p. 237.

pratiquer très aisément et arriver par là dans peu de temps à une haute perfection (1685) l'interprétation en termes modernes de la « *prompta voluntas* » de saint Thomas[37].

Tout autant qu'aux débats et aux condamnations suscités autour de la dévotion et des dévotions, nous devons être sensibles à un phénomène moins immédiatement visible mais peut-être encore plus important ; c'est, au moment même de l'expansion des dévotions, une progressive dévalorisation de la dévotion et le sens fortement péjoratif qu'ont pris au XVIIe siècle le mot « dévot » (« le dévot », « la dévote », « les dévots »). Les témoignages ici sont innombrables et montrent qu'il s'agit véritablement d'un mouvement de fond, mouvement qu'il conviendra d'ailleurs d'interpréter : s'agit-il d'un signe de la montée de l'incroyance, du rationalisme, de premières Lumières ? ou, à l'inverse, est-ce que la méfiance à l'égard de la dévotion et des dévots serait une des causes d'un vaste mouvement de la pensée religieuse et de la spiritualité que l'on appelle les premières Lumières ?

Donnons ici quelques témoignages de cette séculaire évolution, en citant d'abord les dictionnaires, qui ne sont certes pas œuvres d'incroyants ou d'esprits forts. Richelet, en 1680, donne pour l'adjectif « Dévot » des exemples au féminin, « Etre dévote à la Vierge. Elle est dévote en honnête femme », et pour les substantifs il cite Jean-Baptiste Thiers condamnant « des dévots indiscrets » et Pascal critiquant dans la 6ème *Provinciale* la « dévotion aisée »[38]. Le parti pris est encore plus frappant avec Furetière en 1690 qui avec les exemples qu'il cite se montre particulièrement critique, voire cynique : « C'est un dévot,

---

[37] Sur la « spiritualité de la vitesse » de Mme Guyon, voir Bernard Forthomme et Jad Hatem, *Madame Guyon : quiétude d'accélération*, Paris, Cariscript, 1997, ainsi que B. Forthomme, *De l'acédie monastique à l'anxio-dépression, op. cit. passim.*
[38] C'est le titre du livre du P. Pierre Le Moyne, *La Dévotion aisée*, Paris, 1652.

un mangeur de crucifix ». Enfin le dictionnaire de Trévoux accumulera un peu plus tard les exemples péjoratifs et posera que « Dévot se prend pour hypocrite et pour faux dévot ».

Il y a beaucoup de témoignages de cette évolution, mais notre premier exemple datera du temps où François de Sales publiait son *Introduction à la vie dévote* (1609) : en 1608 (rééd. 1609), Mathurin Régnier publiait parmi ses *Satyres* la satyre XIII, portrait de Macette l'entremetteuse, qui « a mis son amour à la dévotion » et devant qui on devient « tout dévot, contrit et pénitent »[39]. En 1670, l'auteur d'un *Recueil de choses diverses* cite cette opinion : « C'est un homme pieux, car le mot de dévot passe pour ridicule »[40], et à la fin du siècle Bossuet sera un bon témoin de cette évolution du sens de « dévot », lorsqu'il écrira dans la *Tradition des nouveaux mystiques* : « Ceux que saint Paul appelle les parfaits sont les mêmes que saint Clément a appelés gnostiques, et que nous appelions naturellement les dévots avant que ce mot eût été tourné en ridicule »[41]. C'est pourquoi Pierre Jurieu, qui avait publié en 1675 son *Traité de la dévotion*, d'une spiritualité fort élevée, et le réédita plusieurs fois, corrigea à partir de 1679 à chaque page « dévot » en « fidèle », « saint » ou « pieux », ou ajouta les adjectifs « vrai » ou « bon »[42]. Chez un autre protestant, bon connaisseur des mystiques et disciple de Mme Guyon, Pierre Poiret, on trouve les mêmes réserves vis-à-vis des mots « dévotion » et

---

[39] Mathurin Régnier, Satyre XIII, v. 16 et 43.

[40] B. N., ms, n. a. fr. 4333, f° 241 v°, publié par Jean Lesaulnier, *Port Royal insolite. Edition critique du Recueil de choses diverses*, Paris, Klincksieck, 1992, p. 475. L'on sait que c'est comme « cabale des dévots » que devint suspecte la Compagnie du Saint-Sacrement, voir Raoul Allier, *La cabale des dévots 1627-1666*, Paris, 1902 [Réimp. Genève, Slatkine, 1970].

[41] Bossuet, *Œuvres complètes*, éd. Lachat, Paris, Louis Vivès, 1862-1866, t. XIX, p. 122.

[42] Voir notre contribution « Les Œuvres spirituelles de Pierre Jurieu », dans *Mélanges de littérature française offerts à Monsieur René Pintard*, Strasbourg-Paris, Klincksieck, 1975, pp. 425-441. Plus loin chap. XIV.

« dévots »[43], et le sens péjoratif de ces termes s'imposera largement[44].

Les jésuites eux-mêmes n'étaient pas en reste pour critiquer la dévotion aisée jadis vantée par leur confrère le P. Le Moyne : le P. Guilloré consacra tout un traité des *Secrets de la vie spirituelle qui en découvrent les illusions* (Paris, 1673) à dénoncer « les illusions de la dévotion aisée » ! D'où la fréquence de l'adjectif qui avait pris une valeur polémique : Etienne Lochon avait publié à Paris, en 1679, *Le vrai dévot en toute sorte d'états* et Louis-Marie Grignion de Montfort publiera un *Traité de la vraie dévotion à la Sainte Vierge*. Dans la seconde moitié du XVIIe siècle les témoignages de suspicion à l'égard de la « dévotion » sont innombrables. Fénelon par exemple dénonce les « abus dans la dévotion » en revenant au sens étymologique du mot : « le dévouement parfait, d'où le terme de dévotion a été formé, n'exige pas seulement que nous fassions la volonté de Dieu, mais que nous la fassions avec amour »[45], et c'est « présomption » et « bizarrerie » qu'il « remarque dans la dévotion de notre siècle »[46]. Les écrivains de Saint-Nicolas du Chardonnet font de la dénonciation de la fausse dévotion un des lieux communs de leur spiritualité ; Bourdoise écrivait ainsi : « On ne vit jamais tant de dévotion et si peu de christianisme. [...] Je n'ai encore point vu de dévotion qui ne combattît quel-

---

[43] Marjolaine Chevallier, « Le *Kempis Commun* de Pierre Poiret », dans *Revue d'histoire de la spiritualité*, 1977, n° 1-2, p. 143.

[44] Ainsi ces exemples frappants dans *L'Envers de l'histoire contemporaine* de Balzac, dans *La Comédie humaine*, t. VIII, Paris, Gallimard, 1977, pp. 279-280 : « Toutes étaient sans orgueil, sans vanité, vraiment humbles et pieuses sans aucune de ces prétentions qui constituent la *dévotion*, en prenant ce mot dans son acception mauvaise » [italiques dans le texte] ; p. 304 : « L'hypocrisie de cette femme, qui tâche d'abriter sa prétendue innocence sous les pratiques d'une menteuse dévotion, a des antécédents. »

[45] Fénelon, *Œuvres*, Bibl. de la Pléiade, t. I, Paris, Gallimard, 1983, pp. 780-781.

[46] *Ibid*, p. 863.

que obligation »[47] ; et Bourdoise critique non seulement les dévotions « mondaines », mais toute dévotion parce qu'on la choisit, qu'elle est privée et concurrence la liturgie, l'office de l'Eglise. Claude Fleury ne dira pas autre chose : « La dévotion ne peut jamais être que superficielle, quand elle n'est point fondée sur des principes solides. [...] On ne peut pas trop s'appliquer à conserver l'uniformité, et à retrancher la démangeaison des dévotions nouvelles et singulières »[48]. Et c'est ce que quelques années auparavant Claude Joly écrivait au cardinal Bona : « L'Eglise est régie par la tradition, non par la dévotion ; la dévotion peut se tromper, la tradition jamais »[49].

N'oublions pas cependant que déjà au début du XVIIe siècle François de Sales parlait de la « vraie dévotion » dans le premier chapitre de son *Introduction à la vie dévote*. Car la critique des dévotions ou au moins la méfiance et les mises en garde à leur égard sont exactement contemporaines de leur essor. En deçà des ultérieures polémiques sur les « fausses » dévotions, c'est chez saint Jean de la Croix qu'on trouve la plus radicale critique des dévotions, et cela dans le cadre de l'itinéraire mystique. Il faut lire de ce point de vue, au livre III de la *Montée du Mont Carmel*, les chapitres XXXV-XLV. Après avoir exposé le profit qu'on reçoit à rejeter la joie qui vient de différents biens, biens moraux, biens surnaturels, Jean de la Croix expose celui qui vient du rejet des « biens spirituels savoureux »[50], les biens « motifs »[51]. Il s'agit toujours d'un « réveil », d'une « flamme »

---

[47] Dans *L'Idée d'un bon ecclésiastique*, cité par Jean-Claude Dhôtel, *Les Origines du catéchisme moderne*, Paris, Aubier, 1967, p. 389-390.

[48] Claude Fleury, *Catéchisme historique* [1683], Discours du dessein et de l'usage de ce catéchisme, dans *Opuscules*, Nîmes, 1780, t. 1, pp. 424, 442.

[49] Cité dans P. Hoffer, *La Dévotion à Marie, op. cit.*, p. 46, n. 3.

[50] Chap. XXXV, trad. Cyprien de la Nativité, dans *Œuvres complètes*, Bruges-Paris, Desclée de Brouwer, 1959, p. 413.

[51] Qui « émeuvent la volonté à dévotion », *ibid.*, p. 414 : images, portraits, oratoires, cérémonies ; voir p. 415 : « La personne véritablement dévote met principalement sa dévotion en l'invisible », et p. 417 : la perfection requiert « nudité et pauvreté d'esprit ».

qui permet à la dévotion de croître, mais tous ces chapitres, en définissant la dévotion et les moyens par lesquels elle est « excitée », font en même temps la théorie des abus de la dévotion, de ses écarts par rapport à la fin poursuivie. Les derniers chapitres de la *Montée du Mont Carmel* constituent ainsi, au moment même du plus grand essor des dévotions et de la dévotion (comme motion ou excitation), la plus radicale critique de la dévotion, non pas sur le mode plus ou moins anecdotique de la critique de telle dévotion, mais, de façon ultime, du rapport entre la volonté et ce qui la meut et de la confusion du « goût » ou de l' « affection » avec la dévotion[52], question qui avait été posée dans un autre contexte par la question 82 de la IIa IIæ de saint Thomas. Les débats de la fin du XVIIe siècle sont déjà en germe en ces pages. Car il s'agit ici du statut de l' « image » (sous ses formes les plus variées) et de son pouvoir moteur sur la volonté, élément d'une critique de l'imagination, fondamentale dans toute la spiritualité du XVIIe siècle, le but à atteindre étant une volonté « pure ». Jean Baruzi a bien montré que cette « négation initiale » était à la base de la radicale critique de la « méditation » par Jean de la Croix[53]. En tout cas, c'est à l'aube du XVIIe siècle que se formule le mieux la critique de la « dévotion indiscrète »[54], critique qui ne saurait être mise au compte d'un esprit critique marqué de libertinage, d'incroyance ou de jansénisme !

Ainsi non seulement du côté des théologiens et des historiens « éclairés » mais aussi du côté des mystiques, la dévotion et les dévotions étaient au XVIIe siècle remises en cause, ce qui ne pouvait pas ne pas avoir de conséquences sur la forme et le statut de ces dévotions. Leur succès même donnait au catholicisme (et à certains secteurs du protestantisme) l'aspect qu'il

---

[52] *Ibid.*, pp. 421, 424, 427, etc.
[53] Jean Baruzi, *Saint Jean de la Croix et le problème de l'expérience mystique*, [Paris, Alcan, 1931] rééd. Paris, Salvator, 1999, p. 436.
[54] *Montée du Mont Carmel*, ch. XLIII, *op. cit.*, p. 436.

conservera pendant plusieurs siècles et au dévot le visage que le monde, partagé entre respect, sévérité et ironie, lui reconnaîtra pour longtemps[55]. Ainsi la dévotion qui avait trouvé au XVIIe siècle un étonnant essor risquait de se trouver en porte-à-faux entre mystique et critique, pour reprendre en un autre sens le titre d'un ouvrage d'Emile Poulat[56].

[55] Il serait intéressant de reconnaître dans l'œuvre de Jean-Jacques Rousseau ce regard ambigu sur la dévotion, entre la fascination pour le personnage de Julie « âme tendre […] naturellement portée à la dévotion », « charmante dévote » (*La Nouvelle Héloïse*, dans *Œuvres complètes*, t. II, Paris, Gallimard, 1961, pp. 589-590 [avec allusion à un « excès de sensibilité » et à sainte Thé-rèse], 694), l'ambiguïté devant « l'enthousiasme de la dévotion » (*ibid.*, p. 15) et l'hostilité à l'égard des « prêtres » et des « dévots » (Lettre à Voltaire, 18 août 1756, *op. cit.*, t. IV, Paris, Gallimard, 1969, p. 1068, en une page où de façon caractéristique Rousseau oppose la dévotion des dévots à celle que pratiquèrent « volontairement Codrus, Curtius, les Decies, les Philènes et mille autres » auxquels il se compare lui-même). Sur ces questions, voir le livre essentiel de Yves Touchefeu, *L'Antiquité et le christianisme dans la pensée de Jean-Jacques Rousseau*, (*Studies on Voltaire and the eighteenth century*, n. 372), Oxford, Voltaire Foundation, 1999, en particulier sur Julie, pp. 186, 188, sur Decius, pp. 46, 493.

[56] Emile Poulat, *Critique et mystique*, Paris, Le Centurion, 1984.

CHAPITRE V

JÉRÔME CARDAN ET L'INTERPRÉTATION DES SONGES

Dans l'œuvre immense de Cardan, le traité des songes ne semble pas avoir été le texte le plus remarqué ou qui eut le plus d'influence. Ces *Somniorum Synesiorum omnis generis insomnia explicantes libri IIII*, qui se présentaient comme un commentaire du livre antique de Synesius, furent publiés à Bâle[1] (chez H. Petri) en 1562, avec une dédicace au cardinal Charles Borromée, archevêque de Milan, puis réédités dans la même ville, chez le même éditeur en 1585. Une adaptation allemande, sous le titre de *Traumbuch Cardani, Warhafftige, gewüsse und unbetrügliche Underweisung...*, avait été publiée entre temps par J.J. Huggelin à Bâle, en 1563[2]. Ensuite le texte latin sera repris dans les *Opera omnia* de Cardan, publiées à Lyon, en 1663, par les soins de Charles Spon[3]. Nous n'avons pas recensé

---

[1] Synesius, Περὶ ἐνυπνίων λόγος, Migne, P.G., t. 66.
[2] Un exemplaire à la Staats- und Stadtbibliothek Augsburg, sign. 40 KOLT 100.
[3] Hieronymi Cardani Mediolanensis Philosophi ac Medici Celeberrimi, *Opera omnia...*, cura Caroli Sponii..., Lyon, J. A. Huguetan & M. A. Ravaud, 1663,

d'autres éditions ou traductions, et ce n'est que très récemment que Jean-Yves Boriaud a réalisé une excellente traduction française intégrale de ce traité des songes qui doit paraître prochainement.

Sur le traité, nous relevons peu de travaux importants, et les ouvrages qui traitent de la philosophie de Cardan, de son rationalisme ou de son libertinage, y font à peine allusion, comme si Cardan n'avait écrit qu'une des nombreuses clefs des songes qui, à l'époque moderne, paraphrasent Artémidore ou Synesius. Seule une thèse d'Alice Browne, en 1971, a pris le livre de Cardan comme objet d'étude en présentant sur lui une première synthèse[4].

Cependant cette œuvre, qui semble mineure dans l'ensemble de la production de Cardan, peut apparaître comme centrale, et cela de multiples points de vue : du point de vue de la méthode,

---

10 vol. in f° Reprint, avec Introduction de A. Buck, New York & London, Johnson Reprint Corporation, 1967. Le *Synesiorum Somnorium…* est au tome V, p. 593 et sv.

[4] Alice Browne, *Sixteenth Century beliefs on dreams, with special reference to Girolamo Cardano's Somniorum libri IIII*, London, The Warburg Institute, May 1971 ; cf. du même auteur, « Girolamo Cardano's Somniorum Synesiorum libri IIII », dans *Bibliothèque d'Humanisme et Renaissance*, t. XLI, 1979, pp. 123-135. Consulter aussi le résumé de nos conférences sur l'interprétation des songes selon Cardan dans : Ecole pratique des Hautes Etudes, Section des Sciences religieuses, *Annuaire, Résumé des conférences et travaux*, t. XCIV, 1985-1986, Paris, 1986, pp. 567-569. Le séminaire tenu par C. G. Jung en 1940-1941 portait sur les « Rêves de Jérôme Cardan, savant de la Renaissance ». L'interprétation présentée par Jung, purement descriptive et idéologique, est peu utile et ne se situe guère au-delà d'une clef des songes modernisée. Hors de toute perspective historique, nous n'y trouvons qu'une mise en parallèle des éléments manifestes des songes de Cardan avec des mythes et des significations traditionnelles (C. G. Jung, *Sur l'interprétation des rêves*, trad. franç., Paris, Albin Michel, 1998, pp. 51-176).

et par les rapports qu'elle entretient avec l'expérience de Cardan lui-même[5].

I. Une « méthode »

Moins que le détail des prévisions de l'avenir ou que l'impressionnante érudition de l'auteur, ce qui nous frappe à la lecture de ce traité, c'est le souci de méthode (*methodus*), le souci de l'art (*ars*), non pas au sens esthétique, mais au sens de l'*ars* latine, de l'habileté réfléchie. C'est d'ailleurs sur ce plan que se place explicitement Cardan dès le premier chapitre de son livre, et même dès la dédicace à Charles Borromée, en faisant de la « méthode » la différence essentielle entre son œuvre et celle de ses devanciers antiques.

Au chapitre I du livre I, Cardan reproche à Artémidore, à Nicéphore Gregoras, à Salomon Judaeus, à Synesius de manquer d' « art » et de « méthode », d'avoir présenté leur matière de façon « désordonnée » et « confuse »[6]. Analyser cette méthode et cet art nous permettra de montrer quelle est la spécificité du travail de Cardan, en quoi il diffère des entreprises d'Artémidore et de Synesius, mais aussi en quoi il diffère de la « compréhension scientifique », « *das wissenschaftliche Verständnis* », que Freud voudra promouvoir, trois siècles plus tard, dans sa *Traumdeutung*[7].

---

[5] On consultera les lignes consacrées par Cardan à cette œuvre dans le *De libris propriis, Opera omnia*, t. I, p. 103g.

[6] *Opera omnia*, t. V. p. 596d (Nos références au traité des songes renvoient à cette édition bien qu'elle soit chargée de nombreuses fautes d'impression). Synesius « *non quicquam scripsit in arte* », « *quamvis prorsus nil in arte scripserit* » ; Artémidore et Salomon Judaeus « *multa utilia tradidere* », « *sed cum methodo carerent, omnia inordinata, plurima confusa, et quæ sic ut jacent accipiuntur, falsam artem ostendere videbuntur : quædam etiam prorsus falsa* ».

[7] Freud, *Die Traumdeutung*, chap. I, Studienausgabe, Francfort, Fischer, 1982, t. II, p. 29, cf. trad. franç. Paris, P.U.F., 1980, p. 11. Notons que Freud cite le

Le livre de Cardan est organisé autour de la notion de signe, *signum*. En un sens, c'était aussi le cas de l'*Oneirocriticon* d'Artémidore, où les rêves et les songes « signifient » (σημαίνειν), les uns les choses présentes, les autres les choses à venir, où le songe proprement dit est « sémantique » (σημαντική) des événements de l'avenir[8]. C'était aussi le cas des interprétations traditionnelles, selon lesquelles le songe est un « signe » fait au songeur par une divinité, un démon, un astre. Si une originalité apparaît chez Cardan par rapport à cette vulgate interprétative, c'est par un déplacement de ce qui était entendu par la « signification ». Au départ, l' « explication »[9] que réalise Cardan ne se présente pas comme déploiement d'un « sens » ou d'une « signification » qui seraient indépendants du songe et auxquels le songe renverrait ; le substantif « *significatio* » semble même absent du livre où l'on trouve constamment les formes verbales *significare, significari, significatum*, comme elles sont constamment employées dans le *Liber de Judiciis geniturarum*, où chaque planète, ses directions et ses révolutions « signifient » une chose[10].

L' « explication » est une opération qui dégage un signifié et non la reconnaissance d'une signification préalable à cette opération et indépendante d'elle. Ainsi est posée dès le début la distinction, qui sera ultérieurement reprise et précisée, entre la

---

livre de Cardan, l'édition de 1562 et la réédition de 1663 (qu'il donne comme « 2. Auflage »), mais non la traduction allemande, dans la bibliographie de la *Traumdeutung*, éd. cit., t. II, trad. franç., p. 530 (avec erreur sur la date des *Opera omnia*).

[8] *Oneirocriticon*, I. I, ch. 1-2, cf. trad. franç. Par A. J. Festugière, *La clef des songes*, Paris, Vrin, 1975, pp. 19-20, etc. Cf. Synesius, § 2 : σημαίνει, σημαντικῶν, P.G., t. 66, col. 1284. Une traduction, meilleure que celle de Festugière, a été réalisée récemment par Jean-Yves Boriaud, Artémidore, *La clef des songes, Onirocritique*, Paris, Arléa, 1998.

[9] Cf. le titre du livre : « ... *insomnia explicantes*... ».

[10] *Opera omnia*, t. V, p. 433 et sv. Cf. p. 433g, le début du livre : « *Saturnus solertiam significat, Jupiter prudentiam...* », etc.

« certitude » et la « vérité » d'un message[11] ; à la différence du Destin[12], devant lequel on ne peut proférer qu'exécration ou lamentation, parce qu'il ne désigne que des choses « certaines »[13], ce que « signifient » les songes n'est pas certain, est signifié naturellement[14], donc peut être l'objet d'un travail visant à l'éviter ou à le promouvoir[15]. Interpréter les songes n'est donc pas recevoir une révélation du Destin, mais une chose naturelle[16] ; c'est accueillir un signe et, liée à ce signe, une conjecture[17]. Certes le thème de *conjectura* était déjà utilisé dans l'Antiquité pour désigner l'interprétation des songes[18], mais Cardan, parlant de signe et conjecture, dégage toute l'ambiguïté de son propos : la conjecture, l' « *artificiosa conjectura* »[19], permet non seulement une science du futur, mais aussi un usage, « *usum* »[20], du futur qui peut nous le rendre

---

[11] Cf. I. I., ch. IV, *Unde in somniis veritas*, p. 599d ; ch. IX, *De modo habendi vera somnia*, p. 604d.

[12] *Fatum*, I. I. ch. I, p. 596g.

[13] « *execranda et deploranda ut certa* », p. 594, dans l'*Epistola dedicatoria* à Charles Borromée. Cf. p. 596d : « *rem certaim, et quæ mutari non possit* ».

[14] « *Somnia naturaliter significant quæcumque significant* », p. 594.

[15] « *Cavenda et procuranda* » ibid.

[16] « *rem naturalem* » I. I, ch. I, p. 596g.

[17] « *signumque ac conjecturam accipiemus* », p. 596g-d. Cf. I. III, ch. XVI ; p. 702d : l' « art » concernant les choses futures est « conjectural » : « *artem... conjecturalem* » ; I. IV, ch. I, p. 704g : « *verisimilem exhibent de se conjecturam* ». L'interprète est appelé « *conjector* » (I. I, ch. XIV, p. 611g). Sur l'astrologie comme art conjectural, cf. A. Ingegno, *Saggio sulla filosofia di Cardano*, Florence, La Nuova Italia, 1980, p. 45 et sv. : la *scientia* et la *conjectura*.

[18] Cf. Cicéron, *De divinatione*, I. 24 ; I, 73 ; etc.

[19] L. I, ch. X, pp. 604d-605 g.

[20] P. 596d. Cf. 1. III, ch. XVI, pp. 702-703 : *De usu somniorum* ; 1. IV, ch. I, p. 704d : « *uti* » ; ch. III, p. 708d : « *utilem esse somniorum interpretationem* ».

utile. Ainsi la non-certitude fonde une pratique, une interprétation, et s'articule à la « vérité » des songes[21].

Le signe ne peut être réduit à une image de l'avenir : même la métaphore spatiale, toujours importante à analyser chez Cardan dans sa représentation de l'avenir, désigne plus un rapport logique entre l'image du songe et son « événement », « *eventus* »[22], qu'une succession temporelle. Le terme « *proximus* », qui est utilisé à maintes reprises par Cardan pour évoquer les déplacements de signifiés qui ouvrent la voie à l'interprétation, est lui-même ambigu et suggère tout autant un déplacement sémantique, la traduction d'une langue dans une autre, que le passage d'un temps à un autre ou d'un lieu à un autre.

Le signe témoigne donc d'un déplacement et renvoie à des signifiés que tout le travail d'interprétation consiste à découvrir. Cardan désigne ce travail par les expressions de « *investigare significata* » et « *colligere significata* »[23], mais cette investigation et cette collecte des signifiés du songe ne peuvent s'effectuer qu'à l'aide de certains principes directeurs. Ici Cardan recommande de s'appuyer sur l'expérience personnelle ; c'est suivre l'exemple de Synesius, et Cardan cite, ce qui est exceptionnel dans son livre, l'auteur antique qui recommandait que chacun se constituât son art particulier en analysant ses propres songes[24], mais il va infiniment plus loin que Synesius en tentant d'élaborer une théorie du recours à l'expérience propre. Ici intervient un de ces principes directeurs des plus importants et des plus féconds : ce qui fait signe, c'est un contraste entre l'affect (*affectus*) manifesté dans le songe et l'affect de celui qui

---

[21] Cf. 1. I, ch. III, p. 599g : « *talia... somnia vera sunt... quorum scientia ad negotia peragenda utilis esse potest* ». Cf. aussi tout le chapitre IV, p. 599d et sv. : *Unde in somniis veritas.*

[22] Pp. 599d, 603g, etc.

[23] L. I, ch. XIX, p. 611g.

[24] Cf. Synesius, P. G., t. 66, col. 1312, cité en tête du 1. I, ch. VII, p. 602d : « *Consulit Synesius ut quisque sibi peculiarem artem statuat...* ».

songe (ou plutôt entre l'affect déduit, dans l'interprétation, de la situation dans le songe, et l'affect déduit de la situation de celui qui songe), ou entre une chose (*res*) dans le songe et une chose dans l'expérience diurne. C'est le contraste, l'absence de « convenance »[25] ou de « congruence »[26], qui suscite le travail et met dans la nécessité d'opérer une « transposition » ou un « transfert »[27]. L' « in-convenance », sorte de hiatus qui apparaît dans le récit ou la syntaxe du rêve[28], suscite la recherche d'une sorte différente de convenance, non plus d'ordre narratif ou syntaxique, mais d'ordre logique ou linguistique, et est à l'origine de l'interprétation ; cependant cette assomption d'une nouvelle sorte de convenance n'est jamais, comme nous le verrons, restauration du même ou du semblable[29].

C'est que la transposition qui a eu lieu rend impossible cette restauration, mais, ce faisant, elle a pour conséquence la multiplication des signifiés possibles du songe. Ainsi il n'y a pas

---

[25] L. I, ch. XIV, pp. 610-611 : « *Et rursus, cum non convenit affectus affectui, vel res rei...* » (p. 610d). Cf. 1. I, ch. XI, pp. 605g-d ; 1. I, ch. XLVI ; p. 646d : « *quæ intelliguntur, sed non conveniunt imminentibus, per allegoriam sunt interpretanda* ». La convenance est une notion capitale recouvrant le πρέπον platonicien et aristotélicien (cf. *Rhétorique* III, 2) et la *convenientia* cicéronienne, mais qui était aussi un des principes classificateurs des songes dans l'*Oneirocriticon* d'Artémidore, cf. M. Foucault, *Histoire de la sexualité*, III, *Le souci de soi*, Paris, Gallimard, 1984, p. 30 et sv. Sur la *convenientia*, voir les pages de M. Foucault, *Les mots et les choses*, Paris, Gallimard, 1966, pp. 33-34.

[26] Cf. 1. I, ch. XIV, p. 611g : « *... somnia illa... congruentia, quæ naturæ, legi, consuetudini, arti, nomini, ac tempori congruunt et... his quæ illi insunt secundum naturam...* » : ce sont des distinctions directement tirées d'Artémidore, *op. cit.* 1. I, ch. 78-80, trad. Festugière cit., p. 84 et sv., et 1. IV, ch. 2, pp. 220-222.

[27] Cf. 1. I, ch. XIV, p. 610d : « *transferre significatum ad proximam substantiam aut affectum conveniet* ».

[28] Ailleurs Cardan écrit que c'est lorsqu'on ne comprend « rien » (« *nihil [ut dici solet]* ») dans les signifiés apparents du songe qu'il faut transférer à un autre signifié, 1. I, ch. XLVI, p. 646d.

[29] Cf. 1. I, ch. XI, l'articulation des *convenientia* et des *similia*, pp. 605g-d.

découverte d'un sens univoque, d'une clef du songe, mais une multiplicité non close de signifiés. Cependant cette multiplicité repose sur une unicité d'origine, même inconnue[30], car de l'un peut sortir l'autre, le multiple[31], comme Cardan le montre longuement dans son *Liber de uno* : là, sans doute à la suite des célèbres hypothèses du *Parménide* de Platon, Cardan se demande comment l'un peut être *multiplex*, c'est-à-dire supporter la multiplicité, que l'on pose cette multiplicité comme conséquence venant d'une cause ou comme efflorescence de genres et de modalités dans l'un[32].

Outre l' « in-convenance » qui rend nécessaire le travail de la transposition, il y a dans le récit du songe des éléments « ajoutés » qui permettent de « déclarer » autre chose[33] ; cette « déclaration » (*declarare*) est, comme bien des notions utilisées par Cardan, plurivoque : il s'agit à la fois de faire voir clairement, de nommer, de traduire, de signifier ce qui est caché, des états intérieurs ; ici ce qui est « déclaré », ce sont des « *occulta* »[34], des choses cachées qui deviennent manifestes.

Pour la même chose, *res*, le même élément (qui peut être inconnu) du songe, les signifiés peuvent donc être multiples. Or c'est par cette multiplicité (comme par l'in-convenance, ou par les éléments ajoutés) que l'image du songe (*insomnia*, ou visions, *visa*) se distingue de ce que Cardan appelle l'*idolum*. Comment traduire ce terme d'*idolum* ? idole ? icône ? image spéculaire ? Gardons, en soulignant l'ambiguïté, la traduction par « idole ». Les « idoles » montrent les choses, *simpliciter*,

---

[30] Un « *unum principium* », une « *unius origo* », l. I, ch. XI, p. 605g.

[31] *Ibid.*, p. 605d, les trois façons dont « *unum ex alio fit* » : soit *a simili*, soit *a contrario ex mutatione*, soit *ex causa*, étant entendu que ces opérations peuvent impliquer la *privatio* ou la transposition.

[32] *Liber de uno, Opera omnia*, t. I, pp. 277g, 280d.

[33] « *Cum non convenit affectus affectui, vel res rei... Etsi ea addantur, per quæ aliud declararetur* », l. I, ch. XIV, p. 610d, cf. plus haut n. 25.

[34] « *Quod ad occulta declaranda pertineat* », l. I, ch. XIV, p. 611g.

idem per idem, simplement, le même par le même[35], et n'ont pas elles-mêmes besoin de distinction, étant toutes de même statut. Il n'y a pas besoin d'interprétation, car avec l'idole on a la chose toute expliquée[36] ; mais peut-on dire qu'il y a encore songe ? Ce serait le cas où l'on se serait pour ainsi dire donné à l'avance le signifié, donc où il n'y aurait pas de véritable travail d'interprétation ; seule serait concernée la mémoire, il n'y aurait pas « *visio* »[37].

Cependant on ne peut de façon sommaire écarter les « idoles » de la catégorie du songe, comme si elles n'étaient que reproduction. Les choses sont plus complexes : le chapitre XVIII du livre II du traité de Cardan est consacré aux « idoles »[38]. L'auteur y élabore plus à fond sa comparaison entre *somnium* et *idolum* : certes l'idole est un songe qui montre la chose telle qu'elle est[39], mais seul le vulgaire, *vulgus*, juge qu'il y a là songes, et songes envoyés par les dieux ou les démons ; mais ni la réflexion sur la nature des songes, ni les songes contenus dans les Livres de la Loi ne permettent de penser qu'il y ait message direct, soit divin, soit démoniaque : les songes de Pharaon et de ses officiers leur furent interprétés par Joseph en forme d'énigmes[40]. On doit penser que, si Dieu avait voulu envoyer un message, il aurait pu (et voulu) être compris clairement sans voiler ce message. Mais il y a une raison plus fondamentale : toutes les « idoles » sont mêlées de « visions », il

---

[35] Cf. l. I, ch. X ; pp. 604d-605g : *De generali somniorum distinctione.*

[36] « *... an sit idolum ; et si est, rem habes explicatam...* » l. I, ch. XIX, p. 611d.

[37] Cf. l. I, ch. XIV, p. 610d : « *Et si significatum præfixeris illud, vel nunquam significabit : esset enim somnium ad memoriam pertinens, non visio : qui ergo plus cupit, persæpe minus habet* ».

[38] *De idolis*, p. 689d.

[39] « *Idola, somnia sunt, quæ rem ut se habet, ostendunt* », p. 689d.

[40] Ibid., p. 689d : « per ænigma ». L'énigme était posée en tête du traité de Synesius (§1) : les visions en rêves sont les « énigmes » de ce qui arrivera dans la réalité : τὰ ὄναρ Θεάματα τοῖς ἀνθρώποις ὀρέγουσι τῶν ὕπαρ ἐσομένων αἰνίγματα (P.G., t. 66, col. 1282).

n'est pas possible de voir d'idole pure, en toutes quelque chose manque : toute idole est déformée, ou obscure[41]. Cette inévitable impureté de l'idole vient de la nécessaire impureté, imperfection (*impurum, imperfectum*) de toute œuvre de la nature[42] : l'idole tend à être tout entière *secundum naturam*, mais il reste toujours une part de vision qui ne devient pas idole. Donc l'idole, jamais parfaite, est bien difficile à définir : ce qui s'en approche le plus c'est le songe que les Grecs appelaient ἀναμνηστικόν, et que Cardan propose d'appeler *memorativum*, « mémoratif »[43] ; mais il reste entre les deux une grande différence, et quelque chose, toujours, fait défaut, est en *déficit*, pour que la reproduction soit exacte[44], et c'est ce déficit, cette « perversion », au sens du retournement ou de la déformation[45], qui vont peu à peu apparaître comme des « signes » sur lesquels pourra prendre appui l'interprétation. Mais, inversement, c'est du lien de la vision avec quelque espèce d' « idole » que vient le fait que la vision ne tombe pas totalement dans l'impossible et dans l'absurde : la « vérité » de la vision est fonction de son caractère « idolique », et c'est pourquoi la vision peut ne pas être douteuse[46].

---

[41] « *Præterea omnia hæc idola permista sunt visionibus, ut nullum idolum videre liceat purum, sed in omnibus aliquid desit ; aut perversum est, aut obscurum... pleraque idola visioni permista sunt* », 1. II, ch. XVIII, p. 689d ; « *idola... raro pura sunt, quin aliquid habeant visionis admistum* », *ibid.*, p. 690g.

[42] « *In omnibus naturæ operibus* », *ibid.*, p. 690g.

[43] *Ibid.*, p. 690d.

[44] « *Ita deficit aliquid* », 1. II, ch. XVIII, p. 689d. La comparaison aristotélicienne, citée par Cardan, avec l'image qui se reflète dans l'eau est donc jugée inadéquate (cf. 1.IV, ch. I, p. 704g, et Aristote, περὶ ἐνυπνίων, §3, 461a ; voir aussi Aristote, περὶ τῆς καθ' ὕπνου μαντιχῆς 464b) : il ne s'agit pas pour Cardan de reproduction d'un objet en image (Aristote parle de φαντάσμα) mais d'un procès de signification : « *... cur somnia unum per aliud significent* » (p. 704g).

[45] « *Jam pervertitur somnii imago* », p. 689d.

[46] « *Visio est non dubia* » *ibid.*, p. 690g.

En elles-mêmes, les idoles sont donc pures et parfaites, mais les songes sont « utiles », et utiles du fait même de leur manque de clarté, de « lucidité », de « pureté ».

II. Une « ratio interpretandi »

Le travail de l'interprétation est souvent désigné par Cardan par l'expression de « *ratio interpretandi* », qui forme même le titre du chapitre XI du livre I : « *De generali ratione interpretandi somnia* »[47]. Cependant, bien loin d'être pour nous éclairante, cette expression doit être éclairée : qu'est-ce que la *ratio* pour Cardan ? et même ce terme de *ratio* a-t-il dans son œuvre un sens univoque[48] ? En analysant la *ratio* chez Cardan, on peut être tenté d'entrer dans une problématique opposant un rationalisme à un irrationalisme et se demander quelle est la part de l'un et de l'autre dans telle ou telle de ses œuvres. Un article de J.-C. Margolin[49] est allé aussi loin que possible dans cette voie. Mais les limites de cette approche ne doivent pas nous empêcher de nous demander si le mode d'interprétation du songe par Cardan n'est pas à la fois l'application d'une rationalité (de type non scientifique mais logique) et la mise en cause du concept même de rationalité[50].

Ce qui est au centre de la notion de *ratio* chez Cardan, c'est l'ouverture vers un ordre, un *ordo*, une possibilité de classification, ce qui rend possible la mise en ordre. La réflexion sur

---

[47] P. 605g.

[48] Pour le sens latin de *ratio*, « compte », « faculté de calculer », d'où « jugement, raison », cf. Ernout & Meillet, *s.v. reor*.

[49] « Rationalisme et irrationalisme dans la pensée de Jérôme Cardan », dans : *Revue de l'Université de Bruxelles*, février-mars 1969, n° 2-3, pp. 89-128.

[50] On se reportera sur ce point au livre essentiel d'A. Ingegno, *Saggio...*, *op. cit.*, en particulier au chapitre 1, *Da Pomponazzi a Cardano* ; cf. aussi p. 119 sur les *rationes veræ*, base de l'équilibre entre la sphère de la vérité et la sphère de la persuasion. Cardan pouvait se recommander de Synesius (§4, P. G., t. 66, col. 1292) qui évoquait à propos du songe un terrain commun au λόγος et à l'ἀλογία.

l'ordre qui ouvre le traité de Cardan intitulé *Mnemosynon* le montre bien : « L'ordre est la disposition de plusieurs choses suivant une raison : par quoi rien de naturel n'est vide »[51]. La *ratio* permet la mise en ordre des nombres[52] selon des règles d'*amplificatio* et de *continua proportio* ; ainsi la *ratio* est un moyen pour le calcul, et le calcul lui-même, mais elle n'est pas l'explicitation d'une cause (qui porterait sur l'essence de la chose). Mettre l'accent sur le calcul et la possibilité de compter, c'est retrouver le sens étymologique de la *ratio*[53].

Nous trouvons un sens analogue de la *ratio* dans d'autres champs que celui de l'arithmétique. Ainsi dans le *Liber de Orthographia*, Cardan montre que c'est une *ratio* qui préside au changement d'une lettre en une autre lettre sous forme de « permutation » (dans le cas des déclinaisons), de combinaison (« *permistio* »), et qui révèle entre les lettres une sorte d' « affinité »[54], de même que c'est selon une *ratio* que se forment et se transforment les diphtongues[55]. Dans ces combinaisons et ces modifications, il n'y a pas d'intervention surnaturelle ou intention divine, mais une effectivité non aléatoire qui permet le fonctionnement d'une langue : tel est peut-être le sens de la *ratio*[56].

---

[51] « *Ordo est plurium juxta rationem dispositio ; quo nullum naturale vacat* », et Cardan poursuit : « *Est enim bonum quoddam et in immobilibus, præcipue ubi et quies* », *Mnemosynon*, ch. I, *De Ordine, Opera omnia*, t. 1, p. 226g.

[52] *Ibid.*, t. 1, pp. 226d-227g.

[53] Cf. plus haut note 48.

[54] *Liber de Orthographia*, Regula VIII : *De triplici affinitate litterarum inter se, et de XXIV. litera, Opera omnia*, t. I, pp. 250g-d ; « *Porro literæ in literas commutantur, vel ratione permutationis vel soni, vel permistionis…* », *ibid.*, p. 250g.

[55] *Ibid.*, Regula XII : *De diphtongorum ratione*, t. I. p. 252g.

[56] Cf. aussi la définition de la *subtilitas* : « *Ratio quædam, qua sensibilia a sensibus, intelligibilia ab intellectu, difficile comprehenduntur* », citée par Jan Maclean, « The interpretation of natural signs : Cardano's De subtilitate versus Scaliger's exercitationes », dans : *Occult and Scientific Materialities in the Renaissance*, Brian Vickers ed., Cambridge, 1984, p. 238.

Le même sens peut être dégagé des considérations sur la *ratio* dans la *Dialectica* de Cardan à propos des noms : homonymes, synonymes et paronymes se distinguent par des « raisons » différentes, orientant pour ainsi dire les noms de façon différente[57] : les réflexions que fait ici Cardan sur les *modi significandi* et sur les *rationes rerum significatarum*[58] nous conduisent au cœur des questions soulevées par l'interprétation des rêves. Une *ratio* est à l'œuvre dans cette interprétation comme elle est à l'œuvre dans les transpositions qui aboutissent au texte du rêve. Il y a là des opérations qui relèvent d'une « dialectique », mais qui sont « utiles à la science humaine »[59], car la science humaine n'est pas une science « exacte », même si, visant une pratique, des *disciplinæ*, elle se révèle « utile »[60].

C'est par le terme de *ratio* que Cardan désigne la plupart du temps l'opération des songes. Cette *ratio* conserve sa signification de rapport à un ordre ; c'est une faculté qui découvre, ou insère, un ordre dans le phénomène qu'elle étudie : ainsi le chapitre XI du livre I[61] porte sur la convenance et sur les rapports de l'un et du multiple. La *ratio* découvre une similitude entre les parties de l'image du songe et les choses connues dans la

---

[57] Cf. *Opera omnia*, t. I, p. 293d : « ... *Juxta significandi rationem, Homonyma, cum res quæ nullo modo inter se conveniunt, una voce significantur, ut canis : Synonyma, cum quæ significantur, una ratione significantur, ut homo ; Paronyma, cum quæ significantur, non ejusdem sunt rationis seu ordinis, ut salubre, de medicamento enim et concoctione dicitur, ut causa et ut signo* ».
[58] T. I, pp. 293d-294g.
[59] « *Ad scientiam humanam utiles sunt* », t. I, p. 294d.
[60] « *Nam rara est scientia humana, quæ exacta sit, et maxime de rebus, ut Philosophia utraque : et ad disciplinas utilis, ut medicinam et architecturam : quarum præstantia ex consecutione finis habetur* » t. I, p. 294d. Cf *Synesiorum somniorum*, 1. II, ch. I, t. V, p. 671g : cette science n'est pas exacte, *exacta*. Voir A. Ingegno, *Saggio...*, *op. cit.*, p. 105, sur *sapere umano* et *sapere naturale*, et aussi p. 115. On notera que Synesius (§5, P. G., t. 66, col. 1292) évoquait une connaissance νόησις qui n'est jamais séparée de la φαντασία.
[61] Cf. plus haut notes 30, 31 et 47.

veille[62], c'est elle qui permet de connaître les songes « vrais » en opérant des distinctions entre les songes[63], enfin c'est elle qui effectue la comparaison entre parties du monde et parties de l'homme, entre les affects suscités en l'homme et ce qui les suscite[64] ; en tous les cas, il s'agit d'instaurer un ordre.

Ce n'est donc pas par eux-mêmes, révélant un sens dans l'immédiateté de l'image, que les songes seraient signifiants, mais dans la mesure où une « raison » peut les interpréter. Nous devons alors nous demander si le travail de cette « raison » ne construit pas un ordre dans le champ des images oniriques et ne modèle pas ce champ suivant sa rationalité. Nous aurions alors une opération analogue à celle qui, à la même époque, affecte la conception du symbolique et qu'a décrite Michel de Certeau : une « raison » serait générée par des textes, puis des faits (l'expérience, un corps) le seraient pour cette raison : « l'illisibilité de la Providence affecte d'urgence et d'universalité la production d'un corps de sens, programme aussi essentiel à l'entreprise de Machiavel qu'à celle des mystiques »[65]. La *ratio interpretandi* ne marque-t-elle pas de *ratio* ou d'*ordo* l'apparent désordre du rêve ?

L'intervention de la *ratio* dans le travail sur les songes et dans l'objet travaillé est étroitement liée au caractère « naturel » de l'interprétation et au caractère « naturel » du songe. Non que Dieu ne puisse envoyer des songes ou faire éclater leur sens, encore que ce soit rare et bien souvent discutable[66], mais ils sont de toute façon des « *naturæ opera* », des œuvres de la nature[67],

---

[62] Cf. 1. I, ch. III, p. 599g.

[63] « *Tum distinguendo, tum disserendo* », 1. I, ch. V, p. 600d.

[64] L. I, ch. XIV, p. 607g.

[65] M. de Certeau, *La Fable mystique*, Paris, Gallimard, 1982, pp. 121-122 ; cf. p. 125 : la transformation des faits en signes comme effets d'événements subséquents ; ce qu'il n'est pas impossible de penser de l'interprétation du songe.

[66] Cf. 1. II, ch. XVIII, p. 689d ; 1. IV, ch. I, p. 704d.

[67] L. II, ch. XVIII, p. 690g.

et leur interprétation est une « *naturalis... cognitio* »[68]. Ainsi les opérations dont Cardan donne nombre d'exemples sont-elles le résultat d'une *ars*, d'une *disciplina*, processus pratiques, auxquels tout le monde pourrait, s'il le voulait, s'appliquer mais dont la perfection est réservée à quelques-uns, privilège naturel ou talent, et non intervention surnaturelle[69]. La tâche de l'interprétation qui consiste en l'application d'une *ratio*, prend la forme d'une « sélection » ou d'une « collection » parmi les innombrables signifiés d'une image ou d'un récit du songe[70].

L'opération essentielle est ici ce qu'on peut appeler de façon générale la « transposition », ce que Cardan exprime par plusieurs termes qui évoquent le passage d'un lieu à un autre[71] : le transfert[72], la translation[73], la traduction[74], la commutation[75]. L'autre opération consiste à retrouver des « similitudes »[76] entre l'image du songe et ce qu'elle signifie, ce que Cardan appelle aussi une accommodation. L'interprétation se fait donc à la fois

---

[68] L. I, ch. III, p. 599g.

[69] Cf. p. 704g- d.

[70] Cf. plus haut note 23. Voir aussi 1. IV, ch. I, p. 704g : « ... *qui pleraque vera seligat...* ».

[71] Le lecteur moderne ne peut manquer de penser aux métaphores analogues par lesquelles Freud exprimera le travail du rêve : *Verschiebung, Entstellung, Versetzung* et *Verdichtung* : déplacement, déformation, transposition, condensation, sont présentées dans la *Traumdeutung* et la XXIXe des *Conférences d'introduction à la psychanalyse* comme les opérations essentielles. Voir *Nouvelles conférences d'introduction à la psychanalyse*, trad. franç., Paris, Gallimard, 1984, pp. 13-44 : texte allemand *Studienausgabe*, Francfort, Fischer, 1982, t. I, pp. 451-471.

[72] « *Transferre significatum ad proximam substantiam aut affectum* » 1. I, ch. XIV, p. 610g.

[73] « *Ex proximis ac similibus convenientibusque translatio deducenda est* », 1.I, ch. XLVI, p. 646d.

[74] « *Traducere* », p. 646d.

[75] Un remarquable exemple 1. IV, ch. IV, pp. 717d-718g : les commutations de personnes qui se font comme dans un miroir, « *certa ratione* ».

[76] Cette notion, l'ὁμοιότης, était déjà essentielle chez Aristote, cf. Περὶ τῆς καθ' ὕπνου μαντιχῆς, 464b.

en opérant la transposition et en découvrant les similitudes, mais cette opération, qui est un choix[77] entre les innombrables signifiés, se fait suivant le rapport de convenance ou de congruence[78] avec la situation de celui qui songe et avec la façon dont il en est affecté[79].

Avant de donner quelques exemples typiques de l'opération d'interprétation, il faut bien voir qu'elle correspond à la façon dont se constitue le songe : c'est un nouvel indice du fait que l'*ars* et la *disciplina*, introduisant une *ratio* dans le déchiffrement, en introduisent aussi une dans l'explicitation de la cause et de la genèse du songe. Certes, Cardan ne parle pas, comme le fera Freud, de « travail » du songe[80], mais lorsqu'il expose, dès le chapitre III de son livre I, les « causes » des songes[81], il présente un certain nombre de formations et de déformations, des itinéraires logiques, où se manifeste une *ratio* parallèle à celle qui devra être mise en œuvre dans l'interprétation. Il s'y interroge sur la matière, *materia*[82], et la cause efficiente, *efficiens causa*, des songes. La seule matière, ce sont les choses vues, entendues ou imaginées la veille du songe ou quelques jours auparavant, ou plus lointainement[83] ; de la connaissance[84] de ces choses il se fait un souvenir, *recordatio*[85]. A partir de là, se fait l'élaboration, sous diverses formes : il peut y avoir déficience,

---

[77] Cf. p. 647g : « *delectum* ».

[78] Cf. plus haut notes 25 et 26.

[79] L. 1, ch. XLVI, p. 646d : « *erga te affectu sunt exponenda* ».

[80] Dans la *Traumdeutung*, Freud exprime constamment la *Traumbildung* comme *Traumarbeit*.

[81] *De causis insomniorum*, p. 597g et sv.

[82] Il semble que l'on puisse voir dans cette *materia* l'équivalent de ce que Freud désignera par *Traummaterial* au chapitre V de la *Traumdeutung*.

[83] P. 597d.

[84] Cardan emploie ici le terme de *cognitio* (p. 597d) pour désigner le rapport avec la matière du songe. Mais il parle encore de *cognitio* et de *recognoscere* pour désigner la reconnaissance d'un signifié dans l'image onirique.

[85] P. 597g.

deficientia[86], ou imperfection dans le souvenir ou dans son rappel ; il y a aussi des transpositions et des opérations de mélange, *mistio*[87]. Cardan résume cela en une phrase : « *Ex imperfecta igitur cognitione ac transpositione mistioneque visorum omnia insomnia constare haud dubium est* »[88]. La cause efficiente, c'est le mouvement des esprits, *motus spirituum*[89], et la diversité de ces mouvements, plus ou moins véhéments, fait la diversité des songes.

A côté des deux opérations essentielles, de transposition et de mélange, sur la matière du songe, une autre opération intervient qui tient moins de l'opération linguistique ou de la combinaison chimique que de l'art avec lequel un artiste habile, *peritus artifex*, sait représenter, comme sous forme d'ichnographie[90], des objets selon une plus ou moins grande similitude[91] ; l'activité de l'artiste modifiant nécessairement la réalité apparaît ainsi comme une métaphore de l'activité onirique : comme l'interprétation est *artificiosa conjectura*[92], la production du songe comporte une forme d'art. Dans un cas comme dans l'autre est à l'œuvre une *ratio*.

---

[86] P. 597d.

[87] On pense à ce que Freud appellera des « *Verknüpfungen* » et des « *Verschmelzungen* ».

[88] P. 597d.

[89] *Ibid.*

[90] P. 598d ; 599g ; voir aussi pour la peinture d'une ichnographie, 1. III, ch. I, p. 691g. Cf. sur l'ichnographie les intéressantes remarques, à partir de Vitruve, de L. Marin, dans *Traverses* n° 40, *Théâtres de la mémoire*, p. 35, n. 13. L'ichnographie, projection du relief sur le plan, donc déformation, peut être pensée comme équivalent de l'anamorphose où une image plane déformée est, suivant un certain angle, projetée sur un autre plan, une autre déformation annulant la première. L'une et l'autre partent d'une « disjonction de l'apparent et du réel » (J. Baltrusaitis, dans *Anamorphoses*, Paris, Musée des arts décoratifs, 1976).

[91] P. 598d.

[92] Cf. plus haut note 19.

Interrogeons-nous sur l'application de ces principes à partir d'un exemple précis, et d'ailleurs classique : un songe dans lequel on se voit couronné, *coronari*[93]. Artémidore avait longuement parlé de la signification des songes de couronnes[94], et Cardan se souvient sûrement de ces pages, mais, en six lignes, il va, du point de vue de la méthode, beaucoup plus loin que l'auteur antique. La signification patente du couronnement, c'est une dignité : « *coronari significat dignitatem* »[95]. Si nous faisons jouer la transposition, selon le procédé d'ordre logique de la considération du contraire, *coronari* signifiera : être l'objet de moquerie, *irrisio*[96]. Allons plus loin ; par un autre déplacement on considérera en *coronari* la couronne comme objet circulaire, on en tirera le signifiant *circum* que l'on fera jouer dans tous les verbes auxquels il peut être lié ; d'où l'émergence de nouveaux signifiés[97].

Selon une règle déjà formulée par Artémidore[98], on pourra tirer parti d'un détail du songe ou de la situation du songeur : ainsi être couronnée dans la cour céleste signifiera la mort avec de somptueuses funérailles[99], être couronné en un endroit qui ne convient pas, le déshonneur et même la mort[100]. Dans tous ces

---

[93] L. I, ch. XIV, p. 610d.

[94] *Oneirocriticon*, 1. I, ch. 77, trad. Fetugière, pp. 82-84 ; l. IV, ch. 5, p. 226 ; ch. 28, p. 235 ; ch. 52, p. 245 ; 1. V, ch. 55, p. 275.

[95] L. I, ch. XIV, p. 610d ; cf. *ibid.* p. 609g : « *corona capitis, regnum, lauream…* ». Cf. encore sur les couronnes, l. I, ch. LIII, pp. 655d-656g.

[96] « *Coronari significat dignitatem, aut irrisionem* », p. 610d ; cf. p. 609g : « *corona capitis, regnum, lauream, supplicium, et irrisionem* ».

[97] P. 610d : « *irrisionem, aut circumveniri, aut circumdari ob insidias* ».

[98] *Oneirocriticon*, 1. I, ch. 9, trad. Festugière, pp. 29-30.

[99] P. 610d : « *sed coronari in aula coelesti, non hæc, sed mortem cum funere sumptuoso et laude significat* ».

[100] P. 642g : « *Coronari loco non convenienti, dedecus significat ; circa talos autem etiam mortem : quod mortuis ornari hæ partes soleant, maxime ex olivæ frondibus, aut apio vel hedera* ». L'exemple est repris à Artémidore qui donne une autre interprétation, 1. IV, ch. 52, trad. Festugière, p. 245.

cas, c'est ce qui « s'ajoute »[101] au signifiant « couronne » qui oriente le procès de signification.

Ainsi, par opposition à ce qui se passe dans le cas de l'idole où l'âme vise en face son objet, que l'on peut donc regarder directement[102], dans le cas du songe et de son interprétation il y a regard en oblique[103]. Si au regard direct, *rectus intuitus*, est substituée la déduction en oblique[104], c'est qu'une force cachée, en un centre invisible, a agi pour transformer l'image idolique en songe, donc pour imposer une interprétation oblique. Cette force n'est ni manifeste, ni explicitée en tant que telle, elle ne se reconnaît que de l'extérieur, en quelque sorte en filigrane du texte de l'interprétation, et à partir des effets qu'elle produit. Ainsi, pour le songe du couronnement dérisoire qui signifie la condamnation au supplice et la moquerie[105], il semble bien que la force cachée qui pour ainsi dire tord la « matière » du songe

---

[101] P. 610d : « *ea addantur, per quæ aliud declararetur* ».

[102] P. 599d : « *quæ enim collimat anima, recto intuitu inspicit* ». Cardan désigne cette visée directe par les termes *collimare, collimatio*, employés dans son traité au moins quatre fois (pp. 599d, 678d, 691d, 704g) ; le substantif est inconnu en latin et le verbe, tardif, formé à partir de l'adjectif *Limus*, oblique, signifie le contraire (regarder de côté, à la dérobée) de ce que Cardan lui fait dire. En fait ce terme a une curieuse histoire : il existait en latin un verbe *collineare*, de *linea*, la ligne, signifiant : suivre de l'œil, viser, pointer. Par erreur de copiste, *collineare* est devenu dans les manuscrits *collimare* (cf. Saint Augustin, *In Ps. XLVII*, 3, *collineati illi civitati*, rendu par le Pseudo-Rufin *collimati illi civitati* ; d'où l'emploi de *collimare* chez les astronomes du XVIIe siècle et Képler au sens de viser, pointer ; cf. Littré, s. v. *collimation*). Et en italien le verbe *collimare* en est venu à signifier « *concorrere, tendere a un medesimo punto, ed anche coincidere* » (*Vocabolorio dell' Accademia della Crusca, s. v. collimare*). Cardan a latinisé le verbe italien courant. Cf. aussi A. Ingegno, *Saggio…, op. cit.*, p. 34.

[103] P. 599d : « *at somniorum interpretatio plerumque ex obliquo deducitur* ». *Plerumque* indique qu'il ne s'agit pas d'un procédé automatique ; c'est à l'art de l'interprète de découvrir s'il s'applique en tel cas.

[104] Synesius parlait du caractère « oblique » des oracles de Delphes (§ 3, P. G., t. 66, col. 1288).

[105] Pp. 609g, 610d.

et joue le rôle de « cause efficiente », soit, fondues en une seule représentation, d'une part la Passion de Jésus-Christ, l'imposition de la couronne d'épines, la mort du Fils de Dieu, et d'autre part la mort du fils de Cardan lui-même[106].

Il y a donc en chaque chose vue en songe (*in unoquoque viso*) beaucoup de choses générales (*genaralia*) : en une montagne, la grandeur, la sublimité, l'immobilité, la dureté, etc. A son tour chacune de ces choses générales signifie beaucoup de choses : par exemple la dureté, et le signifiant « dur », renvoient à : pierreux, insensible, difficile, etc., et derechef tous ces signifiés, en une chaîne apparemment sans fin, en suscitent d'autres[107]. Un point d'arrêt est pourtant posé par l'interprétation ; c'est l'art de l'interprète de rassembler les choses générales, et celui du songeur de découvrir alors à quelle chose unique elles conviennent, chose unique qui *sera*, sous l'effet de cette interprétation *la chose* que le songe montre, qui n'est donc accessible qu'à la décision du songeur faisant un choix dans les *generalia* innombrables[108] ; collaboration qui permet de nuancer l'affirmation de Freud selon laquelle nul avant lui n'aurait chargé du travail d'interprétation le rêveur lui-même[109].

III. *Un centre caché des songes*

Pour tenter d'atteindre la chose unique, *res una*, cachée et non exprimable, mais supposée à la fois dans l'élaboration du

---

[106] Cf. plus loin note 132.

[107] P. 610d. Cardan ne cesse d'admirer la variété du signifié suivant les circonstances ajoutées : « *quam variet significatum* », 1. III, ch. VII, p. 695d.

[108] P. 611g : « *In universum ergo, tota ars conjectoris in hoc uno consistit, ut plura colligat generalia, atque consideres cuinam uni rei conveniant, cum conditionibus suis : atque ea res erit, quam somnium ostendit* ». Sur les tâches complémentaires, mais différentes du songeur et du *vates*, cf. 1. III, ch. I, *De necessitæ vatis*, pp. 691g-692g, et sur le fait que seul le songeur, le *somnians*, peut opérer la réduction à l'unité (« *in unum reducere* »), 1. I, ch. III, p. 599g.

[109] Freud, *Die Traumdeutung*, chap. II, éd. cit., p. 119, n. 1, trad. franç. cit. p. 92, n. 1.

songe et dans l'art de l'interprétation, une des meilleurs voies serait d'analyser les nombreux exemples d'interprétation donnés par Cardan et tous les songes qu'il rapporte, ceux qu'a transmis la tradition littéraire, ceux qu'on lui a racontés, ceux qu'il a eus lui-même. Nous nous contenterons de quelques exemples, suffisants pour tirer quelques conclusions.

Attachons-nous au chapitre XLVI du livre I[110], portant sur les mots entendus ou écrits dans les songes. Cardan y reprend les exemples classiques rapportés par Artémidore et les Anciens, il en fait un florilège et surtout y ajoute une réflexion sur les procédés à l'œuvre dans l'interprétation : allégorie, transfert, considération de la « proximité » (dans le lieu, le temps, la forme, la lettre), de la « similitude » (rapport de type spatial, temporel, esthétique, etc.), de l'étymologie. Il s'interroge moins sur le caractère spectaculaire du résultat que sur l'opération qui y conduit et sur les différentes variantes de la transposition, de la mutation, de la condensation, etc., puis il recommande de toujours considérer le rapport du résultat avec celui qui songe, référence ultime de l'interprétation[111].

Nous retrouvons ainsi des exemples traditionnels d'anagrammes ou inversion de lettres (ROMA – AMOR), d'acrostiches (CVM – *Cras Victus Morieris* ; AMOR – *Ante Morieris* ; Θιϰ – ὁ Θάνατος ἰουδαικὸς ϰυρήνη[112], etc.), de suppressions ou de changements de lettres (*Eo – pereo* ; SORS – MORS ; MOS – MORS), de considération d'initiales (D – *Dolor, Dolus, Deficio* ; M- *Malum, Metus, Mors* ; T – *Tormenta* ; C – *Carcer, Cruciatus* ; Θ – Θαμβέω, Θάνατος), de jeux de mots[113], de jeux sur la valeur numérique des lettres hébraï-

---

[110] P. 646d, *De verbis auditis aut scriptis.*
[111] P. 646d.
[112] Cf. Artémidiore, 1. IV, ch. 24, trad. Festugière, p. 233.
[113] Cf. p. 713g, le fameux songe d'Alexandre Σα-Τύρος, « Tyr est à toi », signifié par l'image d'un Satyre, cf. Artémidore, 1.IV, ch. 24, trad. Festugière, p. 233 ; Freud, *Die Traumdeutung*, chap. II, éd. cit., p. 119, n. 2, trad. franç. cit., p. 93, n. 1. Cardan fait une interprétation du même genre : Neapolis (Na-

ques et grecques, sur la numérotation romaine par des lettres[114] et sur des opérations internes sur les nombres[115].

Arrêtons ici un inventaire d'opérations soit linguistiques, soit arithmétiques, qui pourrait être long, dont l'originalité réside moins dans le procédé en lui-même[116] que dans sa visée. Quelques rêves importants pris dans les listes que donne Cardan nous aideront à mieux approcher du centre obscur des songes.

Avant tout, deux songes qui figurent au chapitre XXXVII du *De vita propria*, et qui concernent un chapitre portant sur : *Proprietates quædam naturales, mirificæ*[117]. Le premier de ces songes, auquel le traité des songes fait une rapide allusion sous le nom d' « *ascensus in collem vitiferum* »[118], date de 1534 : Cardan s'y voyait courant, au pied d'une montagne, parmi une foule de gens de toute sorte et de toute condition ; il leur demandait où

---

ples) est interprété par Νέα et πολύς, *nova, multa et magna*, 1. IV, ch. IV, p. 721d.

[114] Ainsi toutes les significations de VIX, VIXI. On connaît l'interprétation par Freud, à partir de principes tout différents de ceux de la numérologie, d'un rêve où apparaît « *Non vixit* », *Die Traumdeutung*, ch. VI, § VI, éd. cit., p. 408-412, trad. franç. cit. pp. 359-362, et cf. pp. 409 et sv.

[115] Ainsi p. 648g, toutes les opérations aboutissant à zéro, *nihil* : 2997 = 0, car il représente le chiffre 3000 dont le chiffre 3 est enlevé, restant 000 ; ou les opérations consistant à additionner les chiffres d'un nombre, opérations déjà exposées ailleurs à d'autres fins par Cardan (en particulier au début du *Mnemosynon*, *Opera omnia*, t. I, pp. 226 et sv). On notera qu'il n'y a pas de mystique des nombres mais une *ratio*, des *regulæ* (t. V, p. 647g), et Naudé semble bien justifié de défendre Cardan de l'accusation de magie (*Apologie pour tous les grands personnages qui ont été faussement soupçonnés de magie*, Paris, 1625).

[116] Cf. sur cet aspect traditionnel, les opérations rapportées par Jean Batany, « Les lignages du peuple des mots : l'interpretatio chez le Reclus de Molliens », dans *La linguistique fantastique*, S. Auroux, J.-C. Chevalier, N. Jacques-Chaquin, Ch. Marchello-Nizia éd., Paris, Joseph Clims et Denoël, 1985, pp. 103-113.

[117] *Opera omnia*, t. I, p. 27g ; cf. *Ma vie*, texte présenté et traduit par Jean Dayre, Paris, 1936, p. 96 ; trad. rév. Par E. Wolff, Paris, Belin, 1991, p. 140.

[118] P. 716g haut.

ils couraient tous, et l'un d'eux lui répondit : « *ad mortem* », « à la mort ». Effrayé, il se mit à grimper avec effort sur la montagne parmi les vignes pour arriver à une chaumière, tenant alors par la main un enfant d'une douzaine d'années, au vêtement couleur de cendre, « *veste coloris cinerei* »[119]. Cardan donne du songe plusieurs interprétations, non contradictoires entre elles : présage de l'immortalité de son nom, peines et craintes pendant son existence, et en particulier le malheur de son fils, *casus filii*, et la perte de ce fils, condamné et exécuté en 1560 à 25 ans, point qui, selon lui, ne pouvait avoir été omis dans ce songe (« *indignum est credere fuisse præteritum* ») ; quant à l'enfant, il hésite à interpréter son image, dévoilant ainsi son ambiguïté, donc sa place cardinale dans l'imagination de l'auteur du songe : soit un *spiritus bonus*, un bon esprit, protecteur et favorable, soit son petit-fils, *nepos*, moins bon présage. En tout cas, le point central du songe, c'est le point de convergence des hommes, la mort, et singulièrement, pour lui, la mort de son fils ; les seuls moyens, sinon de l'éviter, du moins de la contourner ou de la surmonter (comme on le fait d'une montagne, d'où l'ascension dans les vignes), sont l'espoir fragile de la gloire[120], et celui, non moins fragile, d'une descendance, au-delà de la mort du fils.

Dans un second rêve, de peu postérieur au précédent et rapporté dans le *De vita propria*[121], Cardan vit son âme dépouillée du corps, isolée dans le ciel de la lune, et entendit la voix de son père, *vocem patris mei*, qui disait : « *Datus sum tibi custos a*

---

[119] *Opera omnia*, t. I, p. 29g ; trad. Dayre, pp. 101-102 ; trad. Wolff, pp. 147-149.

[120] Ailleurs on retrouvera la saisissante comparaison des livres et des sépulcres, des *monumenta* les uns et les autres. On ne peut ici que rappeler les nombreux songes de livres chez Cardan, par exemple *De subtilitate*, 1. XVIII, trad. R. Le Blanc, Rouen, 1642, f° 453 r°.

[121] *Opera omnia*, t. I, p. 29g-f ; trad. Dayre, pp. 102-103 ; trad. Wolff, p. 149.

Deo »[122]. L'âme de son père apparaissait à Cardan comme esprit tutélaire, *tutelaris spiritus*, qui le guidait parmi les sphères qui représentaient toutes les sciences dans lesquelles il devait s'illustrer. Ensuite, apparaissait un jeune homme mystérieux, qui ne révélait que son nom : *Stephanus Dames* ; dans ce nom Cardan découvrait une couronne (στέφανος) et la « moitié », ou le « milieu » (μέσος, *media, medietasve*), sans vouloir, ou pouvoir, pousser l'analyse plus loin, sans interpréter la couronne par la gloire et/ou le déshonneur, par le supplice et la mort, ni le μέσος par la division en deux, perte d'une moitié, ou décapitation. Encore une fois le jeune homme qui accompagnait le père de Cardan renvoyait-il à Cardan lui-même et à sa vie brisée en deux, ou au fils condamné et décapité à la hache en 1560, vivante image du père de Cardan[123], et jadis objet de tous les espoirs de Cardan lui-même ?

La mort, la paternité, la filiation, l'espoir de la descendance, puis l'horreur du tragique échec des fils[124], voilà ce qui peut se

---

[122] La voix ajoutait : « *Omnia hic sunt plena animabus sed eas non vides ut neque me, sed illas neque alloqui licet. Manebis autem in hoc coelo VII milibus annis, totidemque in singulis orbibus usque ad octavum, post pervenies ad Dei regnum* », « Dieu m'a donné à toi comme gardien. Tout ici est plein d'âmes que tu ne vois pas, comme tu ne me vois pas, mais à elles tu ne peux pas parler. Tu resteras dans le ciel sept mille ans, et tout autant dans chacune des sphères jusqu'à la huitième, ensuite tu parviendras au royaume de Dieu », trad. J. Dayre, p. 102 ; trad. Wolff, p. 149.

[123] Cf. *De vita propria*, ch. XXVII, t. 1, p. 17g : « *patri meo similem facie* », trad. J. Dayre, p. 61 ; trad. Wolff, p. 98.

[124] Deux fausses couches d'enfants mâles, puis deux fils : l'aîné si brillant, décapité en 1560, condamné sur le soupçon d'avoir empoisonné sa femme en couches, annulant doublement la descendance de Cardan ; le cadet, mauvais sujet que son père dut faire emprisonner, exiler, déshériter ; et une fille bien mariée, mais restée stérile ; seul survivant, un petit-fils. Cf. *De vita propria*, ch. XXVII, t. I, p. 17g-d, trad. J. Dayre, pp. 61-62 ; trad. Wolff, pp. 97-99. Sur le cadet, indigne et répudié, mais vivant, cf. t. V, p. 721d, 1. IV, ch. IV : « ... *minoris filii (qui solus mihi relictus est) erroribus...* » ; et aussi cette note en 1561, après la mort de l'aîné : « *filius meus qui solus mihi superest, natu scilicet minor...* », *ibid.*, p. 725d.

lire entre les images et les mots de bien des songes de Cardan. Un rêve, de 1534[125] encore, lui représentait un homme inconnu ayant sept fils, les frappant puis mourant, à la grand affliction du rêveur, dont le rêve fut répété plusieurs fois sans qu'il s'éveillât[126] : Cardan interprète le songe par son beau-père qui avait sept enfants, et qui était mort de façon inopinée ces jours-là : le songe serait alors télépathique. Si l'inconnu frappait ses fils, c'était qu'il allait les laisser dans la douleur de sa mort. De ce songe Cardan en rapproche un autre, répété (*similiter non semel vidi*) lui aussi, qui eut lieu après la naissance de son fils : il voyait en songe son père mourant en une extrême vieillesse, et il s'affligeait beaucoup de cette mort[127]. Comme le père de Cardan était déjà mort, le songe ne pouvait le concerner directement ; le songeur transpose alors l'image de son père sur celle de son fils, ce fils qui ressemblait tellement à son grand-père[128]. Puisque ce fils mourut à 25 ans, le grand-père aurait eu au moment de cette mort 114 ans, ce qui eût été l' « extrême vieillesse ». C'est comme si le songe disait : « Lorsque ton père, s'il vivait, sera en une extrême vieillesse, ton fils qui lui est tout semblable mourra ; ce sera avant trente ans, car un homme selon la sainte Ecriture ne peut dépasser sa cent-vingtième année », donc « ton fils mourra avant sa trentième année »[129]. Alors Cardan, interrompt son interprétation pour écrire un long excursus à propos de ce fils dont la mort ne fut pas pour le père une petite chose, *parva res*. Ce fils si doué, si digne de succès et de louanges, tombe dans l'ignominie, alors que l'inspirateur du crime échappe au châtiment et triomphe avec impudence : n'y

---

[125] 1534 : date centrale pour Cardan, naissance du fils aîné Jean-Baptiste : Cardan souligne qu'au moment de ce rêve sa femme est enceinte, 1. I, ch. XIV, p. 610g.

[126] L. I, ch. XIV, pp. 609d-610g, cf. 1. II, ch. XVIII, pp. 689d-690g : nouvelles remarques sur ce songe.

[127] L. I, ch. XIV, p. 610g.

[128] « *Adeo illi persimilis totus fuit facie moribusque, ut vix vivi unquam fuerit similior* ».

[129] P. 610g.

a-t-il pas dans ce scandale tous les signes d'une intention divine, *divinum consilium*[130] ? Et c'est après ce long développement que Cardan revient à son sujet (*ad rem redeo*), s'interroge sur la « transposition » et interprète les rêves de couronnement[131]. Mais, nouvelle transposition, ce qui prend sens de la mort du fils s'applique au père à qui cette mort cause la mort : si le fils meurt, le père meurt aussi ; si le fils est supplicié[132], le père l'est aussi[133]. Il y a vraiment une « similitude » entre père et fils[134], et entre eux s'impose le « transfert » : Cardan en donne un bon exemple à la suite d'Artémidore[135], rappelant le songe de celui qui vit son père brûler et qui mourut lui-même : « *uritur enim patris mens in filii obitu* », « l'esprit du père est brûlé à la mort du fils »[136].

Dans un rêve non daté, où il se voit comparé à un certain Carolus Tela, qui avait deux fils[137], et qui était mort, Cardan fait avec une grande subtilité jouer la similitude malgré les apparences[138] : il montre comment les commutations s'opèrent comme dans le cas des images sur les miroirs[139] et rendent compte des apparentes incohérences du rêve : la condamnation du personnage désigne celle du fils de Cardan dans laquelle c'est Cardan

---

[130] P. 610g-d.

[131] Cf. plus haut notes 93 et sv.

[132] *Cruciatur* : l'image christique se surimpose toujours à celle de la mort du fils.

[133] P. 611g.

[134] Cf. le curieux songe de 1539 où le père de Cardan lui tend des livres en diverses langues et où Cardan lit le mot ὁμούοιν, tandis que son père lui dit de prendre garde à ne pas lire ὁμοιον ; Cardan s'interroge alors sur les termes οἰος, ὁμος , ὁμον, ὁμοιος, *unus, simul, una cum, æqualis*, 1. IV, ch. IV, p. 719d.

[135] *Oneirocriticon*, 1. I, ch. 2, trad. Festugière, p. 22.

[136] L. II, ch. XVIII, p. 689g ; cf. aussi 1. III, ch. VII, p. 695d : *De orbo et filios habente*.

[137] On pourrait interpréter aussi, à la suite de Cardan, le songe d'Ulysse et de ses deux fils Télémaque et Télégone, 1. IV, ch. III, p. 710g.

[138] « *Recta tamen est similitudo* », 1. IV, ch. IV, p. 718g.

[139] « *Ut in speculis commutata certa ratione* ».

lui-même qui est condamné[140]. Ainsi le songe peut être à la fois « *verax et obscurum* », tissant entre les pères et les fils un réseau de culpabilité et de mort, tout en mettant en lumière, par l'existence même de ce réseau, une des seules chances de survie[141].

Il nous semble bien qu'autour de ces questions tournent à la fois les songes et l'interprétation : centre, ou ombilic[142], il y a une place obscure qui attire et engloutit l'interprétation ; un troublant rêve de castration que Cardan eut en 1561, un an après la mort de son fils, défie son interprétation : devant ce rêve Cardan ne trouve que les lieux communs des Clefs des songes et toute la subtilité de son esprit semble reculer horrifiée[143]. La mort tragique du fils, cependant, est à l'origine du projet d'écrire le traité des songes ; Freud sera conduit par la mort de son père à écrire la *Traumdeutung*, Cardan l'est par celle de son fils. Devant l'intime effondrement, qui rouvre sans doute une primitive brisure, Cardan[144] reprend tous les rêves que depuis des années il a notés : l'avenir se découvre comme la présence, insistante, du passé, dès la naissance du fils en 1534[145]. Mais

---

[140] *Ibid.* Cf. un rêve de 1561 où Cardan se voit conduit au supplice, et où la culpabilité est transférée du fils condamné sur le père qui se voit en songe condamné lui-même sans pouvoir se justifier, pp. 722d-723g.

[141] Cf. aussi l'hypothèse du même songe arrivé à un père et à un fils et l'interprétation, en chaque cas, de ce songe, 1. III, ch. XVI, p. 703d.

[142] Pour reprendre la métaphore de Freud : « *Jeder Traum hat mindestens eine Stelle, an welcher er unergründlich ist, gleichsam einen Nabel, durch den er mit den Unerkannten zusammenhängt* », *Die Traumdeutung*, chap. II, éd. cit., p. 130, n. 2 ; trad. franç. cit. p. 103, n. 2 (gravement inexacte, la métaphore de l'ombilic étant omise !) ; cf. chap. VII, § 1, éd. cit., p. 503, trad. franç. cit., p. 446.

[143] L. IV, ch. IV, p. 725g.

[144] Il se définit dans la *Norma vitæ consarcinata sacra vocata*, Prima Pars, § 34, *Opera omnia*, t. I, p. 343g : « *adeo infelix in filiis* ». Cf. aussi A. Ingegno, *Saggio...*, *op. cit.*, p. 83 : « *la sua tragica esperienza di padre* », « *la zona più profonda della sua visione del reale* ».

[145] Sur le caractère accidentel de la dimension temporelle par rapport à l'institution du nœud astrologique cause – effet, cf. A. Ingegno, *Saggio...*, *op.*

seul cet avenir a noué pour Cardan, sous le coup de l'événement, la filiation, la culpabilité et la mort, et a permis une lecture du passé et une écriture, pour lui-même d'abord, et afin d'avertir les autres « quelque chose être en nous outre nous et notre pouvoir »[146]. La filiation et l'écriture, la suite des générations[147], l'élaboration de *monumenta* où s'inscrit le visage de Janus du remords et du désir, apparaissent alors comme les seuls moyens d'exorciser l'horreur qui un instant s'entrouvre devant le songeur.

---

cit., pp. 49-50. On analysera ainsi dans les songes la dimension annonce – réalisation, essentiellement comme institution du nœud cause – effet et accidentellement comme dimension temporelle. Ainsi je ferais des réserves sur les notions de « prophétiques » et de « prémonitoires » appliquées par A. Browne aux songes de Cardan, cf. *Bibl. Hum. et Renais.*, art. cit.

[146] *De subtilitate*, 1. XVIII, trad. cit., f°454r°.

[147] Ainsi la conviction de Cardan que l'art d'interpréter les songes est héréditaire dans sa famille, *De subtilitate*, 1. XVIII, trad. cit, f°453 v° - 454 r°.

CHAPITRE VI

LA NOTION D'HÉRÉSIE A LA FIN DU XVIIe SIÈCLE :
LA CONTROVERSE LEIBNIZ-BOSSUET

1. Le concept d'hérésie jusqu'au XVIIe siècle

La notion d'hérésie[1] a toujours eu une double valeur : objectivement, elle sert à désigner une doctrine erronée, et subjectivement, l'obstination avec laquelle est professée cette erreur.

---

[1] Cf. Y. Congar, *L'Eglise une, sainte, catholique et apostolique, Mysterium salutis 15*, Paris, Cerf, 1970, p. 85 et sv. ; M.-D. Chenu, « Orthodoxie et hérésie », dans *«Hérésies et sociétés dans l'Europe préindustrielle, XIe-XVIIIe siècles*, Paris-La Haye, Mouton, 1968, pp. 9-17 ; H. Küng, *L'Eglise*, trad. française, Paris, Desclée de Brouwer, 1968, t. I, pp. 322-357 et désormais, essentiel, le livre de B. Neveu, *L'erreur et son juge. Remarques sur les censures doctrinales à l'époque moderne*, Naples, Bibliopolis, 1993 (cf. J. Le Brun, « Autorité doctrinale, définition et censure dans le catholicisme moderne. Notes critiques », dans *Revue de l'histoire des religions*, t. CCXI, n° 3, 1994, pp. 335-343). Voir aussi M. de Certeau, *L'écriture de l'histoire*, Paris, Gallimard, 1975, pp. 132-135, 157, 182. Inséparable de la notion d'hérésie, la notion d'orthodoxie qui subit à l'époque moderne d'importantes évolutions, voir *Orthodoxie, christianisme, histoire*, Collection de l'Ecole française de Rome 270, Ecole française de Rome, et Paris, de Boccard, 2000.

D'où deux éléments dont la présence simultanée est nécessaire pour la désignation de l'hérésie, mais dont l'articulation n'est pas sans poser maints problèmes.

Si primitivement, l'hérésie restait un concept imprécis et désignait essentiellement les erreurs concernant la divinité et condamnées par les conciles, n'importe quelle nouveauté, « *novitas* », « *novæ opiniones* »[2], tendit à être qualifiée d'hérésie dans la mesure où l'Eglise sentait, plus ou moins confusément, qu'elle y répugnait profondément : c'est sans doute au temps de saint Augustin, dans la lutte avec les pélagiens, que cet élargissement apparaît le plus nettement et eut les conséquences les plus importantes aux temps modernes[3].

Devant une notion restée vague et englobant toute désobéissance à l'autorité de l'Eglise, il revint à saint Thomas de préciser sur quoi porte la notion d'hérésie et de la distinguer des autres erreurs, en définissant l'acte hérétique comme « celui par lequel on manque, en général, à ce qui constitue formellement la foi, non au plan du refus de croire au Christ [...], mais en manquant de choisir et de suivre la vraie voie de l'enseignement du Christ, c'est-à-dire les formes authentiques de cet enseignement »[4].

Avec le XVIe siècle et l'élaboration des « formules » de foi et des catéchismes, c'est du côté de la doctrine[5] que la réflexion cherche à définir l'hérésie, mais la considération du sujet qui professe l'erreur (sa « *pertinacia* » ou « obstination ») reste essentielle : on trouvera chez Melchior Cano, dans le *De locis theologicis* (1563), la notion la plus prudente et la plus équilibrée, distinguant les propositions hérétiques, erronées, ou

---

[2] Références dans Y. Congar, *L'Eglise une, sainte…, op. cit.*, p. 86.

[3] Sur la notion d'hérésie au temps de la controverse pélagienne, voir parmi une ample littérature, P. Brown, *La vie de saint Augustin*, trad. française, Paris, Seuil, 1971, pp. 422-423.

[4] Y. Congar, *L'Eglise une, sainte…, op. cit.*, p. 89.

[5] Sur cette tendance assez générale de la théologie moderne, cf. Y. Congar, *Vraie et fausse réforme dans l'Eglise*, 2e éd . Paris, Cerf, 1968, pp. 15-16.

« *sapientes hæresim* », la *pertinacia* de celui qui affirme une proposition erronée étant absolument nécessaire pour la définition de l'hérésie[6] : « *Maneat ergo perpetuumque sit, si veram et propriam nominis rationem sequimur, hæresim non esse, cui pertinacia non est adjuncta, et omnino cætera, sine quibus crimen hæreseos vere et proprie non constat* »[7]. Ainsi une proposition erronée n'est que le signe[8] de l'hérésie, et celui qui la profère peut être excusé par son ignorance[9]. Par ailleurs Cano souligne bien qu'il ne peut y avoir hérésie au sens strict que de ce qui est manifestement contraire à une vérité « catholique »[10]. Ainsi, selon Cano, beaucoup d'hommes sont considérés comme hérétiques qui ne le sont pas, car ils n'ont pas de « *pertinacia* » et ne défendent pas « *mordicus* » l'erreur[11] et nul ne peut affirmer à coup sûr qu'un autre est vraiment hérétique[12].

Il fallait rappeler cette doctrine d'un théologien rigoureux du XVIe siècle, car elle éclaire la problématique de l'hérésie aux temps modernes et permet de relativiser certains développe-

---

[6] « *De ratione hæresis est pertinacia* », dans *De locis theologicis*, XII, 7, Lyon-Paris, 1704, p. 495.

[7] *Ibid.*, p. 496.

[8] « *signum* », *ibid.*, p. 496. Sur la *pertinacia*, voir aussi *ibid.*, XII, 8, p. 507.

[9] « *Sequitur errorem tunc proprie hæresim esse, cum non Fidei materialiter sed formaliter adversatur* », *ibid.*, p. 496, distinction clairement formulée de l'hérésie « matérielle » et de l'hérésie « formelle », qui était déjà thomiste (S. Th., IIa, IIæ, q. 5, a. 3) et qui aura une grande importance dans les controverses de la fin du XVIIe siècle ; Cano ne fait que remettre en lumière la doctrine traditionnelle, telle que saint Augustin lui-même l'exprimait dans son *Epître* 43, I : « *Qui sententiam suam quamvis falsam atque perversam nulla pertinaci animositate defendunt, [...] quærunt autem cauta sollicitudine veritatem, corrigi parati cum invenerunt, nequaquam sunt inter hæreticos deputandi* », et saint Augustin fait allusion aux enfants des hérétiques.

[10] *De locis theologicis*, éd. cit., p. 497, XII, 7 ; et p. 513, XII, 8 : « *[...] ut is error sit post susceptam Fidei professionem in illo, qui Christo se credere profitetur.* »

[11] *Ibid.*, p. 507.

[12] *Ibid.*, p. 514.

ments de la mentalité et de la « pratique » ecclésiastiques vis à vis des hérétiques.

En effet la grande nouveauté du XVIe siècle est de présenter l'exemple d'une hérésie qui a « réussi », au sens politique et sociologique, qui s'est constituée en « confessions » puis en Eglises ; et, comme l'a bien montré A. Dupront[13], le succès de masse a eu pour effet de transmuer les origines impures ou honteuses de l' « hérésie », la caution de la coexistence des confessions résidant dans l'Etat moderne : la conscience ecclésiale, liée à la conscience sociologique[14], est en effet très forte parmi les membres des confessions, ancienne ou nouvelles, qui se jugent chacune universelles, qui ont la nostalgie de la totalité et luttent contre leurs propres hérésies[15].

La première conséquence de ce fait, c'est que la controverse entre catholiques et protestants va peu à peu confluer sur le problème essentiel de l'Eglise, les questions de l'Eucharistie et de la justification passant au second plan, ce qui sera sensible dans le dialogue Leibniz-Bossuet[16] ; la seconde conséquence, c'est l'essor, paradoxal en une époque de définitions doctrinales précises, mais compréhensible dans le contexte sociologique et ecclésial des temps modernes, d'une notion « pratique » large de l'hérésie : même sans aller jusqu'à distinguer rigoureuse-

---

[13] « Réflexions sur l'hérésie moderne » dans *Hérésies et sociétés*, *op. cit.*, p. 291 et sv.

[14] Pour le catholicisme, J. Orcibal, *L'idée d'Eglise chez les catholiques du XVIIe siècle*, dans : *Comitato internazionale di scienze storiche, X Congresso internazionale di scienze storiche, Relazioni, volume IV, Storia moderna*, Firenze, Sansoni, 1955, pp. 111-112 et *Etudes d'histoire et de littérature religieuses*, Paris, Klincksieck, 1997, pp. 337-338.

[15] E. W. Zeeden, *Die Entstehung der Konfessionen, Grundlagen und Formen der Konfessionsbildung im Zeitalter der Glaubenskämpfe*, München-Wien, R. Oldenburg, 1965, pp. 10, 11, 58, 129, etc. ; voir aussi A. Rébelliau, *Bossuet historien du protestantisme*, 3e éd., Paris, Hachette, 1909, p. 37, n. 2.

[16] A. Rébelliau, *op. cit.*, pp. 33, 59 n. 3, 70-71, 78, 84, etc. ; G. Thils, *Les notes de l'Eglise dans l'apologétique catholique depuis la Réforme*, Gembloux, Duculot, 1937 ; R. Voeltzel, *Vraie et fausse Eglise selon les théologiens protestants français du XVIIe siècle*, Paris, P.U.F., 1956.

ment à l'époque moderne « hérésie théologique » et « hérésie inquisitoriale »[17], il est certain que la pratique inquisitoriale conduit à englober sous le nom d' « hérétiques » (donc à réprimer comme telles) des personnes que les critères stricts de Cano ne permettent pas de juger telles ; ainsi on peut aboutir à une définition de l'hérétique sans *pertinacia* ou implicitement opiniâtre[18], en outre ce ne sont plus les seules vérités catholiques de foi qui sont matières d'hérésie, mais pratiquement toute opposition à l'Ecriture, à la tradition, au magistère de l'Inquisiteur, ou même à celui de n'importe quel évêque[19]. Et l'étude de la pratique inquisitoriale au XVIIe siècle nous conduit à reconnaître la part de vérité contenue dans le jugement polémique de Philippe de Limborch[20] : « Les docteurs de l'Eglise Romaine ont tellement élargi la notion de ce crime qu'ils comptent pour hérésies ce qui contredit n'importe quelle espèce d'opinions reçues dans l'Eglise, même les opinions purement philosophiques et n'ayant aucun fondement dans l'Ecriture sainte ».

Cette problématique nous aide à comprendre dans quel contexte se déroulent les controverses de la fin du XVIIe siècle et en particulier le dialogue Leibniz-Bossuet : à la définition rigoureuse de l'hérétique et de l'hérésie par les théologiens s'est

---

[17] Comme le fait L. Garzend dans un livre important, *L'Inquisition et l'hérésie, Distinction de l'hérésie théologique et de l'hérésie inquisitoriale : à propos de l'affaire Galilée*, Paris, Desclée de Brouwer, Beauchesne, 1912 ; critique de ce livre par Y. Congar, *L'Eglise une, sainte...*, *op cit.*, pp. 87-88 ; voir aussi J. Orcibal, *L'Idée d'Eglise...*, *op. cit.*, p. 113.

[18] « Celui qui est dans l'erreur en matière de foi, et qui néglige de rechercher la vérité doit être tenu pour opiniâtre et hérétique » écrit Alphonse de Castro cité par L. Garzend, *op. cit.*, p. 125 ; « l'ignorance n'excuse pas au for externe... on présume chez eux cette opiniâtreté qui constitue la qualité de l'hérétique malgré l'ignorance » écrit Dandini cité par L. Garzend, *op. cit.*, p. 127.

[19] Cf. Del Bene (1680) : « Celui-là apparaît suffisamment opiniâtre qui, fondé sur son seul jugement, méprise l'autorité de l'Eglise, à lui manifestée par les maîtres de celle-ci », cité par L. Garzend, *op. cit.*, pp. 200-201.

[20] *Historia Inquisitionis cui subjungitur Liber sententiarum Inquisitionis Tholosanæ*, Amsterdam, 1692, p. 175, cité par L. Garzend, *op. cit.*, p. 137.

ajoutée une pratique ecclésiastique qui ne put pas ne pas influencer les jugements et les attitudes de Bossuet et les réactions de Leibniz.

2. Bossuet

a) La psychologie de l'hérésiarque et de l'hérétique

L'analyse traditionnelle des conditions subjectives de l'hérésie (la *pertinacia* des théologiens) se présente dans l'œuvre de Bossuet sous la forme d'une psychologie de l' « hérésiarque » et de l' « hérétique » : Bossuet se plaît, en effet, comme nombre de ses contemporains, à élaborer des « portraits » ou des « caractères » des différents types d'hommes[21].

L'explication de l'hérésie par la passion était banale et les controversistes catholiques avaient souvent présenté les passions comme un des mobiles des Réformateurs du XVIe siècle ; Bossuet lui-même mentionne ces mobiles, mais plus comme une disposition à l'hérésie ou une circonstance qui la favorise que comme une vraie cause. Ainsi, dans les *Elévations sur les mystères*, c'est le doute, le « pourquoi » qui est à l'origine de l'entraînement aux passions : « Satan dit tous les jours, et aux hérétiques et à tous ceux qui sont entraînés dans leurs voluptés et leurs passions, ce malheureux *pourquoi* »[22]. Les portraits que l'auteur de l'*Histoire des variations* élaborait de Luther et de Melanchthon[23] nous apparaissent relativement discrets dans les

---

[21] Cf. *Politique tirée [...] de l'Ecriture sainte*, éd. par J. Le Brun, Genève, Droz, 1967, pp. XXX, 235 et sv., 409 et sv., etc. ; J. Le Brun, *La spiritualité de Bossuet*, Paris, Klincksieck, 1972, p. 324.

[22] *Elévations sur les mystères*, éd. par M. Dreano, Paris, Vrin, 1962, p. 171.

[23] Sur ces portraits, voir A. Rébelliau, *Bossuet historien du protestantisme, op. cit.* pp. 286-293, 447-474.

questions proprement morales[24], mais Bossuet insiste beaucoup sur l' « orgueil » des Réformateurs[25], et c'est par l' « orgueil » qu'il définit le caractère propre de l'hérésiarque : attachement au jugement propre, au « sens humain »[26], à « son propre sens »[27], désir de « se faire un nom et une secte parmi les hommes »[28].

On peut lire le dernier paragraphe de la Préface de l'*Histoire des variations*[29] : « La perversité des hérétiques sera un grand spectacle aux humbles de cœur. Ils apprendront à mépriser, avec la science qui enfle, l'éloquence qui éblouit [...] Le propre de l'hérétique, c'est-à-dire de celui qui a une opinion particulière, est de s'attacher à ses propres pensées... » ; deux passages de saint Paul[30] soutiennent cette interprétation traditionnelle[31]. L' « aveugle détermination »[32], la « préoccupation qui ne permet pas de [...] bien juger »[33] apparaissent ainsi comme des fautes « intellectuelles » qui sont à l'origine de l'hérésie[34].

Bossuet retrouve ici la critique de la curiosité, de la science « déréglée », qu'il a depuis toujours élaborées dans ses œuvres

---

[24] Sur le mariage de Luther, par exemple, dont il ne tire pas argument contre sa doctrine, *Œuvres complètes*, éd. par F. Lachat, Paris, L. Vivès, 1862-1866 [cité ici LT], t. XIV, pp. 60-63.

[25] Entre autres, l'orgueil de Luther, LT, t. XIV, pp. 32, 56, etc.

[26] LT, t. VI, p. 411.

[27] LT, t. XIV, p. 17 ; cf. LT, t. XVII, p. 112.

[28] *Elévations sur les mystères*, éd. cit. p. 456, les hérésies qui portent le nom de leur fondateur ; thème traditionnel qui remonte au moins à Justin (cf. Y. Congar, *L'Eglise une, sainte...*, *op. cit.*, pp. 92-93).

[29] LT, t. XIV, pp. 16-17.

[30] « *Mali autem homines, et seductores proficient in pejus, errantes, et in errorem mittentes* » (*2 Tim.* III, 13) ; « *Hæreticum hominem post unam, et secundam correptionem devita : sciens qui subversus est, qui ejusmodi est, et delinquit, cum sit proprio judicio condemnatus* » (*Tit.* III, 10-11).

[31] Cf. LT, t. XV, pp. 60, 181-182 ; LT, t. XIX, pp. 525-526 où ces textes sont invoqués contre Fénelon.

[32] LT, t. XV, p. 23.

[33] *Ibid.*

[34] Cf. aussi LT, t. XXVI, p. 104, dans une poésie, « orgueilleux hérétique ».

oratoires et qu'il reprendra dans ses *Elévations sur les mystères*. « L'ambition, l'amour de soi-même et de ses propres opinions, c'est ce qui a causé ce schisme, c'est ce qui a fait naître cette division scandaleuse »[35]. Un sermon sur l'Eglise, prononcé en 1660 aux Nouvelles Converties[36], décrit dans leur succession toutes les tempêtes qui accablent cette Eglise : l'infidélité (d'où les persécutions), la curiosité qui « fait naître les hérésies », la corruption des mœurs qui « a suivi »[37] ; le second point du sermon est le développement de l'idée essentielle que la curiosité est « la mère des hérésies »[38], « la vaine science que l'esprit humain usurpe »[39].

Le contraire de l'hérésie c'est la « modestie »[40], la docilité et l'humilité[41]. Une page du *Traité de la concupiscence*, écrit en 1694, résumera les nombreuses allusions que Bossuet a faites à cette origine de toutes les hérésies : « Les sectes et les hérésies font encore mieux voir cet esprit d'orgueil, puisque c'est là uniquement ce qui anime ceux qui, pour se faire un nom parmi les hommes, les arrachent à Dieu, à Jésus-Christ, à son Eglise, pour se faire des disciples qui portent le leur »[42].

La conséquence de cette explication de l'hérésie par l'orgueil et l'amour-propre est sans doute une condamnation morale ; c'est aussi une certaine valorisation humaine des hérétiques et un plus ou moins inconscient attrait qu'ils exercent sur

---

[35] *Œuvres oratoires*, éd. J. Lebarq, C. Urbain, E. Levesque, Bruges-Paris, Desclée de Brouwer, 1926-1927 [cité ici O. Or.], t. III, p. 199.

[36] O. Or., t. III, p. 201 et sv.

[37] O. Or., t. III, p. 203.

[38] O. Or., t. III, p. 208.

[39] O. Or., t. III, p. 209.

[40] O. Or., t. III, p. 209.

[41] O. Or., t. II, p. 117 ; *Elévations sur les mystères*, éd. cit., p. 386.

[42] *Traité de la concupiscence*, éd. par C. Urbain et E. Levesque, Paris, F. Roches, 1930, p. 51. Cf. aussi en 1687 : « Et pour ce qui est de nos connaissances, ou la passion les obscurcit, ou l'inconsidération les rend inutiles, témoin tant de savants déréglés ; ou la curiosité les rend dangereuses, témoin tant d'impiétés et tant d'hérésies » (O. Or., t. VI, pp. 405-406).

Bossuet : on remarquera ainsi le portrait des jansénistes (que Bossuet estime, tout en les condamnant mais sans les juger « hérétiques ») dans l'oraison funèbre de Nicolas Cornet : « trop d'ardeur », « vouloir réduire les choses à la dernière évidence de la conviction », « le feu d'une mobilité inquiète », « maladie de savoir », « grands hommes, éloquents, hardis, décisifs, esprits forts et lumineux », « parti zélé et puissant »[43]. Même si Bossuet n'a pas la même sympathie pour les protestants, il sait mettre en valeur les « qualités » humaines des « hérétiques », celles de Luther par exemple[44], ce qui n'était pas commun en ce temps chez les controversistes[45], il montre aussi que ces « hérétiques » sont des hommes « zélés » ; même si ce zèle est un « faux zèle » et s'ils laissent paraître un « chagrin superbe », ils ont su combattre des abus réels[46].

---

[43] O. Or., t. IV, pp. 483-484.

[44] LT, t. XIV, p. 23 ; encore que Leibniz (à la suite de plusieurs protestants), dans une lettre au langdraf Ernst de mars 1694, s'élève contre l'importance donnée par Bossuet aux faiblesses de Luther (A. Rébelliau, *Bossuet historien du protestantisme, op. cit.*, p. 454). Cf. aussi la lettre de Leibniz à Bossuet du 8 février 1692 (*Correspondance* de Bossuet, éd. par C. Urbain et E. Levesque, Paris, Hachette, 1909-1925 [cité ici C. B.], t. V, p. 36).

[45] Au contraire Pierre Nicole dans ses *Préjugés légitimes contre les Calvinistes* (1671) insistait beaucoup sur les vices des Réformateurs (cf. A. Rébelliau, *op. cit.*, p. 87).

[46] Cf. LT, t. XIV, pp. 173-174 : « Crier contre des abus qui n'étaient que trop véritables avec beaucoup de force et de liberté ; remplir ses discours de pensées pieuses, restes d'une bonne institution ; et encore avec cela mener une vie, sinon parfaite, du moins sans reproche devant les hommes, sont choses assez attirantes. Il ne faut pas croire que les hérésies aient toujours pour auteurs des impies ou des libertins, qui de propos délibéré fassent servir la religion à leurs passions. Saint Grégoire de Nazianze ne nous représente pas les hérésiarques comme des hommes sans religion, mais comme des hommes qui prennent la religion de travers. "Ce sont, dit-il, de grands esprits : car les âmes faibles sont également inutiles pour le bien et pour le mal. Mais ces grands esprits, poursuit-il, sont en même temps des esprits ardents et impétueux, qui prennent la religion avec une ardeur démesurée", c'est-à-dire qui ont un faux zèle, et qui mêlant à la religion un chagrin superbe, une hardiesse indomptée et leur propre esprit, poussent tout à l'extrémité ; il y faut même trouver une

Cette notion, bien établie et suivie des débuts de la prédication jusqu'à la fin de sa vie, apparaît comme une constante de la réflexion de Bossuet. Elle n'est certes pas foncièrement originale : les textes de saint Paul et de saint Grégoire de Nazianze, que nous avons cités, prouvent au moins qu'elle remonte très haut. Les Pères, saint Jean Chrysostome et saint Augustin[47], voient en effet dans la *superbia* la cause des hérésies[48], et Bossuet s'inspire de ces principes comme le font la plupart de ses contemporains[49]. Au-delà de la *superbia*, la curiosité et

---

régularité apparente, sans quoi où serait la séduction tant prédite dans l'Ecriture ? Luther avait goûté à la dévotion... ». Cf. aussi O. Or., t. I, p. 296 : « la piété contrefaite de l'hérésie », dans un sermon prononcé devant des Sœurs de la Propagation de la Foi de Metz, d'où plus polémique. Les mêmes remarques de Grégoire de Nazianze sont rapportées dans l'oraison funèbre de Nicolas Cornet (O. Or., t. IV, pp. 482-483) ; voir encore dans les *Méditations sur l'Evangile, Dernière semaine...*, LXXXe journée, « une apparence de réforme, un air de piété et de modestie, des paroles douces, tirées le plus souvent de l'Ecriture, une véhémente répréhension des abus criants, qui semble marquer un vrai zèle, une vraie horreur des vices, un vrai amour de la vertu » (LT, t. VI, p. 248). Sur la question des « abus » et des causes de la Réforme, voir notre contribution « Critique des abus et signifiance des pratiques (la controverse Leibniz-Bossuet) » dans *Theoria cum Praxi, Akten des III. Internationalen Leibnizkongresses, Hannover, 12. Bis 17. November 1977*, Band III, Wiesbaden, Franz Steiner, 1980, pp. 247-257.

[47] Cf. le texte de saint Augustin (*Enar. In Ps.*, 124, 5) : « Ne croyez pourtant pas que ces hérésies pourraient naître du fait de quelconques petites âmes ! Il n'y a que des grands hommes qui ont produit des hérésies » cité par H. Küng, *L'Eglise, op. cit.*, t. I, p. 337.

[48] Y. Congar, *L'Eglise une, sainte...*, *op. cit.*, p. 84.

[49] Innombrables références : pour ne pas citer d'œuvres de controverse, Pascal, *Pensées*, éd. Lafuma, n° 536. Notons à ce propos que Bossuet insiste peu sur un thème qui eut une grande fortune dans la littérature catholique au début du XVIIe siècle : l'ignorance source d'hérésie, en particulier l'ignorance chez les prêtres (cf. J.-P. Camus, *Homélies des Etats Généraux 1614-1615*, éd. par J. Descrains, Genève, Droz, 1970, p. 270 ; saint Vincent de Paul, *Entretiens*, éd. par A. Dodin, Paris, Seuil, 1960, pp. 497, 502 ; en 1688 : B. Neveu, *Sébastien Joseph du Cambout de Pontchâteau*, Paris, de Boccard, [1969], p. 289 ; Ch. Gobinet, *Instruction sur la manière de bien étudier*, Paris, 1690, pp. 21-22 ; et sur le peu de conviction avec lequel furent donnés aux Nou-

l'exclusive confiance dans le sens propre ont aussi été bien souvent relevées par les Pères[50], mais ce qu'il faudra remarquer c'est que ces idées traditionnelles sont si bien inscrites dans l'esprit de Bossuet qu'il ne pourra en faire abstraction, malgré sa meilleure volonté, lorsqu'il s'adressera à Leibniz.

b) La fonction de l'hérésie

A ces vues psychologiques et morales, s'ajoute chez Bossuet une réflexion historique et théologique sur la fonction de l'hérésie : ici encore les idées de Bossuet nous apparaissent tout à fait traditionnelles ; les hérésies ont une utilité : sans commenter particulièrement saint Paul[51], qui est à ce propos le lieu fondamental de la réflexion de l'antiquité aux temps modernes[52], c'est sur saint Augustin et saint Thomas que s'appuie Bossuet dans la *Défense de la Tradition et des Saint Pères* pour dégager l'utilité des hérésies dans l'élaboration théologique[53].

---

veaux Convertis après la Révocation de l'Edit de Nantes Bibles et livres catholiques, voir J. Orcibal, *Louis XIV et les protestants*, Paris, Vrin, 1951, pp. 119, 134-136.

[50] Références dans Y. Congar, *L'Eglise une, sainte...*, *op. cit.*, pp. 91-95.

[51] *1 Cor.* XI, 19 : *Oportet hæreses esse.*

[52] Cf. F. Stegmüller, « *Oportet hareses esse 1 Cor. 11. 19, in der Auslegung der Reformationszeit* », dans : *Reformata reformanda*, Festgabe für Hubert Jedin zum 17. Juni 1965, hrsg. von E. Iserloh und K. Repgen, erster Teil, Münster, 1965, pp. 330-364 ; Y. Congar, *L'Eglise une, sainte...*, *op. cit.*, pp. 104-109 ; sur l'omission de ce thème dans les décrets du concile de Trente, voir A. Dupront, « Le Concile de Trente », dans : *Le Concile et les conciles*, Paris-Chevretogne, Cerf, 1960, p. 227. Charron affirmait que les hérésies sont utiles parce qu'elles font connaître la vérité, *Les trois vérités*, 3ᵉ éd., Paris, 1623-1625, pp. 11-12. Plus précisément le P. Petau soulignera le rôle des hérésies dans le développement de la doctrine ; voir M. Hofmann, *Theologie, Dogma und Dogmenentwicklung im theologischen Werk Denis Petau's*, Bern, Frankfurt/M, München, Herbert Lang et Peter Lang, 1976.

[53] LT, t. IV, pp. 201-203, 213 ; cf. aussi LT, t. XV, pp. 213, 223. Sur saint Augustin, cf. Ph. Sellier, *Pascal et saint Augustin*, Paris, A. Colin, 1970, pp. 419-420 ; sur saint Thomas, cf. C. Tresmontant, *La Métaphysique du*

Indirectement, l'hérésie rend « un témoignage » à l'Eglise en montrant comment elle répare ses pertes[54].

Outre ce rôle pédagogique, Bossuet met aussi en valeur une idée traditionnelle sur laquelle la réflexion reviendra aux siècles suivants, le fait que les hérésies sont l'exagération d'une vérité à l'exclusion des autres : dans la Préface du commentaire de l'*Apocalypse*, Bossuet écrit que « toute erreur est fondée sur quelque vérité dont on abuse »[55], mais dès l'époque des œuvres oratoires il affirmait que les hérétiques ont emporté, en se retirant, « quelque partie de la vérité »[56]. Nous retrouvons, avec ces remarques de Bossuet, la considération du sens étymologique d' « hérésie » : choix, d'où rejet d'une partie de la tradition ; et nous rejoignons aussi les développements personnels et moraux que nous évoquions plus haut ; ce qui est d'ailleurs une problématique assez courante au XVIIe siècle[57]. En insistant sur le rôle du choix, Bossuet est conduit à mettre encore en valeur la personnalité de l'hérétique dans l'introduction d'une « nouveauté »

---

christianisme et la crise du treizième siècle, Paris, Seuil, 1964, pp. 11-12, etc. De façon intéressante, Bossuet insiste sur le caractère christologique de toutes les hérésies : O. Or., t. I, p. 477 (en 1653, sur Jésus-Christ objet de scandale), et *Elévations sur les mystères*, éd. cit ., p. 382 et sv.

[54] *Discours sur l'histoire universelle*, LT, t. XXIV, pp. 534-535 ; cf. aussi *Revue Bossuet*, Paris, 1904, p. 265, avis donné au synode de 1686 : « Que s'ils demeuraient obstinés, il ne s'en fallait pas étonner, puisque de tout temps il y en a eu dans l'Eglise et il faut qu'il y en ait, pour faire paraître la justice de Dieu comme sa miséricorde paraît sur les bons ». Sur le rôle des hérésies comme épreuve pour les croyants, voir l'exégèse de *Apoc.* IX, LT, t. II, pp. 424-433.

[55] LT, t. II, p. 339.

[56] O. Or. t. V, p. 117.

[57] Cf. A. Arnauld dans J. Laporte, *La Doctrine de Port-Royal*, t. II, 1, *Les Vérités de la grâce*, Paris, P.U.F., 1923, pp. 6 et sv., 18. Cf. H. de Lubac, *Le Mystère du surnaturel*, Paris, Aubier, 1965, p. 210, Y. Congar, *L'Eglise une, sainte...*, *op. cit.*, pp. 94-95.

dans la foi[58], donc à lier les problèmes personnels, psychologiques et moraux, à ceux de la doctrine.

Il est vrai que Bossuet distingue les personnes et les erreurs et qu'il reconnaît parmi les hérétiques « tant d'honnêtes gens que je chéris »[59], mais il a tendance à juger hérétiques toutes les doctrines qui lui paraissent inquiétantes. Nous avons montré[60] comment la problématique de l'hérésie s'imposa à lui dans sa controverse avec Fénelon et comment le bref *Cum alias* de 1699, condamnant des propositions de Fénelon sans la note d' « hérésie », ne lui apporta qu'une demi-satisfaction. Mais cette sorte de multiplication des hérésies en des domaines où la foi n'est ni évidente ni définie est constante chez lui vis-à-vis de ceux qu'il critique ; ne rappelons que l'exemple de Malebranche : la longue lettre de Bossuet, du 21 mai 1687[61], au marquis d'Allemans, disciple de Malebranche, est une excellente illustration de cette problématique de l'hérésie : nouveauté, attachement du disciple à un « patriarche », abus de la philosophie, obstination[62]. Nous voyons comment s'impose « en pratique » à

---

[58] Sur cette notion de *novitas*, importante chez les Pères et essentielle au XVIIe siècle, et sur son sens péjoratif, cf. Y. Congar, *L'Eglise une, sainte...*, *op. cit.*, p. 86 ; M. de Certeau, « Mystique au XVIIe siècle », dans *L'Homme devant Dieu*, [Mélanges... Henri de Lubac], Paris, Aubier, 1964, t. II, pp. 282-283 ; et tout le livre de G. Tavard, *La Tradition au XVIIe siècle en France et en Angleterre*, Paris, Cerf, 1969 (sur Bossuet pp. 155-194). Texte de Bossuet important : O. Or., t. III, p. 434. Mais sur les rapports de la nouveauté avec la continuité, il faudrait reprendre toute la *Défense de la tradition et des Saints Pères* et les problèmes qu'elle pose.
[59] O. Or., t. I, p. 487, en 1654.
[60] *La Spiritualité de Bossuet*, Paris, Klincksieck, 1972, ch. 16 et 17.
[61] C. B., t. III, pp. 367-379.
[62] « Je vois [...] un grand combat se préparer contre l'Eglise sous le nom de la philosophie cartésienne. Je vois naître de son sein et de ses principes, à mon avis mal entendus, plus d'une hérésie » (C. B., t. III, p. 372) ; « l'hérésie que je vois naître par votre système » (*ibid.*, p. 374) ; « c'est le succès qu'ont eu les hérétiques » (*ibid.*, p. 375) ; « Ne croyez pas qu'en vous comparant aux hérétiques je vous veuille accuser d'en avoir l'indocilité [...] on commence par la nouveauté, on poursuit par l'entêtement » (*ibid.*, p. 376). Sur l'attitude

Bossuet cette conception de l'hérésie : l'opiniâtreté est présupposée dans la fidélité à une opinion ou à une thèse ; la discussion avec Malebranche annonce celle que Bossuet aura avec
Fénelon. Mais dans le dialogue avec Leibniz c'est le même
esprit qui s'impose.

3. Leibniz et le concept d'hérésie

a) Le sujet de l'hérésie

De tout temps et avant son dialogue avec Bossuet[63], Leibniz a
réfléchi sur les conditions d'adhésion à une proposition religieuse ou du refus d'une proposition, sur quoi porte à proprement parler l'hérésie. Ainsi il fait porter son analyse du côté du
sujet plus que du côté de la doctrine : par cette démarche, il ne
s'écarte pas de la problématique des théologiens catholiques qui
ont affirmé que la *pertinacia* était essentielle à l'hérésie et qui
ont distingué, comme nous l'avons montré, l'hérésie matérielle
et l'hérésie formelle. Dès 1669, Leibniz admettait cette distinction[64], qu'en 1677 Spinola, dans ses efforts iréniques, avait fait
entériner par des théologiens catholiques allemands[65] avec la
possibilité de suspendre les décisions du concile de Trente :
l'hérésie formelle était alors définie comme « *malitia* »,
« *obstinatio* », « *ignorantia invincibilis* ».

---

de Bossuet jugeant Malebranche « hérétique », et d'une « opiniâtreté orgueil-
leuse », cf. Y. de Montcheuil, *Malebranche et le quiétisme*,Paris, Aubier,
1946, pp. 45-68, et notre notice sur la *Réfutation du système du Père Malebranche*, de Fénelon, dans Fénelon, *Œuvres*, Bibl. de la Pléiade, t. II, Paris,
Gallimard, 1997, pp. 1488-1490.

[63] Pour une première approche, voir A. Pichler, *Die Theologie des Leibniz*,
München, 1869-1870, t. II, pp. 37-64 : « Begriff von Schisma und Häresie ».

[64] Cf. Leibniz, *Textes inédits [...]*, publiés et annotés par Gaston Grua, Paris,
P.U.F., [2ᵉ éd. 1998], [cité ici : Grua].

[65] Grua, t. I, p. 148 n. 1, d'après A. Pichler, *op. cit.*, t. II, pp. 29, 37-64.

La même année, c'est en termes de « bonne volonté » opposée à la « *malitia* » qu'à propos d'un texte de Stenon Leibniz définit la foi et le salut[66].

Désormais dans la correspondance et dans maints autres textes, Leibniz définit l'hérésie par l'absence d' « amour divin », de charité[67], par l' « opiniâtreté »[68], et une lettre capitale, adressée

---

[66] En 1677, Grua, t. I, pp. 157-158, commentaire des mots « *hominibus bonæ voluntatis fidem salvificam sufficientem revelari* » « *quoniam [...] nemo in errore desertus atque relictus est, nisi qui malitia quadam resisteret, sequitur eos qui malitia caruere, id est quorum voluntas bona fuit, non fuisse in errore desertos sed in fide instructos* » ; « *homines [...] bonæ voluntatis salvantur* ». Cf. J. Baruzi, *Leibniz et l'organisation religieuse de la terre*, Paris, Alcan, 1907, pp. 253-254. L'expression évidemment est biblique : *Ps.*, V, 13 ; *Luc* II, 14.

[67] Cf. A. Pichler, *op. cit.*, t. II, p. 25. Voir un texte de 1683-1686 dans Grua, t. 1, p. 167 : « *Cuicumque Deus tribuit amorem sui super omnia, iis etiam dat notitiam saluti sufficientem filii sui ; et qui hunc actum amoris exercet, non potest esse hæreticus aut schismaticus formalis* » ; il faut cependant noter qu'il est « *periculosissimum* » pour le salut d'être hors de l'Eglise visible ; on remarquera le caractère peu dogmatique de ces définitions ; cf. dans le *Systema theologicum*, l'affirmation que l'amour suffit au salut même sans la connaissance du Christ, Grua, t. 1, p. 149.

[68] Cf. au landgraf Ernst, le 20 (?) août 1685, Leibniz, *Sämtliche Schriften und Briefe*. Hrsg von der Preussischen (puis : Deutschen) Akademie der Wissenschaften, Darmstadt (puis : Leipzig, puis : Berlin) [cité ici : A, suivi de l'indication de la série et du tome] ; ici A I, iv, p. 372 : « L'on sait que l'Hérésie consiste proprement dans l'opiniâtreté », à propos de la méthode de Spinola et avec l'allusion aux erreurs des Pères en matières non encore définies, ce qui est un problème classique de l'ecclésiologie de ce temps : cf. L. Garzend, *op. cit.*, pp. 22 (sur Origène), 178 et sv., 237 et sv., 385 et sv. Pour le concept d' « opiniâtreté » dans la correspondance de Leibniz, voir entre autres, au Landgraf Ernst, octobre (?) 1685, A I, iv, pp. 380-381 (à propos du refus d'accepter le concile de Trente) ; au même, novembre 1687, A I, v, pp. 12-16 ; 1690, A I, vi, pp. 78-80 ; à Pellisson, octobre 1690, A I, vi, p. 117 ; au landgraf Ernst, 9/19 octobre 1691, A I, vii, p. 165 ; à Marie de Brinon, 7/17 décembre 1691, A I, vii, p. 215 ; à Pirot , 6 mai 1692, A I, vii, p. 330, sur la faute de « négligence » et voir le texte de 1680 : « une erreur de foi ou hérésie ne damne peut-être que parce qu'elle blesse la charité et l'union », commenté dans E. Benz, *Leibniz und die Wiedervereinigung der*

le 16/26 juillet 1691 à Mme de Brinon expose très nettement la conviction de Leibniz : « Vous avez raison, Madame, de me juger catholique dans le cœur ; je le suis même ouvertement : car il n'y a que l'opiniâtreté qui fasse l'hérétique ; et c'est de quoi, grâce à Dieu, ma conscience ne m'accuse point. L'essence de la catholicité n'est pas de communier extérieurement avec Rome ; autrement ceux qui sont excommuniés injustement cesseraient d'être catholiques malgré eux et sans qu'il y eût de leur faute. La communion vraie et essentielle, qui fait que nous sommes du corps de Jésus-Christ, est la charité »[69], on aura remarqué l'importance du terme « conscience » dans cet aveu : nous rejoignons en effet un certain nombre de déclarations de Leibniz relativement à l'acte de croire, en particulier un opuscule de date incertaine[70] intitulé *De obligatione credendi* dont les premiers points sont les suivants :

I *Conscientia non est in potestate*

II *Credere aliquid aut non credere non est in potestate.*

La notion de « sincérité » exprime en plusieurs endroits la qualité de celui qui suit le mouvement de sa « conscience »[71].

---

christlichen Kirchen, dans *Zeitschrift für Religions- und Gestesgeschichte*, 1949-1950, Heft 2, p. 108, n. 26.

[69] A I, vi, p. 235.

[70] Grua, t. I, p. 181. Sur l'importance de cette notion de « conscience » au XVIIe siècle, voir notre artcile « La conscience et la théologie moderne » dans *La Révocation de l'Edit de Nantes et le protestantisme français en 1685*, supplément du *Bulletin de la Société de l'histoire du protestantisme français*, juillet-septembre 1986, pp. 113-133.

[71] Cf. au landgraf Ernst 1/11 janvier 1684, A I, iv, p. 320, avec l'exemple des jansénistes que l'on a obligés à signer une proposition de fait : « l'opinion n'est pas une chose qui dépende de l'empire de la volonté, et qu'on puisse changer à plaisir », p. 321 : « je fais profession de sincérité », « cette paix de conscience dont je jouis ». Cf. aussi J. Baruzi, *op. cit.*, p. 276. On rapprochera ces déclarations du désir que l'on retrouve chez G. Arnold, d'être « impartial » (*unparteiisch*) : « *die Parteilichkeit... ablegen* », cf. E. Benz, art. cit., pp. 102-103.

Il n'est pas étonnant, dans ces conditions, de trouver tout au long de ces controverses le rappel de la distinction traditionnelle de l'hérésie matérielle et de l'hérésie formelle, distinction qui est approfondie du côté du sujet et qui aboutit à une typologie de l'hérétique paraissant indépendante de la matière de l'hérésie[72], mais il faut noter, comme nous aurons à le voir, que cette problématique ne vaut qu'en question d'importance « fondamentale »[73]. Nous ne pouvons reprendre ici tout le problème des « points fondamentaux » dans l'ecclésiologie de l'époque moderne[74], disons seulement que selon Leibniz l'hérésie ne peut être déclarée qu'à propos des « points de créance qui sont nécessaires au salut »[75], de « l'essence de la

---

[72] Au landgraf Ernst, 3/13 octobre 1690, A I, vi, p. 113 ; à Pellisson, fin octobre 1690, *ibid.*, pp. 116, 117, et surtout p. 119 : « l'Hérésie formelle n'est damnable que parce qu'alors la véritable droiture de la volonté manque, et par conséquent l'amour de Dieu qui enferme cette obéissance filiale ; la Foi est morte sans la charité qui supplée au défaut de la connaissance » ; à Marie de Brinon, janvier 1691, A I, vi, p. 164, avec la référence du cardinal Sforza Pallavicini et du P. Honoré Fabri, (cf. en 1685, le texte publié par Grua, t. I, p. 186) ; à Pellisson, 19/29 novembre 1691, A I, vii, pp. 192-193.

[73] *Definitionum juris specimen* (1696 ?), dans Grua, t. II, p. 741 : « *Hæreticus est defensor pertinax opinionis saluti periculum creantis – Hæresis est defectus cognitionis ex malitia ortus in quæstione magni ad salutem momenti. Talis hæresis dicitur formalis ; sin malitia absit, dicitur materialis* ».

[74] A. Rébelliau, *Bossuet historien du protestantisme*, op. cit., p. 28 ; G. Thils, *Les Notes de l'Eglise*, op. cit., p. 167 et sv. ; R. Voeltzel, *Vraie et fausse Eglise*, op. cit., p. 60 et sv. ; Y. Congar, *La tradition et les traditions*, t. II, *Essai théologique*, Paris, Fayard, 1963, pp. 260-261 ; « Centre international de synthèse », *Leibniz, Aspects de l'homme et de l'œuvre, 1646-1716*, Paris, Aubier, 1968, pp. 86-87 ; R. Stauffer, *L'affaire d'Huisseau. Une controverse protestante au sujet de la réunion des chrétiens, 1670-1671*, Paris, P.U.F., 1969, *passim*.

[75] A I, iv, p. 320. C'est reprendre, mais en en changeant le sens et la portée, la doctrine des théologiens qui ont toujours souligné qu'il n'y avait hérésie qu'à propos d'une doctrine révélée de Dieu et proposée par l'Eglise : cf. entre autres un texte de F. Véron cité par L. Garzend, *op. cit.*, pp. 369-370, et de nombreux textes de Melchior Cano, *De logis theologicis*, XII, 7, éd. cit., p. 495, etc.

religion chrétienne »[76], d'erreurs qui renversent « le principe général de la Catholicité »[77] ; comme l'écrira Leibniz à Bossuet le 11 décembre 1699, il s'agit en cas d' « articles tellement fondamentaux qu'ils soient nécessaires *necessitate medii* en sorte qu'on ne les saurait ignorer ou nier sans exposer son salut »[78]. La question que pose immédiatement Leibniz dans cette lettre, c'est de savoir comment on peut les « discerner »[79]. La réponse qu'il apporte, c'est, comme nous l'avons montré ailleurs[80], une reconnaissance de type juridique, celle qu'il demande pour l'acceptation du concile de Trente, ou une démonstration de caractère historique, pour l'établissement des faits du passé.

Ces thèses de Leibniz ne sont pas entièrement originales et elles rejoignent tout un courant de la réflexion théologique au XVIIe siècle, courant difficile à définir exactement car il dépasse les limites confessionnelles et nationales. En tout cas, nous y reconnaissons une façon personnelle de reprendre les idées iréniques que les théologiens de Helmstedt, en particulier G. Calixt et F. U. Calixt, ont développées en s'inspirant des intuitions de G. Cassander[81] : il suffit de lire le *Tractatus theo-*

---

[76] A I, iv, p. 372.

[77] A I, v, p. 16 ; cf. vii, pp. 214-215.

[78] Bossuet, C. B., t. XII, p. 117.

[79] Cf. en des cas analogues, L. Kolakowski, *Chrétiens sans Eglise*, trad. française, Paris, Gallimard, 1969, pp. 186, 283, etc.

[80] Dans *Leibniz, Aspects de l'homme et de l'œuvre*, op. cit., pp. 87-94.

[81] Sur ce mouvement la littérature est considérable, on la trouvera dans M. Tabaraud, *Histoire critique des projets formés depuis trois cents ans pour la réunion des communautés chrétiennes*, Paris, 1824 ; E. L. Th. Henke, *Calixtus une seine Zeit*, 2 vol., 1853-1860 ; J. Baruzi, *op. cit.*, pp. 191-192, 259 ; G. J. Jordan, *The reunion of the churches. A study of G. W. Leibniz and his great Attempt*, Londres, Constable, 1927 ; E. G. Léonard, *Histoire générale du protestantisme*, t. II, Paris, P.U.F., 1961, p. 173, 185 et sv., 200 et sv., etc. ; H. Schüssler, *Georg Calixt. Theologie und Kirchenpolitik. Eine Studie zur Oekumenizität des Luthertums*, Wiesbaden, Franz Steiner, 1961 ; J. B. Neveux, *Vie spirituelle et vie sociale entre Rhin et Baltique au XVIIe siècle*, Paris, Klincksieck, 1967, pp. 41 et sv., 671 et sv. ; P. Eisenkopf, *Leib-*

logicus de hæresi, schismate et hæreticorum poenis (Helmstedt, 1690) de Friedrich Ulrich Calixt, pour retrouver les articulations essentielles de la conception leibnizienne de l'hérésie : refus d'une définition purement doctrinale de l'hérésie, absence d'accord sur le nombre des articles fondamentaux[82] mais affirmation qu'il n'y a hérésie qu'à propos d'un « *dogma fondamentale* »[83], considération du sujet de l'hérésie[84] et de la « *pertinacia* » qui en est une condition nécessaire[85], distinction de l'hérétique matériel et de l'hérétique formel[86], insistance sur l'imperfection et les fautes qui se trouvent dans toutes les Eglises particulières[87] ; la question qui se pose à tout homme qui postule l'existence d'articles fondamentaux est bien mise en valeur par F. U. Calixt[88], qui montre qu'on ne peut trouver dans l'Ecriture la définition de ce « *fundamentum* »[89] et qu'il faut considérer la « *praxis* » de l'Eglise[90] dont le Symbole des Apôtres est une expression[91]. Même si Leibniz développe plus que F. U. Calixt les aspects psychologiques et moraux de l'hérésie, il est certain que c'est la même conception qui s'exprime chez l'un et chez l'autre.

b) La controverse

Ces idées, cependant, malgré la caution partielle de Spinola,

---

niz *und die Einigung der Christenheit. Überlegungen zur Reunion der evangelischen und Katholischen Kirche*, Paderborn, Schöningh, 1975, etc.

[82] *Tractatus...*, *op. cit.*, p. 1.

[83] *Tractatus...*, *op. cit.*, pp. 10-14, 20-29, 39 et sv.

[84] *Tractatus...*, *op. cit.*, p. 9 : « *Facimus potius cum Augustino, qui non temere hæreseos damnavit quemquam, et quamvis nullam sine errore hæresim esse posse agnoverit, non tamen omnem errorem hæresim esse admisit* ».

[85] *Tractatus...*, *op. cit.*, p. 113 et sv. : « *Error, convictio, pertinacia* ».

[86] *Tractatus...*, *op. cit.*, p. 121.

[87] *Tractatus...*, *op. cit.*, pp. 21-22.

[88] *Tractatus...*, *op. cit.*, p. 29 : « *Quousque fundamentum illud se extendat ?* ».

[89] *Tractatus...*, *op. cit.*, pp. 29-38.

[90] *Tractatus...*, *op. cit.*, p. 38 : « *Ecclesiæ praxis* ».

[91] *Tractatus...*, *op. cit.*, pp. 38-46, 87-89, etc.

rencontreront beaucoup de contradiction au cours du dialogue de Leibniz avec Pellisson et Bossuet. Nous n'insisterons pas ici sur les conséquences que l'on peut en tirer du point de vue d'une « indifférence » religieuse[92], que la conception de l'hérésie comme opiniâtreté ne pourrait que favoriser[93] ; mais Leibniz refuse d'étendre aux païens la participation au salut[94] et il refuse de laisser libre n'importe quel « hérétique » présumé « sincère » de développer son enseignement ; il souligne aussi que les protestants ne sont pas plus « tolérants » « dans la pratique » que les catholiques[95].

Les points essentiels de la conception leibnizienne, hérésie définie comme *pertinacia*, distinction de l'hérésie matérielle et de l'hérésie formelle, doctrine des articles fondamentaux, paraissaient tout à fait admis par les théologiens catholiques, mais Pellisson et Bossuet y opposeront d'importantes objections. D'abord la distinction traditionnelle de l'hérésie matérielle et de l'hérésie formelle est contestée par Pellisson[96] qui préférerait dire que l'hérétique matériel n'est pas hérétique : l'argumentation de Pellisson est plus morale que juridique ou théologique ; plutôt que d'une exacte définition de l' « hérésie » à laquelle sont plus ou moins bien parvenus des théologiens comme Cano, il se soucie des conséquences pratiques de cette thèse : comme les Inquisiteurs, mais de façon inverse, il rema-

---

[92] Que du Vaucel a vivement reproché à Leibniz de promouvoir (A I, v, pp. 686-687) et que Pellisson condamnera en 1690 en rapprochant de façon un peu rapide les idées de Leibniz de celles de P. Poiret et d'Antoinette Bourignon, et de celles des sociniens (A I, vi, pp. 91-92). Bossuet avait fait des reproches analogues à d'Huisseau qui s'inspirait des mêmes principes (R. Stauffer, *L'Affaire d'Huisseau, op. cit.*, pp. 12-15, 40 n. 3).

[93] Cf. A I, pp. 78 et sv.

[94] Ce qu'il reproche aux jésuites de faire : à Pellisson, octobre 1690, A I, vi, p. 119.

[95] A Pirot, 6 mai 1692, A I, vii, p. 330 ; cf. un texte de 1698 sur Thomasius, *Utrum hæresis sit crimen*, dans Grua I, pp. 210 et sv.

[96] A Marie de Brinon, décembre 1690, A I, vi, p. 143.

nie la notion d'hérésie de peur que l'on n'arrive à prouver qu'un « hérétique » peut être sauvé[97].

Une objection de plus grande conséquence vise à récuser la « bonne foi » de tout homme qui se trouve hors de l'Eglise ; Pellisson écrit en effet à Marie de Brinon le 4 septembre 1690 : « L'Eglise est une société humaine, qui a seulement l'avantage d'avoir des lois divines. Elle est établie de Dieu pour nous conduire au salut. Il est juste, naturel et nécessaire que ceux qui veulent s'en séparer soient privés du salut »[98], et il ajoute : « Je sais bien que votre ami ajoute en quelque endroit : Nous cherchons la vérité de bonne foi, prêts à la reconnaître aussitôt qu'on nous la fera voir. Nous ne pouvons donc pas être traités d'hérétiques. Mais si cette défense est reçue, il n'y eut jamais d'hérétiques, n'y en ayant jamais eu qui n'aient tenu le même langage »[99]. C'est ce que Bossuet répond en substance à plusieurs reprises, et le point ultime sur lequel il s'oppose à Leibniz : il n'y a pas de « bonne foi » sans réunion extérieure au catholicisme ; ce qui est ruiner une problématique tout à fait traditionnelle : « Quelque disposition qu'on ait pour la paix, on n'est jamais vraiment pacifique et en état de salut, jusqu'à ce qu'on soit actuellement réuni de communion avec nous »[100]. A propos de la question précise de la reconnaissance du concile de Trente que soulevait Leibniz en faisant jouer la thèse de la « bonne foi », Bossuet, à plusieurs reprises, est formel en affirmant d'une part que le concile de Trente est œcuménique et légitime (question que nous n'approfondirons pas ici), et d'autre

---

[97] « Mais avec cette idée confuse d'hérétiques formels et matériels, on se flatte de cette conclusion : il y a donc des hérétiques sauvés ; il faut chercher maintenant si je suis des matériels ou des formels, et sur cela on s'endort », A I, vi, p. 143.

[98] A I, vi, p. 89 ; on remarque la définition purement juridique et extrinsèque de l'Eglise qui correspond au sentiment de nombreux catholiques au XVIIᵉ siècle, cf. J. Orcibal, *L'Idée d'Eglise…*, art. cit., p. 112.

[99] A I, vi, p. 91.

[100] A Leibniz, 10 janvier 1692, C. B., t. V, p. 10 = A I, vii, p. 236.

part que le fait de le récuser est signe de *pertinacia*[101]. Que Leibniz se montre blessé de l'accusation d'« hérétique et d'opiniâtre »[102], Bossuet n'accepte pas de retirer son jugement, affirmant parler par le souci de la « vérité » et du « salut » de son interlocuteur[103], et il passe explicitement, dans une lettre écrite le même jour à Leibniz, de l'erreur dogmatique, à la *pertinacia*, par l'intermédiaire du dérèglement de l'intelligence : l'erreur est signe de dérèglement et le dérèglement ne peut venir que d'orgueil ou de curiosité, ce qui est en quelque sorte l'affirmation d'une « *pertinacia* » implicite[104].

Le troisième aspect de la conception leibnizienne, la doctrine des points fondamentaux, est aussi contesté : Pellisson, le 4 septembre 1690, la refusait dédaigneusement[105]. Bossuet la connaissait bien : il en avait fait une des articulations de son *Exposition de la doctrine de l'Eglise catholique*[106] et avait même prouvé que des divergences sur des points non fondamentaux n'empêchaient pas les catholiques d'être sauvés, du jugement des protestants[107] ; par ailleurs il professe dans

---

[101] Voir le développement de ce point dans la *Declaratio fidei orthodoxæ*, LT, t. XVII, p. 539 : « *statuimus primum pertinacem haberi eum in negotio fidei, qui suo judicio invincibiliter adhæret, postposito Ecclesiæ universæ judicio ; hæreticum vero, qui eo modo sensuque est pertinax. Quo posito, aio eos de quibus agitur, ante omnia esse pertinaces* », et Bossuet démontre le fait en tirant la conclusion que le refus du concile de Trente est au fond refus de *tout* concile.

[102] Bossuet à Pellisson, 27 décembre 1692, C. B., t. V, p. 284.

[103] *Ibid.* ; cf. J. Baruzi, *op. cit.*, pp. 305-312.

[104] « Il faut que les hérétiques qui ont pu douter d'une vérité si sensible aient fait à leur esprit de ces violences que se font ceux que leur orgueil ou leur curiosité embrouille et confond », C. B., t. V, p. 287, à propos des monothélites.

[105] « Elle a toujours servi de prétexte aux Protestants pour se permettre le salut hors de l'Eglise, non obstant son excommunication [...] la moindre erreur en la foi, accompagnée de rébellion est détestable et peut priver du salut », A I, vi, p. 88.

[106] LT, t. XIII, pp. 52-54, 66.

[107] LT, t. XIII, pp. 376 et sv. ; LT, t. XV, p. 49, etc.

l'*Histoire des variations* une grande admiration pour G. Calixt[108], cependant, dans la *Declaratio fidei orthodoxæ*, il récuse la doctrine des points fondamentaux[109], et une des ultimes réponses à Leibniz, le 2 février 1700, explique bien le retournement de la problématique auquel se livre Bossuet : des points fondamentaux, il passe au juge qui détermine ces points et il montre que même sur des points secondaires la contestation ébranle la foi, car elle est grave non par son objet, mais par rapport à l'Eglise qu'elle attaque, et à la mentalité qu'elle révèle de la part de celui qui doute[110].

Conclusion

Ainsi se trouve apparemment ruinée la doctrine de l'hérésie à laquelle Spinola avait donné sa caution et à laquelle se tenait encore Leibniz à l'aube du XVIII siècle ; l'étude des réactions de Bossuet semble aussi nous conduire à la conclusion que la notion « inquisitoriale », au sens que L. Garzend donnait à ce mot, de l'hérésie se soit peu à peu imposée dans le catholicisme, et que par ailleurs le dialogue avec les « hérétiques » ait abouti à une exhortation à revenir « comme l'enfant prodigue, se jeter tête baissée entre les bras de leur mère, en confessant qu'ils ont péché »[111], l'hérésie devenant une faute morale comme les autres.

En réalité la fin du XVII siècle est une période de mutation : nous y reconnaissons la montée d'une affirmation de la conscience individuelle devant les Eglises et les dogmes, dont presque malgré lui Leibniz est une des expressions, mais aussi une nouvelle affirmation de l'Eglise ; alors que l'unité de la Chré-

---

[108] LT, t. XIV, pp. 77, 353 ; LT, t. XV, pp. 88, 90, etc.
[109] « *Non ergo traditionis auctoritas ad solos illos fundamentales articulos restringenda est* », LT, t. XVII, p. 525.
[110] C. B., t. XII, p. 153. Sur ce changement de perspectives, cf. dans *Leibniz, Aspects de l'homme et de l'œuvre, op. cit.*, pp. 87 et sv.
[111] Mme de Brinon à Bossuet, 18 juillet 1694, C. B., t. VI, p. 357.

tienté est rompue et que l'on semble admettre cette rupture, l'unité se fait autour d'un centre « visible », qui pour les Catholiques, est Rome. Ce n'est pas un hasard si le refus du concile de Trente paraît à Bossuet le signe de la « *pertinacia* », et si à la revendication protestante, peut-être anachronique, de la « grande » Catholicité se substitue l'affirmation de la papauté, seul sceau de l'œcuménicité d'un concile[112] et en même temps centre d'une « Catholicité » réduite à une « orthodoxie » ; mais, par une des ironies de l'histoire, c'est le gallican Bossuet qui, devant Leibniz, est contraint par son sens de l'Eglise à se faire l'avocat de cette conception de la catholicité qui s'épanouira pendant l'époque moderne et contemporaine.

---

[112] Cf. A. Dupront, « Le Concile de Trente », dans *Le Concile et les Conciles*, *op. cit.*, pp. 195-243.

CHAPITRE VII

L'INSTITUTION DANS LA THÉOLOGIE

DE HENRY HOLDEN (1596-1662)

Parmi l'abondante littérature suscitée par la controverse confessionnelle au XVIIe siècle, le petit livre de Henry Holden s'impose par sa rigueur, son importance historique, la netteté avec laquelle sont exprimés quelques-uns des fondements théologiques de la Contre-Réforme. Nous faisons allusion à la *Divinæ Fidei Analysis seu De Fidei Christianæ Resolutione libri duo*, publiée pour la première fois à Paris en 1652, rééditée en 1655 à Cologne, et, avec des additions et approbations importantes, en 1685 à Paris[1], puis au XVIIIe et au XIXe siècles[2].

---

[1] Nous donnerons les références, dans notre texte ou en note à cette réédition de 1685, B.N., D 21361.

[2] Selon R. Simon, *Critique de la Bibliothèque des auteurs ecclésiastiques*, Paris, 1730, t. II, p. 333, une traduction française avait obtenu un privilège mais « M. Bossuet évêque de Meaux en empêcha l'impression ».

La carrière de Holden

Bien que Holden ait été mêlé à plusieurs controverses en Angleterre et en France, nous n'avons pas encore de monographie approfondie sur lui. Contentons-nous donc de présenter à partir des sources accessibles les grandes lignes de sa vie[3]. Né en 1596, Henry Holden fut admis en 1618 au Collège anglais de Douai, où il étudia la philosophie et la théologie. En 1623, il se rendit à Paris où il prit le titre de docteur en Sorbonne, université où il devient professeur. Il fut ensuite pénitencier à Saint-Nicolas du Chardonnet, puis vicaire général du diocèse de Paris. Entre temps, il avait pris une part active aux affaires du clergé

---

[3] Consulter Léonard de Sainte-Catherine, B. N., ms. Fr. 22582, pp. 211-212 ; L. Ellies du Pin, *Bibliothèque des auteurs ecclésiastiques du dix-septième siècle*, Partie seconde, Paris, 1708, pp. 151-177 ; R. Simon, *Critique de la Bibliothèque...*, *op. cit.*, pp. 331-333 ; L. Moréri, *Le Grand Dictionnaire historique*, Paris, 1759, t. VI, p. 40 (Recopie et résume Ellies du Pin ; des inexactitudes) ; Ch. Butler, *Historical Memoirs of the English, Irish and Scottisch Catholics since the Reformation*, 3e éd., Londres, 1822, t. II, pp. 413-416, 423-432 ; [Picot], *Essai sur l'influence de la religion en France pendant le dix-septième siècle...*, Paris, 1824, t. II, pp. 78-79 ; Joseph Gillow, *A literary and biographical History or Biographical Dictionary of the English Catholics*, Londres-New York, 1888, t. III, pp. 322-338 ; *Dictionary of National Biography*, vol. XXVII, Londres, 1891, pp. 119-120 ; P. Feret, *La Faculté de théologie de Paris et ses docteurs les plus célèbres, Epoque moderne*, t. III, Paris, 1904, pp. 220, 224, 501 ; Catholic Record Society, *The Diary of the « Blue Nuns » or order of the Immaculate Conception of our Lady at Paris 1658-1810*, ed. by Joseph Gillow and Richard Trappes-Lomax, Londres, 1910, pp. 10-13, 190, 236, 275, 369-370 ; Bossuet, *Correspondance*, éd. Urbain et Levesque, Paris, Hachette, t. XII, 1920, p. 114 n. 4 ; *New Catholic Encyclopedia*, t. VII, New York, 1967, p. 49 (par V. Ponko jr) ; Gaston Jean-Baptiste de Renty, *Correspondance*, pub. par R . Triboulet, Paris, D.D.B., 1978, pp. 667-668, 757-758 [avec quelques inexactitudes] ; J. Le Brun, *Histoire du catholicisme* dans : Ecole pratique des Hautes Etudes, V[e] section – Sciences religieuses, *Annuaire, résumés des conférences et travaux*, t. LXXXIX, 1980-1981, pp. 557-560 ; id., dans D.H.G.E., t. 24 (1992), col. 838-839.

séculier anglais dont il fut un des champions face aux réguliers[4]. Après la fuite à Paris et la résignation de Richard Smith, évêque de Chalcédoine, en 1631, Holden se rendit à Rome pour soutenir les intérêts du chapitre anglais qui craignait d'être supprimé, et pour essayer, mais en vain, de faire rétablir la dignité épiscopale. Après la mort de Smith en 1655, le Saint-Siège refusa encore de céder aux demandes du clergé séculier ; alors Thomas White (alias Blackloe), soutenu par Sir Kenelm Digby et Henry Holden, accusa les réguliers et singulièrement les jésuites de s'opposer au rétablissement de la hiérarchie ordinaire : sous la plume de leur adversaire, Robert Pugh, ces correspondances entre les trois hommes prirent le nom qui leur est resté dans l'histoire de « Blackloe's Cabal ». Malgré les difficultés et les condamnations de son ami, Holden se montra au cours de la querelle actif défenseur de Th. White[5]. En 1659, après l'arrivée à Paris des sœurs du Tiers-Ordre de Saint-François, appelées « Blue Nuns », sœurs bleues, Holden s'occupa de ces religieuses, encouragea l'adoption de la règle de l'Immaculée Conception de Notre-Dame, devint le supérieur de leur couvent, les soutint matériellement et spirituellement.

---

[4] Gregorio Panzani, *The memoirs... translated... by the Rev. Joseph Berington*, Birmingham, 1793, pp. 277, 293 et sv. ; Charles Plowden, *Remarks on a book entitled Memoirs of Gregorio Panzani...*, Liège, 1794, pp. 257-270, 380-382.

[5] Robert Pugh, *Blackloe's Cabal discovered...*, 1657 ; 2ᵉ éd., Douai, 1680 (Br. Mus. 3938.bb.82) ; *A letter written by Mr. H. H. [olden] touching the prohibition at Rome of Mr Blacklow's book intituled Tabulæ suffragiales*, [Douai, 1657] ; *Dr Holden's letter to a friend of his, upon the occasion of Mr Blacklow's submitting his writings to the See of Rome ; together with a copie of the said Mr Blacklow's submission*, [Paris, 1657] ; *Henrici Holdeni... Epistola brevis ad illustrissimum D.D.N.N. Anglum, in qua de viginti duabus propositionibus ex libris Thomæ Angli ex Albiis excerptis et a Facultate theologica Duacena damnatis sententiam suam dicit*, [1661] [B.N. imp. D 8112] ; [H. Holden], *A letter to Mr Graunt, concerning Mr White's Treatise de medio animarum statu*, Paris, 1661 ; Ch. Butler, *Historical Memoirs...*, *op. cit.*, t. II, p. 423 et sv. ; *New Catholic Encyclopedia*, t. XIV, New York, 1967, p. 894, s. v. *White (Thomas)*.

Le docteur Holden fut mêlé à plusieurs reprises aux débats parisiens sur le jansénisme : bien qu'il fût thomiste sur le problème de la grâce et ardent partisan de la hiérarchie ecclésiastique et du clergé séculier, il se montra assez modéré ; il avait été en 1650 un des approbateurs de l'*Apologie pour les Saints-Pères de l'Eglise défenseurs de la grâce de Jésus-Christ* d'Antoine Arnauld[6], néanmoins il entra en 1656 en controverse avec Féret et avec Arnauld après avoir voté la condamnation d'Arnauld le 14 janvier 1656 en termes réservés[7] et avoir signé la sentence le 18 février[8] ; les lettres échangées à cette occasion furent publiées[9]. Henry Holden mourut en mars 1662, d'une fièvre contractée lors d'une tempête à un retour d'Angleterre et il laissa par testament la plus grande partie de ses biens aux sœurs de l'Immaculée Conception de Notre-Dame dont il s'était beaucoup occupé pendant ses dernières années.

L'assentiment de foi

L'ouvrage fondamental de Holden[10] porte un double titre : *Divinæ Fidei Analysis*, et *De Fidei Christianæ Resolutione*, les

---

[6] G. Hermant, *Mémoires ... sur l'histoire ecclésiastique du XVIIe siècle*, Paris, 1905, t. I, p. 496.

[7] « Peccavit quidem, sed condonat », dans P. Feret, *op. cit.*, t. III, p. 501 ; voir *Oratio Henrici Holden quam paratam habebat ad enuntiationem in examine propositionis Arnaldinæ*, Francfort, 1656.

[8] Holden n'est pas le traducteur anglais du 7e *Ecrit des curés de Paris*, d'après P. Jansen, *De Blaise Pascal à Henry Hammond*, Paris, Vrin, 1954, p. 88.

[9] *Viro clarissimo Feret S. Nicolai de Cardineto Pastori ... Henricus Holden S. D.*, 5 févr. 1656 [B. N. imp. Ld[4] 221] ; *Doctissimi viri Henrici Holden ... Epistola cui superior respondet*, 5 févr. 1656 [Même lettre que la précédente, à la suite de la réponse d'Arnauld, B. N. imp. Ld[4] 231] ; *Viro sapientissimo Antonio Arnaldo doctori sorbonico Henricus Holden S. D.* [B. N. imp. Ld[4] 235]. Textes repris dans l'édition de 1685 de la *Divinæ Fidei Analysis*. Voir aussi A. Arnauld, *Œuvres*, 1775-1783, t. XX, pp. 440 et sv.

[10] En l'absence d'un traité *De veritate Religionis christianæ*, qui, envoyé manuscrit par l'auteur à un ami en Angleterre, fut perdu pendant les guerres

deux mots, le grec et le latin, désignant une opération qui consiste à dégager d'un ensemble les éléments qui y coexistent et à montrer comment fonctionnent ces éléments. L'avis *Ad lectorem* précise bien l'intention du livre : devant les divisions des chrétiens, l'auteur cherche une voie pour unir les esprits et les cœurs, et il estime que cette voie ne consiste pas en une exposition ou un catalogue de vérités, mais dans la détermination de la qualité, de la certitude et de la portée de chaque vérité. L'analyse de la foi sera donc une distinction entre les vérités révélées et catholiques et les opinions des théologiens, un discernement de ce qui est « certain » et de ce qui est « douteux » dans le christianisme, méthode rationnelle (« *evidentissimis et firmissimis rationibus* ») et non pas méthode d'autorité ou historique (« *omissis autoritatum fulcimentis et scriptorum placitis passim apud plurimos satis superque citatis* »). Les rapports avec la méthode cartésienne paraissent évidents, mais il y a une différence fondamentale entre Holden et Descartes : le premier ne cherche pas le vrai et le faux, mais le certain et le douteux, c'est-à-dire qu'il analyse l' « acte », non l' « objet » de la foi, opérant un retour sur le sujet connaissant et croyant, qui caractérise tout son livre et en fait une réflexion sur l' « assentiment », l'*assensus*.

Le premier livre de la *Divinæ Fidei Analysis* s'attache à la résolution de la foi chrétienne et révélée en général et de façon commune, alors que le second s'applique aux articles de foi particuliers. Le point essentiel c'est l'analyse de la foi. Comme nous le disions, elle n'est pas définie par son objet mais par son exercice, et le problème n'est pas de savoir si son objet est « vrai »[11] mais si elle est « certaine » (*certa*)[12]. « La foi est un

---

civiles, cf. J. Gillow, *A literary and biographical History...*, *op. cit.*, t. III, p. 337, n. 10.

[11] Cette vérité est « présupposée » avoir été démontrée ailleurs, cf. p. 35. Ainsi le livre de Holden ne peut pas prendre place dans la longue liste des traités apologétiques *De veritate Religionis christianæ* qui se multiplient au XVIIe siècle. En revanche il se situe dans la suite des débats soulevés par les thèses

assentiment de l'intellect qui est accordé à quelque sujet ou à une chose rapportée, à cause de l'autorité ou du témoignage de celui qui la rapporte. »[13] L'analyse de la foi s'applique à la définition de l'*assensus*, donc à une « autorité » ou un « témoignage » ; ainsi la foi est obscure[14], et d'autre part elle suppose un *sensus* ou un *judicium* du sujet croyant qui lui fait attribuer une vérité à celui qui parle. L'évidence n'est pas la connaissance de la chose, de la *res ipsa*, mais celle par laquelle on sait que le témoignage est exempt d'erreur (p. 4). Donc la certitude a son siège dans l'assentiment (*assensus*) de notre intellect (pp. 6-7).

Tirant sa certitude de l'autorité et du témoignage d'un narrateur, la foi dépend de la véracité et de la compétence de ce narrateur, toujours plus ou moins ambiguës (p. 12) . En tout cas, la certitude, venant de l'intellect dégagé de toute passion et convaincu par des arguments et des raisons évidents, n'est pas nécessairement plus grande ou plus ferme que celle qui vient de la prévention, de l'injustice ou de la force des sophismes ; on parlera seulement dans un cas de constance, dans l'autre de *pertinacia* ou de perversité[15].

---

de Suarez et qui auront leur plus grande extension au XIXe siècle, cf. D. T. C., t. VI, 1, col. 469 et sv.

[12] Cela correspond bien aux tendances de l'âge moderne où l'opposition logique du vrai et du faux cède de plus en plus la place à une évaluation du degré de certitude ou de probabilité des propositions. Sur les aspects rhétoriques de cette évolution, voir M. Fumaroli, *L'âge de l'éloquence*, Genève, Droz, 1980, p. 679 et *passim*. Voir aussi H. Le Bras, « De la divination au calcul » dans *Traverses*, n° 23, *Hasard : figures de la fortune*, Paris, 1981, p. 7 ; et K. Scholder, *Ursprünge und Probleme der Bibelkritik im 17. Jahrhundert*, Munich, Chr. Kaiser, 1966, p. 23.

[13] « *Fides est assensus intellectus qui subjecto alicui vel rei relatæ ob autoritatem seu testimonium Relatoris attribuitur* », pp. 2-3.

[14] Puisqu'elle est distinguée de l'*evidentia intellectualis*, qu'elle est ancrée non sur la *res in seipsa*, mais sur un témoignage.

[15] Que l'assentiment venant d'un principe de cupidité puisse être plus fort que celui qui vient des arguments les plus évidents, la proposition ne passa pas

Cette distinction capitale dans l'œuvre de Holden entre l'*intellectus verus* et *l'intellectus certus* déplace donc le centre d'intérêt des articles de la foi (objet des catéchismes, des confessions de foi, des apologies) vers le sujet croyant, la *veritas* désignant un ordre nécessaire à la *res extra animam*, mais la *certitudo* consistant dans une disposition de l'esprit (« *in sola mentis dispositione* », p. 15).

Puisqu'il est question d' « autorité » et du « témoignage » d'un relateur, la question des moyens (*media*) ou du moyen (*medium*) par lesquels le témoignage parvient à la connaissance de celui qui croit et exerce sa force, devient centrale. *De viis et mediis...* est le début du titre de la Lectio III du chapitre I du Ier livre. Tout au long de son *Analysis* Holden s'interrogera donc sur les différents *media* envisageables et cherchera si tel ou tel moyen est capable de jouer son rôle et de servir à la transmission de la foi. Le fondement de l'acte de foi et de son autorité est résolu dans la science ou la connaissance qu'a le croyant de la valeur de l'autorité et du témoignage sur lesquels il s'appuie et du moyen par lequel autorité et témoignage lui sont appliqués (p. 19).

Si nous avons insisté sur ces principes du chapitre I du Ier livre, sur « La foi considérée en général », c'est qu'ils sont le fondement des affirmations du chapitre II, sur « La foi divine en général ». L'acte humain repose sur l'empire de la volonté, mais la volonté, d'elle-même aveugle, est illuminée par l'intellect et dirigée par lui vers le bien (p. 21), et elle agit selon les forces du jugement qui la précède : or ce jugement n'est fort que s'il est certain, donc la foi ne suffit pas, une foi certaine est nécessaire. Même si la fidélité et la véracité de Dieu sont hors de doute, il y a partage entre les hommes : certains pensent que

---

inaperçue des théologiens qui, comme du Plessis d'Argentré, discutèrent cette conception de la certitude sans se placer au point de vue de Holden, mais en posant la question de la « vérité » de l'objet de la foi : voir la réédition de la *Divinæ Fidei Analysis* par l'abbé Godescard, Paris, 1767, pp. 449-450.

Dieu a dit ou révélé telle ou telle chose, d'autres non ; il est donc nécessaire de trancher, et, par un détour, nous sommes ramenés à la question centrale pour Holden : que le *medium* par lequel l'autorité de Dieu s'applique à l'assentiment soit le moins possible trompeur, soit exempt de toute erreur (pp. 28-29). Il y a toutefois une différence entre la foi en général et la foi divine : cette dernière est « surnaturelle », à la fois à cause de son objet (des mystères ou des choses divines) et à cause du témoignage de Dieu révélant qui l'appuie (mais rien n'est défini du mode d'opération de la faculté spirituelle en tant que cause efficiente, qu'il s'agisse d'une *infusio* ou d'un *influxus*, p. 30). Cependant la certitude n'est pas ici « surnaturelle » ; Holden le soutient contre l'opinion de plusieurs théologiens, car l'assentiment dépend toujours de la certitude et de l'infaillibilité du moyen par lequel l'autorité de Dieu est appliquée à l'esprit. Nous voyons donc que le problème revient toujours à savoir par quel mécanisme (*qua ratione*) nous appréhendons sur le mode de la certitude (*certissime*) les choses révélées (p. 35). Et Holden souligne encore que l'homme, rationnel de sa naturelle et essentielle constitution, doit découvrir par le raisonnement et le discours (« *ratiocinatione et discursu* ») ce qui est le plus accordé à la raison et qui lui permet de donner son assentiment (pp. 35-36).

Allons plus loin, avec Holden : l'*assensus* donné par l'intermédiaire de la raison est bien un acte de l'intellect (*actus intellectus*), mais selon l'adage bien connu, « *Nihil est in intellectu quod non quodammodo fuerit prius in sensu* » (p. 36)[16] : donc l'assentiment de foi doit tirer son origine du sens (*ex sensu*). Quel que soit le moyen retenu pour la transmission de la révélation divine à l'homme, ce moyen devra apparaître très clairement (*clarissime*) aux sens (p. 36), donc il faut un moyen exempt d'erreur pour l'atteindre, un moyen qui ne saurait être un *instinctus* de l'Esprit-Saint ou une grâce intérieure qui ferait

---

[16] L'adage était alors attribué à Aristote.

accorder foi aux vérités révélées (p. 40). Le moyen doit être valable pour tous les chrétiens sans *exception (omnes ad unum,* p. 43), certain, non pas en lui-même (*in seipso considerati*) mais en relation avec nous (*quoad nos,* pp. 43-44) ; car les vérités révélées sont publiques et communes à tous. Holden développe longuement les caractères du moyen recherché : d'abord il faut qu'il soit un objet si connu et manifeste aux sens externes qu'il soit impossible qu'on ignore son existence ou qu'on doute qu'il existe, ensuite il doit être apte à donner à tous les hommes guidés par la raison et libres de cupidité la plus grande, la plus vraie et la plus rationnelle certitude (pp. 44-52). Ce n'est pas qu'il ne puisse y avoir des voies extraordinaires insolites pour la communication des choses révélées, mais ces voies ne constituent pas un fondement solide pour la foi divine (*in communi sua ratione,* pp. 52-53), donc Holden les écarte de ses analyses.

La conséquence de cet exposé des conditions de communication des choses révélées est d'abord une analyse de la vérité qui dégage différents niveaux ou classes de vérités : les unes, en petit nombre, vérités divines et catholiques, d'autres purement catholiques, d'autres purement canoniques, les autres seulement théologiques. Bien qu'elles soient toutes très certaines (*certissimæ*), à chacune un assentiment de nature différente est appliqué (pp. 58-61). A la différence des controversistes, surtout protestants, qui depuis près d'un siècle avaient élaboré la doctrine des points fondamentaux, les *fundamentalia* opposés aux *adiaphora,* Holden juge impossible de distinguer ce qui est « fondamental » dans la foi ; mais en opérant un renversement analogue à celui qui présidait à son analyse de la foi, il pense que les articles « nécessaires » n'ont pas tous à être reconnus distinctement ou explicitement, mais au moins indirectement ou implicitement (p. 70), le sujet croyant se référant à la foi de l'Eglise universelle (p. 71) : ainsi, si un dogme peut être jugé « fondamental », c'est, du point de vue du sujet, parce qu'il constitue le fondement d'un autre dogme en une hiérarchie qui tient à la genèse des vérités dans l'assentiment et à la logique selon laquelle elles s'articulent, nouveau déplacement de l'objet de la foi au sujet de la foi.

L'institution hiérarchique

Parvenu à ce point, Holden consacre l'essentiel de son livre à la recherche et à la discussion des différents moyens qui peuvent être considérés pour la communication des vérités divines. Nous ne pouvons entrer dans le détail de ses analyses, mais nous en montrerons le sens et les conséquences. L'Ecriture sainte, le premier moyen qui se présente et que les protestants, selon Holden, considèrent comme exclusif des autres, ne possède pas tous les caractères requis : l'Ecriture est bien connue de tous, publique, manifeste à tous, mais elle ne peut donner la plus grande et la plus rationnelle certitude : elle ne contient pas en elle-même sa propre autorité, n'est pas la vérité révélée, est un écrit « reçu » par l'Eglise universelle comme contenant la doctrine révélée ou au moins ne contenant rien de contraire à l'enseignement de l'Eglise universelle (pp. 76-77) ; nous remarquons ici le glissement opéré par Holden du texte à l'institution : l'auteur sacré est tel, *sacer et divinus*, reconnu par les docteurs et pasteurs de l'Eglise. Holden prend place parmi les controversistes catholiques du XVIe et du XVIIe siècles, d'Erasme à Richard Simon, en passant par François de Sales, Charron, Camus, Véron, Valeriano Magni, qui insistaient sur l'insuffisance de l'Ecriture et qui, soulignant les faiblesses, les lacunes, les fautes du texte, faisaient des remarques « critiques » des arguments apologétiques contre les protestants. En même temps, sa conception « progressive » de la canonicité[17], déterminée par le *consensus*, la réception par l'Eglise uni-

---

[17] Ainsi l'*Epître aux Romains*, d'abord écrite par un homme privé pour une Eglise particulière, qui s'est ensuite répandue « *ita ut quasi gradatim Epistola hæc, sicut et quilibet liber canonicus, primo ab una, deinde a pluribus, paulatim tandem ab omnibus Ecclesiis recepta et agnita fuerit* », p. 80.

verselle[18], nous renvoie elle aussi à l'exaltation de l'institution ecclésiastique, à des perspectives juridiques essentielles pour comprendre le catholicisme post-tridentin. La conclusion qui découle de ces considérations est que l'Ecriture n'est pas le « moyen » recherché pour la communication des choses divines à tous les hommes, avec certitude.

Un autre moyen qui pourrait être envisagé est la raison humaine. Cependant Holden, à la suite de bien des controversistes catholiques, de Charron par exemple, que l'on a pu, avec un peu de simplification, appeler sceptiques[19], insiste sur les limites de la raison humaine, sur les dispositions « troubles ou cupides » que souvent manifeste l'esprit humain (« *turbida quædam aut cupida mentis dispositio* », p. 99). Mais les longs développements qu'il consacre à une discussion de la *ratiocinatio*, venant après ceux qu'il a consacrés à l'Ecriture, montrent que sa polémique est plus précisément dirigée contre les sociniens.

Une critique aussi rigoureuse est ensuite opposée aux inspirations privées comme moyen de communication des vérités révélées. C'était encore un lieu commun de la polémique catholique contre les protestants que de critiquer le recours à un *instinctus* du Saint-Esprit pour fonder la certitude ; avec vivacité, comme les autres polémistes, Holden ridiculise la prétention qui consiste à s'appuyer sur un *instinctus privatus*, un *motus* ou un *influxus* pour fonder la foi catholique (p. 107 et sv.), et sa critique s'étend à tout ce qui semble être phénomènes « extraordinaires », « privilèges » ou grâces mystiques (p. 111) : Dieu, selon lui, n'opère que par la médiation de « causes secondes » (p. 112).

---

[18] « *Nihil aliud est librum aliquod esse canonicum quam de consensu universæ Ecclesiæ in sacrorum scriptorum seu librorum numerum vel catalogum inscribi* », pp. 78-79.
[19] Cf. Richard H. Popkin, *Histoire du scepticisme d'Erasme à Spinoza*, trad. franç., Paris, P.U.F., 1995.

En chaque cas, nous constatons chez Holden une opposition du privé et du public, du singulier et du collectif, une exaltation de l'institution de préférence à l'individu. Cela nous permet de comprendre que le « moyen » dans lequel Holden trouve sûreté et certitude soit la tradition[20]. Selon sa définition, la tradition est « la transmission ou communication d'une vérité écrite ou non écrite, dans la suite des temps et des années, d'oreille à oreille, de vive voix, comme de parents à enfants et de siècle en siè-cle »[21]. Que cette tradition soit universelle et infaillible, cela tient au fait qu'elle est transmise au sein d'une société partout répandue qui la protège de tout risque d'erreurs et de change-ments, en d'autres termes d'une Eglise. Là seulement, des hommes sont chargés, « d'office et par leur charge » (*ex officio et munere*, p. 131), de la tâche de transmission et de communi-cation ; des « ministres » ont été établis par Jésus-Christ, re-layant au fil des siècles les premiers disciples, en d'autres ter-mes des « ministres posthumes » (*posthumis suis ministris*, p. 132). Une « hiérarchie » (p. 132), un *ordo ministrorum* (p. 133), a donc été créée pour corriger l'inévitable décadence des choses humaines, pour conjurer désordre et hasard, et, re-prenant la formule dionysienne, mais substituant la conception d'une hiérarchie d'autorité à celle d'une hiérarchie d'illumination, Holden l'appelle la hiérarchie de l'Eglise (*Ec-clesiæ Hierarchia*). L'auteur de la *Divinæ Fidei Analysis* consa-cre alors de longues pages à l'Eglise, considéré comme hiérar-chie ecclésiastique, aux recteurs et aux pasteurs (*rectores et pastores*, p. 139 et p. 33), les seuls par qui les vérités à croire peuvent être connues avec la plus grande certitude et les choses à pratiquer peuvent être accomplies en perfection.

---

[20] P. 125 et sv. Sur ce point, des développements dans G. Tavard, *La tradition au XVII*e *siècle en France et en Angleterre*, Paris, Cerf, 1969, pp. 421-438.

[21] « *Traditio generice sumpta nihil aliud est quam veritatis alicujus sive scriptæ, sive non scriptæ, successiva temporis et annorum serie de aure ad aurem viva voce, transmissio seu communicatio, de parentibus scilicet in filios et de sæculo in sæculum* », pp. 125-126.

Nous n'entrerons pas ici dans les analyses que fait Holden des niveaux de tradition correspondant aux différents niveaux de vérités, ni dans sa conception d'une possibilité d'évolution des dogmes reposant sur la distinction de l'implicite et de l'explicite ; nous ne présenterons pas non plus les chapitres où il élève l'autorité des conciles au-dessus de celle du pape. En chaque cas, il oppose la faible autorité des particuliers, même s'ils prétendent avoir l'inspiration de l'Esprit, à l'autorité des « pasteurs de l'Eglise assemblée » (p. 187). Il nous semblait important de souligner les fondements philosophiques (rapports de la certitude et de la vérité, nature de l'assentiment, rôle de la raison) de la doctrine de Holden.

Théologie de Contre-Réforme, orientée vers la controverse avec les protestants, la théologie de Holden retrouve un grand nombre des orientations des controversistes catholiques de la fin du XVIe et du début du XVIIe siècles : l'institution ecclésiale est, avec la raison (la « *communis ratio* », p. 488) et la nature[22], l'instance suprême qui s'impose au croyant et au théologien, qui fonde leur certitude et régule leur travail. L'écho de la *Divinæ Fidei Analysis* est perceptible jusqu'au XIXe siècle : elle fut rééditée au temps des Lumières, en 1767, avec des notes hostiles à la religion de Rousseau, puis au XIXe siècle par Migne. Au XVIIe siècle, les positions philosophiques de Holden en rapport avec le cartésianisme retinrent l'attention de ceux qui réfléchissaient sur l'interprétation de l'Eucharistie[23]. Mais c'étaient ceux que préoccupait la controverse confessionnelle qui portèrent le plus d'intérêt au livre de Holden : Leibniz s'intéressa, dans son

---

[22] Nous n'avons pu développer la conception holdenienne des « vérités naturelles », de la « loi de nature » et du « droit de nature », pp. 422-446.

[23] Ainsi Pontchâteau et Neercassel, voir B. Neveu, *Sébastien Joseph du Cambout de Pontchâteau*, Paris, de Boccard, 1969, pp. 368-371. Holden est l'auteur cité par G. Lewis, « Augustinisme et cartésianisme à Port-Royal » dans *Descartes et le cartésianisme hollandais*, Paris, P.U.F., Amsterdam, Editions françaises, 1950, p. 156, n. 103.

débat avec Bossuet, à l'analyse de la foi et aux « degrés de ce qui est de foi »[24]. La *Divinæ Fidei Analysis* exerça une influence importante sur Richard Simon, même si ce dernier en discuta tel ou tel aspect[25] et s'il développa des perspectives « critiques » étrangères à Holden[26]. En tout cas, la comparaison des analyses de l'*assensus* par Holden, avec la *Grammaire de l'assentiment* de Newman[27] nous laisse penser que le théologien du XIXe siècle avait médité l'œuvre de son compatriote du XVIIe.

---

[24] Lettre à Bossuet 11 décembre 1699, dans Bossuet, *Correspondance*, éd. Urbain et Levesque, Paris, Hachette, 1920, t. XII, pp. 113-115. Voir aussi la lettre d'un certain N. Arnaud à Bossuet en 1700, *ibid.*, p. 309.

[25] Comme le fera plus tard Manning : H.-E. Manning, *La mission temporelle du Saint-Esprit ou Raison et révélation*, trad. J. Gondon, Paris, 1867, pp. 183-187.

[26] Cf. J. Le Brun, *Das Entstehen der historischen Kritik im Bereich der religiösen Wissenschaften im 17. Jahrhundert*, dans *Trierer Theologische Zeitschrift*, avril-juin 1980, pp. 100-117. Voir surtout R. Simon, *Histoire critique du Texte du Nouveau Testament*, Rotterdam, 1689, pp. 295-297 (où il écrit que Holden se serait inspiré des principes de M. A. De Dominis) ; id. dans *Moiens de réunir les Protestans avec l'Eglise Romaine publiés par M. Camus*, Paris, 1703, pp. 38, 63, 123, 170 (où il éclaire par Holden le livre de J.-P. Camus) ; et le chapitre de la *Critique de la Bibliothèque des auteurs ecclésiastiques* cité plus haut.

[27] *Grammaire de l'assentiment*, chap. VI et VII, dans *Textes Newmaniens*, t. VIII, Paris, Desclée de Brouwer, 1975, pp. 221-331.

CHAPITRE VIII

EXÉGÈSE, HERMÉNEUTIQUE ET LOGIQUE AU XVIIe
SIÈCLE

La discipline qu'au XVIIe siècle on a commencé à appeler
herméneutique et que l'on pourrait définir comme théorie et
méthode générales de l'interprétation, est bien connue dans la
philosophie de nos jours par les œuvres de Wilhelm Dilthey et
de Hans-Georg Gadamer. Sans admettre les perspectives volontiers téléologiques de ces auteurs qui se reconnaissent, après
Schleiermacher, des ancêtres chez les exégètes protestants des
XVIe et XVIIe siècles, nous nous contenterons ici de montrer
comment l'herméneutique s'est alors introduite dans l'édifice de
la logique et quelles en furent les conséquences. Quelles que
soient les origines de ce renouvellement, qu'il s'agisse d'un développement de l'interprétation de l'Ecriture sainte, ou de
l'évolution des concepts de la logique qui remontent au
Περι ερμηνειας d'Aristote, il est certain que le lieu d'émergence de l'herméneutique se trouve au point de rencontre de la
théologie, de la philologie, de la rhétorique et du droit[1].

---

[1] Pour une vue générale de l'histoire de l'interprétation et de l'herméneutique,

En effet, la longue tradition de l'interprétation de l'Ecriture, depuis l'Antiquité et le Moyen Age[2], avait été profondément bouleversée à la fois par le développement de l'humanisme et de la critique et par la controverse confessionnelle. Ce qui rend en effet une interprétation nécessaire, c'est l'obscurité, l'ambiguïté ou l'imperfection d'un texte. Or, si l'affirmation de l'obscurité et de l'insuffisance de la Bible est un lieu commun de l'apologétique catholique aux XVIe et XVIIe siècles[3], les protestants eux-mêmes en étaient venus à reconnaître la nécessité d'une *interpretatio*[4] et André Rivet élaborera dans son *Isagoge seu introductio generalis ad Scripturam sacram Veteris et Novi Testamenti*[5] toute une théorie de l'*interpretatio exegetica*.

Or la déconstruction à la fin du Moyen Age et aux temps modernes du grand édifice antique et médiéval des quatre sens de l'Ecriture avait abouti dans chaque confession, même pour

---

consulter d'un côté les œuvres classiques de W. Dilthey et de H.-G. Gadamer, et de l'autre M. Fuhrmann, « *Interpretatio*. Notizen zur Wortgeschichte », dans *Sympotica F. Wieaker*, Göttingen, 1970, pp. 80-110; H.-E. Hasso Jaeger, « Studien zur Frühgeschichte der Hermeneutik », dans *Archiv für Begriffsgeschichte*, XVIII, 1974, pp. 35-84; M. Beetz, « Nachgeholte Hermeneutik. Zum Verhältnis von Interpretations- und Logiklehren in Barock und Aufklärung », dans *Deutsche Vierteljahresschrift für Literaturwissenschaft und Geistesgeschichte*, 55, 1981, pp. 591-628; C. v. Bormann, art. « Hermeneutik », dans *Theologische Realenzyklopädie*, 1986, pp. 108-137; J. Grondin, *L'universalité de l'herméneutique*, Paris, P.U.F., 1993; A. Bühler hrsg., *Unzeitgemässe Hermeneutik. Verstehen und Interpretation im Denken der Aufklärung*, Frankfurt, 1994.

[2] Cf. H. de Lubac, *Histoire et esprit. L'intelligence de l'Ecriture d'après Origène*, Paris, Aubier, 1950; id., *Exégèse médiévale*, 4 vol., Paris, Aubier, 1959-1964; M. Tardieu éd., *Les règles de l'interprétation*, Centre d'études des religions du livre, Paris, Cerf, 1987; P. C. Bori, *L'interprétation infinie*, Paris, Cerf, 1991.

[3] Cf. P. Polman, *L'élément historique dans la controverse religieuse du XVIème siècle*, Gembloux, Duculot, 1932, pp. 284-293; F. Laplanche, *L'Ecriture, le sacré et l'histoire*, Amsterdam & Maarssen, APA-Holland University Press, 1986, *passim*.

[4] Cf. F. Laplanche, *L'Ecriture...*, *op. cit.*, pp. 18, 32-34, 94 etc.

[5] Ed. Leyde, 1627, pp. 210 et suiv.

des raisons différentes, à une progressive suprématie du sens littéral[6], ce que Bellarmin, avec le sens de la synthèse qui le caractérise, affirmera en posant que la lettre seule est solide et que sur elle seule peut se fonder une argumentation efficace[7].

Or, pour établir ce sens littéral, un certain nombre de procédures sont mises en œuvre, ce que l'on désigne alors sous l'expression consacrée de « règles de la critique »[8] et qui s'impose autant aux textes sacrés qu'aux textes profanes. Cependant la considérable somme de travaux élaborés alors entre le XVIe et le XVIIe siècle conduisait à une réflexion générale sur la méthode d'investigation et d'exposition du sens chez les controversistes animés par le désir de trouver un point fixe, un principe d'interprétation indépendant des préjugés confessionnels. Nous devons penser ce principe selon des catégories juridiques: jugement, critique des témoignages, présentation des preuves, doivent aboutir à une conviction chez le juge et à une certitude intrinsèque qui entraînent l'assentiment. Ainsi l'empire d'un mode de penser juridique est tel à l'époque moderne, de Grotius à Amyraut et à Richard Simon, qu'il s'impose à tous ceux qui, critiques ou théologiens, font du texte, du document, du témoignage le point d'appui de leurs élaborations[9]. Et le retour aux textes, l'insistance renouvelée sur le sens littéral, la réélaboration de l'idée ou du mythe de l'origine sont des démarches communes aux théologiens, aux critiques, aux juristes et aux médecins.

---

[6] Cf. H. de Lubac, *Exégèse médiévale, op. cit.*, t. II, 1, pp. 423-424; t. II, 2, p. 487, etc.

[7] « *Convenit inter nos et adversarios, ex solo litterali sensu peti debere argumenta efficacia: nam eum sensum, qui ex verbis immediate colligitur, certum est sensum esse Spiritus Sancti* », Robert Bellarmin, *De Verbo Dei*, ch. III, dans *Opera omnia*, t. I, Paris, 1870, p. 175.

[8] Cf. J. Jehasse, *La Renaissance de la critique*, Saint-Etienne, Publications de l'Université de Saint-Etienne, 1976.

[9] Sur toutes ces questions, cf. F. Laplanche, *L'Ecriture..., op. cit.*

La nécessité de trouver des principes universels d'interprétation part donc de la controverse confessionnelle, mais elle conduit à la définition et à la constitution d'une discipline nouvelle qui aura bientôt son nom, ses règles et ses procédures, et dont le champ d'application ne se limitera ni à la controverse, ni à l'interprétation de la Bible, ni aux études humanistes. C'est le moment d'émergence de cette discipline et ses premières conquêtes qui fera l'objet de ce travail préliminaire.

Conscients de l'importance des démarches juridiques dans les débats du premier XVIIe siècle, nous ne serons pas étonnés de trouver en 1625, dans le *De jure belli et pacis*, un chapitre que Grotius consacre à « l'interprétation »[10] où les multiples exemples, concernant les « actes » et les « conventions » qui ont lieu entre les peuples peuvent s'appliquer aux contrats qui liaient Dieu aux peuples de l'Ancienne et de la Nouvelle Loi[11].

Mais Grotius ne va pas au delà de l'exposé d'un certain nombre de principes et des premiers linéaments d'une théorie, et c'est à Joseph Conrad Dannhauer qu'est dû un premier essai d'élaboration d'une discipline nouvelle consacrée à l'interprétation, discipline à laquelle il donnera le nom d'herméneutique[12].

---

[10] Livre II, ch. XVI: « De la manière d'expliquer le sens d'une *Promesse* ou d'une *Convention* », trad. Barbeyrac, Amsterdam, 1729, t. I, pp. 561-587.

[11] Sur l'exégèse de Grotius, cf. H. Graf von Reventlow, « L'exégèse humaniste de Hugo Grotius », dans *Le Grand Siècle et la Bible*, Paris, Beauchesne, 1989, pp. 141-154, en particulier p. 150 sur l'origine de la Loi, id., *Epochen der Bibelauslegung*, BD. III, *Renaissance, Reformation, Humanismus*, Munich, C.H. Beck, 1997, pp. 211-225.

[12] Sur Dannhauer, cf. Fr. Bosse, art. « Dannhauer » dans *Realencyklopädie für protestantische Theologie und Kirche*, t. IV, 1898, pp. 460-464; M. Schmidt, art. « Dannhauer », dans *Die Religion in Geschichte und Gegenwart*, t. II, 1958, col. 32; H.-E. Hasso Jaeger, « Studien ... », art. cit.; M. Beetz, « Nachgeholte Hermeneutik... », art. cit.; J. Grondin, *L'universalité...*, *op. cit.*, pp. 54-59; J.-R. Armogathe, « Critique biblique et herméneutique spirituelle », dans *Le Grand Siècle et la Bible*, *op. cit.*, pp. 168-181; M. Brecht éd., *Geschichte des Pietismus*, Bd. I, *Der Pietismus vom siebzehnten bis zum frühen achtzehnten Jahrhundert*, Göttingen, Vandenhoeck & Ruprecht, 1993, *passim*.

Ce théologien luthérien de Strasbourg (1603-1666), qui sera le maître de Spener, publia en 1630 une *Idea boni interpretis et malitiosi calumniatoris quæ obscuritate dispulsa, verum sensum a falso discernere in omnibus scriptorum scriptis ac orationibus docet et plene respondet ad quæstionem: Unde scis hunc esse sensum non alium ?*[13] Cette discipline consacrée au discernement du sens et au critère de sa vérité, Dannhauer affirme qu'elle est nouvelle et que néanmoins elle se rattache à la logique: il lui donne le nom d'*Hermeneutica* car Aristote en avait donné dans le Περι ερμηνειας les premiers linéaments sans l'avoir ni traitée ni achevée[14]. « Partie de la logique », « *Pars logicæ* », l'interprétation est une « science philosophique », « *scientia philosophica* », ce qui témoigne de l'ambition de donner le statut de la « science » selon Aristote à l'exposé des moyens d'interprétation, mais qui déjà suscite une objection: le point de départ des travaux sur l'interprétation étant pour Dannhauer l'interprétation de l'Ecriture sainte, le déploiement du sens naît-il d'une « science », c'est-à-dire d'une démarche et de conclusions fondées sur l'évidence rationnelle (« *evidentem a ratione* »), plutôt que d'une révélation immédiate du Saint-Esprit?[15] Dannhauer, qui ne cessera de dénoncer les enthousiasmes, écarte l'objection et démontre que l'interprétation se détache de l'objet auquel elle s'applique: l'interprète du droit n'est pas le jurisconsulte, l'interprète de l'Ecriture n'est pas le théologien, mais le philosophe ou le logicien[16]. Théologie et herméneutique ne sont pas des disciplines situées sur le même plan: en posant que l'herméneutique est de l'ordre des lois de la

---

[13] Strasbourg, Wilhelm Glaser, 1630; le livre faisait pendant à une *Idea boni disputatoris et mali sophistæ*, publiée par Dannhauer en 1629 chez le même éditeur et consacrée à l'art de dissiper les sophismes dans la *disputatio* universitaire.

[14] *Idea boni interpretis*, p. 4; cf. aussi p. 28 et les nombreuses allusions à Aristote.

[15] *Ibid.*, p. 6.

[16] *Ibid.*, p. 11.

grammaire et de la logique qui s'imposent même lorsqu'il s'agit de théologie, Dannhauer pose l'herméneutique comme « *modus interpretandi generalis* », comme science qui s'intéresse au « général », à ce qu'après l'Aristote des *Premiers Analytiques* il appelle le καθολον[17], à la façon dont il existe une grammaire générale et non une grammaire théologique ou juridique. Par ailleurs cette science est infaillible non au sens de l'infaillibilité divine, mais selon une « infaillibilité de science » et une « certitude humaine »[18]. Cependant, à la différence de la logique analytique, l'herméneutique ne se pose pas la question de la vérité intrinsèque du message transmis, elle ne s'intéresse qu'à la vérité du sens, du vrai sens même d'une proposition fausse[19]. Ainsi à propos du texte fameux, *Matthieu*, XII, 32, sur le péché contre le Saint-Esprit, véritable croix des interprètes, Dannhauer juxtapose ce que disent l'*interpres* et l'*analyticus* sur ce verset: l'*interpres* fait jouer l'analogie avec *Marc*, III, 30 et *Luc*, XII, 10, et conclut que le sens de ces mots « ne peut être remis ni en ce siècle ni dans le siècle futur » concerne simplement l'éternité; mais l'*analyticus* discute la thèse romaine qui en fait un argument en faveur du Purgatoire[20].

L'élaboration de la discipline herméneutique se fait donc dans le cadre de la doctrine luthérienne. En effet, si nous consi-

---

[17] *Ibid.*, p. 11: « του καθολου ».

[18] *Ibid.*, p. 13.

[19] *Ibid.*, p. 14. Dannhauer donne l'exemple de la proposition: « Aristote pense que le monde est éternel »; l'herméneutique ne pose pas la question de savoir si le monde est éternel, mais celle de savoir si c'est bien la pensée d'Aristote. On sait que cette distinction sera reprise au chapitre VII du *Traité théologico-politique* de Spinoza: « *De solo enim sensu orationum, non autem de eorum veritate laboramus* »(cf. trad. franç. dans Spinoza, *Œuvres*, t. III, *Traité théologico-politique*, Paris, P.U.F., 1999, pp. 284-285 et p. 735 n. 11); cf. S. Zac, *Spinoza et l'interprétation de l'Ecriture*, Paris, P.U.F., 1965, pp. 26-27. Elle sera aussi un des principes que Jean Le Clerc posera au début de son *Ars critica*.

[20] Sur le péché contre le Saint-Esprit, voir plus loin, à propos de Jean Claude, le chapitre XV.

dérons le sujet de l'herméneutique, aucun interprète infaillible ne s'élève, selon Dannhauer, au-dessus des hommes qui ont les moyens d'une juste interprétation. Le sens atteint par les moyens donnés par la raison peut être posé comme le sens qu'un auteur sage et qui ne veut pas tromper a eu en vue: entre la *sapientia* de l'auteur et la *ratio* de l'interprète s'atteint donc le *sensus verus*, et cela par une série de *media interpretandi* et selon des conditions intellectuelles et morales que Dannhauer développera longuement. Il est vrai qu'à l'arrière-plan de cette conception de l'interprétation il y a un présupposé que nous retrouverons, à savoir que le discours reflète de façon lumineuse l'intention de l'auteur, « intention » ou « *scopus* »[21] où l'on peut reconnaître chez Dannhauer l'écho du *scopus*, à la fois verbe intérieur et but inexprimé du texte, que Flacius Illyricus avait promu dans sa *Clavis Scripturæ sacræ* en 1567[22] et où M. Beetz[23] voyait la capacité toute « baroque » de l'interprète, nouveau Protée, de se mettre à la place de l'auteur.

L'objet de l'herméneutique, ce sont les signes obscurs qui se trouvent dans les discours, et aux signes dont Aristote s'était occupé dans le Περι ερμηνειας Dannhauer en ajoute d'autres. Ainsi l'herméneutique a une tâche réparatrice : à une « pathologie », la bonne interprétation apporte des remèdes, elle répare des erreurs ou des défauts. Les erreurs peuvent venir de trop grande clarté (les paroles du Christ par exemple) comme de trop mince objet, d'énigmes ou d'évidence, et, s'il semble y

---

[21] Cf. *Idea...*, *op. cit.*, p. 231: « *Scopus est certissima interpretationis clavis* » ; nombreuses mentions du *scopus* : pp. 172-173, 219 (« *Præponendi libri historici dogmaticis : ex illis enim horum scopus et ratio indagentur* »).

[22] Cf. J. Grondin, *L'universalité...*, *op. cit.*, pp. 45-50. Sur le thème de l'*Intentio auctoris* aux XVIIème et XVIIIème siècles, cf. P. Lombardi, « Die *Intentio auctoris* und ein Streit über das Buch der Psalmen. Einige Themen der Aufklärungshermeneutik in Frankreich und Italien », dans A. Bühler hrsg., *Unzeitgemässe Hermeneutik*, *op. cit.*, pp. 43-68, sur Grotius, Bossuet, Le Clerc, Huet, Calmet, etc.

[23] « Nachgeholte Hermeneutik... », art. cit., pp. 611 et suiv.

avoir plusieurs sens, l'un de ces sens est « premier et naturel »[24], c'est le sens vrai et conforme à l'intention de l'auteur[25] et encore une fois s'impose une conception lumineuse du sens et de son évidence instantanée. Le remède à ces maladies du sens, c'est la critique, *crisis*[26], dont Dannhauer développe alors longuement les règles.

En 1654, dans une *Hermeneutica sacra sive Methodus exponendarum S. Literarum proposita et vindicata*, Dannhauer reprend les grandes idées de son livre de 1630, mais maintenant il les applique exclusivement à l'Ecriture sainte. Cependant ce travail d'application nous fait découvrir ce qui était à l'arrière-plan de son herméneutique: c'est l'interprétation de l'Ecriture qui lui avait fourni les cadres et la justification de son entreprise. Mais en 1654 il apparaît en retrait par rapport au livre de 1630 où il élaborait un mode général d'interprétation; désormais il soumet l'interprétation à des critères théologiques et spirituels et en revient à une conception spirituelle de l'herméneutique dont il exclut explicitement les hommes politiques, les intrigants, les gens de lettres, les Grotius, ceux qui ont une érudition extérieure, philologique, historique et rabbinique, mais sont ignorants et insoucieux de vie intérieure[27]; l'*Hermeneutica sacra* s'en prend non seulement à la doctrine catholique des quatre sens, à Bellarmin, à Gretser, à Salmeron sur la question de l'obscurité de l'Ecriture[28], mais aussi à la *Critica sacra* de Cappel contre laquelle il recopie les pages de réfutation publiées par Büxtorf. Ce repli sur une herméneutique « sacrée » montre les limites de l'entreprise de Dannhauer: l'herméneutique « générale » se trouve réintroduite dans le champ du commentaire de l'Ecriture, selon toute l'ambiguïté d'une science « sacrée ». Seule l'introduction de l'herméneutique dans la logique, et cela par un com-

---

[24] *Idea...*, p. 57. Cf. p. 17: « *Sensus [...] ab auctore sapiente intentus* ».
[25] *Ibid.*, p. 58.
[26] *Ibid.*, p. 200.
[27] *Hermeneutica sacra*, Strasbourg, 1654, p. 4.
[28] *Ibid.*, pp. 26, 52 et suiv.

plet renouvellement de la logique aristotélicienne, pourra dissiper cette ambiguïté. Ce sera l'apport de Clauberg qui, à partir d'une réflexion sur les livres de Dannhauer, élaborera une logique à la fois « ancienne » (d'inspiration aristotélicienne) et « nouvelle » (d'inspiration cartésienne)[29].

Johannes Clauberg (1622-1665), sauf quelques voyages à Groningen, à Saumur et à Paris, en Angleterre et à Leyde, passa toute sa vie en pays germaniques. Il est connu pour avoir été le dépositaire de l'*Entretien* de Descartes avec Burman[30] et pour avoir écrit une considérable œuvre philosophique avec laquelle il introduisait le cartésianisme en Allemagne[31]. Nous nous attacherons moins ici aux œuvres par lesquelles il se faisait l'interprète et l'apologiste de Descartes, sa *Defensio cartesiana* et sa

---

[29] C'est d'ailleurs de Dannhauer que Lodewijk Meyer rapprochera en 1666 Clauberg lorsqu'il présentera au chapitre II de sa *Philosophia S. Scripturæ interpres* un aperçu de ce qu'est l'« interprétation »: « J. C. Dannhauer traite du même sujet en général quand il expose l'ensemble de son système et place dans la Logique cette discipline qu'il nomme herméneutique. De même, le très savant et vénérable Jean Clauberg, professeur de philosophie et de théologie à l'Académie de Duisbourg, dans sa *Logica vetus et nova*, l'appelle *herméneutique analytique* et déclare qu'elle traite "de la recherche du sens véritable de la phrase obscure" » (Louis Meyer, *La philosophie interprète de l'Ecriture sainte*, trad. notes et prés. par J. Lagrée et P.-F. Moreau, Paris, Intertextes, 1988, p. 39).
[30] Cf. Descartes, *L'entretien avec Burman*, éd., trad. et annot. par J.-M. Beyssade, Paris, P.U.F., 1981.
[31] Sur Johannes Clauberg, né à Solingen, puis professeur à Herborn et à Duisbourg, voir la *Vita Claubergii* par Henri Christian Hennius en tête de ses *Opera omnia philosophica*, 2 vol., Amsterdam, 1691 [reprint, Hildesheim, 1968]; sa notice dans Moréri, s. v. « Clauberge »; F. Bouillier, *Histoire de la philosophie cartésienne*, Paris, 1868, t. I, pp. 293-300; Carlo Borghero, *La certezza e la storia. Cartesianismo, pirronismo e conoscenza storica*, Milan, Franco Angeli, 1983, pp. 36-42; Fr. Trevisani, *Descartes in Germania*, Milan, Franco Angeli, 1992; id., « Johannes Clauberg e l'Aristotele riformato », dans *L'interpretazione nei secoli XVI e XVII*, a cura di Guido Canziani e Yves-Charles Zarka, Milan, Franco Angeli, 1993, pp. 103-126 ; W. Schmidt-Biggemann, dans *Grundriss der Geschichte der Philosophie, Die Philosophie des 17. Jahrhunderts*, Bd - 4, Bâle, Schwabe & Co, 2001, pp. 437-443.

Dubitatio cartesiana, qu'à sa *Logica vetus et nova*, publiée à Amsterdam en 1654[32].

Cette Logique de Clauberg est de notre point de vue importante, parce qu'elle constitue peut-être la seule tentative pour penser dans le cadre d'une philosophie d'inspiration cartésienne la question de l'interprétation des textes et pour introduire l'herméneutique au cœur de la logique. Clauberg le fait d'une double façon; il divise en effet la logique en une *Logica genetica*, concernant la « formation »[33] de nos pensées et leur communication à autrui, et en une *Logica analytica*, s'appliquant aux discours et aux pensées d'autrui et permettant de poser sur eux un jugement. A son tour la *Logica genetica* se subdivise en une *Logica stricte dicta*, concernant la droite formation des pensées de l'homme en référence à soi-même[34], et en une *Hermeneutica genetica,* qui concerne mes pensées en formation mais en référence à autrui[35] et qu'il appelle aussi *Logica interpretativa seu Hermeneutica*[36].

La *Logica analytica* est orientée vers la convenable résolution (αναλυσιν) des pensées d'autrui[37] et elle est divisée à son tour en deux, en une *Hermeneutica analytica,* qui reconnaît le

---

[32] Nous citerons cette édition: Ioh. Claubergii, *Logica vetus et nova, quadripartita, modum inveniendæ ac tradendæ veritatis, in Genesi simul et Analysi, facili methodo exhibens*, Amstelodami, apud Ludovicum Elzevirium, 1654.

[33] Cf. Proleg., § III: γενεσις; § VII: *in fieri*, εν γενεσει.

[34] « *In ordine ad seipsum* »; la formation du « discours intérieur ou pensée », « *sermo internus seu cogitatio* », Proleg., § XV.

[35] Proleg., § XIII: « *in ordine ad alios* »; pour que ce qui est connu soit communiqué comme il faut à autrui, « *ut cognitum apte cum aliis communicet* ».

[36] Cette dernière concerne donc un « discours extérieur » (« *sermo externus* ») ou discours qui est l'interprète de la pensée: « *Hermeneutica genetica apte insuper dirigere docet sermonem externum seu orationem quæ cogitationis est interpres* », Proleg., § XV.

[37] Pensées non plus en « genèse », mais déjà formées, « *cogitationes jam formatas et factas* », Proleg., § VII.

vrai sens d'un discours extérieur[38], et en une *Analytica proprie dicta*[39].

Résumons cela dans le tableau :

Logica	*genetica*	*Logica stricte dicta (sermo internus)*
		Hermeneutica genetica (sermo externus)
	analytica	*Hermeneutica analytica (sermo externus)*
		Analytica stricte dicta (sermo internus)

On voit par l'architecture même de cette logique, que l'herméneutique, sous ses deux formes d'herméneutique génétique et d'herméneutique analytique, s'enfonce pour ainsi dire comme un coin au centre de la logique et que l'entreprise de transmission et d'interprétation, concernant le discours externe, c'est-à-dire communiqué ou susceptible d'être transmis à autrui ou d'être reçu d'autrui, constitue une sorte de passage obligé entre la formation de la pensée en moi-même et un jugement sur la vérité de la pensée, la mienne et celle d'autrui.

Si nous nous penchons sur ce qu'est cette herméneutique, génétique et analytique, qui tend à constituer un ensemble propre au cœur de la logique, nous remarquons que l'herméneuti-

---

[38] Donc qui ne s'interroge pas sur la vérité du signifié mais sur la seule *affectio*, la seule « qualité qui affecte », du discours extérieur, c'est-à-dire la vérité du signe, le sens du discours pouvant être vrai et son contenu faux, cf. § XXIV. Elle concerne « *in simplicibus verbis significatio, in sententiis sensus* ».

[39] Qui s'occupe de la qualité non pas du signe mais des nombreuses *affectiones* du discours interne, de ce qui est signifié par le discours, c'est-à-dire vérité ou erreur, nécessité ou contingence, conséquence ou inconséquence, distinction du thème et des arguments, figure et mode du syllogisme, etc., § XXV.

que génétique est en rapport avec une « interprétation », c'est-à-dire une « transmission »[40] et se place du côté de celui qui transmet (« *tradens* »), étudiant les conditions d'adaptation des choses à transmettre au but de la transmission[41]*:* une conception de cette transmission comme imitation, par l'illumination, du Père des lumières[42] révèle autant sa lointaine origine platonicienne que son rapport avec l'inspiration de l'Esprit dans la lecture protestante de l'Ecriture, et les considérations de Clauberg sur ce qui est à transmettre[43] laissent deviner une théorie du texte, des rapports de l'écrit avec la pensée, et de la transmission, avec l'assentiment[44] et avec les dispositions requises chez l'auditeur[45]. Quant à l'herméneutique analytique, elle traite de « la recherche du vrai sens d'un discours obscur »[46], et s'applique aux paroles ou aux écrits d'autrui pour connaître le vrai[47]. Tous les éléments de l'interprétation sont en place: un auteur (*author*), des discours (*sermones*), l'obscurité de ces discours et la recherche du vrai sens (*verus sensus*). Un principe cependant est présenté comme un indiscutable préalable: que l'auteur sache en quel sens il veut que son texte soit pris, donc que les difficultés ne viennent que de l'absence ou de la mort de l'auteur, et que la logique, *modus scientiæ*[48], est destinée à pallier soit l'absence de l'interprète premier et privilégié, soit celle d'une évidence du sens. Un autre présupposé est que le discours se compose d'unités de vocabulaire, *vocabula* ou *verba*, donc

---

[40] *Logica...*, p. 114: « *interpretari, tradere* ».

[41] *Ibid.*, « *res tradendas cum traditionis fine* ».

[42] *Ibid.*, p. 115: « *aliorum mentes illuminando Patrem luminum quodammodo imitari* ». Cf. *Jacques*, I, 17.

[43] *Ibid.*, « *vel proxime cogitationes nostras, vel verba nostra aut aliena, quæ cogitationum et rerum animo conceptarum signa sunt* ».

[44] *Ibid.*, p. 116: « *asserere* ».

[45] Cf. *ibid.*, pp. 133-135.

[46] *Ibid.*, p. 203: « *agit de vero orationis obscuræ sensu investigando* ».

[47] *Ibid.*, p. 205: « *alterius dicta vel scripta cognoscendi veri studio rimatur ac resolvit* ».

[48] *Ibid.*, p. 207.

que l'interprétation doit commencer par celle des mots, par l'adaptation du discours et des mots avec les choses signifiées et avec l'intention de l'auteur[49]. Ainsi l'auteur, même mort ou absent, reste la cause efficiente de son discours[50] et, s'il s'agit de la sainte Ecriture, l'auteur, Dieu, a laissé des traces de lui-même qui reluisent dans son œuvre[51]. Ce n'est qu'après ces principes généraux que Clauberg donne des règles d'interprétation avec des exemples pris soit dans l'Ecriture, soit chez des auteurs profanes.

Tout l'édifice cependant repose sur la conception de l'auteur maître du sens et toute-lucidité: si cet auteur, savant et bon, « *sapiens et bonus* », sait ce qu'il dit et ne veut pas tromper, il n'y aura qu'un seul et unique vrai sens[52]. Ainsi, de même que l'auteur, image de Dieu en sa création, est placé au centre de l'œuvre, de même la clarté est placée comme critère de la validité du sens, l'obscurité devant être réduite sous l'effet de la lumière, et, si l'interprétation semble achopper devant la contradiction des textes, l'interprète sauve ou « venge » l'auteur lui-même de la contradiction où il donnait l'apparence d'être tombé[53]. Donc, même si d'autres, disciples, correcteurs, critiques, commentateurs, interprètent ses discours, l'auteur reste le foyer de la démarche interprétative[54], il est celui qui sait et qui ne veut

---

[49] *Ibid.*, p. 208: « *cum mente authoris* ».

[50] *Ibid.*, p. 214: « *causa efficiens orationis suæ* ».

[51] *Ibid.*, p. 216: « *sic ex notis divinitatis in S. Scriptura relucentibus Deum illius authorem esse probant theologi* ».

[52] *Ibid.*, pp. 238-239: « *Si author talis est , ut et noverit quid loquatur et data opera decipere nolit, non nisi unus verus est et ab ipso intentus orationis sensus. Ratio est, quia sapiens et bonus author abstinet a mendacio et ambiguo, quorum alterutrum in oratione esset, si multiplicem ea sensum haberet* ». Ce qui rejoint la question longuement débattue chez les controversistes de l'unicité du sens de l'Ecriture.

[53] *Ibid.*, p. 252: « *a contradictione studet authorem vindicare* ».

[54] *Ibid.*, pp. 257-258.

pas tromper[55], le seul qui puisse révéler de façon « autorisée » le sens du texte[56].

En posant l'herméneutique au cœur de la logique, sans faire de distinction entre une *hermeneutica sacra* et une *hermeneutica profana*, et en prenant ses exemples indifféremment dans l'Ecriture et chez les écrivains païens[57], Clauberg ne réalise pas à proprement parler une laïcisation de l'herméneutique. Il fait plutôt de la place et de la fonction de Dieu, ultime et véritable « auteur » de l'Ecriture et garant de l'interprétation, le modèle de la place et du rôle de l'auteur de tout texte: le modèle de l'auteur ultime de la Bible, omniscient et qui ne veut pas tromper, s'impose ainsi à tout auteur, contribuant à promouvoir au XVIIe siècle la subjectivité de l'auteur comme essentiel foyer de l'œuvre littéraire.

Par ailleurs l'herméneutique de Clauberg, qui se caractérise par des règles pratiques, élaborées d'ailleurs pour la plupart avant lui, a des rapports précis avec la théologie: orientée vers la praxis, dégageant l'unique et vrai sens du texte, animée de la *prudentia*, de la *christiana charitas*[58], et des vertus morales nécessaires à cette praxis, l'herméneutique analytique tend à se confondre avec la théologie, début d'un mouvement qui aura des conséquences considérables aux siècles suivants, peut-être plus en pays germaniques qu'en France. Mais la lecture de la *Logica vetus et nova* nous fait voir aussi comment Clauberg change, tout en s'en inspirant, la portée du cartésianisme en y insérant une herméneutique qui, elle, est fort peu cartésienne[59].

---

[55] *Ibid.*, p. 238.

[56] *Ibid.*, pp. 207, 242-244.

[57] Par exemple Mercure Trismégiste, *ibid.*, p. 216.

[58] *Ibid.*, p. 268. Sur la *prudentia* et la théologie, cf. Fr. Trevisani, « Johannes Clauberg... », art. cit., pp. 113, 115, etc.

[59] A. Baillet, dans *La vie de Monsieur Descartes*, note que ce que Descartes a « ébauché » a été « porté à la perfection par ses disciples », Clauberg et l'auteur de *L'art de penser*, en dotant la philosophie de Descartes d'« une Logique régulière et méthodique » (cité par J. Beaude, « Du *Discours de la méthode* à

Un des points d'aboutissement de cette introduction de l'herméneutique dans l'édifice de la logique est constitué par l'œuvre de Lodewijk Meyer. L'anonyme ouvrage de Meyer, qui porte le titre fort explicite de *Philosophia S. Scripturæ interpres, Exercitatio Paradoxa, in qua veram Philosophiam infallibilem S. Literas interpretandi Normam esse, apodictice demonstratur, et discrepantes ab hac sententiæ expenduntur, ac refelluntur*[60], ne peut en effet être compris que situé dans la lignée de Dannhauer et de Clauberg, qu'il cite d'ailleurs avec éloge à plusieurs reprises[61]. Mais il tire des œuvres de ses devanciers des conséquences extrêmes que ces derniers n'auraient certainement pas approuvées. Meyer, à la différence de Clauberg, ne se contente ni d'introduire l'herméneutique dans la lo-

---

la *Logique de Port-Royal*, selon Adrien Baillet », dans *Antoine Arnauld (1612-1694), Philosophe, écrivain, théologien, Chroniques de Port-Royal*, n°44, 1995, p. 230).

[60] 1ère éd., Eleutheropoli, 1666; nous suivrons l'édition Eleutheropoli [Amsterdam], 1673, à la suite du *Tractatus theologico-politicus*, Hamburg, Kunrath, 1673, BN D2 11476(1-2), et nous consulterons la traduction de J. Lagrée et P.-F. Moreau, Louis Meyer, *La philosophie interprète de l'Ecriture sainte*, *op. cit.*, qui ne dispense toutefois pas de se référer à chaque instant au texte latin. Sur Meyer, cf. M. Francès, *Spinoza dans les pays néerlandais de la seconde moitié du XVIIème siècle*, Ière partie, Paris, Alcan, 1937, pp. 55-59; C. Louise Thijssen-Schoute, « Le cartésianisme aux Pays-Bas », dans *Descartes et le cartésianisme hollandais*, Paris, P.U.F.-Amsterdam, Editions françaises, 1950, pp. 253-259; K. Scholder, *Ursprünge und Probleme der Bibelkritik im 17. Jahrhundert*, Munich, Chr. Kaiser, 1966, *passim*; L. Kolakowski, *Chrétiens sans Eglise. La conscience religieuse et le lien confessionnel au XVIIème siècle*, trad. franç., Paris, Gallimard, 1969, *passim* et en particulier pp. 749-750; F. Laplanche, *L'Ecriture, le sacré et l'histoire, op. cit.*, pp. 588-589; J. Lagrée, « Louis Meyer et la *Philosophia Scripturæ Sacræ interpres*. Projet cartésien, horizon spinoziste », dans *Revue des sciences philosophiques et théologiques*, 71, 1987, pp. 31-43; id., « Sens et vérité. Philosophie et théologie chez L. Meyer et Spinoza », dans *Studia spinozana*, 4, 1988, pp. 75-91; J. Lagrée et P.-F. Moreau, « La lecture de la Bible dans le cercle de Spinoza », dans *Le Grand Siècle et la Bible, op. cit.*, pp. 97-115.

[61] Pour Dannhauer, cf. trad. J. Lagrée et P.-F. Moreau, pp. 39, 81, 133, 166; pour Clauberg, *ibid.*, pp. 39, 49, 100.

gique au risque d'ébranler cet édifice, ni de présenter des règles universelles d'interprétation; il applique à la théologie la méthode suivie par Descartes en philosophie. Pour lui, les conséquences théologiques de la méthode sont plus importantes que l'élaboration, qu'il estime acquise, de la méthode: la raison ayant établi la vérité, Meyer entreprend d'éclairer l'Ecriture. Car, selon lui, l'Ecriture n'est pas immédiatement claire: elle le devient par l'élaboration de la distinction entre le *sensus simpliciter dictus* et le *sensus verus*, et, de la vérité de ce *sensus verus*, la philosophie sera la norme, « *Norma* » écrit-il à plusieurs reprises[62]. L'objet de son livre est ainsi à la fois plus étroit et plus large que celui du livre de Clauberg: plus étroit car il se limite à l'interprétation de l'Ecriture sainte sans élaborer à son tour une herméneutique générale, congédiant même le projet d'une telle herméneutique lorsqu'il soutient que la philosophie est la « norme » suffisante de l'interprétation; plus large car il met en cause les fondements de toute théologie chrétienne, non seulement catholique[63], mais aussi protestante, réformée et luthérienne, et cela à partir de « ce point unique » qu'est l'interprétation[64].

Si c'est l'obscurité d'un texte qui rend nécessaire le travail de l'interprète, les obscurités, comme l'avaient montré Dannhauer et Clauberg, que Meyer cite et suit de près, sont, dans tout texte, nombreuses[65]; mais Meyer s'attache tout de suite aux obscurités

---

[62] *Philosophia...*, p. 2 [trad. fr. p. 34]: « *norma scilicet, atque regula certa* [...] *omnis interpretationis veritas exigatur, exploretur...* ».

[63] Richard Simon, critiquant le livre de Meyer, justifiera l'exégèse catholique qui, selon l'ancien oratorien, « s'accorde presque en toutes choses avec les Protestants dans ce qui regarde l'interprétation des Livres sacrés », cf. *Moiens de réunir les Protestans avec l'Eglise Romaine. Publiez par M. Camus* [...], Nouvelle édition, corrigée et augmentée de remarques, Paris, 1603 [=1703], p. 54.

[64] *Ibid.*, p. 1 [trad. fr. p. 33]: « *ad hoc unum interpretationis punctum vergere* ».

[65] *Ibid.*, p. 10 et suiv. [trad. fr. p. 46 et suiv.].

et aux ambiguïtés de l'Ecriture[66]. Si l'interprète établit le sens de l'écrivain, *scriptor*, même si ce sens s'écarte de la droite raison ou de la vérité[67], dans le cas de l'Ecriture, Dieu, qui est l'auteur, *author*, s'est servi de « secrétaires » qu'il a conduits comme par la main[68], et en Dieu il ne peut y avoir ni erreur ni fausseté. Meyer en conclut que la philosophie, qui a son origine en Dieu « père des lumières »[69] et qui est connaissance vraie, certaine et hors de doute[70], est norme infaillible pour interpréter l'Ecriture. Il y a ici chez Meyer conjonction de deux raisonnements: l'un portant sur la nature de Dieu en qui il n'y a ni mensonge ni fausseté et qui est « l'auteur de la philosophie »[71], l'autre portant sur la nature de la vérité et sur la connaissance par la raison dégagée des préjugés et éclairée. Le résultat de cette double opération[72] c'est la détermination du « vrai sens » de l'Ecriture[73], c'est aussi l'établissement de vérités théologiques[74] à partir des « préceptes de la vraie logique »[75] et non pas des « spéculations » et des « fictions » de la métaphysique[76]. Le

---

[66] *Ibid.*, p. 52 [trad. fr. p. 89].

[67] *Ibid.*, p. 55 [trad. fr. p. 91].

[68] *Ibid.*, p. 56 [trad. fr. p. 93]: « *Quod S. Literæ Deum ipsum habeant authorem, qui talibus usus fuit Amanuensibus, quos in viam veritatis manu quasi duxit* ».

[69] *Ibid.*, p. 68 [trad. fr. p. 107]: « *Hanc autem Deo Opt. Max. luminum patri, sapientiæ fonti suam debere originem nulli non notum* ».

[70] *Ibid.*, p. 75 [trad. fr. p. 115].

[71] *Ibid.*, p. 77 [trad. fr. p. 117]: « *Philosophiæ author* ».

[72] Et Meyer pose nettement qu'il ne peut y avoir « double vérité », *ibid.*, p. 99 [trad. fr. p. 140].

[73] Par exemple de « *Hoc est corpus meum* », examiné plusieurs fois par Meyer comme il l'avait été par Dannhauer et par Clauberg, ou de « *creare* » dans la *Genèse*, *ibid.*, p. 101 [trad. fr. p. 142]. Arnauld et Nicole, s'appuyant sur la distinction de Meyer du *sensus verus* et du *sensus simpliciter dictus*, utiliseront à propos de « Ceci est mon corps » la *Philosophia Scripturæ interpres* (d'après l'éd. 1666) contre Jean Claude, cf. *La Perpétuité de la Foy de l'Eglise catholique touchant l'Eucharistie* [...], [t.I], Paris, 1669, p. 612.

[74] Comme la Trinité, contre les Sociniens, *ibid.*, p. 81 [trad. fr. p. 120].

[75] *Ibid.*, « *secundum veræ Logices præcepta* ».

[76] *Ibid.*, « *in profundissimas speluncas, et obscurissimos Metaphysicarum*

« vrai sens » coïncidant, dans le cas de l'Ecriture, avec la vérité même, nous aboutissons à une « certitude » et à une « infaillibilité » de l'interprétation[77]; resterait à savoir si ce n'est pas, chez Meyer, moins radical qu'il ne paraît, au prix d'une extériorité de la « norme » par rapport à l'interprétation elle-même, et au prix d'un acte de foi renouvelé en la présence dans l'Ecriture de l'intellect[78] et de l'« intention » d'un Dieu « auteur de la philosophie », comme il est l'auteur ultime du texte.

Nous ne trouvons pas la même ambiguïté dans le *Traité théologico-politique* de Spinoza, et, si nous n'y avons pas l'élaboration d'une herméneutique générale, nous y avons la position de principes qui permettraient cette élaboration. Nous ne ferons pas ici l'exposé des conceptions spinoziennes de l'interprétation, qui ont déjà fait l'objet de nombreux et importants travaux[79] et qui ne concernent qu'indirectement notre sujet. Soulignons seulement le souci de Spinoza de poser « la vraie méthode d'interprétation de l'Ecriture », « voie unique et la plus certaine pour étudier son vrai sens », « méthode d'interprétation [...] la meilleure »[80], et la largeur de ses perspectives qui ne le conduisent pas seulement à cette interprétation[81]. Cette « méthode »

---

speculationum atque fictionum recessus ».

[77] « *Infallibilis* » revient très souvent sous la plume de Meyer.

[78] *Ibid.*, p. 55 [trad. fr. p. 91]: « *intellectus* ».

[79] S. Zac, *Spinoza et l'interprétation de l'Ecriture*, Paris, P.U.F., 1965; P.-F. Moreau, « La méthode d'interprétation de l'Ecriture sainte. Déterminations et limites », dans *Spinoza. Science et religion*, Actes du Colloque [...] de Cerisy-la-Salle [...] 1982, Paris-Lyon, 1988, pp. 109-113; Th. Pentzopoulou-Valalas, « Remarques sur l'herméneutique chez Spinoza », *ibid.*, pp. 115-122; J. Lagrée et P.-F. Moreau, « La lecture de la Bible dans le cercle de Spinoza », dans *Le Grand Siècle et la Bible*, *op. cit.*, pp. 97-115; P.-F. Moreau, « Les principes de la lecture de l'Ecriture sainte dans le T.T.P. », dans *L'Ecriture sainte au temps de Spinoza et dans le système spinoziste*, Groupe de recherches spinozistes, Travaux et documents, N°4, Paris, 1992, pp. 119-131.

[80] *Traité théologico-politique*, ch. VII, dans Spinoza, *Œuvres, op. cit.*, t. III, pp. 278-279, 294-295, 322-323.

[81] Cf. P.-F. Moreau, « Les principes ... », art. cit., pp. 122-123.

rigoureuse repose sur la « règle universelle »[82] de toute lecture, c'est-à-dire n'attribuer à l'Ecriture que ce que l'on peut tirer de l'Ecriture elle-même, non pas selon l'ancienne conviction protestante de la *Scriptura sui interpres*, mais en l'établissant par une enquête historique. Ainsi ce que l'on peut appeler une « archéologie »[83] permet d'établir le « sens » du texte, que, selon la distinction naguère présentée par Clauberg et point complètement respectée par Meyer dans son interprétation de l'Ecriture, Spinoza distingue bien de la vérité.

Si Spinoza n'élabore pas à proprement parler d'herméneutique, la distinction qu'il pose et qu'il poursuit entre « philosophie » et « théologie », science du texte et vérité du texte, peut apparaître aussi féconde pour résoudre les problèmes de la compréhension du texte. Cependant on voit qu'il paraît écarter toute possibilité d'une herméneutique, si l'on définit celle-ci par la recherche d'un sens caché derrière le texte et par l'ambition du dévoilement d'une vérité[84].

Ce ne sera donc pas dans le prolongement direct des principes spinoziens (même si à l'arrière-plan ils exercent une indiscutable influence) que se développera la discipline qu'avaient promue Dannhauer et Clauberg. Elle se développera dans le cadre de la pensée protestante à la fin du XVIIᵉ siècle et au XVIIIᵉ, et cela de deux façons: d'une part sous la forme de l'herméneutique spirituelle du piétisme à partir d'August-Hermann Francke[85], d'autre part vers l'élaboration des grandes entreprises d'herméneutique générale de Johann Martin Chladenius et de Georg Friedrich Meier[86]. En une époque où la mé-

---

[82] *Traité théologico-politique*, ch. VII, *op. cit.*, pp. 282-283.

[83] P.-F. Moreau, « Les principes... », art. cit., p. 124.

[84] Sur la possibilité pour Spinoza de se passer du « cercle herméneutique » et sur ses limites, cf. Th. Pentzopoulou-Valalas, « Remarques... », art. cit., pp. 115-122.

[85] Cf. J.-R. Armogathe, « Critique biblique... », art. cit., p. 173 et sv.; J. Grondin, *L'universalité de l'herméneutique, op. cit.*, p. 74 et suiv.

[86] Cf. J. Grondin, *op. cit.*, pp. 59-74.

thode critique, à partir de Jean Le Clerc[87], aura atteint son autonomie, l'herméneutique, déjà distinguée de l'*ars critica*, autre discipline propédeutique, se dissociera de la logique et constituera à côté de cette dernière une des deux grandes disciplines selon lesquelles se constitue le savoir humain. C'est ainsi d'une longue tradition qu'au XIXe siècle Schleiermacher sera l'héritier.

---

[87] Cf. M. C. Pitassi, *Entre croire et savoir. Le problème de la méthode critique chez Jean Le Clerc*, Leiden, Brill, 1987.

CHAPITRE IX

SENS ET PORTÉE DU RETOUR AUX ORIGINES
DANS L'ŒUVRE DE RICHARD SIMON

Grotius, écrit Richard Simon dans l'*Histoire critique du Vieux Testament*[1], « s'étend quelquefois trop sur les citations des Poètes et sur un grand nombre d'autres auteurs profanes, où il semble avoir plutôt affecté de paraître savant et homme d'érudition que judicieux et Critique ». Dès le début de sa carrière, en effet, Richard Simon considérait les auteurs profanes comme peu utiles à son dessein : les « fictions des poètes » étaient pour lui, comme les allégories qu'il ne cessera de condamner, de vaines créations auxquelles « chacun peut donner [...] tel sens qu'il lui plaît »[2], et s'il savait bien « qu'il faut absolument recourir [...] aux Auteurs profanes » pour établir une exacte chronologie des événements rapportés dans

---

[1] Rotterdam, 1685 [citée ici : *H.C.V.T.*], p. 443. Sur Richard Simon, voir notre article « SIMON (Richard) », dans *Supplément au Dictionnaire de la Bible*, fasc. 17, tome XII, Paris, Letouzey & Ané, 1996, col. 1353-1383. Sur le problème de l' « origine » voir plus loin le dernier chapitre de ce livre.
[2] *H.C.V.T.*, p. 372.

l'Ecriture Sainte[3], il ne considérait leurs œuvres que comme des documents auxiliaires, non comme des textes qui méritaient de retenir le controversiste, le théologien, le critique qu'il voulait être. Tout au plus, Lucrèce lui apportait, lorsqu'il parlait en philosophe, de précieux aperçus sur l'origine des langues[4], et Homère la possibilité d'apprécier le style de Moïse : les répétitions « ont aussi bien leur grâce dans les livres de Moïse que dans les Poèmes d'Homère [...] Moïse et Homère sont en cela fort conformes : ce qui vient de ce que leurs expressions sont tout à fait naturelles, et par conséquent sujettes à quelques répétitions »[5]. Mais on chercherait en vain dans son œuvre une réflexion personnelle sur l'épicurisme, ou une lecture d'Homère aussi attentive que celle d'un Claude Fleury.

C'est qu'avec un radicalisme parallèle à celui que manifestaient à ses côtés ses confrères Nicolas Malebranche et Bernard Lamy, Richard Simon se sentait exclusivement consacré à la « recherche de la vérité »[6], plus particulièrement de la « vérité de la Religion » ; dans un texte de 1676 environ, Richard Simon écrit : « S'il est vrai que l'homme soit obligé de rechercher la vérité en toutes choses, il n'y a point de doute qu'il ne soit obligé plus étroitement à rechercher la vérité de la Religion que toute autre vérité, puisqu'il est certain que l'homme est né principalement pour la Religion comme plusieurs philosophes païens l'ont même reconnu, ayant défini l'homme *un animal*

---

[3] *H.C.V.T.*, p. 207.

[4] *H.C.V.T.*, p. 85.

[5] *H.C.V.T.*, p. 34. Le jugement sur Homère est peu original ; Claude Fleury parlait en 1681 à propos des Hébreux de leur « expression naturelle » et écrivait qu'Homère raconte « de la même manière », *Mœurs des Israélites*, ch. XV, dans *Opuscules*, Nîmes, 1780, t. I, p. 60 ; cf. N. Hepp, *Homère en France au XVIIe siècle*, Paris, Klincksieck, 1968, pp. 361-362.

[6] Le livre de Malebranche qui porte ce titre date de 1674-1675 et fut réédité dès 1675-1676 : les *Entretiens sur les sciences* de B. Lamy, publiés en 1683, s'ouvrent sur le thème augustinien : « Nous sommes faits pour connaître la vérité », éd. par F. Girbal et P. Clair, Paris, P.U.F., 1966, p. 37 et note p. 381.

raisonnable né pour la Religion. »[7] Le sens de toute l'œuvre de Richard Simon, c'est cette recherche de la vérité de la Religion. Mais les questions qui alors s'imposent à lui sont celles-ci : où réside cette vérité ? Quels sont ses garants ?

A l'origine était la vérité : Dieu a inspiré toute l'Ecriture, et pas seulement une partie de l'Ecriture ; Richard Simon ne manque pas de citer le lieu traditionnel qui fonde cette conviction : *Seconde Epître à Timothée*, III, 16, « Πᾶσα γραφὴ Θεόπνευστος », affirmation peu originale mais établie encore une fois contre Grotius[8]. Déjà, au début de l'*Histoire critique du Vieux Testament*, il avait soutenu que les vérités contenues dans l'Ecriture Sainte « viennent immédiatement de Dieu, qui ne s'est servi en cela du ministère des hommes que pour être ses Interprètes »[9]. Mais la thèse laissait ouvertes toutes les interprétations.

Dans l'ordre surnaturel, l'inspiration se situe à l'origine ; mais le théologien et le critique se trouvent devant des textes, les textes de la Bible ; ici encore, Richard Simon affirme que la vérité est primitive, précède toute éventuelle altération : « La vérité d'un acte précède toujours la corruption de ce même Acte. *In quantum enim falsum corruptio est veri, in tantum praecedat necesse est veritas falsum* »[10] : ce principe de Tertullien lui apparaît « incontestable ». Ainsi il y a un « véritable Evangile »[11] ; un texte appartient « véritablement » à

---

[7] Leyde, Universiteitsbibliotheek, Ms. Marchand 70, p. 6 ; édition par J. Le Brun et J. D. Woodbridge : R. Simon, *Additions aux « Recherches curieuses sur la diversité des Langues et Religions »*, d'Edward Brerewood, « Bibliothèque de l'Ecole des Hautes Etudes, Sciences religieuses », vol. LXXXV, Paris, P.U.F., 1983, p. 47.

[8] Cf. *Histoire critique du Texte du Nouveau Testament*, Rotterdam, 1689 [citée ici *H.C.T.N.T.*], p. 276.

[9] *H.C.V.T.*, p. 1.

[10] *H.C.T.N.T.*, p. 17. Cf. Tertullien, *Contre Marcion*, ch. V.

[11] *H.C.T.N.T.*, pp. 16, 127.

un auteur[12], et ce texte, quelles que soient ses altérations, possède, même inaccessible, un « véritable sens »[13].

Tel est le point de départ de toute la démarche de Richard Simon, comme c'était le point de départ de la démarche des humanistes du siècle précédent ; mais l'affirmation de la vérité originelle est immédiatement relayée par celle d'une perte, d'une dégradation, de la multiplication des « fautes », comme le pensaient déjà Erasme, Alciat, Sadolet et Santes Pagnino[14] : pour ces derniers, comme pour l'oratorien du XVIIe siècle, le temps apparaissait comme destructeur, l'évolution était synonyme de décadence et toute pureté se trouvait aux origines[15]. Ne croyons pas toutefois que Richard Simon participe directement aux grands mouvements de recherche des origines et aux tentatives pour surmonter les conséquences de la chute qui marquèrent le temps de la Renaissance : nul mythe de l'origine chez lui, et nulle entreprise pour remonter à une langue originelle, à une unité originelle[16] ; selon lui, comme selon le protestant Louis Cappel[17], il n'y a plus de langue élue, il n'y a pas de

---

[12] *H.C.T.N.T.*, p. 164.

[13] *H.C.T.N.T.*, p. 38.

[14] Cf. B. Roussel, « Quelques exégètes français du milieu du XVIe siècle... », dans : *Histoire de l'exégèse au XVIe siècle*, Genève, Droz, 1978, pp. 331 et sv.

[15] Cf. les remarques très suggestives d'Erwin Panofsky sur le Vieillard Temps, dans : *Essais d'iconologie. Les thèmes humanistes dans l'art de la Renaissance*, trad. franç., Paris, Gallimard, 1967, pp. 105-130 : G. Tavard, *La tradition au XVIIe siècle en France et en Angleterre*, Paris, Cerf, 1969, surtout pp. 121 et s., sur R. Simon ; C. G. Dubois, *La conception de l'histoire en France au XVIe siècle (1560-1610)*, Paris, Nizet, 1977.

[16] Cf. Arno Borst, *Der Turmbau von Babel, Geschichte der Meinungen über Ursprung und Vielfalt der Sprachen und Völker*, Stuttgart, 1960 et s., 6 vol. ; C. G. Dubois, *Mythe et langage au seizième siècle*, Bordeaux, Ducros, 1970 ; J. Le Brun, « Critique biblique et esprit moderne à la fin du XVIIe siècle », dans *L'Histoire aujourd'hui*, Liège, Section d'Histoire, 1982.

[17] Sur les problèmes textuels posés par la Bible selon les théologiens protestants, voir J.C.H. Lebram, « *Ein Streit um die Hebräische Bibel und die Septuaginta* », dans : *Leiden University in the seventeenth century. An exchange of learning*, Leyde, Brill, 1975, pp. 21-63 ; et F. Laplanche, *L'Ecriture, le*

moyen court et facile pour communiquer avec l'origine. Les « fautes », « *mendae* », qui à chaque ligne se révèlent au critique, ne sont pas l'écho de la chute primitive et de la dispersion de Babel, mais la condition naturelle de toutes les œuvres écrites par l'homme. Le cas des livres de la Bible, Ancien et Nouveau Testaments, est semblable à celui de tous les autres livres ; ces livres sacrés ne jouissent d'aucun privilège : « Comme les hommes ont été les Dépositaires des Livres sacrés, aussi bien que de tous les autres Livres, et que les premiers Originaux ont été perdus, il était en quelque façon impossible qu'il n'y arrivât plusieurs changements, tant à cause de la longueur du temps, que par la négligence des copistes »[18] ; ces mots qui ouvrent l'*Histoire critique du Vieux Testament* reviennent en maint endroit de cette *Histoire*[19], comme dans l'*Histoire critique du Texte du Nouveau Testament* et dans celle des *Versions du Nouveau Testament* : cette altération « n'a rien d'extraordinaire et qui ne soit commun à tous les livres qui sont entre les mains du peuple »[20], c'est « le sort commun des Livres manuscrits »[21]. Avec le temps s'obscurcit la vérité des textes et s'autorisent de « vieilles erreurs »[22].

Pour désigner ces changements, Richard Simon accumule les termes péjoratifs : à côté du mot banal, mais ici lourd de

---

sacré et l'histoire. Erudits et politiques protestants devant la Bible en France au XVIIe siècle, Amsterdam & Maarssen, APA Holland University Press, 1986.

[18] *H.C.V.T.*, p. 1.

[19] *H.C.V.T.*, p. 8 ; p. 37 : « Les Interprètes travaillent souvent en vain à justifier ces omissions, comme si l'Ecriture n'avait pas été sujette aux mêmes accidents que la plupart des autres Livres, ainsi que les Pères l'ont quelquefois remarqué, et que les hommes n'en eussent pas été également les dépositaires » ; p. 131 ; p. 203 ; p. 354.

[20] *Histoire critique des Versions du Nouveau Testament*, Rotterdam, 1690 [citée ici : *H.C.V.N.T.*], p. 24.

[21] *H.C.V.N.T.*, p. 153.

[22] *H.C.T.N.T.*, Préf. Non pag. : « De vieilles erreurs que la longueur des temps avait autorisées. »

sens, « changements », nous trouvons généralement le terme « altération »[23] ; altérations dues non seulement à la simple usure, mais aussi à l'intervention des hommes, altérations en tout cas qui remontent aux premiers siècles : « c'est un fait qui saute aux yeux, et, bien qu'on ne puisse pas apporter les véritables raisons de cette grande altération qui a été dans les Livres du Nouveau Testament dès les premiers siècles du Christianisme, elle ne laisse pas d'être constante »[24]. Tous ces changements sont repérés et étudiés par le critique : additions des copistes, passage dans le texte des additions marginales, glissement des scolies au corps du texte, se produisent d'eux-mêmes et facilement, sans intention expresse des copistes : « Mais, comme on vient de le remarquer, ces sortes de changements naissent d'eux-mêmes, sans qu'on ait toutes ces vues de théologie. Quand les mots du texte sont équivoques, ou trop généraux, on les éclaircit dans les scolies : et quand cet éclaircissement consiste en peu de mots, la scolie passe facilement dans le Texte »[25].

Les conséquences de ces multiples altérations et corruptions du texte original, c'est une grande diversité des textes conservés, une grande variété des leçons, devant lesquelles on ne peut reconnaître d'emblée le véritable texte[26], et bien pire encore, la

---

[23] « On ne peut pas nier que les Exemplaires Hébreux et Grecs auxquels les Protestants donnent la qualité d'Originaux n'aient été en effet altérés en une infinité d'endroits »(*H.C.V.T.*, p. 465) ; « Ces exemplaires latins que saint Jérôme trouva si altérés qu'il jugea à propos de les réformer » (*H.C.T.N.T.*, Préf. non pag.).

[24] *H.C.V.N.T.*, p. 64. Nous trouvons aussi le terme « corruption » (*H.C.T.N.T.*, Préf. non pag. ; p. 17 ; p. 283 ; p. 336 ; *H.C.V.N.T.*, p. 55 ; p. 58 ; p. 88).

[25] *H.C.T.N.T.*, p. 355.

[26] « Il y a eu toujours beaucoup de variétés dans les différents Exemplaires de diverses Eglises. Origène qui était très habile dans cette matière a observé cette grande diversité d'Exemplaires Grecs, laquelle il attribue en partie à la négligence des copistes, et en partie à la liberté des critiques qui ont corrigé les Livres du Nouveau Testament y ajoutant et diminuant selon qu'ils le jugeaient à propos » (*H.C.T.N.T.*, p. 336).

« confusion » dans les textes[27], rien de « constant »[28], « rien de certain » sur bien des questions[29], au point qu'il « serait très difficile de distinguer ce qui était le vrai d'avec le faux »[30]. Le texte de la Bible, que certains protestants prétendaient clair et accessible à tous, se révélait particulièrement obscur. A vrai dire, depuis longtemps les exégètes et les théologiens avaient relevé cette obscurité : dès 1520, Karlstadt notait, après les exégètes juifs du Moyen Age, qu'il y avait dans l'Ancien Testament des additions, des interpolations, des fausses attributions[31], et des générations de controversistes catholiques avaient insisté sur les contradictions, les erreurs et les obscurités de l'Ecriture, et essayé de montrer que les convictions des réformés n'étaient pas justifiables, que l'Ecriture n'était pas suffisante pour apporter la sécurité au croyant, et qu'il fallait recourir aux traditions et à l'autorité de l'Eglise[32]. Une école d'exégètes, pour la plupart des jésuites, n'hésitait pas à pratiquer l'analyse minutieuse des textes : aussi bien par leurs intentions apologétiques que par certaines intuitions fécondes, ils étaient les ancêtres de Richard Simon.

Ce dernier souligne, dès le début de l'*Histoire critique du Vieux Testament*, que l'Ecriture « est beaucoup plus obscure qu'on ne la croit ordinairement »[33], et ses analyses critiques prouvent, selon lui, « évidemment que les Protestants n'ont pas lieu de se vanter que la Parole de Dieu contenue dans l'Ecriture

---

[27] *H.C.T.N.T.*, p. 29 ; p. 359.

[28] *H.C.T.N.T.*, p. 187.

[29] *H.C.T.N.T.*, p. 94 ; p. 101 ; p. 137 ; p. 173 ; p. 184 ; p. 189 ; etc.

[30] *H.C.T.N.T.*, p. 156.

[31] Cf. H. J. Kraus, *Geschichte der historisch-kritischen Erforschung des Alten Testaments*, 4. Auflage, Neukirchen, Neukirchener Verlag, 1988, p. 28 et sv.

[32] Cf. R. Popkin, *Histoire du scepticisme d'Erasme à Spinoza*, trad. franç., Paris, P.U.F., 1995 ; K. Scholder, *Ursprünge und Probleme der Bibelkritik im 17.Jhdt. Ein Beitrag zur Entstehung der historisch-kritischen Theologie*, Munich, Chr. Kaiser Verlag, 1966, p. 7-33 et plus haut notre chapitre sur « L'institution dans la théologie de Henry Holden ».

[33] *H.C.V.T.*, p. 2.

est claire et nullement embarrassée »[34] ; de même il juge que le style de saint Jean est « très obscur et très difficile à entendre [...]. Il n'y a [...] aucun mot ni diction qui ne puissent être interprétés de différentes manières »[35] ; et il note que « le plus difficile à entendre de tous est saint Paul »[36]. Obscurité, équivoque, ambiguïté, incertitude et inconstance, tels sont les termes qui reviennent dans les œuvres de Richard Simon pour définir l'état des livres de la Bible.

Cependant Richard Simon introduit dans l'examen de cette dégradation de la vérité textuelle originelle une importante nuance qui sera très féconde : bien qu'il n'ait pas couramment utilisé ni précisément défini la notion de « témoin » d'un texte[37], Richard Simon dissocie l'ancienneté d'un texte, d'une version ou d'une leçon, de sa proximité de l'original : « Puisque nous n'avons plus le premier Original », écrit-il[38], ce premier original, œuvre d'un auteur et porteur de la vérité du texte, il serait logique de remonter dans le temps pour s'en approcher le plus possible ; et Richard Simon rapporte à plusieurs reprises la règle de Tertullien, « principe qui est incontestable »[39], règle qui, selon lui, « est appuyée sur le bon sens »[40], que « le plus ancien soit le plus véritable »[41]. Mais, au lieu d'appliquer sans nuances ce principe et de considérer comme réelle la proximité de l'original, il refuse, à partir de son expérience des documents, de confondre l'antiquité du document avec la plus grande fidélité à l'original perdu : la critique, telle qu'il la pratique, exige

---

[34] *H.C.V.T.*, p. 370.
[35] *H.C.T.N.T.*, p. 310.
[36] *Ibid.*
[37] Notion qui avait émergé vers 1560 avec Théodore de Bèze, cf. B. Roussel, dans : *Histoire de l'exégèse au XVIe siècle, op. cit.*, p. 337.
[38] *H.C.T.N.T.*, p. 338.
[39] *H.C.T.N.T.*, p. 17.
[40] *H.C.T.N.T.*, p. 171.
[41] *H.C.T.N.T.*, p. 17.

que l'on n'ait pas « trop de respect pour l'antiquité »[42], et il affirme, avec des philosophes et des critiques de son temps épris de modernité, que « nous ne devons pas croire si facilement à la simple autorité des anciens Pères, lorsqu'il s'agit de faits qui regardent seulement la Critique »[43]. Ces réflexions, qui pourraient être faites par un Malebranche, sont chez Richard Simon appuyées sur la pratique de la critique des textes : les originaux étant perdus, les témoins textuels étant tous de beaucoup postérieurs aux originaux, la chronologie des témoins textuels n'est plus critère d'exactitude : « A l'égard des anciens Interprètes, nous ne devons pas être remplis de préjugés en leur faveur, comme si leurs Exemplaires Hébreux étaient meilleurs, pour cette raison seulement qu'ils sont plus anciens. L'antiquité ne doit pas être fort considérable dans cette affaire, parce qu'il est constant que les plus anciennes Versions n'ont été faites que longtemps après que les Originaux ont été perdus et que la Langue Hébraïque n'a plus été en usage parmi les Juifs. Les Exemplaires manuscrits de la Vulgate ne sont pas toujours plus exacts parce qu'ils sont plus anciens [...] »[44]. C'est même une préférence pour « les plus anciens Exemplaires » que reproche Richard Simon à Walton et à ses *Prolégomènes* : « Il préfère les plus anciens Exemplaires aux plus nouveaux, parce que, selon lui, ils approchent davantage des Originaux ; ce qui n'est pourtant pas tout à fait vrai dans les Exemplaires Hébreux de la Bible »[45]. Nous pourrions multiplier les citations où apparaîtrait la même conviction, dès la Préface de l'*Histoire critique du Texte du Nouveau Testament*, nous lisons ainsi : « Les plus anciens exemplaires Grecs du Nouveau Testament que nous ayons présentement ne sont pas les meilleurs »[46], et un peu plus loin : « Mille ou douze cents ans d'antiquité ne rendent pas des Livres

---

[42] *H.C.V.T.*, p. 111.
[43] *H.C.V.T.*, p. 189.
[44] *H.C.V.T.*, p. 111.
[45] *H.C.V.T.*, p. 492.
[46] *H.C.T.N.T.*, Préf. non pag.

corrects, quand il y a des preuves évidentes qu'ils ont été corrompus avant ce temps-là »[47].

Le travail critique opère donc non pas une remontée chronologique vers un état des textes fidèle à des originaux irrémédiablement perdus, mais un rétablissement, une réparation, une « *emendatio* » jamais achevés. La critique, en effet, en son sens propre, désigne une discipline très précise qui permet de juger les meilleurs leçons des textes et d'en déterminer l'authenticité[48] : devant le foisonnement et la confusion, la critique introduit la distinction de « ce qui était de vrai d'avec le faux »[49] ; sans décider du sens des textes, elle se contente de réparer les dommages du temps et des hommes, de corriger, de rétablir, de reformer, de purger, de retoucher, pour reprendre les mots qu'emploie Richard Simon à son propos. Ni le but, ni le résultat de la critique ne sont cependant une restitution de l'original perdu et peut-être idéal, ne sont la reconstitution d'une *Lingua primaeva* ou originelle, antérieure à Babel, ni l'évocation pleine de force attractive de l'Eglise primitive, ni la redécouverte d'un original des Evangiles qui, par exemple dans le cas du texte araméen de Mathieu, a irrémédiablement disparu, bien que son existence soit certaine[50] ; Richard Simon verrait dans ces tentatives des illusions de théologiens : son expérience de critique ne lui fait pas découvrir ce qui est le plus ancien, mais ce qui est le plus ancien pour nous ; comme il l'écrit fort bien à propos de l'alphabet phénicien ; « Je ne prétends pourtant pas conclure de là que les caractères Phéniciens ou Samaritains

---

[47] *H.C.T.N.T.*, *ibid.* ; cf. aussi p. 17 ; p. 289 ; p. 344.
[48] Cf. B. Neveu, dans : *Religion, érudition et critique à la fin du XVIIe siècle et au début du XVIIIe*, Paris, P.U.F., 1968, pp. 27-28.
[49] *H.C.T.N.T.*, p. 156.
[50] Cf. *H.C.T.N.T.*, p. 47 et sv.

soient les plus anciens de tous, mais seulement que nous n'en connaissons point de plus anciens »[51].

La critique est l'établissement de « faits » attestés par des « actes » : « Si les théologiens examinaient ces sortes de faits sur de bons Actes, ils ne proposeraient pas là-dessus un grand nombre de questions qui n'ont le plus souvent d'autre fondement que leur imagination »[52]. Avec le fait, c'est une sorte d' « autorité » qui s'impose, celle de l'évidence de ce qui est, et non pas la conclusion d'un raisonnement[53] ; or, pour établir les faits, il faut remonter à l'Antiquité : « La Religion consistant principalement en des choses de fait, les subtilités de ces théologiens qui n'ont pas eu une connaissance exacte de l'antiquité ne peuvent pas nous découvrir la certitude de ces faits »[54]. Cette autorité n'est nullement celle qu'invoquent « les théologiens scolastiques », si souvent accusés par Richard Simon, depuis ses *Additions* aux *Recherches curieuses* de Brerewood, de mépriser les exigences de la critique ; c'est une autorité qui, au sens juridique, s'attache à un document dont l'origine, la qualité, la valeur probante sont certaines. Juridiquement, le fait qui a autorité, qui fait autorité, se présente sous la forme d'un « acte ». Dès le titre de la première des *Critiques* du Nouveau Testament, apparaît ce terme capital : *Histoire critique du Texte du Nouveau Testament, où l'on établit la vérité des Actes sur lesquels la Religion Chrétienne est fondée.* Comme toute fondation, la Religion possède des actes de fondation, trace laissée par une origine, document qui conserve la vigueur fondatrice, la valeur d'établissement d'un original, mais qui n'est pas nécessairement l'original ; telles les copies d'une lettre d'un souverain ou du testament d'un particulier, qui renvoient à une déci-

---

[51] *H.C.V.T.*, p. 80. Sur la question de la langue primitive, voir M. Olender, *Les langues du Paradis. Aryens et Sémites, un couple providentiel*, Paris, Gallimard – Seuil [1ere éd. 1989], rééd. 1994, pp. 39-48.
[52] *H.C.V.N.T.*, pp. 75-76.
[53] Cf. *H.C.T.N.T.*, p. 8 ; p. 53 ; etc.
[54] *H.C.T.N.T.*, Préf. non pag., *sub fine*.

sion originelle. Pour établir des « faits », le recours aux « actes » est la seule méthode sûre : « Si je n'ai pas suivi la méthode des théologiens scolastiques, c'est que je l'ai trouvée peu sûre. J'ai tâché, autant qu'il m'a été possible, de ne rien avancer qui ne fût appuyé sur de bons Actes, au lieu que la Théologie de l'Ecole nous fait quelquefois douter des choses les plus certaines »[55].

Or la corruption involontaire d'un acte n'entame pas la valeur de l'acte ; Richard Simon écrit bien : « Il ne faut pas rejeter un Acte tout entier, sous prétexte qu'on y aura inséré dans la suite quelque chose, principalement quand ces additions ne viennent point de personnes suspectes et qui aient eu dessein de corrompre cet Acte. Autrement il faudrait rejeter la plupart des Livres, y en ayant très peu où l'on ne trouve quelques additions. Il n'y aurait même aujourd'hui aucun Exemplaire du Nouveau Testament, ni Grec, ni Latin, ni Syriaque, ni Arabe, qu'on pût appeler véritablement authentique, parce qu'il n'y en a pas un en quelque langue qu'il soit écrit, qui soit entièrement exempt d'additions »[56]. Lorsqu'aucun acte n'est conservé, toute réponse aux questions posées devient impossible : d'où beaucoup de zones d'ombre dans la documentation et dans les problèmes qui concernent les origines[57].

Cependant les actes, sur l'autorité desquels sont établies les origines, sont souvent obscurs ; aussi, dans la même perspective juridique que nous venons d'évoquer, l'acte, pour être sûr, doit être « reconnu » : cette reconnaissance, à vrai dire, ne supplée pas l'absence d'un original ou le manque de clarté d'un document, mais elle situe la certitude dans l'ordre pratique, ecclésial ou social, dans l'utilisation comme texte canonique, confession de foi ou formule liturgique, de ce document. Nous retrouvons le principe de Tertullien que nous évoquions, selon lequel « le

---

[55] *H.C.T.N.T.*, Préf. non pag.
[56] *H.C.T.N.T.*, p. 79.
[57] *H.C.T.N.T.*, p. 101 ; p. 124 ; p. 137.

plus ancien est le plus véritable », ce principe compris désormais par Richard Simon non plus au sens de la conservation d'un document original, mais, fidèlement à Tertullien, au sens de la réception par les Eglises : « Or l'on est assuré, selon lui, qu'une chose est dès le temps des Apôtres, lorsqu'on voit qu'elle a été inviolablement gardée dans les Eglises apostoliques. Tout ce raisonnement de Tertullien prouve que la tradition constante de l'Eglise est le motif qui nous fait distinguer les Livres divins et canoniques de ceux qui ne le sont point[58]. » Le « témoignage de toute l'Antiquité »[59], au sens juridique de « témoignage », constitue la preuve décisive de la canonicité d'un texte[60]. Dès l'Antiquité, en effet, la canonicité d'un livre de l'Ecriture s'établissait de deux façons : par la comparaison avec un enseignement présent, par la consultation du passé ; par cette double référence s'établit selon Richard Simon, la continuité d'une tradition : « Lorsque les premiers Pères ont voulu juger si un Livre était canonique, ils en ont examiné la doctrine, pour voir si elle était conforme à ce qui s'enseignait dans l'Eglise catholique. Ils ont de plus consulté les anciens auteurs Ecclésiastiques qui ont vécu depuis les Apôtres jusqu'à eux, afin de connaître par ce moyen la tradition »[61] ; déjà cette preuve par la tradition remplaçait une impossible preuve par les documents originaux qui déjà manquaient irrémédiablement : « Tertullien et saint Augustin ne leur opposent [aux hérétiques] l'autorité d'aucunes pièces originales, mais seulement la tradition constante des Eglises »[62] ; quand même l'écrit aurait manqué, « la Religion se serait également conservée par le moyen de la tradition »[63]. La tradition se fonde par la réception d'un acte dans une Eglise, et Richard Simon parle ainsi « des Actes des Apô-

---

[58] *H.C.T.N.T.*, p. 17.
[59] *H.C.T.N.T.*, p. 76.
[60] *H.C.T.N.T.*, pp. 164-165.
[61] *H.C.T.N.T.*, p. 34.
[62] *H.C.T.N.T.*, p. 37.
[63] *Ibid.*

tres qui ont été reçus dans l'Eglise »[64] : qu'un acte soit « approuvé »[65], « autorisé », et, au sens propre, « canonisé »[66], permet d'établir une tradition aussi solide que les vérités établies par l'étude littérale des textes. Ainsi la canonicité d'un texte scripturaire découle du consentement de l'Eglise[67] : l'argument, déjà utilisé contre les anciens hérétiques et que Richard Simon reprend, c'est « le commun accord et consentement de l'Eglise », « le consentement universel des Eglises fondées par les Apôtres et des autres Eglises qui tiraient leur origine de celles-là »[68]. C'est suivant ce principe que Richard Simon interprète le jugement d'Erasme sur l'auteur de l'*Epître aux Hébreux* : « Erasme, qui a eu de grandes difficultés sur l'auteur de l'Epître aux Hébreux, qui ne porte point le nom de saint Paul, témoigne que si l'Eglise a prononcé quelque chose là-dessus, il se soumettra volontiers à sa décision, qu'il préfère à toutes les raisons qu'on lui pourrait apporter. *Plus apud me valet*, dit ce Critique, *Ecclesiæ judicium, quam ullæ rationes humanæ* (Erasm. Declar. ad Theol. Paris.)[69] » : il n'y a pas, me semble-t-il, d'ironie dans ces remarques de Richard Simon, qui sont en parfaite cohérence avec ses principes : le jugement de l'Eglise détermine une pratique et témoigne de la réception juridique d'un acte.

Du travail de la critique des textes et de la conception des documents de la Bible comme des actes reçus dans une Eglise découle une certaine relation à l'origine. Le travail de correction, de rétablissement des textes consistait en une remontée au-delà de la corruption, vers un état originaire des textes. Mais que recouvre exactement cette notion d' « original » ? Que signifie exactement l'acte de remonter à l'origine ?

---

[64] *H.C.T.N.T.*, p. 152.
[65] *H.C.T.N.T.*, p. 399.
[66] *H.C.T.N.T.*, p. 404.
[67] *H.C.T.N.T.*, p. 11.
[68] *H.C.T.N.T.*, p. 127.
[69] *H.C.T.N.T.*, p. 22.

Il s'agit en effet d'une remontée, telle celle d'un vieillard qui se remémore sa jeunesse : Richard Simon, dans la Préface de l'*Histoire critique du Texte du Nouveau Testament* reprend à saint Jérôme la comparaison des âges du monde, et le geste de remonter à l'enfance première du monde est présenté non comme un rêve, mais comme le résultat d'un travail : « *Pius labor*, dit ce savant Père, *sed periculosa praesumptio judicare de caeteris, ipsum ab omnibus judicandum, senis mutare linguam, et canescentem jam mundum ad initia retrahere parvulorum* »[70]. De fait, Richard Simon fait allusion à un état premier désigné comme l'origine, comme ce qui était originairement : l'original est le but idéal d'une « remontée ». Certes « la plupart des origines sont d'ordinaire fabuleuses »[71], et « toutes les choses que les hommes ont inventées » étaient d'abord « très imparfaites »[72], mais il ne s'agit plus, dans la critique, de ces origines qui tiennent de la fable et que les hommes se sont plu à embellir ; il s'agit du terme, toujours repoussé en arrière, du travail même de la critique. En affirmant dans un texte que nous avons cité, que les textes les plus anciens peuvent « avoir été corrompus à moins que ce ne soient les véritables originaux »[73], Richard Simon répond avec Tertullien « qu'il faut remonter jusqu'au temps des Apôtres pour être certain qu'on a leurs véritables Ecrits »[74] : les écrits des Apôtres jouent ici le rôle du terme idéal d'un « remontée » ; et Richard Simon, tout de suite après, donne le moyen de savoir qu'un écrit remonte aux Apôtres en voyant, comme le dit encore Tertullien, qu'on l'a gardé dans les Eglises apostoliques. L'origine est référence collective et continuité dans la reconnaissance d'un groupe. Ainsi il n'y a pas sur les premiers commencements, de « pièces originales »[75].

---

[70] *H.C.T.N.T.*, Préf. non pag. : cf. saint Jérôme, *Praef. in Evang. ad Dam.*

[71] *H.C.V.T.*, p. 485.

[72] *Ibid.*, p. 487.

[73] *H.C.T.N.T.*, p. 17.

[74] *Ibid.*

[75] *H.C.T.N.T.*, p. 37.

Nous saisissons donc le caractère relatif, et pour ainsi dire asymptotique, de la notion d'origine, comme d'ailleurs de la notion d'authenticité qui lui est liée. Le chapitre IV de l'*Histoire critique du Texte du Nouveau Testament*, intitulé « Les anciens Pères n'ont point produit les Originaux du Nouveau Testament dans leurs disputes contre les Hérétiques », serait une excellente illustration de ces remarques : les originaux, qu'ils existassent ou non au temps d'Ignace martyr, ont disparu, tel le texte araméen de Matthieu. Mais l'original peut être atteint par les traces qu'il a laissées ou par sa survivance dans des sociétés religieuses particulières ; car des sociétés qui, pour des raisons historiques, n'ont pas participé à l'évolution qui a façonné d'autres sociétés, peuvent garder des traces de créances primitives ou de documents originaux : par exemple les sociétés chrétiennes de l'Orient, sur lesquelles une des premières œuvres de R. Simon, les *Additions* aux *Recherches curieuses* de Brerewood, apporte beaucoup de renseignements.

Mais ici nous devons souligner une intéressante différence de mentalité entre Richard Simon et les protestants dont il discute les thèses : pour le premier, un « original » peut être postulé bien qu'aucun témoin actuel n'en subsiste : il y a bien eu un original, mais il n'existe plus ; pour les seconds, il y a contradiction dans ces affirmations : un « original » existe qui doit être identifié avec un des textes subsistants : « Saint Matthieu, note Richard Simon, a écrit son Evangile en Ebreu, dont le Grec n'est qu'une Version. Cela étant, pourquoi ne veut-on pas qu'on donne à ce texte Ebreu le nom d'Original ? Il n'y a rien en cela qui ne soit conforme à la raison et au bon sens. C'est sur ce principe que les Protestants se fondent quand ils corrigent les Versions de l'Ancien Testament sur l'Original Ebreu. Mais nous n'avons plus, dit-on, l'Ebreu de St Matthieu. Il est vrai. Cela nous doit-il empêcher de l'appeler Authentique avec les Anciens Ecrivains Ecclésiastiques puisqu'il l'est en effet ? »[76]

---

[76] *H.C.T.N.T.*, p. 76.

Cet évanouissement de l'original est, comme vient de l'écrire Richard Simon, « conforme à la raison et au bons sens » ; il est notable que tel soit l'argument qu'oppose Richard Simon à la constatation de l'absence d'un document : il oppose le résultat d'une démarche historique à la sacralité du texte grec de Matthieu, qui seul est entre les mains du lecteur.

Nous ne pouvons pas développer toutes les conséquences de cette conception de l'original, mais il faut souligner qu'une doctrine de l'inspiration en découle ; pour Richard Simon, seuls les « Originaux » de l'Ecriture étaient inspirés, les versions ne le sont pas, seul le texte araméen de Matthieu était inspiré et *toutes* les versions (non pas le seul texte grec) sont sur le même plan : tous les textes que les nations chrétiennes possèdent et jugent canoniques ne sont que des « copies » mais n'en ont pas moins de valeur. « Comme les Protestants font descendre le Saint Esprit sur les Apôtres pour traduire d'Ebreu en grec l'Evangile de St Matthieu, quelques théologiens Catholiques prétendent aussi que l'ancienne Version Latine du Nouveau Testament a été inspirée. Mais il est bien plus raisonnable de n'admettre cette inspiration que pour les Originaux de l'Ecriture qui ont été traduits en différentes langues selon les nécessités et les besoins des Eglises [...] Mais où trouvera-t-on que l'Eglise en mettant le Livre de saint Matthieu au nombre des Livres canoniques, ait parlé de la seule Version Grecque, et qu'elle en ait exclu toutes les autres ? Elle parle de l'Evangile de St Matthieu en général seulement, lequel est Divin et Canonique en quelque langue qu'il se trouve [...]. Mais au reste il n'y a aucune nation Chrétienne qui ne croie posséder le véritable Evangile de St Matthieu, bien qu'elles n'en aient toutes que des copies[77]. » Le seul texte qui aurait la « perfection » serait « le seul Original des Apôtres »[78], mais toutes les tentatives pour retrou-

---

[77] *H.C.T.N.T.*, pp. 96-97.
[78] *Ibid.*, p. 344.

ver ce premier original sont l'une après l'autres considérées comme vaines par Richard Simon[79].

Ne restent donc que des copies et des versions qui jouent le rôle d'original, qui, telle la Vulgate, sont « comme un véritable original »[80]. La notion d' « original », dans le travail critique, est donc relative, signe d'une antériorité logique, non pas un témoin nécessairement subsistant, encore moins *le* texte *primitif*. Mais un Acte qui ne répond pas « parfaitement et en toutes choses à l'Original »[81] n'est pas du tout sans valeur : les anciennes versions « servent à nous remettre devant les yeux les premiers Originaux »[82]. Nous avons bien des originaux au sens relatif, mais point les premiers originaux ; d'où les vives critiques de Richard Simon contre les protestants qui donnent pour véritable original des copies plus ou moins, mais inévitablement, défectueuses[83]. Nous devinons tout ce qu'implique la relativité de l'original pour apprécier l'authenticité d'un texte : si les premiers originaux ont disparu, les versions qui ont été faites sur eux peuvent être déclarées authentiques, ce qui n'est pas sans conséquence pour la théologie : « Si l'on recherche avec soin les différents endroits où Tertullien se sert du mot d'*authentique* dans ses ouvrages, on y verra qu'il n'a entendu autre chose par cette expression que des Livres écrits dans leur langue originale[84]. » Et c'est une version latine, la Vulgate, que le concile de Trente a déclarée authentique, non pour dire qu'elle était parfaitement exacte, mais au sens « qui se trouve dans les Livres des Jusriconsultes et dans les Conciles », c'est-à-dire « des Copies fidèles qu'on ne pouvait pas soupçonner d'avoir été alté-

---

[79] *Ibid.*, p. 367.
[80] *H.C.V.N.T.*, p. 5.
[81] *Ibid.*, p. 85.
[82] *Ibid.*, p. 177.
[83] Cf. *H.C.V.N.T.*, p. 348.
[84] *H.C.T.N.T.*, p. 39.

rées »[85]. Enfin cette authenticité entraîne la « vérité des Livres » de la Bible[86] ; non que ces livres soient exacts en tous points, ils sont « vrais » au sens juridique du terme « vrai ».

Dans ces conditions, l'ancienne hantise de l'original ou du primitif, le désir d'atteindre un « *Urtext* », le point ultime qui assurerait la tranquillité, le repos de la conscience et la sécurité du croyant[87] s'évanouissent : le texte cesse d'être *un*, véritable, seul inspiré[88], il est le lieu de convergence de différentes leçons, de différentes versions, il n'est plus accessible que dans des « éditions critiques » où se reflète son aspect nécessairement pluriel ; il n'est plus le fidèle miroir d'une vérité originelle. Du fait, déjà reconnu par Origène, qu' « il y a eu toujours beaucoup de variétés dans les différents Exemplaires de diverses Eglises »[89], Richard Simon ne tire pas de conséquences ruineuses pour la confession religieuse qui s'appuie sur ces textes. Comme il l'écrit à la fin de l'*Histoire critique du Vieux Testament*, « on ne doit pas se mettre en peine si nous avons encore les anciens Originaux de l'Ecriture fort corrects, puisque la

---

[85] *H.C.V.T.*, p. 265. « ... on ne peut pas prendre ce terme *authentique*, dans la plus ancienne et plus propre signification, qui est de marquer le premier et véritable Original d'une chose, pour la distinguer de la Copie, comme quand on parle de l'Original d'un Testament, cela signifie ce même Testament de la manière qu'il a été écrit par l'Auteur. En ce sens-là nous n'aurions rien de l'Ecriture qui fût authentique, puisque tout ce qui nous en reste ne consiste qu'en des Copies, qui ont leurs défauts, aussi bien que les autres Livres dont les hommes ont été les dépositaires. Je ne crois pas même qu'à l'égard du Nouveau Testament les premiers Pères de l'Eglise aient assuré en avoir vu les véritables Originaux... » (*H.C.V.T.*, p. 265).

[86] *H.C.T.N.T.*, p. 1 ; p. 4 ; p. 11 ; p. 121 ; p. 196.

[87] Hantise de la sécurité et du repos qui possédait catholiques et protestants : cf. Calvin, *Institution chrétienne*, L. I, ch. VII, n. 5 : « certain et assuré repos ».

[88] Nous nuançons ici les affirmation de Myriam Yardeni, « La vision des Juifs et du Judaïsme dans l'œuvre de Richard Simon », dans *Revue des Etudes juives*, CXXIX, 1970, p. 188.

[89] *H.C.T.N.T.*, p. 336.

Religion ne dépend pas entièrement des Livres de l'Ecriture »[90]. Il juge même avantageux aux chrétiens de ne pas avoir eu de Massorètes qui aient fixé le texte du Nouveau Testament et imposé leurs lectures et leurs leçons : « Ce grand nombre de variétés leur doit donner plus d'autorité que s'il n'y en avait aucune [...]. Il est avantageux à un Livre qu'il y en ait plusieurs Exemplaires différents afin qu'on puisse mieux juger des véritables leçons...[91] » La meilleure édition ne sera donc pas celle qui présente *le* bon texte, *le* texte original, mais celle qui laisse la plus large place au travail du lecteur, qui donne le plus grand nombre de variantes, par exemple la belle édition du Nouveau Testament grec imprimée à Oxford en 1675[92].

La disposition typographique elle-même, la répartition des leçons entre le centre de la page, les notes et les marges, les astérisques et les obèles dessinent une sorte de réseau[93]. Les grandes *Polyglottes*, de Le Jay et de Walton, rendaient déjà visible dans la juxtaposition de leurs colonnes en diverses langues l'éclatement du texte en plusieurs textes dont aucun n'était plus « vrai » que les autres, dont chacun n'avait sens que par les différences qu'il montrait. Richard Simon, visant un but un peu différent, aboutit aussi à une nouvelle géographie de la page imprimée : colonnes des *Polyglottes* ou organisation d'un texte et de ses notes sont les images les meilleures d'un nouveau rapport à des origines fondatrices[94] : évanouissement du texte dans la pluralité des textes, et représentation d'un éditeur, à la

---

[90] *H.C.V.T.*, p. 494.

[91] *H.C.T.N.T.*, p. 338.

[92] Cf. *H.C.T.N.T.*, p. 342 ; ce Nouveau Testament est à la B.N. de Paris, impr. A 6312.

[93] *H.C.T.N.T.*, p. 8.

[94] Cf. M. de Certeau, « L'idée de traduction de la Bible au XVIIe siècle », dans *Recherches de Science religieuse*, janv.-mars 1978, t. 66, n° 1, p. 85 et sv. Cf *H.C.V.T.*, p. 8 ; *H.C.T.N.T.*, pp. 336-344 ; *H.C.V.N.T.*, p. 262 ; p. 440 ; *Histoire critique des principaux Commentateurs du Nouveau Testament*, Rotterdam, 1693, p. 565 ; p. 751 ; etc.

fois dans son appartenance ecclésiale et dans son travail critique. Ce sont les deux faits qu doivent être ici soulignés.

Au centre de la page, le *textus receptus*, celui qui est autorisé
par une Eglise ; pour le catholique qu'est Richard Simon, c'est
le texte de la Vulgate[95]. L'appartenance ecclésiale constitue
pour ce catholique le roc de solidité, le garant du repos de
l'âme, la certitude que ne peuvent plus offrir dans le monde
moderne ni les théologies totalitaires, ni l'illusoire certitude
d'atteindre les origines. A la marge apparaissent les résultats du
travail critique : d'autant plus assuré que sa sécurité vient de
son appartenance ecclésiale, donc sociale, et non du raisonnement, ou de l'illumination, le critique laisse des traces de son
travail ; il ne retrouve pas l'origine perdue, il ne ressemble pas
au philosophe ou à l'alchimiste du XVIe siècle qui espérait atteindre un absolu dans l'immédiateté de son expérience ; il
trouve des vérités d'ordre historique (non métaphysique), des
vérités provisoires : les « faits » qu'il épingle dans les marges[96]
se « supposent », sont relatifs aux témoins qui les attestent ; le
résultat n'est pas l'absence idéale d'erreur, mais la probabilité.
Alors que la vie dans le monde moderne imposait à l'homme
l'élaboration de morales provisoires et de règles d'action pro-
bables, le travail critique atteint ce qui est « judicieux », ce qui
« semble » vrai, ce qui est « probable » ou « plus probable », ce
qui a « de l'apparence », ce qui est « croyable », toutes expressions que nous trouvons à chaque page dans les œuvres de Richard Simon. Le critique, affirme-t-il sans cesse, n'est pas
« infaillible »[97]. La critique ouvre la voie à un travail

---

[95] Cf. Les principes qui président à la traduction du Nouveau Testament,
publiée à Trévoux, par R. Simon qui choisit la Vulgate comme texte de base
et lui ajoute des notes critiques : G. Tavard, *La tradition au XVIIe siècle...*, *op.
cit.*, p. 130.
[96] Cf. dès la fin du XVIe siècle la substitution de l'observation des faits au
problème des origines dans l'étude de la formation des langues : C.G. Dubois,
Mythe et langage au seizième siècle, op. cit., p. 96.
[97] *H.C.V.N.T.*, p. 78 ; p. 153.

d'approche, à une approximation du vrai : rien n'est plus loin de cette dure mais exaltante tâche du critique que les illusions érudites d'un Huet ou que l'enchantement des hommes de Port-Royal pour une mythique Eglise primitive. Plus proche des jésuites, ses maîtres en exégèse comme en théologie, Richard Simon mérite notre attention pour avoir été un des premiers à comprendre quelle serait dans le monde moderne la situation des religions du Livre[98].

---

[98] Cf. aussi notre article : « Das Entstehen der historischen Kritik im Bereich des Religiösen Wissenschaften im 17. Jahrhundert », dans *Trierer Theologische Zeitschrift*, 1980, n° 2, pp. 100-117.

CHAPITRE X

LA RÉCEPTION DE LA THÉOLOGIE DE GROTIUS
CHEZ LES CATHOLIQUES DE LA SECONDE
MOITIÉ DU XVIIe SIÈCLE

Si l'apologétique de Grotius semble avoir fait une sorte
d'unanimité et ne pas avoir suscité de débats importants dans le
catholicisme de la fin du XVIIe siècle[1], il n'en va pas de même
des thèses présentées à plusieurs reprises par le théologien
néerlandais sur l'inspiration scripturaire et sur le sens des prophéties. A la fois dans les *Annotations* sur le Vieux et sur le
Nouveau Testament et lors de la polémique avec Rivet de 1642
à 1645, Grotius eut en effet l'occasion de présenter sur ces problèmes des opinions qui allaient orienter pour longtemps les
controverses scripturaires.

---

[1] Cf. F. Laplanche, *L'évidence du Dieu chrétien. Religion, culture et société
dans l'apologétique protestante de la France classique (1575-1670)*, Strasbourg, Faculté de théologie protestante, 1983, pp. 29-38. Sur tout ce qui
concerne l'exégèse biblique de Grotius on consultera désormais F. Laplanche,
*L'Ecriture, le sacré et l'histoire. Erudits et politiques protestants devant la
Bible en France au XVIIe siècle*, Amsterdam & Maarssen, APA-Holland
University Press, 1986.

Certes Grotius devait beaucoup à Erasme, aux théologiens jésuites même[2], et surtout au *De Republica Ecclesiastica* de Marco-Antonio De Dominis[3], théologien oscillant entre les confessions qui fut un des premiers à avoir insisté aussi nettement sur l'inspiration immédiate de certaines parties de la Bible, non immédiate de certains autres[4] ; avant lui ceux qui approchaient cette thèse soulignaient que tous les passages, même ceux qui n'étaient pas inspirés par une assistance spéciale ou une inspiration immédiate, l'étaient par un « *instinctus Spiritus Sancti* » (c'était la thèse du jésuite Lessius). Grotius allait plus loin et, en 1642 dans son *Votum pro pace ecclesiastica*, écartait l'idée d'un « *divinus afflatus* » pour ne retenir que celle d'un « *pius motus* » qui a conduit un écrivain sacré à rédiger des préceptes salutaires ou des développements politiques ou moraux[5].

Par ailleurs il reprenait dans le même livre une théorie, déjà exprimée dans ses *Annotations* sur l'Evangile[6] et appelée à faire beaucoup de bruit, du double sens des prophéties : mettant en rapport ce double sens avec la distinction de l'Ecriture et de la tradition, Grotius établie que des deux sens l'un est inférieur,

---

[2] Sur ces questions avant Grotius, cf. *Dictionnaire de Théologie Catholique*, s. v. *Inspiration de l'Ecriture*, fasc. LVI-LVII, col. 2177 et sv.

[3] T. III, Hanovre, 1622, pp. 10-12, livre VII, chap. 1.

[4] Opposition entre deux façons d'écrire des auteurs sacrés : ou bien « *ex revelatione Spiritus Sancti* » ou bien « *ex sensata notitia* », De Dominis, *op. cit.*, p. 10, seules les choses révélées « *revelata* » étant objet de la foi, p. 12.

[5] *Votum pro pace ecclesiastica contra examen Andreæ Riveti [...]*, 1642, pp. 135-136. Thèse reprise en 1645 par Grotius dans *Rivetiani Apologetici, pro schismate contra votum pacis facti, discussio*, Irenopoli, 1645, pp. 171-172 : les prophètes ont parlé et écrit « *afflatu Dei* », de même l'auteur de l'*Apocalypse* et les apôtres au moment où ils prophétisaient ; leurs écrits sont donc « *literæ eximie sacræ sive divinitus inspiratæ* » ; en revanche les écrits historiques et moraux manifestent seulement prudence et gravité, recherche de l'exactitude, un « *pium consilium* » qui peut certes avoir son origine dans le Saint-Esprit, mais n'est pas la suite d'une « *revelatio* ».

[6] *Annotationes in libros Evangeliorum*, Amsterdam, 1641, t. I, pp. 19-22.

l'autre plus sublime ou mystique, ce dernier visant non des hommes ou des événements contemporains du prophète, mais Jésus-Christ. Ce sens mystique ou sublime, Grotius le juge, après Savonarole, apte non à convaincre les juifs ou les Sociniens, mais à confirmer dans la foi ceux qui croient déjà par les miracles, par la résurrection et par la prédiction de la vocation des Gentils[7].

Cette conception des prophéties rencontrera dans les Eglises protestantes une vive opposition : les réactions de Calovius en particulier sont bien connues. Cependant nous voudrions remarquer que le catholicisme, spécialement en France, commença par faire un accueil nuancé aux thèses de Grotius. Nous pensons qu'elles furent reprises en partie, sans être explicitement citées[8], par le théologien anglais établi en France, Henry Holden, dans sa *Divinæ Fidei Analysis* dont la première édition date de 1652[9]. Dans cet ouvrage de controverse confessionnelle où il tente de miner la confiance protestante dans la Bible, Holden exprime la thèse que l'on a appelée de « l'inspiration restreinte », qui est presque la seule thèse de son livre qu'ont retenue, pour la critiquer, les théologiens : « *Auxilium speciale divinitus præstitum autori cujuslibet scripti, quod pro verbo Dei recipit Ecclesia, ad ea solummodo se porrigat, quæ vel sint pure doctrinalia, vel proximum aliquem aut necessarium habeant ad doctrinalia respectum. In iis vero quæ non sunt de instituto scriptoris, vel ad alia referuntur, eo tantum subsidio Deum illi adfuisse judicamus, quod piissimis coeteris autoribus commune sit* »[10]. Selon Holden, donc, l' « *auxilium speciale* »

---

[7] *Votum pro pace [...]*, pp. 142-144.

[8] Bien qu'il ne le cite pas non plus, il paraît très vraisemblabe que Holden utilise aussi De Dominis, comme Richard Simon le notera, *Histoire critique du texte du Nouveau Testament*, Rotterdam, 1689, pp. 296-297.

[9] Sur Holden, cf. J. Le Brun, « L'institution dans la théologie de Holden (1596-1662) », *Recherches de science religieuse*, t. 71, 1983, pp. 191-202, repris plus haut chapitre VII.

[10] *Divinæ Fidei Analysis*, réed. Paris, 1685, p. 78.

par lequel est définie l'inspiration ne s'applique pas à tous les passages de l'Ecriture, mais seulement aux « *doctrinalia* » ou à ce qui a un rapport proche ou nécessaire aux « *doctrinalia* ». Pour la rédaction des autres textes, l'auteur bénéficie seulement d'un « *subsidium* » de Dieu. Nous retrouvons les deux niveaux de textes scripturaires, avec deux statuts différents, que Grotius avait définis ; cependant la distinction n'est pas tout à fait semblable chez les deux théologiens: chez Holden, il s'agit d'une distinction théologique entre des niveaux de vérités en rapport avec une distinction psychologique des niveaux d'assentiment ; et chez Grotius, il s'agissait d'une différence entre des façons de dire et d'écrire, des statuts de la parole et du texte : les conséquences théologiques ne font que découler de cette différence linguistique ou esthétique.

La distinction entre écrits prophétiques et écrits historiques faite dans les années 1640 par Grotius pouvait cependant apparaître, aux yeux des chrétiens, et des catholiques en particulier, comme une préfiguration des thèses spinozistes : la connaissance prophétique n'est en effet selon Spinoza que connaissance du premier genre, « Moïse n'a jamais fait un raisonnement valide », écrit Spinoza[11], et la prophétie est de l'ordre de la « révélation », non de la connaissance. Les théologiens qui exaltaient les textes prophétiques comme immédiatement inspirés pouvaient voir avec inquiétude ce détournement radical de ce qu'affirmait Grotius et de ce qu'en un autre sens soutenait Holden.

En outre la conception d'un double sens des prophéties, un sens charnel et un sens spirituel, et de la hiérarchie entre les

---

[11] *Traité théologico-politique*, ch. XI, *Œuvres*, t. III, Paris, P.U.F., 1999, pp. 416-417 : « *ideo summum prophetam Mosen nullum legitimum argumentum fecisse* ». On remarquera que nombre des arguments de ce chapitre XI sur le style prophétique se retrouvent chez Grotius, et au-delà chez M.-A. De Dominis. Grotius et De Dominis ne sont pas les seules sources possibles de Spinoza.

deux sens était toujours objet de débats dans le christianisme[12] et les audaces sociniennes commençaient à être connues, même de façon inexacte, au milieu du siècle.

Une preuve de l'intérêt porté à l'œuvre de Grotius est le fait que Pascal, qui connaissait bien ces textes, essaya sinon de les réfuter, du moins de les dépasser. Il cite le nom de Grotius dans une pensée[13] où il présente, d'après le traité *De la vérité de la religion chrétienne*, une liste de prophéties messianiques concernant les « deux temples glorieux »[14] ; mais Pascal abandonne les arguments minutieux de Grotius pour une tout autre apologétique, non plus fondée sur une érudition humaniste mais sur la connaissance de l'homme et sur une démarche religieuse.

Dans les milieux cultivés parisiens en 1670-1671 on avait une bonne connaissance de l'œuvre de Grotius qui faisait l'objet de jugements à la fois curieux et réservés : le *Recueil de choses diverses* est l'écho de ces conversations. Si c'est l'auteur du *De veritate religionis christianæ* et du *De jure belli et pacis* qui retient particulièrement l'attention[15], son explication de l'Ecriture est jugée socinienne mais fidèle au sens littéral, ce qui conduisait Grotius à préférer saint Jean Chrysostome à saint Augustin[16].

Quelques années plus tard, Pierre-Daniel Huet allait présenter dans sa *Demonstratio Evangelica* (Paris, 1679) une réfuta-

---

[12] P. Vernière, *Spinoza et la pensée française avant la Révolution*, Paris, P.U.F., 1954, t. I, pp. 186-187.

[13] Br. 715, Laf. 498.

[14] Sur les rapports de Pascal et de Grotius, quelques remarques préliminaires dans F. Strowski, *Pascal et son temps*, 2ᵉ éd., Paris, 1902, t. III, pp. 250-258 ; M. L. Hubert, *Pascal's Unfinished Apology. A study of his plan*, New Haven, Yale U. P., 1952, pp. 76-81 ; P. Vernière, *Spinoza...*, *op. cit.*, t. I, p. 188 ; F. Laplanche, *L'évidence...*, *op. cit.*, p. 272, n. 115 : Grotius comme source d'information de Pascal sur le judaïsme et sur l'Islam.

[15] Jean Lesaulnier, *Port Royal insolite. Edition critique du Recueil de choses diverses*, Paris, Klincksieck, 1999, pp. 194, 225, 386.

[16] *Ibid.*, pp. 225, 306-307, 406, 589.

tion de la conception grotienne de la prophétie et discuter la hiérarchie des deux sens de ces prophéties : aucun chapitre n'est consacré explicitement à cette réfutation, mais au fil des développements, à propos de chaque prophète, l'apologiste expose et discute les thèses de Grotius. On a bien vu que le grand adversaire de Huet dans ce livre était Spinoza[17], et que, contre l'auteur du *Traité théologico-politique*, il essayait de défendre la mosaïcité du Pentateuque et l'authenticité des autres livres, réduisant chronologies défectueuses et contradictions des prophéties. Sa méthode était semblable devant les *Annotations* de Grotius sur le Vieux et sur le Nouveau Testament : près de cinquante références explicites prouvent qu'il les a lues avec soin.

Outre la discussion de détails d'érudition ou d'étymologie, qui montre que Grotius et Huet participaient au même humanisme érudit[18], l'essentiel de la réfutation de Grotius par Huet porte sur les prophéties : Huet n'approuve pas l'opinion de Grotius sur les deux sens des prophéties, mais, comme dans sa réfutation de Spinoza, il discute pied à pied, concède certains points, concluant qu'il y a des prophéties qui ne concernent purement, « *mere* », que Jésus-Christ et ne concernent que par une interprétation forcée le temps où elles ont été prononcées[19] ; Grotius, selon Huet, n'applique les prophéties au Messie que

---

[17] P. Vernière, *Spinoza...*, *op. cit.*, t. I, pp. 126 et sv. Sur Huet et Grotius voir A. Dupront, *P.-D. Huet et l'exégèse comparatiste au XVIIᵉ siècle*, Paris, Leroux, 1930, en particulier pp. 105-107.

[18] Par exemple, *Demonstratio Evangelica*, Paris, 1679, p. 82 : étymologie de Theut, 97, 181, 240 : rapprochement entre un mot grec et un mot hébreu, 172 : datation du livre de Judith, 192 et sv. : discussion de la thèse grotienne refusant l'authenticité salomonienne à l'*Ecclésiaste*, 372 : le compte des semaines de Daniel.

[19] Huet, *op. cit.*, pp. 273, 295, etc. Cf. Grotius, *Annotationes in libros Evangeliorum*, Amsterdam, 1641, t. I, pp. 19-22, sur *Matth.* I, 22. Ainsi *Zacharie* IX, XI, XII, XIII, le *Psaume* LXVIII, le *Psaume* XXI (Huet, *op. cit.*, pp. 271, 273, 325, 513, 520, 527, 561, etc.).

« *mystice* » et non pas « κατὰ λέξιν »[20], il pense à tort que telle prophétie concerne Zorobabel[21], telle autre Ezéchias[22], telle autre Jérémie lui-même[23], telle autre Cyrus[24], telle autre Judas Macchabée[25]. Cet homme à qui Huet ne manque pas d'adresser des éloges[26] est mis en contradiction avec lui-même[27], est convaincu d' « *hallucinatio* » pour avoir nié que les Juifs aient professé la résurrection des morts[28], ou ailleurs d' « inconstance »[29] ; il donne des interprétations qui ne s'accordent ni avec la vérité ni avec la piété[30], supplée des mots abusivement, suit de façon « perverse » Kimchi et Jarchi[31], s'oppose à tous les interprètes[32], comprend les choses « σαρκικῶς » et « *judaice* »[33], en un mot prive les chrétiens de précieux témoignages prophétiques[34] pour ne leur laisser que des sens « éloignés et obliques »[35].

Il est vrai que Grotius est parfois vaincu par la force de la vérité et doit avouer que dans tel passage le sens propre est le sens messianique et que le sens allégorique concerne le temps

---

[20] Huet, *op. cit.*, p. 331, cf. Grotius, *Annotationes in libros Evangeliorum*, t. I, p. 21.

[21] Huet, *op. cit.*, pp. 309, 311, 314, 321-325.

[22] P. 295.

[23] P. 304 .

[24] P. 300.

[25] P. 306.

[26] « *Vir nobilissimi et excellentis doctrinæ* », p. 295, cf. aussi p. 273.

[27] P. 303, Huet note que dans le *De veritate religionis christianæ* il invoque contre les Juifs en faveur du Christ la prophétie d'*Isaïe* LIII.

[28] Huet, *op. cit.*, p. 280.

[29] P. 325.

[30] P. 299.

[31] P. 308.

[32] Pp. 317, 405 : à propos d'*Isaïe* IX, 6, sur l'interprétation « *Consultator Dei fortis* » au lieu de « *Consiliarius Deus fortis* ».

[33] P. 318. Il va même plus loin que les Juifs, pp. 302, 308.

[34] Pp. 358, 527.

[35] P. 520.

du prophète[36]. Huet réfute aussi à l'aide de nombreux textes du Nouveau Testament et des Pères l'opinion de Grotius selon laquelle les prophéties n'ont pas été présentées avec la force d'un argument, mais pour confirmer une doctrine établie par ailleurs[37]. Nous voyons à travers ces quelques exemples que la *Demonstratio Evangelica* est aussi une entreprise pour sauver contre Grotius le plus grand nombre des traditionnelles prophéties messianiques, mais le caractère disparate des arguments de Huet, qui frappait l'historien du spinozisme[38], est aussi révélateur des incertitudes de la méthode de l'évêque d'Avranches devant les thèses grotiennes.

A cette date de 1679, même si la *Demonstratio Evangelica* était en chantier depuis une dizaine d'années, une œuvre d'une tout autre importance venait d'être publiée, et supprimée, l'*Histoire critique du Vieux Testament* (Paris, 1678) de Richard Simon. Grotius y est à plusieurs reprises cité et utilisé[39] avant de faire l'objet au chapitre XV du livre III d'un développement

---

[36] P. 520.

[37] P. 274 et sv. Cf. *Annotationes in libros Evangeliorum, op. cit.*, pp. 19 et sv. Ce sera un lieu commun des réfutations de Grotius, mais l'on doit noter que ce dernier est plus proche de la réalité historique que ses contradicteurs : les Pères, et encore au Moyen Age Nicolas de Lyre, ne font pas de l'argumentation prophétique une preuve contraignante, F. Laplanche, *L'évidence...*, *op. cit.*, pp. 135, 181.

[38] P. Verniere, *Spinoza...*, *op. cit.*, t. I, pp. 131, 135.

[39] Depuis longtemps, R. Simon s'était intéressé à Grotius : le 25 octobre 1665, dans une lettre à l'abbé de La Roque, il critiquait Grotius et sa conception du sacerdoce des laïcs ; il présentait ses opinions et ses pratiques supposées avec ironie, et il notait qu'il « avait fait une religion à sa manière » ; il notait aussi le propos du P. Petau que ses tendances ariennes auraient pu lui venir de Grotius « qui avait de grandes liaisons avec Crellius et quelques autres Sociniens » mais qu'il était invraisemblable que Petau se soit laissé tromper par Grotius (R. Simon, *Lettres choisies*, t. I, Rotterdam, 1702, pp. 17-20). Sur les rapports de Petau avec Grotius, voir M. Hofmann, *Theologie, Dogma und Dogmenentwicklung im theologischen Werk Denis Petaus's*, Bern – Frankfurt – München, H. et P. Lang, 1976, pp. 7, 18 et sv, 28 et *passim*.

particulier : ces pages[40] sont assez favorables et les éloges n'y manquent pas : « les Notes de Grotius [...] sont estimées de tout le monde »[41]. Les reproches que fait l'oratorien semblent mineurs : Grotius s'étend « trop sur les citations des poètes et sur un grand nombre d'autres auteurs profanes, où il semble avoir plutôt affecté de paraître savant et homme d'érudition que judicieux et critique »[42] ; cette remarque n'est pas d'importance secondaire : à travers le jugement sur les auteurs profanes, c'est toute une conception de l'érudition qui se manifeste, d'un côté un humanisme considérant l'ensemble de la culture profane et sacrée, gréco-romaine et biblique, et y voyant une préparation et la condition de réalisation du christianisme, de l'autre côté la critique textuelle n'envisageant que les documents explicitement désignés comme fondateurs par les confessions religieuses ; à l'humanisme, incarné encore dans les œuvres de Grotius[43] et de Huet, malgré leurs différences d'interprétation, succède la légalité juridique et critique, exprimée dans les « règles de la critique »[44].

Des *Annotations* de Grotius, R. Simon apprécie surtout les comparaisons entre le texte hébreu massorétique et les traducteurs grecs, même s'il déplore la multiplication des « diverses leçons sans aucune nécessité »[45]. Mais il reprend incidemment, sans en faire un reproche majeur au savant néerlandais, l'accusation d'avoir favorisé les « préjugés des Arminiens et

---

[40] R. Simon, *op. cit.*, éd. Rotterdam, 1685, pp. 443-444.

[41] *Ibid.*, p. 443.

[42] *Ibid.* Sur ce reproche, cf. J. Le Brun, « Sens et portée du retour aux origines dans l'œuvre de Richard Simon », dans *XVIIe siècle*, avril-juin 1981, n° 131, pp. 185 et sv. Article repris plus haut ch. IX.

[43] Ce que notera bien en 1692 Le Jeune en tête de sa traduction du *Traité de la vérité de la religion chrétienne* : « une certaine teinture de vieille philosophie qui n'est plus à la mode », cité par F. Laplanche, *L'évidence...*, *op. cit.*, p. 8 ; cf. aussi p. 77, où F. Laplanche cite le texte de Le Jeune signalant que Bochart et Huet ont développé la preuve comparatiste presque inventée par Grotius.

[44] R. Simon, *op. cit.*, p. 444.

[45] *Ibid.*

des Sociniens » dont il était rempli[46]. Nous retrouverons cette accusation qui était un lieu commun de l'historiographie grotienne parmi les catholiques et qui pose un double problème, celui de l'assimilation du socinianisme et de l'arminianisme, celui de l'appartenance de Grotius, sinon au second groupe, ce qui est une évidence, du moins au premier, ce qui reste une question controversée[47]. Dispersées dans le livre, une dizaine d'allusions à Grotius montrent que R. Simon avait lu avec attention le savant néerlandais : il note les éloges que dans une lettre Grotius donna à Cappel[48], son estime pour la Septante qui n'allait pas jusqu'au mépris de l'original hébreu[49], et il discute trois interprétations de plus ou moins grande portée : l'interprétation grotienne du verset 4 du *Psaume* CX d'après la Massore est réfutée par la leçon des Septante confirmant les « règles » de la grammaire hébraïque[50] ; celle des premiers mots de la *Genèse*[51] met en cause des principes théologiques, seule la tradition permettant, selon R. Simon, d'établir la création *ex nihilo*, la lettre du texte pouvant laisser supposer la préexistence d'une matière[52]. L'interprétation du verset 6 du chapitre II de la *Genèse* concerne un point de grammaire[53].

Pierre Nicole, qui avait été un des artisans de la suppression de l'*Histoire critique du Vieux Testament* en 1678, s'en était pris assez vivement à Grotius dans *Les prétendus Réformés*

---

[46] *Ibid.*

[47] Parmi les historiens récents, deux attitudes : celle de R. Voeltzel affirmant le socinianisme de Grotius (« La méthode théologique de Hugo Grotius », dans *Revue d'Histoire et de Philosophie religieuses*, 1952, n° 2, p. 130, n. 27) ; celle de J. A. G. Tans le niant, *Bossuet en Hollande*, Paris, Maastricht, s. d. (1949), pp. 25-27. Voir aussi R. Pintard, *Le libertinage érudit dans la première moitié du XVIIe siècle*, Paris, Boivin, 1943, t. I, pp. 50-51.

[48] R. Simon, *op. cit.*, éd. 1685, p. 9.

[49] P. 203.

[50] Pp. 230-231.

[51] Grotius dans ses notes proposait de traduire « Avant que Dieu créât ».

[52] P. 364.

[53] P. 368.

convaincus de schisme (Paris, 1684). Nicole, ne faisant que suivre Huet[54], contestait l'interprétation grotienne du *Consiliarius* de *Isaïe* IX, 6[55] qui selon lui faisait disparaître une preuve de la divinité du Messie, et il dénonçait les armes que Grotius dans ses *Annotationes* fournissait aux Sociniens[56], occasion d'exalter les adversaires protestants de Grotius, Calovius et De la Place[57], signe du déplacement des fronts opéré en théologie devant les problèmes de la grâce et de la critique.

Supprimée avant même sa mise en vente en 1678, l'*Histoire critique du Vieux Testament* de R. Simon ne fut vraiment connue et critiquée qu'après les rééditions d'Elzevier en 1680 et surtout qu'après 1685, date de la réédition chez R. Leers à Rotterdam. Cette même année 1685, la plus importante critique vint du côté protestant : Jean Le Clerc publia ses *Sentiments de quelques théologiens de Hollande sur l'Histoire critique du Vieux Testament* (Amsterdam, 1685), où, de différentes façons, l'autorité et l'interprétation de l'œuvre de Grotius étaient au cœur du débat. Notons d'abord que la XVIIe lettre de ce livre constitue une réponse aux pages où R. Simon présentait un jugement d'ensemble sur l'œuvre du savant néerlandais et s'érigeait en « juge universel dans la République des Lettres »[58]. Le Clerc y justifie les citations des auteurs profanes faites par Grotius[59] : les unes « servent à confirmer et à éclaircir l'Histoire sainte par la profane »[60] ; Le Clerc note en particulier celles qui regardent les « coutumes » : « les coutumes des Egyptiens, par exemple, comparées à celles des Hébreux nous en font connaître l'origine et la nécessité ». Les autres citations permettent de

---

[54] *Demonstration Evangelica*, 1679, p. 405.

[55] *Les prétendus Réformés…*, p. 78.

[56] *Les prétendus Réformés…*, p. 79.

[57] Bien qu'ils l'aient fait avec de « savantes observations » inaccessibles aux ignorants, pp. 79-80.

[58] Le Clerc, *Sentiments…*, *op. cit.*, p. 374.

[59] *Ibid.*, pp. 381-385.

[60] *Ibid.*, p. 382.

comparer « les moralités des païens avec celles de l'Ecriture »[61] ; les autres enfin concernent « quelques passages d'auteurs païens dont les manières de parler sont semblables à celles de l'Ecriture »[62]. En résumé, ces citations sont utiles pour une « comparaison » : coutumes, moralités, manières de parler de la Bible s'éclairent par cette comparaison avec l'Antiquité païenne[63].

Au-delà de ces remarques de détail, Le Clerc s'en prend à l'insinuation de R. Simon : Grotius aurait été rempli des préjugés des Arminiens et des Sociniens. Le Clerc répond qu'à chaque fois Grotius s'appuie sur des « preuves assez vraisemblables », que les passages qui peuvent favoriser les Sociniens sont contrebalancés par d'autres[64] qui les confondent, et que de toute façon « les plus habiles théologiens » remarquent que « de certains passages particuliers ne prouvent rien contre les Unitaires »[65]. Plus notable encore, la constatation de Le Clerc que Grotius a voulu « tenir un milieu entre toutes les sectes dont le christianisme est déchiré sans se laisser emporter absolument aux préjugés d'aucune »[66]. En un mot, Simon aurait parlé de Grotius comme fait « le commun des théologiens »[67], sans lire ses écrits avec application. La grandeur de Grotius est cependant aux yeux de Le Clerc, qui cette fois doit bien penser, bien qu'il ne le nomme pas, à Huet, d'avoir eu « une pénétration extraordinaire à découvrir le sens des prophéties »[68], montrant qu'elles ont un double accomplissement, charnel avant la venue

---

[61] *Ibid.*

[62] *Ibid.*, p. 383.

[63] Cf. p. 388. Le Clerc discute pied à pied les citations que R. Simon jugeait inutiles : elles permettent d'« éclaircir une manière de parler des Hébreux », Le Clerc, *Sentiments...*, *op. cit.*, p. 383.

[64] L'explication du Ier chapitre de *Jean* ou de *Marc*, II, 8.

[65] Le Clerc, *Sentiments...*, *op. cit.*, pp. 386-387.

[66] *Ibid.*, p. 387.

[67] *Ibid.*, p. 388.

[68] *Ibid.*

de Jésus-Christ, plus excellent après cette venue, les événements temporels ayant été la figure de ceux qui arrivèrent sous le Messie[69]. Dans la même lettre, Le Clerc poursuit son apologie de Grotius en répondant aux critiques faites en 1684 par Nicole, en exaltant la « science » de la « critique » qui déplaît si fort aux controversistes et en niant que Calovius ou De la Place soient à la hauteur de Grotius ni pour le bon sens ni pour l'érudition[70]. Mais Le Clerc ne réserve pas ses critiques les plus acerbes à Simon ou à Nicole, c'est à Jurieu et à *L'esprit de Monsieur Arnauld* qu'il s'en prend le plus vivement, nouvelle preuve que l'interprétation de Grotius est la marque des divisions les plus significatives à l'intérieur même des diverses confessions[71].

On retrouvait Grotius dans un autre passage des *Sentiments de quelques théologiens de Hollande* à propos d'une question sur laquelle R. Simon ne s'était pas encore explicitement opposé à Grotius : la question de l'inspiration, qui forme l'objet du mémoire attribué à Aubert de Versé par R. Simon, mais revendiqué par Le Clerc et inséré par lui dans son livre[72] : ce mémoire, malgré ses maladresses et ses à peu près théologiques, représente une des meilleures synthèses réalisées à partir de la conception grotienne de l'inspiration scripturaire. Selon

---

[69] *Ibid.*, pp. 388-389, en s'appuyant sur le commentaire de *Matthieu*, I, 22, que justement Huet, *Demonstratio Evangelica*, p. 325 avait contesté.

[70] Le Clerc, *Sentiments...*, *op. cit.*, pp. 389-390.

[71] *Ibid.*, pp. 390 et sv. Dans le livre anonyme *L'esprit de Monsieur Arnauld*, seconde partie, Deventer, 1684, pp. 307-308, Jurieu accusait violemment Grotius d'être « Arminien emporté, Arminien aigri », Socinien, Papiste, et d'être mort « sans avoir voulu faire profession d'aucune religion ».

[72] Le Clerc, *Sentiments...*, *op. cit*, pp. 222-286. Cf. P. Auvray, *Richard Simon*, Paris, P.U.F., 1974, p. 82, n. 4. Sur ce mémoire, son attribution et son contenu, voir J. Roth, « Le "Traité de l'inspiration" de Jean Leclerc, dans *Revue d'Histoire et de Philosophie religieuses* », 1956, n° 1, pp. 50-60. Nous parlerons toujours de Le Clerc comme auteur de ce mémoire, mais on ne peut affirmer qu'Aubert de Versé n'est pas le premier rédacteur d'un texte utilisé par Le Clerc.

Le Clerc (ou Aubert de Versé), dans les « prophéties », « la chose même » doit être attribuée au Saint-Esprit, l' « expression » aux Prophètes[73] : ces derniers n'avaient besoin que d'une « bonne mémoire »[74] pour raconter ce qu'ils avaient vu ou entendu dans leurs visions ; point besoin, pour cette narration, d'inspiration particulière. D'où les différences de style entre les prophètes[75] et les variantes entre les différents récits d'une même révélation[76]. Passant ensuite aux « Histoires de l'Ecriture », Le Clerc affirme que ni les choses ni les paroles n'y ont été inspirées, que ces histoires n'ont été écrites « que par un principe de piété »[77], ce qui était reprendre les principes du *Votum pro pace ecclesiastica*[78] de Grotius.

Selon Le Clerc, l'histoire sainte n'a pas été « dictée mot pour mot, par le Saint-Esprit »[79], mais elle est aussi sûre qu'est l'histoire du meurtre de César au Sénat : nous croyons sur « le consentement uniforme des chrétiens », témoignage humain qui permet d'arriver à une certitude aussi forte que celle des démonstrations de géométrie[80]. Les menues contradictions des Evangiles ne diminuent pas la confiance globale qu'on peut leur accorder, comme à Polybe ou à Tite-Live[81], mais prouvent que les auteurs n'ont écrit qu'à partir de leurs informations. Il en est de même des approximations qu'ils ont laissées dans leurs récits

---

[73] Le Clerc, *Sentiments...*, *op. cit.*, p. 224.

[74] *Ibid.*, p. 222.

[75] Et Le Clerc cite, p. 224, Grotius sur *Matthieu* I, 22.

[76] Ici encore, p. 225, Grotius est cité sur la liberté de Moïse dans sa façon de rapporter les paroles de Dieu. On notera que tout au long de son mémoire Le Clerc parle indifféremment d'inspiration et de révélation, bien que ces notions ne soient pas équivalentes. C'est une des faiblesses de son texte.

[77] *Ibid.*, p. 231.

[78] *Votum...*, éd. 1642, pp. 135-137.

[79] Le clerc, *Sentiments...*, *op. cit.*, p. 232.

[80] *Ibid.*, p. 233.

[81] *Ibid.*, p. 236, d'après Grotius, *De la vérité de la religion chrétienne*, I. III, ch. II, cf. trad. Beauvoir, Paris, 1659, p. 185.

et par lesquelles ils témoignent de leur incertitude[82]. Enfin Le Clerc aborde la question de l'inspiration des apôtres[83] ; la position commune est qu'ils étaient inspirés pour les choses et pour les mots ; Le Clerc discute cette opinion en pensant inévitablement à Spinoza, mais sans jamais le citer[84] : Dieu n'a pas promis aux apôtres une inspiration perpétuelle et l'examen de leurs discours manifeste piété et courage, mais « rien qu'on ne puisse bien dire sans inspiration »[85] ; les contradictions des apôtres, leurs divisions[86], leur possibilité théorique de se tromper[87], prouvent qu'ils n'étaient pas sans cesse en état d'inspiration ; Le Clerc affirme qu'il ne fait que suivre l'opinion des « deux grands hommes qui tiennent assurément le premier rang entre tous les modernes qui se sont mêlés d'écrire sur la Bible »[88], Erasme et Grotius, dont il cite abondamment les textes sur lesquels il s'appuie[89]. Le Clerc termine son mémoire en niant que le contenu des *Proverbes*, de l'*Ecclésiastique* et de l'*Ecclésiaste* ait été inspiré de façon prophétique[90].

---

[82] Le Clerc, *Sentiments...*, *op. cit.*, p. 236, d'après le même passage de Grotius qui d'ailleurs ne fait ici que reprendre M.-A. De Dominis, *De Republica Ecclesiastica*, t. III, Hanovre, 1622, p. 12, l. VII, ch. I, § XXII.

[83] Le Clerc, *Sentiments...*, *op. cit.*, pp. 239 et sv.

[84] Cf. *Traité théologico-politique*, ch. XI. Il faut noter qu'Aubert de Versé connaissait bien Spinoza : sur Aubert de Versé devant l'*Ethique* de Spinoza, voir P. Vernière, *Spinoza...*, *op. cit.*, t. I, pp. 81-89.

[85] Le Clerc, *Sentiments...*, *op. cit.*, p. 243.

[86] Déjà notées par Spinoza, *Traité théologico-politique*, ch. XI, éd. cit. t. III, pp. 425-427.

[87] Le Clerc, *Sentiments...*, *op. cit.*, p. 257 ; cf. Grotius, *De la vérité...*, *op. cit.*, l. III, ch. I, cf. trad. Beauvoir pp. 161-167, mais aussi Spinoza, *op. cit.*, ch. XI, p. 419. Leur doctrine est confirmée par leurs miracles que Dieu aurait fait cesser s'ils avaient erré.

[88] Le Clerc, *Sentiments...*, *op. cit.*, p. 262.

[89] *Ibid.*, pp. 262 et sv. D'après Grotius dans son *Appendix ad comment. de Antichristo*, les prophètes et les apôtres parlent « στοχαστικῶς », de façon conjecturale, des choses sur lesquelles ils n'ont pas de révélation, *ibid.*, p. 264.

[90] *Ibid.*, pp. 271 et sv. ; sur l'*Ecclésiaste* il rappelle p. 273 que Grotius croit que ce livre n'a pas été écrit par Salomon.

Richard Simon ne tarda pas à répondre et publia en 1686 sa *Réponse au livre intitulé Sentiments de quelques théologiens de Hollande* (Rotterdam, 1686). Grotius est encore une fois présent dans le débat, à cause de l'éloge qui répondait à la notice de l'*Histoire critique du Vieux Testament*, et à cause du mémoire publié par Le Clerc. D'emblée, R. Simon reconnaît que ses deux contradicteurs ont tiré de Grotius bien des « lumières » et qu'ils ont seulement « outré » ses sentiments[91]. L'ancien oratorien prend plaisir à louer Le Clerc de s'opposer avec chaleur au « ministre de Rotterdam qui croit avoir été appelé de Dieu dans la Hollande pour abattre le parti arminien »[92], et à rapporter un mot d'un ami de Grotius : ce dernier « haïssait furieusement le parti protestant, surtout ceux qu'on nomme calvinistes », prétendant que la plupart des ministres « étaient ignorants et sans aucune connaissance de l'Antiquité et de la véritable religion »[93]. Ce qui porte plus loin, R. Simon note que Grotius a tiré sa « connaissance des façons de parler de l'Ecriture » des ouvrages d'autrui, surtout de ceux des catholiques[94] : cela nous renvoie encore une fois sinon à Erasme, du moins à l'école des exégètes catholiques de la fin du XVIe siècle[95]. Sur le problème des prophéties, le critique note que Grotius en a « quelquefois affaibli le sens en approchant trop des Juifs modernes »[96], et il estime que le savant néerlandais ne fut pas l'inventeur de la thèse du double accomplissement des prophéties, dont on trouve des exemples déjà chez les Pères[97].

---

[91] R. Simon, *Réponse...*, *op. cit.*, p. 223.

[92] *Ibid.*, p. 224. Il s'agit évidemment de Jurieu.

[93] *Ibid.*

[94] *Ibid.*

[95] Cf. plus haut, n. 2.

[96] R. Simon, *Réponse...*, *op. cit.*, p. 224.

[97] *Ibid.*, p. 225.

La réfutation du mémoire publié par Le Clerc est de plus grande importance[98]. R. Simon reconnaît facilement, car il l'a lui-même soutenu dans l'*Histoire critique du Vieux Testament*, que le style des prophètes vient de leur propre fonds[99] ; il note aussi que Juifs et chrétiens reconnaissent dans l'Ecriture deux sens « dont le premier est littéral et historique, et le second mystique et spirituel, et qui ne laisse pas pour cela d'être souvent littéral à sa manière »[100]. Mais pour lui l'essentiel est dans la conception de l'inspiration, qu'il se garde de confondre avec la révélation ; Aubert de Versé « n'a pu concilier ensemble la raison et l'inspiration : comme si les hommes pour être inspirés cessaient d'être hommes et d'agir selon les voies ordinaires »[101]. Mais Dieu « dirige » autant les auteurs des histoires que les prophètes, car les uns et les autres restent hommes au moment où ils écrivent. Ainsi, à la suite de Cornelius a Lapide, R. Simon peut dire à peu près la même chose que Le Clerc sans en tirer les mêmes conséquences : un homme dirigé par l'Esprit ne cesse pas d'agir selon les voies ordinaires des hommes[102]. En dirigeant les évangélistes, l'Esprit ne les a privés ni de leur raison, ni de leur mémoire, mais il a seulement guidé leur écriture[103]. Ce n'est donc pas la « matière » d'un livre qui permet de juger de son inspiration, mais le rapport de l'auteur avec une intention divine[104].

---

[98] Sur les deux sens et sur la prophétie selon Simon, voir l'importante synthèse de P.-M. Beaude, *L'accomplissement des Ecritures*, Paris, Cerf, 1980, pp. 39-78.

[99] R. Simon, *Réponse...*, *op. cit.*, p. 123.

[100] *Ibid.*, p. 124.

[101] *Ibid.* : c'était en même temps s'opposer à la théorie spinoziste de l'inspiration prophétique.

[102] *Ibid.*, pp. 125-126.

[103] *Ibid.*, p. 128.

[104] « Un ouvrage de morale et d'économie, soit qu'il soit inspiré ou qu'il ne le soit pas, doit nécessairement traiter de choses morales et d'économie », *ibid.*, p. 138.

Dans sa réponse au nouveau livre de Le Clerc intitulé *Défense des Sentiments de quelques théologiens de Hollande*, R. Simon fera encore allusion à Grotius : à côté d'éloges très nets et de remarques favorables[105], nous retrouvons la critique de la réduction grotienne de l'inspiration aux seuls livres prophétiques[106].

Ces longues réflexions sur Grotius se développent dans les *Histoires critiques du Nouveau Testament*. L'*Histoire critique du texte du Nouveau Testament* (Rotterdam, 1689) ne comporte pas un grand nombre de remarques directes sur Grotius : Simon expose favorablement ses arguments sur l'authenticité du chapitre XVI de *Marc*[107], sur l'attribution de l'épître de Jacques[108], sur l'authenticité johannique de l'*Apocalypse*[109]. Les pages où R. Simon étudie l'utilisation de l'Ancien Testament par les auteurs du Nouveau[110] sont plus importantes parce qu'elles introduisent encore la question des deux sens des prophéties et qu'elles rattachent cette distinction des deux sens aux commentaires juifs, aux paraphrases chaldaïques et aux midrashim[111]. En fait, R. Simon souligne qu' « il n'y a proprement qu'un sens littéral de chaque passage »[112], le sens plus étendu étant « fondé sur des traditions reçues et autorisées ».

---

[105] R. Simon, *De l'inspiration des livres sacrés avec une réponse au livre intitulé Défense des Sentiments de quelques théologiens de Hollande...*, Rotterdam, 1687, p. 105, où Grotius est loué d'adopter une interprétation de *I Tim.* III, 15, favorable à l'Eglise, p. 206 : « Grotius dont les ouvrages sont des preuves convaincantes du respect qu'il a eu pour l'Antiquité et pour la tradition de l'Eglise ».

[106] R. Simon, *De l'inspiration...*, *op. cit.*, p. 13. Voir aussi p. 167 sur *II Tim.* III, 16 (cf. Grotius, *Votum...*, pp. 136-137).

[107] *Histoire critique du texte...*, pp. 114-115.

[108] *Ibid.*, p. 193.

[109] *Ibid.*, pp. 218-219.

[110] Chap. XXI, *ibid.*, pp. 244 et sv.

[111] *Ibid.*, p. 245. Cf. déjà sur le midrash, Grotius, *Annotationes in libros Evangeliorum*, Amsterdam, 1641, t. I, p. 22.

[112] *Histoire critique du texte...*, p. 252.

Dans la même *Histoire critique du texte du Nouveau Testament*, nous trouvons une nouvelle réfutation du sentiment de Grotius sur l'inspiration[113], mais ce qui est nouveau c'est que Richard Simon voit dans les passages du *Votum pro pace ecclesiastica* et de la *Rivetiani Apologetici [...] discussio* la source du chapitre XI du *Traité théologico-politique*. Quoi qu'il en soit de l'utilisation des mêmes arguments, il est certain que Richard Simon ne souligne pas les profondes différences qu'il y a entre les conclusions de Grotius et celles de Spinoza, et qu'il voit dans le Le Clerc des *Sentiments de quelques théologiens de Hollande* le disciple des deux hommes[114]. En tout cas, il exprime encore une fois sa conception d'une inspiration différente d'une dictée mot à mot[115].

Si l'*Histoire critique des versions du Nouveau Testament* (Rotterdam, 1690) ne contient que peu d'allusions à Grotius[116], il n'en va pas de même de l'*Histoire critique des principaux commentateurs du Nouveau Testament* (Rotterdam, 1693) qui consacre un chapitre au savant néerlandais.

Avant la publication de ce nouveau volume, Richard Simon avait, dans deux lettres de 1690 et de 1691, repris sa doctrine du double sens de l'Ecriture en montrant longuement ce qui la distinguait de celle de Grotius[117]. En particulier, contre ce dernier et contre les Sociniens, il y soutenait que les interprétations

---

[113] *Ibid.*, p. 273-274.

[114] *Ibid.*, p. 274.

[115] On trouve un nouveau commentaire de *II Tim.* III, 16, dirigé contre celui de Grotius, *ibid.*, p. 276.

[116] Seulement ses remarques sur la lecture de l'Ecriture d'après une lettre de 1641 à Vossius (*Histoire critique des versions...*, p. 538), et sur la sûreté de la Vulgate d'après le *Votum pro pace...* (*Ibid.*, p. 539).

[117] Pour répondre à un correspondant qui prétendait qu'il avait emprunté de Grotius et des Sociniens ce qu'il avait dit du double sens des livres sacrés, *Lettres choisies*, t. III, Rotterdam, 1705, p. 148.

« allégoriques et spirituelles » peuvent tenir lieu de preuve : « le sens mystique n'est pas moins vrai que le sens littéral »[118].

Les douze pages consacrées à Grotius dans l'*Histoire critique des principaux commentateurs du Nouveau Testament*[119] sont insérées dans un chapitre consacré aux commentateurs arminiens, Arminius et Episcopius y étant étudiés avant l'auteur des *Annotations* sur le Nouveau Testament. R. Simon voit en Arminius le représentant de « la plus ancienne tradition des Eglises »[120], antérieure aux changements introduits par saint Augustin dans la seconde période de sa vie. Episcopius, selon Simon, s'était approché beaucoup des Sociniens, que cependant les Calvinistes étaient impuissants à réfuter ; de plus Episcopius niait que les prophéties, citées en forme d'allégories, ont pu servir aux apôtres pour prouver que Jésus-Christ était le Messie[121]. A l'égard de Grotius, « l'ennemi déclaré des Calvinistes »[122], R. Simon est élogieux[123], mais il marque d'emblée qu'on lui a reproché d'avoir favorisé l'hérésie des Sociniens, et sur ce point il cite la lettre de 1631 à Crellius, si souvent mentionnée par les adversaires. Il rappelle aussi, mais sans les reprendre à son compte, les reproches d'hérésie et d'athéisme

---

[118] *Ibid.*, pp. 152-153. R. Simon note qu'en plusieurs cas Grotius et même les Sociniens ont recours à ces sens mystiques : d'une part ils les auraient exagérément multipliés, d'autre part ils leurs auraient ôté leur force probante, pp. 153, 154, 159. Dans une lettre au même datée de 1690, R. Simon souligne que Grotius reconnaît la vérité des deux sens ; il a seulement expliqué quelques prophéties d'une manière trop judaïque, *ibid.*, pp. 163, 168, et, sur *Matth* I, 22, p. 172. Voir aussi toute cette lettre où Grotius est comparé avec Ribera et Salmeron, pp. 179 et sv. : Grotius « ne paraît pas tout à fait éloigné de nos meilleurs commentateurs qui croient qu'il n'y a que le seul sens littéral d'où l'on puisse conclure quelque chose par la force des mots » (pp. 178-179).

[119] Pp., 803-815.

[120] *Ibid.*, p. 799.

[121] *Ibid.*, p. 801.

[122] *Ibid.*, p. 803.

[123] Il lui reconnaît « érudition » et « bon sens », habileté dans la « critique », il note qu'il recherche le sens grammatical et littéral, sans négliger même les façons de parler des rabbins, *ibid.*, p. 805.

lancés par Calovius[124]. En tout cas, R. Simon avoue que, si Grotius n'a pas appuyé toutes les nouveautés de Socin[125], il a favorisé les antitrinitaires et l'arianisme, affaiblissant les passages qui établissent la divinité de Jésus-Christ[126].

Quelques « extraits » permettent aux pages suivantes d'illustrer ces qualités et ces défauts : à propos de *Matthieu* I, 22, il insiste encore une fois sur le fait que les apôtres ne donnaient pas aux passages de l'Ancien Testament pris à la lettre force convaincante vis-à-vis des Juifs[127], et sur le recours de Grotius aux sens allégoriques, soulignant que ce principe est commun chez les Pères, même si le savant néerlandais l'a trop étendu. A propos d'*Actes* XIII, 48, R. Simon note avec Grotius qu'on ne peut trouver en ce lieu une prédestination absolue, et il loue l'auteur des *Annotations* d'avoir su en ce cas concilier la grâce et le libre-arbitre sans tomber dans le pélagianisme. Il termine en remarquant que les notes sur l'*Apocalypse* n'ont pas été goûtées de la plupart des protestants « parce qu'ils n'y ont point trouvé leur fanatisme »[128]. Au total, ce chapitre présente un jugement modéré, favorable dans l'ensemble[129].

---

[124] *Ibid.*, p. 804.

[125] Ainsi son interprétation du début de l'évangile de *Jean* est éloignée de celle des Sociniens, *ibid.*, pp. 805, 809.

[126] Grotius supprime, sur l'autorité d'Erasme, le mot *Deus* dans *Rom.* IX, 5, *ibid.*, pp. 813-814.

[127] *Ibid.*, pp. 807-808.

[128] *Ibid.*, p. 815.

[129] Dans des pages restées inédites jusqu'en 1730, R. Simon présentera d'autres « Remarques sur le double sens des prophéties qui est reconnu également des Juifs et des chrétiens » : rappelant la doctrine de Grotius il y souligne que ce dernier n'a rien dit qui ne se trouve dans les anciens écrivains ecclésiastiques et chez les « nouveaux commentateurs de l'Ecriture », et il cite longuement Jansenius de Gand et Sanchez. Grotius aurait seulement eu le tort d'expliquer de Jésus-Christ selon le sens mystique quelques textes qui lui convenaient selon le sens littéral (*Critique de la Bibliothèque des auteurs ecclésiastiques et des Prolégomènes de la Bible publiés par M. Ellies du Pin...*, Paris, 1730, t. IV, pp. 180-205). On notera que le P. Souciet, dans ses

Les adversaires de R. Simon ne tardèrent pas à lui reprocher cette modération. Dès 1691, Arnauld avait consacré la *Sixième partie des Difficultés proposées à M. Steyaert*[130] à réfuter la doctrine de l'inspiration de Richard Simon et de Grotius en qui il voyait la source de cette doctrine[131]. Cependant Bossuet sera l'adversaire le plus violent de l'*Histoire critique des principaux commentateurs du Nouveau Testament*[132]. Nous n'avons pas à présenter en détail les jugements de Bossuet sur Grotius, car cette question a fait naguère l'objet d'une excellente étude de J. A. G. Tans à laquelle nous renvoyons une fois pour toutes[133].

Bossuet, en 1693, connaissait déjà l'œuvre de Grotius : si nous ne relevons dans sa bibliothèque que les *Opera omnia* de Grotius, d'Amsterdam, 1679, en 5 volumes in-folio[134], il parlait

---

remarques sur ces pages, entreprit de réfuter longuement R. Simon, *ibid.*, pp. 642-669.

[130] Cologne, 1691, pp. 113 et sv.

[131] Arnauld cite au long (*Sixième partie des Difficultés...*, *op. cit.*, p. 128) le passage du *Votum pro pace...* : bien que Simon dise que Spinoza et Aubert de Versé (« auteur de l'abominable livre intitulé *Le protestant pacifique* », selon Arnauld, *ibid.*, p. 131) soient ici les héritiers de Grotius, Arnauld prétend que c'est Simon lui-même qui renouvelle cette erreur. Mais Arnauld tient que Grotius lui-même s'est « laissé éblouir de bonne foi », *ibid.*, p. 155, tout en mettant sur le même plan R. Simon, « son jésuite Cornelius a Lapide, Grotius et Spinoza », *ibid.*, p. 163 !

[132] Plus tard, en 1699, Ellies du Pin réfutera à la fois Holden et, à travers lui, Grotius, Erasme, Cappel et Episcopius sur la question de savoir si dans l'Ecriture les faits et les questions qui ne regardent point la religion sont divinement inspirés (*Dissertation préliminaire ou Prolégomènes sur la Bible*, 2e éd., Paris, 1701 [1e éd., 1699], t. I, pp. 172 et sv., 1, I, ch. II, § VIII) ; au paragraphe précédent Ellies du Pin discutait la conception de l'inspiration réservée aux textes prophétiques, les autres n'ayant besoin que d'un « *pius animi motus* », ce qui était viser Grotius sans le nommer, *ibid.*, p. 171. Plus loin, Ellies du Pin refuse l'explication « plus ingénieuse que solide » de Grotius qui fait du livre de Judith une allégorie (*ibid.*, p. 286).

[133] *Bossuet en Hollande*, Paris, Maastricht, Nizet, s. d. [1949], pp. 12-52.

[134] *Sic. Catalogue des livres de la bibliothèque de Messieurs Bossuet...*, 1742, no. 50 ; cf. *Revue Bossuet*, 25 juillet 1901, p. 155 : « Grotii opera et epistolæ en 5 vol. ».

dès 1677 à Huet de la force démonstrative de la prophétie de Jacob sur la venue du Christ[135], et Bossuet notait que même Grotius, « ordinairement trop hardi dans ces matières, et que vous blâmez avec raison de sa hardiesse »[136], n'a pas affaibli la force de cette prophétie[137]. Cette estime mesurée pour l'œuvre de Grotius ne semble pas avoir diminué dans les années suivantes ; en 1689, Bossuet appréciait son interprétation de l'*Apocalypse*[138], et , en 1690, il accusait Jurieu d'avoir abusé de son autorité sur la question de la souveraineté du peuple[139] ; en 1691, parlant du *Liber Psalmorum* qu'il venait de publier, Bossuet avouait que, parmi les protestants, seul Grotius « s'il le faut mettre de ce nombre… mérite d'être lu pour les choses »[140].

Le retournement surviendra en 1692 lorsque Bossuet croira découvrir chez des auteurs catholiques des influences grotiennes, d'abord chez Ellies du Pin, ensuite chez Richard Simon[141]. A la fin du *Mémoire de ce qui est à corriger dans la nouvelle Bibliothèque des auteurs ecclésiastiques de M. Dupin*, Bossuet remarque que son adversaire « penche beaucoup à affaiblir les témoignages de Jésus-Christ et de sa divinité » et il dénonce un esprit qui vient de Grotius : singularités, érudition plutôt profane que sainte[142]. Mais l'année suivante, dans les *Supplenda in Psalmos*, à la fin de ses *Libri Salomonis* (Paris, 1693), il s'en

---

[135] Sur *Gen.* XLIX, 10 ; lettre de Huet et réponse de Bossuet, dans Bossuet, *Correspondance*, éd. par Urbain et Levesque, Paris, Hachette, t. II, pp. 3-4 ; cf. Huet, *Demonstratio Evangelica*, 1679, pp. 332 et sv.

[136] Bossuet, *Correspondance*, t. II, p. 11.

[137] *Ibid.*, p. 19.

[138] Malheureusement ternie par une erreur de chronologie : Bossuet, *Œuvres complètes*, éd. Lachat, Paris, Vivès, 1862-1866, t. II, p. 335 ; voir aussi Grotius, p. 567. Cf. *Correspondance*, t. IV, p. 21.

[139] Bossuet, éd. Lachat, t. XV, pp. 375, 440. Bossuet néanmoins avouait avec Jurieu que « le docte Grotius » abusait des citations, *ibid.*, p. 471.

[140] Bossuet, *Correspondance*, t. IV, p. 184.

[141] La lecture du livre d'Arnauld en 1691 ne fut sans doute pas étrangère à cette évolution.

[142] Bossuet, éd. Lachat, t. XX, pp. 542-543.

prend plus vivement aux « nouveaux commentateurs » qui obs-
curcissent les prophéties christologiques, et il montre en Grotius
la source de ces erreurs[143] ; il relève la question de la force probante des prophéties, contestée par Grotius[144] et celle des deux
sens des prophéties ; reproches bien peu originaux, puisque dès
1679 son ami P.-D. Huet les avait exprimés. A vrai dire, Bossuet introduit quelques nuances : il avoue qu'en beaucoup de
cas existent les deux sens et que toutes les prophéties n'ont ni la
même netteté, ni la même force[145], mais il reconnaît que beaucoup de choses dans les prophéties concernent purement le
Christ ; il ne soutient pas que, s'il y a dans un psaume ou une
prophétie un élément qui se réfère au Christ, tout le psaume ou
tout le passage s'y réfère nécessairement ; enfin le fait que des
choses soient référées au Christ « *recto et plano sensu* »
n'empêche pas qu'elles puissent l'être obliquement, obscuré-
ment, « *per vim* », à David, à Salomon ou à quelqu'un
d'autre[146]. Bossuet dénonce la source des erreurs de Grotius
dans son arminianisme et dans ses sympathies sociniennes, en
particulier à cause de ses rapports avec Crellius[147], tout en apportant la contrepartie, les choses justes écrites par Grotius sur
la divinité du Christ : même si Bossuet ne peut alors connaître
la lettre de Richard Simon, de 1665, ni l'*Histoire critique des
principaux commentateurs du Nouveau Testament*, il ne dut pas
avoir de mal à faire ce rapprochement avec les Sociniens qui
était alors sous toutes les plumes[148]. Bossuet ajoute à ces généralités une analyse détaillée de quelques passages des *Psaumes*
et note comment à chaque fois Grotius a émoussé la force de la
prophétie christologique en l'interprétant comme une accom-

---

[143] Bossuet, éd. Lachat, t. I, p. 409.
[144] Il insiste sur le commentaire de *Matth.* I, 22, par Grotius.
[145] *Ibid.*, t. I, p. 410.
[146] *Ibid.*, t. I, pp. 410-412.
[147] *Ibid.*, t. I, pp. 412-413.
[148] Sur ce point, cf. J. A. G. Tans, *Bossuet en Hollande, op. cit.*, pp. 27-29.

modation [149], une hyperbole[150], ou une métaphore[151], et en perdant la « *verborum proprietas* »[152]. Cependant les témoignages d'estime pour un homme qui inclinait fort au catholicisme[153] ne manquent pas dans ces *Supplenda in Psalmos*[154].

Après avoir essayé de traduire les *Supplenda in Psalmos*[155], Bossuet lut à la fin de l'été 1693 le gros livre de Richard Simon sur les commentateurs du Nouveau Testament ; il se mit tout de suite à travailler à sa réfutation[156] et ne tarda pas à dénoncer l'influence de Grotius et des unitaires préférés aux Pères par R. Simon[157]. La première forme que prit ce réquisitoire et qui est restée inconnue jusqu'en 1753 est la *Défense de la tradition et des Saints-Pères* : plusieurs chapitres y sont exclusivement consacrés à l'affinité « extrême » de Grotius, d'Episcopius, de Crellius, de Socin[158] avec Simon, mais dans tout le livre sont dispersées de vives remarques sur Grotius et son utilisation

---

[149] Bossuet, éd. Lachat, t. I, p. 422.

[150] *Ibid.*, t. I, p. 431.

[151] *Ibid.*, t. I, p. 437.

[152] *Ibid.*, t. I, p. 416.

[153] *Ibid.*, t. I, pp. 414-415, 440, 566, t. II, p. 230 : éloge de ses ouvrages de grammaire, d'histoire et même de morale.

[154] Dans le même recueil des *Libri Salomonis* on trouve quelques autres critiques de Grotius : question de l'auteur de l'*Ecclésiaste* (éd. Lachat, t. I, p. 523, ce que Huet avait déjà réfuté), interprétation d'*Ecclésiaste* XII, 7 (*ibid.*, p. 566 : contre des comparaisons avec Euripide, Empédocle, occasion de dénoncer la lecture des orateurs et des poètes, et le socinianisme), opinion de Grotius sur les chapitres L et LI de l'*Ecclésiaste* (éd. Lachat, t. II, p. 45), sur *Ecclésiastique* LI, 14 (*ibid.*, pp. 229-230). Les érudits faisaient peu de cas de cette « Dissertation pour prouver le Socinianisme de Grotius » ; voir *Longue-ruana*, Berlin, 1754, t. I, pp. 70-71 ; sur Grotius voir aussi *ibid.*, t. I pp. 118-119, t. II pp. 17, 29, 128 où le critique est loué pour « tout ce qui a rapport à la jurisprudence et aux belles-lettres », même s'il est jugé faible sur le terrain de l'histoire, de la chronologie et de la géographie.

[155] Bossuet, *Correspondance*, t. V, p. 446, lettre du 17 août 1693 à Nicole.

[156] *Ibid.*, t. V, pp. 452 (qui vise sans doute non Ellies du Pin mais R. Simon), 454.

[157] *Ibid.*, t. VI, p. 29.

[158] Partie I, livre III, ch. XXI et sv., éd. Lachat, t. IV, pp. 111 et sv.

présumée par Simon. Nous n'entrerons pas dans le détail de ces longues argumentations, au demeurant peu originales à cette date : Grotius confondrait le Verbe de saint Jean avec celui des platoniciens et de Philon, refuserait de prendre littéralement les endroit où Jésus est appelé Dieu[159], croirait que les apôtres n'ont pas attribué un caractère probant aux prophéties[160], copierait Episcopius[161], prendrait à Arminius l'idée d'une évolution d'Augustin[162], suivrait à travers Arminius les Sociniens[163], errerait sur le péché originel[164], croirait à tort que l'Orient en a une autre idée que l'Occident[165], etc. Cependant Bossuet ne peut s'empêcher de regretter que Grotius ait entrevu la vérité et n'ait jamais achevé de se purifier, faute d'entrer dans l'Eglise[166].

Bossuet aurait pu en rester là, confiant à son manuscrit sans cesse repris les critiques qu'il ne peut s'empêcher de formuler. Or dans les dernières années de sa vie, il publiera des *Instructions sur la version du Nouveau Testament imprimée à Trévoux*, de Richard Simon, où il rassemblera dans un nouvel effort tous les arguments par lesquels il dénonçait Grotius et son influence sur l'ancien oratorien. La première *Instruction* (publiée en 1702) multiplie les remarques hâtives : éloges de Crellius par Grotius[167], affaiblissement de la dignité de Jésus-Christ[168], recours aux sens mystiques, aux « *deras* », familiers à Grotius

---

[159] *Ibid.*, t. IV, p. 112.

[160] *Ibid.*, t. IV, pp. 113, 116.

[161] *Ibid.*, t. IV, p. 115

[162] *Ibid.*, t. IV, pp. 210, 211, 215, 216, 358.

[163] *Ibid.*, t. IV, pp. 211, 212.

[164] *Ibid.*, t. IV, p. 260.

[165] *Ibid.*, t. IV, p. 290.

[166] *Ibid.*, t. IV, p. 358.

[167] Bossuet, éd. Lachat, t. III, pp. 393, 437, 438.

[168] *Ibid.*, t. III, pp. 395, 419, sur *Matth.* II, 2 ; 438, sur *Luc* XIII, 27 ; 439, sur *Matth.* XII, 8 ; 453 sur *Jean* XII, 34 ; 459 sur *Jean* XV, 5.

comme aux Sociniens[169] ; et Bossuet dénonce « les faux critiques »[170], l' « affectation de la singularité »[171].

Tous ces reproches sont repris dans la *Dissertation préliminaire sur la doctrine et la critique de Grotius* placée en tête de
la seconde *Instruction* (publiée en 1703). Nous ne trouverons
rien de nouveau dans ces longues pages, sinon un durcissement
des accusations déjà lancées en 1693 ou confiées au manuscrit
de la *Défense de la tradition et des Saints-Pères*. Grotius, passé
comme Arminius au semi-pélagianisme[172], fut engagé par Episcopius dans la tolérance et le socinianisme : encore citée, la
lettre à Crellius de 1631 en fait foi aux yeux de Bossuet[173]. Grotius aurait donc cru en un Verbe philosophique et platonicien,
affaibli les passages établissant la divinité de Jésus-Christ, appris la théologie chez les poètes et les orateurs[174], d'où ses erreurs dans l'interprétation d'*Ecclésiaste* XII, 7 et
d'*Ecclésiastique* LI, 14[175]. A côté de déclarations encore plus
vives qu'autrefois contre les critiques « subtils grammairiens et
curieux à rechercher les humanités »[176], Bossuet va aux points
essentiels de sa réfutation de Grotius : la limitation de
l'inspiration, la fonction de la prophétie. Certes il ne peut pas
nier que R. Simon ait réfuté à propos de l'inspiration à la fois
Grotius et Spinoza[177], mais, sans entrer dans la doctrine de
l'ancien oratorien, il se contente de noter que R. Simon a pris
« quelque teinture » des erreurs de ses devanciers. Quant aux
prophéties, Simon suit encore Grotius, qui lui-même s'inspirait

---

[169] *Ibid.*, t. III, p. 428.

[170] *Ibid.*, t. III, p. 443.

[171] *Ibid.*, t. III, p. 441.

[172] *Ibid.*, t. III, pp. 479, 493 et sv. longs développements sur le semi-
pélagianisme de Grotius et sur celui de R. Simon qui n'aurait fait que
s'inspirer du premier.

[173] *Ibid.*, t. III, pp. 479-480.

[174] *Ibid.*, t. III, p. 482.

[175] *Ibid.*, t. III, pp. 481-482.

[176] *Ibid.*, t. III, p. 483.

[177] *Ibid.*, t. III, p. 484.

d'Episcopius : et Bossuet, reprenant encore une fois le commentaire de *Matthieu* I, 22, nous donne de nouveau les arguments de Calovius contre Grotius, accumulant ensuite les citations du Nouveau Testament et des Pères, qui considéraient les prophéties comme des preuves décisives dans leurs démonstrations[178]. Bossuet peut ensuite noter les grands pas que faisait Grotius vers l'Eglise romaine[179], son interprétation de l'*Apocalypse*, sa recherche de la vérité et de la stabilité[180] ; c'est pour déplorer que ces beaux efforts n'aient abouti qu'à se faire « une religion à part »[181], triste conséquence du manque de « principes théologiques »[182] chez les savants !

Le détail de la réfutation de Simon dans la *Seconde Instruction* de Bossuet reprend des critiques maintes fois exprimées et essaie de montrer que les accusations de semi-pélagianisme et de socinianisme sont fondées sur les faits[183]. Tout se passe comme si Bossuet avait puisé dans ses manuscrits, découpé sa *Défense de la tradition et des Saints-Pères* pour en tirer la matière de sa *Dissertation* et de ses *Instructions* : la similitude de phrases et de paragraphes entre l'œuvre posthume et les textes publiés en 1702 et 1703 montre que Bossuet tenait avant de mourir à dénoncer en Grotius la source d'une « critique » qui, selon lui, ruinait le christianisme.

Richard Simon n'avait pas tardé à réfuter en plusieurs lettres les accusations de Bossuet et à se justifier du reproche de socinianisme. Pour ce qui concerne précisément Grotius, nous y trouvons deux développements d'inégale portée : d'abord dans une lettre du 24 janvier 1703, R. Simon nie que l'interprétation de *Luc* XIII, 27, par Grotius favorise les Sociniens et que lui-

---

[178] *Ibid.*, t. III, pp. 485-493.
[179] *Ibid.*, t. III, p. 502.
[180] *Ibid.*, t. III, pp. 503-504.
[181] *Ibid.*, t. III, p. 503.
[182] *Ibid.*, t. III, pp. 506, 509-510.
[183] *Ibid.*, t. III, p. 520-577.

même ait suivi ce commentateur, car la traduction de Grotius est la traduction la plus fidèle, digne d'un « habile critique »[184]. Puis une lettre du 26 août 1703 démontre que « l'auteur des Histoires critiques de l'Ancien et du Nouveau Testament n'a point emprunté de Grotius ses sentiments sur l'inspiration des livres sacrés »[185] : Richard Simon n'a pas de mal à prouver que la conception de l'inspiration présentée dans l'*Histoire critique du texte du Nouveau Testament* n'est pas celle du *Votum pro pace ecclesiastica* de Grotius, encore moins celle du *Traité théologico-politique* de Spinoza (quoi qu'il en soit de l'influence de Grotius sur Spinoza) ; il prouve ensuite que nombre de théologiens furent de l'opinion de Cornelius a Lapide : Pererius, Dominique Soto, et même Claude Fleury[186] !

L'offensive lancée en 1702 et 1703 par Bossuet trouvera un écho quelques années plus tard dans l'œuvre de l'érudit brouillon que fut Pierre-Valentin Faydit, les *Remarques sur Virgile et sur Homère et sur le style poétique de l'Ecriture sainte, où l'on réfute les inductions pernicieuses que Spinoza, Grotius et M' Le Clerc en ont tirées [...]* (Paris, 1705). Dans cette sorte de recueil d' « Ana » homériques et virgiliens, Faydit réfute les « deux Sociniens Arminiens »[187], Grotius et Le Clerc, avec les citations de ces poètes qu'eux-mêmes ont utilisées. A vrai dire, Grotius n'est pas le principal adversaire de Faydit, qui s'en prend au moins aussi vivement à Richard Simon et à Le Clerc, et contre Grotius il relève surtout l'utilisation d'Homère pour interpréter saint Paul[188], vieux reproche fondé sur les dangers de l'érudition profane et sur le soupçon de naturaliser[189] le langage biblique ; et Faydit ne manque pas de lancer encore une fois

---

[184] *Lettres choisies*, t. III, Rotterdam, 1705, pp. 280-285 .

[185] *Ibid.*, p. 286.

[186] *Ibid.*, pp. 289 et sv.

[187] Faydit, *Remarques…*, *op. cit.*, Préface non paginée.

[188] *Ibid.*, pp. 112, 560 : « Un seul vers d'Homère fit changer de religion à Grotius ».

[189] *Ibid.*, p. 560 : « Homère… confondait souvent Dieu avec la Nature ».

l'accusation de socinianisme[190]. Rien de nouveau dans ces accusations cent fois reprises, devenues la vulgate des théologiens catholiques adversaires des critiques[191].

Il fallait cependant attendre près d'un demi-siècle pour que la question du socinianisme pût être reprise avec moins de passion sinon sur des bases documentaires solides. *La Vie de Grotius* de l'académicien Levesque de Burigny nous placerait dans un tout autre contexte que celui des débats théologiques de la fin du XVIIe siècle[192].

---

[190] *Ibid.*, p. 239 : Grotius, Le Clerc et Spinoza disent qu'il ne faut pas prendre l'Ecriture à la lettre, ils nient les miracles ; p. 367 : comme R. Simon, « Grotius le Socinien son bon ami » ruine la notion de création par son interprétation du *Bara* de la *Genèse*.

[191] Il faut noter que le *Dictionnaire* de Moreri dans son article « Grotius » se montrait beaucoup plus modéré en écrivant que « quelques-uns » accusaient Grotius de socianisme et de pélagianisme.

[192] Jean Levesque de Burigny, *Vie de Grotius [...]*, 2e éd. Asmterdam, 1754, t. II, pp. 190 et sv. (1ere éd. 1750).

Si l'on peut jouer sur la présence ou l'absence de la majuscule en tête du terme « écriture », on peut dire que toute l'œuvre de Mme Guyon est hantée par l'Ecriture, par la Bible, et par l'acte d'écrire qui, divinement manifesté dans la Bible, s'accomplit encore quotidiennement dans le geste de la mystique et de l'écrivain. Mme Guyon n'a cessé de lire l'Ecriture[1] et d'écrire sur l'Ecriture, et à l'imitation de l'Ecriture ; inséparable de la lecture de l'Ecriture, son acte d'écrire l'Ecriture et d'écrire sur l'Ecriture est à l'origine de toute son œuvre, de ses lettres,

---

[1] Le premier contact avec la Bible eut sans doute lieu aux alentours de l'âge de dix ans, donc vers 1658, chez les dominicaines de Montargis lorsque, malade de la petite vérole, elle resta isolée pendant trois semaines. Elle attribue à un hasard providentiel la découverte du livre qu'elle lut à la suite comme une « histoire », même si ce n'est pas la même histoire que celle des historiens, et non comme un recueil de leçons religieuses ou morales : « Je trouvai par providence une Bible dans la chambre où je couchais. Comme j'aimais beaucoup la lecture, je m'y attachais. Je lisais depuis le matin jusqu'au soir. J'avais la mémoire fort heureuse, en sorte que j'ai appris tout ce qui était de l'histoire » (*Vie [...] écrite par elle-même*, Cologne, 1720, Ière partie, ch. III, § 8, t. I, p. 25).

du *Moyen court*, des *Torrents*, mais il est particulièrement reconnaissable dans les immenses commentaires bibliques qu'elle a rédigés en quelques mois et qui, à l'exception du *Cantique des Cantiques* publié anonymement à Lyon à la fin de 1687 sous la date de 1688, ont été publiés pour la première fois par Pierre Poiret en 1713-1715[2] et réédités en 1790, ainsi que dans les *Discours chrétiens et spirituels sur divers sujets qui regardent la vie intérieure, tirés la plupart de la Ste Ecriture* publiés aussi par Poiret en 1716[3]. C'est à ces commentaires, assez rares dans les bibliothèques et en conséquence peu étudiés, que sera consacrée cette étude préliminaire.

La date de leur rédaction, au moins celle du commentaire de l'Ancien Testament, peut être fixée à l'été et à l'automne 1684. Le témoignage d'une lettre de Mme Guyon à Fénelon du début de décembre 1688[4] et celui de sa lettre du 12 décembre 1684 à son demi-frère le chartreux dom Grégoire Bouvier de la Motte[5], confirment le récit qu'elle donne dans sa *Vie [...] écrite par elle-même* où elle place cette rédaction au second semestre de

---

[2] P. Poiret, dans la *Sainte Bible*, Paris, 1790, t. I, p. XLII-XLIII, écrit qu'il a réalisé son édition à partir d'un large rassemblement de copies « de toutes sortes de mains, les une plus, les autres moins correctes ». C'est la réédition en 20 volumes due à Dutoit-Membrini que nous citerons.

[3] Tous les textes regroupés par Poiret dans les deux tomes de ces *Discours* ne sont pas de Mme Guyon ; nous publierons prochainement une étude critique sur cet ensemble de textes de diverses origines et de divers auteurs.

[4] Elle écrit alors : « Il y a plus de *quatre ans et demi que j'ai fini les écrits sur la Sainte Ecriture*, dans M. Masson, *Fénelon et Mme Guyon*, Paris, Hachette, 1907, p. 27.

[5] Dans Bossuet, *Correspondance*, éd. Urbain et Levesque, t. VI, pp. 546-549 : « Il m'a fait écrire le sens mystique de la Bible, sans autre livre que cette même Bible [...]. En moins de six mois l'Ancien Testament a été achevé, qui est un ouvrage de plus d'une rame de papier et en des maladies continuelles, sans que l'interruption interrompît le sens, et sans qu'il me fût nécessaire de le relire... ». Urbain et Levesque publient la lettre d'après une copie bien datée de Ledieu ; autre copie dans l'ancienne collection Phillipps à la B.N. avec la date erronée du 12 décembre 1689.

1684, lorsqu'à Grenoble elle s'était livrée à un intense apostolat mystique[6].

Dans sa *Vie*, Mme Guyon décrit longuement les dispositions dans lesquelles elle écrivit ces commentaires[7]. Elle explique qu'à une lecture impossible, car expérimentée comme moyen de « remplir » un « vide », succède une lecture qui est écriture : ce qui est « donné » (« il me fut donné d'écrire le passage que je lisais »), c'est la mutation de l'acte de lecture en acte d'écriture, sous la forme de l'acte de recopier, en une sorte de répétition ou de dévoilement, sous la motion d'un autre inconnu[8]. Alors qu'elle écrit l'Ecriture dans l'instant même de l'acte de lecture, « aussitôt tout de suite », sans intervention de la temporalité, sans réflexion, ni intérêt, ni affects, « il m'en était donné l'explication »[9]. Chaque étape est réception d'un don ; l'acte de lecture puis les actes d'écriture sont passivité ; le « trop de plénitude » s'accompagne à chaque pas de non-savoir : avant l'acte d'écrire, non-savoir de ce qui serait écrit ; pendant l'acte d'écrire, vue de l'acte d'écrire mais non des choses qui sont écrite ; après l'acte d'écrire, aucun souvenir de ce qui a été écrit, ni espèces, ni images, ni utilisation de ce qui est ainsi

---

[6] *Vie [...] écrite par elle-même*, IIᵉ partie, ch. XVII, § 6-7, éd. Cologne, 1720, t. II, pp. 185-188, et ch. XXI, pp. 221-231. Poiret, dans le sommaire du chapitre XXI, donne la date : « l'an 1684 », t. II, p. 221. Par ailleurs, une note marginale, que Poiret dit être de Mme Guyon, à *Apocalypse*, VIII, 9, est datée d'octobre 1688 et porte : « depuis plus de quatre ans que ce livre est écrit » (*La Sainte Bible*, Paris, 1790, t. XX, p. 119, n. a.). Néanmoins certaines parties ont peut-être été composées avant le séjour à Grenoble, peut-être même dès le séjour à Thonon, à l'été 1683, s'il n'y a pas de faute d'impression dans les mots « achevé le 23 de septembre 1683 » qui figurent à la fin du tome XX, *L'Apocalypse*, dans l'édition de 1790. Sans indiquer ses sources, L. Cognet place la rédaction de *L'Apocalypse* en 1685 à Verceil, cf. *Dictionnaire de spiritualité*, s. v. « Mme Guyon », t. 6, col. 1330.

[7] Les pages 221-231 du chapitre XXI de la IIᵉ partie de la *Vie* sont, du point de vue de l'explicitation de l'acte d'écriture, fondamentales.

[8] « Il me fut donné », verbe au passif, sans désignation ni personnification de cet autre. Les verbes au passif sont nombreux dans ces pages.

[9] *Vie*, t. II, p. 221.

« donné »[10], l'acte pur d'écrire est dégagé de ce qui s'écrit. C'est une écriture quasi-automatique[11], pendant la nuit, accompagnée de fièvre et de miracles[12], réalisée sous la motion d'un autre à qui l'auteur de la *Vie*, retrouvant le ton des *Confessions* de saint Augustin, s'adresse à la seconde personne, comme si celui sous l'inspiration de qui l'Ecriture avait été écrite était aussi celui qui inspirait l'auteur du commentaire : « Celui auquel j'étais sans nulle réserve, faisait de moi tout ce qu'il lui plaisait sans que je me mêlasse de son ouvrage. Vous m'éveilliez vous-même, ô mon Dieu ; et il me fallait une dépendance et une obéissance si entières à vos volontés que vous ne vouliez pas souffrir le moindre mouvement naturel [...]. Ce que j'écrivais n'était point dans ma tête, en sorte que j'avais la tête si libre, qu'elle était dans un vide entier. J'étais si dégagée de ce que j'écrivais, qu'il m'était comme étranger [...] »[13]. Ain-

---

[10] T. II, p. 222.

[11] Cf. H. Delacroix, *Etudes d'histoire et de psychologie du mysticisme*, Paris, Alcan, 1908, pp. 143, 157, parle d' « automatisme » à propos de cet acte, et pp. 151, 155, 166, etc., d' « écriture automatique ». Mais cette expression, courante dans la psychologie au début du XXᵉ siècle, est discutable : loin d'être automatique, cette écriture est le résultat de tout un processus où l'intervention d'un autre divin, son « ouvrage », son « opération », à la fois sont rendus possibles par le vide du moi et constituent le moi en sujet et en objet d'une écriture, en référent d'une « vie » spirituelle et d'une « expérience » que l' « explication » permet de retrouver dans la Bible.

[12] Ainsi la guérison miraculeuse du bras enflé sous l'effet de la rapidité de l'écriture, ainsi la perte de passages qui furent écrits de nouveau semblables mot à mot à la première rédaction, *Vie*, t. II, p. 229.

[13] *Vie*, t. II, pp. 222-223. Cette description de l'acte d'écrire est semblable à celle qu'elle donne dans les *Discours chrétiens et spirituels*, Cologne, 1716, t. I, p. 433 : « La foi est si pure, et si nue, que lorsque l'on entend parler de ces choses, quoiqu'on les possède, l'âme ne peut s'en faire d'application à moins que Dieu ne les lui applique par lui-même. Il lui semble qu'elle dort et que c'est un songe. Mais lorsque Dieu veut qu'elle en parle ou écrive, les choses lui paraissent très réelles dans ce moment. Je dis dans ce moment : car hors de là, il ne lui reste aucune idée, non plus qu'à ceux qui n'ont jamais rien vu ni rien su. Lorsqu'elle écrit un mot, elle ne sait pas pour l'ordinaire celui qui doit suivre, et elle oublie aussitôt ce qui est écrit : elle écrit ce que l'Amour veut, et

si Mme Guyon écrivait « avec une vitesse inconcevable, car la main ne pouvait presque suivre l'esprit qui dictait »[14]. En une remarquable expression, où sont à la fois désignés l'art d'écrire et le mode de réponse à la « grâce » divine, Mme Guyon écrit qu'elle devient « stylée à l'opération de Dieu qui [la] faisait écrire »[15], accoutumée « peu à peu à suivre Dieu à sa mode »[16]. Nous avons dans cette description tous les caractères de ce qu'elle définira comme « acte passif » : passivité entre les mains d'un autre comme est passif le « chien mort » ou ce que l'on traîne dans la boue[17], absence de pensée et de réflexion, mais assomption, comme sujet, du moi « dégagé » de ce qui ferait plénitude, du moi qui prend pour ainsi dire consistance de l'acte même qui en lui a fait le vide : le moi émerge comme pure référence de l'acte d'écrire, pure capacité découverte dans la « manifestation », mais dont la place est désignée par son retrait et l'absence de savoir sur ce qui pourrait le remplir.

Ces conditions d'écriture établies, nous devons nous plonger dans les près de huit mille pages du commentaire de l'Ecriture et les mille pages des *Discours chrétiens et spirituels* pour découvrir ce que l'inspiration fait écrire à Mme Guyon à propos du texte de la Bible qu'elle suit presque verset après verset, les

---

autant qu'il veut : hors de là elle demeure à sec, sans pouvoir rien ajouter d'elle-même. » Autres témoignages sur son écriture, *Discours chrétiens et spirituels*, t. I, pp. 33, 88-89.

[14] *Vie*, t. II, p. 228 ; de même, t. II, p. 221 : « écrivant avec une vitesse inconcevable ». Cf. t. II, p. 229 : « J'écrivis le *Cantique des Cantiques* en un jour et demi. »

[15] *Ibid.*, t. II, p. 228.

[16] *Ibid.*

[17] « Mais je n'avais aucune peine de tout ce que vous faisiez de moi. Je voyais avec plaisir et complaisance (ne prenant non plus d'intérêt à moi qu'à un chien mort), je voyais, dis-je, avec complaisance vos jeux divins. Vous m'éleviez au ciel, puis aussitôt vous me jetiez dans la boue, puis, de la même main, vous me replaciez d'où vous m'aviez jetée. Je voyais que j'étais le jeu de votre amour et de votre volonté, la victime de votre divine justice ; et tout m'était égal », *Vie [...] par elle-même*, t. II, p. 224.

caractères de sa lecture, ce que ces pages nous révèlent de sa spiritualité. Nous ne présenterons ici que quelques très grandes orientations, qui concernent sa méthode d'interprétation[18]. C'est en effet moins le contenu même de cette interprétation, les grands thèmes spirituels, le pur amour, l'oraison, les thèmes apostoliques, le messianisme de Mme Guyon, qui nous retiendront (encore que les commentaires nous apportent dans tous ces domaines des éléments essentiels) que les grands principes d'interprétation et leurs conséquences exégétiques et théologiques.

LES SENS DE L'ÉCRITURE

Les commentaires bibliques de Mme Guyon se situent au point d'aboutissement de la longue entreprise de déconstruction du grand édifice patristique et médiéval des quatre sens de l'Ecriture dont Henri de Lubac a jadis écrit l'histoire[19]. Ne subsiste plus fondamentalement dans l'explication de Mme Guyon qu'une bipartition, un sens littéral et un autre sens que l'on peut appeler théologique, mystique ou spirituel. Richard Simon lui aussi parlait d'un sens « mystique », mais qui ne portait pas atteinte à « la vérité de l'histoire »[20] ; chez Mme Guyon, on trouve bien une architecture binaire d'un sens littéral et d'un sens « mystique » ou « intérieur », mais le second, qui a manifestement pour elle plus d'importance que le premier, tend à éclipser le sens littéral. Bien souvent elle ne fait pas même allusion à un sens littéral et elle expose par exemple dès l'abord un sens tropologique ou moral auquel elle joint un sens mystique,

---

[18] On se reportera aussi à notre article « Présupposés théoriques de la lecture mystique de la Bible. L'exemple de *La sainte Bible* de Mme Guyon », dans *Revue de Théologie et de philosophie*, vol. 133, 2001/III, pp. 287-302.

[19] H. de Lubac, *Exégèse médiévale, Les quatre sens de l'Ecriture*, 4 vol., Paris, Aubier, 1959-1964.

[20] Cf. J.-M. Beaude, *L'accomplissement des Ecritures*, Paris, Cerf, 1980, pp. 45-50.

développant ainsi les différents aspects du sens spirituel. S'agit-il du souci de David de laisser à son fils de l'or, de l'argent, de l'airain et du fer, pour qu'il ait de quoi bâtir le temple (*I Par.*, XXII, 14), Mme Guyon commence par écrire que, par ce souci, « il nous est marqué en quelque sorte le soin que les pères et les mères doivent avoir de cultiver leurs enfants et de leur amasser des provisions auprès de Dieu »[21], ce qui est un sens tropologique, mais elle ajoute, en un bien plus long développement : « Mais le sens mystique, selon tout ce que nous avons expliqué, est le soin que les âmes doivent avoir dans leur état de vie, lorsqu'elles peuvent encore agir, d'amasser des trésors de grâces et de vertus... ». L'or représente les vertus intérieures et les plus éminentes, l'argent, les vertus en général, l'airain et le fer, les mortifications et les bonnes œuvres, etc.

Lorsque Mme Guyon commente les versets où Job regrette l'état de qui ne serait pas né, n'aurait pas été conçu et où il aspire à la mort (*Job*, III, 16-17), elle écrit : « Je sais que le sens littéral s'entend de la mort naturelle, cependant le sens mystique y est très propre »[22], et un peu plus loin, lorsque les amis de Job prédisent que ses enfants seront foulés aux pieds sans secours (*Job*, V, 4), l'explication est de même ordre que la précédente : « Quoique le sens littéral de ce passage soit, aussi bien que du précédent, une suite d'insultes faites à Job sur la perte de *ses enfants*, que l'on regarde comme un châtiment, il est cependant certain que Job étant une figure mystique, ceci s'applique très bien à la perte des divines vertus, qui sont comme le fruit et les *productions* d'une âme de foi. Ces vertus, ayant servi d'appui et d'assurance de salut, lorsqu'on n'en doit avoir qu'en Dieu seul, sont détruites en tout ce qu'elles ont d'apparent : et cette perte paraissant inévitable, c'est alors que l'abandon triomphe véritablement, puisque c'est la consommation de l'abandon que de savoir se délaisser dans le désespoir de tout *salut*. Cet état est

---

[21] T. VI, p. 12.
[22] T. VII, p. 35.

d'une extrême pureté d'amour, étant d'un désintéressement achevé. L'amour n'est pur qu'autant qu'il est désintéressé[23]. Le passage du sens littéral au sens mystique se fait selon une « application », par l'intermédiaire d'une « figure mystique », notion capitale sur laquelle nous reviendrons.

La place que tenait dans l'antique architecture des quatre sens l'*allegoria* ou *mysterium*, visée de la réalisation dans le Nouveau Testament de ce qui est *historica præfiguratio* dans l'Ancien[24], apparaît chez Mme Guyon complètement modifiée : nous voyons, à partir de sa lecture des versets messianiques de l'Ancien Testament, en particulier des *Psaumes*, que pour elle le sens qui renvoie au Nouveau Testament, au mystère du Christ, est un sens « littéral ». Commentant les versets 5-7 du *Psaume* VIII : « Vous ne l'avez rendu qu'un peu inférieur aux Anges, vous l'avez couronné d'honneur et de gloire [...] », elle interprète ce psaume, traditionnellement messianique, comme s'il visait l'homme spirituel au sommet de l'itinéraire mystique, et elle écrit : « Ce Psaume est pour un état très avancé, et où peu arrivent, et dont David avait eu l'expérience sur la fin de ses jours. Je sais seulement que le sens littéral ne peut être appliqué proprement qu'à l'incarnation du Verbe[25]. Alors que le sens littéral du texte concernait l'homme qui par sa création est un peu au-dessous des anges[26], et qu'après l'*Epître aux Hébreux* (II, 7) le sens allégorique s'appliquait au Christ que son Incarnation avait abaissé un peu au-dessous des anges, Mme Guyon fait du sens christologique « le sens littéral », ce qui n'est pas sans conséquence pour sa christologie, le sens mystique concernant l'aventure intérieure du spirituel, c'est-à-dire l'événement futur contemporain de la lecture devenant la seule allégorie,

---

[23] T. VII, p. 50.
[24] Cf. H. de Lubac, *Exégèse médiévale*, Ière partie, t. II, pp. 511-512.
[25] T. VIII, p. 38.
[26] Sens qu'attestera Bossuet dans son *Liber Psalmorum*, Lyon, 1691, p. 19.

l'ultime visée du psaume, et le sens christologique n'étant que le point de départ littéral de cette opération de sens.

Expliquant les versets 9 et 10 du *Psaume* XV : « De plus ma chair reposera en espérance, parce que vous ne laisserez point mon âme dans les enfers et vous ne permettrez point que votre saint éprouve la corruption », elle opère un déplacement analogue, écrivant : « Ce passage s'entend à la lettre de Jésus-Christ, et de la résurrection aussi bien que de la sortie des Patriarches des enfers pour l'accompagner au ciel. Le sens mystique est que *ma chair* même trouvera son *repos* dans son abandon et *dans l'espérance* qu'elle aura en vous seul. Lorsqu'on est dans ces sortes de peines, on ne peut y trouver de remèdes qu'en s'abandonnant à Dieu, et en se délaissant à lui : mais dès que l'on s'y délaisse, l'esprit et la chair même trouve son repos dans ce délaissement. Et pourquoi trouve-t-on ce repos ? C'est que Dieu *ne laissera pas notre âme dans un enfer* si terrible... »[27], etc. Le sens allégorique concernant le mystère du Christ était traditionnel et, dans ses *Supplenda in Psalmos*[28], Bossuet le défendra contre Grotius, soutenant même que, *per se,* ces versets n'ont pas d'autre sens[29] ; on voit que pour Mme Guyon le sens allégorique est un sens littéral, mais pour ainsi dire provisoire, posé comme préalable : un « autre sens », le sens mystique, visée ultime du messianisme de ces versets, lui est adjoint, concentrant toute l'importance[30].

---

[27] T. VIII, p. 58.

[28] Publiés en 1693 avec ses *Libri Salomonis,* Paris, 1693, pp. 625-627.

[29] Bossuet soutiendra aussi qu'ils ne visent pas le Christ *ex eventu* (ce qui serait la position de Théodore de Mopsueste), et il écrira : « Theodorum Mopsuestenum qui hunc prophetæ locum de Christo ex eventu acceptum esse docuerit, cum per se ad alium quoque sensum pertineret », p. 627.

[30] Sur la subordination du sens littéral, christologique, au « véritable sens mystique », « l'intérieur », voir les commentaires qu'elle fait de *Psaume* XXI, 7 (t. VIII, p. 88). Ailleurs, même si c'est un sens allégorique visant l'Eglise qui est dit « principal », c'est l'interprétation par l' « intérieur » qui l'emporte : ainsi sur *Cantique* IV, 13, t. X, p. 190.

Voyons de plus près, à partir du *Psaume* XXI, 17-18, comment se fait le transfert du sens immédiat ou obvie, qui est christologique, au sens mystique ; cet exemple éclairera ce que l'on peut désigner comme un transfert de messianité. « Quoique tout cela ait été dit par David touchant Jésus-Christ, et qu'il ne se dût accomplir et exécuter que par le même Jésus-Christ, il est néanmoins certain, que cela s'est passé mystiquement en David, figure véritable de son cher Maître, duquel il a porté tous ces traits, et que de plus ceci s'exécute encore en toutes les âmes fidèles et intérieures, en qui doivent être accomplis tous les mystères et tous les états de Jésus-Christ. Il faut donc voir comment cela se peut entendre. Cette troupe de chiens qui environnent cette âme, sont les passions, qui en se révoltant l'assiègent de toutes parts... »[31], etc. La figure de David est ici essentielle et c'est elle qui permet à Mme Guyon de retourner pour ainsi dire la messianité du *Psaume* XXI : si ce que dit David concerne Jésus-Christ, un premier accomplissement « mystique » se fait en David « figure véritable », et le prophète devient le relais qui permet aux « âmes fidèles et intérieures » d'être figures à leur tour et de porter, comme lui, les mystères et les états de Jésus-Christ, selon le vocabulaire bérullien dont Mme Guyon est encore pénétrée.

Ainsi la christologie tient dans les commentaires de Mme Guyon une place centrale mais provisoire : le sens christologique joue en quelque sorte le rôle de pivot du sens littéral au sens mystique[32], caractère constant des commentaires guyoniens, particulièrement visible dans le cas des textes évangéliques ; ne prenons qu'un exemple, *Matthieu*, XVI, 28 : « Je vous dis en

---

[31] T. VIII, p. 93.

[32] Ainsi sur *Eccle*, VII, 20-21, t . X, p. 103 : « La Sagesse rend le sage plus fort que dix princes d'une ville. Car il n'y a point d'homme juste sur la terre, qui fasse le bien et ne pèche point » : Mme Guyon présente toute une explication qui repose sur la présence « par état » dans une âme de « Jésus-Christ Sagesse incréée », et cette « explication » est présentée selon « son vrai sens mystique ». Voir aussi sur *Eccli*, XXIV, 12, t. X, p. 328.

vérité, que quelques-uns de ceux qui sont ici ne mourront point qu'ils n'aient vu venir le fils de l'homme dans son règne » ; Mme Guyon commente : « Cela à la lettre s'entend de la Transfiguration, dans laquelle il devait faire voir à trois de ses Apôtres une vive représentation de la gloire qui lui était réservée dans le ciel. Mais pour suivre le sens mystique déclaré dans ce chapitre, les mêmes paroles se prennent fort bien pour la découverte du Règne de Dieu dans l'âme recoulée et transformée en lui »[33], et suivent de longues pages qui portent sur la mort mystique. Par rapport à l'articulation antique et médiévale du sens littéral et du sens mystique, on voit quelle mutation s'est opérée : alors qu'au Moyen Age c'est le sens qui est mystique parce qu'orienté vers le mystère, désormais est mystique celui qui désigne le sens : d'un principe d'interprétation, « mystique » en vient à qualifier un homme, celui qui peut découvrir et s'appliquer ce sens.

A l'intérieur même du sens mystique peuvent coexister plusieurs sens que l'explication juxtapose, le même verset pouvant s'appliquer aux débuts de l'itinéraire spirituel ou à son sommet, ou aux divers effets de la grâce dans les différentes parties de l'âme[34]. En nombre de cas, le sens allégorique est dédoublé en un premier sens désignant l'Eglise à venir et un second sens, jugé plus important, visant l'intérieur, comme si, pour Mme Guyon qui reprend les catégories de Denys l'Aréopagite, hiérarchie ecclésiastique et « hiérarchie mystique »[35] étaient nette-

---

[33] T. XIII, p. 357.

[34] Par exemple en *Juges*, V, 4-7, t. III, pp. 128-130, dans le cantique de Debora, l'application de chaque verset est dédoublée, la seconde allant plus loin dans l'approfondissement de l'anthropologie spirituelle. Nombreux exemples à propos de versets de *Job*, t. VII, pp. 25, 59-60, 85, etc.

[35] T. VIII, p. 315 sur *Psaume*, LXIV, 11 : « La fécondité spirituelle qui est comme une hiérarchie mystique où les âmes en plénitude de Dieu même se déchargent et écoulent sur quantité de ruisseaux et de bassins qu'elles remplissent tous, et ceux-ci se déchargent ensuite sur d'autres mais avec beaucoup moins d'abondance », et elle ajoute : « Je sais que le sens littéral doit s'appliquer à l'Eglise : mais l'Ecriture a plusieurs sens ».

ment distinctes l'une de l'autre, l'Eglise ne pouvant en tant que telle être le lieu de l'intérieur[36].

En tout cas, dans son *Addition* à la *Préface générale de l'auteur* mise à la tête de l'édition procurée par Poiret, Mme Guyon écrit, sans plus expliciter l'architecture des différents sens : « Les Saintes Ecritures ont une profondeur infinie, et beaucoup de sens différents. Les grands hommes qui ont de la science se sont attachés au *sens littéral* et à d'autres sens : mais personne n'a entrepris, que je sache, d'expliquer *le sens mystique*, ou INTÉRIEUR, du moins entièrement. C'est celui que notre Seigneur m'a fait expliquer ici, pour l'utilité des âmes qui désirent de tout leur cœur d'entrer non seulement dans l'extérieur du Christianisme, mais de participer à la grâce la plus profonde du Chrétien qui est l'INTÉRIEUR »[37]. Et à la fin de ce texte elle témoigne bien de ce que nous avons appelé l'éclatement du sens allégorique : « Outre toutes ces belles figures que l'ancien Testament nous propose pour nous conduire dans l'intérieur, Jésus-Christ est venu lui-même nous montrer un chemin réel et assuré. Ce ne sont plus ces figures mystérieuses et admirables, c'est un modèle vivant, ce sont des paroles de vérité. »[38]

LES PROCÉDURES DE L'INTERPRÉTATION

Si nous nous penchons sur la nature des opérations mises en œuvre dans l'explication de Mme Guyon, nous constatons

---

[36] T. X, p. 32 sur *Proverbes*, IX, 1, sur « La Sagesse s'est bâtie une maison », elle écrit : « Cette maison que la Sagesse s'est bâtie est l'Eglise, mais c'est aussi l'intérieur. Il faut que ce soit Jésus-Christ qui la bâtisse lui-même pour en faire sa demeure […] ».

[37] T. I, p. LXVII.

[38] T. I, p. LXIX. Poiret, dans sa propre *Préface générale*, analyse de façon beaucoup plus approfondie les rapports entre « interprétation littérale » et « interprétation intérieure et mystique » (t. I, pp. VI-XVIII), développant le thème traditionnel depuis la patristique de l'interprétation infinie (cf. Pier Cesare Bori, *L'interprétation infinie. L'herméneutique chrétienne ancienne et ses transformations*, Paris, Cerf, 1991).

qu'elles consistent à repérer dans l'Ecriture des signes, des marques, des figures, des allégories. Sans entrer dans le détail de chacune de ces opérations et de leur spécificité, nous présenterons quelques exemples de leur fonctionnement. D'abord ce que Mme Guyon entend par « signe » est bien explicité par son commentaire de *Josué*, IV, 6-7 : là, à propos des douze pierres très dures prises dans le lit du Jourdain après le passage du peuple, Dieu dit à Josué : « Afin que ce soit un signe parmi vous ; et lorsque vos enfants vous demanderont à l'avenir : Que veulent dire ces pierres ? Vous leur répondrez : les eaux du Jourdain furent desséchées devant l'Arche d'alliance du Seigneur lorsqu'il le passa. C'est pourquoi ces pierres ont été mises pour un monument éternel aux enfants d'Israël » (en latin : *signum, monumentum*), et Mme Guyon explique : « Ces qualités de la pierre doivent être à tout jamais un *signe* du passage mystique du Jourdain, parce qu'avant ce temps il y a des changements et vicissitudes, mais depuis ce passage il n'y en a plus »[39]. Le signe, qui devient « monument », c'est-à-dire ce qui avertit, qui rappelle et rend présent l'événement passé, est dans l'Ecriture, désignant pour la postérité cet événement passé comme divin. Mais la valeur de désignation est transférée par Mme Guyon à la désignation de l'événement mystique : si le passage du Jourdain est au sens mystique le passage dans la vie mystique, le signe du passage du Jourdain est signe du passage dans la vie mystique : le pouvoir de signification est ainsi redoublé en une sorte de signe du signe, les pierres sont des « monuments » du passage de l'Arche, qui lui-même est signe du passage mystique. Donc ce qui avertit du caractère divin du passage du fleuve devient ce qui avertit du caractère mystique de l'entrée du spirituel dans un nouvel état.

Aussi importante que la notion de signe est la notion de « figure », et à propos de *Genèse*, XII, 3, Mme Guyon écrit : « Ceci est si réel et si véritable, que ceux qui en ont

---

[39] T. III, p. 8.

l'expérience seront ravis de le voir si bien marqué sous ces figures »[40]. Cette notion de figure est tout à fait traditionnelle[41], mais l'interprétation guyonienne constitue un moment essentiel dans l'histoire de l'interprétation figurative juste avant qu'elle n'aboutisse au figurisme janséniste du XVIIIe siècle[42]. Elle se situe ainsi dans une tradition, mais elle se livre à des opérations interprétatives qui lui sont propres. Tantôt elle renvoie au sens christologique de la figure, préfiguration dans l'Ancien Testament de ce qui devait s'accomplir dans le Nouveau. Ainsi sur *Exode*, I, 8-9, à propos de l'élévation et de la chute de Joseph : « Il faut que tous passent par là : les saint Patriarches ont été la figure de ce qui se devait accomplir en Jésus-Christ : les Saints de la nouvelle Loi en sont comme autant de copies, et le Sauveur est le divin modèle et l'original de tous »[43]. Mme Guyon nous présente avec cette remarque le schéma du rapport entre modèle et figure et l'articulation chronologique des deux termes de ce rapport. La figure qui annonce est figure d'un modèle et original qui la suivra. Elle se comprend à la fois comme antériorité chronologique et comme effet de ce qu'elle annonce. L'empire du modèle sur les figures est ainsi total, même si dans le temps la figure précède le modèle. Nous avons cependant ici un rapport à trois termes : la figure – le modèle – la copie, les Patriarches – Jésus-Christ – les Saints de la nouvelle Loi. Les Patriarches sont *figures*, Jésus-Christ est leur *modèle*, et *original*, les Saints de la nouvelle Loi (c'est-à-dire, au sens où Fénelon parlera de « maximes des saints » et où au XVIIe siècle on parlera de « science des saints », les âmes intérieures ou les mystiques) sont la *copie* de Jésus-Christ à travers la figure qui leur est tendue des Patriarches, donc Jésus-Christ est de tous le

---

[40] T. I, pp. 74-75.

[41] Essentiel est Erich Auerbach, *Figura*, trad. fr. Paris, Belin, 1993 [éd. orig. 1938].

[42] Cf. sur le figurisme, Catherine Maire, *De la cause de Dieu à la cause de la nation, Le jansénisme au XVIIIe siècle*, Paris, Gallimard, 1998.

[43] T. I, p. 227.

modèle et l'*original*. Ainsi les mystiques sont inscrits dans le grand mouvement de figuration qui unit Ancien et Nouveau Testaments.

Dans ce commentaire du chapitre I de l'*Exode*, Mme Guyon souligne une dimension capitale de la figuration scripturaire et aussi des rapports entre saints modernes et figures bibliques : le rapport de figuration n'est pas seulement (même s'il l'est aussi) rapport de « personne » à « personne », il est rapport de « peuple » à « peuple »[44]. Ce qui est traditionnel dans la conception des figures, la figuration du peuple de la Loi nouvelle pour le peuple de la Loi ancienne, et qui a une dimension ecclésiologique, est ici repris dans le rapport entre l'exemple, la figure et la copie. « Dieu ne s'est pas contenté de donner en diverses personnes des exemples particuliers de la conduite qu'il tient sur les âmes qui lui sont abandonnées ; il en veut encore donner de tout *un peuple* uni dans les mêmes états, afin que son peuple choisi [note de Poiret : « *c. a. d.* les personnes intérieures, *comme il est dit incontinent* »] apprennent comme d'un exemple général et plus visible, qu'il faut que tous passent par là »[45] ; et Mme Guyon poursuit : « Il n'est personne qui en soit exempt, et il est nécessaire que tous ceux qui sont appelés à la vie mystique (qui sont proprement le *peuple* choisi) passent par la captivité et par le renoncement[46]. Ainsi la collectivité des mystiques modernes est introduite dans le grand mouvement de l'interprétation figurative de l'Ecriture.

« Toutes les histoires qui sont dans la Bible sont des figures admirables des différentes voies de Dieu sur les âmes » écrit Mme Guyon à propos de *Juges*, XII, 5[47] ; mais du fait du pro-

---

[44] Cf. t. VI, p. 182, sur *Esther*, III, 8, et t. III, p. 207, sur *Ruth*.

[45] T. I, p. 226.

[46] *Ibid.*

[47] T. III, p. 173, cf. p. 176 : Samson « est une très belle figure des personnes saintes et fortes dans leurs pratiques » ; cf. aussi t. VII, p. 50 : « Job étant une figure mystique ».

cessus d'interprétation figurative, la Bible elle-même prend des accents nouveaux et les conséquences théologiques de cette opération peuvent être considérables, en particulier du point de vue de la christologie qui dépend largement de la conception que l'on a des rapports entre Ancien et Nouveau Testament[48].

La figure telle qu'elle fonctionne dans le commentaire de Mme Guyon se rapproche en effet de la simple allégorie, selon laquelle des entités, des réalités morales, des états intérieurs sont figurés dans chaque élément du texte biblique[49]. Les exemples tirés du commentaire guyonien seraient innombrables : le serpent de *Genèse*, III figure l'amour-propre, le pays des Chananéens de *Genèse*, XXIV est la « figure du monde corrompu »[50], etc. Ne relevons que la scène bien connue de *Genèse*, XXIV, 13-14, où Eliézer rencontre à la fontaine Rébecca, femme pour Isaac, scène que Mme Guyon interprète de la recherche de la charité : « Ceci est un mystère qui demanderait un volume pour l'expliquer. Et comme la générosité de l'amour fait plus qu'on ne lui demande, cette charité trouve de l'eau à donner à tous selon leurs besoins. Cet endroit de l'Écriture ravit, voyant que tout se rapporte si bien à la conduite intérieure. Il fallait que *la femme* d'Isaac fût mère et nourrice du peuple de foi ; c'est pourquoi elle doit être la charité, c'est-à-dire nous en donner en sa personne et en sa conduite une excellente figure »[51]. Si Mme Guyon parle de l'inépuisable « mystère » de cette scène, elle ne fait pas allusion, même par prétérition, à la réécriture évangélique de la scène dans l'épisode de la Samari-

---

[48] De nombreux autres passages du commentaire seraient à étudier de ce point de vue : ainsi sur *Genèse*, II, 22-25, la formation d'Eve, t. I, p. 48 ; ou sur *Matthieu*, XV, 34-36, la multiplication des pains, t. XIII, p. 331.

[49] Cette interprétation est elle aussi traditionnelle : déjà la *Préface* de la *Psychomachia* de Prudence à la fin du IVe siècle ou au début du Ve interprétait l'épisode de Loth dans la *Genèse* en un sens mystique, cf. vers 50-51 : « Hæc ad figuram prænotata est linea. Quam nostra recto vita resculpat pede ».

[50] T. I, pp. 50, 128.

[51] T. I, p. 131.

taine et du Christ au puits de Jacob qui fait rétrospectivement de la scène de *Genèse*, XXIV un épisode messianique. Sans nier la dimension messianique indiquée par l'allusion à la généalogie à venir, Mme Guyon pose néanmoins que c'est à « la conduite intérieure », à la fécondité de la femme, mère et nourrice, et à sa « conduite » que « se rapporte » le texte. Certes faire de Rébecca la figure de la charité n'était une allégorie ni très neuve, ni très audacieuse[52], cependant il est caractéristique qu'elle s'accompagne chez Mme Guyon d'une sorte d'éclipse de la dimension messianique (au sens christologique) de la scène et de son immédiate application au « peuple de la foi », non pas explicitement peuple de la foi en Jésus-Christ, mais peuple des « saints » au sens des mystiques et des âmes intérieures, opération qui constitue une sorte de transfert de la messianité sur le peuple des mystiques, comme nous le remarquions plus haut[53].

Le commentaire de *Matthieu*, XIII, 34-35 ; « Jésus dit toutes ces choses au peuple en paraboles : et il ne leur parlait point sans parabole. Afin que ce qui a été dit par le Prophète fût accompli [*Ps.*, LXXVII, 2] : J'ouvrirai ma bouche en paraboles ; je publierai des choses qui ont été cachées depuis la création du monde »[54], opère une translation analogue, l' « intérieur » devenant l'objet de la promesse et de la révélation de Jésus-Christ : « Il est vrai que Jésus-Christ nous instruit à présent des choses qui avaient été cachées dès la Création du monde, savoir du Royaume intérieur. Jusqu'ici il n'en avait été parlé que d'une manière confuse, et sous des figures et énigmes ; en sorte que

---

[52] Que l'on songe au tableau de Poussin « Eliézer désaltéré par Rébecca » de 1661-1664 de Cambridge, exposé à Paris en 1994, et au tableau du même « Eliézer et Rébecca » de 1648 au Louvre (sur lequel voir l'essai de Cl. Lévi-Strauss, *Regarder, écouter, lire*, Paris, 1993), et aux innombrables tableaux sur ce thème à l'époque moderne (Cf. A. Pigler, *Barockthemen*, 2ᵉ éd., Budapest, Akadémiai Kiadó, 1974, t. I, pp. 51-56).

[53] On pourra remarquer un analogue transfert opéré dans le commentaire de *Genèse*, II, 18, t. I, p. 44, à propos de la production d'Eve.

[54] T. XIII, p. 279.

tout ce qui s'en était dit, ne pouvait en donner une parfaite connaissance ni certitude. Tout ce qui se dit de Jésus-Christ jusqu'à ce qu'il se manifeste lui-même à l'âme, n'est que *parabole* et énigme, au prix de ce qui s'en connaît après sa manifestation : car il faut que ce soit lui qui vienne dans l'âme et qui se manifeste soi-même : il faut que ce soit lui qui parle et qui se fasse connaître ; afin qu'elle en ait quelque haute et sûre connaissance[55]. Au premier temps caractérisé par la révélation en parabole, c'est-à-dire par « figures et énigmes »[56], s'oppose le temps de la manifestation de Jésus lui-même dans l'âme. Par ailleurs, le verset exposant la prédication du « Royaume du ciel »[57] : « Le Royaume du ciel est semblable à un trésor caché dans un champ », est commenté, sans que l'auteur signale la transposition à laquelle elle s'est livrée, de cette façon : « Le Royaume intérieur est bien comparé à un trésor caché dans un champ ».

De plus, si Mme Guyon commente verset après verset l'ensemble des paraboles de *Matthieu*, XIII, le semeur, l'ivraie, le grain de sénevé, le levain, le trésor caché dans un champ, montrant que « rien n'explique mieux l'intérieur »[58] et qu'elles désignent la conduite de Dieu « dans chaque homme en particulier »[59], elle omet totalement les versets 36-43 ; or ce sont les versets où Jésus-Christ répond aux disciples qui lui avaient demandé de leur dire en clair (διασαφησον, *edissere*) la parabole de l'ivraie. C'est l'explication « claire » donnée par Jésus-Christ lui-même que Mme Guyon omet, alors qu'elle avait donné dix pages plus haut de cette parabole sa propre interprétation qui était de nature « historique », c'est-à-dire appliquée à l'état

---

[55] T. XIII, pp. 279-280.

[56] Ici Mme Guyon pense à *I Cor.*, XIII, 12 : « videmus nunc per speculum in ænigmate ».

[57] En *Matth.*, XIII, 44, bien cité par Mme Guyon dans sa citation du texte évangélique avant son commentaire, t. XIII, p. 280.

[58] T. XIII, p. 274.

[59] T. XIII, p. 272.

de l'Eglise et à celui de « chaque homme »[60], interprétation par le triomphe dans l'âme de chacun du « fruit du pur amour », Dieu lui-même recevant après leur purification « toutes les âmes revenues à la pureté de leur création »[61]. Or Jésus en donnait une interprétation messianique et eschatologique par « la fin du monde »[62], au moment où le Royaume du Père succédera au règne messianique du Fils. Entre les deux interprétations, celle de Jésus-Christ, que Mme Guyon omet, et celle qu'elle présente elle-même, il y a sinon contradiction, du moins un écart considérable.

Tel est donc le principe fondamental d'interprétation de Mme Guyon ; tout au long des pages de son *Explication* : la Bible est une immense allégorie de l'intérieur. Or, comme elle pose aussi que dans l'Ecriture tout est signifiant, qu'un « mot n'est pas mis sans sujet »[63], que chaque élément, même infime, a rapport avec cet intérieur, le commentaire sera d'une extrême minutie. Il pourra même faire intervenir la comparaison entre les versions, Septante, Vulgate, et celle des versions avec l'hébreu. Mais, malgré les apparences, il ne faut pas voir dans ces comparaisons le moindre souci critique. Il y a retour à la lettre du texte, mais ce retour à la lettre non seulement n'est pas critique, mais est en contradiction avec toute démarche critique : ainsi à propos de *Job*, IV, 6, « Où est cette crainte de Dieu, où est cette force, cette patience ? », elle ne se réfère au terme hébreu traduit par crainte, mais signifiant respect, sens du sacré[64], que pour apporter un argument scripturaire en faveur de

---

[60] Cf. t. XIII, p. 272.

[61] T. XIII, p. 273.

[62] « *In consummatione sæculi* », v. 40.

[63] T. VII, p. 74, à propos de *Job*, VII, 5 : « Ma chair est couverte de pourriture », Mme Guyon commente le mot *induta* de la Vulgate au sens de « vêtue ».

[64] Alors que la Vulgate « *ubi est timor tuus ?* » suivait les Septante, ο φοβος σου.

la spiritualité du pur amour qui bannit la crainte des douleurs, des privations et des châtiments[65].

Ailleurs, comme dans le cas du livre de *Judith*[66] dont on sait qu'il est conservé en deux versions, la dualité des textes permet de présenter un sens littéral selon les Septante et un sens mystique selon la Vulgate de saint Jérôme, cette dernière ayant le mérite d'introduire le terme *caritas*, point de départ de réflexions sur l'amour pur, et de distinguer deux sens mystiques, l'un de l'ordre de l'ascétisme, la lutte contre l'orgueil, l'autre concernant l'amour pur. Nous pourrions multiplier les exemples de ce comparatisme en trompe l'œil qui n'est qu'un moyen de donner des bases bibliques à une spiritualité, et à l'inverse de confirmer l'autorité de la Bible en établissant son accord avec une expérience spirituelle[67].

Il ne s'agit donc pas, pour Mme Guyon, d'établir une vérité historique autre que celle que soutient l'historicité contemporaine du lecteur, l'historicité du *hic et nunc* de l'expérience intérieure. Les personnages de la Bible, simples figures, ne parlent pas pour les hommes de leur temps mais pour les lecteurs mystiques qui seront capables de les entendre ; ainsi Mme Guyon, au fil des pages, institue la figure du lecteur en destinataire des paroles des personnages bibliques. Sur *Job*, X, 20-22, elle écrit : « Job parlait de tous ses états, les entremêlant, parce qu'il ne parlait pas seulement pour lui, mais pour toutes les âmes qui seraient comme lui dans ce terrible passage de la vie à la mort et de la mort à la vie »[68]. Les paroles ne sont adressées au lecteur que par un détour, elles dépassent celui qui les prononce, et ce n'est que par une sorte d'effraction ou de surprise

---

[65] T. VII, pp. 42-43.
[66] *Judith*, IX, 13, t. VI, p. 156.
[67] Un autre exemple très significatif à propos de *Psaume*, LXVII, 7, t. VIII, p. 327, à comparer avec l'explication donnée en 1691 par Bossuet, *Liber Psalmorum*, Lyon, 1691, p. 202.
[68] T. III, p. 157.

que le lecteur saisit pour lui ce qui est écrit par un autre qui ignore à qui il s'adresse. Mme Guyon le marque à plusieurs reprises dans son commentaire des *Psaumes*. Ainsi à propos de *Psaume*, LIV, 9, « J'attendais celui qui m'a délivré du découragement et de la tempête », elle commente : « Pour entendre ce que David veut dire, il faudrait avoir son esprit. Il parle d'une manière qu'il lui semble que tout le monde doive entendre ce qu'il éprouve : il fait comme ceux qui rêvent et qui disent de temps en temps des mots qui ne peuvent expliquer qu'à eux-mêmes leurs pensées, et non aux autres »[69]. C'est ce que plusieurs fois, d'une belle expression, elle appelle ne parler « qu'à demi ». Sur *Psaume*, XXXV, 6, « Seigneur, votre miséricorde est dans le ciel », elle commente ainsi : « Qui croirait que la *miséricorde est dans le ciel*, vu que l'on en ressent infiniment les effets dessus la terre ? Mais c'est une expression de David, qui ne parle dans les *Psaumes* qu'à demi, et qui ne laisse pas de signifier beaucoup. Il veut dire que *la miséricorde* de Dieu sur les âmes ne sera connue que dans le ciel, non plus que les moyens dont il se sert pour sauver les hommes »[70].

L'étude, même rapide, des procédures d'interprétation mises en œuvre dans les commentaires bibliques de Mme Guyon nous conduit donc au seuil de la spiritualité qu'elle ne cesse de prêcher et de justifier : le pur amour, l'oraison, les épreuves, l'état apostolique, un messianisme de l'intérieur, la prédication de la bonne nouvelle de l'intérieur. Il conviendra d'analyser comment ces grands thèmes se retrouvent dans sa lecture de la Bible. En un double mouvement, la Bible justifie la mystique et la mystique est preuve expérimentale de la vérité de la Bible. Il s'opère pour ainsi dire, avec cette lecture mystique de l'Ecriture, un débordement des problèmes et des impasses criti-

---

[69] T. VIII, p. 274.

[70] T. VIII, p. 173 ; cf. encore sur *Psaume*, XLVIII, 9 : « David parle ici d'une âme que Dieu veut élever à la jouissance de sa fin, et comme il exprime dans ses Psaumes ses pensées à Dieu, qui les connaît mieux qu'il ne les connaît lui-même, il se contente de demi-mots » (T. VIII, p. 251).

ques, mais sans doute au prix d'autres problèmes et d'autres impasses, l'effacement du sens littéral, si on n'appelle littéral que le sens qui se réfère à des faits « historiques » et non pas seulement celui qui désigne l'histoire de l'âme mystique.

CHAPITRE XII

POUVOIR ET SAVOIR DE LA FEMME D'APRÈS
L'ŒUVRE DE JEANNE GUYON

Jeanne-Marie Bouvier de la Motte-Guyon (1648-1717)[1]
exerça un intense apostolat mystique, voyagea entre la France,

[1] Sur Mme Guyon, voir M. Masson, *Fénelon et Mme Guyon*, Documents nouveaux et inédits, Paris, Hachette, 1907 ; H. Delacroix, *Etudes d'histoire et de psychologie du mysticisme. Les grands mystiques chrétiens*, Paris, Alcan, 1908 [Rééd. sous le titre *Les grands mystiques chrétiens*, Paris, Alcan, 1938] ; L. Cognet, *Crépuscule des mystiques. Le conflit Fénelon-Bossuet*, Tournai, Desclée et Cie, 1958 [Rééd. Paris, Desclée et Cie, 1991] ; L. Cognet, « Guyon (Jeanne-Marie Bouvier de la Motte) », dans *Dictionnaire de spiritualité*, t. 6, fasc. XLIII, col. 1306-1636 ; J. Le Brun, *La spiritualité de Bossuet*, Paris, Klincksieck, 1972 ; Fénelon, *Correspondance*, texte établi et commentaire de J. Orcibal, Paris, Klincksieck, 1972 et sv., Genève, Droz, 1987 et sv., 17 vol. parus ; J. Le Brun, « Quiétisme », dans *Dictionnaire de spiritualité*, t. 12, fasc. LXXXV, col. 2805-2842 ; M. - L. Gondal, *Madame Guyon (1648-1717). Un nouveau visage*, Paris, Beauchesne, 1989 ; Mme Guyon, *La passion de croire*, Textes choisis et présentés par M. - L. Gondal, Paris, Nouvelle Cité, 1990 ; *id.*, *Récits de captivité. Inédit*, Texte établi, présenté et annoté par M. - L. Gondal, Grenoble, Millon, 1992 ; id., *Les Torrents et Commentaire au Cantique des Cantiques de Salomon*, Texte établi, présenté et annoté par C. Morali, Grenoble, Millon, 1992 ; id., *Le Moyen court et autres écrits. Une simplicité*

la Savoie, le Piémont, rédigea une œuvre considérable encore lue aujourd'hui. Sa doctrine et son action rencontrèrent de vives oppositions et Fénelon qui se fit son disciple, paya cruellement sa fidélité à celle qui lui avait fait connaître les mystiques. Après de longs emprisonnements, elle se retira près de Blois où elle fut en correspondance à la fois spirituelle et politique avec de nombreux disciples, français, anglais, néerlandais, allemands, ce qui lui assura une postérité spirituelle jusqu'à l'aube du romantisme. Telle fut cette femme qui exerça, malgré les obstacles, une influence importante dans le champ de la spiritualité et qui put indirectement jouer un rôle politique non négligeable. Le pouvoir qu'elle a exercé, ce qui « autorisait » son action, c'était le savoir qui lui était supposé : un savoir sur la vie intérieure, savoir théorique sans doute mais surtout savoir reposant sur ce qu'elle appelait son « expérience », une science, la « science des saints »[2].

Plutôt que de retracer l'histoire mouvementée des efforts, tantôt suivis de succès, tantôt aboutissant à l'échec, de Mme Guyon pour transmettre cette expérience, et de montrer par quels moyens, la parole, les écrits, l'autobiographie, la poésie, la correspondance, elle est parvenue dans une certaine mesure à ses fins, nous nous attacherons à un ensemble limité de textes rédigés dans la première partie de sa carrière apostolique. Même si l'étude de sa vie, de ses stratégies littéraires et sociales et des obstacles rencontrés nous permettent de mesurer l'étendue des pouvoirs d'une femme dans la France de Louis XIV, il est intéressant de partir de textes où elle expose de façon expli-

---

subversive, Texte établi et présenté par M. - L. Gondal, Grenoble, Millon, 1995. Voir surtout Jeanne-Marie Guyon, *La Vie par elle-même et autres écrits biographiques*, Edition critique avec introduction et notes par Dominique Tronc, Paris, Champion, 2001 ; et plus haut chap. XI.

[2] Sur cette expression et ce qu'elle désignait au XVIIe siècle, cf. M. Bergamo, *La science des saints. Le discours mystique au XVIIe siècle en France*, Grenoble, Millon, 1992. L'expression est usuelle chez Mme Guyon elle-même, cf. *Discours chrétiens et spirituels*, Cologne, 1716, t. II, p. 127.

cite quels ont été les savoirs supposés et les pouvoirs exercés par un certain nombre de femmes « historiques », ou connues par des « histoires », femmes qui l'ont fascinée, en qui elle s'est reconnue et à qui elle a prêté bien des traits de sa propre expérience.

Ces histoires de femmes, Mme Guyon les trouvait dans la Bible. En 1684, à Grenoble, en un temps de très actif apostolat spirituel auprès de religieux et de laïcs, elle rédigea en six mois un commentaire de toute la Bible ; immense explication, verset par verset, de l'Ecriture, qui comprendra vingt volumes lorsqu'en 1713 - 1715 Pierre Poiret la publiera[3]. Cette explication se présente comme une grande allégorie de l' « intérieur » : sans écarter d'autres sens, sans nier le messianisme christologique et l'eschatologie qui faisaient le fond de l'interprétation traditionnelle de l'Ecriture, Mme Guyon met au premier plan, comme visée ultime de la Bible, l'intention de figurer l'aventure de l'âme, l'itinéraire spirituel vers le pur amour. Or, dans son explication, elle rencontre des femmes auxquelles la Bible donne un rôle capital dans l'histoire du salut ; analyser ce qu'elle écrit à propos de ces femmes sera une voie d'accès à la question qui nous occupe. Alors qu'une génération plus tôt le P. Pierre Le Moyne faisait l'éloge de femmes de la Bible, Debora, Jahel, Judith et Esther[4], en exaltant leur héroïsme avec toutes les ressources de la rhétorique, ekphrasis, antithèses, développements, composition de sonnets, mais ne présentait que des leçons mo-

---

[3] *Le Nouveau Testament de Notre Seigneur Jésus-Christ*, Cologne, 1713, 6 volumes ; *Les Livres de l'Ancien Testament*, Cologne, 1714-1715, 12 volumes. Réédité par Dutoit-Membrini, *La Sainte Bible avec des explications & Réflexions qui regardent la vie intérieure*, Paris, 1790, 20 volumes ; c'est cette dernière édition que nous citerons.

[4] *La Gallerie des femmes fortes*, Paris, 1647 ; cité d'après la réédition de Paris, 1660, respectivement pp. 1, 31, 45, 56.

rales visant à la lutte contre les vices et à la pratique des vertus[5], Mme Guyon voit dans les femmes de la Bible des figures de celles qui, comme elle-même, sont introduites dans la voie de la mystique. Pour elle, c'est l'expérience des spirituels modernes qui soutient l'interprétation du texte biblique, et inversement le texte biblique « autorise » les femmes qui dans les temps modernes vivent la spiritualité mystique : il leur donne « autorité ». Nous retiendrons cinq de ces femmes : Rébecca dans la *Genèse*, Debora dans le livre des *Juges*, Ruth, Judith et Esther dans les livres qui portent leur nom, nous réservant de faire allusion à d'autres figures féminines qui apparaissent de façon plus épisodique dans la Bible.

I. Le savoir qui est supposé à la femme est un savoir d'ailleurs, c'est-à-dire autre que les savoirs officiels et que ceux qui fondent les orthodoxies théologiques : Mme Guyon s'attache aux figures de femmes de la Bible parce que ce sont des « étrangères ». Elle a bien vu que dans les généalogies christiques un certain nombre de figures étrangères se glissent, rompant la linéarité de la succession messianique, et que le salut d'un peuple ou d'une ville passe souvent par l'improbable et quasi miraculeuse intervention d'une femme.

De ce point de vue le livre de *Ruth*, l'histoire d'une entrée, pour ainsi dire par effraction, dans la généalogie christique[6], est exemplaire et les « Explications et Réflexions » qu'en donne Mme Guyon insistent sur cet aspect. Que ces explications soient, selon ses mots ou ceux de son éditeur Poiret, « des allégories presque continuelles » de « la vie intérieure », le fait opère une sorte de transfert de messianisme, des perspectives

---

[5] Seules allusions précises au delà des lieux communs, l'éloge des veuves et de Debora comme régente, allusions transparentes à la régente Anne d'Autriche, veuve de Louis XIII, pp. 4, 8.
[6] Cf. *Matthieu*, I, 5.

christologiques aux perspectives mystiques, mais laisse à la femme « étrangère » une position centrale dans la transmission d'un salut. Noémi et ses deux belles-filles, Ruth et Orpha, qui étaient Moabites, quittent « une *terre étrangère*, qui est celle du monde corrompu »[7] ; les belles-filles sont enlevées « comme des conquêtes » tirées du monde qui « est un pays d'idolâtrie » ; « elles quittent toutes deux leur pays »[8], mais Ruth seule persévère dans cette séparation. Elle ressemblait aux pécheurs, car elle habitait « dans leur terre »[9], « comme banni[e] de Dieu, et dans un pays très éloigné de lui »[10], mais cette étrangeté n'était que moyen de les « gagner » à lui. Leitmotiv de l'explication de *Ruth* par Mme Guyon, le caractère d' « étrangère » de Ruth est de nouveau mentionné au moment de la rencontre avec Booz[11] : « *D'où me vient ce bonheur*, d'être gratifiée de mon Dieu au point que je la suis, moi qui lui étais comme *étrangère* [...] ? »[12] ; et le thème se déploie dans les remarques de Mme Guyon sur les derniers versets du livre de *Ruth*[13] : « Tout le reste du chapitre ne sert qu'à faire voir l'excès des miséricordes que Dieu a fait à cette étrangère, qui a mérité non seulement d'être mère du saint Roi *David*, ce qui est un grand avantage, mais de plus d'être mère de Jésus-Christ selon la chair, puisqu'il est né d'elle. L'Evangéliste, qui ne nomme que quatre femmes dans toute la généalogie de Jésus-Christ, nomme celle-là »[14].

Autre étrangère, insérée dans la lignée messianique, le personnage de Rébecca intervient dans le commentaire de Mme Guyon sous la forme de l'allégorie : ici encore le messianisme vise selon l'auteur le royaume de l'intérieur, de la mystique et

---

[7] T. III, p. 204.
[8] T. III, p. 206.
[9] T. III, p. 211.
[10] *Ibid.*
[11] *Ruth*, II, 10.
[12] T. III, p. 216.
[13] *Ruth*, IV, 17-22.
[14] T. III, pp. 247-248 ; cf. *Matth.*, I, 5.

Rébecca est figure de la charité. Mais Mme Guyon insiste sur le caractère d'étrangère de cette femme qui sera pour ainsi dire prise comme passeuse du salut. Etrangère que le serviteur va chercher « *dans le pays* des enfants de Dieu »[15], dans la Mésopotamie, « le pays où l'on craint Dieu, quoiqu'en multiplicité », d'où « on tire les personnes dociles, afin de les introduire dans le pays de paix et d'union »[16]. Eliézer vient la chercher de cet ailleurs pour la mener au « pays où il la veut conduire »[17] et, soulignée par Mme Guyon et interprétée par elle comme la décision de celui qui entre dans la voie mystique[18], la réponse de Rébecca, « j'irai »[19], signe la séparation qui permet à la femme d'entrer dans le mouvement messianique (soit le messianisme christique, soit le messianisme spirituel) et de rencontrer celui qui « va au-devant d'elle » parce que son âme est « sortie d'elle-même »[20].

Quant à Esther, elle est aussi étrangère ; bien plus, comme Mme Guyon l'écrivait aussi de Ruth[21], elle est « esclave », elle ne pense « qu'à souffrir la peine de [son] esclavage »[22]. Mme

---

[15] T. I, p. 126-127, cf. *Gen.*, XXIV, 4. Rébecca est « étrangère » comme le sera la Samaritaine de l'Evangile dont elle est la figure.

[16] T. I, p. 129, cf. *Gen.*, XXIV, 10.

[17] T. I, p. 134.

[18] Sur le *volo* des mystiques, voir M. de Certeau, *La Fable mystique*, Paris, Gallimard, 1982, pp. 225-242 : « Un préalable : le "volo" (de Maître Eckhart à Madame Guyon) ». Cf. Mme Guyon, *Discours chrétiens et spirituels*, Cologne, 1716, t. II, p. 398 : « Ce n'est pas moi qui dis *je veux*, ô mon Amour ; c'est vous, ô mon Tout ».

[19] T. I, p. 138 : « Ce seul mot, *j'irai*, suffit pour tout exprimer en une âme qui commence d'être instruite des voies que tient la foi, qui sont toutes simples », cf. *Gen.*, XXIV, 58.

[20] T. I, p. 139.

[21] T. III, p. 232 : « celle qui était libre est esclave, et il faut que je me fasse esclave pour la rendre libre. Elle lui répondit : *Je suis Ruth, votre servante* [...] », tissu de formules évangéliques et pauliniennes.

[22] T. VI, p. 174, à propos d'*Esther*, II, 8. Le thème sera un peu plus tard, en 1688, développé par Racine qui, tout en atténuant comme Mme Guyon les allusions bibliques au harem et aux mœurs orientales, en fera un des ressorts

Guyon insiste sur le caractère d'Esther, « cette pauvre esclave »[23], en reprenant le thème traditionnel de l'esclavage du
péché et du retournement qui fait de la « pécheresse », comme
Madeleine[24], la mieux aimée de Dieu. En tout cas, ici encore la
femme se situe pour ainsi dire ailleurs, et c'est de cette distance
et de cette différence qu'elle tire le savoir qu'on lui suppose et le
pouvoir qu'elle exercera sur les puissants.

La femme dans l'Ecriture, selon l'interprétation guyonienne,
incarne ainsi la faiblesse et la simplicité ; le thème certes est
traditionnel et l'on ne compte pas les auteurs qui à l'époque moderne ont affirmé et tenté de démontrer la faiblesse féminine[25].
En insistant sur leur simplicité, Mme Guyon reprend, en le cen-
trant sur la figure de la femme, ce que les spirituels modernes
ont maintes fois écrit du sauvage, de l'illettré, de l'enfant ou du
fou, des « pauvres gens, esprits grossiers et idiots, enfants sans
raison et sans science »[26], dépositaires d'une sagesse qu'ils ignorent et qu'ils transmettent même à leur insu ; du jeune homme
du coche de Surin au crocheteur aperçu par Mme Guyon près de
Notre-Dame, ces figures traversent la spiritualité du XVIIe siècle[27] : la femme et la mystique sont dans l'œuvre de Mme
Guyon les meilleures incarnations de cette figure.

Avant son acte héroïque, Judith était « une simple
femme »[28] : qui a vaincu Holopherne, « ce ne sont ni les Titans

---

dramatiques de sa pièce, cf. Racine, *Esther*, I, 1, v.27 (« captive »), 39
(« esclaves »), 104 (« sous un ciel étranger comme moi transplantées »), etc.

[23] T. VI, p. 177.

[24] T. VI, pp. 175, 177, etc.

[25] Encore Fénelon, dans *De l'éducation des filles*, en 1687, lorsqu'il notera « la
faiblesse naturelle des femmes », ch. I, dans *Œuvres*, Bibl. de la Pléiade, t. I,
Paris, Gallimard, 1983, p. 92.

[26] Mme Guyon, *Vie [...] écrite par elle-même*, Cologne, 1720, t. I, p. 42.

[27] Cf. M. de Certeau, *La Fable mystique*, *op. cit.*, pp. 280-329.

[28] T. VI, p. 167 : « O Judith, qui avant votre perte pour le salut de votre peuple
étiez une simple femme, cachée dans la retraite, vous avez bien pris une place
nouvelle ! ».

ni les Géants »[29], « c'est une simple femme, la chose du monde
la plus faible dont Dieu s'est servi pour le détruire, et il s'est
servi de ce qu'il y avait de plus faible dans la faiblesse même,
pour exécuter son dessein »[30], de la même façon que Ruth est
« véritable humble » dont l' « humilité n'est point une humilité
affectée »[31]. Simples, faibles sont ces femmes qu'à partir de
l'Ecriture exalte Mme Guyon : on pense à ces bergères qui, dans
les fables pédagogiques de Fénelon, seront élevées au sommet
de la gloire[32], ou aux bergères dont, à propos de *Sagesse* III et
d'*Ecclésiastique* IV, Mme Guyon vante la sagesse plus grande
que celle des sages[33]. C'est donc un savoir particulier, éloigné
du savoir des savants, qui est supposé à la femme et qui sans se
définir fonde le pouvoir qu'on lui reconnaît. Reste à analyser les
aspects de ce paradoxal pouvoir.

II. Le pouvoir de la femme s'exerce d'autre façon que le
pouvoir des grands, des savants, des puissants : l'affrontement
de Judith avec Holopherne, d'Esther avec Assuérus, les rapports
de Ruth avec Booz ou de Rébecca avec Eliézer et Isaac ne se
définissent pas sur le mode du rapport de puissance à puissance
mais selon des modalités particulières. La première, la plus
évidente peut-être, qui a conduit certains à parler comme Bayle
du livre de *Judith* comme d'un « Roman pieux »[34], c'est le pouvoir de la séduction. Qu'il s'agisse de Ruth, de Judith ou d'Esther, ou même de Rébecca et de Susanne, c'est toujours de sé-

---

[29] *Judith*, XVI, 8, dans Mme Guyon t. VI, p. 170.

[30] T. VI, p. 171. Voir encore sur la simplicité d'Esther, t. VI, p. 176.

[31] T. III, p. 216. Voir encore sur l'humiliation, t. III, p. 211.

[32] Cf. Fénelon, *Œuvres*, éd. cit., t. I, pp. 175, 178, 182, 187, etc.

[33] Cf. t. X, p. 261 : « une petite bergère, sans savoir et sans esprit, aura plus
d'intelligence de l'Ecriture qu'un homme docte qui ne fait pas céder les lumières acquises aux lumières divines », et p. 312 : « une bergère instruite par la
Sagesse instruirait les plus grands Philosophes ».

[34] Bayle, *Dictionnaire historique et critique*, 5ème éd., Amsterdam, 1734,
p. 488.

duction, même involontaire, qu'il s'agit, séduction en vue d'obtenir l'union avec un homme, d'entrer dans la généalogie qui s'ouvre ou se poursuit avec lui, ou de le tromper en lui faisant croire à la sincérité d'une démarche. C'est d'ailleurs l'aspect épithalamique[35] ou les ruses de l'héroïne qui ont rebuté les commentateurs et ont pu faire écarter certains de ces livres du canon scripturaire[36]. Mme Guyon n'a pas de ces timidités, faisant de ces figures féminines les figures du rôle que la femme mystique joue auprès des hommes qu'elle veut conduire à la vie intérieure et mettant dans la « beauté » le secret de leur pouvoir[37].

Le rapport avec l'homme, fondé sur la séduction, se développe ensuite sous différentes formes et il importe de dégager quelques-uns des caractères de la femme par qui se fait le passage ou l'entrée dans une autre voie, dans un autre pays, selon Mme Guyon ceux de la vie intérieure. Le premier caractère est la fécondité, même paradoxale. Qu'il s'agisse d'une vierge, comme il est écrit de Rébecca[38] et d'Esther[39], ou d'une veuve

---

[35] Cf. t. III, p. 128 : sur *Juges* V, 3, et le cantique de Debora : « C'est ce divin épithalame qui n'est entendu que de Dieu et de l'âme qui le chante ».

[36] On se reportera ainsi au jugement très moral de Bayle sur le livre de *Judith* dans son *Dictionnaire*, loc. cit.

[37] A propos de *Judith*, XVI, 8, t. VI, p. 171 : « [...] *la beauté* est ce qu'il y a de plus faible en la femme : c'est cette beauté qui a terrassé cet orgueilleux, qui se faisait appeler la gloire des Assyriens ». Cf. aussi à propos de la beauté d'Esther, *Esther* II, 15, t. VI, pp. 176-177 : « Mais quoique cette âme ne se soucie point des ornements, sa simplicité la rend si *belle*, et *si parfaitement* belle, que sans nul ornement elle ne laisse pas de plaire et d'être infiniment *agréable à* l'Epoux, et plus aimée de lui que nulle autre ». Et de même à propos de Rébecca, *Genèse* XXIV, 16, t. I, p. 131 : « *Elle était très belle*, car rien n'est si beau que la charité, qui se rend *agréable* à tous ».

[38] T. I, pp. 131-132 : « Elle était *vierge*, parce que la charité est toujours pure ; et que tirant son origine de Dieu même, elle se conserve toujours chaste au milieu des créatures, sans se salir par leur commerce ».

[39] Cf. *Esther*, II, 2-3, versets non commentés par Mme Guyon. Elle ne commente pas non plus le fait qu'Esther est orpheline (*Esther*, II, 7), que Racine reprendra (Racine, *Esther*, I, 1, v.46).

comme Judith[40] et comme Noémi et ses deux belles-filles, toutes veuves, c'est par la parole et par l'écriture que s'exerce son pouvoir : c'est par des « paroles », paraphrasées en une longue page par Mme Guyon[41], que Judith commente son geste, en rend grâces à Dieu et développe les « merveilles » que Dieu a faites par elle[42] ; et c'est aussi par des « écrits », des « lettres » que, sur l'ordre d'Assuérus, Esther manifeste son pouvoir[43] : avec le « don d'écrire » accordé à la femme et fondé sur l'autorité de celui qui lui envoie son Esprit, c'est évidemment au-delà de l'acte d'écrire d'Esther celui de Mme Guyon qui est évoqué ; il suffit de comparer les lignes qu'elle écrit sur Esther avec la description qu'elle donnera de la rédaction, sous la motion de l'Esprit, de ses commentaires scripturaires : « Vous ne vous contentâtes pas de me faire parler, mon Dieu, vous me donnâtes de plus le mouvement de lire l'Ecriture sainte [...] il me fut donné d'écrire le passage que je lisais, et aussitôt tout de suite il

---

[40] T. VI, p. 143, à propos de *Judith*, VIII, 4 ; p. 153, tout le début du chapitre VIII de *Judith* s'appliquant fort bien à Mme Guyon veuve elle-même, riche, autrefois fort belle, etc. Cf. aussi *Judith*, IX, 3. Sur le thème, si important, du veuvage chez Mme Guyon, voir aussi son commentaire de *I Tim.* V, 3, t. XVIII, pp. 686-687.

[41] Néanmoins Mme Guyon sait reconnaître l'ambiguïté de la parole féminine : cf. t. VIII, p. 197, à propos du *Psaume* XXXVIII : « la plupart des personnes qui commencent à goûter Dieu dans leur fond, surtout celles de notre sexe, ont une démangeaison la plus grande du monde de parler, parce qu'elles goûtent en parlant un je ne sais quoi qui les charme : cependant elles évaporent leur feu, qui s'éteint peu à peu, au lieu qu'il s'allumerait par le silence et par l'oraison ».

[42] T. VI, p. 165 : « Il faut examiner toutes ces paroles [...] Mais que lui dit Judith ? Se loue-t-elle ? Vante-t-elle son pouvoir ? Ou bien par humilité cache-t-elle les miséricordes de Dieu et ce qu'il a fait par elle ? Elle ne fait ni l'un ni l'autre. L'âme qui n'a plus de propriété dit simplement les choses [...] ».

[43] Sur *Esther*, VIII, 8, t. VI, p. 206 : « C'est alors que Dieu accorde à ces âmes le don *d'écrire* pour soutenir ces voies, et qu'il les élève d'autant plus, que plus elles ont été anéanties. Mais il faut que ces *lettres* soient signées ou *scellées de l'anneau du Roi*, qui est l'Esprit et la volonté de Dieu. O alors ces écrits ont un poids et une autorité à *laquelle personne ne peut contredire* ; et c'est cet Esprit de Dieu qui donne force et autorité à ces écrits ».

m'en était donné l'explication »[44]. Mais ainsi « stylée à l'opération de Dieu qui [la] faisait écrire », pour reprendre les mots de la *Vie de Madame Guion écrite par elle-même*[45], la femme exerce son action dans la forme où se manifeste par excellence l'inspiration, par des poésies et des cantiques. Mme Guyon note que la plupart des femmes de la Bible dont elle présente l'expérience et l'action comme figures de celles des mystiques modernes ont écrit poésies et cantiques : quelques années après que Mme Guyon ait rédigé ses commentaires scripturaires, Racine rassemblera dans la Préface de son *Esther* les noms des femmes de l'Ancien Testament qui composèrent et chantèrent des poèmes : Marie sœur de Moïse[46], Debora, Judith[47]. Les poésies et les chants de ces femmes annoncent aux yeux de Mme Guyon ceux qu'elle-même composera en grand nombre et qui seront après sa mort publiés en 4 volumes en 1722 : les chapitres IV et V des *Juges* lui donnent l'occasion de commenter le grand poème que Debora après sa victoire chante avec Barac et de fonder l'implicite comparaison qu'elle établit avec elle-même : si le cantique de Debora lui apparaît comme un chant de victoire sur le « propre intérêt »[48], sur la « propriété »[49], elle exalte avec lyrisme dans son commentaire le « moi » de celle qui fut « prophétesse »[50] et poète, à qui « se communiqua » « l'Esprit de Dieu »[51] : « Ecoutez, Rois ; Princes, prêtez l'oreille : c'est moi,

---

[44] *La Vie de Madame [...] Guion écrite par elle-même*, Cologne, 1720, t. II, p. 221.

[45] *Ibid.*, t. II, p. 228.

[46] Cf. *Ex.*, XV, 20.

[47] Cf. Racine, *Œuvres complètes*, éd. R. Picard, Bibl. de la Pléiade, t. I, Paris, Gallimard, 1950, p. 832.

[48] T. III, p. 126.

[49] T. III, p. 127. Contrairement au commentaire littéral et historique qu'en 1691 dans son *Liber Psalmorum additis canticis* (Lyon, 1691, p. 475-481) donnera Bossuet.

[50] T. III, p. 108 ; c'est le titre que donne à Debora *Juges,* IV, 4 : hébr. *ischâh nebiah*, LXX γυνη προφητις.

[51] T. III, p. 108.

c'est moi, qui chanterai un cantique au Seigneur, au Dieu d'Israël »[52]. Il faut citer toute cette page de Mme Guyon, exaltation de la femme à la fois pour son acte et pour la parole poétique et prophétique dans laquelle, « en ravissement d'esprit »[53] elle le chante : « Debora parle divinement dans son transport, et elle convie toutes les puissances de la terre, comme en les défiant, de l'*écouter*. Il semble qu'elle leur veuille dire, que tout leur pouvoir ne peut jamais leur donner l'avantage qu'elle possède. *C'est moi, c'est moi*, dit-elle, qui suis en état (par la transformation que Dieu a faite de mon âme en lui-même) de *lui chanter un cantique* digne de lui. O qu'il faut que l'âme soit dans un sublime état pour chanter ce cantique ! C'est ce divin épithalame qui n'est entendu que de Dieu et de l'âme qui le chante : c'est le cantique qui se commence sur la terre, et qui doit se continuer dans le ciel durant toute l'éternité. Tel fut celui de Moïse et de Marie sa sœur »[54].

Le « cantique de Judith, écrit Mme Guyon, est celui que l'âme chante à son Dieu après la destruction de la propriété, et lorsqu'elle se trouve comblée de mille richesses qu'elle n'avait pas : alors elle chante ce cantique »[55]. Comme elle l'avait fait pour celui de Debora, Mme Guyon paraphrase longuement ce cantique de triomphe où la femme chante sa victoire et le pouvoir de celui qui à travers elle a agi[56].

La parole et le chant sont plus des moyens d'exalter après coup un pouvoir que des instruments de ce pouvoir. Lorsque Mme Guyon expose quel est le pouvoir de la femme, c'est en

---

[52] *Juges*, V, 3, commenté t. III, p. 127 : hébr. *anokhi*, LXX εγω, vulg. *ego sum*.

[53] T. III, p. 139 ; même expression t. VIII, p. 337 à propos d'une prophétie de David dans le psaume LXVII.

[54] T. III, pp. 127-128.

[55] T. VI, pp. 169-170.

[56] A propos de *Proverbes* X, Mme Guyon écrit : « les lèvres du juste ne servent que d'instrument à Dieu qui parle par lui, et instruit qui il lui plaît » (t. X, p. 36).

montrant que la femme l'exerce en étant pour les autres, pour l'homme en particulier, une mère, une nourrice, un guide. Et la victoire de la femme a pour effet, comme nous l'avons indiqué, de l'introduire dans la suite d'une filiation et d'une généalogie. La femme est mère pour celle ou pour celui qu'elle guide et qu'elle fait accéder au monde de l'intérieur. Dans le livre de *Ruth*, où la structure des rapports entre homme et femme est d'autant plus complexe que les personnages féminins essentiels sont deux, Noémi la belle-mère, Ruth la belle-fille, c'est Noémi qui est pour Ruth à la fois une mère[57] et une « guide fidèle »[58], elle lui donne une « instruction »[59], ou un « commandement »[60]. Comme l'écrit Mme Guyon en retraçant les rapports qui unissent les deux femmes, Noémi est la « mère spirituelle » de Ruth[61] et cette dernière ne fait pas « comme les personnes entêtées de leur manière d'agir »[62]. Il y a, dans ce commentaire, de belles pages sur la « filiation spirituelle » et sur la façon dont se transmet cette filiation de la « mère » à la « fille », de cette dernière à ses « enfants », et ainsi de suite ; il s'agit là de l'instauration d'une « hiérarchie » que Mme Guyon décrit en termes dionysiens ; chaque âme s'efface devant celle qui la précède et dont l' « influence » la fait vivre : « Il n'y a rien qui donne plus de joie à une mère spirituelle que de voir les heureux succès que Dieu donne à ses soins. Qu'une telle mère aurait de joie de voir tous ses enfants la surpasser en grâce et en faveur auprès de

---

[57] En *Juges*, V, 7, Debora est dite « une mère en Israël », ce que Mme Guyon commente de façon allégorique : « avant que la grâce, comme une autre *Debora, se soit levée* comme *mère*, pour rendre à cette âme la vie que le péché lui avait ôtée », t. III, p. 130. Cf. p. 135 : « comme une bonne mère qui suivait ses enfants ». D'après *Genèse*, XXIV, 14, Mme Guyon écrit de Rébecca : « il fallait que *la femme* d'Isaac fût mère et nourrice du peuple de foi », t. I, p. 131.
[58] T. III, p. 206.
[59] T. III, p. 228.
[60] T. III, p. 229.
[61] T. III, p. 224 ; cf. p. 221 : « elle rend à sa mère spirituelle un compte très exact », 225 : « très habile mère spirituelle », p. 245.
[62] T. III, p. 224.

Dieu ! Mais d'où vient qu'il est dit ici que c'est le nom de Noémi qui *se conserve* ? C'est la hiérarchie admirable des Saints, aussi bien que des Anges, où les âmes supérieures influent sur les inférieures. Une âme de cette sorte n'existe plus qu'en Dieu : tout ce qui est pour la gloire de Dieu fait la sienne ; comme elle ne regarde que Dieu dans la conduite des âmes, tout le bien qui leur arrive est son propre bien ; c'est en cette manière spirituelle que le nom de Noémi est conservé »[63]. Il est vrai que ces pages nous en apprennent plus sur la conduite de Mme Guyon avec ses disciples que sur le sens littéral de la Bible. Ainsi elle écrit sur *Ruth*, IV, 15, des lignes qu'il faut encore citer : « Les enfants spirituels qui sont gagnés par Ruth appartiennent à sa mère. On ne saurait croire combien la filiation spirituelle touche plus que la naturelle : les enfants spirituels sont infiniment plus chers et plus intimes que les autres. C'est à présent que l'on peut justement attribuer à Noémi le conquante-quatrième chapitre d'Isaie : *Réjouis-toi, stérile, qui n'enfantais point, car les enfants de celle qui est délaissée sont en bien plus grand nombre que de celle qui a un mari.* Une *fille* spirituelle, comme Ruth, *vaut* véritablement *mieux que sept fils*, tant parce qu'une âme de ce degré plaît bien plus à Dieu qu'un grand nombre d'autres, que parce qu'il n'y a rien d'égal au courage qu'il faut avoir pour en venir jusques là. Ces âmes sont plus rares qu'on ne peut dire »[64]. Mère spirituelle, elle manifeste dans son rapport avec sa disciple ce que nous appelions séduction : « Noémi était extrêmement habile, et savait très bien la manière d'engager les jeunes cœurs dans le service de Dieu [...] C'est comme un défi qu'elle leur fait. Elle les engage d'un côté avec de nouvelles tendresses ; et de l'autre côté elle leur offre de s'en retourner [...] »[65] ; et un peu plus loin Mme Guyon interprète la conduite de Noémi

---

[63] T. III, pp. 245-246.
[64] T. III, p. 246.
[65] T. III, p. 205.

en en faisant le modèle de celle d'un « directeur » spirituel[66]. Noémi est pour Ruth une « mère », elle est aussi un « guide »[67]. Ainsi se tisse entre Noémi et Ruth un « rapport d'âmes », pour reprendre les mots de Mme Guyon à propos d'*Ecclésiastique* XXXVII, 15-16[68], rapport d'âmes qui se substitue à la fois aux rapports de parenté ou à l'inscription généalogique, et aux rapports de puissance dont les images et les histoires guerrières de la Bible sont des figures.

Ces histoires guerrières sont donc une façon de représenter les pouvoirs de la femme et les luttes que doit affronter celle qui entre ou guide dans la voie de l'intérieur. Si, comme nous l'avons vu, Debora est prophète, elle est aussi « juge » et chef de guerre, « office » « bien au-dessus de celui d'une femme »[69]. Les chapitres IV et V des *Juges* longuement commentés par Mme Guyon associent un récit de combats et un chant de victoire. L'argumentation de Mme Guyon est que pour « des femmes en aider d'autres dans la vie spirituelle »[70] n'est pas signe d'orgueil et que l'exercice de ce pouvoir s'accompagne de désappropriation intérieure. Debora a donc un « caractère d'auto-

---

[66] T. III, p. 208 : « C'est une prudence au directeur, de sonder l'esprit d'une personne pour voir sa portée [...] Il faut conduire les âmes droit à Jésus-Christ [...] », etc.

[67] T. III, p. 204 : « une *mère* et un guide » ; p. 206 : « ma guide fidèle » ; p. 229 : les « personnes qu'il nous donne pour guides ». Ailleurs, à maintes reprises, Mme Guyon souligne que la tâche de Debora est d'« aider » les autres, t. III, pp. 108, 109, 110, 111, etc., et elle la compare à un « directeur choisi de Dieu », p. 112.

[68] T. X, pp. 338-339 : « Il est de grande conséquence de *faire union* avec quelque personne spirituelle, lorsqu'on en trouve : mais il faut qu'il y ait *rapport d'âmes*, de voie, d'état : sans ce rapport d'âme et d'intérieur, il est impossible que cette amitié spirituelle subsiste. Il faut que ces amis spirituels prennent part à nos maux, qu'ils en connaissent la nature par leur expérience, qu'ils soient en état d'aider et de redresser lorsque l'on aurait fait un faux pas dans les ténèbres, car on ne saurait bien connaître les fausses démarches, à cause de l'obscurité où l'on est alors ».

[69] T. III, p. 108.

[70] T. III, p. 108.

rité »[71] qui lui vient de ce que « le Tout-Puissant parlait par sa bouche »[72] : « Cette femme admirable donne ordre à l'armée »[73]. La façon dont Mme Guyon interprète les rapports entre Debora et Barac, les hésitations de l'homme à aller seul au combat et son désir que la femme l'accompagne, illustre bien la répartition des rôles entre homme et femme, exécutant et guide, missionnaires et personnes inspirées qui les accompagnent. Là s'explicitent les rapports entre hiérarchie ecclésiastique et hiérarchie mystique, pour reprendre les expressions de Denys l'Aréopagite que Mme Guyon utilise volontiers[74] : l'homme (le roi, le prêtre, l'homme de guerre) a besoin de l' « appui » de la femme investie d'une mission et dont les « conseils » sont inspirés par « l'Esprit de Dieu »[75]. Ainsi s'instaure entre l'homme et la femme une collaboration : « Barac est victorieux dans cette femme »[76], elle l' « encourage » et, si la femme le conduit,

---

[71] T. III, p. 112.

[72] *Ibid.*

[73] T. III, pp. 112-113.

[74] Cf. t. VIII, p. 315 à propos du *Psaume* LXIV, 11.

[75] T. III, pp. 113-114, sur *Juges*, IV, 8 : « Il est aisé de voir que le cœur de l'homme paraît aujourd'hui un cœur de femme, et que le cœur de la femme se trouve un cœur mâle et généreux. *Barac* est choisi parmi un si grand peuple comme le plus propre à conduire l'armée : cependant il s'en défend, et il lui faut l'appui d'une femme ; et cette femme le lui accorde avec un courage invincible. Le secret de cela est, qu'il y avait en Barac un cœur d'homme, qui bien que fort courageux, est toujours très faible ; et qu'il y avait en Debora le cœur de Dieu, qui peut tout, parce qu'il agit et opère dans ces âmes qui lui sont entièrement abandonnées par excès de foi et de confiance.

« Ceci se peut encore expliquer de cette sorte, que Barac, prévenu de l'éminence de la grâce de Debora, et assuré qu'il était de sa mission et que le Seigneur était avec elle, lui dit, que si elle ne veut pas l'accompagner dans celle qu'elle lui donne de la part de Dieu, qu'il n'entreprendra point le combat. Il serait bien nécessaire que les missionnaires eussent cette défiance d'eux-mêmes, et qu'ils se fissent toujours accompagner par des personnes remplies de l'Esprit de Dieu, et qu'ils en suivissent avec humilité les conseils ».

[76] T. III, p. 117.

« c'est *Dieu lui-même* qui *le conduit* »[77]. Redoublant même le motif de la femme victorieuse du chef de guerre, motif que nous montrerons développé par Mme Guyon à propos de l'histoire de Judith, le livre des *Juges* insère dans le récit de la guerre le meurtre de Sisara exécuté par ruse par Jahel ; et Mme Guyon commente *Juges*, IV, 21 : « Aussi le Seigneur ayant dessein d'instruire de plus en plus ce peuple, et de lui faire connaître que c'est lui seul qui défait tous les ennemis et les met en déroute détruisant leur chef, il le fait tuer par une femme, et une femme étrangère, amie selon l'apparence de celui qu'elle tue : afin que tout soit attribué à Dieu seul »[78].

Tout le livre de *Judith*, développé par le commentaire de Mme Guyon, exalte ainsi le pouvoir de la femme inspirée directement par Dieu, comme déjà l'histoire de Debora le suggérait, mais maintenant, de façon plus explicite, se découvrent les conséquences sociales et ecclésiologiques des développements de Mme Guyon. Judith convoque les « prêtres »[79], les admoneste vivement en stimulant leur courage, elle leur parle « avec autorité et fermeté »[80] et les prêtres acceptent la réprimande, reconnaissant que la femme est « sainte » et manifeste une

---

[77] *Ibid.* : « Dieu conduit dans les tentations par le dedans en même temps qu'il donne quelqu'un au dehors : l'on peut dire aussi que *Dieu conduit* lui-même quand il conduit par une âme anéantie et vraiment apostolique ; car *ce n'est plus elle qui vit, mais Jésus-Christ qui vit en elle* [*Gal.*, II, 20] ».

[78] T. III, p. 122.

[79] Elle est « celle qui entreprend de corriger les Prêtres (Directeurs et Supérieurs) qui bornent le pouvoir de Dieu » (t. VI, p. 143). Soucieux d'exactitude, Poiret note, t. VI, p. 145, que ces « prêtres » sont plutôt des « anciens » ou des « sénateurs du peuple », et il conclut sa longue note : « Ce qui n'empêche pas que comme les Israélites figuraient les Chrétiens, leurs anciens et supérieurs ne marquassent aussi les Prêtres, Pasteurs et Conducteurs spirituels de l'Eglise et des âmes chrétiennes, de même que David, Roi et conducteur du peuple, représentait très bien les Pasteurs et les Conducteurs spirituels dans le Christianisme, et c'est à quoi reviennent les explications de l'auteur sur le sujet dont il s'agit ici ».

[80] T. VI, p. 146.

« fermeté qui est digne de Dieu »[81], et donnant à cette femme « une espèce de congé »[82] : ils reconnaissent à la fois la sainteté de la femme et la « dépendance » où elle est par rapport à eux[83]. Mme Guyon commente longuement ces versets du chapitre VIII de *Judith*[84] qui lui donnent l'occasion de dessiner à l'usage des « prêtres » de son temps une ligne de conduite fidèle à l'« intérieur » et respectueuse de la femme en qui s'exprime l'Esprit.

L'exemple de l'attitude d'Esther[85] permet à Mme Guyon de fonder des revendications analogues, et en chaque cas ses conseils aux « prêtres » rejoignent ceux qu'elle adresse aux « princes » : Dieu « les instruit par des femmes »[86]. Nous trouvons dans les exemples privilégiés des Judith et des Esther un motif qui parcourt tout le commentaire guyonien de l'Ecriture, l'obéissance totale à Dieu, la revendication de la liberté intérieure, la dénonciation des puissants, « Princes » et « Prélats »[87]

---

[81] T. VI, p. 150-151 : « Ces prêtres [ces anciens, ces conducteurs des autres] ne sont pas de la sorte. Ils sont persuadés et gagnés en même temps : ils avouent que ces paroles sont de Dieu et qu'il faut que celle à qui il se communique pour les déclarer, soit une *femme sainte* ».

[82] T. VI, p. 153.

[83] *Ibid.* Sur ce paradoxe d'une indépendance foncière et d'une soumission qui n'est pas feinte mais reconnaissance d'un ordre social étranger à l'« intérieur », voir t. VI, p. 152 : « il veut que celle-ci consulte ses ministres, quoiqu'elle ne soit pas en état de faire ce qu'ils voudraient : il faut même qu'elle les associe dans le dessein de son entreprise sans la leur déclarer ». Nous avons ici un bon témoignage de la radicale séparation, dont nous avons parlé plus haut, chez Mme Guyon de la hiérarchie ecclésiastique et de la hiérarchie mystique.

[84] T. VI, pp. 144-153 ; cf. p. 145 : « Si le courage de Judith est grand, l'humilité de ces prêtres n'est pas moindre. S'ils avaient voulu regarder les choses dans l'ordinaire, seraient-ils venus à la parole d'une femme ? Et qui est le docteur et le casuiste qui ne condamnerait pas cela de faiblesse, et l'action de Judith d'un orgueil et d'une présomption effroyable ? ».

[85] Cf. *Esther*, III, 8, t. VI, pp. 182-184.

[86] Sur *Judith*, VIII, 9, t. VI, p. 145.

[87] T. VI, p. 184.

qui, sourds à la parole de l'Esprit, persécutent ceux qui prêchent la vie intérieure[88].

III. Ainsi c'est un double paradoxe qui est mis en lumière à partir des figures féminines de la Bible, figures de la femme mystique moderne. Le premier que nous avons plusieurs fois mis en lumière, est celui du lien entre l'abaissement et l'élévation. Mme Guyon ne cesse de le redire, c'est de l'anéantissement que naît l'élévation, de la position la plus désespérée que naît l'espoir, du mal apparent et de la perte que sort le salut. Judith en est l'exemple le plus évident, que Mme Guyon développe longuement. En effet Judith sauve tout le peuple, au prix de la faute qu'elle semble accepter et commettre, au prix de la honte de se livrer à Holopherne ; d'où toute une argumentation développée à l'envi par Mme Guyon pour démontrer que contrairement aux apparences « elle n'a point *péché* »[89], elle n'a été « *souillée* en aucune manière »[90] : « je n'ai paru perdue que pour vous délivrer. Sur ceci il est bon de remarquer, que toutes les pertes que l'âme fait sont des pertes qui enfantent le salut ; car l'âme ne se perd pas pour demeurer perdue, mais pour se retrouver en Dieu, et plus sa perte est extrême, plus son salut est

---

[88] On trouvera d'innombrables références dans les commentaires des *Evangiles* à propos des Pharisiens (t. XIII, pp. 169, 173, 174, 175, 187 : « L'on ne saurait croire combien les docteurs et les dévots propriétaires suscitent de persécutions aux âmes intérieures », 234, 310, 313-314, et dans ceux de l'*Apocalypse* sur les faux dévots, les princes de l'Eglise, les prêtres, ces « étoiles » (t. XX, pp. 123-124) dont est annoncée la chute, ainsi que le commentaire de *I Tim.* V, 22, très dur sur les « évêques qui font des prêtres indignes du sacerdoce » (t. XVIII, p. 687). Cf. aussi *Discours chrétiens et spirituels*, t. I, « Discours LXV, Dégât et rétablissement de l'Eglise », pp. 450-452, contre les « Pasteurs Idoles qui vous dites les prêtres du Très Haut [...] Vous êtes tous menteurs et la vérité n'est point en vous ».

[89] T. VI, p. 164.

[90] *Ibid.*

assuré »[91]. Les débats sur les prétendues immoralités des « quiétistes » sont de toute évidence à l'arrière-plan de cette argumentation, comme dans le commentaire qu'écrit Mme Guyon sur l'histoire de Susanne racontée dans le livre de *Daniel*[92], Susanne que les vieillards, des « personnes d'autorité », « veulent obliger d'agir contre la volonté de Dieu déclarée ou cachée »[93]. Le cas d'Esther pourrait paraître aussi scabreux, mais de même que Racine, comme nous l'avons vu, gomme toute allusion au harem d'Assuérus, Mme Guyon dans son interprétation du livre d'*Esther* se contente de commenter les versets 8 et 15 à 18 du chapitre II (sans commentaire du chapitre I ni des autres versets du chapitre II) et d'expliquer ensuite de façon continue les chapitres III et suivants. Esther, selon l'interprétation allégorique développée par Mme Guyon, représente seulement l'âme qui est sortie de « l'esclavage du péché »[94] et la séduction qu'elle exerce sur le roi ramenée à l'attrait de la « simplicité » « sans nul ornement »[95]. Cependant Mme Guyon insiste sur le fait que « la loi n'est point pour » Esther[96], qu'elle a

---

[91] T. VI, p. 164, avec citation qui suit de *Marc*, VIII, 35.

[92] *Daniel*, XIII, cf. t. XI, p. 368 et sv.

[93] T. XI, p. 369 : Susanne mourut « mystiquement », « immolée à la mort » et à « l'infamie », « comme criminelle et comme suppliciée pour [ses] crimes ». Susanne est la figure des « âmes affligées, condamnées, accusées, persécutées », p. 370.

[94] T. VI, p. 174.

[95] T. VI, pp. 176-177.

[96] T. VI, p. 187 : « O Esther, ne savez-vous pas que celui qui d'esclave vous a fait Reine, peut vous exempter de cette loi de *mort* ? La loi n'est point pour vous, qui étant unie si intimement au Roi, ne pouvez encourir la loi de disgrâce et de mort, mais bien la loi d'amour » ; cf. p. 189 : « *Je m'exposerai à violer la loi* de mon Roi [...] peut-être ne suis-je pas comprise dans cette loi ». On rapprochera de ces lignes le long développement de Mme Guyon dans ses *Discours chrétiens et spirituels* (t. II, pp. 252-258) sur la question de savoir si le juste est « soumis à la loi ou volonté de Dieu » : « Dieu en dispense en deux manières ; l'une est lorsque Dieu veut perdre et faire mourir l'âme, et l'autre lorsque l'âme est morte et ressuscitée » (p. 254).

raison de risquer de « se perdre », de « s'exposer »[97].

A travers le commentaire guyonien se dessinent les grandes lignes d'une apologétique, les âmes intérieures faussement accusées de violer la loi pouvant trouver chez les femmes de l'Ancien Testament des figures et des modèles : pour ces âmes intérieures aussi il y a passage « de la mort à la vie », des « plus extrêmes bassesses et ignominies » à « une lumière toute nouvelle »[98]. Or ce passage par l'abaissement et l'anéantissement est cause de la fécondité de ces âmes et de ces femmes. Certes, comme nous l'avons vu, Esther est orpheline, Judith veuve, Rébecca vierge, Ruth encore à personne[99], mais toutes deviennent « mères » en s'insérant dans la généalogie du salut, en sauvant leur peuple, en étant mères des âmes intérieures, comme la Vierge Marie avec qui Mme Guyon compare implicitement Judith[100], Ruth[101] ou Debora[102], ou comme Mme Guyon elle-même en cent endroits se dit « mère » de ses disciples. Cette fécondité de la femme ouvre la voie à un nouveau « temps » et nous retrouvons ici toute une tendance apocalyptique familière à Mme Guyon et visible dans ses commentaires bibliques et maint autre texte. Au sens étymologique, des secrets sont « cachés », seuls certains sont capables de les découvrir, c'est-à-dire ceux qui ont été « choisis » pour cette tâche : la femme en particulier et Mme Guyon elle-même doivent transmettre aux

---

[97] T. VI, p. 188.

[98] T. VI, p. 206. Cf. t. XI, p. 373 à propos de Susanne : « Dieu ne manqua jamais de *sauver ceux qui espèrent en lui*. O Dieu ! ceux qui ne veulent pas s'abandonner à vous, vous blasphèment d'actions s'ils ne le font pas de bouche ! O abandon ! ô espérance ! ô confiance ! vous êtes la voie des voies et la sûreté de la sûreté même ! Mais afin que le sacrifice ne fût pas sans être achevé, il fallut que les vieillards mourussent pour Susanne, comme le bélier pour Isaac, avec cette différence que le bélier était innocent, et ces hommes étaient coupables ».

[99] Cf. les mots de Booz : « A qui est cette fille ? », *Ruth*, II, 5, t. III, p. 213.

[100] Paraphrase de l'Annonciation, t. VI, p. 166.

[101] De même t. III, p. 216.

[102] Allusions implicites au Magnificat, t. III, p. 130.

autres ces secrets. Ainsi s'ouvrira un temps nouveau, une ère nouvelle, un règne nouveau, qui annoncent le second avènement de Jésus-Christ, la fin des temps. C'est surtout dans le commentaire de l'*Apocalypse* que ces tendances apocalyptiques, voire millénaristes sont exprimées, mais elles sont perceptibles en bien d'autres œuvres de Mme Guyon.

Ce millénarisme vise l'instauration du règne de l'Esprit, le règne de l' « Intérieur », la contemplation, l'amour pur[103]. Tel est pour Mme Guyon le secret de l'*Apocalypse*, « quantité de mystères cachés et profonds que Jésus-Christ y découvre d'une manière très obscure et cependant assez claire pour ses serviteurs à qui il en donne plus de goût que de capacité d'exprimer ce qu'ils conçoivent »[104]. Dans sa lecture de l'*Apocalypse*, Mme Guyon annonce l'arrivée des « derniers temps »[105] et leur proximité : « *car le temps* de l'accomplissement de ces paroles *est proche*, tant dans toute l'Eglise en général que dans l'âme même qui a le bonheur d'en être venue là »[106]. Une double apocalyptique se dessine, liant destin de l'Eglise et destin de l'âme, temps nouveau de l'institution réciproquement lié au temps nouveau de l'intérieur[107] ; « le temps des saints », « le siècle des saints », n'est pas refoulé dans le passé, mais il « va venir », et cela d'autant plus que « la malice » paraît être à son comble[108]. L'image de la prison et des chaînes laisse entrevoir la liberté, la rupture des chaînes et l'ouverture des portes « tout d'un coup »

---

[103] A propos de *Luc* XVII, 20-21, elle écrit : le Royaume de Dieu « c'est l'intérieur », *Discours chrétiens et spirituels,* t. I, p. 58.

[104] T. XX, p. 3.

[105] T. XX, p. 4.

[106] T. XX, p. 7, sur *Apoc.*, I, 13.

[107] Cf. t. XX, p. 11 : « Le temps va venir que presque tous les hommes deviendront intérieurs ».

[108] T. XX, p. 62, cf. aussi p. 65 : « Il est certain que le temps va venir que les plus pures lumières vont être découvertes à l'Eglise. Il n'y aura plus rien de terrestre et d'animal, mais tout sera spirituel et divin. Les hommes sembleront avoisiner le soleil, comme l'aigle, par les pures lumières qui leur seront données », sur *Apoc.*, IV, 7.

et « avec plus d'éclat »[109]. Ces temps nouveaux s'ouvrent par des persécutions : « Les témoins fidèles de la vérité de l'Eglise » sont persécutés et mis à mort par « les enfants de l'Eglise » eux-mêmes[110], comme Jacob avait été persécuté par Esaü[111], et, au-delà des thèmes classiques du millénarisme, on reconnaît une interprétation par Mme Guyon de l'histoire contemporaine analogue à celle que développait Jurieu et que réfutait vigoureusement Bossuet[112].

Ces « temps nouveaux » seront aussi ceux de la manifestation de la vérité des Ecritures : jusqu'ici énigmatiques, ces vérités « paraîtront plus clair que le jour » ; ainsi l'immense commentaire guyonien qui culmine dans l'explication de l'*Apocalypse*[113] prend place dans le grand mouvement d'attente et de manifestation de la fin des temps et de l'ouverture d'un temps nouveau[114]. Ainsi à travers l'*Apocalypse* c'est du peuple des « véritables intérieurs »[115] qu'est annoncée à la fois la persécution et le futur triomphe, peuple revêtu du même caractère qui se reconnaîtra à travers le monde[116]. Si les paroles de l'*Apoca-*

---

[109] T. XX, p. 75.

[110] T. XX, p. 160.

[111] T. XX, p. 161, cf. t. I, p. 160, où Jacob est dit le père « de tous les grands contemplatifs qui se sont fait distinguer du reste des hommes ».

[112] Cf. Bossuet, *L'Apocalypse avec une explication*, Paris, 1689.

[113] Même si l'explication de l'*Apocalypse* a été rédigée en premier.

[114] T. XX, p. 179 : « Cependant il viendra le temps où ces vérités qui sont déclarées si clairement dans vos Ecritures et qui toutefois n'y sont point connues, et ne passent que pour des énigmes, paraîtront plus clair que le jour ».

[115] T. XX, p. 199.

[116] T. XX, p. 206 : « En quelque lieu du monde que se trouvent des âmes marquées du caractère de Jésus-Christ, on les verra toutes parler le même langage, et agir de la même manière » ; cf. p. 207 sur toutes les âmes qui « sont unies à [l'Agneau] d'une manière si particulière que l'on peut dire qu'elles résident avec lui en union d'unité d'esprit ». Des remarques à peu près semblables à propos de *Psaume*, XXI, 28, et avec référence à *Apoc.*, XX, 3, t. VIII, p. 99.

lypse ont été écrites « il y a près de dix sept siècles »[117], c'est en son temps que le « règne de Jésus » est accompli « dans une grande quantité de cœurs, y ayant plus de personnes intérieures dans ce siècle qu'il n'y en a jamais eu »[118]. Mme Guyon fait donc de sa lecture de l'histoire contemporaine de l' « intérieur », ses persécutions et ses succès, le critère de l'interprétation de l'Ecriture.

Cette lecture appelle plusieurs séries de remarques. D'abord les schèmes joachimistes et la conception des « âges » du monde se trouvent présents dans le commentaire de Mme Guyon qui établit un parallèle entre les âges de l'Eglise et les états des âmes ; nous avons vu comment ecclésiologie et spiritualité se répondaient, de façon réciproque, dans son apocalyptique : « Il y a trois âges dans l'Eglise comme il y a trois états dans les âmes que Dieu conduit jusques à la fin. Le premier âge de l'Eglise, c'est celui où Jésus-Christ était VOIE : alors tous marchaient sur ses pas ; et c'était le siècle des Martyrs [...] Le second âge de l'Eglise a été de Jésus-Christ comme VERITE, et cet âge a été des Confesseurs non Martyrs [...] Le troisième âge qui doit venir, et qui vient bientôt, est celui de Jésus-Christ comme VIE [...] et cet âge doit durer jusques à la fin du monde, jusques au temps de l'Antéchrist »[119]. Qu'ailleurs elle parle de « quatre états de l'Eglise et de ses saints », pour tenir compte des quatre animaux qui sont les Evangélistes[120], a peu de conséquences, n'introduisant qu'un dédoublement du second âge. Dans sa *Vie [...] par elle-même*, elle commente les mots de Jésus-Christ à la mort « *Emisit spiritum* »[121] comme l'annonce

---

[117] T. XX, p. 394.

[118] *Ibid.*

[119] T. XX, p. 13 ; voir aussi sur les « trois âges de l'Eglise » t. XX, p. 358-359 avec un long parallèle entre l'Eglise et « l'âme particulière ».

[120] T. XX, pp. 63-67 ; les quatre temps sont « le temps des Martyrs », celui « des saints confesseurs », celui « des saints solitaires et anachorètes », et « celui qui va venir » où « tout va devenir intérieur ».

[121] *Matth.*, XXVII, 50.

du Règne de l'Esprit, succédant au Règne du Père (avant l'Incarnation) et à celui du Fils (par l'Incarnation)[122], « règne où cet Esprit-Saint doit faire accomplir aux hommes, en se communiquant à eux, sa volonté sur la terre comme elle s'accomplit dans le ciel, sans répugnance, sans résistance, sans retardement et infailliblement »[123]. Et quelques pages auparavant, elle évoquait, un jour de Pentecôte, les « martyrs du Saint-Esprit », qui succèdent aux « martyrs du vrai Dieu » et aux martyrs qui « ont répandu leur sang pour soutenir la vérité de Jésus-Christ crucifié »[124]. Si les mystiques évoquent volontiers le martyre de l'amour et si Fénelon parle du « martyre intérieur du pur amour »[125], les tendances millénaristes clairement exprimées à plusieurs reprises par Mme Guyon ne se laissent deviner au XVIIe siècle qu'au détour des textes et chez des femmes qui, comme Marie des Vallées ou Marguerite-Marie Alacoque, ont pu fasciner les spirituels mais n'ont pas été reconnues de leur temps par les institutions[126].

Ensuite cette conception de ton joachimiste des âges du monde et des trois règnes chez Mme Guyon[127] a pour conséquence que la christologie se trouve pour ainsi dire remaniée : l'apparition du dernier âge est interprétée « comme un second

---

[122] *Vie [par elle-même]*, Cologne, 1720, t. III, pp. 77-78.

[123] *Ibid.*, p. 78.

[124] *Ibid.*, p. 75. Ces pages 75-79 sont toutes animées par l'enthousiasme du Règne commencé de l'Esprit, pages publiées textuellement, sous forme d'un « discours », quatre ans avant l'édition originale de la *Vie* (1720), dans les *Discours chrétiens et spirituels*, t. II, pp. 348-351.

[125] *Œuvres*, Bibl. de la Pléiade, t. I, p. 602.

[126] Sur ces thèmes voir J. Le Brun, « Mutations de la notion de martyre au XVIIe siècle d'après les biographies spirituelles féminines », dans *Sainteté et martyre dans les religions du livre, Problèmes d'histoire du christianisme*, éd. par J. Marx, Bruxelles, Editions de l'Université de Bruxelles, 1989, pp. 77-90.

[127] Conception dénoncée par H. de Lubac, *La postérité spirituelle de Joachim de Flore*, t. I, Paris, Lethielleux, 1979, pp. 225-226.

avènement de Jésus-Christ »[128]. Et Mme Guyon interprète l' « Evangile éternel » de l'*Apocalypse*[129] comme « L'Evangile de la Volonté de Dieu, qui a toujours été et sera toujours [...] l'Evangile de sa vérité, inconnue à tous les hommes »[130], et ailleurs comme « le pur amour »[131], « œconomie de la Création, et sa fin aussi bien que de la Rédemption »[132]. Par le règne de l'intérieur seul, la Rédemption aura toute son étendue[133] et le sacrifice qui a lieu « dans les âmes d'un profond anéantissement »[134] est « le même sacrifice » que celui de la Croix et celui de l'Eucharistie[135].

Enfin Mme Guyon pose une réalisation littérale de ce qui est exprimé dans l'*Apocalypse*, non pas concernant le jugement dernier mais le Règne de Jésus-Christ dans « l'intérieur »[136]. Et,

---

[128] T. XX, p. 172 : « L'Eglise est prête d'enfanter l'Esprit intérieur qui est son véritable Esprit ; *elle est grosse* de cet esprit, qui est comme un second avènement de Jésus-Christ » ; on notera quand même le « comme ».

[129] *Apoc.*, XIV, 6.

[130] T. XX, p. 212. Et Mme Guyon ajoute à propos de cet Evangile éternel : « cela est aussi vrai que l'Ecriture même » (p. 213).

[131] « Le pur amour est *l'Evangile éternel* », *Discours chrétiens et spirituels*, Cologne, 1716, t. I, p. 323.

[132] *Ibid.*, p. 323 ; cf. p. 327 : « Nous sommes donc appelés à rentrer dans l'ordre de la Création, qui est l'amour pur ; c'est le dessein de la Rédemption ».

[133] T. XX, p. 75 : « La Rédemption de Jésus-Christ n'aura pas son étendue dans toute la terre que cela ne soit de la sorte ».

[134] T. XX, p. 312.

[135] T. XX, pp. 311-312. Bien que plus discrètement, on perçoit encore le remaniement de la christologie, avec le glissement de l'Incarnation historique à une incarnation mystique, dans le commentaire que fait Mme Guyon du verset « Une Vierge concevra, et elle enfantera un fils, qui sera appelé Emmanuel » d'*Isaïe*, VII, 14 : alors que Marie est à la fois vierge du corps et vierge de l'âme, Dieu opère dans les âmes mystiquement « ce qu'il opéra en Marie réellement » ; ainsi l'âme tirée du sépulcre et devenue vierge « est en état de *concevoir* en elle et d'endanter dans les autres ce divin EMMANUEL » (t. XI, pp. 23-24).

[136] « Il n'y a rien dans tout le livre de l'Apocalypse qui ne doive arriver à la lettre, avant l'entière manifestation de la vérité. Car S. Jean ne décrit point ici le jugement dernier, mais l'avènement de Jésus-Christ dans les âmes, son

contre ceux qui, suivant le sens littéral, donnent une interprétation « historique » du livre, elle soutient, au risque de glisser vers un millénarisme « fanatique » comme celui de Jurieu, que l'on peut déjà lire dans le présent l'accomplissement des promesses : « Je sais que l'on dira que ces choses sont arrivées, du moins la plus grande partie, dans le sens littéral. Mais, patience ! on le verra arriver assurément comme je le décris. Il y en a déjà une partie d'arrivé depuis plus de quatre ans que ce livre est écrit. Octobre 1688 »[137].

L'interprète en qui parle l'Esprit a donc le privilège de dire le vrai sur l'Ecriture et Mme Guyon, forte de ce savoir inspiré, dévoile avec certitude le sens des promesses. Femme, elle en sait plus que les sages de l'Eglise qui persécutent les âmes intérieures. Serait-elle allée au comble de l'outrecuidance dont l'ont accusée ses adversaires ? Se serait-elle reconnue dans la Femme de l'*Apocalypse* ? Une rêverie qu'elle raconte dans sa *Vie* semble ne laisser aucun doute : « Une nuit que j'étais fort éveillée, vous me montrâtes à moi-même sous la figure (qui dit figure ne dit pas la réalité : le serpent d'airain, qui était la figure de Jésus-Christ n'était pas Jésus-Christ), vous me montrâtes, dis-je, à moi-même sous la figure de cette femme de l'Apocalypse (*Apoc.*, 12, v.1 etc.) qui a la lune sous ses pieds, environnée du soleil, douze étoiles sur sa tête, et qui étant enceinte, criait dans les douleurs de son enfantement. Vous m'en expliquâtes le mystère. Vous me fîtes comprendre, que cette lune qui était sous ses pieds, marquait que mon âme était au-dessus de la vicissitude et de l'inconstance dans les événements, que j'étais

---

Règne intérieur et extérieur par toute la terre et tout ce qui doit arriver durant ce temps et avant ce temps », t. XX, p. 155.

[137] T. XX, p. 119. Elle peut affirmer ailleurs que l'Antéchrist est arrivé : « On dit, il est vrai, que l'Antéchrist doit venir auparavant. Hélas ! il n'est que trop venu ! Il est répandu dans toute la terre. Tous ceux qui s'opposent au règne de Jésus-Christ sont des antéchrists [...] combien de Sociniens, de mauvais chrétiens qui portent sur leurs personnes *le signe de la bête, son nom* (*Apoc.*, XIII, 16), etc. ? » *Discours chrétiens et spirituels*, t. I, p. 71.

toute environnée et pénétrée de vous-même, que les douze étoiles étaient les fruits de cet état et les dons dont il était gratifié, que j'étais grosse d'un fruit, qui était cet esprit que vous vouliez que je communiquasse à tous mes enfants, soit de la manière que j'ai dit, soit par mes écrits, que le Démon était cet effroyable dragon qui ferait ses efforts pour dévorer le fruit et des ravages horribles par toute la terre... »[138]. Bossuet qui connaîtra ces pages manuscrites dénoncera dans la *Relation sur le quiétisme* les « illusions » d' « une femme dont les lumières étaient si courtes »[139]. A lire le récit de cette rêverie, il semble bien que les traits d'un joachimisme annonçant l'âge de la Femme se trouvent chez Mme Guyon[140]. Il est vrai que, lorsqu'elle commente le chapitre XII de l'*Apocalypse* dans son explication de *La Sainte Bible*, elle se montre beaucoup plus prudente que dans son rêve éveillé : les trois significations de cette femme sont alors « la vérité qui doit être enfantée sur la terre », l'Eglise « prête d'enfanter l'Esprit intérieur », et enfin l'oraison[141] ; très discrète cette fois, Mme Guyon ne fait pas allusion à celle qui pourrait être l'instrument de cet enfantement. Cependant il n'est pas certain que cette prudence corresponde à la conviction la plus profonde de Mme Guyon. Le fragment d'autobiographie publié jadis par M. Masson laisse entrevoir une imperturbable certitude de la grandeur de la mission d'une femme « choisie » par Dieu, d'une femme appelée à chanter « le

---

[138] *La Vie de madame [...] Guion, écrite par elle-même*, Cologne, 1720, Seconde partie, p. 149 ; on lira en ces pages 149 et 150 le récit de toutes ces persécutions et la façon dont elle en sortira.

[139] *Œuvres complètes*, éd. Lachat, t. XX, Paris, 1864, p. 100. Fénelon trouvera facilement des excuses à ces textes de Mme Guyon, *Œuvres*, Bibl. de la Pléiade, t. I, pp. 1115-1116. Voir aussi le commentaire donné par H. Delacroix de la rêverie de Mme Guyon avec une analyse de la conscience de sa « mission » qu'avait cette dernière, *Etudes d'histoire et de psychologie du mysticisme, op. cit.*, pp. 177-179.

[140] Sur ce joachimisme, cf. M. de Certeau, *La Fable mystique, op. cit.*, p. 187 et n. 75.

[141] T. XX, p. 171 et sv.

cantique de l'Agneau », à être « dominatrice de ceux qui domi-
nent » et à s'appliquer les paroles destinées à Pierre : « ce que je
lierai sera lié, ce que je délierai sera délié, et je suis cette pierre
fichée par la croix [...] qui servira [...] à l'angle de l'édifice intérieur »[142], triomphe symbolique de la femme persécutée résu-
mant en soi hiérarchie mystique et hiérarchie ecclésiastique, et
médiateur privilégié du salut et de l'accomplissement eschatologique. Les institutions ecclésiastiques ne pouvaient que réagir
devant cet « enthousiasme » ; que ce soit une femme qui développe ces thèmes eschatologiques ne pouvait qu'accroître leur
méfiance.

---

[142] M. Masson, *Fénelon et Mme Guyon*, Paris, 1907, pp. 11-12.

CHAPITRE XIII

CENSURE PRÉVENTIVE ET LITTÉRATURE RELIGIEUSE
EN FRANCE AU DÉBUT DU XVIIIe SIÈCLE

I. L'institution

Etabli en 1563, le système des privilèges[1] donnait au pouvoir royal une possibilité de contrôle sur la production imprimée : sollicité par un libraire ou un auteur, le Chancelier accordait par lettres patentes une permission d'imprimer et un monopole temporaire, le privilège. Comme ce régime de centralisme se heurtait à la résistance des parlements de province qui continuaient à accorder des privilèges, et à celle des docteurs de la Faculté de théologie de l'Université de Paris qui revendiquaient le droit de juger les ouvrages concernant de près ou de loin la religion, le Conseil du roi créa, en 1623, quatre censeurs d'office ; la réaction de la Faculté de théologie entraîna de nouvelles offensives du pouvoir, qui, en 1629, décida que le Chancelier choisirait parmi les docteurs de la Faculté de théologie les

---

[1] Pour retracer brièvement cette histoire, nous suivons l'ouvrage essentiel de H.-J. Martin, *Livre, pouvoirs et société à Paris au XVIIe siècle (1598-1701)*, Genève, Droz, 1969, t. I, pp. 440-471 ; t. II ; pp. 678-698, 757-769.

approbateurs des livres religieux ; parallèlement des secrétaires du roi étaient chargés d'examiner les ouvrages profanes.

Au temps de Louis XIV, la surveillance de la librairie, le contrôle des ouvrages publiés et la répression efficace des infractions furent au centre des préoccupations du pouvoir : la réduction du nombre des ateliers, à partir de 1666-1667, et l'introduction d'un numerus clausus pour l'accès à la maîtrise étaient déjà des mesures qui allaient dans le sens d'un contrôle plus étroit et plus facile de la profession. Mais c'est surtout la législation du privilège et de l'approbation qui, améliorée, allait rendre plus efficace la surveillance des ouvrages destinés à être imprimés ; le Chancelier confiait le manuscrit qui lui avait été remis à un censeur : ce dernier rédigeait un rapport suivant lequel était donnée la permission d'imprimer. Système rigoureux puisqu'à plusieurs reprises furent révoqués des privilèges généraux délivrés à certains auteurs jugés dignes de confiance, système qui néanmoins ne pouvait empêcher l'impression et la diffusion clandestines de « mauvais » ouvrages, d'où une intense activité policière, sous la direction du lieutenant de police La Reynie de 1667 à 1697 ; cette action était relativement efficace à Paris, insuffisante évidemment devant la multiplication des éditions étrangères ou provinciales.

Par ailleurs, on a bien remarqué[2] que le pouvoir se trouvait pour ainsi dire garant des publications qu'il autorisait, ce qui l'obligeait à des remises en question devant le retentissement d'un ouvrage et devant des difficultés survenues à propos de livres touchant des matières controversées. A la fois pour barrer la route à d'innombrables écrits dangereux et pour surveiller de plus près les livres autorisés à paraître, une véritable réorganisation du système de prévention et de répression fut réalisée dans les dernières années du siècle. Ce fut essentiellement l'œuvre du Chancelier Pontchartrain et de son neveu, l'abbé Jean-Paul Bignon, directeur de la librairie de 1699 à juillet

---

[2] H.-J. Martin, *op. cit.*, t. II, p. 757.

1714[3] : outre un effort de recensement, à partir de 1700, des
libraires et des imprimeurs de province, et la fixation en 1704
du nombre d'ateliers autorisés en chaque ville, le Chancelier
généralisa le système des privilèges : sur simple permission du
juge du lieu, des livres anciens pouvaient jusque-là, sauf privilège accordé à un libraire, être réimprimés ; on leur étendit donc
le système du privilège, mais, pour qu'ils puissent être publiés
simultanément en plusieurs endroits, on accorda à ces livres (les
livres de piété formaient une grande partie de ce fonds) un privilège local. Les textes fixèrent les règles de cette nouvelle pratique : le 2 octobre 1701, des lettres patentes spécifièrent que
nul ne pouvait mettre sous presse un livre sans permission
scellée du grand sceau. D'autre part, des permissions simples,
sans privilège, étaient accordées pour les impressions ou réimpressions de livrets ou de livres peu importants. Ainsi, distingués par des tarifs différents, privilèges généraux, privilèges

---

[3] Outre H.-J. Martin, *op. cit.*, t. II, pp. 760-761, voir sur lui : B.N., ms . Clai-
rambault 1053, f° 135 ss. ; Saint-Simon, *Mémoires*, éd. Boislisle, t. IV, pp. 1-
3 ; VI, p. 274 ; VIII, pp. 72-76, 448-452 ; Bossuet, *Correspondance*, publ. par
Ch. Urbain et E. Levesque [cit. C.B.], t. XIII, p. 426 ; F. Ledieu, *Journal, Les
dernières années de Bossuet*, nouv. éd. par Ch. Urbain et E. Levesque, Bruges-Paris, Desclée de Brouwer, 1928-1929, 2 vol. *passim* ; Mme de Maintenon,
Lettres, publ. par M. Langlois, Paris, Letouzey et Ané, 1935-1939, t. V,
p. 397 ; G. Vuillart, *Lettres... à M. Louis de Préfontaine, 1694-1700*, introd. et
notes de Ruth Clark, Genève-Lille, Droz, 1951, pp. 44, 49, 76 ; Hugues de la
Bonninière de Beaumont, « L'administration de la librairie et la censure des
livres de 1700 à 1750 », dans Ecole nationale des Chartes, *Positions des thè-
ses soutenues par les élèves de la promotion de 1966*, Paris, 1966, pp. 71-78 ;
Jack A. Clarke, « Librarians to the King : The Bignons 1642-1784 », dans
Library Quarterly, XXXVI, 1966, pp. 293-298 ; *id.*, « Abbé Jean-Paul Bi-
gnon, "Moderator of the Academies" and Royal Librarian », dans *French
Historical Studies*, vol. VIII, n° 2, Fall 1973, pp. 213-235 ; Anne Sauvy,
Livres saisis à Paris entre 1678 et 1701, La Haye, Nijhoff, 1972 ; Françoise
Blechet, « Recherches sur l'abbé Bignon, 1662-1743, académicien et biblio-
thécaire du roi d'après sa correspondance », dans Ecole nationale des Chartes,
Positions des thèses... de 1974, Paris, 1974, pp. 21-27 ; John D. Woodbridge,
« Censure royale et censure épiscopale : le conflit de 1702 », dans *Dix-
huitième siècle*, n° 8, 1976, pp. 333-355.

locaux et permissions simples devaient saisir dans leurs mailles l'ensemble de la production imprimée de la France.

Pratiquement, l'auteur d'un livre ou le libraire présentait un manuscrit aux services de l'abbé Bignon : sur un double registre (l'un aux archives de la chambre syndicale des libraires, l'autre, copie du précédent, conservé par le Directeur de la Librairie), étaient mentionnés le titre, éventuellement le nom de l'auteur, le nom de celui qui présentait le manuscrit, la date à laquelle ce dernier était remis à un censeur. Le censeur à qui le manuscrit était confié remettait son rapport dans un délai plus ou moins long : si le livre était « approuvé », le nom du censeur figurait avec le jugement dans les registres ; s'il était « réprouvé », le jugement figurait, mais anonyme[4]. Dans les deux cas, le jugement était motivé, souvent de façon précise.

II. Données quantitatives

Nous avons proposé d'étudier ici un certain nombre de ces jugements à partir des registres de l'abbé Bignon conservés à la Bibliothèque Nationale de France à Paris[5], et, comme l'analyse de plus de 6000 titres et jugements exigerait des développements dépassant le cadre d'un chapitre, nous nous sommes limité ici à l'étude des livres « religieux » les livres de spiritualité, d'histoire de l'Eglise, de patristique, les Bibles, les livres de liturgie, l'hagiographie : même s'il est possible de discuter le caractère « religieux » de tel ou tel titre, nous pensons que le retrait ou l'addition de quelques unités est peu significatif par

---

[4] Cependant, avant 1700 et à partir de 1713, le nom du docteur qui avait réprouvé un livre était quelquefois indiqué.
[5] B. N. ms. fr. 21939-21942 ; le titre en est : « Registre de M. l'abbé Bignon contenant les ouvrages présentés à Mgr le Chancelier Phelypeaux par les auteurs ou les libraires [...] avec les approbations ou motifs de réprobation, etc. ». Sur ces registres, cf. R. Estivals, *La statistique bibliographique de la France sous la monarchie au XVIII* siècle*, Paris-La Haye, Mouton, 1964, pp. 80-82.

rapport à la masse des livres considérés et que les ouvrages « religieux » constituent une sorte de corpus, jugé par des censeurs spécialisés, soumis à des règles et à des conditions que nous aurons à examiner. R. Estivals dans une étude importante que nous citions[6], a analysé de façon rigoureuse les chiffres des demandes de privilèges et des publications autorisées et non autorisées. Les tableaux qu'il a dressés sont tout à fait convaincants et rendent compte des fluctuations des demandes et des prohibitions. Néanmoins nous pensons pouvoir préciser les chiffres qu'il donne sur deux points : en premier lieu, les chiffres bruts (livres autorisés, livres non autorisés, dont la somme donnerait le total des demandes) ne traduisent pas exactement la réalité : un certain nombre de livres sont retirés par leurs auteurs, d'autres ne sont pas jugés, pour différentes raisons, ou leur examen est remis à plus tard ; nous ne relèverons donc dans cet article que les ouvrages pour lesquels une décision de réprobation a été prise explicitement, et nous chercherons quelle est la proportion de ces livres explicitement réprouvés par rapport au total des livres présentés. En second lieu, nous étudierons les livres religieux en déterminant quelle est la proportion des livres religieux refusés par rapport au total des livres religieux présentés.

Nous arrivons aux chiffres indiqués sur le tableau ci-joint. Ils sont donnés à partir de 1700 : l'abbé Bignon ne prend son poste qu'en 1699, et si, au titre des années précédentes, figurent dans ses registres une quinzaine de livres, il s'agit de cas particuliers qui sont loin de refléter la production de ces années. L'année 1699 est par ailleurs une année de mise en place de l'institution : 60 demandes et 45 autorisations constituent des chiffres trop faibles pour autoriser des conclusions.

Le tableau ci-joint appelle quelques commentaires : on constate que les pourcentages de refus explicites se situent tou-

---

[6] *La statistique…*, *op. cit.*, pp. 240-247.

Année	Demandes (nombre total)	Réprobations explicites	Proportion des réprobations explicites par rapport aux demandes	Livres religieux (nombre total)	Réprobations explicites de livres religieux	Proportion des réprobations de livres religieux par rapport aux demandes de livres religieux
1700	276	64	23,3 %	133	35	26,3%
1701	256	37	14,3 %	125	20	16,0 %
1702	357	48	13,4 %	166	17	10,2 %
1703	423	54	12,2 %	211	31	14,6 %
1704	384	48	12,5 %	172	19	11,0 %
1705	741 [1]	57	—	—	29	—
1706	405	55	13,5 %	199	42	21,1 %
1707	406	40	9,8 %	226	23	10,1 %
1708	369	33	8,9 %	167	16	9,5 %
1709	369	46	12,1 %	186	29	15,5 %
1710	334	31	9,2 %	158	20	12,6 %
1711	392	32	8,1 %	200	18	9,0 %
1712	392	44	11,2 %	200	31	15,5 %
1713	365	31	8,4 %	170	15	8,8 %
1714	416	29	6,9 %	184	15	8,1 %
1715	394	43	10,5 %	157	21	13,3 %

[1] Ce nombre n'est pas significatif, en raison des nombreux renouvellements de privilèges.

jours autour des mêmes chiffres, et que la censure semble devenir légèrement plus libérale au cours de la période 1700-1715 ; cela peut n'être qu'une apparence, les auteurs ou les libraires renonçant peu à peu à présenter des livres qu'ils sont sûrs de ne pas voir accepter. Pour les livres religieux, les pourcentages de refus sont presque toujours (sauf en 1702 et 1704) supérieurs à ceux que l'on observe pour l'ensemble des livres, signe difficilement contestable de la particulière vigilance du pouvoir devant ce secteur de l'édition.

Pour intéressants qu'ils soient, ces chiffres globaux ne nous présentent cependant qu'un aspect de la réalité : ils peuvent faire croire, en effet, que pendant les quinze premières années du XVIIIe siècle une masse considérable de livres, environ 700 titres, parmi lesquels une majorité d'ouvrages religieux, a été refoulée par la censure, condamnée à l'inexistence. Or, il n'en est rien : par suite de l'organisation du privilège mise peu à peu en place et fixée en 1701, toutes les réimpressions tombaient sous le coup de la nouvelle réglementation, donc un nombre appréciable d'œuvres furent bien réprouvées, mais restent connues par leurs premières éditions. Pour les œuvres nouvelles (et aussi quelquefois pour les rééditions), auteurs et libraires avaient l'habitude de présenter plusieurs fois les manuscrits aux bureaux de la Librairie, à quelques mois ou quelques années d'intervalle : corrigés ou non, les livres pouvaient être approuvés par un autre censeur à la seconde ou à la troisième présentation, fait qui change complètement la valeur de nos statistiques ; le nouveau régime du privilège facilitait cette pratique, puisque tel livre à qui un privilège général avait été refusé obtenait souvent par la suite un privilège local ou une permission simple. Nous verrons aussi que des publications pouvaient être réalisées en province sans que la permission fût explicitement donnée par les bureaux de la capitale, survivance d'anciens usages. Enfin, en un moindre nombre de cas, les presses hollandaises accueillaient les ouvrages refusés, mais c'était assez exceptionnel ; en effet, pour la littérature religieuse qui nous intéresse ici, les critères retenus par les libraires hollandais étaient rarement très différents de ceux des censeurs parisiens : la réaction favorable des *Nouvelles de la République des Lettres*, peu suspectes d'intolérance ou d'obscurantisme, devant la réorganisation effectuée par Pontchartrain et l'abbé Bignon est caractéristique :

> On prétend qu'il ne paraîtra plus ici [à Paris] désormais tant de méchants livres, par le bon ordre que M. le Chancelier a résolu de mettre aux impressions. Car il a chargé l'Abbé Bignon son neveu d'examiner et de faire examiner tous les manuscrits que les libraires ont entre les mains, afin d'en retirer ceux qui ne vaudront pas la peine d'être imprimés[7].

Au total, le nombre des manuscrits nouveaux que la réprobation des censeurs aura condamnés à un oubli définitif n'est pas considérable, cependant, pour une institution comme la censure, les critères utilisés pour juger sont plus significatifs que le nombre global des livres réprouvés. Ce sont ces critères que nous analyserons à partir des jugements portés, après avoir rapidement présenté les censeurs eux-mêmes.

III. — *Les censeurs*

Comme nous l'avons dit, les jugements de réprobation sont rarement signés, mais comme nous connaissons les approbateurs, nous pouvons estimer que les auteurs des approbations et ceux des réprobations pour une année donnée étaient les mêmes hommes. Pour nous en tenir au domaine religieux, nous avons relevé ainsi environ 36 noms ; le choix d'un domaine particulier est ici d'autant plus justifié que les censeurs étaient assez spécialisés : tel dans le théâtre, tel dans la poésie, tel dans les langues, tel dans l'histoire profane, dans la numismatique, dans la musique, etc. ; seul un homme comme Fontenelle avait un esprit assez vaste et curieux pour juger à la fois des ouvrages

---

[7] Mars 1700, p. 354.

d'histoire, de géographie, de politique, de linguistique, de musique ou d'architecture ! Dans le domaine religieux lui-même, les compétences étaient spécialisées : la Bible, la controverse, l'orientalisme, la spiritualité, etc. étaient des disciplines assez différentes pour ne pas être confiées au même homme.

Ces censeurs n'avaient pas commencé leur travail avec la réorganisation de 1699 : l'abbé Bignon avait trouvé un certain nombre d'hommes à qui, depuis longtemps, était confiée l'approbation des livres ; la réforme fut plus une remise en ordre qu'une création absolue. Ainsi un des hommes les plus importants de l'institution que nous étudions était le docteur Edme Pirot (1631-1713) : docteur en 1664, successivement professeur royal en théologie, syndic de la Faculté de théologie, chancelier de l'Eglise de Paris, vicaire général, il fut mêlé à toutes les affaires religieuses du temps et, à l'arrière-plan, joua un rôle considérable[8] : créature de l'archevêque Harlay de Champvallon[9] pour qui il surveillait la Faculté de théologie, lié à Bossuet puis au cardinal de Noailles[10], ses contemporains sont unanimes à reconnaître qu'il cherchait avant tout à plaire aux puissants[11] : il savait s'adapter aux circonstances, n'hésitant pas à revenir sur ses approbations, comme il le fit à propos des livres de Richard Simon, de Huet[12] et de Fénelon. Sa pensée peu ferme reflétait l'opinion officielle de son temps : un gallicanisme qui le

---

[8] Sur lui, Moréri, 1759, t. VIII, p. 376 ; C.B., t. III, p. 379 et *passim* ; *Dictionnaire de théologie catholique* [cité D.T.C.], t. XII, 2, c, 2127 ; Fénelon, *Correspondance*, texte établi et commenté par J. Orcibal, t. III, Paris, 1972, p. 43 ; J. Le Brun, « Pirot (Edme) », dans *Catholicisme*, t. 11, 1986 ; col. 454-455 ; L. Ceyssens et J. A. G. Tans, *Autour de l'Unigenitus*, Leuven, University Press et Uitgeverij Peeters, 1987, *passim*.

[9] Cf. B.N. ms. fr. 22864, f° 60 v°.

[10] Dont il était le « bras droit », voir B.N. ms. fr. 19212, f° 84.

[11] *Nouvelles ecclésiastiques* manuscrites du 25 mars 1684, B.N. ms. fr. 23510, f° 261 : il « s'accommode aux mouvements de la Cour » ; Le Gendre, *Mémoires*, publ. par M. Roux, Paris, 1863, p. 59 : « fort bon homme, grand adulateur des puissances et très flexible dans ses sentiments » ; etc.

[12] Voir B.N. ms. fr. 15189, f° 35 v°.

conduisit à enseigner les Quatre Articles[13] ; une méfiance aiguë devant le cartésianisme qui le poussa à s'opposer à la réfutation de Spinoza par le P. François Lamy[14] ; le souci d'éviter toute nouveauté dans l'interprétation de l'Ecriture qui se manifesta dans ses réactions devant le *Nouveau Testament* du P. Bouhours et plus tard devant celui de Richard Simon ; une spiritualité exigeante chez ce supérieur du Grand Couvent des carmélites du Faubourg Saint-Jacques ; mais une grande incompréhension de la mystique. A partir de 1696 et jusqu'à 1710, nous relevons dans les registres de l'abbé Bignon des approbations par Pirot de livres de spiritualité, en nombre élevé les premières années, moindre par la suite ; mais il est certain que son nom symbolise une continuité dans l'institution.

La continuité est aussi incarnée dans l'abbé Claude de Précelles dont le nom se trouve dans les registres de 1698 à 1713[15] et qui, déjà, avec Pirot, examinait en 1696 le *Nouveau Testament* du P. Bouhours[16] ; docteur de Sorbonne en 1676, il semblait en 1684 plus favorable au Saint-Siège que Pirot, mais, n'aspirant à aucun bénéfice, il ne put mettre à l'épreuve les bonnes dispositions de Rome à son égard[17] ; il travailla avec l'évêque de Chartres Godet des Marais jusqu'à la mort de celui-ci, en 1709, puis avec le cardinal de Noailles, bien qu'il ne partageât pas ses idées et qu'il fût lié avec Fénelon : il sera un des défenseurs de la Constitution *Unigenitus*.

Pierre Courcier, dont le nom apparaît dans les registres dès 1696 et jusqu'en 1709, avait aussi depuis longtemps joué un

---

[13] Cf. B. Neveu, *Correspondance du nonce Angelo Ranuzzi*, Rome, Ecole française de Rome, 1973, t. I, pp. 243, 356, 431, 433, 567.

[14] Cf. P. Vernière, *Spinoza et la pensée française avant la Révolution*, Paris, P.U.F., 1954, t. I, pp. 232, 243.

[15] Sur lui notices dans Fénelon, *Œuvres complètes*, Paris, 1851-1852, t. X, p. 202 et dans Fénelon, *Correspondance*, éd. J. Orcibal, T. V, Paris, Klincksieck, 1976, p. 207 ; et voir B.N. ms. fr. 19212, f° 125.

[16] C.B., t. XIV, p. 11 ; G. Vuillart, *Lettres* [...], *op. cit.*, p. 72.

[17] Cf. B. Neveu, *Correspondance* [...] *Ranuzzi, op. cit.*, t. I, pp. 382-383, 391.

rôle universitaire et ecclésiastique[18] : docteur en 1668, lié avec l'archevêque Harlay de Champvallon, théologal de Paris, il avait été secrétaire de la célèbre Assemblée du Clergé de 1681[19]. Avec Pirot, il s'opposa en 1688 à la réfutation de Spinoza par le P. Lamy[20] ; mais la façon dont il lisait les livres qu'il approuvait était, si l'on en croit Le Gendre, fort légère[21] : la rétractation bruyante qu'il fit, en 1700, de son approbation donnée à la *Défense des nouveaux Chrétiens et des missionnaires de la Chine* du P. Le Tellier prouve qu'il était lui aussi sensible à l'opinion publique[22].

De 1699 à 1714, le docteur Anquetil rédigea aussi de nombreuses approbations de livres religieux ; il est surtout connu par son rôle universitaire[23].

Pierre Berthe est un de ceux qui, avec une grande continuité, approuvèrent des livres de 1699 à 1714 : docteur en 1689, prédicateur, bibliothécaire de Sorbonne, il sera un des docteurs qui signeront le *Cas de conscience*, mais il se rétractera tout de

---

[18] Courte notice sur lui à l'occasion de la mort de son frère B.N., ms. fr. 23498, f° 15.

[19] C.B., t. II, p. 273 ; P. Blet, *les assemblées du clergé et Louis XIV de 1670 à 1693*, Rome, Università Gregoriana Editrice, 1972, pp. 272, 320, 387.

[20] C.B., t. VII, p. 409 ; P. Vernière, *op. cit.*, t. I, pp. 232, 243.

[21] *Mémoires, op. cit.*, p. 59 : « [...] Quand avec le temps il eut acquis un certain degré de réputation, il redevint si paresseux que, quoiqu'il ait été censeur de livres plus de trente ans, on disait qu'il n'en avait pas lu une douzaine entièrement ; il les donnait à lire à quelque jeune docteur, ou bien il les mettait sur le manteau de sa cheminée et quand ils étaient restés là plus ou moins de temps en parade, ils étaient censés approuvés et Courcier donnait son *vu*. »

[22] F. Ledieu, *op. cit.*, t. I, p. 142 ; G. Vuillart, *op. cit.*, pp. 372, 374, 378, 381.

[23] Docteur en 1682. En 1699 Philippe Anquetil signa la censure de 12 propositions des *Maximes des saints* (C.B., t. XI, p. 469), en 1700, celle d'une thèse soutenue chez les jésuites à Louis-Le-Grand (C.B., t. XII, pp. 160-163). Il signa le *Cas de conscience* et fut assez favorable aux docteurs poursuivis (*Histoire du Cas de conscience*, t. I, Nancy, 1705, p. 38 ; t. VI, Nancy, 1710, p. 136).

suite après avoir signé[24] et il ne cessera pas d'approuver des livres.

Parmi les censeurs que nous remarquons dès l'année 1699, nous pouvons aussi citer le docteur Salmon[25] qui n'approuva qu'un nombre limité de livres ; un laïc, Gilles Filleau, sieur des Billettes (1634-1720), qui dans les années 1699-1702 jugea quelques livres de théologie[26] ; le docteur Le Fèvre, censeur d'ouvrages concernant le protestantisme[27] ; le docteur Guillaume Bourret (ou Bouret), professeur d'Ecriture sainte à la Sorbonne, qui approuva un certain nombre de livres religieux entre 1699 et 1707[28] ; Denis Le Breton qui mourut dès 1702[29] ;

---

[24] F. Ledieu, *op. cit.*, t. II, pp. 89-90.

[25] Il ne s'agit pas de François Salmon (1677-1736 ; docteur de Sorbonne en 1702, spécialiste des langues anciennes et des conciles, bibliothécaire de Sorbonne : cf. Moréri, 1759, t. IX, pp. 100-101 ; [Picot], *Mémoires pour servir à l'histoire ecclésiastique pendant le dix-huitième siècle*, 2° éd., Paris, 1815-1816, t. IV, p. 159 ; *Dictionnaire des lettres françaises, XVIIIe siècle*, Paris, 1960, t. II, p. 528), mais de Pierre Salmon, docteur en 1693, curé de La Chapelle (cf. *Histoire du Cas de conscience*, t. VI, Nancy, 1710, p. 59 ; B.N. ms. fr. 19212, f° 85).

[26] Ses spécialités étaient variées : philosophie, art, droit, chasse, etc. Brève notice C.B., t. V, p. 338 ; voir surtout J. Mesnard, *Pascal et les Roannez*, Bruges-Paris, Desclée de Brouwer, 1965, pp. 964-965 : il entra à l'Académie des sciences en 1699, ses liens avec l'abbé Bignon, souvent mentionné dans la correspondance Leibniz - des Billettes ; voir aussi p. 680 : son éloge par Fontenelle ; p. 684 : ses rencontres avec Pascal ; p. 685 : ses rapports avec Leibniz ; p. 972 : des Billettes héritier spirituel du duc de Roannez et son dernier confident.

[27] Sans doute, Jacques Le Fèvre, dit de la Bastille, (1645-1716), docteur de Sorbonne en 1674, grand vicaire de Bourges, ardent à soutenir la Déclaration de 1682, qui polémiqua avec Maimbourg, avec Arnauld, avec le P. Alexandre, se livre à la controverse antiprotestante, s'opposa aux jésuites, en particulier au P. Lecomte, à l'occasion des rites chinois : cf. [Picot], *op. cit.*, t. IV, p. 70 ; D.T.C., t. IX, 1, c. 130-132 ; C.B., t. II, p. 423 ; F. Ledieu, *op. cit.*, t. I, pp. 178, 204 ; *Histoire du Cas de conscience*, t. VI, Nancy, 1710, p. 109 ; B. Neveu, *op. cit.*, t. I, p. 541 ; G. Vuillart, *op. cit.*, pp. 69, 355, 381.

[28] Sur lui une note dans un cahier de Drouyn, B.N., ms. fr. 22864, f° 31 ; il mourut en 1721 à 72 ans : « appelant et qui est mort dans son appel »

enfin Nicolas de Blampignon[30]. Plus spécialisé le docteur Cohade approuva entre 1700 et 1715, de nombreux libres de spiritualité publiés à Lyon[31].

Le docteur Ellies du Pin (1657-1719) qui approuva des livres en 1702-1703 est un personnage de plus grande importance que les précédents[32] ; il fut avant tout un critique et un historien,

---

(M. Marais, *Journal et mémoires...*, publ. par M. de Lescure, Paris, 1863-1868, 4 vol., t. II, pp. 62-63) ; il est connu par son approbation de la version du *Nouveau testament* par R. Simon : à cette occasion, Bossuet le fit disgrâcier et interdire de prêcher et de confesser par le cardinal de Noailles ; ce dont Bourret se plaignit à Pirot (C.B., t. XIII, pp. 314, 410 ; F. Ledieu, *op. cit.*, t. II, p. 13 ; J. Woodbridge, art. cité) ; en tout cas, il était dès ces années favorable au jansénisme (F. Ledieu, *op. cit.*, t. II, p. 24). Il signa le *Cas de conscience* avant de se rétracter (*Histoire du Cas de conscience*, t. I, Nancy, 1705, p. 36). En 1704, il fut assez favorable à M. de Montampuy accusé de cartésianisme (B.N. ms. fr. 19212, f° 86 v°).

[29] Licencié, il prit le bonnet en 1680 ; professeur de controverse au Collège de Navarre ; Bossuet intervint pour lui en 1700 ; la même année, il examina des propositions des jésuites sur les cérémonies chinoises ; à sa mort, en 1702, le docteur Favart, que nous retrouverons, lui succéda (C.B., t. XII, pp. 483-485 ; F. Ledieu, *op. cit.*, t. I, pp. 169, 275, 277 ; G. Vuillart, *op. cit.*, p. 355).

[30] Docteur de Navarre, chefcier et curé de Saint-Merry, mort en 1710 à 68 ans ; il avait approuvé la *Bibliothèque des auteurs ecclésiastiques* d'Ellies du Pin (C.B., t. IV, p. 208 ; t. V, p. 74), signé la censure des *Maximes des saints* (C.B., t. XI, p. 469), signé le *Cas de conscience* et encourut le soupçon d'être favorable au jansénisme (F. Ledieu, *op. cit.*, t. II, p. 23 ; *Histoire du Cas de conscience*, t. I, Nancy, 1705, pp. 38, 251-253).

[31] Il avait déjà approuvé autrefois des œuvres de Mme Guyon ; le P. Léonard rapporte ces lignes d'un de ses correspondants : « Novembre 1694. M. Cohade docteur qui approuve les livres qui s'impriment à Lyon a dit sur les reproches qu'on lui faisait d'avoir approuvé deux livres en français du quiétisme qu'ayant lu deux ou trois pages de la préface du livre intitulé Le Cantique des Cantiques de Salomon interprété selon le sens mystique à Lyon 1688 et n'y comprenant rien et croyant que personne y pût rien comprendre, il n'avait pas laissé que de l'approuver. Mais que pour l'autre livre intitulé Moyen court et très facile pour faire oraison il ne l'avait point approuvé quoique son nom et approbation y soit. Lall. », B.N. ms. fr. 24471, f° 39.

[32] D.T.C., t. XII, 2, c. 2111-2115 ; *Dict. des Lettres françaises, XVIIe siècle*, Paris, 1954, pp. 387-389 ; *Dictionnaire de spiritualité*, t. 3, c. 1825-1831 ;

mais il approuva aussi des ouvrages de spiritualité : en 1702 un *Recueil de petits traités de dévotion*[33], la même année les sermons et réflexions chrétiennes du P. La Colombière[34], le 26 décembre 1702 et le 5 janvier 1703 trois œuvres de Jean-Baptiste de La Salle[35]. Son exil à Châtellerault, en mars 1703, à cause du *Cas de conscience*, termina sa carrière de censeur, malgré sa rétractation et son retour en octobre 1704[36].

D'une génération de censeurs un peu postérieure font partie des hommes que nous trouvons fréquemment dans les registres après la période de mise en place des nouveaux bureaux : ainsi l'abbé Jean-Marie de Lamarque de Tilladet, qui approuva des livres en grand nombre de 1701 à 1714[37] ; Charles Le Rouge[38], dont le nom figure sur les registres de l'abbé Bignon entre 1702 et 1706 (il approuva beaucoup de livres en 1702-1703) ; ainsi le

---

Saint-Simon, *Mémoires*, t. XXXVI, pp. 239-240 ; C.B., t. IV, p. 206, t. V, pp. 73, 114 et sv., et *passim* ; B. Neveu, *op. cit.*, *passim* ; Le Gendre, *op. cit.*, pp. 160-161, dont le jugement est sévère (« Son talent était une grande fécondité, beaucoup de facilité à écrire. Du reste, il avait peu d'exactitude dans les faits, peu de justesse dans les jugements [...] »). Voir surtout Fénelon, *Correspondance*, éd. J. Orcibal, t. III, pp. 340, 346 ; J. Gres-Gayer, *Paris-Cantorbery (1717-1720). Le dossier d'un premier œcuménisme*, Paris, Beauchesne, 1989 ; *id., Théologie et pouvoir en Sorbonne. La Faculté de théologie de Paris et la bulle Unigenitus. 1714-1721*, Paris, Klincksieck, 1992.

[33] B.N. ms. fr. 21939, f° 58.

[34] B.N. ms. fr. 21939, f° 60.

[35] B.N. ms. fr. 21939, f° 59 ; cf. au 8 février 1705, fr. 21940, f° 32 ; voir *Cahiers Lasalliens*, Rome, Maison Saint Jean-Baptiste de la Salle, t. 19, 21, 22.

[36] Nombreux détails sur son exil dans les papiers du P. Léonard, B.N. ms. fr. 19205, 19208, 19209, 19211, 19212, etc.

[37] Il est connu par sa publication de *Dissertations sur diverses matières de religion et de philologie*, (Paris, 1712), essentiellement de P.-D. Huet.

[38] Docteur en 1673, syndic de la Faculté de théologie, il fut un des signataires de la censure des *Maximes des saints* (C.B., t. XI, p. 471) ; sur son rôle en 1704 : *Histoire du Cas de conscience*, t. VI, Nancy, 1710, p. 109 ; il fera cependant signer l'acceptation de la bulle *Unigenitus* par les professeurs de Sorbonne (*Dict. des Lettres fr., XVIIIe siècle*, t. II, p. 93) ; son neveu Jean-Baptiste-Noël Le Rouge sera aussi adversaire du jansénisme : D.T.C., t. IX, 1, c. 445-446.

docteur Bigres[39] ; l'abbé Raguet[40] ; Jean-Baptiste-Joseph Favart, qui donna, entre 1704 et 1707, un nombre moindre d'approbations[41] ; Jean-Antoine Pastel, qui approuva des livres religieux de 1704 à 1714[42] ; Jacques Pinssonat, qui en approuva aussi de 1705 à 1714[43].

---

[39] Nombreuses approbations de livres de spiritualité entre 1703 et 1714. Sur son rôle en 1704, assez favorable aux docteurs accusés, *Histoire du Cas de conscience*, t. VI, Nancy, 1710 et B.N. ms. fr. 19212, f° 85.

[40] Gilles-Bernard Raguet (1668-1748), de Namur, prêtre habitué à l'église Saint-Paul, prieur d'Argenteuil, lié avec l'abbé Bignon, collaborateur du *Journal des savants* de 1705 à 1721, cf. Moréri, 1759, t. IX, p. 24 ; *Dict. des Lettres fr., XVIII* siècle*, t. II, p. 418. Il approuva de nombreux livres religieux entre 1703 et 1715.

[41] 1659-1731 ; procureur, puis principal du Collège de Reims à Paris, chantre de la cathédrale de Reims, lié avec Bossuet, qui le fit nommer professeur au Collège de Navarre en 1702, avec Pirot, avec M. de Targny (C.B., t. XII, p. 485 ; F. Ledieu, *op. cit.*, t. I, pp. 40, 277, t. II, pp. 180, 277) ; en 1700 il a signé la censure d'une thèse soutenue chez les jésuites de Louis-Le-Grand (C.B., t. XII, pp. 160-163). Nombreux détails sur la famille Favart dans Y. Poutet, *Origines lasalliennes*, Rennes, Imprimeries Réunies, 1970, 2 vol., *passim* ; et dans les *Cahiers Lasalliens* ; sur Jean-Baptiste-Joseph Favart, cf. F. Léon de Marie Arroz, « Les biens-fonds des Ecoles chrétiennes et gratuites... », vol. I, Rome-Reims, 1970, *Cahiers Lasalliens*, n° 35, p. 21 ; *id.*, vol. II, Rome-Reims, 1971, *ibid.*, n° 36, p. 303 ; R. Zuber, dans *Etudes champenoises*, 2, 1976, p. 53.

[42] ca. 1670-1724 ; de la Maison et Société de Sorbonne, docteur en 1696, et, sur la recommandation de Bossuet et de L.-A. de Noailles, nommé la même année principal du Collège des Quatre-Nations, et en 1704, élu à la chaire de Petitpied (B.N. ms. fr. 19212 f° 111 v°), grand-maître du Collège des Quatre-Nations de 1722 à 1724 ; lié avec Bossuet, il communiqua à celui-ci des lettres de Descartes en 1701 ; il avait approuvé la *Théologie* d'Habert et Fénelon le jugea sévèrement et le réfuta ; Pastel se défendit d'être janséniste et s'entremit pour l'accommodement de 1720. Sur lui, Fénelon, *Correspondance*, éd. J. Orcibal, t. XIV, Genève, Droz, 1992, pp. 367, 374, 447 ; t. XV, pp. 278-279 ; *Œuvres complètes*, Paris, 1851, t. V, pp. 493-496 (réfutation de Pastel) ; [Picot], *Mémoires...*, *op. cit.*, t. IV, p. 77 ; C.B., t. VIII, p. 25 ; t. XI, p. 470 ; t. XIII, pp. 45-47, 49 ; F. Ledieu, *op. cit.*, t. II, p. 67.

[43] ca. 1653-1723 ; docteur en théologie de la Faculté de Paris en 1686, principal du Collège des Grassins, professeur royal en langue hébraïque, curé de Saint-Sauveur des Petites-Maisons, auteur de *Considérations sur les mystè-*

Dans les années suivantes, nous relevons de nouveaux noms : un docteur Leullier apparaît approbateur de livres religieux en 1706-1709 et en 1714-1715[44], et nous notons aussi la présence du docteur Quinot en 1706-1712[45], d'Antoine Herlau en 1706-1711[46], du docteur Régery en 1706-1715, du docteur

---

res..., Paris, 1717, 2ᵉ éd. Paris, 1720 ; sur lui : Moréri, 1759, t. VIII,p. 370 ; [Picot], *Mémoires...*, *op. cit.*, t. IV, p. 107. Il signa le *Cas de conscience* avant de se rétracter (*Histoire du Cas de conscience*, t. I, Nancy, 1705, p. 36).

[44] Plutôt que de Claude Leullier, grand-maître du Cardinal-Lemoine, † 1732 (cf. B.N. ms. fr. 22864, f° 142), il doit s'agir de Jacques Leullier, docteur en 1675, curé de Saint-Louis-en-L'Ile depuis 1693, peu favorable à Petitpied en 1704 (*Histoire du Cas de conscience*, t. VI, Nancy, 1710, p. 109 ; sur Jacques Leullier, voir aussi B.N. ms. fr. 22864, f° 142, 194).

[45] Joseph-Jean-Baptiste Quinot ; notices dans Fénelon, *Œuvres complètes*, t. X, pp. 202-203 et Fénelon, *Correspondance*, éd. J. Orcibal, t. V, p. 209 ; son histoire est complexe : docteur en 1696, recommandé par Fénelon pour être précepteur chez le duc de Beauvillier, où il resta jusqu'à la mort des fils du duc en 1705 ; lors de l'affaire des *Maximes des saints* il fut en correspondance avec Fénelon et Godet des Marais (Fénelon, *Correspondance*, t. VI, pp. 12, 18-21, 121) ; en 1706 Noailles fit, par son intermédiaire, des avances à Fénelon (*ibid.*, t. XII, pp. 266-268). Il fut professeur de théologie à la Sorbonne et syndic de la Faculté, bibliothécaire du Collège Mazarin en 1708. En 1711, avec Pirot, Vuitasse et Vivant, il fut chargé par Noailles d'examiner la *Théologie* d'Habert (*ibid.*, t. XIV, pp. 340-342). Il approuva le livre de Gaillande (élève et filleul de Tournely, que nous retrouverons), ce qui suscita l'irritation de Pontchartrain qui, le 6 janvier 1713, écrivit à l'abbé Bignon pour qu'on ne donne plus de livres à examiner à « un si indigne personnage » (*Œuvres complètes*, t. VIII, p. 130 ; cf. F. Ledieu, *op. cit.*, t. I, p. 402). Selon le P. Lallemant, il était « un homme qui souffle le froid et le chaud » (en 1711 dans Fénelon, *Correspondance*, t. XIV, p. 341), et il le montrera par son attitude lors de la querelle de l'*Unigenitus* : après la mort de Louis XIV, il quitta sa chaire, appela en 1717, rétracta son approbation du livre de Gaillande, réappela en 1718. Voir quelques lettres adressées à Quinot par Pontchartain, Phélypeaux de la Vrillière, Fleuriau d'Armenonville en 1710 et 1717, B.N. ms. n. a. fr. 15863 ; f° 55-61.

[46] Docteur de Navarre en 1682, il signa la censure des *Maximes des saints* (C.B., t. XI, p. 469) ; il signa le *Cas de conscience*, mais Bossuet le fit revenir sur sa signature (F. Ledieu, *op. cit.*, t. II, p. 21 ; *Histoire du Cas de conscience*, t. I, Nancy, 1705, p. 37).

Jollain en 1707-1712[47], des docteurs d'Arnaudin en 1708-1714, Percheron en 1709-1714, Pierre Le Paige en 1711-1712, Brillon, professeur de théologie à la Sorbonne, en 1713[48], Robuste en 1714-1715, enfin d'un homme beaucoup plus connu que les précédents, Honoré Tournely, dont le nom figure dans les registres de l'abbé Bignon en 1714-1715[49].

En résumé, les censeurs de livres religieux[50], dans les années 1698-1715, presque tous docteurs en théologie de Sorbonne ou

---

[47] Licencié en 1664, docteur de Navarre, syndic de la Faculté, procureur de la Maison de Sorbonne en 1700, curé de Saint-Hilaire, « homme fort résolu » selon Vuillart (*op. cit.*, p. 356) ; il signa le *Cas de conscience* avant de se rétracter (*Histoire du Cas de conscience*, t. I, Nancy, 1705, p. 38). Sur lui, † 1724, cf. C.B., t. XI, pp. 196, 469 ; Moréri, 1759, t. X, p. 554, s.v. *Aubert de Versé* ; Jollain fut l'exécuteur testamentaire d'Aubert de Versé.
[48] Il avait été le premier, en 1704, à introduire la langue française dans l'enseignement théologique, mais avait dû cesser cette pratique devant l'opposition de ses confrères, B.N. ms. fr. 19212, f° 123.
[49] 1658-1729 ; sur lui, considéré comme « l'homme des jansénistes » par l'historien du *Cas de conscience* (t. VI, Nancy, 1710, pp. 41, 48, 132, 173, etc. ; cf. aussi B.N. ms. fr. 19212, f° 72 v°), voir [Picot], *Mémoires…, op. cit.*, t. IV, pp. 138-139 ; J. Hild, *Honoré Tournely und seine Stellung zum Jansenismus, mit besonderer Berücksichtigung der Stellung der Sorbonne zum Jansenismus. Ein Beitrag zur Geschichte des Jansenismus und der Sorbonne*, Fribourg/Br, 1911 ; D.T.C., t. XV, 1, c. 1242-1244 ; t. VI, c. 1097-1108 ; C.B., t. X, p. 307 ; t. XIII, p. 517 ; E. Préclin et E. Jarry, *Les luttes politiques et doctrinales aux XVIIe et XVIIIe siècles*, Paris, Bloud et Gay, 1955-1956, t. I, p. 221 ; J. M. Gres-Gayer, *Théologie et pouvoir en Sorbonne, op. cit., passim.* Docteur en théologie en 1688, professeur de théologie à Douai, chanoine de Tournai, chanoine de la Sainte-Chapelle, professeur à la Sorbonne en 1692 jusqu'en 1716 ; il est connu par son opposition au jansénisme et par ses *Praelectiones theologicae* (Paris, 1725-1730, 16 vol. in 8°) qui eurent une grande influence par l'intermédiaire de l'enseignement des séminaires ; cependant il avait signé, avec Pirot, Favart et Anquetil, en février 1700, la censure d'une thèse soutenue chez les jésuites de Louis-Le-Grand (C.B., t. XII, p. 160 ; mais voir en août 1700 son attitude lors de la délibération des propositions du P. Lecomte, F. Ledieu, *op. cit.*, t. I, p. 86).
[50] Nous laissons de côté des hommes comme E. Renaudot, Joseph Saurin, et l'abbé de Vertot, qui ont signé de nombreuses approbations de livres, mais exceptionnellement de livres religieux, le premier des livres de linguistique

de Navarre, représentent assez bien les milieux universitaires, où les grands esprits étaient alors assez rares[51] : de tendances volontiers gallicanes, ces hommes d'étude, dont un grand nombre avaient des activités pastorales, étaient assez méfiants devant les jésuites, devant toutes les nouveautés philosophiques ou religieuses ; si certains avaient des sympathies pour le jansénisme, ces sympathies n'allaient pas jusqu'à une adhésion aux thèses ou aux tactiques du parti : c'est après la bulle *Unigenitus* que le critère du jansénisme et de l'antijansénisme devient pertinent pour définir ces hommes de l'Université ; ceux qui au temps du *Cas de conscience* semblent avoir été le plus loin, un Ellies du Pin, un Blampignon, un Pastel, ne le firent pas par conviction janséniste ; l'évolution de Quinot, mort appelant, est aussi caractéristique que les hésitations de Tournely. Le relatif manque d'originalité, les rétractations qui jalonnent la carrière de ces hommes montrent bien qu'ils sont étroitement soumis aux puissances ecclésiastiques ou politiques, et que l'indépendance universitaire n'est plus à cette époque qu'un vœu sans réalité : dépendants de l'archevêque de Paris et, par l'intermédiaire des bureaux de l'abbé Bignon, du Chancelier, ils

---

grecque ou hébraïque, le second des livres de littérature, le troisième des livres d'histoire.

[51] Sur la médiocrité de l'Université de Paris au XVIIe siècle, voir A.-G. Martimort, *Le gallicanisme de Bossuet*, Paris, 1953, pp. 151-153 ; J. Mesnard, « Le XVIIe siècle, époque de crise universitaire », dans *Le XVIIe siècle et l'éducation, Revue Marseille*, suppl. au n° 88, 1er trimestre 1972, pp. 175-185. On relèvera sur les censeurs ce jugement de Richard Simon en 1684 : « Vous savez que la plupart de ceux à la censure desquels on commet les livres sont pour l'ordinaire des gens peu habiles dans la théologie, et qu'ils ont seulement quelque étude du droit canonique, et c'est ce qui leur fait trouver des erreurs où il n'y en a point. On peut leur appliquer le vieux proverbe : *purus Canonista, purus asinista* » (*Lettres choisies*, t. I, Rotterdam, 1702, p. 193). Et R. Simon écrira dans l'*Histoire critique des versions du Nouveau Testament* (Rotterdam, 1690, p. 351) : « On ne doit pas s'en rapporter bien souvent aux approbations qui sont à la tête des livres ; car il peut arriver que les docteurs ne les aient pas examinés avec assez de soin ».

ne peuvent contredire l'opinion commune ; les approbateurs des livres de R. Simon et de Gaillande ont encouru une rapide disgrâce. Faut-il alors ne voir dans ces hommes que des instruments de ces puissances ? La réalité est moins simple et l'étude des jugements par lesquels ces docteurs réprouvaient les livres nous permettra d'entrer plus avant dans leur mentalité.

IV. Les jugements des censeurs

Puisque nous considérons ici les jugements de réprobation de livres religieux, nous pouvons nous demander dans quelle mesure les grandes querelles religieuses et les grandes controverses étaient présentes à l'esprit des censeurs pour les conduire à écarter tout livre suspect ; et, comme les registres de l'abbé Bignon partent de l'année 1697, nous commencerons par rechercher les traces de la controverse du quiétisme. Dès le folio 2 du manuscrit fr. 21939, « La différence de la véritable voie intérieure et de la fausse voie de Molinos, pour 2 vol. in-12 ou in-8° », anonyme et présentée par le libraire Guérin au nom des cordeliers réformés de Lorraine, est jugée par Pirot en 1697 et « rejeté[e] comme contenant une doctrine dangereuse ». Peu après, « Le chemin abrégé de toute la perfection chrétienne, pour un in-4° », du capucin Paul de Lagny, distribué à M. de Précelles en 1698, est réprouvé[52]. Après la condamnation de Fénelon, l'antimysticisme s'exprima à maintes reprises : ainsi « La vie, les maximes, les exercices de piété et quelques lettres spirituelles du R. P. Cl. Jos. Fournet de l'O. de St Dominique, Pr. un in-12. Recueilli par [un blanc], présenté par M. de Mau-

---

[52] B.N. ms. fr. 21939, f° 2 v° ; il s'agit d'un projet de réédition de ce livre qui datait de 1673 et qui était inspiré par l'œuvre de Benoît de Canfield, cf. H. Bremond, *Histoire littéraire du sentiment religieux en France...*, t. VII, pp. 266-278 ; Optat de Veghel, *Benoît de Canfield (1562-1610). Sa vie, son œuvre et son influence*, Rome, Institutum historicum Ord. Fr. Min. Cap., 1949, pp. 428-429. La même année 1698, fut rééditée sans difficulté à Paris la *Conduite intérieure...* de Paul de Lagny.

pertuis [Jean-Baptiste Drouet de Maupertuy] le 4 nov. [1701]. D. à M^xxx le 17 dud. m. » fut réprouvé « parce que ce livre est plein d'histoires qui paraissent fabuleuses et d'expressions qui sentent trop le guyonisme »[53] ; et quelques semaines plus tard, un *Traité de dévotion...*, œuvre posthume du « P. Christophe de la Croix hermite de l'institut de Saint-Jean Baptiste et présenté par M. Astour de Marseille » fut réprouvé « parce que cet ouvrage est trop mystique, qu'il n'est pas assez bien écrit et que ce qu'il contient de bon se trouve dans d'autres livres imprimés et plus poliment écrits »[54]. Significative est la réprobation, le 19 juillet 1704, « parce que cet ouvrage est plein de quiétisme et de révélations », de « La vie et les rares vertus de Ste Marie Madeleine de Pazzi Relig. carmélite du Monastère de Ste Marie des Anges à Florence, traduite de l'italien [...] par le P. Nicolas de St Placide, ex-prov. des Carmes Billettes, prov. de Touraine »[55]. Quelques mois plus tard une réprobation très circonstanciée est fort intéressante : c'est celle de l' « Abrégé de la

---

[53] B.N. ms. fr. 21939, f° 36 v° ; ce qui confirme ce que nous supposions dans un article sur « Claude-Joseph Fournet et son œuvre spirituelle », *Bulletin de la Société d'émulation du Bourbonnais*, 2e trimestre 1961, pp. 405-418 ; et *Dict. de spiritualité*, t. 5, c. 747-748. Le livre parut à Moulins en 1703 avec approbations des docteurs Vigier, chanoine de Moulins (25 janv. 1703), de La Geneste (31 mars 1703), et permissions du procureur du roi à Moulins et du lieutenant général de police à Moulins (22 juin 1703).

[54] B.N. ms. fr. 21939, f° 38. En janvier 1703 fut réprouvé un « Traité de la nature du véritable amour de Dieu contre les faux mystiques et de l'origine du faux amour et du quiétisme » d'Aubert de Versé, fr. 21939, f° 65.

[55] B.N. ms. fr. 21939, f° 76. Il doit s'agir d'une nouvelle traduction de la *Vie* de la sainte par V. Puccini, mais aucune traduction française ne parut après 1670 (trad. Brochand) aux XVIIe et XVIIIe siècles : sur Nicolas de Saint-Placide, cf. Côme de Villiers, *Bibliotheca Carmelitana*, Orléans, 1752, t. II, c. 513 : cette traduction n'est pas signalée. Notons encore des *Instructions affectives sur la bonne oraison et sur les plus importantes maximes de la vie spirituelle* par le Sr Chomey, religieux de St Antoine à Lyon, présentées par Briasson, réprouvées en 1705 « comme rempli de propositions erronées et de maximes qui conduisent au quiétisme » (fr. 21939, f° 88 v°), et un opuscule du P. Grimond s.j., en 1704, pour une réimpression, réprouvé « comme plein d'expressions mystiques obscures et peu régulières » (fr. 21939, f° 100 v°).

véritable histoire de la possession des religieuses ursulines de la ville de Loudun du diocèse de Poitiers arrivée en 1632, pr. 3 in-12. Comp. Par le p. Seurin Jésuite exorciste, et prés. par Cramoisi impr. lib. à Paris, ce jeudi 29 jan. 1705 » ; le livre est réprouvé

> 1°. parce qu'il contient des maximes quiétistes. 2°. parce qu'il n'est point conforme aux règles de l'Eglise sur les exorcismes. 3°. L'auteur y prend pour des vérités toutes les réponses du diable. 4°. il traite trop faiblement la matière en comparaison de la manière dont les protestants l'ont traitée. Du 26 feb. 1705[56].

Le reproche de quiétisme s'attache, tout au long des années que nous considérons, à des œuvres fort diverses, à une *Visite du Très-Saint-Sacrement* du P. Albert de Paris[57], à *L'Ecole de Jésus-Christ ou la conduite de l'âme au souverain bien*, d'un certain Jean-Baptiste Guillot[58], à une brochure intitulée *Abrégé de la perfection chrétienne*[59], à l'*Imitation de J. C. traduction nouvelle avec des Réflexions et des prières sur chaque chapitre de*

---

[56] B.N. ms. fr. 21940, f° 30. Le texte ne sera publié qu'au XIXe siècle. Le manuscrit qui a été présenté en 1705 ne serait-il pas celui qui a servi à réaliser la copie appelée D dans la *Correspondance* de Surin, par M. de Certeau, Bruges-Paris, Desclée de Brouwer, 1966, p. 92 ?

[57] B.N. ms. fr. 21940, f° 34 v° en 1705 ; sur l'auteur : *Dict. de spiritualité*, t. 1, c. 286 ; le livre avait été publié en 1693, 1695, 1697, et aura une édition revue et augmentée en 1723.

[58] B.N. ms. fr. 21940, f° 100 v° en 1706.

[59] Présentée par le libraire Couterot en 1708 : « propre à renouveler les questions du livre des Maximes des Saints » (B.N. ms. fr. 21941, f° 44). Etait-ce une lointaine adaptation du *Breve compendio* de Gagliardi ?

ce livre[60], à une anonyme *Occupation intérieure des mourants*[61], à *Diverses aspirations pour élever son cœur à Dieu*[62].

Si l'affaire du quiétisme est toujours présente à l'esprit des censeurs, le désir d'éviter de réveiller les contestations jansénistes, surtout après l'épisode du *Cas de conscience* et après la bulle *Unigenitus*, est très sensible dans leurs jugements : une réédition du *Theologus Christianus* d'Opstraet (déjà imprimé à Louvain en 1692, 1697 et 1698) est approuvée par M. Galliot en 1700[63], le privilège est « refusé néanmoins pour de bonnes raisons »[64] ; en 1701, un « Avis aux prêtres ou Réponse à deux lettres d'un Docteur de Sorbonne. Pr. un in-12. C. par M. de St.-Cyran, Pr. par le Sr Le Roi » est réprouvé sans commentaire[65] ; en 1703, c'est un *Catéchisme de la grâce*[66] ; plus tard le *Traité*

---

[60] Présentée par le libraire Cusson en 1708 : J. B. Cusson était l'auteur de la traduction, le P. de Gonnelieu, des Réflexions et prières ; réprouvée comme « contenant des principes du quiétisme et des maximes dangereuses par une trop fréquente communion » (B.N. ms. fr. 21941, f° 54 v°) ; le livre paraîtra à Paris en 1712 ; cf. *Dict. de spiritualité*, t. 6, c. 583.

[61] B.N. ms. fr. 21941, f° 100 v° en 1709.

[62] B.N. ms. fr. 21942, p. 143 en 1713 : « ouvrage infecté de quiétisme ».

[63] « Legi et perlegi ; nihil in eo contra fidem et mores inveni : utilem fore censeo praeloque dignum », B.N. ms. fr. 21939, f° 8.

[64] *Ibid.* Sur Opstraet, voir A. Schuchart, *Der « Pastor bonus » des Johannes Opstraet. Zur Geschichte eines pastoraltheologischen Werkes aus der Geisteswelt des Jansenismus*, Trèves, Paulinus Verlag, 1972. Encore en 1710 une traduction du *Theologus Christianus* est réprouvée par M. Pinssonat avec le jugement : « meilleur en latin » (B.N. ms. fr. 21941, f° 128 v°). Voir A. Sauvy, *Livres saisis...*, pp. 55, 253.

[65] B.N. ms. fr. 21939, f° 24 v° ; s'agissait-il de la *Lettre touchant les dispositions à la prêtrise*, publiée séparément en 1647 et reprise dans les *Lettres chrétiennes et spirituelles*, Lyon, 1674, t. III, p. 409, ou bien de la lettre à Guillebert sur le sacerdoce, écrite en 1641-1642 ?

[66] Réprouvé : « Les catéchismes sont faits pour exposer d'une manière simple, nette et précise les vérités chrétiennes essentielles à la Religion et non les opinions particulières des hommes, moins encore les erreurs. L'auteur de celui-ci, fort éloigné de ces principes, y propose beaucoup plus ses sentiments propres et à peu près ceux de Baïus et de Jansenius, év. d'Ypres, que la doc-

de la grâce générale de Nicole, présenté anonymement, sera réprouvé par M. Pastel, le 30 avril 1711[67], et un livre de prières pendant la messe le sera en 1715, sous ce motif : « ouvrage composé d'une manière suspecte de jansénisme, socinianisme, etc. »[68]. Cependant, beaucoup plus souvent, des livres de polémique antijanséniste sont réprouvés comme pouvant rallumer des contestations mal éteintes : par exemple l'*Histoire des V propositions de Jansenius* d'Hilaire Dumas, présentée en 1702 pour une réimpression[69], le traité *De l'obéissance et soumission qui est due à N.S. Père le Pape en ce qui regarde les choses de la foi*, par Louis Abelly, présenté pour réédition en 1705[70], le *Commentarius in vetus ac novum Testam.* du jésuite Tirinus, imprimé en 1700 avec privilège pour 6 ans, réprouvé en 1707 « à cause de diverses opinions mal fondées touchant les équivoques, la grâce et l'autorité du pape »[71]. Après la bulle *Unigenitus*, Tournely réprouve comme « ouvrage faible et indigne de la grandeur du sujet »[72] l'*Equité de la constitution démontrée*

---

trine de l'Eglise catholique, ainsi l'impression de ce livre serait pernicieuse. Le 15 nov. 1703 » B.N. ms. fr. 21939, f° 85 v°.

[67] « matière qu'il ne convient pas de traiter surtout dans ces temps-ci », B.N. ms. fr. 21942, p. 10. Le livre sera publié s.l. en 1715.

[68] B.N. ms. fr. 21942, p. 303 : il s'agit de « Holocauste intérieur durant le sacrifice visible de l'Eglise ou élévations ferventes pendant la Très-sainte Messe, par rapport aux mystères de la Passion de N.S. Jésus C. avec des estampes et d'autres ornements de gravure et un dessin qui représente une gloire et une croix chargée d'instructions ».

[69] « Rep. parce que l'auteur sous le nom d'historien et sous le titre d'histoire sans partialité a pris trop ouvertement parti pour les Molinistes et que contre les défenses précises du Roi par son arrêt de 1669 il qualifie en mille endroits Mrs de P.R. de Jansénistes », B.N. ms. fr. 21939, f° 52. Le livre avait paru à Liège en 1699 et Dumas avait publié à Liège en 1701 une *Défense de l'Histoire des V Propositions*.

[70] « ne servirait à présent qu'à renouveler les disputes sur les opinions de Jansenius. Le 30 mars 1705 », B.N. ms. fr. 21940, f° 31.

[71] B.N. ms. fr. 21940, f° 100 v° ; le 28 février 1700, des Billettes avait approuvé les *Commentaires sur l'Ecriture sainte*.

[72] B.N. ms. fr. 21942, p. 281, le 30 janvier 1715.

contre l'auteur du livre des Exaples, par des raisonnements tirés de l'Ecriture et des Pères avec une Dissertation théologique sur la soumission qu'on doit à l'Eglise et sur son infaillibilité en connaissant le sens des livres[73].

Le même désir d'éviter toute controverse et de ne pas réveiller les querelles caractérise l'attitude ambiguë des docteurs vis-à-vis des problèmes du gallicanisme et de l'ultramontanisme ; si leur sensibilité gallicane se manifeste dans de nombreux actes de leur carrière universitaire, leurs jugements de livres sont plus nuancés : *Jacobi Platelii Soc. Jesu Synopsis totius cursus theologici* (5 vol. in-8° Cologne, 1698 et 1700) est réprouvé

> parce qu'il soutient avec trop d'opinâtreté l'infaillibilité du Pape, qu'il fait sup[r] au Concile, et que sa morale est dangereuse[74].

Un livre de Frain du Tremblay risque de réveiller de vieilles contestations[75], et la *Tradition des Eglises de France sur le droit et le pouvoir de nos rois dans la nomination aux évêchés*, de

---

[73] Autres exemples de livres réprouvés pour motifs analogues : B.N. ms. fr. 21940, f° 109 v°, *Le Jansénisme déraciné par l'analyse de la Religion composé pour le Pape*, par M. Couret, « peu conforme à la doctrine de l'Eglise de France, du 9 Déc. 1706 » ; fr. 21942, p. 93 ; p. 95 ; p. 287 : « Lettre d'une demoiselle au Père Quesnel sur le libre arbitre et sur la grâce... prés. par Imbert de Cats [?] ce 30 janv. 1715 » dont le privilège est refusé « par ordre de M. le Chancelier, le 6 février 1715 ».

[74] B.N. ms. fr. 21939, f° 33.

[75] *Réflexions sur le dessin et la conduite de l'histoire du Concile de Trente par Fra Paolo et sur les lettres et les Mémoires de Vargas touchant le même Concile*, « Pr. le 8 mai [1703] par Simon Bib. De M. l'A.B. » [= Simon {de Valhébert ?}, bibliothécaire de M. l'abbé Bignon], réprouvé « quoique cet ouvrage soit plein d'érudition et de recherches curieuses il me semble qu'il ne convient pas aux circonstances présentes de le donner au public. La Cour de Rome y condamnera beaucoup de choses, et nos évêques et magistrats y en troûveront beaucoup d'autres qu'ils n'approuveront pas. le 20 juin 1703 », B.N. ms. fr. 21939, f° 72. L'ouvrage paraîtra à Rouen en 1719. Cf. une autre réprobation dans le même sens, B.N. ms. fr. 21941, f° 98 v°.

Faydit, est réprouvée en 1703 par une censure circonstanciée, trop longue pour que nous puissions la reproduire ici[76] ; de même en 1713 les *Opera omnia* de Sylvius sont réprouvés par M. Bigres[77], et en 1715 un livre anonyme *Le manuel des évêques* est réprouvé par M. Robuste comme « injurieux aux évêques et contraire à nos libertés »[78] ; le cas des *Opera* d'Yves de Chartres est significatif : présenté par dom Gelée, « approuvé avec de grands éloges » le 1er juillet 1714[79], le livre obtient un privilège ; faute d'expédition de ce privilège, il est renvoyé à l'examen et remis à M. Chenu qui le juge ainsi :

> Contenant des propositions injurieuses à la puissance royale et contraires aux libertés de l'Eglise gallicane. du 3 juil. 1715[80].

Sévères pour l'ultramontanisme, les censeurs prennent en maintes occasions la défense du clergé : un opuscule de Bourdoise, *L'idée d'un bon ecclésiastique*, « est rejeté comme contenant des choses trop injurieuses au clergé »[81] ; une *Instruction familière pour les fidèles qui sont engagés en la Confrairie de la T. S. Trinité et rédemption des captifs* est réprouvée en 1705[82] ; les *Sermons du P. Lejeune, revus et mis en meilleur français* sont aussi réprouvés en 1710[83].

---

[76] B.N. ms. fr. 21939, f° 79.

[77] « comme contenant plusieurs choses aux [*sic*] lois et usages du royaume et à la doctrine du clergé de France », B.N. ms. fr. 21942, p. 192.

[78] B.N. ms. fr. 21942, p. 340.

[79] B.N. ms. fr. 21942, p. 224.

[80] B.N. ms. fr. 21942, p. 328.

[81] B.N. ms. fr. 21939, f° 51, jugé sans doute par Le Rouge. En 1700 sont réprouvés des *Eclaircissements généraux sur l'Apocalypse* d'un dominicain, le P. d'Entragues, « parce que quoiqu'il prétende réfuter Jurieu, il soutient cependant qu'un Pape sera l'antéchrist », ms. fr. 21939, f° 22 v°.

[82] « Ce livre contient une doctrine erronée sur les confréries et les indulgences, propre à autoriser les confréries dans le libertinage et intéressant l'autorité des évêques et l'ordre de la Hiérarchie » (B.N. ms. fr. 21940, f° 35 v°) ; une *Dissertation sur le 17e Canon du premier concile de Tolède* par le Sr de Jautour est réprouvée en 1709 : « l'auteur y prend un parti injurieux à l'Eglise, et

Ces jugements nous font déjà entrer dans la mentalité des censeurs ; ceux qu'ils portent sur des ouvrages suspects de favoriser, directement ou indirectement, le protestantisme témoignent d'un même souci de prudence théologique et politique : tel ouvrage de Frain du Tremblay fut réprouvé à deux reprises, en 1700 puis en 1704[84] ; de *Nouvelles tables historiques* de M. Rou, avocat au Parlement, le furent en 1701[85], mais une apologie de la Révocation de l'Edit de Nantes fut réprouvée en 1703[86] ; enfin le livre de spiritualité de Charles Drelincourt, qui

---

l'ouvrage est dangereux pour ses conséquences » (B.N. ms. fr. 21941, f° 77 v°).

[83] « Trop peu exact pour la théologie et trop outré sur l'autorité ecclésiastique et la morale sévère. Le jeudi 21 août 1710 » : B.S. ms. fr. 21941, f° 130 v°. L'ouvrage fut approuvé avec éloge le 24 juin 1711 : ms. fr. 21942, p. 34. La réédition de deux livres de Jean Richard publiés à Cologne, l'un en 1683, l'autre en 1686 et 1690, fut réprouvée en 1710 « comme plein d'aigreur contre les religieux, contre les prêtres et contre les évêques, contenant des maximes outrées » : ms. fr. 21941, f° 132 ; l'un de ces livres *Pratiques de piété pour honorer le Saint Sacrement...*, sera réédité à Bruxelles en 1712.

[84] Sous deux titres différents : *De la conscience des prétendus réformés : conversations entre un catholique et un Pr. Réf.* (B.N. ms. fr. 21939, f° 20 v°) : « Rep. rendu à l'auteur » ; et *Traité de la conscience où l'on donne la véritable idée de la conscience et les moyens de connaître si l'on se conduit par ses mouvements* (ibid., f° 114) : « Repr. parce que l'idée que l'auteur s'est formée de la conscience n'étant pas celle des théologiens qui enseignent unanimement une conscience erronée, son ouvrage au lieu de servir à réfuter les hérétiques servirait beaucoup à favoriser leur esprit particulier. Le 24 juillet 1704 ». Le livre parut en 1724 à Paris.

[85] « Repr. comme n'ayant pas assez d'ordre, contenant des faits historiques faux et douteux et une trop grande affectation à rapporter les sentiments des protestants au préjudice de l'Eglise » : ms. fr. 21939, f° 32 v°. En 1703, un *Abrégé de la Sainte Bible* fut réprouvé « parce que les extraits, l'ordre, le style de cet abrégé sont tirés de la Bible de Genève, que l'abréviateur nie que le livre I des Macchabées soit canonique et que cet ouvrage étant trop court et fait avec trop peu de discernement ne peut être d'aucune utilité pour les savants et pourrait être pernicieux pour les ignorants » (ibid., f° 71).

[86] *Apologie de Louis le Grand sur l'anéantissement du calvinisme*, par M. Berain, av. au P. « L'intention de l'auteur est louable mais le sujet doit être traité avec plus de justesse et d'élévation et débarrassé d'une érudition trop

avait eu un grand succès au XVIIe siècle, même parmi les catholiques, présenté anonyme en 1711, *Consolations de l'âme fidèle contre les frayeurs de la mort*, fut réprouvé : « les principes calvinistes y sont trop marqués »[87].

Dans ces cas, les censeurs veulent éviter toute « erreur », toute doctrine « erronée » : ces termes traduisent la note théologique « *erroneus* » qui s'applique automatiquement à des œuvres réprouvées sans rendre exactement compte de la véritable pensée du censeur ; aussi sa fréquence est-elle peu significative[88]. Nous retiendrons plutôt une autre note, très fréquente[89],

---

confuse. On renvoie l'auteur à cet endroit de l'Art Poétique d'Horace : *Sumite materiam vestris, qui scribitis, aequam viribus, etc.* » B.N. ms. fr. 21939, f° 68 v°.

[87] B.N. ms. fr. 21942, p. 60 ; en 1714 est refusé un « ouvrage d'Erasme qui renferme les mêmes sentiments qui du temps de Luther faisaient soupçonner Erasme d'hérésie », *ibid.*, p. 256 ; de même en 1715, à deux reprises une traduction de lettres d'Anna-Maria van Schurman, *ibid.*, pp. 306, 324.

[88] Un *Traité de l'amour de Dieu* du récollet Le Balleur est réprouvé deux fois, en 1704 pour ses « erreurs » (B.N. ms. fr. 21939, f° 112 v°), en 1706 parce que « Ce livre ne répond pas à son titre et l'auteur y traite hors d'œuvre de sujets différents du sien, et d'une manière très opposée à la charité. D'ailleurs il manque de jugement dans le choix des ouvrages qu'il cite » (ms. fr. 21940, f° 76). La note « erroné » devient fréquente après 1711, traduisant la paresse ou la prudence des censeurs : B.N. ms. fr. 21942, pp. 85, 98, 265 (*Du repos et de la tranquillité de l'âme* en 1714 : « galimathias, propositions erronées »), 281, 289 (un ouvrage de Jean-Baptiste de La Salle paru en 1703 approuvé par Ellies du Pin, cf. *Cahiers Lasalliens*, t. 20, pp. VI-VII), 305, 312 (*Apologie du système des Saints-Pères sur la Trinité*, de Faydit, imp. à Nancy en 1715, pour permission de débit à Paris : « plein d'erreurs et de témérité »), 357 (*Traité de l'oraison mentale par maximes, selon l'analogie de la foi et dans des principes qui font sentir le faible de plusieurs auteurs célèbres de ce siècle*, prés. le 4 déc. 1715, « réprouvé comme erroné le 12 fév. 1716 »).

[89] La note de « témérité » revient aussi assez souvent mais c'est un jugement bien banal : nous la trouvons appliquée à une *Méthode pour converser avec Dieu* [sans doute du jésuite Boutauld 1e éd. 1684, à l'index en 1723] en 1705 déjà réprouvée deux fois la même année : le livre « conseille d'imiter les saints même dans les murmures qui leur ont échappé contre Dieu » (B.N. ms. fr. 21940, f° 31), il est « rempli de sentiments et de propositions téméraires » (*ibid.*, f° 70 v° ; cf. aussi 61 v°). Il n'y a pas non plus grand chose à tirer d'une

celle d' « exactitude », surtout d' « exactitude théologique » : ces docteurs considèrent que la théologie est une science alliant exactitude et fidélité aux sentiments « communs » : d'où un conservatisme analogue à celui qu'ils professent en philosophie[90] et un désir de modernité qui bannirait préjugés et superstitions[91] ; ainsi *La Croix et les souffrances de N. S. Jésus-Christ* du P. Le Blanc, oratorien, « contient plusieurs propositions peu exactes en bonne théologie »[92] ; un ouvrage de Gilles de La Baume Le Blanc, ancien évêque de Nantes, qui avait eu en 1690 un privilège, et avait été publié en 1693, fut réprouvé en 1704[93] ; des *Méditations pour tous les jours de l'année* du P. Mourcin jésuite furent refusées en 1706[94]. Ces présupposés qu'apportent

---

formule toute faite comme celle qui est appliquée à une *Lettre de M. Bayle à M. Bayle son frère* présentée le 9 juillet 1711 : « cet ouvrage donnerait atteinte à la religion et aux mœurs, du 30 juillet 1711 » (ms. fr. 21942, p. 40 ; distribué encore le 3 décembre à l'abbé de Vertot, sans indication d'approb. ni de privil. *ibid.*, p. 62).

[90] Cf. B.N. ms. fr. 21939, f° 29, réprobation du *Système du monde fondé sur l'Ecriture sainte* de Le Clerc, graveur du roi, en 1701 : « parce qu'il est contre les principes de la physique reçue, etc. » ; et *ibid.*, f° 73, celle des *Réflexions critiques sur la Métaphysique de M. Dagoumer* par Nuguet « à cause de quelques nouveautés un peu trop hardies pour le temps présent, le 14 août 1703 ».

[91] Cf. B.N. ms. fr. 21940, f° 72 *Le livre des enfants où sont contenues les idées premières et générales de toutes les choses dont les enfants doivent avoir connaissance*, « Repr. Il y a ici plusieurs idées qui pourraient être aux enfants des préjugés contre la saine et exacte philosophie. Le 10 fév. 1706 ».

[92] B.N. ms. fr. 21939, f° 99 v°, en 1704.

[93] *La lumière du Chrétien...*, « Rep. parce que le corps du livre ne répond point à son titre : ce n'est que philosophie mal digérée, théologie peu exacte et même qui peut induire en erreur » (B.N. ms. fr. 21939, f° 100 ; la 1re éd. était de 1673). Deux livres de prières imprimés autrefois à Châlons furent réprouvés en 1704 : « Le public ne perdra rien quand on s'abstiendra de réimprimer ces 2 livres : parce que la règle de nos prières c'est la foi de laquelle elles doivent avoir la pureté, la solidité, l'exactitude, caractères que ces deux livres n'expriment pas toujours » (*ibid.*, f° 108 v° : on aura remarqué les 3 termes qui caractérisent la foi et les prières aux yeux des censeurs).

[94] « La théologie de l'auteur n'est ni assez exacte ni assez châtiée » (B.N. ms. fr. 21940, f° 80) ; le livre ne dut jamais paraître : Sommervogel cite un manuscrit de la Bibliothèque de Bordeaux (*Bibliothèque de la Compagnie de*

les censeurs en jugeant les livres ont pour conséquences la méfiance pour toutes les tendances fidéistes qui minimiseraient la
valeur du raisonnement théologique[95] et le désir de se tenir toujours au sentiment commun en s'opposant à toutes les
« nouveautés » : « L'auteur parle en termes trop différents de
ceux dont on se sert aujourd'hui dans l'Eglise quoiqu'il veuille
persuader qu'il pense autrement qu'il ne paraît », tel est le motif
de réprobation en 1701 d'un livre de M. de Laubrière, *Le soci-
nisme réfuté ou la Divinité de Jésus Ch. le fils de Dieu et le
Verbe Dieu défendue contre le commentaire de M. Le Clerc sur
les 14 pr^{rs} versets du chap. 1 de l'Evang. de St Jean et contre
les fausses subtilités du livre intit. Le Platonisme dévoilé*[96] ; des
motifs de réprobation analogues s'appliquent à de nombreux
autres livres[97]. Les termes employés pour réprouver une *Dis-*

Jésus, t. V, c. 1343, t. IX, suppl. c. 694). Autres livres réprouvés pour des
raisons analogues : *ibid.*, f° 88 (doctrine « ni exacte ni solide »), 90 v°, 101v°,
102 ; ms. fr. 21941, f° 3 v° (« plein d'un galimathias peu exact sur la théologie
et peu propre à édifier »), 38, 55 v°, (« *La vraie religion découverte par la
raison, Suite des entretiens sur les sciences*, comp. et prés. par le P. Lami,
bénédictin, ce 7 juin 1708... Repr. Contenant des propositions insoutenables
en bonne théologie. 2 août 1708 »), 63 v° (une traduction du *Criticon* de
Baltazar Gracian parue à La Haye en 1708 est refusée « contenant trop
d'extravagances. 30 août 1708 »), 103 v°, 107 v°, 110 (*Jeu historique sur
l'Ancien Testament* : « Repr. Un jeu sur l'Ecriture Ste ne saurait être approuvé ; il y a dans celui-ci de mauvaises applications. du 13 feb. 1710 »).
[95] C'est le motif de la réprobation de *Blasii ad Dionysium de Chavigny Religionis systema* de M. de Chavigny : « Le titre de l'ouvrage est choquant et
donne une idée affreuse de la Religion comme si elle était une matière à système. L'auteur, en disant qu'il faut avouer les deux dogmes de la Trinité et de
la Transsubstantiation ou les nier, ne prend pas garde que les Sociniens pren-
dront ce dernier parti et se serviront de ses propres preuves pour l'autoriser.
Le 7 juin 1704 » (B.N. ms. fr. 21939, f° 105). De même est réprouvée une
anonyme *Nécessité de la révélation divine prouvée par l'aveuglement de
l'homme* : « les doutes n'y sont pas accompagnés des correctifs nécessaires et
l'auteur y laisse voir trop de penchant au pirrhonisme » (ms. fr. 21942, p. 17).
[96] B.N. ms. fr. 21939, f° 36 v°.
[97] Ainsi en 1703 pour une *Dissertation sur le Paradis terrestre...*, de M. de
Maunory, B.N. ms. fr. 21939, f° 77 : « à cause de la nouveauté des sentiments

sertation sur l'application qu'a faite St Mathieu à la naissance de J. C. de la prophétie d'Isaïe Ecce Virgo concipiet en 1711 sont significatifs :

> L'auteur manque à la circonspection nécessaire, soit pour le langage soit pour la méthode et les sentiments[98].

Cette prudence tâtillonne alliée au souci de l' « exactitude » conduit les censeurs à refuser tout livre qui leur paraît s'écarter de la vérité « historique », être « apocryphe » ; une part importante de la littérature spirituelle des siècles précédents est donc condamnée : les « visions », les « visions monacales », les « superstitions », les biographies « peu croyables » de saints personnages modernes ou médiévaux sont impitoyablement poursuivies. Nous trouvons dans cette catégorie la plus grande partie des jugements de réprobation de livres religieux de nos registres ; nous en donnerons quelques exemples significatifs. Une traduction française du *Traité des voies de Dieu dicté à Ste Elizabeth de Sconaw par son ange*, réalisée par le P. Mauduit de l'Oratoire, est réprouvée par M. Anquetil le 12 décembre 1699[99] ; en 1700 une traduction de *Traités spirituels* du

---

de l'auteur sur cette matière, contraire à l'Ecriture Sainte » ; cf. aussi *Justification de la femme pêcheresse de l'Evangile* « Réprouvé contenant trop de choses contraires au texte de l'Ecriture et au sentiment des Pères. 7 avril 1712 » (fr. 21942, p. 86 ; mais le livre obtiendra une approbation le 23 août 1712, *ibid.*, p. 103); un Psautier en 1713 « n'est pas conforme à la Vulgate » (*ibid.*, p. 199).

[98] B.N. ms. fr. 21942, p. 9.

[99] B.N. ms. fr. 21939, f° 7 ; le livre sera encore présenté en 1703 et réprouvé « parce que c'est un ouvrage rempli de visions insoutenables que l'on y donne comme dictées par un ange, qui n'était que quelque moine de St Florin, etc., le jeudi 6 déc. 1703 » (*ibid.*, f° 77 v°) ; présenté une troisième fois il sera approuvé par M. Leullier en 1709 (ms. fr. 21941, f° 56). Sur Elisabeth de Schönau et son *Liber viarum Dei*, qui avait été traduit en latin par Lefèvre d'Etaples, et aura encore une influence au XVIIIe siècle sur G. Tersteegen, *Dict. de spirit.*, t. 4, c. 585-588.

P. Nieremberg a le même sort[100] ; *La Vie de Mad. de Bellière du Tronchay appelée communément sœur Louise du Néant avec ses lettres*, présentée anonymement le 19 août 1700, est réprouvée sans commentaire[101] ; présenté le 19 février 1702, *Le Triomphe de la Croix en la personne de la vénér. Mère Marie-Elisabeth de la Croix de Jésus fondatrice de l'Institut de N. Dame du Refuge des vierges et filles pénitentes*, paru à Liège en 1685, œuvre d'Henri-Marie Boudon, est refusé le 12 juin 1704[102] ; peu après, *La Vie de Mlle de Meleun...*, par Joseph Grandet, est aussi condamnée[103] ; l'*Histoire de l'Eglise de N. D. de Pontoise* de Louis Duval, curé de ce lieu, présentée le 23 février 1703, est réprouvée

> parce que si l'on retranchait de cet ouvrage mille particularités inutiles, plusieurs miracles non suffisamment avérés, la description ridicule de tous les corps de métiers avec l'application scandaleuse de plusieurs passages de l'Ecriture il n'en resterait que le titre et la préface. Ce jeudi 5 juillet 1703[104] !

---

[100] B.N. ms. fr. 21939, f° 12 ; une autre traduction de Nieremberg sera approuvée par Cohade en 1702, *ibid.*, f° 48.

[101] B.N. ms. fr. 21939, f° 18 v°, œuvre du jésuite Jean Maillard ; elle sera publiée en 1732 : H. Bremond, *Histoire...*, *op. cit.*, t. V, p. 344, avait deviné que la publication de cette biographie avait été entravée ; cf. notre article « Entre la mystique et la morale », dans *Dix-huitième siècle*, n° 8, « Les jésuites », 1976, p. 54.

[102] B.N. ms. fr. 21939, f° 42 : « à cause du grand nombre de faits miraculeux sans preuves et peu croyables et de propositions d'une piété peu éclairée dont il est rempli » ; il s'agit de la vie d'Elisabeth de Ranfaing. *La vie de feu M. Henri Boudon* par M. Hébert de Rocmont, présentée aussi en février 1703, n'a pas été approuvée et ne paraîtra qu'en 1705 à Anvers (*ibid.*, f° 67 v°).

[103] B.N. ms. fr. 21939, f° 62 v° en 1702 ; elle avait été publiée en 1687 avec privilège de 1686. En 1709 *La vie de Messire Gabriel Dubois de la Ferté...*, de Grandet sera réprouvée : « mal écrit et ne vaut pas la peine d'être imprimé pour ce qu'il contient » (ms. fr. 21941, f° 69 v°) : le livre paraîtra à Paris, 1712.

[104] B.N. ms. fr. 21939, f° 67 v° ; le livre fut publié à Troyes en 1703 et eut six éditions : cf. L. Thomas, *Bibliographie de la ville et du canton de Pontoise*, Pontoise, 1883, pp. 170-172.

Œuvre d'un spirituel connu, le carme Honoré de Sainte-Marie, un *Traité des Indulgences et du Jubilé, avec une dissertation apologétique ou réfutation de ce qu'on impose aux mystiques dans quelques extraits tirés du livre de l'Examen de la théologie mystique du P. Chéron*, qui avait été imprimé en 1701 à Bordeaux, est réprouvé en 1703 « parce que ces 2 livrets ne contiennent que des visions monachales »[105]. La même année 1703, un très curieux ouvrage anonyme, qui avait été approuvé en 1687 par Cohade, est réprouvé : *Explication du Château de l'âme de Ste Thérèse où l'on découvre l'image de Dieu dans la personne de l'homme* ; et le motif est :

> L'auteur est quelque disciple de Ste Thérèse, mais d'un esprit obscur et confus, qui loin d'ouvrir le livre de cette Ste le ferme et le scelle de nouveau. Son livre n'est pas le fruit de sa théologie, il ne s'en pique pas : ce n'est que l'effort d'une imagination échauffée [corrigé en : travaillée] qui a dû lui coûter beaucoup et qui coûterait trop aux lecteurs. Le moindre défaut de son livre est l'obscurité et la barbarie du langage qui marque un homme qui parle peu et qui ne saurait mieux faire que de ne pas écrire davantage. le 19 avril 1703[106].

Une continuation de privilège avait été demandée pour le livre du P. Chérubin de Sainte-Marie Ruppé, récollet, *La véritable dévotion à la mère de Dieu*, qui avait eu des privilèges en 1671 et 1685 et avait été imprimé trois fois : l'ouvrage, qui jadis avait été condamné par la Sorbonne et mis à l'index, est réprouvé

---

[105] B.N. ms. fr. 21939, f° 68 v° ; rééd. en 1725 et 1745.
[106] B.N. ms. fr. 21939, f° 70. Le livre parut à Trévoux en 1709 (B.N. imp. D 18052) avec approbation et privilège du prince des Dombes de 1707 ; il est précédé d'une grande planche hors-texte gravée et coloriée et d'un madrigal du P. de Colonia ; il développe l'explication du Château de l'âme avec de nombreuses images cosmologiques et politiques, une psychologie déjà très dépassée, des exemples littéraires et historiques anachroniques en 1703 et une présentation très artificielle avec divisions et subdivisions, toutes choses qui ne pouvaient que choquer les censeurs.

parce que pour une infinité de raisons ce livre dont il s'est déjà répandu 3 éditions mériterait d'être flétri. Le 26 juillet 1703[107].

La même année, une *Histoire de Saint Gauderi, confesseur*, par M. Fournier, fut aussi réprouvée avec des attendus précis[108]. Une œuvre de Dom Martianay, dont Bremond fit un chaleureux éloge[109], fut à deux reprises victime des censeurs : c'est l'*Histoire de la vie de sœur Madeleine du Saint Sacrement, Religieuse carmélite du voile blanc, avec un recueil de lettres sur divers sujets de piété*[110]. Autre vie édifiante à être rejetée, *La vie de Catherine de Cardone, sœur du Tiers Ordre de N. D. du Mont Carmel*, composée par le P. Berthold, carme à Toulouse, est réprouvée « parce que ce n'est guère qu'un tissu de miracles plus fabuleux les uns que les autres, honteux à la Religion, préjudiciables à l'instruction des peuples, dont on abuse de la simplicité et qui sont la raillerie des hérétiques »[111]. En 1704, un

---

[107] B.N. ms. fr. 21939, f° 74 v° ; cf. notre *Spiritualité de Bossuet*, Paris, Klincksieck, 1972, pp. 631-632.

[108] B.N. ms. fr. 21939, f° 76 v° : « Parce que la vie de ce saint est ce dont il est le moins parlé dans cet ouvrage, qui n'est qu'un amas confus de lieux communs où il n'y a pas d'ombre de bon sens. On n'y trouve ni le temps de la naissance, ni celui de la mort du saint et les miracles que l'on en rapporte n'étant autorisés que du témoignage des paysans du village sont les uns plus ridicules que les autres. Le 10 juillet 1703 » ; le livre parut, avec un privilège local, à Perpignan en 1705, cf. ms. fr. 21940, f° 56. On relèvera aussi un *Abrégé de la vie de St Antoine de Padoue* « Repr. parce que ce livre est plein de faits fabuleux, de miracles non suffisamment autorisés, de pratiques de dévotion superstitieuses, de louanges outrées de ce saint et que par dessus tout cela le style en est pitoyable. le 2 août 1703 » (fr. 21939, f° 77 v°).

[109] *Op. cit.*, t. III, p. 558.

[110] B.N. ms. fr. 21939, f° 89 : « Cette vie contient plusieurs faits sans preuve et sans garantie : il est plus à propos de conserver ce Ms. dans le monastère où cette fille a été religieuse que de le rendre public. Le 6 déc. 1703 » ; f° 118 : « rempli de puérilités. 20 9ᵇʳᵉ 1704 » ; le livre parut finalement à Paris en 1711, approuvé « avec éloge » le 19 sept. 1710 : cf. ms. fr. 21942, p. 22.

[111] B.N. ms. fr. 21939, f° 93 v°. Sur Catherine de Cardone, cf. *Dict. de spirit.*, t. 2, 1, c. 135-136.

Traité du Scapulaire du P. Toussaint de S. Luc, carme, est réprouvé

> parce que l'auteur y donne les visions de Simon Stock pour des articles de foi, des apparitions fort douteuses pour des vérités certaines, qu'il fait du scapulaire une sauvegarde universelle contre tous les maux du temps et de l'Eternité, qu'il lui attribue plus de vertu que les sacrements n'en ont en effet et le compare à l'Eglise même dans les persécutions qu'elle a souffertes, et plusieurs autres raisonnements semblables où l'on ne ménage ni le bon sens ni la Religion[112].

Une *Histoire de Notre-Dame de Boulogne* par Antoine Le Roy, qui avait été publiée à Paris en 1681 avec privilège de 1680, est réprouvée en 1704

> attendu la quantité prodigieuse de visions monachales et de faits apocryphes et ridicules dont la vérité est obscurcie dans ce livret[113].

----

[112] B.N. ms. fr. 21939, f° 109. On rapprochera de cette réprobation celle de *La règle et les statuts du Tiers ordre de la Pénitence...*, par le P. Odile de Brioude, récollet, « parce que l'auteur portant à la dévotion du cordon de S. Fr. au-delà des bornes de la pureté et de l'innocence de cette pratique fait voir que son ouvrage est proprement celui de l'intérêt ou de l'imposture travesti sous le masque de la Religion. L'idée fausse et superbe qu'il donne du cordon, les folles et monstrueuses indulgences qu'il y attache, les erreurs qu'il y mêle pour le relever, les termes impies dont il use pour louer S. Fr. font croire que cet ouvr. n'est bon qu'à déserter les paroisses, à avilir les sacrements, à renverser l'ordre de la hiérarchie, à immoler la Religion de J. C. à la risée des Libertins et à confondre l'homme avec Dieu ; le 27 juil.1704 », *ibid.*, f° 114 v°.

[113] B.N. ms. fr. 21939, f° 110. En 1705 l'*Histoire de l'image miraculeuse de Nre Dame de Liesse et des miracles opérés par l'intercession de Nre Dame de Liesse*, par le Sr de Villette, est réprouvée : « Il y a dans cet ouvrage des expressions peu correctes sur la Religion par exemple *Adorer les miséricordes du Sgr et les bontés de la divine Marie*. L'histoire qui y est rapportée paraît une fiction ; du moins la vérité n'en est nullement prouvée. Les miracles qui, selon l'auteur, se font à Notre Dame de Liesse ne prouvent point que ce pieux roman soit une véritable histoire » (ms. fr. 21940, f° 32 v°) : le livre parut à Laon et Paris en 1708 avec approbation d'Herlau et privilège général (cf. ms. fr. 21941, f° 1 v°) ; nous n'avons pas retrouvé la phrase incriminée qui a dû

Ne retenons que les titres importants[114], nous trouvons un projet de traduction nouvelle du livre de Benoît Haeftenus, *Le chemin royal de la Croix*[115], un livre du P. de Gonnelieu, *Heures à réciter et à pratiquer ou manuel de dévotion qui comprend l'explication des prières ordinaires que font les Chrétiens*[116], un autre de la Mère de Blémur[117], *Le Paradis ouvert à Philagie* du P. de Barry[118], l'*Introduction à la vie chrétienne* de M. Olier[119],

---

être supprimée (peut-être pp. 88-89) ; le *Discours préliminaire* comporte une Addition et certains détails postérieurs à 1705.

[114] Nombre de livres sont accusés de présenter des histoires apocryphes, d'être peu fondés, etc. : B.N. ms. fr. 21939, f° 121 v° (*Les véritables fleurs de la dévotion* du P. Giraud, s. j., : « Ces fleurs sont passablement fanées, originairement n'étaient pas mieux choisies et ne sont pas toujours de la meilleure odeur pour purifier notre culte. le jeudi 29 9ᵇʳᵉ 1704 ») ; ms. fr. 21940, f° 41 v°, 42, 44 v°, 83 v° (« mêlé d'histoires plus propres pour exposer la Religion à la raillerie qu'à l'affermir ») ; ms. fr. 21941, f° 30, 36 v° (*La vie de la vénérable sœur Jeanne Cottereau*, par un pauvre villageois, comp. par frère Barbeau Tricotteux à Dourdan, « Repr. comme du dernier pitoyable »), 106 v° (*Les fleurs des exemples* « contenant diverses histoires ridicules et qui ne sont bonnes qu'à déshonorer la Religion »).

[115] Répr. en 1705 : « Il s'y trouve des fictions absurdes, de fréquents galimathias, des comparaisons basses et insipides, des propositions fausses et erronées » (B.N. ms. fr. 21940, f° 58 v°,) ; le livre, remarquablement illustré, paru pour la 1ʳᵉ fois à Anvers en 1625 et souvent réédité, avait été un des classiques de la spiritualité au XVIIᵉ siècle (*Dict. de spirit.*, t. 7, c. 24-27) ; la traduction sera approuvée en 1709 : fr. 21941, f° 79.

[116] « Cet ouvrage n'est bon qu'à charger le public et l'imprimeur. du 17 9ᵇʳᵉ 1705 » : B.N. ms. fr. 21940, f° 62 v° ; il s'agit sans doute d'une première version de la *Méthode pour bien prier Dieu*, Paris, 1710 (cf. *Dict. de spirit.*, t. 6, c. 581)

[117] *La vie des saints tirée des auteurs ecclésiastiques...*, « rempli de fables et de superstitions, du 3 juin 1706 » : B.N. ms. fr. 21940, f° 86 v° ; la 1ʳᵉ édition, Lyon, 1689, avec privilège de 1683 ; Baillet portait un jugement favorable sur ce livre : cf. la Mère de Blémur, *Eloges de plusieurs personnes illustres...*, Ligugé, 1927, t. I, p. v.

[118] « Réprouvé, peu correct et pour le fonds et pour la manière du 5 avril 1710 » (B.N. ms. fr. 21941, f° 114 v°).

[119] Répr. sans qualification le 19 juin 1710 : B.N. ms. fr. 21941, f° 124.Le livre avait été publié en 1658, réédité en 1699, et ne semble pas avoir été

des *Lettres sprituelles où l'on pourra voir les diverses conduites que Dieu tient sur une âme qu'il veut élever au sublime état d'union*[120], le *Traité de la sagesse chrétienne ou de la conformité aux volontés de Dieu*, publié en 1650 par son auteur, René de Voyer d'Argenson[121], *Les devoirs du chrétien* par M. Joly, évêque d'Agen, qui ont un « sursis jusqu'à correction » le 10 juillet 1715[122]. On voit par ces quelques exemples que les ouvrages réprouvés ne sont pas seulement des œuvres médiocres ou écrites par des auteurs inconnus, mais que nombre de livres spirituels intéressants du siècle précédent sont condamnés par les censeurs.

Nos registres permettent de voir en particulier quels obstacles rencontraient les propagandistes de la dévotion au Sacré-Cœur : des manuels furent refusés avec autant de persévérance qu'ils étaient présentés. Dès 1699, *La dévotion au Cœur de Jésus, avec un appendice*, composée par un jésuite qui est sûrement le P. Croiset, est réprouvée par le docteur Salmon[123] ; même chose en 1701 pour une édition augmentée d'une explication de la messe ornée de figures en taille-douce, « à cause des puérilités, redites et visions »[124], et de nouveau en 1703[125], en 1707[126], en 1713[127], en 1715[128].

---

réédité avant 1828 : L. Bertrand, *Bibliothèque sulpicienne*, Paris, Picard, 1900, t. 1, pp. 18-19.

[120] « Repr. remplies d'illusions. le 8 mai 1715 » par M. Leullier B.N. ms. fr. 21942, p. 256.

[121] « Repr. les matières et la méthode peuvent avoir des conséquences dangereuses. du 13 févr. 1715 », B.N. ms. fr. 21942, p. 284 ; sur ce livre et son auteur, cf. M. de Certeau, « Politique et mystique, René d'Argenson (1596-1651) », dans *Revue d'ascétique et de mystique*, t. 39 (1963), pp. 45-82.

[122] B.N. ms. fr. 21942, p. 325 ; l'auteur était mort en 1678.

[123] B.N. ms. fr. 21939, f° 6 ; le livre avait été publié à Lyon en 1691 et avait eu de nombreuses rééditions.

[124] *Ibid.*, f° 29.

[125] *Ibid.*, f° 81 v°.

[126] B.N. ms. fr. 21941, f° 9 : « ouvrage mal digéré, peu solide ».

[127] B.N. ms. fr. 21942, p. 165 : « plein de superstition ».

Nous avons cité plusieurs manuels de confréries ou recueils d'indulgences refoulés par la censure ; c'est en réalité tout un secteur de la spiritualité populaire qui est réprouvé, et plus largement de la culture populaire : les censeurs, qui rejetaient dédaigneusement *Jean de Paris, Pierre de Provence, Richard sans peur, Robert le Diable, L'espiègle, Civilité puérile, Quatrains de Pibrac* présentés par Besogne, libraire à Rouen, en 1710[129], réprouvent un grand nombre de livres d'heures et de prières[130], des noëls et des cantiques[131], des brochures de dévotion[132], et bien entendu des almanachs[133]. Les censeurs veulent

---

[128] *Ibid.*, p. 279 : « plein de visions et de galimathias », mais approuvé « avec éloge » quelques mois plus tard, *ibid.* p. 316 avec la mention : « prés. n° 199 où il fut réprouvé, mais on l'a corrigé depuis ». Autres livres de dévotion au Sacré-Cœur réprouvés, ms. fr. 21939, f° 12 v°, 75 v°.

[129] B.N. ms. fr. 21941, f° 113 v° : « remplis de libertés trop grandes ». Sur ces œuvres, R. Mandrou, *De la culture populaire aux 17e et 18e siècles*, Paris, Stock, 1964, p. 131 ss.

[130] B.N. ms. fr. 21939, f° 21 ; ms. fr. 29140, f° 64 v° (« ce qu'il y a en français dans ces volumes est barbare, les offices en sont mal digérés, les hymnes plates, les statuts quelquefois dangereux »), 83 v°, 95 (« rempli de puérilités et de contresens » ; mais approuvé par Pirot peu après, *ibid.*, f° 96), 99, 100 v°, 103 v° (« mal en ordre, rempli de prières apocryphes »), 109 (« superstitieux, apocryphe »), 109 v°, 110 ; ms. fr. 21941, f° 3, 13 v°, 14 v° (2 fois), 21 v°, 87 (« remplies d'éloges du Rosaire excessifs et dangereux à cause de cela ») ; ms. fr. 21942, p. 132 (« traduction barbare et inintelligible »).

[131] B.N. ms. fr. 21939, f° 35, 57 v° (« Parce que ces Noëls et cantiques sont mal faits, indignes de la Majesté des Mystères et qu'ils sont sur des airs profanes. le 28 oct. 1702 ») ; ms. fr. 21940, f° 1 v°, 55 v° (« ils ont la barbarie et les solécismes des ouvrages du Pont-Neuf lieu où le St Esprit ne se fait guère entendre : d'ailleurs les Mystères sont défigurés dans cet ouvrage. du 5 août 1705 »), 75 (« Le langage de ces hymnes m'a paru gothique, la poésie fade et la piété patibulaire. du 14 Janv. 1706 ») ; fr. 21941, f° 38 ; fr. 21942, p. 224 (« plus propre à faire rire qu'à édifier »), 255.

[132] Comme *La mère chrétienne* : « le style en est vieux et rempli de tours et d'expressions ridicules », B.N. ms. fr. 21940, f° 26.

[133] B.N. ms. fr. 21939, f° 22 : « L'Almanach du bon laboureur. C'est un petit Almanach vulgair[t] appelé L'Almanach du Berger pour lequel J. Oudot avait obtenu privilège pour 10 ans le 11 sept. 1692 » ; sur ce livre cf. G. Bollème, *Les almanachs populaires aux XVIIe et XVIIIe siècles*, Paris-La Haye, Mouton,

que l'on instruise et édifie le peuple, qu'on évite tout ce qui pourrait rendre la religion ridicule ; d'où une double attitude, comme vis-à-vis des protestants, défensive et positive : une *Histoire générale de l'Eglise* en 25 volumes in-4° est réprouvée en 1714 parce qu'elle est « remplie de faits faux et propre à entretenir les peuples dans une dangereuse crédulité »[134], un in-12, *Du Paradis et de ses merveilles*, est refusé en 1710 parce qu'il « n'est propre qu'à donner aux peuples des idées burlesques de la Religion »[135]. Ce qui s'impose, c'est une morale pleine de gravité[136] : on comprend que soit réprouvé en 1703 le *Santoliana ou les bons mots de M. de Santeul, chanoine Reg. de St Victor* : « ce Recueil, loin d'être d'aucune utilité au public, le scandaliserait et ferait tort à la mémoire de l'auteur auquel on fait dire des choses qui siéent mal dans la bouche d'un Religieux »[137], et qu'en 1708 un *Esope chrétien* composé à partir de Benserade par le Sr Liger soit réprouvé sous prétexte qu'il présente un « mélange peu exact de dogmes sérieux et de bagatelles »[138]. Un des mots-clefs de ces critiques, c'est la « convenance » : des œuvres « conviennent » au temps, au public, à la situation de l'auteur, d'autres « ne conviennent pas »[139].

L'étude des réprobations de livres profanes nous permettrait de dégager des critères de jugement analogues, toutes les ambiguïtés d'une attitude « éclairée » et « moderne », le mépris de la

---

1969, pp. 13-14. Ms. fr. 219839, f° 119 : « Almanach journalier » : il « n'est bon qu'à entretenir la superstition dans l'esprit des peuples. le 18 sept. 1704 ».

[134] B.N. ms. fr. 21942, p. 222.

[135] B.N. ms. fr. 21941, f° 124 v°.

[136] B.N. ms. fr. 21940, f° 97 : « la morale doit être traitée avec plus de gravité ».

[137] B.N. ms. fr. 21939, f° 89 ; le livre paraîtra à La Haye, 1708.

[138] B.N. ms. fr. 21941, f° 22 v°.

[139] B.N. ms. fr. 21939, f° 72 ; 21941, f° 110 ; 21942, pp. 10, 95, 126, 143, 269, 305, etc. Cf. aussi les expressions « digne » ou « indigne » de l'impression, « la dignité du sujet » (ms. fr. 21941, f° 45), « l'honneur de l'auteur » (*ibid.*, f° 39 v°).

superstition et des cultures populaires, le goût de l'histoire mais en même temps le refus de l'esprit « critique »[140], de toute science dangereuse parce que non conventionnelle[141]. En tout cas, les réprobations de livres religieux montrent que les mutations de la littérature au début du XVIIIe siècle, qu'on les appelle « déroute des mystiques », « crise de la conscience européenne » ou « premières Lumières », loin d'être entièrement spontanées, furent en partie le résultat des efforts obstinés d'un petit groupe de docteurs et de lettrés regroupés par l'abbé Bignon, essayant d'imposer à la France leurs évidences, leurs visions du monde, de la société et de la religion.

---

[140] Ainsi les difficultés faites à plusieurs livres de J.-B. Thiers, B.N. ms. fr. 21939, f° 20 v°, 57 v° ; sans parler de celles que rencontra Richard Simon, plus connues. On relèvera aussi le jugement porté sur les œuvres de Saint-Evremond en 1705 : « il y a plusieurs pièces entières dans ces deux vol. qu'on ne saurait approuver ; dans les autres il y aurait trop à travailler si on voulait en ôter ce qui choque », B.N. ms. fr. 21940, f° 51 v°.

[141] Quelle que fût sa valeur scientifique, l'œuvre de Faydit fut l'objet d'un véritable ostracisme : B.N. ms. fr. 21939, f° 33 v°, 79 ; 21940, f° 99 ; 21941, f° 11 v°.

CHAPITRE XIV

LES ŒUVRES SPIRITUELLES DE PIERRE JURIEU

L'activité et les idées politiques de Jurieu, sa place dans l'histoire de la controverse, ses rapports avec les hommes du Refuge commencent à être connus, et, bien que des recherches approfondies sur ces aspects de sa personnalité fussent souhaitables, il nous a paru préférable d'étudier sa spiritualité[1] : en

---

[1] Sur Jurieu voir J. G. de Chaufepié, *Nouveau dictionnaire historique et critique*, Amsterdam-La Haye, 1753, t. III, pp. 57-82 ; Bonet-Maury dans *Realencyklopädie für protestantische Theologie und Kirche*, 3e éd., Leipzig, 1901, vol. IX, pp. 637-640 ; E & E. Haag, *La France protestante*, Paris, 1846-1859, t. VI, pp. 104-113 ; surtout C. Kaeppler-Vielzeuf, « Bibliographie chronologique des œuvres de Pierre Jurieu », dans *Bulletin de la Société de l'Histoire du Protestantisme français*, t. LXXXIV (1935), pp. 390-440 (et p. 513) ; et F. R. J. Knetsch, *Pierre Jurieu, Theoloog en politikus der Refuge*, Kampen, 1967 à compléter par 2 art. du même auteur : « Pierre Jurieu. Réfugié unique et caractéristique. Récit d'une assimilation involontaire mais partielle », *Bull. S.H.P.F.*, t. CXV (1969), pp. 445-478, et « Jurieu, Bayle et Paets », *ibid.*, t. CXVIII (1971), pp. 38-61 ; et par notre art. « Jurieu », *Dictionnaire de spiritualité*, t. VI, c. 1614-1615 ; nombreuses références dans A. Rébelliau, *Bossuet historien du protestantisme*, 3e éd., Paris, Hachette, 1909 ; E. Haase, *Einführung in die Literatur des Refuge*, Berlin, Duncker & Humblot, 1959 ; E. Labrousse, *Pierre Bayle*, 2 vol., La Haye, Nijhoff, 1963-

effet à côté d'œuvres théologiques ou pastorales, traités, sermons, lettres pastorales, Jurieu écrivit des œuvres spirituelles dans lesquelles il présentait sa façon de vivre le christianisme, les actes et les mots par lesquels il l'exprimait et la justifiait ; en outre, des textes plus polémiques montraient le théologien attentif aux controverses spirituelles de la fin du XVIIe siècle, en particulier aux développements de l'affaire du quiétisme ; de ce double point de vue, l'étude de ces œuvres permettait une meilleure connaissance de la spiritualité protestante dans les pays de langue française, de ses traits originaux, des contacts qu'elle pouvait avoir avec la spiritualité catholique.

La première œuvre importante où s'exprime la spiritualité de Jurieu est le *Traité de la dévotion*, publié pour la première fois à Rouen en 1674 ou 1675[2]. Le jeune pasteur avait déjà pu exprimer dans des sermons quelques-unes des idées qu'il y développait : ainsi le texte de la *1re Epître à Timothée* « Et sans contredit le secret de Piété est grand », sur lequel il avait prêché le 30 avril 1671, lui avait donné l'occasion de définir l'attitude de l'homme devant les « mystères », réalités « qui sont cachées dans la sublimité de leur nature et qui ne sont dérobées à l'intelligence que parce qu'elles sont au-dessus d'elle »[3] ; mais il opposait la « piété » que les pasteurs doivent travailler à « planter » dans les âmes[4] à la « curiosité » des « téméraires

---

1964. Voir à la Bibliothèque de la Société de l'histoire du Protestantisme français, une copie du catalogue de la vente de la Bibliothèque de Jurieu (1713), dont l'original est à la Bibliothèque de l'Université de Tübingen.

[2] Kaeppler-Vielzeuf, art. cit. p. 397 cite, d'après Chaufepié, pp. 58-59, une édition Rouen (sans doute Quevilly), Jean Lucas, 1674 ; cette édition est introuvable et F. R. J. Knetsch, *Pierre Jurieu, Theoloog...*, p. 36, s'interroge sur son existence : l'édition Quevilly, Jean Lucas, 1675, pourrait être l'originale.

[3] Jurieu, *Sermon prononcé à l'ouverture du synode de la province de Berry assemblé à Mer le 30 avril 1671. Sur ces paroles de la première Epître de S. Paul à Timothée chapitre 3, verset 16. Et sans contredit le secret de Piété est grand*, Bionne, 1671, [B.N., D² 4059 (2)], p. 7.

[4] *Ibid.*, p. 38.

docteurs »[5], et il attaquait les « mauvais Chrétiens » qui, selon saint Augustin, « ne sont pas moins ennemis du mystère de piété que les infidèles et les hérétiques »[6].

Les perspectives polémiques sont atténuées dans le *Traité de la dévotion*, ce qui explique en partie l'étonnant succès de ce livre dans les milieux catholiques comme dans les milieux protestants au XVIIe siècle[7]. Composé pendant le séjour de Jurieu à Vitry-le-François, il fut à plusieurs reprises revu par son auteur, et les corrections et additions sont importantes ; aussi, pour exposer la doctrine spirituelle du *Traité*, prendrons-nous pour base trois éditions qui marquent des tournants dans l'histoire du texte : la première édition connue, Quevilly, 1675[8], la « troisième édition revue, corrigée et augmentée de nouveau par l'auteur », Saumur, 1678[9], et la « Dixième et dernière édition revue, corrigée et augmentée tout de nouveau par l'auteur », Quevilly, 1679[10].

---

[5] *Ibid.*, p. 29.

[6] *Ibid.*, p. 42.

[7] L'exemplaire de la B.N., Quevilly, 1675, porte l'ex-libris des Récollets de Paris ; le nom de l'auteur ne figurant qu'à la fin de l'Epître, le caractère semi-anonyme facilitait la diffusion. Les éditions se multiplièrent ; Jurieu en relevait 17 de la version augmentée (Chaufepié, p. 59), sans compter les traductions ; voir Kaeppler-Vielzeuf, art. cit., pp. 397 et 513, E. Labrousse, *Pierre Bayle*, t. I, p. 151. Un exemplaire de l'édition La Haye, 1693, proposé en 2001 par la librairie Miraglia à Lyon porte l'ex-libris « Du cabinet de Monseigneur l'Évêque de Meaux » et doit être celui de Bossuet, qui aurait donc acquis cet exemplaire assez tardivement. Dans le catalogue de sa bibliothèque (1742, n° 1108) figure une édition de Quevilly, 1679.

[8] B.N., D² 8592.

[9] B.N., D² 4111 ; édition caractérisée par l'addition d'une *Suite de la seconde partie*. Une copie ancienne conservée à Paris, à la Bibliothèque du Protestantisme français, ms. 241, est proche de cette édition Saumur 1678, et peut avoir été faite sur un exemplaire de cette édition ou avoir servi à sa préparation.

[10] B.N., D² 4112. Nombreuses corrections de détail, peu d'additions. Le ms. C 10 de la Bibliothèque wallonne de Leyde (à la Koninklijke Bibliotheek de la Haye) présente un texte proche de celui de 1679.

Le premier chapitre de la Ire partie du *Traité de la dévotion*, intitulé « Ce que c'est que la dévotion »[11], et le second chapitre, « Des effets de la dévotion »[12], exposent le dessein du livre et ses grandes tendances. Le terme de « dévotion » est significatif : selon Jurieu, il ne peut être défini par les « savants sans conscience », seules peuvent le comprendre les « bonnes âmes ignorantes »[13] ; la dévotion relève de l'expérience individuelle[14] ; on a essayé d'en donner diverses définitions : « attendrissement de cœur », « consolation interne que sentent les dévots dans leurs exercices de piété », « joie inénarrable », amour de Dieu sous la forme d' « un violent désir d'union »[15]. Jurieu, qui admet ces définitions, insiste plutôt sur la promptitude, l'ardeur, la gaieté de cœur, la facilité[16], avec lesquelles le dévot fait ses actions pieuses ; mais il remarque immédiatement que ce n'est pas l'affectivité qui définit cette vertu : « L'allégresse même qui semble être l'essence et l'âme de cette vertu n'en est pas inséparable et souvent les bonnes âmes se trouvent dans une triste pesanteur : mais quand cette promptitude est absente, sa place est occupée par un cuisant déplaisir de ne l'avoir pas »[17]. Malgré cette réserve, c'est sous une forme volontariste et affective, désirs et joie, que la dévotion est considérée dans ce livre : « Il n'est presque rien dont la vigueur de l'âme et la force des désirs ne puisse venir à bout »[18], « le dévot, en ses dévotions, sent épanouir son cœur [...] la vraie

---

[11] Ed. 1675, pp. 1 et ss.

[12] Ed. 1675, pp. 8 et ss.

[13] Ed. 1675, p. 1.

[14] « Si vous consultez les dévots sur la nature de la dévotion ils vous répondront très différemment parce que chacun dira ce qu'il sent, et chacun sent des choses fort différentes » (éd. 1675, p. 5) ; il n'y a pas de science de la dévotion, de « règles » que pourrait élaborer l'Ecole (éd. 1675, p. 1).

[15] Ed. 1675, pp. 1-3.

[16] Ed. 1675, p. 4.

[17] Ed. 1675, p. 6. Texte atténué en 1679 : « quand cette promptitude est ralentie, on sent bientôt après un cuisant déplaisir de ne l'avoir pas ».

[18] Ed. 1675, p. 112 ; Jurieu présente ensuite l'exemple d'Alexandre.

cause de cette joie, c'est que Dieu vient répandre en elles ses rayons salutaires qui sont toujours accompagnés d'une pleine félicité [...] cette joie que l'âme dévote sent en communiquant avec son Dieu. C'est un océan où se noient tous les chagrins de la chair »[19]. Dès 1675, Jurieu montre que Dieu, considéré comme « notre souverain bien »[20], est le terme de ce mouvement de l'âme, et que les plaisirs qu'il communique « étouffent le sentiment des plaisirs du monde »[21] ; or la *Suite de la seconde partie*, ajoutée en 1678, met en lumière l'anthropologie qui soutient ces représentations[22] : partant du désir du bonheur réalisé dans la possession du bien, l'auteur du *Traité* cherche à redresser un amour du plaisir qui s'égare vers le corps au lieu de se porter vers Dieu, principe de l'âme, source des vrais plaisirs de la connaissance et de l'amour[23] ; et, pour justifier cette dé-

---

[19] Ed. 1675, pp. 9-10 ; cf. p. 23.

[20] Ed. 1675, p. 180.

[21] Ed. 1675, p. 67 ; juste avant, Jurieu citait le verset 9 du *Ps XXXV* (vulg.) souvent invoqué par les spirituels : « Il te fera boire au torrent de ses délices, il t'enivrera de ce vin » ; cf. p. 164.

[22] Cette suite sera clairement intitulée à partir de 1679 : « De la grande source de l'indévotion, c'est l'esprit du Monde et l'amour de la volupté ».

[23] Ed. 1675, pp. 171-173 : « Il est certain que l'homme est né pour le plaisir, puisqu'il est créé pour être heureux, et que la félicité consiste en la possession du bien, et dans le sentiment de cette possession qui fait le plaisir. Le souverain bien de l'homme consiste en la jouissance de Dieu [corr. en 1679 : « consiste à posséder Dieu »], et à lui être uni immédiatement et d'une manière très intime. [...] L'âme a conservé ce sentiment, qu'elle est née pour la joie et pour la volupté, tellement que désunie d'avec son Dieu elle se tourne toute entière du côté de son corps et de ses plaisirs, et plus elle s'unit à celui-ci, plus elle s'éloigne de celui-là. [...] la dévotion est le mouvement de l'âme, par lequel elle retourne à son principe et à la jouissance de ces plaisirs qui naissent de l'union de Dieu ». Voir éd. 1678, p. 227 et le chap. V de la *Suite de la seconde partie*, éd. 1678, pp. 276-309 : « Que nous ne devons point consulter notre cœur et nos sens sur le choix des plaisirs : que la Dévotion nous conduit au vrai plaisir » ; le thème essentiel, « la souveraine béatitude consiste [...] dans la possession du souverain bien, et dans cette possession l'âme goûte un souverain plaisir » (éd. 1678, p. 280), est affirmé et justifié, et

marche, il développe une anthropologie dualiste qui doit quelque chose à l'influence cartésienne, mais qui est surtout le reflet des convictions de toute une époque : « de ces deux parties, le corps et l'âme, celle-ci est infiniment la plus excellente, c'est proprement l'homme, et le corps appartient à cet homme ; et par conséquent les biens et les plaisirs qui appartiennent à l'âme par elle-même, sont infiniment plus grands que ceux qui lui viennent par l'entremise du corps »[24].

Une conséquence de ces vues, c'est un ascétisme qui apparaît en mainte page[25] et qui conduit Jurieu à prêcher la fuite du monde[26], le recueillement[27], la solitude dans le cabinet[28], la mé-

---

l'auteur fait l'apologie du « plaisir spirituel » (p. 281), des « plaisirs des saints » (p. 288).

[24] Ed. 1678, pp. 282-283 ; suivent d'importantes remarques : les sens sont corporels, le cœur « siège des passions et de l'imagination », est corporel (pp. 283-284). Sur le dualisme âme-corps chez Jurieu, voir aussi F. R. J. Knetsch, *Pierre Jurieu, Theoloog...*, p. 37.

[25] Voir éd. 1675, pp. 40-41, citations de saint Anselme et de saint Basile sur la gravité du péché ; pp. 45 et ss., le chap. I de la Seconde partie sur « l'impureté de la vie » ; p. 111, citation de saint Augustin sur les liens du péché ; p. 127 et ss., le chap. III de la Troisième partie sur la garde des sens exposée de façon traditionnelle à partir des Pères du Désert (cf. *Dictionnaire de Spiritualité*, t. VI, c. 100 et ss.) ; pp. 201 et ss., sur le jeûne et la mortification à partir de saint Basile ; éd. 1678, pp. 169 et ss. ; 196 et ss., 229 : « Quelles gens sont les mieux entrés dans cet esprit du Christianisme, ou les Chrétiens de notre siècle qui vivent dans une liberté que la Morale sévère appelle libertinage, ou les Chrétiens des siècles passés qui menaient une vie très austère ? » ; et l'auteur défend cette austérité à la fois contre les « directeurs commodes » (éd. 1678, p. 186) et contre ceux qui n'y voient que fanatisme et illusion (éd. 1678, p. 230). Dans une lettre du 14 janv. 1687 à Louis de l'Isle du Guast (F. R. J. Knetsch, *Pierre Jurieu, Theoloog...*, pp. 426-427), nous trouvons la plupart de ces thèmes : vanité du monde, faiblesse de l'imagination, méditation des grandeurs de Dieu et plongée en Dieu.

[26] Ed. 1675, pp. 10-14 ; et le chap. II de la Seconde partie.

[27] Ed. 1675, pp. 14, 86 et ss.

[28] Ed. 1675, pp. 9, 23, 79-80 (avec l'image de la mer agitée sur laquelle le Soleil de Justice ne peut refléter son image) ; et le chap. VII de la Troisième partie, pp. 167 et ss.

fiance de tout divertissement[29], la discipline de l'imagination[30] ;
le moralisme des hommes du XVIIe siècle nourris de l'évangile
de Jean et des livres de Sagesse s'exprime en formules frap-
pantes mais peu originales : « En cet état, si par hasard on jette
les yeux sur le monde, on le regarde de haut en bas, et d'un œil
de mépris »[31], « Ainsi l'une des plus utiles méditations par laquelle on puisse se préparer à la prière, c'est celle de la vanité
du monde. Il est bon de rentrer en soi-même, de considérer la
brièveté de la vie, l'inconstance de la gloire du monde qui fleu-
rit au matin, et qui se flétrit le soir [...] *vanité des vanités* »[32].

Jurieu certes est sévère pour « les saintetés de cloître »[33],
mais il hésite à condamner « plusieurs grands saints, qui ont cru
que la dévotion et la solitude étaient si inséparables, que non
seulement les dévots se devaient donner quelques heures de
retraite, mais que la vie toute entière y devait être consacrée »[34],
et, s'il avoue ne pas vouloir « douter que plusieurs n'aient été
menés par l'esprit du désert comme le Seigneur Jésus »[35], il
souligne les tentations auxquelles les anachorètes s'exposent, et
répète les conseils de prudence donnés par saint Basile, « grand
amateur de vie monastique »[36]. Dans cette critique nuancée de la

---

[29] Des occupations excessives (éd. 1675, pp. 76 et ss.) ; du théâtre, même de
celui qui exalte l'honneur et la générosité (pp. 60-61) ; du jeu (p. 62) ; de la
lecture des romans (pp. 186-187).

[30] Ed. 1675, pp. 86-90.

[31] Ed. 1675, pp. 11.

[32] Ed. 1675, p. 55 ; cf. p. 65 : « *Laisse tout*, disait saint Augustin, *et tu trouve-
ras tout, car celui-là trouvera tout en Dieu, qui pour l'amour de Dieu mépri-
sera toutes choses* » ; p. 64 : l'image des oiseaux amphibies, immondes parce
qu'ils se partagent entre deux éléments, et une citation de saint Bernard ;
pp. 73-74 : « Ne sais-tu pas que le monde et sa fortune sont de verre ? Ils
brillent, mais ils sont fragiles, un petit coup les brise et les fait voler en
éclats ».

[33] Ed. 1675, p. 15 ; cf. p. 128.

[34] Ed. 1675, pp. 169-170.

[35] Ed. 1675, p. 170.

[36] Ed. 1675, p. 171.

vie monastique, nous reconnaissons les tendances du protestant et celles de bien des hommes de la fin du XVIIe siècle, en toutes confessions : Jurieu veut réaliser un équilibre entre « vie active » et « vie contemplative »[37] ; il ne veut pas que la dévotion fasse obstacle à « la charité envers les affligés et les misérables »[38], et il refuse tous les « excès »[39] ; intitulé « Que la dévotion n'est point chagrine ni ennemie du plaisir », le chapitre IV de la *Suite de la seconde partie*, ajoutée en 1678, montre la dévotion « honnête, civile, douce et modeste »[40], chante les plaisirs innocents de la vue et de l'ouïe, contemplation du ciel et de la nature[41], et fait leur place aux usages de la vie civile[42] ; mais « c'est ici un pas glissant »[43] ! Jurieu est un bon représentant de la spiritualité moyenne de son temps, moralisme exigeant, « salésianisme » diffus, méfiance devant les excès[44].

Mais il y a plus dans le *Traité de la dévotion* : la façon dont Jurieu décrit la rencontre de l'homme avec Dieu est intéressante ; l' « union »[45] repose sur la considération des attributs de Dieu[46], sur « la connaissance de sa vérité, et l'imitation de ses vertus »[47] ; et le mode d'application à l'homme de ces vérités et de ces vertus témoigne d'un certain intellectualisme : Dieu se

---

[37] Ed. 1675, p. 122.

[38] *Ibid.* ; voir aussi pp. 171, 172.

[39] Ed. 1675, pp. 129, 205.

[40] Ed. 1678, p. 242.

[41] « l'agréable obscurité d'une forêt, une rivière qui serpente entre les montagnes [...] l'innocente musique d'une multitude d'oiseaux qui se réjouissent au retour du Printemps », éd. 1678, p. 250.

[42] Ed. 1678, p. 253.

[43] Ed. 1678, p. 246 ; cf. p. 247, citation de saint Augustin.

[44] Noter l'influence probable du *Théophile* (1615) de Pierre Du Moulin, grand-père de Jurieu, et du *Traité de la paix de l'âme* (1660) de Pierre Du Moulin, fils du précédent.

[45] Ed. 1675, p. 2.

[46] Ed. 1675, pp. 3 (beauté et bonté), 13.

[47] Ed. 1678, p. 288 ; voir 1678, p. 172 : union par la connaissance et par l'amour ; éd. 1675, pp. 178-179.

manifeste comme « parole » à notre cœur « comme nous parlons à ses oreilles »[48], et, si la dévotion dissipe les mauvaises
pensées, elle ne doit pas laisser l'esprit « dans une privation de
toutes pensées »[49] ; elle doit le remplir de la connaissance de
Dieu, « admirable objet » pour l'âme[50], et l'esprit, plein « d'une
infinité d'idées très diverses », ne se dissipera pas, car « toutes
ces idées seront saintes et amies de Dieu »[51] ; ce sont, discrètement exprimées, des tendances qui s'épanouissent chez des
catholiques comme Nicole[52] et Bossuet[53].

Le sommet de la vie dévote est la communication avec
Dieu[54] ; reprenant l'image du vide et du plein souvent utilisée
par les spirituels, Jurieu peut écrire : « Dieu vient occuper ce
tout dont il avait déjà la meilleure partie, car le cœur dévot se
plonge pour ainsi dire tout en Dieu, et Dieu s'insinue tout en
lui »[55]. Les images de l'océan où l'âme se noie[56], du soleil dont
les rayons se rassemblent en un point dans le fond du cœur[57] et
qui ne peut être vu que par des yeux purifiés[58], du centre et de la
circonférence[59], aident à comprendre cette union : comme le

---

[48] Ed. 1675, p. 23.

[49] Ed. 1675, p. 88.

[50] Ed. 1675, p. 92.

[51] Ed. 1675, pp. 133-134.

[52] *Traité de l'oraison*, Paris, 1679.

[53] Voir notre *Spiritualité de Bossuet*, Paris, Klincksieck, 1972, pp. 403 et ss.

[54] Ed. 1675, p. 10.

[55] Ed. 1675, p. 11.

[56] Ed. 1675, p. 10.

[57] Ed. 1675, pp. 92-93.

[58] Ed. 1675, p. 94 ; l'image du hibou que reprend Jurieu a été souvent utilisée
par les mystiques, Jean de la Croix, Surin, plus tard Mme Guyon. Ed. 1675,
p. 105 : image du soleil dont les rayons ne sauraient être souillés par les lieux
où ils entrent. Nombreuses autres métaphores solaires, éd. 1675, pp. 113, 160,
188-189 (avec la citation traditionnelle de *Ps. XXXV*, 10 : « Source de vie en
lui gît, et par sa clarté nous voyons clair »).

[59] Ed. 1675, p. 95 : « Que je ne m'écarte point dans la circonférence ; que
toutes mes vues se portent vers toi qui es le centre d'où découle tout ce qu'il y
a de beauté et de vérité dans le monde ».

peintre retrace sur la toile l'image d'un Prince, le Saint-Esprit peint son image sur les âmes[60], et l'âme devient « semblable » à Dieu, « un seul tout avec [son] Dieu »[61] ; nous retrouvons ici des thèmes dont la lointaine origine est platonicienne et qui furent souvent développés chez les mystiques, bien que Jurieu ne perde jamais de vue les perspectives ascétiques : « Par ces fréquentes communications tu deviendras lumineuse comme le visage de Moyse. Les rayons de ce divin soleil te pénétreront, t'éclaireront, banniront les ténèbres du milieu de toi, et fondront la glace et la froideur qui te rendent négligente. En le contemplant souvent, tu deviendras son miroir, et tu seras transformée en la même image de gloire en gloire comme de par l'esprit du Seigneur »[62].

En 1678, l'auteur du *Traité de la dévotion* reprend ces idées : l'union avec Dieu est pour l'âme retour « à son principe »[63] ; « Par cet amour il est en nous et nous en lui, parce que l'amour fait une transfusion de cœurs, et que l'âme est plus dans le sujet qu'elle aime, que dans celui qu'elle anime [...] la dévotion [...] les rend participantes des rayons de ce grand Soleil de justice et les fait devenir autant de petits soleils ou de petits Dieux par communication à la gloire de notre grand Dieu »[64]. Cet amour peut prendre la forme « extraordinaire » de l'extase[65] : Jurieu ne met pas en doute l'existence d'états qui furent ceux de saint Pierre, de saint Paul et de saint Etienne[66], mais il en restreint la portée[67] et distingue les « ravissements

---

[60] Ed. 1675, pp. 119, 193.

[61] Ed. 1675, p. 143.

[62] Ed. 1675, p. 165. Cf. *II Cor.*, III, 18, verset souvent commenté par les mystiques.

[63] Ed. 1678, p. 173.

[64] Ed. 1678, p. 298-299 ; images traditionnelles. Cf. *Mal.*, IV, 2.

[65] Ed. 1675, pp. 15, 192 ; éd. 1678, p. 299.

[66] Ed. 1675, p. 13.

[67] « L'âme dévote est aussi tellement renfermée en elle-même, et si bien recueillie que rien de ce qui se passe alentour ne la peut émouvoir », éd. 1675, p. 14, phrase encore atténuée en 1679.

effectifs »[68], privilège des prophètes et des saints du premier ordre, des « saintetés de cloître »[69].

En prêchant la dévotion, Jurieu rejoignait des tendances importantes de la spiritualité de son temps, mais le succès du livre ne doit pas masquer les résistances qu'il rencontrait : des thèmes, des images, des expressions pouvaient apparaître comme anachroniques ; soit anachronisme de la langue de Jurieu dont les sermons à Sedan paraîtront archaïques à des observateurs venus en 1675 de l'intérieur du royaume[70], soit plutôt anachronisme de certaines tendances spirituelles : si l'auteur critique les faux dévots[71], il attaque surtout ceux qui condamnent les dévots et les traitent d'hypocrites[72] ou de visionnaires[73] ; tenant compte des critiques en relisant son œuvre, il corrige à chaque page, à partir de 1679, « dévot » en « fidèle », « saint » ou « pieux », ou il ajoute un adjectif « vrai »dévot, « bon » dévot ; ici il supprime une phrase[74], là il ajoute « s'il faut ainsi parler »[75]. L'accent du livre change : à une spiritualité encore marquée par la « dévotion » qui avait imprégné tout le début du siècle, succède une spiritualité où la piété et la fidélité sont l'essentiel, où la « vérité » de la démarche spirituelle est soigneusement distinguée de ses contrefaçons ; c'est l'évolution de toute une époque[76], passage de la mystique au moralisme et à la « pratique »,

---

[68] Ed. 1675, p. 14 ; voir éd. 1678, p. 299.

[69] Ed. 1675, p. 15 ; l'éd. 1679 souligne encore le doute de l'auteur devant ces états.

[70] Chaufepié, p. 59 ; E. Labrousse, *Pierre Bayle*, t. II, p. 335, n . 64.

[71] Ed. 1675, p. 48.

[72] Ed. 1675, pp. 211-212.

[73] Ed. 1678, p. 281.

[74] Parce qu'elle évoquait la vie monastique, éd. 1675, p. 158 : « On ne charge pas un novice de tous les laborieux exercices d'un profès ».

[75] Après les mots « les oreilles de Dieu » de l'éd. 1675, p. 20.

[76] Sur l'évolution du concept de « dévotion » et du vocabulaire qui le traduit, voir Lucy Tinsley, *The french Expressions for Spirituality and Devotion : A Semantic Study*, Washington, The Catholic University of America Press, 1953, pp. 140-151, 161-175, 186-205, et plus haut notre chapitre IV.

refoulement des schèmes néo-platoniciens si vivants jusqu'aux années 1660, non pas négation de la mystique mais rejet dans le domaine de l' « extraordinaire »[77].

*

Dans les années suivantes, l'antimysticisme de Jurieu s'affirma dans le cadre de la controverse : répondant à Maimbourg, dans son *Histoire du calvinisme et celle du papisme mises en parallèle*[78], Jurieu renvoie au controversiste catholique l'accusation de « fanatisme » et montre que du catholicisme sont sortis le livre de la *Théologie germanique*, les « Libertins » combattus par Calvin[79] et les Rose-Croix[80] ; il accumule les reproches contre les mystiques[81] ; vient-on lui parler de « théologie mystique », il n'y trouve que « d'affreux galimathias », signes de mélancolie et de vapeurs noires, et il conseille « de se faire purger et saigner et de consulter ses médecins »[82] !

L'hostilité n'en resta pas là et le 1er février 1687, dans sa *XIe Lettre pastorale*, Jurieu faisait une critique de l'*Avis charitable pour soulager la conscience de ceux qui sont obligés de se conformer au culte de l'Eglise catholique romaine* de Poiret[83] :

---

[77] Voir E. Labrousse, *Pierre Bayle*, t. I, p. 140, n. 47, sur les sympathies mystiques de Jurieu.

[78] 4 vol., Rotterdam, 1683, Ire partie, ch. VI, t. I, pp. 224 et ss.

[79] *Histoire...*, t. I, pp. 225-226.

[80] *Ibid.*, pp. 227-228.

[81] *Ibid.*, pp. 231-249, surtout sainte Thérèse : « Est-il rien de plus visionnaire et de plus fanatique que cette sainte Thérèse espagnole, restauratrice de l'ordre des Carmélites. Un célèbre traducteur nous a donné sa vie en Français. Je n'eusse jamais cru qu'un homme comme Monsieur d'Andilly eût pu donner tant de temps à mettre en beau Français un aussi grand amas de fadaises. S'il y eut jamais visionnaire au monde, celle-là en est une. Elle est perpétuellement dans les extases », p. 238.

[82] *Ibid.*, pp. 250-253.

[83] 1686. Sur Pierre Poiret, voir Max Wieser, *Peter Poiret, der Vater der romanischen Mystik in Deutschland*, Munich, 1932, J. Orcibal, « Une controverse sur l'Eglise d'après une correspondance inédite entre Fénelon et Pierre Poiret » dans *XVIIe Siècle*, n° 29 (1955),pp. 396-430 et M. Chevallier, *Pierre*

il rapproche Poiret et Antoinette Bourignon des « sectateurs du Docteur Molini [*sic*] qu'on appelle Quiétistes, et qui font assez de bruit en Italie »[84], et dénonce leur refus des actes et des prières, leur « inaction » et leur goût du « silence »[85]. La réponse de Poiret, sous le titre *La paix des bonnes âmes*[86], est une apologie des mystiques, de sainte Thérèse[87], de Tauler et de Bernières[88], et une intéressante défense de ceux qu'on appelle « quiétistes »[89]. Nous n'étudierons pas ici ce livre important, mais nous remarquerons que l'argument *ad hominem* y tient une place : dénonciation d'un Jurieu plus « visionnaire » que les mystiques[90], critique sévère du *Traité de la dévotion*[91].

*

La controverse entre Bossuet et Fénelon et la condamnation du second en mars 1699 devaient relancer le débat et conduire Jurieu à écrire le *Traité historique contenant le jugement d'un protestant sur la théologie mystique*[92] et la *Pratique de la dévotion ou Traité de l'amour divin dans lequel sont expliquées les règles de cette* [...] *vertu selon l'Esprit de l'Evangile et par opposition aux faux dévots*[93].

Poiret 1646-1719. Du protestantisme à la mystique, Genève, Labor et Fides, 1994. Voir aussi E. Haase, *Einführung...*, pp. 168-170. Sur l'*Avis charitable*, voir Leibniz, *Textes inédits*, p.p. G. Grua, Paris, P.U.F., 1948, t. I, p. 203.

[84] Cité par Poiret, *La paix des bonnes âmes*, Amsterdam, 1687, p. 161. Voir de cette œuvre l'édition critique par M. Chevallier, Genève, Droz, 1998, p. 169.

[85] Poiret, *op. cit.*, 1687, pp. 162-163.

[86] Amsterdam, 1687.

[87] *La paix...*, p. 113.

[88] *Ibid.*, p. 122.

[89] *Ibid.*, pp. 230 et ss. ; apologie d'Antoinette Bourignon, pp. 283 et ss.

[90] *Ibid.*, pp. 188-189.

[91] *Ibid.*, pp. 198-199. Jurieu s'attaqua encore au « style singulier » des mystiques et à l' « Evangile éternel » des moines dans la *Suite de l'accomplissement des prophéties*, Rotterdam, 1687, pp. 152 et ss., mais ces critiques sont rapides et superficielles.

[92] S.l., 1699 ; rééd. légèrement augmentée en 1700.

[93] Rotterdam, 1700, 2 vol.

Le *Traité historique*[94] se présente comme une violente diatribe contre l'évêque de Meaux, persécuteur de l'archevêque de Cambrai et des protestants ; mais il est aussi une intéressante analyse des grands thèmes mystiques. Jurieu définit la théologie mystique comme un « art », une science toute de pratique[95], fondée sur des expériences individuelles[96], et transmise par une tradition réservée à quelques initiés[97] : son succès tint à des circonstances particulières[98]. Le but de la théologie mystique serait de faire « un homme divinisé », « déification » analogue à celle que Bossuet reproche à Ruysbroeck d'enseigner[99], et présentée selon l'image bien connue du fer plongé dans le feu qui devient feu lui-même[100] ; tous les mystiques, même Fénelon, auraient en vue cette « transformation » qui ne convient qu'à l'état des bienheureux dans le ciel[101]. Un des thèmes mystiques essentiels est la conception de l'état passif, fixe, qui demeure[102] ; mais, cet état ressemblant à l'inamissibilité de la grâce soutenue

---

[94] Voir Chaufepié, p. 77, rem. *MM* : il rapporte un jugement oral de Fénelon ; F.R.J. Knetsch, *Pierre Jurieu, Theoloog*, pp. 361-362 ; et L. Kolakowski, *Chrétiens sans Eglise*, Paris, 1969, Gallimard, pp. 553-556. Nombreux détails dans les lettres de M. Flurnois au P. Léonard, B .N. ms. fr. 19211, f° 187-212.

[95] *Traité...*, p. 3.

[96] *Ibid.*, p. 13.

[97] *Ibid.*, pp. 4 et ss. : des Esséniens et des Platoniciens à Clément d'Alexandrie, à Cassien, au « faux » Denys, aux Bégards, à Ruysbroeck et à Tauler. Voir aussi p. 71.

[98] La théologie scolastique, la réaction contre la corruption, le monachisme, l'évolution de l'exégèse, en particulier l'interprétation mystique du *Cantique des Cantiques, ibid.*, pp. 8-9.

[99] *Ibid.*, p. 16, 80-81 ; l'information de Jurieu est souvent de seconde main : Bossuet, Fénelon, Sandæus, Molinos et quelques autres comme Stillingfleet (p. 72) sont ses sources ; il ignore qui est M. Olier qu'il appelle le « Bienheureux Olerius » (p. 199) !

[100] *Ibid.*, pp. 18, 80.

[101] *Ibid.*, pp. 38 et ss. Déjà dans *La religion du latitudinaire*, Rotterdam, 1696, Jurieu accusait Saurin de débiter une « théologie qui sent le fanatisme et le mystique » (p. 45 ; à propos de l'union de Jésus-Christ et de ses membres).

[102] *Traité...*, p. 20.

par les protestants[103], Jurieu affirme que la condamnation des mystiques sur ce point est un acte politique, que la grâce agit sur la volonté en lui faisant goûter le bien par une « délectation » qui la touche, qu'il peut y avoir des grâces passives dans lesquelles les facultés sont « patientes »[104], et surtout que, sous peine de contradiction, on ne peut, comme le font les mystiques et Bossuet lui-même, concilier état passif et péché mortel[105] : il n'y a pas deux grâces, « *gratum faciens* » et « *gratis data* », mais une seule grâce[106]. Ces affirmations ne sont pas contradictoires entre elles : Jurieu montre que la conception d'une oraison « extraordinaire », où il n'y aurait ni images, ni idées, ni réflexions[107], où cesserait tout acte et seraient liées les puissances, est familière à *tous* les mystiques[108] et que Bossuet en outre même les conséquences : à la suite de Fénelon, Jurieu dénonce le fanatisme de la conception bossuétiste de la ligature des puissances et de la passivité[109].

Le moyen pour atteindre ces buts serait « l'amour pur et désintéressé »[110], et en pratique « la sainte indifférence »[111] qui va

---

[103] *Ibid.*, pp. 21, 125.

[104] *Ibid.*, pp. 81-82.

[105] *Ibid.*, pp. 35, 125, 142.

[106] *Ibid.*, pp. 36-37.

[107] *Ibid.*, pp. 28-29, et il ajoute : « il faudrait au moins que ce fût une pure intellection comme celle dont le Père Malebranche nous a voulu donner la connaissance ». Voir aussi à propos de Molinos, pp. 97, 104.

[108] *Ibid.*, pp. 116-119 : ce qui est interpréter un peu vite les textes de François de Sales et de la Mère de Chantal. Voir pp. 262-267.

[109] *Ibid.*, pp. 198, 219-221, 230-235, 291, 327 ; sans voir exactement le sens de l'attitude de Bossuet, il dégage la contradiction de M. de Meaux qui prétend concilier usage de la liberté et ligature des puissances, voir notre *Spiritualité de Bossuet*, pp. 549, 606-608, 688-691.

[110] *Traité…*, p. 50.

[111] *Ibid.*, pp. 59-60 ; Jurieu affirme que de ce point de vue saint François de Sales est quiétiste. Bayle en tirant ses citations de La Bruyère rapprochera le dogme des quiétistes, « monstre d'indifférence », du néantisme des Brachmanes (*Dictionnaire*, art. Brachmanes, rem. K, 1720, t. I, pp. 646-647 ; voir E. Labrousse, *Pierre Bayle*, t. II, pp. 147, 606, n. 43).

jusqu'au sacrifice du salut éternel[112] et aux dernières épreuves du martyre spirituel[113] : l'auteur du *Traité historique* y voit une illusion car « nécessairement » le cœur veut la béatitude et l'amour produit le désir de l'union[114] et, malgré une certaine indulgence, il ne voit dans ces renoncements que contradiction et marque d'un esprit malade[115]. Comme pour l'état passif[116], Jurieu s'en prend à l'exégèse des textes qui fonde ces affirmations du sacrifice du salut et il discute aussi bien l'interprétation bosssuétiste que l'interprétation fénelonienne des fameux anathèmes de Moïse et de saint Paul[117], devinant qu'à propos de l'exégèse se posent les vrais problèmes.

Au total, deux mots reviennent souvent à propos de la mystique : galimathias[118] pour le style, même pour celui de Bossuet, et fanatisme[119] ; certes Jurieu admet que les quiétistes ont eu de bonnes intentions[120], que les protestants ont de la sympathie pour Molinos, victime d'une injustice et adversaire de l'idolâtrie[121], et pour Fénelon[122], mais la sympathie ne va pas

---

[112] *Traité…*, pp. 65 et ss.

[113] *Ibid.*, pp. 62-63, 129 ; et sur Molinos pp. 107 et ss.

[114] *Ibid.*, p. 85.

[115] *Ibid.*, pp. 85-87.

[116] *Ibid.*, pp. 228-229.

[117] *Ex. XXXII*, 32 ; *Rom. IX*, 3. *Traité…*, pp. 68, 279 ; il dénonce aussi comme quiétiste l'article 33 d'Issy sur le renoncement au salut ; pp. 240 et ss., 248 et ss. Voir aussi à propos de Job, p. 249.

[118] *Ibid.*, pp. 130, 135, 227, 251, etc.

[119] *Ibid.*, pp. 75 et ss. : sainte Thérèse « fille des Illuminés », les moines (exemple de Numa Pompilius ! p. 76) ; pp. 120 et ss. : Molinos veut se rendre maître du corps et de l'âme de ses dévotes ; pp. 196-197 : Bossuet a raison contre le fanatisme de la « dame Guyon » mais épargne les moines et fait de sainte Thérèse « la Vierge par excellence » ; pp. 197-198 : critique du fanatisme de sainte Thérèse et de son « imagination gâtée ».

[120] D'où le devoir de condamner la bulle d'Innocent XII, p. 89. Voir aussi p. 189, sur « ces pauvres Quiétistes qu'on poursuit à feu et à sang, par prisons, par supplices et par tortures ».

[121] *Ibid.*, pp. 90-95, cf. pp. 115, 120.

plus loin, car les quiétistes[123] sont champions d'une mauvaise cause et Bossuet « a presque toujours raison dans les propositions morales et théologiques qui sont des vérités de droit, qu'il défend contre l'archevêque de Cambray »[124].

En résumé, ce *Traité historique* permet, avec ses nuances et ses contradictions, de découvrir le sens des controverses de la fin du siècle : les limites des orthodoxies et des hérésies sont remaniées par les tendances spirituelles ; à l'intérieur même des confessions se situent les lignes de partage et les débats portent moins sur l'appartenance confessionnelle que sur les problèmes de l'exégèse, de la pureté de l'amour, du statut de l'expérience et de l'extraordinaire[125] ; l'examen de la *Pratique de la dévotion* de Jurieu confirmera cette conclusion.

*

De l'ample *Pratique de la dévotion*[126] nous ne retiendrons que quelques thèmes : sur le débat engagé à la fin du XVIIe siècle autour du rôle de l'intelligence et de l'activité dans l'exercice de l'amour divin, la position de Jurieu est assez nette ; à la suite d'une longue tradition, il affirme que l'amour repose sur une connaissance[127] et que la méditation est « une action de l'âme appliquée et attentive qui s'attache à rouler sur

---

[122] « Un esprit aussi beau, aussi fin et aussi délicat », p. 145 et Jurieu parle de sa tendresse de cœur, de sa délicatesse de conscience. Cf. aussi p. 162 (Fénelon approuve peu les mortifications exagérées) ; 173 (plus pur, tendre, dévot et sage que Bossuet) ; mais pp. 339 et ss. lâcheté de Fénelon qui s'est « rétracté ».

[123] Même mitigés comme Fénelon, *ibid.*, p. 12.

[124] *Ibid.*, p. 176, Jurieu ajoute : « mais il a presque toujours tort dans ses manières et dans les choses de fait lesquelles il soutient ».

[125] Sur ce *Traité historique*, voir aussi le jugement de Poiret, dans *Revue d'histoire de la spiritualité*, 53, 1977, p. 330, et celui du P. Bouhours, dans R.H.L.F., 1980, 1, p. 85.

[126] Rotterdam, 1700 ; rééd. Berlin, 1700 et s.l., 1700 ; 3e éd. Rotterdam, 1701 ; sur ce livre : Chaufepié, p. 78, les lettres de Flurnois, B.N. fr. 19211, f°s 210, 212, et le *Journal de Trévoux*, janv-févr. 1701, pp. 77-91.

[127] *Pratique...*, t. I, Ire P., p. 8.

un sujet important »[128] : l'imagination a donc sa part dans la démarche de l'amour, qui n'est ni « pure intellection »[129] ni inversement exaltation de visionnaire[130]. Aussi Jurieu critique-t-il l'auteur des *Essais de morale* qui pense que l'intérieur de l'homme est inconnaissable[131]. Il est vrai qu'il ne parle pas d'une « pensée » toujours actuelle[132] et que l'amour « aime le silence »[133], mais ce n'est pas le « silence amoureux » qu'exaltent les « faux dévots », c'est un « silence d'admiration » ou de « terreur » causé par une juste « idée » de Dieu, un silence qui « se perd dans la contemplation des perfections divines »[134], et fait taire les passions[135]. Même s'il ne s'agit pas de paroles formées[136], la contemplation a pour « objet » les attributs divins, beauté, bonté, miséricorde, sagesse, Majesté, Providence[137], les mystères qui ont été révélés[138] et auxquels s'applique cette « attention amoureuse »[139].

---

[128] *Ibid.*, t. I, Ire P., p. 152.

[129] *Ibid.*, t. I, Ire P., p. 155, et Jurieu rapproche le refus du sensible chez certains dévots du stoïcisme refusant toute passion. Voir aussi, t. I, Ire P., p. 12, et t. II, pp. 178-179.

[130] *Ibid.*, t. I, Ire P., p. 167.

[131] *Ibid.*, t. II, pp. 309-317 : vive critique des « écrivains de Port-Royal » et apologie de la connaissance, de la foi et de l'espérance : « Est-il possible que vous ne puissiez connaître si vous croyez en Dieu et si vous l'aimez ? », t. II, p. 312.

[132] *Ibid.*, t. II, p. 162.

[133] *Ibid.*, t. II, p. 212.

[134] *Ibid.*, t. II, p. pp. 213-217.

[135] *Ibid.*, t. II, p. 219.

[136] *Ibid.*, t. II, p. 217.

[137] *Ibid.*, t. I, pp. 36, 42-43, 87, t. I, Ire P., pp. 17-38 (beauté de Dieu, « lumière sans figure », avec reprise de thèmes platoniciens traditionnels, déjà anachroniques en 1700 : Dieu, lumière qui connaît et qui pense, Soleil image de la lumière, anges et âmes humaines images de la pensée : « La souveraine beauté entre les substances étendues, c'est la lumière ; et dans les substances spirituelles, la première beauté c'est la pensée », p. 21 ; âmes plongées en Dieu comme la source de la lumière, Dieu Soleil des bienheureux, p. 22 ; voiles qui s'interposent devant ses rayons, p. 23 ; Dieu sans mouvement, cause du mouvement, thème qui remonte au moins à Boèce, p. 27 ; la sagesse dans le « petit

Si une connaissance, au moins implicite, est nécessaire à l'amour, « l'amour en général dans le fonds n'est autre chose que la volonté même »[140], expression d'un désir[141], suite d'actes[142] ; un chapitre de la Seconde partie[143], « De l'activité de l'amour divin, et de sa vigilance », reprend l' « emblème » traditionnel du feu[144], le plus actif de tous les éléments et de tous les agents[145], qui tend toujours à rejoindre sa sphère et à rentrer en Dieu, son centre[146] ; l'auteur critique vivement l'emblème de la boule parfaitement ronde prête à recevoir tout mouvement[147], et nie que l' « inaction » de Marie dispense des bonnes œuvres de Marthe[148]. Cependant exalter le désir et l'action, c'est envisager l'amour comme tendant vers une union, et c'est poser le problème de la nature de cette union : pur amour ? attrait ? sensibilité ou nuit des sens ? Jurieu insiste beaucoup sur la trans-

---

monde », le corps humain, p. 31, et argumentation contre les libertins, pp. 31-36. Voir aussi sur le microcosme et la grandeur de l'homme, t. II, p. 133) ; t. I, Ire P., p. 112 ; t. II, pp. 196, 228, 294.

[138] *Ibid.*, t. I, Ire P., pp. 172-173 : contre ceux qui « laissent à côté la Rédemption et l'Incarnation ».

[139] *Ibid.*, t. I, p. 43 ; l'attention à la présence de Dieu, sa « représentation » sont parties essentielles de l'oraison : t. I, Ire P., pp. 170-171.

[140] *Ibid.*, t. I, Ire P., pp. 8, 9 (« action de la volonté »), 73.

[141] *Ibid.*, t. I, Ire P., pp. 10-13. Sur les désirs, voir aussi dans les *Pensées chrétiennes et morales*, à la suite des *Pensées diverses sur la mort*, Rotterdam, 1713, pp. 131-134 : l'origine platonicienne du thème y est explicitée.

[142] *Pratique…*, t. I, Ire P., pp. 171-173.

[143] *Ibid.*, t. II, pp. 172-182.

[144] *Ibid.*, t. I, p. 58, t. I, Ire P., p. 155.

[145] *Ibid.*, t. II, p. 172.

[146] *Ibid.*, t. II, p. 174 ; cf. t. I, Ire P., p. 86 ; l'image remonte à Pline et est fréquente chez les mystiques : J. Orcibal, *Saint Jean de la Croix et les mystiques rhéno-flamands*, Bruges-Paris, Desclée de Brouwer, 1966, pp. 58-59.

[147] *Pratique…*, t. II, p. 175 ; voir Fénelon, *Maximes des saints*, Paris, 1697, p. 231.

[148] *Pratique…*, t. II, p. 181 ; voir aussi t. II, p. 144, le « laisser faire ».

cendance divine[149], sur le néant de la créature[150], sur le sacrifice, destruction et consécration, anéantissement de l'excellence propre de l'homme[151] ; ces thèmes ne sont pas fort originaux et Jurieu les présente de façon ascétique ou morale sans en envisager les aspects « essentiels » : il s'agit pour lui de remplacer le néant de l'homme par les dons de Dieu[152], de faire en sorte qu'un esprit saint « remplisse le vide que l'esprit du monde aura laissé chez vous en se départant »[153]. Aussi la méfiance de Jurieu à l'égard d'un pur amour est-elle grande : il affirme bien que le « pur amour de Dieu est le plus noble des motifs de notre persévérance »[154], mais il ajoute qu'il écoutera peu les « Maîtres

---

[149] *Ibid.*, t. I, pp. 41-43. Intéressantes remarques dans des *Pensées chrétiennes et morales* de Jurieu, ms. 88 de la Bibl. du Protestantisme français, pp. 36-37 et 169 et ss.

[150] *Pratique...*, t. I, Ire P., pp. 63-63, t. II, p. 135 ; créature qui n'est conservée que par la création continuée, objet des moqueries des impies et des profanes : t. I, Ire P., pp. 44-49 ; sur la création continuée, cf. *Pensées diverses sur la mort*, pp. 7-8.

[151] *Pratique...*, t. II, pp. 131-148 : sur le double néant de l'homme, sur la désappropriation, la recherche d'un « nouvel Etre en Dieu » ; cf. aussi t. II, p. 121 sur dévotion-dévouement ; t. II, pp. 77 et ss., 98 et ss. sur les sacrifices de l'amour propre et du sens propre. Résumé de ces pages sur le sacrifice dans les *Pensées chrétiennes et morales*, à la suite des *Pensées diverses sur la mort*, p. 136.

[152] *Pratique...*, t. II, pp. 134, 143.

[153] *Ibid.*, t. II, p. 143 ; voir pp. 144, 236 et t. I, Ire P., pp. 110-111 : image de la liqueur « qui entre dans tous les angles d'un vase ». Jurieu infléchit les thèmes mystiques en parlant de la solitude (t. II, pp. 225 et ss.), moyen d'exercer l'amour « avec sentiment et connaissance » (p. 228) ; critique nuancée des solitudes du cloître et du désert, et éloge de la « solitude intérieure », « par l'oubli de toutes les créatures, par le détachement, et le dépouillement de toutes nos affections, et de nos pensées, de tous nos désirs et de notre propre volonté » ; Jurieu cite deux pages de la *Guide* de Molinos (1, III, c. 12) en les présentant ainsi : « Empruntons sans scrupule d'un mauvais auteur ces belles paroles [...] Peut-être cela ne vaut-il rien dans le sens et dans les vues de l'Auteur : mais on en peut faire un très bon usage dans le sens de l'Eglise » (*Pratique...*, t. II, pp. 234-235).

[154] *Ibid.*, t. I, p. 57 ; il exalte une persévérance qui ne se réduit pas à l'espoir de la récompense (t. I, pp. 58, 67, t. II, p. 128) ; il soutient que dans la

du *pur amour* »[155] et il définit l'amour désintéressé en s'opposant aux mystiques et à leur supposition impossible de l'amour pour Dieu, même si ce dernier précipitait en enfer celui qui l'aime[156]. En outre l'amour que nous trouvons dans la *Pratique de la dévotion* est souvent décrit en termes d'affectivité : c' « est une douceur qui engloutit toutes les amertumes »[157] ; si « tout le monde veut être heureux », tout le monde aime et doit aimer[158], et Jurieu chante « le désir d'union » et « le goût de l'union »[159], les douceurs de l'amour[160], le plaisir et la joie[161] qui

---

contemplation des attributs divins est le motif de l'amour « qu'on appelle désintéressé » (t. I, Ire P., pp. 37-38), que c'est sans doute une « imperfection » mais que « l'homme est ainsi fait » (t. I, Ire P., pp. 42-43, voir p. 169 et t. II, p. 95).

[155] T. I, pp. 107-108 : « On les a donc lus : mais on les a rarement suivis [...] On s'est contenté de corriger ce qu'on a trouvé d'outré dans cette morale mystique », et il ajoute qu'il confondra mystiques et quiétistes, peu différents les uns des autres.

[156] *Ibid.*, t. II, pp. 41-58 ; arguments peu originaux : Moïse et saint Paul, justification du désir de la béatitude par l' « essence » de l'âme, sa nature, la nature du souverain bien, « communicatif de soi-même » et indissociable de *mon* souverain bien, les lois de la justice et de la miséricorde de Dieu, et Jurieu conclut : « Je dois aimer Dieu par l'intérêt de sa propre gloire, c'est l'intérêt dominant. Mais Dieu ne me défend pas de l'aimer pour mon intérêt, c'est-à-dire pour mon salut éternel : c'est l'intérêt dominé, l'intérêt sous-ordonné » (t. II, p. 58), position qui n'est pas exempte d'ambiguïté ; de même plus loin l'exemple de Job (t. II, p. 68) ; voir t. II, pp. 184-198, et surtout pp. 260 et ss. : « De l'amour désirant » : jamais l'âme ne doit dire « c'est assez » (p. 264), formule de saint François Xavier souvent rappelée par les spirituels. Voir t. II, pp. 273 et ss. : « on peut assurer sans exception qu'une âme n'aime pas véritablement quand elle ne désire pas d'être aimée de ce qu'elle aime » (p. 274), et Jurieu suit saint Augustin dans la distinction de l'usage (*uti*) et de la jouissance (*frui*).

[157] *Ibid.*, t. I, p. 79, et l'inverse p. 84 : amertume signe d'absence de Dieu.

[158] *Ibid.*, t. I, Ire P., pp. 9-10.

[159] *Ibid.*, t. I, Ire P., p. 13.

[160] *Ibid.*, t. I, Ire P., pp. 72-74, 79, 86, 224 ; t. II, pp. 228, 236, 248-249 (« Mais la jouissance de Dieu n'éteint ni le goût, ni les flammes de l'amour : seulement elle fait cesser ses soupirs. C'est *l'amour jouissant* »), 338.

[161] *Ibid.*, t. I, Ire P., pp. 108 et ss., t. II, p. 72.

l'accompagnent et aboutissent à une « extase amoureuse »[162]. Ce plaisir peut subsister avec les souffrances[163], et Dieu permet à une âme dévote de ressentir sécheresses et langueurs, mais c'est une invitation à mieux le chercher, ce n'est que « désespoir apparent »[164], et encore en ce cas le sentiment de l'amour de Dieu arrêtera celui de la douleur[165].

Ces considérations ne doivent pas nous faire conclure que Jurieu est réfractaire à toute mystique : de belles pages sur la transformation en Dieu, sur l'impression de son image en l'âme et sur la restauration de cette image[166] nous permettent de nuancer nos conclusions, même si Jurieu reste attentif à éviter toute interprétation « essentielle » et ramène la métamorphose à une conformation aux « vertus » de Dieu[167].

*

Cette double intervention dans la querelle du quiétisme ne passa pas inaperçue et suscita des réactions : le médiocre ouvrage de l'abbé de Chevremont, *Le Christianisme éclairci sur les différends du temps en matière de quiétisme avec des remarques abrégées sur le livre intitulé Traité historique sur la théologie mystique*[168], contribua peu à faire avancer le débat ; en

---

[162] *Ibid.*, t. I, p. 71 ; t. I, Ire P., p. 114.

[163] *Ibid.*, t. I, p. 46 ; t. I, Ire P., pp. 58 et ss.

[164] *Ibid.*, t. I, Ire P., pp. 205-209 ; t. II, pp. 252-254, à partir du *Cantique des cantiques*.

[165] *Ibid.*, t. I, pp. 70-71.

[166] *Ibid.*, t. I, Ire P., pp. 91-97, images du peintre, du cachet sur la cire ; p. 103 : « humanité [...] divinisée » et image du fer plongé dans le feu ; t. I, pp. 103-104, images du peintre et du soleil sur les eaux ; t. II, p. 30 : image du lion qui a laissé sa trace dans la prairie.

[167] « Non pour entrer dans son essence [...] non pour posséder les attributs divins » (*ibid.*, t. I, Ire P., p. 97).

[168] Amsterdam, 1700 ; sur ce livre anonyme, voir notre *Spiritualité de Bossuet*, p. 692, *Nouvelles de la République des Lettres*, juin 1700, pp. 693-694 ; B.N. fr. 19211, f° 188 ; H. J. Martin, *Livre, pouvoirs et société à Paris au XVIIe siècle*, Genève, Droz, 1969, t. II, pp. 750-751 ; et J. Orcibal, « La spiri-

revanche, Poiret était un bon connaisseur de la mystique et le recueil qu'il publia en 1700 contient une habile critique de Jurieu[169] : il lui reproche son incompétence[170] et son esprit de dispute[171], les atténuations qu'il avait apportées à ses anathèmes, et il dégage les inexactitudes historiques ou théologiques que renfermaient ses livres[172] ; Poiret esquisse aussi un tableau de l'influence des mystiques chez les protestants allemands et anglais de Luther à Arndt et à Spener[173], et à la fin de son livre il consacre quelques pages à la *Pratique de la dévotion* et aux thèmes spirituels qu'elle contient, mettant Jurieu en contradiction avec lui-même[174]. Tout n'est pas d'égale valeur dans cette critique, mais elle met en lumière les divisions du protestantisme devant la mystique : le fait est confirmé par la réaction d'Elie Saurin devant les livres de Jurieu : son *Traité de l'amour de Dieu*[175], qui mériterait une analyse approfondie, est une réfutation de l'anonyme *Apologie de l'amour qui nous fait désir véritablement de posséder Dieu seul* de du Plessis d'Argentré[176], et avec des ménagements, de la *Pratique de la dévotion* de Jurieu où il découvre quelque sympathie pour la mystique[177] : Saurin veut traiter le problème de l'amour sans passer par la

---

tualité de dom Gabriel Gerberon », dans *Etudes d'histoire et de littérature religieuses*, Paris, Klincksieck, 1997, pp. 485-486.

[169] *La Théologie réelle, vulgairement dite la Théologie germanique* [...] avec *La Nullité du Jugement d'un protestant sur la même théologie mystique*, Amsterdam, 1700. Voir *Nouvelles de la République des Lettres*, novembre 1700, pp. 555 et ss.

[170] *La Théologie réelle*, pp. 108 et ss.

[171] *Ibid.*, p. 121.

[172] *Ibid.*, pp. 122 et ss., 136-185.

[173] *Ibid.*, pp. 129-135.

[174] *Ibid.*, pp. 218 et ss.

[175] Rotterdam, 1701.

[176] Amsterdam, 1698 ; cet ouvrage a été attribué à Jurieu par Haag et Kaeppler-Vielzeuf, mais à tort, pensons-nous avec F. R. J. Knetsch, *Pierre Jurieu, Theoloog*, p. 361 et J. Orcibal, *op. cit.*, p. 462.

[177] *Traité de l'amour de Dieu*, t. I, p. 286.

référence à la philosophie antique et sans se laisser entraîner vers la mystique.

Jurieu qui en 1700 affirmait qu'il était « au bout de [ses] forces »[178] et voulait « finir [sa] course »[179] en méditant sur l'amour divin, ne semble pas avoir repris la plume pour écrire sur la mystique. Ses dernières années furent consacrées à rédiger des *Pensées diverses sur la mort*, publiées en 1713, méditations où la piété est mêlée à l'apologétique, à la discussion contre les athées et les libertins, et où le moralisme tient plus de place que la spiritualité[180].

La lecture des œuvres de Jurieu nous permet de nuancer l'opinion de Claude sur le théologien : « suivre ses premières vues sans attendre les réflexions [...] outrer même toujours les matières »[181] ; Jurieu n'est pas un théoricien rigoureux de la vie spirituelle, mais la fougue avec laquelle il s'est lancé dans la controverse du quiétisme et son souci de défendre une orthodoxie protestante contre toute déviation risquent de masquer les secrètes contradictions de son âme ; attiré par les voies de l'amour divin et par l'expérience intérieure, il gardait pour les mystiques persécutés une sympathie inavouée au moment même où il les combattait.

---

[178] *Pratique de la dévotion*, t. I, p. 112.

[179] *Ibid.*, t. I, p. 115.

[180] De même dans ses *Pensées chrétiennes et morales* (ms. 88, Bibl. du Protestantisme français) dont la rédaction doit remonter à l'époque de Sedan ; voir E. Haase, *Einführung...*, pp. 283, 357.

[181] Cité par E. Labrousse, *Pierre Bayle*, t. I, pp. 205, n. 13.

CHAPITRE XV

LA SPIRITUALITÉ DE JEAN CLAUDE (1619-1687)

Jean Claude est surtout connu comme controversiste et comme inlassable défenseur de l'Eglise Réformée dans les années qui ont précédé la Révocation de l'Edit de Nantes[1]. Cependant son œuvre abondante n'intéresse pas seulement l'historien des controverses confessionnelles au XVIIe siècle[2], Claude fut un orateur de talent, un théoricien de l'éloquence sacrée, un

---

[1] Sur lui, voir A.B.R.D.L.D.P. [A. R. de Ladevèze], *Abrégé de la vie de Mr Claude*, Amsterdam, 1687 ; trad. angl. *The Life and Death of Monsieur Claude [...] Done out of French by G. P.*, Londres, 1688 ; Bayle, *Dictionnaire historique et critique*, 3e éd., Amsterdam, 1720, t. I, pp. 899-901 ; Moréri, *Le Grand Dictionnaire historique*, Paris, 1759, t. III, pp. 719-720 ; E. & E. Haag, *La France protestante*, 2e éd., Paris, 1877 et sv., t. IV, col. 449-476 ; *Dictionnaire de Théologie catholique*, t. III, 1e partie, Paris, 1923, col. 8-12 ; et la bibliographie contenue dans ces ouvrages. Voir aussi les tables du *Bulletin de la Société de l'Histoire du Protestantisme français*.

[2] Cf. J. Solé, *Au temps de l'Edit de Nantes. Le débat entre protestants et catholiques français de 1598 à 1685. Thèse [...] présentée et soutenue à l'Université de Lyon II*, 1980-1981, 5 vol., exempl. photocopiés, en particulier pp. 320, 598-599, 701-702, etc. Voir aussi notre article « Les Conditions de la croyance d'après les œuvres de controverse de Bossuet jusqu'en 1682 », repris plus loin chap. XVI.

théologien qui écrivit un ample *Traité de Jésus-Christ*, un auteur spirituel et un moraliste ; publiées un an après sa mort, ses *Œuvres posthumes* (Amsterdam 1688, 5 vol.) révélèrent nombre de textes importants parmi lesquels il faut compter sa correspondance. Ses lettres privées, restées manuscrites[3], adressées pour la plupart à son fils Isaac dans les mois précédant la Révocation, sont un document exceptionnel pour connaître l'histoire de l'Eglise Réformée en ces circonstances tragiques et apportent aussi un témoignage sur la spiritualité de leur auteur.

Ce sont les grandes orientations de cette spiritualité que nous voudrions présenter ici : moins la personnalité originale, le cas particulier, d'un homme, que des tendances communes à la fin du XVIIe siècle, au-delà même des différences confessionnelles. Claude nous apparaît en effet comme le témoin des mutations qui marquent le début de ce que P. Hazard appelait « la crise de la conscience européenne », à la veille et au moment de la Révocation de l'Edit de Nantes.

*

Nous sommes frappés à la lecture des œuvres de Jean Claude, par la rigueur intellectuelle du développement, par une façon didactique et rationnelle d'exposer les vérités de la foi et les attitudes qu'elles appellent chez le chrétien : le ton des exposés théologiques et des œuvres de controverse semblerait avoir gagné les œuvres spirituelles et les œuvres oratoires si nous ne trouvions à cette époque ces mêmes caractères chez bien d'autres auteurs, tant catholiques que protestants. Le titre même d'une de ses œuvres les plus répandues[4], *L'Examen de soi-même*, rappelle la tradition spirituelle du « Socratisme chrétien », mais, avec ce traité, nous nous trouvons dans un tout autre univers que celui des mystiques du Moyen Age ou que celui de Bérulle : il ne s'agit plus à l'époque de Claude d'une

---

[3] Leiden, Universiteitsbibliotheek, Ms. occid., BPL 292. Cf. B.S.H.P.F., 1970, pp. 152-177.

[4] Encore rééditée, avec quelques inexactitudes par F. Puaux, à Paris en 1882.

quête de la réalité essentielle de l'homme, mais d'analyses psychologiques et morales ; chez le pasteur de Charenton, ces analyses sont très proches de celles que nous trouvons chez son adversaire Pierre Nicole : même conceptualisme, même sens psychologique, même gravité, même moralisme. Ce qui anime l'examen de soi-même n'est pas une conversion où une sortie de soi vers un Etre primordial d'où vient le sens mais une « réflexion sur nous-mêmes »[5] : « une exacte réflexion »[6] est le « moyen pour se bien connaître soi-même »[7], comme elle est la seule voie d'accès aux vérités de la foi contenues dans la Bible[8]. La réflexion est ainsi l'acte qui permet de distinguer vraie et fausse joie, vraie et fausse paix[9]. De cet « examen solide et exact [...] de soi-même »[10] dépendent tous les mouvements et sentiments qui composent la vie chrétienne : piété, repentance, confiance, dévotion. L'amour de Dieu et la sainteté ne peuvent être choisis par l'homme que si ce dernier a des « motifs » de les suivre[11], et le meilleur moyen pour orienter l'attention vers ces motifs est de les organiser, de les « ramasser [...] comme en un corps »[12], c'est-à-dire en faire une synthèse : on ne peut aimer sans connaissance, les spirituels l'ont affirmé depuis le Moyen Age, mais la connaissance, dont un auteur comme Claude pose la nécessité à la base de l'amour[13], est une connaissance conceptuelle basée sur un corpus de vérités qui deviennent des « motifs ». Ainsi cette connaissance passe par tous les

---

[5] *L'Examen de soi-même pour se bien préparer à la communion*, 2ᵉ éd., Charenton, 1682, p. 12 ; cf. p. 93.

[6] Pp. 111-112.

[7] P. 111.

[8] Pp. 162-163.

[9] P. 134.

[10] P. 5.

[11] P. 170.

[12] *Ibid.*

[13] Comme le font aussi à la même époque un Pierre Nicole (dans sont *Traité de l'oraison*, Paris, 1679, et ses *Essais de morale*, à partir de 1671) ou un Bossuet.

moyens par lesquels passe l'acquisition des connaissances profanes : lecture, fréquentation des prêches, « curiosité pour les mystères du salut », méditer, comprendre, être touché par les « perfections divines qui paraissent dans les mystères », etc.[14] Nous reconnaissons là des « actes »[15]. En un mot, les actes de la piété par lesquels on se prépare à la communion mettent en cause des « pensées » et une « réflexion » qui aboutissent à « voir » si l'on n'est pas indigne d'en approcher[16]. Dans son posthume *Traité de la justification*, Claude expose quelles préparations conduisent à la foi, non qu'elles soient cause de cette foi, mais parce qu'elles l'accompagnent nécessairement ; or le premier mouvement consiste à sortir de soi et du monde pour se porter vers Dieu : rien là que de traditionnel, les mystiques ont formulé et vécu les mêmes exigences, mais avec Claude nous sommes dans un monde tout différent, dans le monde intellectuel où se trouvent aussi Bossuet et Nicole ; se porter vers Dieu, selon lui, c'est « s'appliquer avec attention à la considération de Dieu », c'est « penser » à son créateur. Le second mouvement, c'est « reconnaître l'importance et la nécessité de la Religion »[17], et Claude continue à énumérer toutes les

---

[14] *L'examen de soi-même…*, *op. cit.*, pp. 66-67. Cf. aussi à propos de la prédication : il faut avoir le « loisir de faire réflexion sur les objets pour les faire passer jusqu'au cœur », *Œuvres posthumes* [citées ici :O.P.], t. I, p. 199.

[15] Dans le titre du chapitre IV de *L'Examen de soi-même*, p. 65.

[16] P. 12. On rapprochera de ces notions ce que nous avons montré à propos de Bossuet et de Nicole dans notre *Spiritualité de Bossuet*, Paris, Klincksieck, 1972, en particulier voir à l'index, pp. 803 et sv., *s.v.* Acte, Attention, Intellectualisme, Réflexion, etc. Le *Traité de la dévotion* de Jurieu (1e éd. 1675, 10e éd. 1679) présente des caractères analogues, cf. J. Le Brun, « Les œuvres spirituelles de Pierre Jurieu » dans *Mélanges de littérature française offerts à M. René Pintard, Travaux de linguistique et de littérature*, XIII, 2, Strasbourg-Paris, Klincksieck, 1975, pp. 425-441 et plus haut chap. XIV.

[17] *Œuvres posthumes*, t. IV, p. 86.

« connaissances » qui interviennent dans ces préparations à la foi[18].

Le *Sermon sur ces paroles de l'Epître de saint Paul aux Ephésiens, chap. 4, v. 30. Ne contristez point le Saint Esprit de Dieu* présente la certitude que les fidèles ont de leur salut comme la « connaissance » qu'ils ont de leur propre état[19], connaissance de l'élection et de la vocation[20] : l'argument par lequel Claude justifie son affirmation, c'est que même les animaux « savent » qu'ils vivent, donc que l'homme qui vit de la grâce doit avoir une « connaissance » de son état ; il connaît l'Esprit par la lumière même du Saint-Esprit[21] ; ainsi la réflexion, bien loin d'être un obstacle à la pureté de l'acte de foi, comme elle le sera dans la spiritualité de Fénelon[22], apparaît comme le mode selon lequel la lumière du Saint-Esprit se répand en l'homme.

Nous trouvons la même position dans les pages de *L'Examen de soi-même* consacrées à la persuasion : à la différence des théologiens catholiques qui, comme Henry Holden, écrivaient que l'assentiment pouvait être aussi grand appliqué à l'erreur et appliqué à la vérité, et que la certitude en l'un et l'autre cas était égale, ou même que celle qui s'attache à l'erreur pouvait être plus grande que celle qu'induit la vérité[23], Claude pense qu' « il ne fault pas s'imaginer [...] que la persua-

---

[18] Par exemple ce qui est un des motifs de la confusion où l'homme découvre sa misère : « la connaissance de la nécessité d'une satisfaction », *ibid.*

[19] *Recueil de sermons sur divers textes de l'Ecriture sainte*, Genève, 1693, p. 381.

[20] *Ibid.*, p. 382.

[21] « Ce qui est lumière à l'égard des autres objets, et dans l'acte qu'on appelle direct, devient objet à l'égard de soi-même dans l'acte qu'on appelle de réflexion », *ibid.*, p. 383.

[22] R. Spaemann, *Reflexion und Spontaneität. Studien über Fénelon*, Stuttgart, Kohlhammer, 1963.

[23] Cf. J. Le Brun, « L'institution dans la théologie de Henry Holden (1596-1662) », dans *Recherches de science religieuse*, t. 71 (1983), n° 2, pp. 191-202 et plus haut chap. VII.

sion qu'on a de l'erreur soit égale à celle qu'on a de la vérité »[24] : « un homme endormi qui s'agite après les images d'un
songe » n'en a pas « la même assurance qu'un homme qui
veille », de même l'ignorance produit une tout autre persuasion
que la lumière[25]. Il y a donc dans la pensée de Claude un parallélisme ou une adéquation entre les actes de l'intelligence discursive et les lumières du Saint-Esprit[26], ce qui peut nous aider à
comprendre la place que tiennent dans sa spiritualité les
connaissances et les actes. Ces tendances apparaissent bien dans
la façon dont est par lui retourné un lieu commun de la spiritualité depuis le Moyen Age : « Un ancien Philosophe voulant
définir en quelque manière la Divinité, disait que c'était une
sphère dont le centre était partout et la circonférence nulle
part »[27]. Cette définition d'Hermès Trimégiste reprise jadis par
Nicolas de Cues[28] avait été bien des fois citée par les théologiens du XVIIe siècle et il est peu étonnant de la trouver sous la
plume de Claude ; mais ce dernier inverse l'ordre des termes et
par là change la signification du lieu commun : « J'aimerais

---

[24] *L'Examen de soi-même*, p. 132.

[25] *Ibid.*, pp. 132-133.

[26] C'est un simple parallélisme, car la possible articulation des uns et des
autres n'est jamais précisée.

[27] *Ibid.*, P. 163.

[28] Reprise aussi par saint Bonaventure (*Itinerarium mentis in Deum*, c. V) et
par Bérulle (J. Dagens, *Bérulle et les origines de la restauration catholique*,
Paris, Desclée de Brouwer, 1952, p. 279). On la trouve au XVIIe siècle chez
du Perron, Léon de Saint-Jean, Yves de Paris, Angélique d'Alègre, Nieremberg, Surin, Pascal, Leibniz, Mme Guyon, etc. Mais elle fut aussi employée
par Suso, Rabelais, Weigel, G. Bruno, etc. Cf. D. Mahnke, *Unendliche Sphäre
und Allmittelpunkt*, Halle, 1937 [reprint Stuttgart-Bad Cannstatt, Friedrich
Frommann Verlag, 1966] ; A. Koyré, *Etudes d'histoire de la pensée philosophique*, Paris, Gallimard, 1971, p. 92 et les n. ; H. Busson, *Le Rationalisme
dans la littérature française de la Renaissance*, nouv. éd., Paris, Vrin, 1971,
p. 418 et n. ; G. Poulet, *Les Métamorphoses du cercle*, Paris, Plon, 1961 ; etc.
Elle ne se retrouve pas chez Jurieu où il n'y a qu'une opposition entre Dieu,
centre d'où découlent beauté et vérité, et circonférence lieu de la perte, cf.
plus haut chap. XIV.

mieux dire que sa circonférence est partout et que son centre n'est nulle part, car en effet on entre dans la méditation des mystères par toute sorte d'endroits ; mais quand on y est une fois entré, l'on ne trouve point de centre où finisse la ligne, et, au lieu que les lignes qui ont un centre vont en étrécissant à mesure qu'elles s'avancent, celles de la méditation de Dieu au contraire vont toujours en grossissant »[29]. Le retournement ne me paraît pas dénué de portée : il pourrait se définir comme le passage d'une perspective de contemplation à une perspective de méditation. La circonférence qui est « partout » désigne la multitude infinie des entrées à la méditation : « toute sorte d'endroits », de vérités, de sujets et de motifs, d'actes et de concepts introduisent dans un espace où il n'y a pas de centre ; ainsi les lignes ne s'effacent-elles pas en approchant d'un centre, mais « grossissent » toujours : plus on entre en Dieu, plus se multiplient les connaissances et les actes, les interventions humaines alors que le centre Dieu disparaît, non dans l'inconnaissance, mais dans le surcroît de connaissances. Claude révèle ici une de ses tendances fondamentales, qui est aussi, dans une certaine mesure, celle de Nicole ou de Bossuet, et qui paradoxalement ouvre la voie à la religion des Lumières[30].

L'insistance sur ces aspects conceptuels et didactiques de la religion apparaît aussi dans les œuvres les plus personnelles de Claude : commentant pour son fils la parabole de l'Enfant prodigue, il définit ce qu'est une parabole, en particulier une parabole évangélique : c'est le moyen de « faire entendre des choses

---

[29] *L'Examen de soi-même*, pp. 163-164.

[30] Un retournement analogue est opéré dans l'interprétation des expressions de l'Ecriture donnée dans une lettre du 11 janvier 1684 à son fils Isaac Claude : les « actes du corps » représentent « les actes de l'âme » ; ainsi « voir et contempler » veulent dire « connaître, méditer, qui est l'acte de l'entendement », etc. On lira de ce point de vue toute cette lettre où Claude expose pour son fils la signification des mots *Allez à Jésus-Christ* (Leyde, ms. BPL 292, non pag.).

dont on veut instruire les hommes » ; le prédicateur doit donc prendre occasion de son sermon pour « faire des leçons aux jeunes gens »[31] ; quelques jours plus tard[32], il revient sur les paraboles à propos de celle des noces et, de façon moins explicitement didactique, insiste sur « la fin ou le but de la parabole » et sur ce qui est « significatif » c'est-à-dire ce qui peut s'appliquer « à la chose signifiée » ; mais l'exemple qu'il donne de ce principe d'interprétation c'est ce que Jésus-Christ dans la parabole a voulu « faire voir » « deux ordres de personnes », etc. La perspective didactique, au demeurant fort commune au XVIIe siècle dans les différentes confessions chrétiennes, devient alors principe d'interprétation de l'Ecriture.

Nous ne nous étonnerons donc pas de voir Claude critiquer vivement les tendances « enthousiastes » que la dévotion pouvait, dans le passé ou de son temps, manifester[33]. Certes il ne parle pas de mystique, sinon dans le sens déjà ancien d'une interprétation de l'Ecriture : comme « mystérieux » son quasi synonyme à cette époque, « mystique » désigne un sens de l'Ecriture, caché, plus élevé que les autres[34]. De là il renvoie à toute réalité qui échappe à la connaissance, qui ne peut être dite que par les mots, ce que les mots expriment de façon dissimulée sous des apparences : les enfants mystiques d'Abraham[35], l'union mystique entre les hommes[36]. Jamais, semble-t-il,

---

[31] Lettre du 21 juillet 1684 à son fils Isaac Claude, Leyde, ms. BPL 292, non pag.

[32] Lettre du 4 août 1684, *ibid.*

[33] On notera la méfiance de Claude pour l'interprétation de la décadence de l'Eglise par l'intervention de Satan : cf. J. Solé, *Au temps de l'Edit de Nantes...*, *op. cit.*, pp. 701-702.

[34] Cf. *Œuvres posthumes*, [cité O.P.], t. II, pp. 67, 81, 83, 90 ; t. III, p. 116 ; lettre du 21 juillet 1684 à son fils Isaac, Leyde, ms. BPL 292 : opposition du sens mystique et caché des paraboles et du sens littéral.

[35] O.P., t. II, p. 285.

[36] O.P., t. III, p. 120.

Claude ne parle des « mystiques »[37]. Il met en garde dans son posthume *Traité de Jésus-Christ* contre les visions, les extases, les songes surnaturels, les ravissements : certes il ne peut nier qu'on en eut « autrefois », mais il souligne que « toutes ces choses ont cessé et que l'Esprit de grâce agit sur nous d'une manière tranquille, douce et fort approchante de la nôtre »[38] : l'illumination que l'on reçoit est intérieure, et, pour répondre à ceux qui accusaient les protestants de considérer comme des docteurs des tailleurs, des cordonniers et des servantes, il note que « nous ne reconnaissons pas parmi nous d'Enthousiasme »[39]. Claude refuse ainsi à plusieurs reprises l'illuminisme : dans une lettre du 4 février 1665, il ironisait déjà sur « une chimère du peuple » à propos de quelques paysans qui « ont dit avoir ouï la nuit quelque bruit en l'air comme de gens armés », il n'y a là selon lui « aucun fondement solide ni apparent »[40]. Mais tout autant que des exagérations de la piété populaire, il se méfie des discours des « rhétoriciens extatiques », qui à propos de Jésus-Christ poussent les antithèses entre être et néant, lumière et ténèbres, entassant « paradoxe sur paradoxe »[41] : c'est faire non le « docteur » mais le « déclamateur ». Il n'est pas impossible que ce soit de la part du théologien protestant une critique de Bérulle et de ses élévations sur la personne et les natures de Jésus-Christ. En tout cas, on trouve dans son *Traité de Jésus-Christ* des lignes où il recommande de ne pas prendre en rigueur le terme d' « anéantissement » dont se sert saint Paul à propos de Jésus « comme si Jésus-Christ en effet se fût réduit à néant »[42] ; l' « abaissement » même de Jé-

---

[37] Sur l'histoire de « mystique », cf. M. de Certeau, *La Fable mystique*, Paris, Gallimard, 1982, pp. 103-208.

[38] O.P., t. II, pp. 238-239.

[39] O.P., t. II, p. 240.

[40] O.P., t. V, p. 21.

[41] O.P., t. II, p. 368.

[42] O.P., t. III, pp. 257-258.

sus[43] ne lui paraît pas être un état essentiel, mais un acte d'une durée courte, l'économie de cet abaissement n'aboutissant qu'à satisfaire pour nos péchés et à nous mériter le Paradis : une polémique anti-bérullienne ne semble pas absente ici encore du *Traité*.

Claude, qui se méfie des dévotions catholiques, trop extérieures et superstitieuses, pleines d'éclat et d'affectation[44], et refuse les « servitudes extravagantes, comme font la plupart des dévots de Rome »[45], oppose à ces dévotions idolâtriques ou exaltées, à la « bigoterie ou la moinerie »[46], ce qui est « solide et digne d'un honnête homme »[47], un discours sobre et sérieux[48]. Dans un sermon, il recommandera « de réduire les choses les plus obscures à un air naturel, ce qui ne se peut faire qu'en les concevant soi-même d'une manière claire et distincte »[49], d'éviter les « conceptions métaphysiques », de « penser noblement et solidement » : en deux mots, il faut penser et parler « à la manière des honnêtes gens »[50]. La référence, qui lui permet d'ailleurs de comprendre le scandale des réformateurs du XVIe siècle devant la scolastique, c'est le « bon sens »[51]. A propos des sermons, sa devise est d' « éviter en toutes choses l'excès. *Ne quid nimis* »[52], car le but de « santifier la conscience », ce n'est pas d'accabler l'esprit « de trop de belles choses »[53].

---

[43] *Ibid.*, p. 341.
[44] O.P., t. I, pp. 148-149.
[45] O.P., t. I, pp. 151-152.
[46] *Ibid.*
[47] *Ibid.*, p. 152.
[48] O.P., t. II, p. 368.
[49] O.P., t. I, p. 313.
[50] *Ibid.*
[51] *La Défense de la Réformation contre le livre intitulé Préjugés légitimes contre les Calvinistes*, La Haye, 1683, t. I, p. 47.
[52] O.P., t. I, p. 199.
[53] *Ibid.*, pp. 199-200.

L'intellectualisme, la gravité morale, un ascétisme sans excès, la religion des honnêtes gens, voilà donc la spiritualité de
Claude[54]. Cependant ces tendances évidentes ne doivent pas
masquer les aspects sensibles, et même affectifs, de sa piété :
déjà, dans le *Cinquième sermon sur la Parabole des Noces*,
Claude opposait aux mondains, qui s'imaginaient que les secrets de la piété ne renfermaient qu' « extravagance » ou
« enthousiasme », et n'étaient qu'une vision, la consolation et
l'assurance que donne « le sentiment de l'élection divine »[55].
Ces tendances affectives se manifestent en nombre de pages, et
sans les contredire cohabitent avec les tendances intellectualis-
tes : on trouverait la même combinaison chez des hommes de la
fin du XVIIe siècle, Bossuet par exemple. Ce n'est qu'un apparent paradoxe de voir le même homme recommander la considération intellectuelle des vérités et la pratique des vertus morales, et se livrer à des élévations sensibles et chaleureuses : ce
n'est en effet qu'une même insistance sur des *actes*, une représentation de la vie intérieure comme une suite d'éléments isola-
bles (et discontinus) qu'ils soient de nature intellectuelle (des
vérités à considérer), de nature morale (des actes de vertus à
pratiquer), ou de nature affective (des sentiments de joie ou de
tristesse, de peur ou d'espoir, etc.)[56]. Ainsi Claude peut, sans se
contredire, insister sans cesse sur la consolation de la conscience[57] et sur la paix de l'âme considérée en quelque sorte

---

[54] Bayle avait bien noté que ces qualités caractérisaient aussi ses sermons :
« un grand ordre, une profonde Théologie, beaucoup de grandeur et de majesté, une éloquence mâle, un raisonnement solide. Ceux de la Religion ne
font nul cas de ces ornements mondains et de cette Rhétorique efféminée dont
les Prédicateurs de l'autre Parti se parent », *Dictionnaire...*, t. I, p. 900, rem.
G.
[55] *Recueil de sermons...*, *op. cit.*, p. 297.
[56] Dans le *Traité de la justification*, Claude détaille ainsi « plusieurs mouvements qui sont absolument nécessaires » pour porter l'homme à embrasser
Jésus-Christ : connaissance, sentiment, désir, O.P., t. IV, p. 86.
[57] *La Défense de la Réformation...*, *op. cit.*, t. I, p. 43 : « consoler la conscience », « une certaine satisfaction et une tranquillité ». On rapprochera ces

comme le versant spirituel du « repos »[58] : tel est le festin des Noces, auquel cinq sermons sont consacrés, « paix de la conscience », « joie et consolation du Saint-Esprit »[59], « mille joies et mille consolations » qui sont une anticipation des biens divins et du fleuve des délices éternelles[60]. La « paix de l'âme » est la conséquence de la foi du véritable fidèle, loin des angoisses et des inquiétudes[61]. Les sermons exposent devant les auditeurs les joies qui suivent une vie chrétienne. N'accumulons pas les références : le lecteur de ces textes, comme jadis l'auditeur, est sensible à l'incessante évocation de la joie, du bonheur, du repos de la conscience[62]. Les joies sont aussi chaleureusement évoquées dans *L'Examen de soi-même*[63]. C'est que la grâce et ses effets sont objets d'une « expérience »[64], ils se « sentent » : de l'élection divine l'homme a un « sentiment » ; même si ce sentiment n'est pas encore vif et distinct, il n'est pas possible qu'il ne se manifeste pas tôt ou tard[65].

Une spiritualité où la légalité divine impose à l'homme ses conditions[66] est une spiritualité d'où l'équivoque semble exclue : ce n'est que si l'homme « est conduit par les inspirations

---

textes de nombreux textes protestants faisant de la consolation un argument apologétique, cf. F. Laplanche, *L'Evidence du Dieu chrétien*, Strasbourg, Faculté de Théologie protestante, 1983, pp. 197-200.

[58] *La Défense de la Réformation...*, *op. cit.*, t. I, p. 44 : les dogmes et les dévotions du catholicisme « étaient non seulement stériles pour le repos, mais contraires même à la paix de leur âme ».

[59] *Recueil de sermons...*, *op. cit.*, pp. 147-148.

[60] *Ibid.*, p. 161. Voir aussi p. 393 : la joie et la paix de nos âmes, les consolations ineffables dont les fidèles jouissent, la consolation du cœur.

[61] O.P., t. IV, p. 25 ; sur la paix, écho de la voix de Dieu dans vos cœurs, suite de la grâce, on consultera aussi une lettre de Claude à son fils Isaac, du 23 février 1685, Leyde, BPL 292, non pag.

[62] *Recueil de sermons...*, *op. cit.*, pp. 211, 294-296, 357-359, etc.

[63] *Op. cit.*, pp. 49, 68, 71, 83, 84.

[64] *La Défense de la Réformation...*, *op. cit.*, t. I, p. 44.

[65] *Recueil de sermons...*, *op. cit.*, pp. 292-295.

[66] O.P., t. I, pp. 51-52 ; cf. l'insistance sur Dieu souverain magistrat, O.P., t. II, pp. 18, 21, 24.

du père du mensonge »[67] qu'il se détourne et s'égare : « la vérité est une »[68] : la vérité, la vertu, sont une même ligne droite dans les choses spéculatives et dans les choses pratiques ; et la droiture commune à la vérité et à la vertu, c'est la Loi ou la Règle[69]. La loi se connaît par la raison. Par ailleurs, la consolation et la paix du cœur, la joie et le bonheur sont les signes, eux aussi peu équivoques, de l'élection divine. L'Esprit agit donc doublement en l'homme, par la raison et par le cœur, pour lui faire connaître sa voie. L'homme peut-il être infidèle à cette double sollicitation ? Le peut-il, sinon par une véritable perversion de l'esprit et du cœur ? Sa faute sera d'autant plus grave que sont plus perceptibles et sensibles les attraits de l'Esprit, jusqu'à atteindre le point extrême, la faute ultime et irrémissible que constitue le péché contre le Saint-Esprit.

*

Aussi bien par sa place dans l'œuvre de Claude que par son importance théologique et spirituelle cette question du péché contre le Saint-Esprit est centrale : un *Traité du péché contre le Saint-Esprit* figure dans les *Œuvres posthumes*[70], mais Claude revient sur ce péché en plusieurs endroits, dans un sermon sur les paroles de l'*Epître aux Ephésiens* (IV, 30) *Ne contristez point le Saint-Esprit*[71], dans un sermon sur *Matthieu* X, 32-33, intitulé *La récompense du fidèle et la condamnation des apostats*[72], et incidemment au détour d'autres œuvres. Nous ne cherchons pas ici à établir la signification des versets évangéliques[73] ou de ceux de l'*Epître aux Hébreux* (VI, 4-5) que les théologiens en ont rapprochés ni à mesurer un éventuel écart des in-

---

[67] Lettre du 16 juin 1684 à son fils Isaac, Leyde, BPL 292.

[68] *Ibid.*

[69] O.P., t. III, pp. 47-48, avec ensuite des réflexions sur les devoirs mutuels sur lesquels est établie la société, où semble se dessiner une critique de Hobbes.

[70] T. IV, pp. 5 et sv.

[71] *Recueil de sermons…, op. cit.*, pp. 356 et sv.

[72] Genève, 1689.

[73] *Matt.* XII, 31-32 ; *Marc* III, 28-30 ; *Luc* XII, 10.

terprétations de Claude par rapport au sens littéral admis aujourd'hui. Mais l'interprétation de ces versets pose, et a posé depuis l'Antiquité, des problèmes essentiels : un péché irrémissible, ce péché contre le Saint-Esprit, est un péché paradoxal qui met en cause à la fois la doctrine du salut, la théologie du Saint-Esprit et les pouvoirs d'une Eglise, avec des conséquences importantes pour la vie spirituelle.

Le sens littéral des versets où ce péché est mentionné est bien établi : Matthieu considère que ce péché consiste à attribuer à l'œuvre du démon les miracles que Jésus opère par la force de l'Esprit : il s'agit d'un blasphème[74] non pas contre l'Humanité de Jésus, mais contre sa puissance et sa nature divines. Cette explication littérale a été admise par bon nombre de Pères de l'Eglise, en particulier saint Jérôme[75] et par les exégètes modernes[76]. Les débats portent non sur cette définition, mais sur le caractère irrémissible, au sens absolu ou au sens relatif, de ce péché[77]. Si les questions posées par la lettre du texte sont aujourd'hui circonscrites, il ne faut pas se dissimuler que les débats qu'elles révèlent (nature du péché contre le Saint-Esprit, irrémissibilité) ont très tôt divisé les théologiens, et on ne peut comprendre la position de Claude qu'en rappelant celles des théologiens, depuis saint Augustin jusqu'à la fin du XVIIe siècle.

Saint Augustin, en effet, avait noté que la question du blasphème contre le Saint-Esprit était la plus difficile de toutes[78] et

---

[74] D'où l'étude de ce péché sous le nom de « Blasphème contre le Saint-Esprit », dans le *Dictionnaire de théologie catholique* [D.T.C.] et dans le *Supplément au Dictionnaire de la Bible* [D.B.S.].

[75] Cf. D.T.C., art. cit., col. 911-912.

[76] Cf. D.B.S., art. cit., col. 981-987.

[77] Un état de la question dans D.B.S. col. 987-989, dont l'auteur A. Lemonnyer à la suite du P. Lagrange prend parti pour des raisons non pas exégétiques mais théologiques et pastorales.

[78] « *Nulla major quæstio, nulla difficilior* », *Patrologie latine* [P.L.], t. 38, col. 449.

il interprétait ce blasphème comme l'impénitence finale, « *ipsa impœnitentia* », de l'homme qui meurt en état de péché mortel[79]. Saint Thomas, qui consacre la question XIV de la II^a II^{ae} de sa *Somme théologique* au blasphème contre le Saint-Esprit, rapporte à la fois l'opinion traditionnelle et l'opinion de saint Augustin[80]. Il y ajoute l'interprétation qu'il semble adopter : un péché commis contre un bien approprié au Saint-Esprit, c'est-à-dire le péché « *ex certa malitia, ex electione mali* », par spécial mépris de l'effet du Saint-Esprit en nous, par rejet de ce qui pourrait s'opposer au péché.

Les théologiens des siècles suivants se rallient à l'une ou l'autre de ces conceptions. On trouve un résumé des positions en présence au seuil du XVIIe siècle dans les *Controverses* de Bellarmin[81], pour qui le problème est important dans la mesure où l'irrémissibilité du péché contre le Saint-Esprit est une limite au pouvoir de l'Eglise qu'il veut exalter contre les protestants. Bellarmin, qui repousse les thèses augustinienne et thomiste non comme fausses mais comme inadaptées aux textes évangéliques, insiste sur une autre interprétation que saint Thomas présentait dans sa *catena aurea* sur l'Evangile de Luc : celle d'Origène que le jésuite rapproche de celle de Novatianus : le péché contre le Saint-Esprit serait le péché des seuls régénérés, des chrétiens, par opposition aux péchés contre le Père, péchés de toutes choses même privées de raison, et des péchés contre le

---

[79] D.T.C., art. cit., col. 912. Cf. *Sermon LXXI*, c. III-XIV, P.L., t. 38, col. 447-458 ; *Epist. CLXXXV*, c. XI, § 48-50, P.L., t. 33, col. 814 : « *duritia cordis usque ad finem hujus vitæ qua homo recusat in unitate corporis Christi, quod vivificat Spiritus Sanctus, remissionem accipere peccatorum* » ; *Epistolæ ad Romanos inchoata expositio*, § 14, P. L., t. 35, col. 2097-2098. Cf. J. Claude, O.P. t. IV, p. 54, qui, sans citer saint Augustin, juge ce sentiment absurde parce qu'il est tautologique et qu'il ne prouve pas l'irrémissibilité de ce péché « par sa nature ».

[80] II^a II^{ae} q. XIV, art. 1.

[81] *Disputationum* [...] *de controversiis christianæ fidei adversus hujus temporis hæreticos*, Lyon, 1610, t. III, pars II, *Quarta controversia generalis. De sacramento pœnitentiæ*, l. II, c. XVI, pp. 1242-1250.

Fils, péchés des créatures rationnelles, en particulier des païens[82]. Sans reprendre à son compte cette thèse, Bellarmin s'en rapproche en suivant la conception traditionnelle appuyée sur le sens littéral et en soutenant que le péché contre le Saint-Esprit consiste à refuser par malice la vérité manifestement connue, « *Spiritu Sancto illustrante* », et à la juger démoniaque et détestable[83]. Cependant pour sauvegarder la possibilité d'une prière et le pouvoir confié à l'Eglise de remettre les péchés, Bellarmin interprète l'irrémissibilité du péché de façon non absolue mais comme ordinaire : *ordinarie, ut plurimum*, ces péchés ne sont pas remis[84]. Le controversiste catholique ne semble pas très éloigné des positions que tenait Calvin à propos de la définition du blasphème contre le Saint-Esprit[85] ; analogue réfutation, sans le nommer, de saint Augustin, analogue définition du péché par la détraction de la gloire de l'Esprit opérée par ceux mêmes qui en ont été « éclairés », « illuminés », et qui à leur « escient » essaient d'éteindre en eux l'Esprit. Selon Calvin, c'est tourner la lumière en ténèbres, convertir la médecine en poison, tourner au déshonneur de Dieu les vertus de Dieu révélées par l'Esprit. Mais ce que nous ne trouvons pas chez le jésuite controversiste, c'est la référence au « sentiment de leur propre conscience »[86] comme critère de l'illumination par l'Esprit ; c'est aussi l'affirmation (appuyée sur l'Evangile) du caractère radicalement irrémissible de ce péché : à l'arrière-plan, chez Calvin se trouve l'idée que ce péché est le péché des

---

[82] Bellarmin, *op. cit.*, p. 1244.

[83] Bellarmin, *op. cit.*, p. 1246.

[84] C'est singulièrement affaiblir la portée des textes évangéliques. Bellarmin, *op. cit.*, pp. 1248, 1250. On trouve les mêmes atténuations chez Jansenius qui expose longuement la position augustinienne mais se rallie à l'opinion traditionnelle sur le « blasphème » (Jansenius, *Tetracheus sive commentarius in sancta Jesu Christi Evangelia*, Lyon, 1676, pp. 110-112).

[85] J. Calvin, *Commentaires sur la Concordance ou Harmonie composée des trois Evangélistes*, s. 1, 1561, pp. 244d-246g.

[86] Calvin, *op. cit.*, p. 245d.

« réprouvés » et que « celui qui est vraiment régénéré »[87] ne
peut y tomber ; une théologie de l'élection soutient donc ces
développements, le blasphème contre l'Esprit étant « un signe
certain de réprobation »[88].

En accord avec les textes évangéliques, tout en faisant leur
place aux perspectives pastorales, le P. Jean Morin pourra à la
fois affirmer que ce péché (renonciation de la foi, persécution
de la religion chrétienne « *sciens volensque* », blasphèmes
contre le Christ) est irrémissible absolument, mais que nul ne
peut savoir qui a commis ce péché : articulation d'une perspective théorique (« *ad theoriam* ») et d'une perspective pratique
(« *ad hypothesim* » ou « *ad praxim* »), avec la nuance que le
péché peut être reconnu (donc puni) très rarement, presque jamais (*rarissime, vix unquam*)[89]. Tel est dans ses grandes lignes
l'état de la question au milieu du XVIIe siècle ; il faut seulement ajouter que le péché contre le Saint-Esprit tient une certaine place dans des thèses soutenues à Saumur sous la prési-
dence de Moïse Amyraut, dont nous verrons que Claude a
vraisemblablement eu connaissance[90].

*   *   *

---

[87] Calvin, *op. cit.*, p. 246g.

[88] *Ibid.* On trouve chez A. Polanus des idées voisines de celles de Calvin,
péché non des élus à la vie éternelle ou prédestinés à la foi salvifique, mais
des réprouvés, et précisément des réprouvés qui ont connu Christ et sa vérité
et qui ont renié cette vérité et s'y sont opposés *destinato consilio*. Mais Polanus affaiblit son argumentation en énumérant toux ceux qui y sont tombés :
apostats, pharisians, scribes, et aujourd'hui papistes, jésuites..., A. Polanus,
Syntagma theologiæ christianæ ab Amando Polano a Blansdorf, Genève,
1617, pp. 339-340.

[89] J. Morin, *Commentarius historicus de disciplina in administratione sacra-
menti pœnitentiæ*, Paris, 1651, l. II, ch. XXVIII, pp. 687-691.

[90] *Syntagma thesium theologicarum in Academia Salmuriensi variis tempori-
bus disputatarum. Pars quarta et ultima [...] sub præsidi D. D. Mosis Amy-
raldi*, Saumur, 1665, pp. 1-21.

Le texte le plus ample consacré par Claude au péché contre le Saint-Esprit, un traité de 70 pages, se trouve au tome IV des *Œuvres posthumes*. La thèse que l'auteur veut illustrer, c'est que ce péché fait décheoir de ce qu'on appelle « la foi à temps », foi dont on peut décheoir, alors que la foi des prédestinés, des élus, est assurée. Les « temporaires »[91] ont la foi, une foi véritable, ils connaissent l'Evangile, l'ont compris, savent que ses propositions sont véritables et certaines[92]. Les différences entre celui qui a la foi temporaire et le vrai fidèle se situent à propos de l'appréciation de ces vérités du point de vue de leur rapport avec l'homme : il s'agit alors d'un « acte de l'entendement humain sur l'Evangile »[93], un acte qui consiste à le « regarder » sous différents aspects, un acte par lequel l'homme est « touché » ou « ravi »[94] par les idées nées en lui de ce regard sur l'Evangile : les propositions évangéliques sont-elles pour lui bonnes, honnêtes, utiles ou agréables ? Nous trouvons ici les catégories antiques relatives au souverain bien, référence encore obligée à la fin du XVIIe siècle ; l'opposition de l'*honestum* et de l'*utile*[95] forme l'arrière-plan théorique des traités de l'amour divin dans les années qui précèdent la querelle des *Maximes des Saints* et qui ont vu se développer les débats autour du pur amour. Le temporaire est touché par l'idée

---

[91] *Temporarius* est la transposition du grec προσκαιρος, dans *Matthieu* XIII, 21. Le terme n'était pas encore passé dans la langue courante en français : *Temporaire* en ce sens ne figure ni dans Richelet en 1680, ni dans Furetière en 1690, ni dans le *Dictionnaire* de l'Académie en 1694, mais il figurera dans le *Dictionnaire* de Trévoux au XVIIIe siècle. Claude le trouvait en latin dans des thèses de Saumur pour désigner la foi dont on peut décheoir, cf. *Syntagma thesium…, Pars IV, op. cit.*, pp. 2-3, 6, etc. sur les *temporarii*, les προσκαιροι de l'Evangile de Matthieu.

[92] O.P., t. IV, pp. 5-9.

[93] *Ibid.*, p. 9.

[94] *Ibid.*, pp. 10-11.

[95] Cf. R. Holte, *Béatitude et sagesse. Saint Augustin et le problème de la fin de l'homme dans la philosophie ancienne*, Paris-Worcester, Etudes Augustiniennes, 1962, surtout pp. 193-300 ; J. Le Brun, *La spiritualité de Bossuet, op. cit.*, surtout pp. 339-351, 572-577, 671-683, etc.

du bien utile et agréable plus que par celle du bien honnête[96], il n'est donc pas désintéressé. Prenant, sans s'en apercevoir, la suite des spirituels qui depuis le début du XVIIe siècle ont recommandé le pur amour, ont exalté la charité désintéressée au-dessus de l'espérance, même celle des récompenses célestes, Claude affirme que le vrai fidèle est ravi par la promesse de la délivrance du péché et de l'acquisition de la sainteté plus que par celle de la délivrance de l'Enfer et de la jouissance des biens célestes, et que par l'espérance du Paradis[97]. C'est moins par le salut que par l'amour qu'au contraire du temporaire le vrai fidèle est touché : le salut est la conséquence de l'amour et le vrai fidèle est prêt à renoncer à ce salut pour conserver l'amour : « supposition impossible », ne cessaient de dire les mystiques qui avaient accompli ce renoncement héroïque, mais acte essentiel dans une spiritualité de l'amour pur aboutissant au détachement même des biens divins, intéressés dans la mesure non de leur origine mais de celui qui les reçoit[98]. Dans ce renoncement on peut voir un superlatif de l'amour et de la reconnaissance de Dieu ou bien un premier pas vers une désaffection et un désintérêt ; alors les seuls modes selon lesquels s'atteint le divin sont refusés ou dépassés pour mieux atteindre le divin, sans modes, sans moyens, sans intérêt propre.

------

[96] O.P., t. IV, pp. 10-11, 57.

[97] O.P., t. IV, p. 11 ; cf. pp. 32-34 sur « les attraits des biens éternels qui nous sont proposés dans l'Evangile [...] ce fleuve des délices de Dieu, ce rassasiement de joie [...] aimants qui attirent nos désirs, et qui captivent nos volontés ».

[98] Dans le *Troisième sermon sur la Parabole des Noces*, Claude souligne qu'on doit servir Dieu même si le fruit en était « séparé de notre intérêt », mais il remarque, plus proche alors de ce qui sera la position de Bossuet et des adversaires de Fénelon, que « reconnaître le bienfait de Dieu et travailler à notre propre salut n'est qu'une seule et même chose », *Recueil de sermons...*, *op. cit.*, pp. 159-160. Cf. aussi O.P., t. I, p. 260 : aimer Dieu d'un cœur pur c'est l'aimer « sans mélange d'intérêt et sans dépendance de l'amour propre », sans « désirs imparfaits de jouir de sa communion et de sa présence ».

Nous trouvons aussi dans le traité de Claude, contrairement à des tendances que nous avons reconnues dans sa spiritualité, une critique du « bonheur » (de l'*uti* au sens augustinien, l'*uti* opposé au *frui*) considéré comme possession des biens célestes : être heureux, même par Dieu et par la possession de ses biens, est selon lui une fin inférieure au « principe d'amour et de miséricorde »[99]. Aussi le temporaire s'attache-t-il à sa propre lumière, sa propre volonté, ses propres clartés, son propre sens, sa propre direction, ses propres intérêts[100] : la propriété devient à la fois conséquence de la foi imparfaite et cause de cette imperfection ; en même temps nous nous orientons, contrairement encore à l'intellectualisme manifesté souvent par Claude, vers une dénonciation de la réflexion dans la mesure où la réflexion pourrait être (et serait nécessairement) marque d'attachement au propre sens, et où la spontanéité serait moyen d'échapper au propre sens. Evitons cependant de forcer les traits et d'interpréter ces remarques dans un sens fénelonien, en franchissant le pas qui sépare le propre sens, encore marqué par un jugement moral (la propriété au sens de l'amour propre), et la réflexion, purement psychologique ; ce serait, au sens de Fénelon, faire du caractère réflexif ou spontané, conscient ou inconscient, le critère de la valeur spirituelle de l'acte. Nous n'en sommes pas exactement là avec ces réflexions de Claude sur la foi du temporaire, mais nous nous orientons dans cette direction : Claude note en effet que le temporaire renonce à soi-même « à l'égard de sa propre justice » ; d'un point de vue théologique, il semble que ce soit l'essentiel, qui entraîne tout le reste, réduit à disparaître, comme de simples modalités : que la justice soit attribuée à Dieu et non à l'homme suffirait à assurer la rectitude de l'acte. Claude va même plus loin et montre que l'imperfection est dans l'attache au propre sens, aux propres

---

[99] O.P., t. IV, p. 11 ; cf. p. 24 : « Le temporaire n'a embrassé l'Evangile que par ce mouvement intéressé qui lui fait désirer d'être heureux ». Cf. aussi p. 57.

[100] O.P., t. IV, p. 12.

jugements, aux propres intérêts : ce qui est à déplacer le point de l'essentiel du côté de la disposition de l'homme, du mode ou de la façon dont en lui se réalise l'essentielle justification : un sens, des jugements, une façon de disposer de ses intérêts et de ses actions, ce mode et cette façon une fois détournés semblant avoir pour effet, difficile à admettre en stricte théologie, de pervertir l'essentiel, c'est-à-dire la justification. Etrange pouvoir de l'homme sur Dieu, sur la force de l'Esprit, annulée par le geste même qui la reconnaît et lui donne efficace sur lui !

Le temporaire opère le même détournement devant les onéreuses conditions du salut : il ne refuse pas les commandements, il se soumet à leurs conditions, il se plie au joug difficile que Dieu impose à qui veut être sauvé ; il ne peut donc de ce point de vue être accusé d'aucune faute. Sa faute est à la fois moins grave du point de vue de la théologie, et infiniment plus grave du point de vue de Claude dans ce traité. C'est que la soumission du temporaire est considérée comme relative au bien attendu, le salut, ou au mal redouté, la damnation ; c'est que sa disposition intérieure, même si elle n'aboutit pas à un refus ni du salut ni de ses conditions, suffit à transformer la justice en son contraire. Les « jugements » que l'homme fait sur ces conditions[101] font la différence entre le fidèle et le temporaire, comme si cet exercice de l'esprit, ce « regard »[102] de l'homme suffisait à modifier la justice surnaturelle donnée par Dieu.

S'il s'agit de « jugement », de « regard », de dispositions de propriété, de propre sens, d'intérêt, etc., il s'agit de différences d'attitudes de l'homme : comme le dit Claude, « l'entendement humain » exerce son activité devant les démarches divines. Or l'entendement peut faire soit des actes absolus, soit des actes de comparaison, et la comparaison, donc un acte humain, introduit une faille dans l'absolu de la justification : le temporaire préfère, non pas dans l'absolu, mais dans le *hic et nunc* de la com-

---

[101] O.P., t. IV, p. 13.
[102] Il « la regarde comme… », O.P., t. IV, p. 13.

paraison, le bien mondain au bien évangélique, tout en essayant de réduire entre eux l'incompatibilité ; son désir d'être heureux le conduit à essayer d' « être heureux et en cette vie et en l'autre »[103]. Il est vrai qu'ici Claude, dans son argumentation, en apparence rigoureuse mais parfois un peu artificielle (4 égards sous lesquels est considéré l'Evangile, 3 actes de l'entendement, 8 différences entre fidèle et temporaire), introduit un point de vue peu cohérent avec celui qui le menait sur la voie de la condamnation de l'intérêt propre et du désir de la récompense : il considère que le temporaire préfère la joie animale apportée par le bien mondain présent, à la joie spirituelle apportée par le bien évangélique d'un lieu où nous ne nous trouvons point[104] ; il met en comparaison deux sortes de *joies*, mais le fait même de l'attente *d'une joie*, quelle qu'elle soit, n'est pas mis en cause, à moins qu'avec l'expression de « joie spirituelle » nous n'ayons le signe d'une réalité qui transcende toute possibilité d'intérêt propre et en laquelle soient dissipées, toutes les ambiguïtés qui tiennent au caractère généralement « hédoniste », donc nécessairement intéressé, de l'affect que les hommes désignent par la « joie ». La « fausse félicité » du monde[105] s'oppose facilement à la vraie félicité apportée par les biens surnaturels, mais tout le problème est dans la définition d'une « félicité », comme tout à l'heure d'une « joie », qui ne serait ni réflexive ni intéressée. Nous trouvons à la même époque les mêmes difficultés avec l'interprétation des textes de Bossuet et celle des textes de Jurieu[106].

Ces « actes de l'entendement » par lesquels se fait une comparaison entre le monde et les biens surnaturels, et par lesquels se distinguent le vrai fidèle et le temporaire, ne sont pas séparés des mouvements de la volonté qu'ils déterminent : chez le tem

---

[103] O.P., t. IV, p. 15.

[104] O.P., t. IV, pp. 14-15.

[105] O.P., t. IV, p. 15.

[106] Cf. J. Le Brun, *Les Œuvres spirituelles de Pierre Jurieu*, art. cit., pp. 427-428, 435, 438-439 et plus haut chap. XIV.

poraire aussi la volonté est « émue » par l'Evangile en tant que corps de religion, discipline exacte, chose parfaite[107], et elle est portée à aimer les vérités, et à désirer les posséder. Ainsi « le cœur [...] forme ses mouvements et ses désirs » à proportion des conclusions et des jugements de l'entendement[108], « jugement pratique » par lequel la volonté est amenée à exécuter ce que l'entendement a conclu[109]. Le véritable fidèle se donne sans réserve, sans condition, sans mesure ; le temporaire sent lui aussi dans sa volonté « des mouvements d'amour et de désir » pour le salut évangélique, mais inférieurs aux désirs qu'il a pour les biens terrestres.

Tous ces éléments qui entrent dans un parallèle entre vrai fidèle et temporaire permettent de distinguer la conversion de l'un et celle de l'autre : celle du premier est un mouvement pur, noble et spirituel, celle du second un mouvement bas, impur et animal. La faute du temporaire est donc à la mesure de sa proximité avec le véritable fidèle : il a reçu « beaucoup de rayons de l'illumination du Saint-Esprit », « la lumière du Saint-Esprit », et il a pu, grâce à cette lumière, former de bons et justes jugements, mais cette lumière est par lui introduite dans une comparaison avec le bien mondain, et de ce simple fait dévaluée ou pervertie ; sa conversion n'a plus pour principe l'illumination mais une monstrueuse combinaison de l'amour du monde et de celui du salut que ne peut être issue de son illumination.

Claude se pose alors la question fondamentale de savoir si la foi temporaire et la foi justifiante diffèrent en degré ou en espèce, si ce sont deux degrés d'une même foi, ou si ce sont deux

---

[107] O.P., t. IV, p. 16 ; cf. p. 32.

[108] O.P., t. IV, p. 17.

[109] O.P., t. IV, p. 17 ; cf. aussi p. 32 : l'intellect spéculatif et l'intellect pratique. Claude reprend des notions qui apparaissent dans les thèses de Saumur avec l'articulation entre la conception dans l'esprit, *animo*, et l'*intellectus practicus*, cf. *Syntagma thesium...*, *op. cit.*, p. 7.

espèces de foi[110]. Or il va plus loin que cette alternative en affirmant qu'*à l'égard de l'erreur* ces fois différent en genre, et « plus qu'en genre », comme la nuit et le jour, la position d'une forme et sa privation, c'est-à-dire en un mot comme le non-être et l'être[111], mais qu'*à l'égard de la vérité* et de l'illumination elles diffèrent comme un embryon d'un homme, comme un commencement de la chose formée. Nous remarquons que le terme de « foi » qui désigne l'une et l'autre est en même temps impropre et justifié : impropre car c'est une erreur qui anime le temporaire et guide son choix, justifié en considérant le possible qu'est la foi temporaire, car, même si ce possible est rendu impossible par le chrétien temporaire, le mouvement de l'Esprit était présent en lui et dans l'acte qui était déjà une foi.

Les mêmes distinctions apparaissent à propos des effets de la foi temporaire : le chrétien temporaire a « quelque sentiment » de la justification, il en reçoit même beaucoup de joie et de consolation, « le temporaire étant donc parvenu jusques à un état d'illumination, où il ne lui manque que la forme et le caractère de la vraie foi, il peut naturellement se regarder comme étant sur le point d'entrer dans la communion de Jésus-Christ et de participer à toutes ses grâces »[112], mais il anticipe la possession, il croit participer aux bénéfices de la communion du Sauveur, donc il a « un sentiment de sa justification » qui n'est pas sans quelque fondement, « mais qui pourtant ne laisse pas d'être faux parce qu'il est poussé plus avant qu'il ne faudrait »[113].

La piété d'un temporaire peut être plus vive que celle d'un vrai fidèle ; car par amour propre, par le mouvement intéressé qui lui fait désirer d'être heureux, il se laisse aller à toute l'ardeur de la piété, sentant même des extases et des ravissements. Claude peut ici revenir à ses tendances modérées, à sa

---

[110] O.P., t. IV, pp. 20-21.
[111] O.P,. t. IV, p. 21.
[112] O.P. t. IV, pp. 23-24.
[113] O.P., t. IV, p. 24.

méfiance des excès, à sa spiritualité raisonnable : l'excès, l'ardeur religieuse, le feu de la piété sont les signes d'une foi temporaire trop attachée aux aspects sensibles, aux affections religieuses, aux expressions du corps, de l'imagination, donc constituent des pièges pour la foi et sont les marques d'une spiritualité intéressée, remplie de goûts mondains. La spiritualité de Claude semble ici se rapprocher de celle des mystiques qui ont manifesté une grande méfiance pour les goûts sensibles, pour les phénomènes extérieurs, pour ce qui est le signe de cette gourmandise spirituelle dont parlait Jean de la Croix. A l'extrême XVIIe siècle, Fénelon reprendra cette tradition, tandis que Nicole et Bossuet considéreront que la mystique tient du miracle, de l'extraordinaire, de l'excessif. Deux attitudes qui se définissent moins par des options théologiques que par des options anthropologiques. Contre le « désordre » et le « ravage »[114], Claude vante la tranquillité, l'égalité et la durée, position qui pourrait faire penser à celle de Fénelon, pour qui la foi pure et nue était le signe de la perfection, du détachement, de l'indifférence, de la perte de soi ; mais chez Claude l'accent n'est pas mis sur la rupture radicale (sinon au plan de la théologie) mais sur la réalisation d'un mode de vie spirituelle égal et ordinaire, glissant à un moralisme et à un intellectualisme qui nous font penser à Bossuet : chez ce dernier, cependant, la chaleur de la sensibilité, la possibilité, toujours ouverte, d'une extase et d'un ravissement miraculeux valorisent, même comme phénomènes « extraordinaires », ce que Claude repousse comme marque et conséquence de la foi temporaire.

Pour Claude, la « paix de l'âme »[115] est la conséquence de la vraie foi, le contraire des doutes et des « angoisses de conscience », suites de la foi temporaire[116] : le temporaire peut

---

[114] O.P., t. IV, p. 25.
[115] *Ibid.*
[116] Cf. O.P., t. IV, p. 57 : « des agitations et des remords », « l'Enfer dans sa conscience ».

« jouir » d'une « assez grande joie » lorsqu'il envisage les « grands biens » attendus en récompense, mais cette joie n'est que l'exaltation torrentielle et passagère que suscite le monde ou l'intérêt propre, ce n'est pas le repos stable de la vraie foi. Le passage de l'*Epître aux Hébreux* où il est question de ceux qui « ont été une fois illuminés », qui « ont goûté le don céleste », « ont été faits participants du Saint-Esprit », « ont goûté la bonne Parole de Dieu et les puissances du siècle à venir »[117], montre les caractères de la foi du temporaire : le goût du don céleste n'est pas le signe d'une impression légère, mais d'une « connaissance forte », d'un « sentiment assez vif » ; goûter, c'est « savourer, connaître [...] par expérience »[118], une expérience qui est de l'ordre d'un « sentiment ». Cette « illumination » non seulement s'est étendue jusqu'à l'entendement pratique, mais même « est allée bien avant », c'est « un très grand degré d'illumination et de grâce »[119].

La chute du temporaire sera d'autant plus grande, déchéance du point où il semblait le plus proche du salut : il semble avoir eu toutes les conditions et tous les effets du salut, sans en avoir eu la réalité. Et c'est cela, démontre Claude, qui est proprement le péché contre le Saint-Esprit dont les évangélistes ont fait mystérieusement mention : ce péché n'est ni l'impiété (qui exclut la connaissance et l'illumination), ni l'incrédulité (qui exclut le rayon de la grâce), ni la fausse religion (païenne ou mahométane), ni « le crime de l'Hérésie »[120], ni les péchés contre la

---

[117] *Epître aux Hébreux*, citée O.P., t. IV, p. 30.

[118] O.P., t. IV, p. 31.

[119] O.P., t. IV, p. 34.

[120] « Car quoique l'Hérésie soit une corruption de la Foy, si est-ce pourtant que c'est une persuasion qu'on a qu'une chose est véritable, laquelle en elle-même est fausse, et ainsi c'est plutôt une erreur de l'intellect qu'un crime de la volonté : au lieu qu'un péché contre le Saint-Esprit est plutôt un crime du cœur, qu'une erreur de l'entendement » ; de plus « on peut revenir de l'Hérésie et on ne peut pas venir du péché contre le Saint-Esprit », O.P., t. IV, p. 53.

loi morale, ni le péché d'habitude. Claude écarte aussi, comme le faisaient Calvin et Bellarmin, l'interprétation augustinienne par l'impénitence finale, en présentant le même argument qu'eux, en y voyant une tautologie et une esquive devant le problème de la « nature » de ce péché. La définition que donne Claude est alors celle-ci : « Je dis donc que le Péché contre le Saint-Esprit consiste en une défection de Jésus-Christ et de sa communion qui se fait volontairement, et par un plein et entier consentement du cœur, après une mûre et longue délibération, contre la connaissance et la persuasion qu'on a que Jésus-Christ est le véritable Sauveur du monde, lequel on rejette totalement, en renonçant à son salut et en lui préférant le monde et ses délices »[121]. Cette définition est précise mais rend mal compte des véritables caractères de ce péché et met mal en valeur le fait que ce renoncement survient après une expérience réelle de la justification : celui qui tombe dans ce péché a « en quelque manière reçu et embrassé »[122] le salut de Jésus-Christ, il en a eu connaissance et persuasion ; il semble donc qu'il y ait « fureur », folie, dans ce refus lucide de ce qui est reconnu comme « bon » pour l'homme. Comme l'a déjà montré Claude, c'est en comparaison avec les biens du monde qu'est refusé le bien du salut, mais les efforts du pécheur pour éteindre ses lumières et pour arracher sa persuasion, efforts impossibles à mener à leur terme, entraînent un état violent, une révolte et un trouble extrêmes[123]. Car la spécificité de cet acte et de l'état qui le suit, donc de l'irrémissibilité de ce péché qui permet d'y voir le blasphème contre le Saint-Esprit de l'Evangile, c'est que c'est une sorte de retournement conscient et lucide des conditions mêmes de la grâce : c'est en connaissance de cause une utilisation contre « l'Esprit de grâce » des « bons mouvements » que forme l'Esprit, c'est renverser son ouvrage par les choses mêmes,

---

[121] O.P., t. IV, p. 54.
[122] O.P., t. IV, p. 55.
[123] O.P., t. IV, pp. 57-58.

grâce aux lumières mêmes et à la force même que l'Esprit a données.

Claude certes ne tire pas toutes les conséquences de ce qu'il énonce et il n'essaie pas de démontrer le mécanisme de la perversion par laquelle peuvent servir contre l'Esprit les armes de l'Esprit. Après les Evangiles, il soutient que ce péché est irrémissible, notant qu'on ne peut prier pour lui[124]. Cependant, si ces conclusions sont nettes et semblent écarter toute possibilité d'exceptions, Claude ne pense pas que tous ceux qui ont la foi temporaire viennent à décheoir : certains peuvent mourir dans les sentiments de la foi temporaire sans tomber dans le péché contre le Saint-Esprit où elle les attire ; certains même peuvent être élevés de cette foi temporaire aux « véritables caractères d'une foi justifiante »[125] ; certes leur salut était désespéré si Dieu ne les y avait pas élevés, mais nous ne pouvons savoir qui Dieu élit et qui il n'élit pas[126]. La foi temporaire n'empêche donc pas absolument le salut et n'est pas strictement équivalente au péché contre le Saint-Esprit. Nous retrouvons ici la doctrine de l'élection qui est évidemment au centre de la théologie de Claude : Dieu peut même faire un miracle pour assurer le salut de celui qu'il a élu.

Des positions analogues sont tenues par Claude dans les autres textes où il expose ce qu'il entend par le péché contre le Saint-Esprit[127], et en particulier dans le *Sermon sur ces paroles*

---

[124] O.P., t. IV, p. 65.

[125] O.P., t. IV, pp. 25-26.

[126] O.P., t. IV, p. 26.

[127] Le traité de *L'Examen de soi-même* distingue la vraie vertu, non seulement de l'honnêteté et de la vertu civile, mais aussi des « actes bâtards et imparfaits de piété et de sainteté qui peuvent procéder des premières dispositions de la grâce, et en particulier de cette espèce de Foi passagère et fragile dont Jésus-Christ a parlé dans une de ses paraboles » (*op. cit.*, p. 18) ; et plus loin dans le même traité, Claude appelle ceux qui ont cette « foi à temps » les « temporels » en montrant les différences entre eux et les « vrais fidèles » (*op. cit.*, pp. 67-68). Cf. aussi *Quatrième Sermon sur la Parabole des Noces, Re-*

de l'Epître de saint Paul aux Ephésiens chap. 4, v. 30. Ne contristez point le Saint-Esprit de Dieu[128] : là nous trouvons les développements les plus approfondis sur le péché contre le Saint-Esprit, et cela dans le cadre d'une réflexion sur toutes les fautes qu'on peut commettre contre cet Esprit : l'éteindre, lui résister, pécher contre lui, le contrister. La définition du péché contre le Saint-Esprit est analogue à celle du traité posthume, élaborée à partir d'*Hébreux* VI, 4-5 : illumination, goût du don céleste, participation du Saint-Esprit, progrès « jusques à la dernière préparation pour recevoir la forme de la vraie foi »[129], et renoncement à Jésus-Christ en disant : « Je ne veux point de son Ciel ni de son salut puisqu'il m'en coûterait le repos, les biens et les plaisirs de ma vie ».

Mais alors l'analyse du cas extrême du péché contre le Saint-Esprit met en lumière des points fondamentaux : dans son sermon sur *Ephésiens* IV, 30, Claude explique, mieux que dans son traité posthume, quels sont les rapports de ce péché avec l'élection ; d'autre part il établit entre les fautes contre l'Esprit une hiérarchie qui introduit entre théologie et spiritualité un clivage de grande conséquence.

Le péché contre le Saint-Esprit, aboutissant à la perte du pécheur, est un péché des réprouvés, le péché de ceux qui ont reçu « la foi à temps »[130], et des réprouvés qui se sont approchés le plus près possible du salut, près de la « porte des cieux, et par manière de dire il y met la tête »[131], mais « il n'y entre pas parce que le propos arrêté n'anime pas sa vocation »[132] : que le réprouvé atteigne la porte des cieux ne change rien à son statut

---

cueil de sermons…, *op. cit.*, p. 179, sur les « temporels, qui à la vérité ont fait quelques progrès vers la régénération mais qui n'en ont pas encore reçu la vraie forme ».

[128] *Recueil de sermons…*, *op. cit.*, pp. 356 et sv.

[129] *Ibid.*, p. 389.

[130] *Ibid.*, p. 398.

[131] *Ibid.*, p. 399.

[132] *Ibid.*, pp. 399-400.

essentiel, défini par le tout ou rien de l'élection. Inversement celui qui est élu peut aller « jusques sur le bord de l'abîme »[133], sa perte est évitée.

Mais à cette distinction essentielle, qui n'est jamais mise en cause, même si elle n'est pas rappelée à chaque page, Claude juxtapose une autre distinction, une hiérarchie des fautes contre l'Esprit, dont le péché contre le Saint-Esprit n'est pas la plus grave : la plus grave est le fait de « contrister » le Saint-Esprit. Là se situe la faute des justes, la faute des élus, des « vrais fidèles », « des péchés énormes où nous pouvons tomber »[134]. C'est un péché de ceux qui ont eu la « quiétude de la foi »[135] : il se manifeste par les caractères que l'on donnait traditionnellement dans la spiritualité médiévale à l'acédie[136], c'est-à-dire « la négligence des mystères de son salut », le dégoût des doctrines de la grâce, le rebut devant les difficultés, les doutes « qui le sollicitent de regarder l'Evangile comme un songe et son salut comme une espérance frivole »[137]. L'Esprit alors se retire « dans le fond de son cœur » et toutes les activités humaines passent hors de l'influence de l'Esprit ; d'où la perte des lumières et la séduction des tentations : tous les « dehors »[138] sont abandonnés par l'Esprit et rien, en apparence, ne distingue l'élu du réprouvé ; il se plonge dans des « crimes étranges », il a perdu la paix, il est dévoré d'inquiétudes. C'est le « plus grand des malheurs qui puisse arriver au fidèle »[139] : David, saint Pierre en sont des exemples. Ce n'est que par une initiative de Dieu qu'il est retenu au bord de l'abîme ; cependant Claude ajoute, par une sorte

---

[133] *Ibid.*, p. 399.
[134] *Ibid.*, p. 391.
[135] *Ibid.*
[136] Cf. *Dictionnaire de spiritualité, s. v. Acedia.* Et B. Forthomme, *De l'acédie monastique à l'anxio-dépression*, Paris, Les Empêcheurs de penser en rond, 2000.
[137] *Recueil de sermons…, op. cit.*, p. 394.
[138] *Ibid.*, p. 396.
[139] *Ibid.*, p. 398.

de contradiction, comme si un état extérieur, un dehors, une apparence, pouvaient avoir prise sur l'essentielle élection, qu' « il ne saurait demeurer longtemps en cet état sans périr », que « son corps évanoui est presque occupé par la mort »[140] : « si de même il se pouvait faire qu'un homme qui a contristé le Saint-Esprit demeurât longtemps sans revenir de ce malheur, il est certain que sa régénération périrait, et ce filet de foi qui reste encore dans le fond de son âme ne saurait tenir longtemps contre une si rude attaque »[141]. Cas impossible, bien entendu, mais envisagé par le prédicateur, d'une mort de la régénération de l'élu : impossible, même si on pouvait concevoir une perte de la régénération sans perte de l'élection. Cependant l'hyperbole que l'orateur ne peut s'empêcher de tracer pour son auditoire révèle la difficulté qu'il y a à penser en théologie le cas réel d'une acédie qui va jusqu'à l'abandon et au désespoir, la difficulté à articuler la théologie et la spiritualité. Cette difficulté qui émerge dans le cas de ce péché ultime de l'élu éclate aussi dans le cas de l'illumination du temporaire et de l'homme qui tombe dans le péché contre le Saint-Esprit. Déjà, pour l'élu, la distinction entre la foi et la plénitude de la foi introduisait un clivage dans l'absolu de l'élection et de la régénération, qui ne pouvait être pensé que selon les catégories de la spiritualité, et de même la distinction entre la vertu et les habitudes de la vertu[142].

En un sens, dire que le péché du juste pouvait être plus grave que le péché irrémissible du réprouvé était une faille dans la théologie du péché. Aussi le péché contre le Saint-Esprit, suite probable, mais non inévitable, de la foi temporaire, montre que l'acte humain peut être aussi signifiant que l'élection divine : signifiant mais dans un autre ordre.

---

[140] *Ibid.*, p. 400.
[141] *Ibid.*
[142] *Ibid.*, pp. 391-392.

Bien plus, si nous analysons de près, à travers le traité posthume et le sermon sur *Ephésiens* IV, 30, ce qu'est le péché contre le Saint-Esprit, nous constatons que c'est un usage, pervers sans doute mais possible, fait par l'homme de l'instrument même de son salut : une fois perverti ce moyen « ordinaire » du salut[143], Dieu semble n'avoir plus aucun moyen sinon le moyen extraordinaire du miracle pour sauver le temporaire. Par là, certes est assurée la toute-puisssance du surnaturel, selon un schéma commun à la plupart des théologiens du XVIIe siècle, mais au prix de la cohérence théorique des représentations du salut. En effet, nous constatons que la description faite par Claude du péché ultime du juste qui contriste le Saint-Esprit est tout à fait analogue à celle qu'il fait du péché du réprouvé contre le Saint-Esprit : l'un et l'autre doutent, pervertissent l'Evangile et le salut, se laissent séduire, s'irritent contre la grâce dans les afflictions ; de l'un et de l'autre l'Esprit se retire, s'enfuit, suspend ses influences ; l'un et l'autre sont inondés « par manière de dire » par la corruption[144] ; l'un et l'autre repoussent par les ténèbres l'Esprit, le combattent, s'élèvent contre lui « lorsqu'il agit pour notre sanctification »[145]. On pourrait poursuivre le parallèle. L'état de l'un est semblable à celui de l'autre, avec cette différence, d'ordre purement ontologique, selon une gratuité toute extrinsèque, que l'un est élu, l'autre réprouvé. Mais nous voyons qu'en dehors de cette différence, inaccessible à tout homme (bien que Claude ait montré qu'il y a des signes de l'élection, signes jamais sûrs), ce qui est pertinent lorsque le prédicateur ou l'auteur spirituel parle de la vie de l'homme, de son état intérieur, ce sont les catégories d'ordre spirituel : des doutes, la paix ou l'angoisse, des joies ou des sécheresses, etc., mais toujours ambiguës ; ces dispositions, ces pensées ou ces sentiments, sont l'objet d'un discours abondant, nuancé, mais, une fois la mystérieuse et insaisissable distinction

---

[143] *Ibid.*, p. 394.
[144] *Ibid.*, p. 396.
[145] *Ibid.*, p. 397.

posée, ils imposent à ce discours leur propre taxinomie : la foi temporaire et le péché contre le Saint-Esprit d'une part, le péché de contristation de l'Esprit par le juste d'autre part, tirent leur gravité exceptionnelle (même s'ils n'aboutissent pas, sans raison décelable par l'homme, au même résultat) d'autre chose que du statut du sujet vis-à-vis de l'élection : ils la tirent du degré de compromis avec le monde, de l'intérêt propre, d'une intention mal réglée, d'une perversion dans l'usage des dons de l'Esprit, au total de dispositions de l'homme. Nous sommes passés du domaine de la théologie à celui de la spiritualité : Fénelon quelques années plus tard ne dira-t-il pas lui aussi que c'est le caractère intéressé ou non, conscient ou non, de la foi qui est significatif, alors que Bossuet lui répondra au nom d'une théologie du tout ou rien pour qui ces caractères sont secondaires, insignifiants ?

L'exaltation du pur amour par les mystiques pouvait, dans un contexte tout nouveau, aboutir à mettre dans un critère humain (intérêt propre ou désintéressement, réflexion ou spontanéité, conscience ou non-conscience, etc) le point discriminant de la vie de foi. La coupure perceptible même chez un Jean Claude entre une théologie inentamée et une spiritualité, lieu de la signification, est peut-être aussi l'indication d'une profonde évolution de la religion au XVIIe siècle, qu'il s'agisse de la confession réformée ou de la confession catholique. On se demande en lisant les textes de Claude, en apparence toujours rigoureux, si c'est bien le salut qui, au niveau du discours spirituel, est essentiel, puisque nul ne peut savoir au fond s'il est sauvé et qui est sauvé, puisque Dieu peut toujours faire un miracle, et puisque entre la faute de l'élu et celle du réprouvé il y a des ressemblances qui les rendent en cette vie indiscernables. Le salut est dans l'au-delà, et il suffira que des esprits forts ou des philosophes, ou bientôt une masse d'indifférents, s'en désintéressent, pour qu'il soit mis entre parenthèses et tombe dans l'insignifiance. Mais ce faisant, ces indifférents ne feront que reprendre (en la pervertissant peut-être, mais ce serait ici un

jugement de théologien et non d'historien) une des plus cons-
tantes affirmations des mystiques du XVIIe siècle : que le salut
ne doit pas être objet d'une attente, nécessairement intéressée,
que le spirituel doit être indifférent à la récompense, que
l'amour de Dieu vaut mieux que les jouissances du Paradis. Le
péché contre le Saint-Esprit, si on fait abstraction (par impossible, pour le théologien) du salut, est le seul péché vraiment
porteur de sens et d'efficace entre les mains de l'homme : lui
seul fait échec à l'Esprit, car il a pris comme complice dans
cette entreprise l'Esprit lui-même.

CHAPITRE XVI

LES CONDITIONS DE LA CROYANCE D'APRÈS
LES ŒUVRES DE CONTROVERSE DE BOSSUET
AVANT L'ÉPISCOPAT À MEAUX.

En 1655, Bossuet, à vingt-huit ans, publiait à Metz son premier ouvrage, la *Réfutation du Catéchisme du sieur Paul Ferry*. Depuis trois ans déjà, il travaillait à la conversion des protestants[1], mais en 1655, il écrivait sur les principaux thèmes de la controverse une œuvre d'une certaine ampleur. Dès l'année précédente, avant la publication du *Catéchisme* de Paul Ferry, sans doute le 2 février 1654, Bossuet traçait en chaire les grandes lignes de l'argumentation qu'il opposera aux thèses exprimées par le ministre[2] ; consacrant son sermon à l'Eglise, sa fondation et la lumière qu'elle répand, se faisant l'écho des principes dionysiens qui alors fondaient communément

---

[1] A. Rébelliau, *Bossuet historien du protestantisme*, 3ᵉ éd., Paris, Hachette, 1909, p. 70.
[2] Bossuet, *Œuvres oratoires*, éd. Lebarq, Urbain et Levesque, Paris, Desclée de Brouwer, 1926 [cité O.O.], t. I, pp. 486-497.

l'ecclésiologie[3], il entreprenait de « réfuter » ses « adversaires »[4] ; les grandes orientations de sa future *Réfutation* imprimée étaient perceptibles : l'insistance sur l' « esprit de paix »[5], la réduction de la controverse à la question de l'Eglise, l'argument central portant sur le temps de la Réforme, savoir si l'on pouvait se sauver dans l'Eglise romaine avant le temps de Luther[6].

Le livre publié en 1655 développe ces intentions. La revendication de « la paix et la charité fraternelle »[7] qui l'ouvre et qui est sans cesse reprise au cours de l'ouvrage n'était sans doute pas formule creuse ou pieuse intention, mais représentait le ton nouveau pris par la controverse au milieu du siècle : dégoût des divisions, intentions relativement iréniques, découverte des parentés entre les confessions, Jacques Solé a bien décrit ce tournant des discussions religieuses dans les décennies 1640-1660 et les limites de cet apparent irénisme[8]. La *Réfutation* elle-même n'était pas un répertoire des points disputés de la controverse, mais une argumentation à la fois rationnelle et positive développant les aperçus du sermon de l'année précédente. Elle ne retient en effet du livre de Ferry que deux pages consacrées à

---

[3] Cf. J. Le Brun, *La spiritualité de Bossuet*, Paris, Klincksieck, 1972, pp. 155-156.

[4] O.O., t. I, p. 490.

[5] *Ibid.*

[6] O.O., t. I, p. 492. Sur l'importance de la question ecclésiologique comme nouveau centre des controverses, outre la thèse de A. Rébelliau, citée plus haut n. 1, et le livre de G. Thils, cité plus bas n. 78, voir la synthèse de R. Voeltzel, *Vraie et fausse Eglise selon les théologiens protestants français du XVIIe siècle*, Paris, P.U.F., 1956.

[7] Bossuet, *Œuvres complètes*, éd. Lachat [cité LT], Paris, Vivès, 1862, t. XIII, p. 355.

[8] J. Solé, *Au temps de l'Edit de Nantes. Le débat entre protestants et catholiques français de 1598 à 1685*, Thèse [...] soutenue à l'Université de Lyon II, Année universitaire 1980-1981, ex. photocopiés, t. I, pp. 312, 382 et s., etc. Cf. A. Rébelliau, *Bossuet historien...*, *op. cit.*, pp. 299-300.

l'Eglise et à la possibilité d'y faire son salut[9], et elle établit deux « vérités », l'une « que l'on peut se sauver en la communion de l'Eglise romaine », l'autre, complémentaire, « qu'il est impossible de se sauver en la réformation prétendue »[10]. Le nœud de l'argumentation est une déduction : Ferry ayant avoué qu'on pouvait encore se sauver en 1543 dans l'Eglise romaine, Bossuet entreprenait d'établir que depuis cette date la créance de l'Eglise romaine était restée identique et que les critiques que lui adressaient les protestants ne s'étaient pas modifiées ; il en concluait que l'on pouvait encore un siècle plus tard se sauver dans cette Eglise romaine. L'argumentation complémentaire se présentait suivant le même schéma logique : si en 1543 on pouvait se sauver dans l'Eglise romaine, Dieu la traitait alors en épouse, donc elle était la véritable Eglise et les auteurs de la rupture étaient des schismatiques.

Cette argumentation, même si elle n'était plus très originale[11], appelle plusieurs remarques : purement logique au départ l'argumentation de Bossuet qui, comme celle de François Véron[12] et celle de Richelieu[13], pose une question de fait et écarte

---

[9] LT, t. XIII, p. 354.

[10] LT, t. XIII, pp. 363 et 454.

[11] Richelieu en particulier présentait déjà les deux termes de l'alternative, *Traité qui contient la méthode la plus facile et la plus assurée pour convertir ceux qui se sont séparés de l'Eglise*, nouv. éd. rev. et corr., Paris, 1657 [1ère éd. 1651], p. 241. Quant au fait de centrer toute la controverse sur le point de l'Eglise, il était acquis dès ce *Traité* de Richelieu dont le livre I s'intitulait « De la vraie Eglise de Jésus-Christ et des marques pour la connaître » : le point de l'Eglise avait cet avantage sur le sujet de la foi d'être plus aisément décidé et de pouvoir être jugé par « le sens et la simple lumière des plus grossiers », *Traité*, éd. cit., p. 7 ; cf. pp. 15, 69, 131, etc. Sur cette évolution, A. Rébelliau, *Bossuet historien…*, *op. cit.*, pp. 15, 24 et s., 32 et s., 40-41.

[12] « Réduisant le tout à la question du fait sans jamais entrer dans les subtilités des questions du droit », cité par P. Féret, *Un curé de Charenton au XVIIe siècle*, Paris, J. Gervais, 1881, p. 22.

[13] *Traité…*, éd. cit., p. 131 : « … savoir qui a la vraie doctrine, c'est un point de droit de difficile discussion […], savoir qui a la vraie Eglise, c'est un point de fait… ».

en un premier temps la question de droit, devait nécessairement conduire le controversiste à une enquête étendue sur les faits : pour établir une éventuelle variation de l'Eglise catholique, seule une enquête historique et géographique était pertinente, ouverture vers des recherches positives de plus en plus étendues : *La Perpétuité de la foi de l'Eglise catholique touchant l'Eucharistie* de Nicole en 1664, partant aussi d'un « raisonnement » philosophique, aboutira en quelques années et par nécessité logique à une vaste enquête historique et quasi ethnographique[14].

Par ailleurs, Bossuet, en 1655, consacrait encore toute une section de sa *Réfutation*[15] à la question de la justification et du mérite des bonnes œuvres, mais c'était pour partir des « principes » sur lesquels s'était établi un accord, pour écarter les « questions inutiles » et pour montrer que, bien loin d'avoir détruit la « salutaire confiance au Libérateur »[16], la doctrine définie au concile de Trente n'avait fait que reprendre l'enseignement des Ecritures et des « anciens docteurs »[17], c'est-à-dire essentiellement de saint Augustin. Bossuet, dans son argumentation, soulignait les points d'accord et établissait qu'il n'y avait entre lui et ses « adversaires aucune dispute particulière touchant la justification par les œuvres »[18]. Bien qu'il lui consacrât une large place, Bossuet jugeait donc dépassée la question de la justification, et il ne l'étudiait que dans la mesure où elle lui permettait de poser la question de la perpétuité et celle de l'Eglise. Déjà quelques années auparavant, Richelieu avait estimé que sur cette matière il n'y avait « point de dispute

---

[14] J. Le Brun, « Entre la *Perpétuité* et la *Demonstratio Evangelica*, dans *Leibniz à Paris* (1672-1676) », t. II, *La philosophie de Leibniz*, Wiesbaden, Franz Steiner, 1978, pp. 1-13.

[15] Partie I, section II, LT, t. XIII, pp. 393-454.

[16] LT, t. XIII, p. 393.

[17] *Ibid.*, p. 401.

[18] *Ibid.*, p. 422.

fondamentale »[19]. Et, depuis le temps du cardinal, les discussions sur la grâce, le libre arbitre et la prédestination ne s'étaient pas apaisées à l'intérieur de chaque confession : molinistes et jansénistes, arminiens et gomaristes dans leurs divisions témoignaient de ce déplacement des fronts[20]. De ce point de vue, l'augustinisme affiché par Bossuet en 1655 était à la fois une prise de position à l'intérieur de sa propre confession et un moyen de rapprochement avec une partie de ses adversaires. En même temps, le retour à l'Eglise ancienne, dans la recherche d'une conformité aux origines, était sensible depuis plusieurs années dans le protestantisme[21] et correspondait trop bien aux tendances de l'archidiacre de Metz pour qu'il ne s'engageât pas résolument dans cette voie ; c'est celle que suivront une dizaine d'années plus tard (même dès 1659 avec la Préface de l'*Office du Saint-Sacrement*) Arnauld et Nicole.

Plus encore que ne le feront ces derniers, Bossuet établissait la créance de l'Eglise à partir des « déterminations qu'elle fait dans ses assemblées générales sur les doutes et sur les questions qui s'élèvent »[22] : c'était suivre une méthode déductive qui supposait qu'actes et pratiques étaient l'exacte transcription des « principes », que l' « extérieur » exprimait l' « intérieur », que, telle une langue transparente, comme celle que Bossuet décrira dans sa *Logique*[23], le geste disait, sans la déformer, la créance. Ces principes logiques supposaient qu' « en peu de paroles une

---

[19] *Traité*..., éd. cit., pp. 372 et s., 376 et s. Sur la justification, Bossuet discute les mêmes passages du *Bouclier de la foi* de du Moulin que discutait Richelieu : comparer la *Réfutation du catéchisme*..., LT, t. XIII, pp. 398-399, avec le *Traité*..., p. 381, sur l'accusation portée par du Moulin et reprise par Ferry de confondre justification avec régénération et sanctification.

[20] A. Rébelliau, *Bossuet historien*..., *op. cit.*, pp. 17, 25, 26, 29.

[21] A. Rébelliau, *Bossuet historien*..., *op. cit.*, pp. 49 et s., 57.

[22] LT, t. XIII, p. 373.

[23] LT, t. XXIII, p. 252 : « le terme est la parole qui signifie cette idée [...] L'idée précède le terme qui est inventé pour la signifier : nous parlons pour exprimer nos pensées » ; p. 256 : « Chaque terme a une idée qui lui répond ».

simple explication »[24] de la créance pouvait résoudre les problèmes restant entre les deux confessions ; cette aspiration à un moyen « simple », « facile » et « abrégé » pour résoudre les controverses sera bientôt celle des auteurs de la *Perpétuité*[25].

En tout cas, la préoccupation du salut apparaissait dans le premier livre de Bossuet comme un des moteurs principaux de l'argumentation et le restera jusqu'à la fin des débats qu'aura l'évêque de Meaux avec Leibniz[26] : avant le problème de la vérité, le problème du salut était déterminant pour le controversiste : en quelle confession peut-on être sauvé ? L'hérésie mettant en danger le salut, ramener l'errant c'était aussi le sauver, problématique qui explique l'ardeur et la tension de ces débats.

La *Réfutation du Catéchisme du sieur Paul Ferry*, publiée à Metz, passa à peu près inaperçue dans l'ensemble de la littérature de controverse française. D'ailleurs à cette époque, les préoccupations des théologiens semblent s'être orientées dans une autre direction et, si pendant plusieurs années Bossuet ne consacra plus à la controverse la même activité, cela correspondait non seulement aux nécessités de sa carrière de prédica-

---

[24] LT, t. XIII, p. 375.

[25] Ce désir était manifeste sous la plume de J.-P. Camus (*Moïens de réunir les protestants avec l'Eglise romaine*, Paris, 1703, p. XXI : « Des raisons courtes et pressantes »), de F. Véron (*Bref et facile moyen...*, 1618 ; *Méthode nouvelle, facile et solide de convaincre...*, 1623), et de Richelieu (*Traité...*, éd. cit., pp. 6-7 : « ...de deux chemins le plus court et le plus assuré est meilleur... », « la décision d'une seule question » ; ce qui justifie l'examen de la question de l'Eglise de préférence à l'étude minutieuse de la doctrine).

[26] J. Le Brun, « Bossuet devant Leibniz », dans *Leibniz, aspects de l'homme et de l'œuvre*, Paris, Aubier, 1968, p. 93 ; *id.*, « La notion d'hérésie à la fin du XVIIe siècle : la controverse Leibniz-Bossuet », dans *Akten des II. internationalen Leibniz-Kongresses Hannover, 17.-22. Juli 1972*, Bd. III, Wiesbaden, F. Steiner, 1975, p. 99 et plus haut chap. VI. C'était déjà un des axes du livre de Richelieu voulant montrer en quelle Eglise était la possibilité d'assurer son salut, *Traité...*, éd. cit., pp. 19 et s., 35 et s.

teur, mais aussi aux exigences de son temps[27]. C'est au début du règne personnel de Louis XIV, après la mort de Mazarin en 1661, que des tentatives de réunion furent reprises[28]. Des conversions individuelles, certaines illustres, eurent alors lieu, dues en partie aux instructions de Bossuet (celles de Dangeau et de Stenon en 1665, en attendant celle de Turenne en 1668), mais des entreprises de plus grande portée furent alors engagées : Bossuet, justement vers 1665, fit partie d'une sorte de conseil comprenant le ministre Le Tellier, le P. Annat, des docteurs, des pasteurs convertis et Turenne[29], et il fut chargé d'entrer de nouveau en rapports avec Paul Ferry : la correspondance échangée entre le doyen de Metz et le pasteur, de mai à octobre 1666[30], permet de placer un jalon entre la *Réfutation* publiée en 1655 et l'*Exposition de la doctrine de l'Eglise catholique* écrite en 1668. Un premier mémoire, de juillet 1666, présentait quelques mises au point sur le mérite des œuvres qui résumaient des pages de la *Réfutation*[31] ; des notes sur l'Eucharistie et le sacrifice seront reprises presque mot pour mot dans un futur chapitre de l'*Exposition*[32] ; enfin des développements sur le culte religieux se retrouveront aussi presque textuellement dans l'*Exposition*[33]. Nous lisons en outre dans

---

[27] A. Rébelliau, *Bossuet historien…*, *op. cit.*, pp. 15-20, sur le déclin de la controverse dans les décennies 1640-1660 et sur la reprise à la fin des années 1660, pour des raisons à la fois politiques et religieuses.

[28] A. Rébelliau, *Bossuet historien…*, *op. cit.*, pp. 19-21 ; J. Orcibal, *Louis XIV et les protestants*, Paris, Vrin, 1951, p. 32 ; P. Blet, *Le plan de Richelieu pour la réunion des protestants*, dans *Gregorianum*, vol. XLVIII (1967), n° 8, p. 112.

[29] A. Floquet, *Etudes sur la vie de Bossuet*, t. III, Paris, 1855, pp. 46, 55 et s. ; Bossuet, *Correspondance*, éd. Urbain et Levesque, Paris, Hachette, 1909 et s. [citée C.B.], t. I, pp. 174, 450, 453-454 ; A. Rébelliau, *Bossuet historien…*, *op. cit.*, pp. 71-73 ; J. Orcibal, *Louis XIV et les protestants*, *op. cit.*, p. 32 et n. 16.

[30] C.B., t. I, pp. 147-188, 443-474.

[31] C.B., t. I, pp. 149-150 ; cf. LT, t. XIII, pp. 444, 451, 448.

[32] C.B., t. I, pp. 150-154, 156-158 ; cf. LT, t. XIII, pp. 87-90.

[33] C.B., t. I, p. 155 ; cf. LT, t. XIII, pp. 55-56.

cette correspondance une note sur le Purgatoire écartant la détermination d'un lieu et de la nature des peines[34], et une autre
note qui écarte tout sujet de l'infaillibilité autre que le corps de
l'Eglise catholique[35].

Un récit des conférences tenues au cours de l'été 1666 entre
Bossuet et Ferry résumait encore une fois les positions de Bossuet au moment où il allait rédiger son *Exposition* : conviction
que beaucoup de controverses étaient éclaircies, terminées ou
diminuées[36], reprise de l'argumentation déjà présentée dans la
Réfutation de 1655 consistant à savoir si les dogmes qui avaient
été l'occasion de la séparation au XVIe siècle « détruisaient
selon leurs principes les fondements du salut »[37] : absence de
difficultés sur l'Eucharistie, disputes de mots sur la justification, éclaircissement sur les prières adressées aux saints[38], sur le
culte des images et sur le Purgatoire ; sans traiter ces questions
à fond, sans chercher quelle doctrine était « véritable ou
fausse »[39], Bossuet et Ferry s'attachèrent exclusivement au point
de savoir si les articles examinés « renversent le fondement du
salut »[40], et cela dans la perspective qui dominait déjà la *Réfutation* de 1655, la perspective du salut. Ecartant les pensées pré-

---

[34] C.B., t. I, p. 156 ; cf. LT, t. XIII, p. 69. Comparer avec J.-P. Camus, *Moïens
de réunir...*, *op. cit.*, 1703, p. 132.

[35] C.B., t. I, p. 156 ; cf. LT, t. XIII, p. 103. Sur ce refus de l'infaillibilité du
pape, voir P. Féret, *Un curé de Charenton...*, *op. cit.*, pp. 108, 130 ; J.-
P. Camus, *Moïens de réunir...*, *op. cit.*, 1703, pp. 113-130, et les remarques
de R. Simon dans cette édition de Camus, p. 123.

[36] C.B., t. I, p. 162.

[37] C.B., t. I, p. 162.

[38] Bossuet reviendra sur ce point le 28 octobre en écartant le problème de
savoir si les saints pénètrent le secret des cœurs, C.B., t. I, pp. 182-183 ; la
question sera traitée presque dans les mêmes termes dans l'*Exposition*, LT,
t. XIII, pp. 58-59. On trouve une doctrine moins restrictive chez Camus,
Moïens de réunir..., *op. cit.*, 1703, p. 149.

[39] C.B., t. I, p. 166, cf. p. 181.

[40] C.B., t. I, p. 165.

sentées par les docteurs « pour exposer les mystères »[41], et les « diverses explications » des théologiens, même celles de Bellarmin, Bossuet affirmait que pour accommoder les controverses l'un des moyens était « de s'arrêter aux expositions les plus simples et les moins embarrassées qui sont aussi les plus véritables »[42]. Nous percevons ici l'écho de la méthode que suivait jadis François Véron et qui consistait à exposer la doctrine catholique puis à inviter les adversaires à exposer la leur et à présenter des textes formels de l'Ecriture qui contrediraient la doctrine catholique[43] ; mais le refus des conclusions théologiques était aussi conforme au dessein du livre que Bossuet rédigera dans les mois suivants et qui sera publié en 1671, l'*Exposition de la doctrine de l'Eglise catholique sur les matières de controverse*. Dès l'été 1666, les grandes lignes en étaient tracées[44], certains chapitres étaient ébauchés, les principes étaient établis : fasciné par le « simple », Bossuet privilégiait l'exposition par rapport à la « dispute » ou à la « chicane » ; mais il ne tirait pas les conséquences logiques de sa méthode et n'en présentait pas de justification. A aucun instant Bossuet n'avait mis en cause ses évidences : le principe logique imposait sa nécessité au discours théologique sans être lui-même critiqué[45].

*
* *

L'*Exposition de la doctrine de l'Eglise catholique sur les matières de controverse* était presque entièrement écrite en

---

[41] C.B., t. I, p. 180.

[42] *Ibid.*

[43] P. Féret, *Un curé de Charenton...*, *op. cit.*, pp. 21, 128.

[44] En septembre 1666, Bossuet expose, sûr de ne pas être désavoué par son Eglise, ses idées à Théodore Maimbourg, C.B., t. I, p. 448.

[45] On rapprochera de ces principes de Bossuet le jugement de R. Simon sur les livres de Camus et de Véron : « Le bon sens y règne partout », *Lettres choisies*, t. I, Rotterdam, 1702, p. 265.

1668[46], et la conversion de Turenne[47] fut facilitée par la lecture d'une première version du livre ; cette conversion elle-même fut l'occasion d'une reprise du grand dessein conçu jadis par Richelieu et un peu oublié depuis une trentaine d'années pour la réunion des protestants[48] ; à la fin de 1668 et au début de 1669, le plan de l'abbé Desisles et du nonce Bargellini reprenait en effet l'essentiel du projet de Richelieu : gagner de nombreux ministres en secret, leur faire déclarer en une conférence les motifs de leur réunion et les conduire à rallier leurs collègues, ensuite réunir la communauté tenue de suivre ses chefs sous peine de sanctions pour rébellion.

La nouvelle œuvre de Bossuet se situe au moment de ces projets et est exactement contemporaine de la grande offensive inaugurée par les hommes de Port-Royal contre le protestantisme, alors que la Paix de l'Eglise redonnait au catholicisme une apparente unité : entre la « petite » *Perpétuité* de Nicole en 1664 et la « grande » *Perpétuité* du même auteur en 1669 (avec ses continuations en 1672 et 1674), l'*Exposition* de Bossuet participait à une tactique commune[49].

---

[46] Sur sa composition, lettre du 26 mai 1686 à J. Johnston, C.B., t. III, pp. 261-262.

[47] Sur la conversion de Turenne, voir Y. Congar, « Turenne et la réunion des chrétiens », *Revue d'histoire de l'Eglise de France*, juillet-décembre 1976, pp. 309-328, avec la réserve que M. du Plessis dont il est question p. 325 nous paraît bien être du Plessis-Mornay ; voir aussi E. Labrousse, *La Révocation de l'Edit de Nantes, « Une foi, une loi, un roi ? »*, Genève, Labor et fides, Paris, Payot, 1985, p. 156.

[48] A. Rébelliau, *Bossuet historien...*, op. cit., p. 21 ; J. Orcibal, *Louis XIV et les protestants*, op. cit., pp. 36-37 ; P. Blet, *Le plan de Richelieu...*, art. cit., pp. 113-129.

[49] Le 2 janvier 1669 Bossuet donnera une approbation à la *Perpétuité*, C.B., t. I, pp. 508-510. La publication de l'édition des *Pensées* de Pascal en 1670, avec privilège de 1666, montre que les intentions apologétiques de Port-Royal s'étendaient jusqu'aux libertins. Le désir de présenter du catholicisme le visage le moins contestable inspirait aussi la traduction du Nouveau Testament en 1667 à Mons (révisée avec la collaboration de Bossuet en 1671,

Nous trouvons dans l'*Exposition de la doctrine de l'Eglise catholique*, ce « chef d'œuvre » de la Contre-Réforme française, selon Richard Simon[50], les tendances déjà présentes en 1655 dans la *Réfutation du Catéchisme du sieur Paul Ferry*, qui, comme nous l'avons suggéré et comme nous le montrerons encore, remontent jusqu'à Richelieu, à Véron et à Camus : « proposer simplement » les sentiments de l'Eglise catholique[51], sans tenir compte des opinions des « docteurs particuliers » et en laissant à l'écart comme insignifiantes « les choses qui ne sont ni nécessairement ni universellement reçues »[52] ; cette proposition ou cette « exposition » des sentiments permettait de substituer aux « fausses idées » ou aux « mots » choquants le « fond des choses »[53] ; « la seule intelligence des termes »[54] est productrice de lumière et fait évanouir les controverses. Encore une fois la méthode est opposée à celle des « théologiens » qui procèdent par réfutation et par preuve et qui tirent des conséquences[55], il s'agit d'une autre logique que de celle du discours théologique. Ainsi la controverse telle que l'entendait Bossuet à la suite de ses maîtres n'était pas une apologétique où une « démonstration » de la vérité de l'Eglise catholique : comme l'expliquait F. Véron, seuls les protestants doivent « démontrer » que la position catholique est en contradiction avec l'Ecriture, les catholiques, qui sont en position de possession, n'ont à faire qu'une exposition : « c'est au réformateur et accusateur à prouver [...] ils doivent rendre raison de leur séparation »[56]. Les adversaires sont-ils incapables d'apporter leurs

---

A. Floquet, *Etudes...*, t. III, pp. 280-290), puis celle de la Bible (J. Orcibal, *Louis XIV et les protestants, op. cit.*, pp. 35-36).

[50] Dans J.-P. Camus, *Moïens de réunir..., op. cit.*, 1703, p. XXVII, mot repris par J. Orcibal, *Louis XIV et les protestants, op. cit.*, p. 33.

[51] LT, t. XIII, p. 51.

[52] *Ibid.*

[53] *Ibid.*

[54] *Ibid.*, p. 62.

[55] *Ibid.*, p. 104.

[56] F. Véron, cité par P. Féret, *Un curé de Charenton..., op. cit.*, p. 19.

preuves, de justifier par des passages précis de l'Ecriture leur doctrine, et inversement de démontrer que la doctrine catholique est en contradiction avec l'Ecriture, alors la vérité de l'Eglise catholique est *ipso facto* établie : condition d'une controverse à deux interlocuteurs dont on a posé *a priori* que l'un des deux possède la vérité, condition encore partiellement remplie au temps de Véron et de Richelieu[57], de moins en moins au temps de Bossuet et de Nicole où d'autres prétendants à une vérité, au moins partielle, viennent brouiller la tranquille assurance des interlocuteurs catholiques ou protestants à avoir seuls, l'un des deux, le monopole du vrai.

Cette « exposition », pour Bossuet comme pour Véron, devait être « simple ». Il ne s'agissait pas d'un tableau des pratiques, d'une enquête complexe sur des actes et des dévotions, ou d'un exposé d'élaborations théologiques ; seul le discours que tient une Eglise sur elle-même[58], et non pas les conséquences qu'on en peut tirer ou les écarts dont témoignent des pratiques, est, aux yeux de Bossuet, signifiant : « l'Eglise catholique les désavouant, elles ne peuvent lui être imputées *sans calomnie* »[59]. Chaque chapitre du livre commence ainsi par des formules significatives : « L'Eglise catholique enseigne... »[60], « L'Eglise, en nous enseignant qu'il est utile de prier pour les saints, nous enseigne... »[61], « Sur le mérite des œuvres, l'Eglise catholique enseigne... »[62], « Les catholiques enseignent d'un commun accord... »[63], « ... il sera nécessaire d'expliquer plus amplement notre doctrine... »[64], « ... quoique je n'aie entrepris

----

[57] Richelieu, *Traité...*, éd. cit., p. 134 : « comme ils reconnaissent avec nous qu'il y en a une, il faut de nécessité que ce soit leur Eglise ou la nôtre ».
[58] « Ce qu'avoue et ce que pose celui qui l'enseigne », LT, t. XIII, p. 53.
[59] *Ibid.*, p. 54, soulignements de Bossuet.
[60] *Ibid.*, p. 54.
[61] *Ibid.*, p. 55.
[62] *Ibid.*, p. 64.
[63] *Ibid.*, p. 67.
[64] *Ibid.*, p. 74.

que d'expliquer la doctrine de l'Eglise... »[65], « ... ce que les catholiques croient... »[66], etc. Ces expressions désignent bien la méthode suivie par Bossuet : jamais tableau d'une pratique, son *Exposition* est la présentation d'un enseignement, non pas une foi ou une créance à proprement parler, mais cette foi ou cette créance dans la mesure où elles sont proposées comme objet d'adhésion par l'Eglise, où elles sont enseignées et transmises. Le magistère, si on peut employer ce terme anachronique[67], est à l'origine de cette proposition, et c'est de lui qu'émanent ces objets de créance qui constituent la doctrine. Une des conséquences de ces principes méthodologiques, ou de ces postulats, est le silence total fait dans l'*Exposition* sur l'Ecriture[68], dont l'examen, avec l'analyse de ses insuffisances et de son obscurité, formait encore en 1640 et en 1652 le quart des livres de Camus et de Holden, et sera bientôt repris avec complaisance par Richard Simon ; prudence de Bossuet désireux de ne pas saper un des fondements de la foi et de ne pas favoriser le scepticisme, qui était encore naguère un des arguments des controversistes[69], ou plutôt exigence de méthode : Bossuet qui ne veut pas démontrer la foi ni mettre en lumière ses fondements prend comme point de départ la doctrine ; il va donc, fidèle à l'enseignement de Camus, à ce qui lui paraît essentiel ; le problème de l'Ecriture est second par rapport à celui de l'Eglise[70] et

---

[65] *Ibid.*, p. 79.

[66] *Ibid.*, p. 96.

[67] Sur ce terme, voir Y. Congar, « Pour une histoire sémantique du terme "magisterium" » dans *Revue des sciences philosophiques et théologiques*, t. 60 (1976), pp. 85-98.

[68] Quelques lignes, par prétérition, LT, t. XIII, pp. 96-97, à propos de la parole écrite et de la parole non écrite.

[69] J. Solé note bien que Bossuet, dans l'*Exposition*, avait le souci de présenter aux calvinistes de quoi échapper, par l'union des Eglises, aux dangers du socinianisme, *Au temps de l'Edit de Nantes...*, *op. cit.*, t. I, p. 383. Voir sur le « scepticisme » de Camus, R. H. Popkin, *Histoire du scepticisme d'Erasme à Spinoza*, trad. franç., Paris, P.U.F., 1995, et sur Holden, plus haut chap. VII.

[70] LT, t. XIII, p. 97 : « Nous recevons de sa main les Ecritures canoniques ».

il estime réglée la question traitée par Camus[71], ce qui est opérer une nouvelle simplification des débats, faute peut-être de soupçonner que les démonstrations de Camus étaient, au bout de trente ans, à reprendre sur de tout autres bases, ce dont seul Richard Simon semble avoir été vraiment conscient.

Si telle est la méthode « doctrinale » de Bossuet[72], le champ auquel elle s'applique dans l'*Exposition* englobe les principaux points de la controverse : culte, invocation des saints, images, reliques, justification, Purgatoire, indulgences. Les deux points les plus développés sont en premier lieu l'Eucharistie[73], en second lieu l' « autorité » de l'Eglise[74] ; deux ouvrages ultérieurs, portant l'un sur l'autorité de l'Eglise (la *Conférence avec M. Claude*), l'autre sur l'Eucharistie (*Traité de la communion sous les deux espèces*), publiés l'un et l'autre en 1682, prolongeront ces pages de l'*Exposition*.

Comme Nicole, Bossuet établit la « perpétuité » de la foi : la nouveauté est seulement, comme il l'écrivait dans la *Réfutation du Catéchisme du sieur Paul Ferry*, une plus distincte explica-

---

[71] *Moïens de réunir…*, *op. cit.*, 1703, pp. 65 et s., « Du juge des Controverses ».

[72] J. Le Brun, « Critique des abus et signifiance des pratiques (La controverse Leibniz-Bossuet) », dans *Theoria cum praxi… Akten des III. internationalen Leibnizkongresses*, Bd. III, Wiesbaden, F. Steiner, 1980, p. 250.

[73] « Rien en quoi nous soyons si effectivement opposés » LT, t. XIII, p. 92 ; « la plus importante et la plus difficile de nos controverses », *ibid.*, p. 93. C'est sur ce point qu'en ces années les hommes de Port-Royal et bientôt Richard Simon allaient faire porter leurs efforts de controverse, cf. R. Snoeks, *L'argument de tradition dans la controverse eucharistique entre catholiques et réformés français au XVIIe siècle*, Louvain, Publications universitaires-Gembloux Duculot, 1951, *passim*, et ici pour Bossuet, p. 308 et s.

[74] LT, t. XIII, p. 97 et s. : « l'Eglise qui de toutes les autorités est sans doute la mieux établie », p. 99. Sur l'Eglise d'après l'*Exposition*, cf. J. Orcibal, « L'idée d'Eglise chez les catholiques du XVIIe siècle », dans *Relazioni del X Congresso internazionale di Science storiche Roma…*, 1955, vol. IV, *Storia moderna*, Florence, 1955, p. 128, repris dans *Etudes d'histoire et de littérature religieuses*, Paris, Klincksieck, 1997, pp. 349-350.

tion de la foi ancienne, une déclaration des vérités catholiques, qui par là deviennent plus évidentes ; mais « sa créance est invariable »[75]. Pour parvenir à l'établissement de cette perpétuité et pour répondre aux imputations des protestants, Bossuet reprend dans son *Exposition* une doctrine qui avait déjà un long passé dans l'histoire de la controverse confessionnelle, la doctrine des *points fondamentaux*. Cette doctrine hante toute la littérature de controverse des XVIe et XVIIe siècles, aussi bien catholique que protestante ; elle permettait aux différentes branches de la Réforme de considérer ce qui les unissait déjà au-delà de leurs divisions[76], et les catholiques pouvaient, grâce à elle, à la fois prendre leurs distances par rapport à des « abus » qui leur étaient vivement reprochés et établir une plate-forme pour un rapprochement avec les protestants. Il importe donc de préciser l'origine et l'évolution de cette doctrine et de montrer quels problèmes théologiques et philosophiques elle posait, quelle conception de la vérité, de l'erreur et de la foi elle mettait en cause.

Il faut sans doute remonter à Erasme pour trouver la thèse de la distinction entre les propositions essentielles et non essentielles, les *fundamentalia* et les *adiaphora*, dans les débats sur l'attitude à avoir envers les hérétiques[77] ; Georg Cassander tirera les conséquences de cette distinction. Cependant des protestants infléchissaient cette doctrine dans le sens d'une reconnaissance

---

[75] LT, t. XIII, p. 480 : sur ces thèmes, cf. *Leibniz, aspects de l'homme et de l'œuvre, op. cit.*, pp. 85-86.

[76] A. Rébelliau, *Bossuet historien…, op. cit.*, p. 28. Voir des réflexions sur la doctrine des points fondamentaux en rapport avec la tolérance dans E. Labrousse, « Bayle und Jurieu », dans T. Schabert hrsg., *Aufbruch zur Moderne*, Munich, List Verlag, 1974, pp. 130-131, repris dans *Conscience et conviction. Etudes sur le XVIIIe siècle*, Paris, Universitas, Oxford, Voltaire Foundation, 1996, pp. 172-173.

[77] Henning Graf Reventlow, *Bibelautorität und Geist des Moderne, Die Bedeutung des Bibelverständnisses für die geistesgeschichtliche und politische Entwicklung in England von der Reformation bis zur Aufklärung*, Göttingen, Vandenhoeck und Ruprecht, 1980, pp. 88-89.

de toute Eglise qui, nécessairement imparfaite, enseignerait les « points fondamentaux » : c'est la thèse que soutinrent du Plessis-Mornay en 1578[78], puis Grotius et Georg Calixt, et celle dont *La réunion du christianisme* d'Isaac d'Huisseau fera le centre et la justification de ses tentatives unionistes en 1670[79]. Bossuet se situait dans la suite des controversistes catholiques eux aussi héritiers d'Erasme : dans leur souci de dégager des « abus » et des additions secondaires et des controverses accessoires un essentiel des vérités chrétiennes, ces controversistes établirent peu à peu une hiérarchie entre les vérités parallèle à celle qu'un Daillé mettait entre les erreurs[80]. François de Sales déjà restreignait la controverse à deux points fondamentaux, l'Eglise et les sacrements[81] ; quelques années plus tard, Jean-Pierre Camus, son disciple, venu d'une controverse assez dure à des tendances accommodantes, allait en 1640 consacrer son *Avoisinement des protestants vers l'Eglise romaine*[82] à apaiser les disputes en vue d'une réunion des confessions : les oppositions auraient été moindres que ne pensaient les adversaires et reposeraient sur un « malentendu »[83] ; Camus ne faisait pas allusion à la doctrine des points fondamentaux, même dans le chapitre consacré à la clarté et à l'obscurité de l'Ecriture[84], mais en pratique l'organisation de son livre regroupait sous quatre titres traditionnels repris à Bellarmin (Ecriture, Eglise, sacrements, justification) l'ensemble des points controversés : rassemblant sous le titre de l'Eglise les questions du Purgatoire, de la prière pour les morts, de la vénération et de l'intercession des saints et de

---

[78] Cité par G. Thils, *Les notes de l'Eglise dans l'apologétique catholique depuis la Réforme*, Gembloux, Duculot, 1937, p. 169.

[79] R. Stauffer, *L'affaire d'Huisseau*, Paris, P.U.F., 1969, pp. 10-18 et *passim*. R. Stauffer trouve même cette distinction chez Calvin, p. 10, n. 7.

[80] A. Rébelliau, *Bossuet historien...*, *op. cit.*, p. 28, n. 3.

[81] E. J. Lajeunie, *Saint François de Sales*, Paris, Guy Victor, 1966, t. I, p. 247.

[82] Réédité par Richard Simon en 1703 sous le titre de *Moïens de réunir les protestants avec l'Eglise romaine*.

[83] *Moïens de réunir...*, *op. cit.*, 1703, p. XX.

[84] *Ibid.*, pp. 40 et s.

l'usage des images, Camus désignait les points essentiels de la controverse auxquels se ramenaient les autres. Est-ce à dire qu'il y aurait selon lui une hiérarchie des vérités de la foi ? Son refus d'entrer dans les questions controversées par les théologiens, par exemple la primauté pontificale, la nature du Purgatoire ou la doctrine de la grâce, pourrait le laisser supposer. F. Véron, qui selon R. Simon[85] s'inspirait du livre de Camus, liera explicitement la distinction entre « les articles de la foi catholique » auxquels on est obligé de croire et les doctrines scolastiques problématiques, « doctrines inférieures », à sa méthode d'exposition : exposer les seules vérités catholiques, à l'exclusion des révélations, des interprétations des Pères ou des docteurs, des textes canoniques, des textes disciplinaires, des décrets particuliers, etc., permettait selon lui de dissiper tous les malentendus[86]. En liaison étroite avec Richelieu[87], Véron réduisait donc rigoureusement le nombre des questions en débat ; moyen de séduire les protestants et de faciliter leur retour dans l'unité du royaume[88] et aussi aboutissement d'un siècle de controverse qui avait peu à peu dégagé les points de fracture essentiels. Les œuvres de Camus et de Véron allaient avoir des conséquences importantes ; cependant on doit remarquer qu'elles correspondaient tout à fait aux idées exprimées dans le posthume *Traité qui contient la méthode la plus facile et la plus assurée pour convertir ceux qui se sont séparés de l'Eglise*, de Richelieu. Certes le cardinal y repoussait la notion d'articles fondamentaux dans la mesure où les protestants ne pouvaient se mettre d'accord sur leur nombre et leur nature[89], mais dès son

---

[85] Camus, *Moïens de réunir…*, *op. cit.*, 1703, p. XXVI.

[86] P. Féret, *Un curé de Charenton…*, *op. cit.*, pp. 105, 128 et s. ; A. Rébelliau, *Bossuet historien…*, *op. cit.*, p. 12, n. 2.

[87] Qui aurait peut-être été l'inspirateur direct de son livre, si l'on en croit R. Simon, lettre à Frémont d'Ablancourt, 7 juillet 1685, *Lettres choisies*, t. I, Rotterdam, 1702, p. 265.

[88] J. Solé, *Au temps de l'Edit de Nantes…*, *op. cit.*, t. I, pp. 366, 372-373.

[89] *Traité…*, éd. 1657, pp. 150 et s., 351 et s.

premier chapitre il avouait que « Les Réformateurs n'ont point eu de sujet de se séparer de l'Eglise romaine à raison des points fondamentaux »[90], et, en traitant de la clarté de l'Ecriture, il estimait que son vrai sens n'était pas connu « de tous les fidèles en ce qui concerne tous les points fondamentaux absolument nécessaires au salut »[91], ce qui était contester une doctrine attribuée aux protestants, mais n'était pas contester en tant que telle la doctrine des points fondamentaux. Richelieu résolvait la contradiction en distinguant points de fait non nécessaires au salut et points de foi « lesquels nous estimons tous nécessaires à salut »[92] : nous verrons que Bossuet donnera la même portée à la distinction des points fondamentaux et des points non nécessaires au salut. Ainsi le cardinal tentait d'exposer exactement les croyances catholiques en distinguant les termes et la substance de la parole de Dieu, mais il ne posait pas le problème philosophique de la nature et de la hiérarchie des vérités. Ce sera l'œuvre de Holden ; Holden en effet, avec une vigueur intellectuelle beaucoup plus grande, présentera dans sa *Divinæ fidei analysis*[93] une remarquable analyse des différentes classes de vérités : vérités divines et catholiques, vérités purement catholiques, vérités purement canoniques, vérités théologiques, le nombre des vérités reconnues dans la première classe étant extrêmement limité. Mais ce théologien n'en tirait pas la conséquence que l'on ne devrait pas croire toutes les vérités ; simplement la foi, l'assentiment apporté à l'autorité qui garantit la vérité d'une proposition, n'est pas semblable en chaque cas. Sans entrer dans d'aussi remarquables analyses[94] qui, tout en reprenant la doctrine des points fondamentaux, renouvelait d'une façon qui annonçait de loin Newman le vieux problème

---

[90] *Traité…*, éd. 1657, p. 13.

[91] *Traité…*, éd. 1657, p. 114.

[92] *Ibid.*, p. 135 ; cf. p. 352.

[93] Paris, 1652, et rééd. Sur lui, plus haut, chap. VII.

[94] En particulier *Divinæ fidei analysis*, nouv. éd. Paris, 1685, p. 72 et s. : *Vera significatio fundamentalis*.

de l'assentiment et de la certitude, Bossuet admettait dans l'*Exposition* que « l'Eglise catholique reçoit tous les articles fondamentaux de la religion chrétienne »[95], et, comme Véron et Holden, il limitait à ces articles fondamentaux l'exposé de la foi catholique. A vrai dire, il n'est pas sûr que Bossuet ait bien connu alors l'œuvre écrite de Véron et en particulier sa *Règle générale de la foi catholique* dont il ne lira qu'en 1700 une traduction latine envoyée par Leibniz[96] : dans sa bibliothèque ne figurait que la *Méthode de traiter les controverses de Religion* (Paris, 1638)[97]. En tout cas, R. Simon louera Bossuet d'avoir « mis [...] dans sa perfection » la méthode de Camus[98].

Quoi qu'il en soit, la façon dont l'auteur de l'*Exposition* parle des articles fondamentaux et les explique mérite attention. Bossuet comprend dans « ces fondements et articles principaux de la foi »[99] les articles du Symbole, citant Daillé selon qui les catholiques croient tout ce que croient les réformés, se contentant d'ajouter des articles contradictoires aux précédents. Le livre de l'*Exposition* montrera que, loin de renverser les articles fondamentaux de la foi, la doctrine catholique les établit au contraire solidement. Ainsi, sur le point de la justification, Bossuet se limite à « ce qu'il y a de plus nécessaire dans la doctrine », à « ce qui est absolument nécessaire pour établir les fondements de la piété chrétienne »[100] : au-delà, il ne voit que « des questions de subtilité »[101]. Mais Bossuet transforme la doctrine des points fondamentaux et lui ôte beaucoup de sa portée : selon lui, la distinction est non pas entre mystères de la

---

[95] LT, t. XIII, p. 52.

[96] Lettre du 2 février 1700, C.B., t. XII, pp. 154-155.

[97] Catalogue, Paris, 1742, n° 162.

[98] *Moïens de réunir...*, *op. cit.*,1703, p. XXVII. Bossuet a-t-il connu le livre de Holden ? C'est probable mais non certain.

[99] LT, t. XIII, p. 52.

[100] LT, t. XIII, p. 66.

[101] *Ibid.*

religion importants, essentiels ou fondamentaux, et mystères de la religion moins importants, comme dans *La réunion du christianisme* de d'Huisseau[102], même pas entre vérités divines et catholiques, vérités purement catholiques ou vérités purement canoniques, voire même vérités théologiques, comme chez Holden, mais tout simplement entre vérités et subtilités, vérités et, comme l'écrivait Véron, « doctrines scolastiques » ou « sentiments de quelques particuliers zélés mais ignorants »[103], c'est-à-dire les vérités qui, par Holden, étaient rangées dans la dernière classe, les vérités théologiques[104]. Bossuet n'établit pas à proprement parler de hiérarchie entre les vérités ; s'il établit des distinctions, c'est, comme le faisait Richelieu[105], en posant une distinction logique (certains points de foi sont en dépendance logique par rapport à d'autres), ou une distinction d'ordre épistémologique (une croyance distincte ou une croyance confuse, cette dernière renvoyant par soumission aveugle à la croyance de l'Eglise), ou enfin une distinction purement utilitaire pour se placer dans la controverse au point de vue de l'adversaire[106]. Bossuet ne met de différence essentielle qu'entre ce qui est de la foi et ce qui ne l'est pas, tout ou rien qui marque de sa logique contradictoire l'attitude de Bossuet dans les questions théologiques et qui lui fermera plus tard l'accès à la mystique et à la spiritualité de Fénelon et de Mme Guyon. Ce refus de la doctrine des points fondamentaux n'est d'ailleurs pas en

---

[102] R. Stauffer, *L'affaire d'Huisseau*, *op. cit.*, pp. 13-14.

[103] Cité par A. Rébelliau, *Bossuet historien...*, *op. cit.*, p. 12, n. 2.

[104] *Divinæ fidei analysis*, éd. Paris, 1685, p. 61.

[105] *Traité...*, éd. 1657, p. 352.

[106] *Traité...*, éd. 1657, p. 356. Ce sera en 1681 la position d'Arnauld, très réservé sur la doctrine des points fondamentaux : bien loin d'en faire un élément central de la controverse, il voudra éviter qu'elle n'aboutisse à l'affirmation qu'on peut « être sauvé partout pourvu qu'on soit chrétien » et qu'on croit « certains articles fondamentaux » (cité par J. Solé, *Au temps de l'Edit de Nantes...*, *op. cit.*, t. I, p. 366) et à un refus de la conversion jugée superflue. Arnauld ne gardera cette doctrine que comme moyen pour rendre moins difficile pour eux cette conversion.

contradiction avec une simplification accrue des controverses : Bossuet ramène certaines vérités à celles dont elles dépendent logiquement, par exemple l'Ecriture à l'Eglise ; il élimine dans les dévotions aux saints toutes questions curieuses et il pratique une épuration parallèle à celle que pratiquaient les jansénistes et les hommes éclairés de son temps. Mais c'était à chaque fois affirmer que l'on se situait soit dans le domaine de la vérité, soit dans celui de l'opinion, jamais dans celui d'une vérité de pratique ni dans l'entre-deux qui est le terrain de l'assentiment et de la croyance[107].

Nous n'insisterons pas sur le succès de l'*Exposition*, ni sur les négociations iréniques auxquelles fut mêlé Bossuet à partir de 1679[108] dans le cadre des projets élaborés par la cour de Hanovre : du point de vue théologique, peu d'éléments nouveaux apparaissent dans les limites chronologiques que nous nous sommes fixées : avant 1682, nous n'assistons qu'à un échange de lettres sur un point d'érudition, des informations indirectes, le souhait d'une participation à des projets politiques. Il faut attendre dix ans, jusqu'en 1691, pour que des contacts soient repris et aboutissent à une correspondance suivie pendant trois ans.

Aussi nous attacherons-nous maintenant aux œuvres de 1682. En cette année, en effet, Bossuet publia le compte rendu de la conférence qu'il avait tenue avec le pasteur Claude en février 1678, avant la conversion de Mlle de Duras. Sans entrer

---

[107] Sur la croyance, M. de Certeau, *Croire : une pratique de la différence*, Centro internazionale di Semiotica e di Linguistica, Università di Urbino, numero 106, settembre 1981, série A. Voir aussi C. Borghero, *La certeza e la storia. Cartesianesimo, pirronismo et conoscenza storica*, Milan, Franco Angeli, 1983.

[108] Cf. *Leibniz, aspects de l'homme et de l'œuvre, op. cit.*, pp. 80-83. En 1684 le P. Bernard Lamy se référera encore à l'*Exposition* en présentant l'utilité de la doctrine des points fondamentaux dans la controverse : voir *Entretiens sur les sciences*, éd. F. Girbal et P. Clair, Paris, P.U.F., 1966, pp. 290-291 : sur l'*Exposition*, p. 291, n. 113.

dans tous les problèmes que pose ce compte rendu et les différentes versions données par les deux interlocuteurs de cette
conférence[109], nous chercherons, comme pour les œuvres antérieures, quels caractères, quels principes d'argumentation caractérisaient la *Conférence avec M. Claude* et quelles en furent
les conséquences.

Nous constatons dès l'abord que, sans doute en réponse à la
demande de Mlle de Duras[110] et aux nombreuses répliques protestantes à l'*Exposition* et à la *Perpétuité*[111], mais aussi par la
nécessité interne de sa méthode de controverse, Bossuet réduit
encore le nombre des questions en débat : il n'est plus question
des dévotions, des points sur lesquels l'*Exposition* semblait
avoir apporté suffisamment de lumière ou sur lesquels l'*a priori*
« doctrinal » de Bossuet ne pouvait plus faire avancer le débat ;
il n'est question que de « la matière de l'Eglise », développement des articles XIX et XX de l'*Exposition*. Aux yeux de Mlle
de Duras, ce point « semblait renfermer toute la controverse »[112], et Bossuet y reconnaissait un « article fondamental »,
peut-être le seul article fondamental, non pas qu'il comporterait
une vérité d'un ordre supérieur aux autres, mais parce que cet
article est logiquement et, montrera-t-il, chronologiquement
dans la vie du croyant, antérieur à tous les autres articles :
s'accorder sur cet article serait le moyen de résoudre toute
controverse, moyen court et facile de réduire les adversaires :
« Nous soutenons qu'il s'agit d'un article fondamental contenu
dans ces paroles du Symbole : Je crois l'Eglise catholique ;
article d'ailleurs de telle importance qu'il emporte la décision
de tous les autres »[113]. Or Bossuet voulait démontrer que cet

---

[109] A. Rébelliau, *Bossuet historien...*, *op. cit.*, pp. 78-80. Sur le pasteur
Claude, voir plus haut chap. XV.
[110] LT, t. XIII, p. 506.
[111] A. Rébelliau, *Bossuet historien...*, *op. cit.*, p. 79 et réf. n. 2.
[112] LT, t. XIII, p. 506.
[113] LT, t. XIII, p. 502.

article fondamental de l'Eglise universelle n'était pas tenu par les protestants.

Sans adopter la méthode de l'apologétique, sans démontrer que l'Eglise romaine était la seule vraie Eglise, il procédait, cette fois encore de façon doctrinale, établissant qu'il y a une Eglise à laquelle on doit se soumettre et se demandant si la notion d'Eglise que l'on trouve chez les protestants correspond aux véritables caractères d'une Eglise. A vrai dire, la matière de l'Eglise paraissait au controversiste « aussi claire qu'elle est importante »[114] : fascination du clair et du simple qui transforme les problèmes théologiques ou historiques en des problèmes de logique, et pour ainsi dire de grammaire ; déterminer si l'Eglise est ou non visible, ressortit à la linguistique et à l'usage de la langue qui sera le moins déformé par la culture ou par les subtilités théologiques déjà dénoncées dans les œuvres antérieures : il suffit d'établir « la propre et naturelle signification de ce nom, celle en un mot qui était connue de tout le monde et usitée dans le discours ordinaire »[115]. On définit l'Eglise « lorsqu'on en parle simplement, naturellement, proprement, sans contention ni dispute »[116]. Il y a donc une « manière ordinaire de prendre ce mot », et, mirage du primitif et de l'originel, on peut être sûr que les apôtres, dans le Symbole où ils voulaient « renfermer en peu de paroles la confession des fondements de la foi »[117], ont parlé « de la manière la plus ordinaire et la plus simple »[118]. Une esthétique primitiviste rejoint la conviction philosophique que le simple est antérieur au complexe[119], que la nature s'exprime

---

[114] LT, t. XIII, p. 501.

[115] LT, t. XIII, p. 507.

[116] LT, t. XIII, p. 509.

[117] *Ibid.*

[118] *Ibid.*

[119] A rapprocher de la justification de la préférence donnée à l'exégèse patristique par le fait que les Pères sont les premiers : « Le sens qui a d'abord frappé les esprits et qui s'est toujours conservé doit être le véritable » (*Fragments relatifs à l'Exposition*, LT, t. XIII, p. 203). Bossuet revient encore en 1701 sur

dans l'usage commun, que la meilleure exégèse est celle qui dégage le « sens naturel » des textes[120] : « le discours commun de tous les chrétiens », « l'usage commun de tous les chrétiens »[121] rejoint « l'usage reçu par les Juifs »[122]. Un « mot », et c'est ici comme « mot » que Bossuet considère avant tout l'Eglise, possède donc une « signification ordinaire et naturelle »[123] : la transparence de la langue renvoie ici à la transparence de la réalité qu'elle traduit comme un miroir fidèle : l'Eglise est « société visible »[124], est « quelque chose de clair et d'éclatant qui pût servir dans tous les siècles d'assurance sensible et palpable de la certitude immuable de ses promesses »[125].

Eblouissement devant le clair et le simple[126], reconnaissance de la lisibilité de la langue naturelle, il semble à Bossuet que l'erreur des réformés soit avant tout erreur logique ou erreur linguistique ; méconnaissance ou refus de reconnaître : ils « n'ont pas osé soutenir ce sens naturel de l'Evangile »[127]. Autre erreur logique, selon Bossuet, celle de ne pas voir les conséquences du refus de l'infaillibilité de l'Eglise ; l'argumentation de Bossuet tend à acculer son interlocuteur à reconnaître que ce refus conduit à l'indépendantisme et au socinianisme. Nous ne devons pas minimiser la portée de cette argumentation auprès des protestants de son temps, et il semble bien qu'elle ait lar-

---

le « sens simple et naturel qui a frappé d'abord les esprits des fidèles », sur le « vrai sens », LT, t. XIII, p. 231, cité par G. Tavard, *La Tradition au XVII*^e *siècle en France et en Angleterre*, Paris, Cerf, 1969, p. 169.

[120] LT, t. XIII, p. 513.
[121] LT, t. XIII, p. 509.
[122] LT, t. XIII, p. 510.
[123] LT, t. XIII, p. 509.
[124] LT, t. XIII, p. 510.
[125] LT, t. XIII, p. 514.
[126] Sur la bonne ou la mauvaise simplicité, voir la lettre de Bossuet à La Broue de la fin de 1680, C.B., t. II, p. 211 : « Il pourra remarquer une véritable et pure simplicité dans les raisonnements que je viens de lui proposer. Qu'y a-t-il de plus simple que ce qui s'achève en trois mots, de l'aveu des adversaires ? »
[127] LT, t. XIII, p. 513.

gement contribué à la décision de Mlle de Duras[128]. Ainsi Bossuet écarte la doctrine des points fondamentaux non seulement en répétant encore une fois que « tout ce que Dieu a révélé doit être retenu »[129], mais en montrant que cette doctrine conduit à la « confusion » dans l'Eglise, à admettre dans l'Eglise ariens, pélagiens, donatistes, anabaptistes et sociniens[130]. Ainsi Claude est tenu de juger utiles et nécessaires les assemblées ecclésiastiques sous peine de tomber dans l'indépendantisme[131] : « Je prétendais cette infaillibilité de l'Eglise si nécessaire que ceux-mêmes qui la niaient en spéculation ne pouvaient s'empêcher de l'établir dans la pratique, s'ils voulaient conserver quelque ordre parmi eux »[132]. Le libre examen que Bossuet attribue à ses adversaires, la possibilité pour « un particulier, une femme, un ignorant quel qu'il soit »[133] de mieux entendre la parole de Dieu que tout un concile ne conduirait qu'à un émiettement[134], à l'indépendantisme, au doute, à la tolérance universelle. Quelle que soit la valeur de l'argument, qui semble avoir convaincu Mlle de Duras et dont les recherches de Jacques Solé, après celles de A. Rébelliau, montrent qu'il n'était pas sans portée auprès de certains protestants, il entraîne dans sa « simplicité » voulue quelques conséquences dont l'importance dépasse de beaucoup la controverse occasionnelle à laquelle Bossuet a été mêlé.

Avant tout, la fonction et le traitement de l'argument scripturaire méritent d'être soulignés : non pas que nous puissions

---

[128] De même à la fin de 1680, Bossuet utilise la similitude des arguments des protestants et de ceux des sociniens dans sa lettre à La Broue, C.B., t. II, pp. 205-206, et il rapproche la simplicité de la religion protestante de celle des sociniens, des indépendants, des trembleurs, p. 210.

[129] LT, t. XIII, p. 518.

[130] LT, t. XIII, p. 517.

[131] LT, t. XIII, pp. 529, 533, 534, 536.

[132] LT, t. XIII, pp. 529-530.

[133] LT, t. XIII, p. 533.

[134] « Autant de religions que de têtes », LT, t. XIII, p. 535.

étudier ici en détail la place de cet argument, mais il est notable que dans l'architecture de la conférence il tient peu de place ; ce qui est plus notable, c'est le traitement qu'en fait Bossuet : illustration d'un développement, le texte biblique est paraphrasé, le controversiste, qui est orateur, fait parler Jésus-Christ qui amplifie alors en éloquentes périodes les phrases de l'Evangile[135].

Cette première limite d'une controverse, dont le présupposé d'un sens naturel et ordinaire du texte conduisait à la simple répétition de ce texte, s'accompagne d'une méconnaissance, plus que d'un refus lucide, des aspects effectivement neufs du discours du pasteur Claude. Non que ce dernier ait exploité jusqu'au bout et ait tenté d'élaborer philosophiquement ses intuitions, mais la nature exacte de ses arguments ne semble pas avoir été perçue par Bossuet qui s'en tient à une perspective doctrinale semblable à celle qui lui faisait dire, polémiquant avec Ferry, que les pratiques sont l'exacte traduction des principes et de la créance.

Considérons quelques exemples : la distinction que Claude tentait d'établir entre croire l'Eglise et croire à l'Eglise[136] est écartée par Bossuet sans véritable examen alors que sa reprise ultérieure permettra un réel approfondissement théologique. De même un argument de Claude reposant sur le cas d'un particulier qui eût mieux que toute la Synagogue cru que Jésus était le Christ, et montrant qu' « on eût pu faire alors à ce particulier le même argument que vous nous faites »[137], est interprété dans un sens purement théologique : Bossuet, de ce point de vue, n'a pas de difficulté à établir que l'autorité de Jésus était infaillible, dépassait celle de toutes institution, et que Jésus-Christ loin d'être « nouveau » avait été annoncé par les prophètes, donc était, par sa présence et par l'attente qu'on avait de lui, plus

---

[135] Ainsi LT, t. XIII, p. 515, paraphrase de *Matth.* XXVIII, 19-20.
[136] LT, t. XIII, pp. 516-517.
[137] LT, t. XIII, p. 537.

reconnaissable que quiconque en tous les temps ; or Claude raisonnait non sur une « doctrine » ou sur une vérité théologique, mais sur un fait historique, sur le fait que « la Synagogue ne convenait pas que ce Jésus fût le Christ »[138]. Claude se place, au moins par hypothèse, au point de vue des Juifs ou à celui des Gentils[139] : à partir du moment où Juifs ou Gentils ne convenaient pas des principes théologiques qui fondaient la reconnaissance de Jésus comme Christ, comment auraient-ils pu, sauf illumination, trouver dans le monde dont ils faisaient partie les moyens de reconnaître et de ressentir l' « autorité » de Jésus ? D'ailleurs, à plusieurs reprises et sur des points différents, Claude présente des arguments de structure analogue : la réponse à ces arguments peut ne pas être aisée, mais la méthode même de Bossuet l'empêchait de reconnaître la nature de ces arguments et leur portée philosophique. La distinction entre le « fond » et la « procédure » dans l'hérésie des ariens, des nestoriens, des pélagiens[140], part de la même intention de distinguer le principe théologique et la pratique sociale : ces hérétiques avaient tort, car leur doctrine était erronée, mais s'ils « avaient eu raison dans le fond, ils n'eussent point eu tort dans la procédure ». Cette affirmation implique toute une ecclésiologie et toute une conception des rapports entre doctrine professée et pratiques, mais ni cette ecclésiologie ni cette conception implicite n'ont fait ici l'objet, pour elles-mêmes, de l'examen de Bossuet.

Autre considération pratique, nous pourrions dire existentielle, la façon dont, selon Claude, l'enfant aborde les vérités de la foi : Ecriture ou enseignement ecclésial ; selon Claude, « l'enfant qui récitait le Symbole parlait comme un perroquet, sans entendre ce qu'il disait »[141] ; au contraire, avec l'âge, le

---

[138] LT, t. XIII, p. 555.
[139] LT, t. XIII, p. 555.
[140] LT, t. XIII, p. 554.
[141] LT, t. XIII, p. 544.

contact avec l'Ecriture suscite la première démarche personnelle. La position de Bossuet est inverse : l'Eglise, c'est-à-dire
l'enseignement du Symbole, « est le moyen extérieur par lequel
le Saint-Esprit insinue dans les cœurs la foi de l'Ecriture
sainte »[142] : alors « les préjugés humains » sont joints à l'action
du Saint-Esprit[143]. L'Ecriture est donc reconnue après que la foi
ait été formée par la transmission ecclésiale. Malgré les apparences, il n'y a pas là pour Bossuet dévalorisation de l'Ecriture ;
cette élaboration théorique des conditions de la transmission et
de la naissance de la foi est au contraire pour lui un moyen de
sauver l'Ecriture de l'examen purement humain : l'Ecriture en
effet n'est abordée qu'au moment où a été formé l'acte de foi
sur l'inspiration de l'Ecriture : « Je crois que cette parole est
inspirée de Dieu, comme je crois que Dieu est »[144]. Si cet acte
de foi préalable n'a pas été formé, l'homme est dans le
« doute », Bossuet affirme qu'il y a « doute » et non
« ignorance », et dans ces conditions « il est réduit à examiner
si l'Evangile n'est pas une fable »[145]. Le baptême, selon Bossuet, qui ici élabore une psychologie à partir de sa théologie
comme il le fera lorsqu'il examinera les problèmes spirituels, a
pour conséquence que la foi et l'approche des textes fondateurs
ne sont plus foi humaine et approche humaine : les enfants ne
peuvent être instruits « comme s'ils ne l'étaient pas » [bapti-
sés][146]. C'est donc éliminer toute perspective critique selon laquelle l'approche de l'Evangile se fait par des règles propres,
comme si c'était « une fable ». Il n'est pas certain que Claude
ait été, plus que Bossuet, disposé à admettre le point de vue

---

[142] LT, t. XIII, p. 544.

[143] LT, t. XIII, p. 548.

[144] LT, t. XIII, p. 559.

[145] LT, t. XIII, p. 559. Sur les problèmes herméneutiques impliqués par la
lecture et en particulier celle de l'Ecriture, cf. la *Règle générale pour découvrir les mystères de la foi*, dans les *Fragments relatifs à l'Exposition*, LT,
t. XIII, pp. 202 et s., et G. Tavard, *La Tradition…*, *op. cit.*, p. 168 et s.

[146] LT, t. XIII, p. 580.

critique, mais il fallait voir à quelles conséquences conduisait le désir de Bossuet de reconstruire une histoire, celle du baptisé devant la Bible, à partir des données de sa théologie, moyen d'échapper à l'examen propre et de sauver la Bible.

On voit donc dans quelle direction s'orientait la pratique de la controverse de Bossuet avant 1682 : des perspectives exclusivement doctrinales, la fascination de la simplicité et de la clarté, le refus de prendre en considération les pratiques ou, même par hypothèse, d'envisager un homme dont les actes ne fussent pas dominés par sa position dans un univers de la foi défini par la théologie. Cependant c'est à un point de vue pratique qu'il se plaçait pour opposer le discours des protestants sur le libre examen et leur implicite reconnaissance d'une autorité ecclésiale. Seule l'histoire permettait de définir cette pratique, même pour dégager la contradiction dans laquelle ce double langage jetait les protestants : Bossuet l'a bien reconnu, lorsqu'après son *Exposition* il a repris[147] l'examen des synodes et des documents qui révélaient une conception de l'Eglise différente de celle que donnaient les définitions théologiques. Mais l'enquête ici est encore bien sommaire, insuffisante par rapport à celle qu'exigerait une rigoureuse démonstration. Car la question centrale de la perpétuité (« savoir quelle est celle qu'on ne peut jamais accuser de s'être formée en se séparant »[148]) exigeait avant tout une enquête historique : sur le point de l'Eucharistie les travaux des hommes de Port-Royal pouvaient sembler à Bossuet apporter suffisamment de clarté. Il se contente de leur apporter un complément à propos de la communion sous les deux espèces. Son *Traité de la communion sous les deux espèces*, publié en 1682, se situe dans le prolongement des efforts de simplification qui caractérisaient l'*Exposition* : cette question, en effet, n'a aux yeux de Bossuet « qu'une difficulté appa-

---

[147] LT, t. XIII, pp. 518-520.
[148] LT, t. XIII, p. 502.

rente »[149] ; le controversiste établit d'une part la perpétuité de cette pratique et d'autre part le fait que pour les protestants eux-mêmes il ne s'agit pas d'un point fondamental. Rien là de nouveau par rapport aux controverses antérieures, sinon une apparente contradiction que le lecteur ne peut se dispenser d'essayer de résoudre.

Le *Traité* de Bossuet s'articule en deux parties : la première, « La pratique et le sentiment de l'Eglise dès les premiers siècles » et la seconde, « Les principes sur lesquels sont appuyés les sentiments et la pratique de l'Eglise »[150]. Bossuet qui ne tenait pas compte dans l'*Exposition* des pratiques de l'Eglise et des abus auxquels elles pouvaient donner lieu, et qui se contentait d'un examen de la doctrine officielle de cette Eglise, semble adopter en 1682 une méthode toute contraire. Présentant une comparaison d'ordre juridique, le controversiste affirme que la loi est éclairée par la façon dont « elle a toujours été entendue et observée dans l'Eglise »[151] ; « Le vrai esprit de la loi » se découvre en regardant « ce qui a été entendu et pratiqué par l'Eglise »[152]. Et Bossuet nomme « une tradition qui ne peut venir que de Dieu même » « cette interprétation et pratique perpétuelle »[153].

Ces passages sont clairs et semblent bien contredire ce que Bossuet écrivait dans l'*Exposition* à propos du culte extérieur, expression des « sentiments intérieurs »[154], traduction en gestes et pratiques d'une doctrine. Peut-on dire de la même façon que la communion sous une espèce est la traduction d'une doctrine ? L'apparente contradiction appelle plusieurs commentaires. D'abord la pratique dont parle Bossuet concerne, comme il

---

[149] LT, t. XVI, p. 245.

[150] LT, t. XVI, pp. 245 et s.

[151] LT, t. XVI, p. 309.

[152] LT, t. XVI, p. 308.

[153] LT, t. XVI, p. 309.

[154] LT, t. XIII, p. 59 ; cf. notre article dans *Theoria cum praxi* (plus haut, n. 72), Bd. III, pp. 250-251.

l'écrit, « ce qui est de cérémonie »[155], donc une réalité qui à la fois contient de l' « essentiel » et de l' « indispensable », et des choses qui sont laissées à la liberté de l'Eglise ; une fois posé l'essentiel du sacrement, on doit s'informer des modalités de son administration par l'examen de ces pratiques. Les exemples que donne ensuite Bossuet établissent bien la distinction entre le « signe sacré » et les « cérémonies » au sens étroit[156], en lui faisant recouvrir la distinction établie entre l'Ecriture et la tradition : à propos du baptême[157], l'Ecriture porte témoignage d'un geste administré par les apôtres ; toutes les pratiques (baptême par infusion, baptême des enfants, baptême conféré par des laïcs, etc.) sont du domaine de la tradition. Mais bon nombre de ces gestes purement traditionnels ont été adoptés, selon Bossuet, dans les livres de la *Discipline* des réformés et par les synodes. Resterait une question que nous ne pouvons que suggérer ici : quel est le statut de la tradition et quel est le champ d'application de ses élaborations ? Ne s'agit-il que de « cérémonies » ? La tradition, « interprétation et pratique perpétuelle », n'est-elle pas aussi le lieu où se révèlent des vérités de foi et non seulement des pratiques ? « L'Ecriture et la tradition ne font ensemble qu'un même corps de doctrine révélée de Dieu »[158], la tradition est « une doctrine non écrite venue de Dieu même »[159], ce qui implique que « les sentiments et la pratique universelle de l'Eglise » ne concernent pas seulement des cérémonies, mais aussi, d'une certaine façon, une doctrine. D'où l'ambiguïté de l'argumentation qui à propos de la communion sous les deux espèces réduit les différends à l'opposition de conceptions différentes de cérémonies, mais

---

[155] LT, t. XVI, pp. 310, 311.
[156] LT, t. XVI, p. 311 ; distinction parallèle à celle de « la substance de la religion » et de ses « accessoires », LT, t. II, p. 323, à propos de l'objet des prophéties, cf. G. Tavard, *La Tradition...*, *op. cit.*, p. 174.
[157] LT, t. XVI, pp. 318 et s.
[158] LT, t. XVI, p. 309.
[159] *Ibid.*

aboutit à supposer que des points de doctrine sont, légitimement selon Bossuet, impliqués par les différences de pratiques. Car ce que Bossuet appelle « cérémonies », c'est à la fois le sacrement comme signe sacré et « des cérémonies divinement instituées »[160] : réalité ambiguë qui n'est pas geste arbitraire, mais qui n'est pas non plus l' « essentiel » du sacrement. Le statut théologique de la « cérémonie » n'a malheureusement pas été explicité par Bossuet, ni dans le cadre de la controverse, ni dans ses textes théologiques ou liturgiques.

La distinction faite par Bossuet entre les cérémonies et le fond du sacrement, le signe, l'invitait à une enquête sur la « perpétuité » de ces pratiques pour y découvrir une « tradition qui ne peut venir que de Dieu même »[161]. Elle le conduit donc à une recherche de caractère historique. Partie de considérations purement doctrinales, la controverse telle que l'a menée Bossuet aboutit donc de deux façons à l'histoire : d'une part une recherche des origines et de la perpétuité invitait à reprendre sans cesse et à mener plus loin l'entreprise des hommes de Port-Royal, d'autre part, pour montrer que la perpétuité est le caractère de la seule Eglise catholique, Bossuet ne pouvait que se tourner vers les réformateurs du XVIe siècle et essayer d'établir la réalité et les causes d'une « séparation ».

Cette seconde exigence donnera naissance, après la date que nous nous sommes fixée comme terme, à l'*Histoire des variations des Eglises protestantes*. Comme les écrivains de Port-Royal, qui au début espéraient avoir trouvé une voie courte et facile qui leur permît d'éviter les contraintes et les risques de l'enquête historique, Bossuet, au bout d'un quart de siècle de controverse, était donc conduit, lui aussi, à l'histoire : devant les insuffisances de la méthode doctrinale, la méthode historique lui apparaissait comme le moyen de clore les controverses en apportant une démonstration à la logique incontournable. Mais

---

[160] LT, t. XVI, p. 311.
[161] LT, t. XVI, p. 309.

demander à l'histoire de résoudre les problèmes de la théologie, cette démarche impliquait une tout autre réflexion, sur l'histoire elle-même et sur la nature de la vérité qu'elle délivre, vérité différente de celle qui était posée à l'origine des constructions dogmatiques. Mais c'était un des moyens par lesquels pouvaient, même à l'insu de Bossuet, être posés les problèmes majeurs de la théologie à la fin du XVIIe siècle, non seulement pour le catholicisme, mais pour toutes les confessions : questions capitales que les théologiens ne percevaient pas encore, mais que certains pressentaient, et que sur les marges des confessions certains formulaient déjà clairement, un Bayle, un Leibniz, un Richard Simon : comment une pratique s'articule-t-elle avec une croyance et porte-t-elle désormais le sens[162] ? Qu'est-ce que la décision de la croyance et l'assentiment de foi ? Qu'est-ce que l'Ecriture, en quel sens est-elle une « fable » ? Le destin du christianisme au siècle des Lumières résidait dans la réponse donnée à ces questions ou dans le refus de les examiner.

---

[162] Cf. M. de Certeau, « La formalité des pratiques. Du système religieux à l'éthique des Lumières », dans *L'écriture de l'histoire*, Paris, Gallimard, 1975, pp. 153-212, et notre article « Critique des abus et signifiance des pratiques », dans *Theoria cum praxi, op. cit.*, plus haut, n. 72.

CHAPITRE XVII

SUR LA SPIRITUALITÉ DE LEIBNIZ[1]

---

[1] Bibliographie sommaire :

1°) *Œuvres* de Leibniz. – *Exposition de la doctrine de Leibniz sur la religion*, par M. Emery, Paris, 1819. – *Œuvres*, éd. A. Foucher de Careil, 7 vol., Paris, 1859-1875 ; 2e éd., t. 1-2, 1867-1869. – *Die philosophische Schriften*, éd. C. J. Gerhardt, 7 vol., Berlin, 1849-1863. – *Sämtliche Schriften und Briefe*, éd. de la Preussische Akademie der Wissenschaften, puis de la Deutsche Akademie [...] de Berlin, 7 séries, Darmstadt puis Berlin, 1923 et sv., (cité : DAW suivi de la série et du tome). – *Œuvres choisies*, par L. Prenant, Paris, Garnier, 1940 ; rééd., t. 1 seul paru, Paris, Aubier, 1972. – *Textes inédits*, éd. G. Grua, 2 vol., Paris, P.U.F., 1948, 2e édition, *ibid.*, 1998 [cité : Grua].

2°) *Sur Leibiniz*. – J. Baruzi, « Trois dialogues mystiques inédits de Leibniz », dans *Revue de métaphysique et de morale*, t. 13, 1905, pp. 1-38 [rééd. Paris, Vrin, 1985] ; *Leibniz et l'organisation religieuse de la terre*, Paris, Alcan, 1907 (cité : ORT) ; *Leibniz, avec de nombreux textes inédits*, Paris, Bloud et Gay, 1909 ; *Le problème du salut dans la pensée religieuse de Leibniz*, Paris, 1927 [rééd. dans J. Baruzi, *L'intelligence mystique*, Paris, Berg International, 1985, pp. 121-158].

Revue philosophique, t. 136, oct.-déc. 1946 (numéro spécial sur Leibniz). – G. Friedmann, *Leibniz et Spinoza*, Paris, Gallimard, 1946 ; nouv. éd., ibid., 1962 et 1975. – Y. Bélaval, *Pour connaître la pensée de Leibniz*, Paris, Bordas, 1952 [rééd., *Leibniz, initiation à sa philosophie*, Paris, Vrin, 1962] ; *Leibniz critique de Descartes*, Paris, Gallimard, 1960. – G. Grua, *Jurispru-*

Esquisse biographique

Gottfried-Wilhelm Leibniz naquit le 1er juillet 1646 dans une famille luthérienne, à Leipzig, et entra en 1661 à l'université de cette ville ; il suivit en 1662 les cours de Jakob Thomasius et présenta en 1663 une thèse *De principio indivi-dui.* Il passa à Iéna le semestre d'été 1663. A l'automne, à Leipzig, il se consacra à la jurisprudence. Gradué à Altdorf en 1667, il alla à Nuremberg où il se fit affilier aux Rose-Croix et rencontra le baron de Boineburg, converti au catholicisme. A Francfort et à Mayence, Leibniz entra en relation avec les milieux spirituels et érudits, et fut nommé en 1670 conseiller de justice de l'électeur de Mayence : travaux de jurisprudence, intérêt passionné pour la politique européenne, élaboration de grands projets religieux, surtout celui de réunir les confessions chrétiennes. En 1672, l'électeur de Mayence l'envoya en mission à Paris[2] : il y observa, se lia avec A. Arnauld, les savants, les disciples posthumes de Pascal, les cartésiens, Pierre-Daniel Huet, et en 1673 il fit un voyage à Londres. Ses découvertes mathématiques furent alors nombreuses et il rédigea des écrits importants, en particulier en 1673 la *Confessio philosophi.*

---

dence universelle et théodicée selon Leibniz, Paris, P.U.F., 1953 ; *La justice humaine selon Leibniz,* Paris, P.U.F., 1956 ; − A. Robinet, *Malebranche et Leibniz...,* Paris, Vrin, 1955 ; *G. W. Leibniz et la racine de l'existence,* Paris, Seghers, 1962 [2e éd. ibid, 1968]. − E. Naert, *Leibniz et la querelle du pur amour,* Paris, Vrin, 1959. − R. Spaemann, *Reflexion und Spontaneität. Studien über Fenelon,* Stuttgart, Kohlhammer, 1963, pp. 197-222 [rééd. Stuttgart, Klett-Cotta, 1990]. − *Archives de philosophie,* t. 29, n. 4, oct-déc. 1966. − W. Totok et C. Haase, *Leibniz. Sein Leben, sein Wirken, seine Welt,* Hanovre, 1966. − P. Zovatto, *Fénelon e il quietismo,* Udine, Del Bianco, 1968. − Centre international de synthèse, *Journées Leibniz. Aspects de l'homme et de l'œuvre,* Paris, Aubier, 1968. − *Studia leibnitiana et supplementa,* Wiesbaden, F. Steiner, 1969 svv. J. Lagrée, « Quiétude et inquiétude de la raison : Fénelon et Leibniz » dans *Fénelon. Philosophie et spiritualité,* Textes réunis par D. Leduc-Fayette, Genève, Droz, 1996, pp. 39-62.
[2] Voir *Leibniz à Paris (1672-1676), symposium de la G. W. Leibniz-Gesellschaft (Hannover) et du C.N.R.S. (Paris),* « Studia Leibniziana. Supplementa vol. XVII-XVIII », Wiesbaden, Franz Sterner, 1978, 2 vol.

En 1676, il gagna Hanovre par Londres, Amsterdam et La Haye, où il rencontra Spinoza[3]. En 1678, il fut nommé conseiller aulique ; au service de Johann-Friedrich de Brunswick-Lunebourg jusqu'à la mort de ce dernier en 1680, puis d'Ernst-August jusqu'en 1698, Leibniz multiplia son activité : mathématiques, sciences de la terre, techniques, bibliothèques, projet d'union des Eglises qui le mit en rapport avec Bossuet[4]. En même temps, il élabora son système philosophique et, en 1685, rédigea son *Discours de métaphysique*. En 1685, il fut nommé historiographe de la maison de Brunswick et, en 1687, voyagea en Italie, passant par Vienne, occasions de nouveaux contacts avec des grands, des lettrés, des savants. Dès son retour, il reprit ses projets et la rédaction de ses œuvres. Ernst-August étant mort en 1698 et Georg-Ludwig lui ayant succédé, Leibniz prit une part moins active aux affaires. En 1710, il publia la *Théodicée* ; pendant ses dernières années, il écrivit la *Monadologie* et les *Principes de la nature et de la grâce*, tout en continuant à échanger une immense correspondance. Il mourut le 14 novembre 1716 à Hanovre.

Leibniz et les courants spirituels

Dès sa jeunesse, les controverses théologiques intéressèrent Leibniz : à de nombreuses lectures, dont celles de Platon et de Plotin, il ajouta à dix-sept ans celle du traité *Du serf arbitre* de Luther et des *Dialogues* de Lorenzo Valla et, pendant son séjour à Mayence, il avait déjà élaboré une doctrine de l'amour. Mais l'aspect vécu des doctrines l'intéressait autant que les spéculations abstraites ; son universelle curiosité le poussa très tôt à considérer avec sympathie mais avec esprit critique les courants spirituels en Europe, en particulier dans les pays germaniques. Dès 1670, il était lié avec P. J. Spener et échangeait avec lui une

---

[3] Voir G. Friedmann, *Leibniz et Spinoza*, nouv. éd., Paris, Gallimard, 1975, pp. 85-122.
[4] Voir plus haut chap. VI.

correspondance qui lui apprit beaucoup de choses sur le séjour de Jean de Labadie[5] et d'Anna-Maria van Schurman à Herford et montre qu'il connaissait les livres des frères des Marets[6] et de G. Hermant[7] sur l'ancien jésuite.

Quelques années plus tard, en 1677, informé par F. A. Hansen, il s'intéressa à Antoinette Bourignon[8] et, en 1680-1681, plusieurs lettres échangées avec François de Bragelonne et La Barre Matei indiquent que Leibniz avait lu de près un certain nombre de textes de cette mystique, qu'il suivait de près ses aventures, qu'il jugeait sa conduite avec sévérité et ironie, qu'il condamnait en elle l'intransigeance d'un « chef de parti »[9] ; à cette occasion, en 1681, il se renseigna sur Pierre Poiret[10] ; jusqu'en 1687, il se tint au courant de la vie et des écrits de la prophétesse et de ses émules[11] ; même curiosité pour les Quakers vers 1678[12] et pour Valentin Weigel après 1684[13].

---

[5] Voir sur Labadie D.S., t. IX, col. 2-7 [d'après M. de Certeau] ; Lettres de et à Spener, de et à G. Spitzel, de van Diemerbroeck et d'autres en 1670-1671, DAW I, t. 1, pp. 83, 111, 113, 115, 122, 130, 131, 132-133, 140, 166. Sur cette correspondance avec Spener, voir J. Wallmann, *Philipp Jakob Spener und die Anfänge des Pietismus*, Tübingen, J. C. B. Mohr, 1970, pp. 255, 294.

[6] DAW I., t. 1, pp. 132-133 : *Histoire curieuse de la vie, de la conduite et des vrais sentiments du Sieur Jean de Labadie* [...], La Haye, 1670.

[7] DAW I, t. 1, p. 166.

[8] Lettres de Hansen 12 avril 1677, DAW I, t. 2, p. 264 et du 22 novembre 1677, *ibid.*, p. 303. Voir sur A. Bourignon. DS, t. 1, col. 1915-1917, et surtout Marthe van der Does, *Antoinette Bourignon, 1616-1680, la vie et l'œuvre d'une mystique chrétienne*, Amsterdam, Holland University Press, 1974. Sur les allusions de Leibniz à A. Bourignon, voir Grua, t. 1, pp. 73 et sv., et *passim*.

[9] Lettres du 3 mars 1680 DAW I, t. 3, pp. 355-357, du 21 août 1680, *ibid.*, pp. 422-423, du 20 décembre 1680, *ibid.*, p. 452, du 6 janvier 1681, *ibid.*, pp. 456-458, de février 1681, *ibid.*, p. 462 [la citation dans notre texte].

[10] DAW I, t. 2, p. 264 ; t. 3, *passim*, en particulier p. 463.

[11] DAW I, t. 4, pp. 431-432, 515-516, 520, 595.

[12] Grua, t. 1, p. 74.

[13] *Ibidem*.

Cependant, sa méfiance critique vis-à-vis du prosélytisme mystique et du prophétisme n'empêche pas Leibniz de reconnaître qu'il y a en tous lieux de « bonnes âmes »[14] et qu'au-delà des personnes on peut s'unir autour des doctrines : « Mais après tout nous pourrons laisser là ce qui touche sa personne, pourvu que nous suivions ce qu'elle [A. Bourignon] dit de bon après tant d'autres. Nous n'avons pas besoin pour cela de nous séparer des autres chrétiens. Au contraire puisqu'il y a encore quantité de bonnes âmes par ci et par là, tâchons de les connaître et d'entrer en liaison avec elles sans former aucun nouveau parti »[15] et à la fin de cette lettre Leibniz met ce P.-S. : « Je serais bien aise de savoir si un nommé M. Poiret ne se trouve point avec Mlle de Bourignon ou au moins entre ses approbateurs. »

Si les liens avec Spener, un de ses « amis particuliers » lorsqu'il était près de Francfort, se sont relâchés[16] et s'il critique une interprétation de l'*Apocalypse*, en revanche sa connaissance de la spiritualité catholique n'était pas négligeable : en 1671, il admirait déjà avec grands éloges, comme il le fera plus tard dans sa *Théodicée*[17], le jésuite Friedrich von Spee pour son *Guldenes Tugendbuch* et sa *Cautio criminalis*[18] et il faisait venir de Paris dès leur parution les livres du jésuite Michel Boutauld[19].

---

[14] Il emploie ici curieusement une formule familière en ces milieux mystiques : cf. P. Poiret, *La paix des bonnes âmes dans tous les partis du christianisme*, Amsterdam, 1687.

[15] Leibniz à F. de Bragelonne, février 1681, DAW I, t. 3, p. 463.

[16] DAW I, t. 3, p. 260. Mais voir encore en juin 1690, *ibid.*, t. 5, p. 600 en décembre 1690, *ibid.*, t. 6, pp. 317 et sv., en janvier 1691, *ibid.*, p. 333 et sv., en juillet 1691, *ibid.*, p. 550 (= Grua, t. 1, pp. 80-81), en avril 1692, *ibid.*, t. 8, pp. 601 et sv., en janvier 1693, *ibid.*, t. 9, p. 240, en 1695, *ibid.*, t. 11, pp. 474, 480, 764, *ibid.*, t. 12, p. 176 (« mon ancien ami M. Spener »). J. Baruzi avait bien vu l'importance de cette correspondance Leibniz-Spener, voir *Le problème du salut...*, éd. 1985, p. 136.

[17] Ière partie, § 96, éd. J. Brunschwig, Paris, Flammarion, 1969, p. 158. Voir E. Naert, *Leibniz et la querelle du pur amour*, Paris, Vrin, 1959, pp. 203-204.

[18] DAW I, t. 3, p. 247 (lettre d'octobre 1680 : « Entre les ouvrages de dévotion qui mériteraient d'être mis en usage parmi le peuple je n'en trouve guère

Au demeurant, ses tendances étaient assez proches des idées du landgrave Ernst von Hessen-Rheinfels, correspondant des jansénistes et des jésuites, partisan d'une piété rigoureuse et éclairée, d'une liturgie accessible au peuple, hostile aux superstitions italiennes ; la condamnation des *Monita salutaria* d'Adam Widenfeld parut à Leibniz comme à son correspondant fort regrettable[20]. Le jansénisme ne l'attirait pas ; il préférait plutôt les jésuites, à condition qu'ils se réforment, abandonnent le probabilisme, se convertissent au « souverain amour de Dieu »[21].

Les relations de Leibniz le montrent fort accueillant aux hommes et aux idées : il connaissait et estimait le cabaliste Knorr von Rosenroth[22] ; il écrivait sur le Zohar : « Plusieurs se moquent encore de telles entreprises, mais moi je suis d'un autre sentiment. J'estime par tout ce qu'il y a de bon, et suis

---

de la force du livre du P. Frédéric Spee Jésuite, initulé *Guldenes tugendbuch* […] » et la suite de cette lettre) ; t. 9, pp. 42, 428, 640 ; t. 10, p. 103 ; t. 13, p. 211 ; Grua, t. 1, pp. 5, 104 (le « Guldenes Tugendbuch où j'ai tout admiré, hormis les vers allemands […]. Mais il y a des pensées si belles et si profondes et en même temps si bien proposées pour toucher même les âmes populaires et enfoncées dans le monde que j'en ai été charmé. Il a surtout reconnu et recommandé ce grand secret du véritable amour de Dieu. » Lettre à Morell du 30 décembre 1696, DAW I, t. 13, pp. 398-399). Voir aussi un éloge de Spee par Leibniz dans Bossuet, *Correspondance*, t. IX, pp. 427-428 ; et surtout Herbert Jaumann, « ein jesuiter nahmens Peter Friedrich Spee… » Leibniz Lektüre des *Güldenen Tugend-Buchs* und die *Querelle du pur amour*, dans *Friedrich von Spee, Dichter, Theologe und Bekämpfer der Hexenprozesse*, Italo Michele Battafarano (ed.), Gardolo di Trento, Luigi Reverdito, 1988, pp. 321-341, enfin Grua, t. I, pp. 110, 223.
[19] 1678 et 1683 ; DAW I, t. 2, p. 398 (*Les conseils de la Sagesse*) ; t. 3, p. 290 ; cf. DS, t. 1, col. 1917.
[20] DAW I, t. 3, pp. 247-248, 256. Voir P. Hoffer, *La dévotion à Marie au déclin du XVIIème siècle. Autour du jansénisme et des « Avis Salutaires de la B. V. Marie à ses Dévots indiscrets »*, Paris, Cerf, 1938.
[21] DAW I, t. 3, p. 261, en 1681. Sur les jésuites voir le chapitre II de J. Baruzi, *Leibniz et l'organisation religieuse de la terre*, Paris, Alcan, 1907, pp. 46-105.
[22] DAW I, t. 5, pp. 39, 43, 55, 109, 235 ; Grua, t 1, pp. 91, 96.

bien aise de cette différence des génies et des desseins qui fait que rien n'est négligé, et que l'honneur de Dieu et le bien des hommes est avancé de plusieurs façons. »[23] ; il jugeait sans aigreur les manifestations de la piété populaire catholique[24] ; surtout il était avide de suivre l'évolution des débats théologiques : ses correspondants et les renseignements qu'il avait sur les affaires romaines (par L.-P. du Vaucel, correspondant du landgrave Ernst) le tenaient au courant des débats entre jésuites et jansénistes, de l'affaire Molinos, de la condamnation de Palafox, archevêque de Séville, de l'affaire Petrucci[25]. Spener lui exposait à l'occasion son opinion sur Molinos[26] ; les réserves de Leibniz sur les mystiques[27] ne l'empêchaient pas de rester lucide devant les accusations de quiétisme[28] et devant les « infamies attribuées à Molinos »[29]. Enfin ce sont des spirituels comme Tauler, comme Thomas a Kempis, auteur de l'*Imitation*, ou comme le cardinal Bona qu'en 1688 il souhaiterait « un peu quiétistes » pour « travailler à la réunion de l'Église »[30]. Néanmoins il écrira en 1690 : « J'avoue que je n'estime pas fort la

---

[23] DAW, I, t. 5, p. 43.

[24] DAW I, t. 5, pp. 105-106, etc.

[25] DAW I, t. 5, *passim* ; en 1687-1688.

[26] DAW I, t. 6., pp. 318-320.

[27] Ainsi DAW I, t. 5, p. 181 : « J'avoue que je n'ai jamais pu goûter cette quiétude, ou inaction et cet état purement passif qu'ont introduit quelques mystiques longtemps avant Molinos. »

[28] DAW I, t. 5, pp. 66-68 : ainsi p. 66 : « En effet la *Guia Spirituale* ne dit presque rien qu'on ne trouve dans les auteurs mystiques approuvés » ; il juge qu' « être sans action, sans pensée et sans volonté » sont des « chimères », car « il est impossible qu'une substance cesse d'agir », et il interprète ce qu'est la *Gelassenheit* de Tauler, de Ruysbroeck, de Weigel et d'autres mystiques. Voir aussi *ibid.*, t. 6, p. 184, en 1691 : « Les mots de Quiétistes et de Piétistes donnent beau jeu aux libertins lorsqu'ils veulent tourner en ridicule la plus solide dévotion. » Voir encore DAW I, t. 11, p. 105.

[29] DAW I, t. 6, pp. 159, 334.

[30] DAW I, t. 5, p. 210.

mystique de Molinos et que sa *Guida Spirituale* ne me satisfait guère. »[31]

On reconnaît l'étendue de son information par le catalogue d'une bibliothèque idéale dressé en 1689. Dans la « théologie mystique et ascétique » nous relevons : les Pères Grecs, saint Augustin, l'auteur qui sous le nom de Denys l'Aéropagite écrivit la *Hiérarchie* et les *Noms divins*, saint Bernard, l'*Imitation*, Tauler, Ruysbroeck, Louis de Grenade, Louis de Blois, sainte Thérèse, sainte Brigitte, sainte Catherine de Sienne, saint François de Sales, les *Exercices* de saint Ignace, Drexelius, Nieremberg, le Père Spee, Jacques de Merlo Horstius, Ch. Schorrer, le cardinal J. Bona et le P. Segneri « antiquietistica »[32], les classiques de la spiritualité, des auteurs célèbres en pays germaniques[33], de grands noms qui montrent l'étendue de la culture de Leibniz autant que des choix personnels.

Malgré des réserves, sa sympathie semblait aller, quand il écrivait à Pellisson, à ceux qui pensent qu'on peut être sauvé par l'amour dans toutes les confessions[34] ; au landgrave Ernst il faisait l'éloge de l'*Avis charitable* de Poiret[35].

Mais cette apparente sympathie n'empêchait pas Leibniz d'être fort réservé devant les mouvements piétistes qui agitaient alors les pays germaniques et dont il était informé avec précision ; s'il ne les condamnait pas a priori et s'il s'informait avec curiosité[36], il était loin de les suivre : dans les visions et les pro-

---

[31] DAW I, t. 6, p. 159.

[32] DAW I, t. 5, p. 429.

[33] Sur le Père Schorrer, jésuite, auteur d'une *Thelogia ascetica*, Rome, 1652, cf. Grua, t. 1, p. 79.

[34] Allusion à Poiret et à Bourignon, DAW I, t. 6, pp. 78, 91 ; à un disciple de J. Boehme, t. 5, p. 184.

[35] DAW I, t. 6, pp. 177, 625 ; sur Poiret dont le *De erudtione solida* témoigne de plus de « bonne volonté » que de solidité, Grua, t. 1, pp. 84-87.

[36] Grua, t. 1, pp. 103 (en 1696), 121 (en 1698). Voir aussi DAW I, t. 7, pp. 319 (en 1692), 323 et sv., 340, 502, 512, 561, 627, 680 et sv., t. 9, pp. 233, 241, 457, 475, 550, 673-687. Sur ces faits, voir *Geschichte des Pietismus*,

phéties de Rosamunde von der Asseburg[37], il ne voyait « rien que de naturel »[38] et un effet de l'imagination, même si les apparitions non miraculeuses peuvent être des grâces, la grâce de « voir l'image ou l'apparence » de Jésus-Christ. Aussi n'admettait-il pas les persécutions dont la prophétesse et le surintendant Petersen étaient l'objet de la part de l'Eglise de la Confession d'Augsbourg. En même temps, Leibniz rapprochait les expériences de Rosamunde von der Asseburg de celles de sainte Thérèse ou de sainte Catherine de Sienne[39] : même force d'imagination, la différence des effets n'étant due qu'à celle des milieux religieux. Il se tiendra aussi informé du destin du labadisme[40] et il sera en correspondance avec A. H. Francke[41] mais à vrai dire sur des questions qui ne concernaient pas la spiritualité. Enfin sur les conseils enthousiastes d'Andreas Morell il lira Jakob Boehme et en fera un éloge mesuré : « J'ai lu quelque chose dans Böhm, et je l'ai fort goûté. Il avait assurément quelques pensées sublimes et solides »[42] ; mais il écrira peu après : « Sans avoir assez lu Böhme ni Poiret je m'accorderais peut-

---

hrsg. von Martin Brecht, Bd 1, Göttingen, Vandenhoeck und Ruprecht, 1993, p. 400 et sv.

[37] DAW I, t. 7, p. 29.

[38] DAW I, t. 7, p. 33 (en octobre 1691). Voir aussi la lettre du 23 octobre 1691 à la duchesse Sophie sur la prophétie et « la force étrange de l'imagination », DAW I, t. 7, pp. 45-50. Nombreuses autres allusions dans les lettres de 1691-1692, DAW I, t. 7, *passim*.

[39] DAW I, t. 7, pp. 78-79, 190, 231 : « Je crois que Ste Catherine de Sienne, que Notre Seigneur épousa dans les formes (à ce qu'elle s'imagina) et Ste Thérèse étaient à peu près du même naturel ». Voir aussi *ibid.*, t. 8, pp. 230, 443, t. 9, p. 457.

[40] DAW I, t. 8, p. 346 (en 1692).

[41] DAW I, t. 14, pp. 334, 397, 413, 545.

[42] DAW I, t. 14, p. 551, à Morell, 1er octobre 1697 ; sur l'enthousiasme de Morell pour Boehme voir *ibid.*, t. 12, p. 498 ; t. 14, pp. 270, 820 ; t. 15, pp. 374, 770 et sv.

être avec eux en ce qu'ils ont de raisonnable »[43]. Mais Leibniz juge ces mystiques sujets à caution comme il le fait en 1697 d' « un auteur mystique qui s'appelle Joannes Angelus »[44].

Le 6 mars 1697, peu après la publication de l'*Explication des Maximes des saints*, Leibniz paraît informé de la querelle opposant Bossuet et Fénelon[45]. Désormais, le philosophe suivra semaine après semaine l'évolution du débat[46] en s'inquiétant du manque de charité des protagonistes : « C'est la pratique qui donne le moyen de discerner les esprits »[47]. En outre, avec nombre de ses contemporains il avait un préjugé contre la mystique qu'il assimilait à l' « enthousiasme » et où il voyait, avons-nous remarqué, un effet de l'imagination. Mais l'esprit de secte lui était odieux : il lisait les livres pour y découvrir ce qu'il y a de bon. Cependant Leibniz ne se livra pas à une lecture attentive des pièces du procès ; il n'est pas sûr qu'il ait lu les *Maximes des saints*[48] ! Il se contentait d'exposer à maintes reprises à ses correspondants, A. Morell, Cl. Nicaise, Bossuet[49], E. Spanheim, A. Magliabechi, l'abbé Le Thorel, Mme de Brinon, etc.[50], ses solutions aux problèmes débattus. Les sympa-

---

[43] DAW I, t. 15, p. 264 à Morell janvier (?) 1968 (= Grua, t. 1, p. 120) ; cf. DAW I, t. 15, p. 560 à Morell, mai 1698 : « Böhm m'a paru profond, et je lirai un jour ses œuvres » etc. (= Grua, t. 1, p. 126).

[44] Dans Bossuet, *Correspondance*, t. IX, p. 427.

[45] Grua, t. 1, p. 106 [= DAW I, t. 13, p. 646]. Voir aussi le 26 mars 1697, DAW I, t. 13, p. 661.

[46] Grua, t. 1, pp. 100-146 [= DAW I, t. 14, *passim*].

[47] *Ibid.*, p. 137 (le 29 septembre 1698).

[48] Voir lettre de juin 1698 à Magliabechi, DAW I, t. 15, pp. 644-645.

[49] Encore que la lettre du 6 octobre 1698, dans Bossuet, *Correspondance*, t. 10, Paris, 1916, p. 241, n'ait pas été envoyée.

[50] On trouvera les textes dans Grua, t. 1, pp. 100-146 et dans DAW I, t. 15 *passim*, et tomes suivants, à paraître.

thies[51], les déductions rationnelles jouaient le rôle essentiel dans l'élaboration de ces synthèses sans cesse reprises.

Ensuite, Leibniz prêtera la même attention aux problèmes de l'amour pur, aux débats de l'amour de Dieu entre le docteur Sherlock, John Norris, Mary Astell et Lady Masham, et à la traduction du livre de cette dernière par P. Coste en 1705[52] ; mais il ne changera pas d'opinion sur les visionnaires : le chapitre 19 du livre IV des *Nouveaux Essais sur l'entendement humain* (rédigés en 1703), intitulé « De l'enthousiasme », cette « mélancolie mêlée avec la dévotion » constitue une dénonciation de l'illusion et du fanatisme où se manifeste une sévérité que ne tempère plus la sympathie ; ces « fanatiques » prennent « l'imagination pour guide » et « croient sans fondement que leurs mouvements viennent de Dieu » ; Leibniz récapitule alors tous les griefs qu'il a conçus de longue date et il vise expressément les trembleurs (ou quakers), Antoinette Bourignon, Rosamunde von der Asseburg[53], Quirinus Kuhlmann « homme de savoir et d'esprit », les labadistes, Comenius... ; ces « entêtements », ces « fraudes pieuses », non seulement ont peu de fondement mais sont aussi dangereux. Plus tard, une lettre du 19 décembre 1707 à Mlle Leti sur « le bruit qui courait des merveilles prophétiques des Sevennois réfugiés à Londres »[54] nous montrera encore Leibniz peu convaincu par les « prophètes ».

Les attributs divins

Un aspect central de la spiritualité leibnizienne est la

---

[51] Fénelon attirait Leibniz plus que Bossuet dont les idées étaient pourtant plus proches des siennes ; Grua, t. 1, p. 141 : Fénelon « un prélat [...] de ce mérite et même de cette probité et innocence de vie ».

[52] A. Robinet, *Malebranche et Leibniz...*, p. 387-391.

[53] Encore une fois il écrit qu' « en Espagne elle aurait été une autre sainte Thérèse ».

[54] *Philosophische Schriften*, éd. Gerhardt, t. 3, p. 404.

contemplation des attributs et des perfections de Dieu[55] : c'est un des points sur lesquels il semble se rapprocher de Bossuet, encore que les fondements de leurs doctrines ne soient pas semblables. Pour Leibniz, connaître les perfections divines est le point de départ de la démarche spirituelle, car l'amour suppose la lumière, la connaissance de la Toute-puissance et de la Sagesse de Dieu[56]. Se plaçant à un point de vue philosophique, Leibniz pourra écrire à Bayle en 1687 que « c'est sanctifier la philosophie que de faire couler ses ruisseaux de la fontaine des attributs de Dieu »[57], mais, d'un point de vue spirituel, en 1688, à propos de Molinos et des rapports entre méditation et contemplation, nous lisons : « Cette contemplation relevée ne saurait être autre chose à mon avis qu'un regard bien clair de l'être infiniment parfait [...]. Cette profonde contemplation est elle-même le résultat d'une véritable Méditation, qui se termine à la vue des beautés et perfections de Dieu, d'où l'amour souverain d'amitié ne manque pas de naître »[58] : ce « regard bien clair » apparaît comme antithèse, sans doute voulue, avec la ténèbre dionysienne et la nuit joannicrucienne.

Le rappel des mêmes idées jalonne la correspondance et les notes de Leibniz dans les années suivantes ; en 1695, à propos de William Penn[59], il vante l' « amour éclairé » qui repose sur la connaissance de Dieu ; en 1697, à propos de Poiret[60], en août 1697 encore, dans une lettre à Th. Burnet, la véritable philosophie est appuyée sur la connaissance des merveilles de Dieu, « car comment peut-on aimer Dieu et le glorifier sans en

---

[55] Déjà dans le *Systema theologicum* et dans les Dialogues mystiques publiés par J. Baruzi, dans *Revue de métaphysique et de morale*, 1905, p. 37 [rééd. *Trois dialogues mystiques*, Paris, Vrin, 1985, p. 37] ; cf. Grua, *La justice...*, p. 137 svv ; A. Robinet, *Leibniz...*, p. 61.

[56] Cf. en 1694 à propos de Poiret, Grua, t. 1, pp. 86-87.

[57] *Œuvres*, éd. Prenant, 1972, p. 284.

[58] DAW I, t. 5, p. 67.

[59] Grua, t. 1, pp. 89, 91.

[60] *Ibid.*, p. 115.

connaître la beauté ? »[61]. Du point de vue de l'homme, l'attitude essentielle devant ces vérités est la réflexion, qui est l'âme de la sagesse ou attention[62]. On comprend que dans le débat entre Rancé et Mabillon les idées du bénédictin, champion des études, aient trouvé en Leibniz un favorable écho[63].

Nombre de textes postérieurs à la querelle du quiétisme témoignent de la permanence de ces principes : citons l'importante lettre du 4 juillet 1706 à P. Coste[64], et la Préface de la *Théodicée* qui affirme que « la véritable piété, et même la véritable félicité, consiste dans l'amour de Dieu, mais dans un amour éclairé, dont l'ardeur soit accompagnée de lumière ».

Cette conception de la contemplation est à mettre en rapport avec d'autres principes et d'autres refus de Leibniz. Ayant une vive conscience de la personnalité humaine[65] et des perfections divines, Leibniz s'oppose à toute théologie qui verrait en Dieu la seule substance et qui placerait le somment de la démarche spirituelle dans la perte de l'homme dans un Océan divin[66]. A propos de l'article « Ruysbroeck » du *Dictionnaire* de Bayle[67], à propos de V. Weigel, d'Angelus Silesius et de Molinos, comme à propos des philosophes arabes superficiellement rapprochés des mystiques[68], nous trouvons les mêmes refus où s'exprime la conviction assurée de l'immortalité personnelle ; interprétation rapide : l'image traditionnelle de l'Océan infini pouvait en effet être comprise en un sens aussi favorable que celle du cercle

---

[61] *Philos. Schriften*, éd. Gerhardt, t. 3, p. 218.

[62] Grua, *La justice...*, pp. 15-16.

[63] DAW I, t. 8, *passim*.

[64] A. Robinet, *Malebranche et Leibniz...*, p. 390.

[65] *Nouveaux essais...*, II, ch. 27 ; cf. A. Robinet, *Leibniz...*, p. 67.

[66] Grua, *La justice...*, pp. 144-145.

[67] cf. E. Naert, *Leibniz...*, p. 100, n. 65.

[68] Grua, t. 1, p. 115 ; Bossuet, *Correspondance*, t. 10, p. 242 ; et les textes cités par E. Naert, *Leibniz...*, pp. 95 svv.

infini dont le centre est partout et la circonférence nulle part, que Leibniz utilise volontiers[69].

Autre conséquence de la place centrale des attributs divins, la place de l'humanité du Christ dans la spiritualité de Leibniz : dès le *Systema theologicum*[70], il s'élève contre ceux qui, tels les Sociniens, « prétendent que le droit des honneurs divins a été accordé à l'humanité même du Christ considérée en elle-même », et il soutient que dans la piété il ne faut pas « s'arrêter à l'amour et à la vénération de l'humanité du Christ », mais à travers elle atteindre les perfections divines[71].

Il ne s'agit donc pas d'un dépassement analogue à celui que proposent certains mystiques, et il n'est pas paradoxal qu'à propos de Molinos, en 1687, Leibniz critique la thèse attribuée au docteur espagnol et en adopte une autre, fort nuancée, en affirmant : « Tout ce qui regarde Jésus-Christ en tant qu'homme ne saurait entrer dans la vue d'esprit essentielle à l'acte du souverain amour, néanmoins on peut dire et doit dire que la contemplation des bienfaits de Dieu qu'il nous a donnés en Jésus-Christ est le plus grand préparatif de la grâce du divin amour, d'autant que la promesse de l'onction du Saint-Esprit y est attachée »[72]. Nous somme ici assez loin de la position de Malebranche[73].

La nature de l'amour

Leibniz met au point de départ de la science et de la philoso-

---

[69] J. Baruzi, ORT, p. 95 ; Leibniz, « Principes de la nature et de la grâce » 13, dans *Œuvres*, éd. Prenant, 1972, p. 395. Et sur le thème de la sphère infinie voir Dietrich Mahnke, *Unendliche Sphäre und Allmittelpunkt*, Halle, 1937 [*reprint*, Suttgart-Bad Cannstatt, Friedrich Frommann, 1966], où Leibniz est souvent cité.

[70] Ed. Emery, pp. 105-111.

[71] Cf. aussi DAW I, t. 3, p. 247 : lettre de 1680.

[72] Grua, t. 1, pp. 79-80 = DAW I, t. 4, pp. 414-415.

[73] A. Robinet, *Leibniz...*, pp. 75-76. Sur ces problèmes cf. aussi Grua, *La justice...*, pp. 136-138 ; J. Baruzi, ORT, pp. 473-475.

phie l'élaboration de bonnes définitions ; aussi son intervention dans la querelle du quiétisme repose-t-elle sur la conviction que les problèmes ont été mal posés. « Ces messieurs n'auraient point besoin de disputer s'ils avaient des notions distinctes, c'est-à-dire de bonnes définitions » écrit-il à Morell le 31 mai 1697[74]. Dès 1669, il avait donné une définition de l'amour : aimer, c'est prendre du plaisir (*delectari*) au bien d'autrui.

Nous trouvons cette définition dans le *Specimen demonstrationum politicarum pro eligendo rege Polonorum*[75] et dans les *Elementa juris naturalis*[76]. C'est la formule qu'on trouve dix ans plus tard dans les *Elementa veræ pietatis sive de amore Dei super omnia* : « *Amare est felicitate alicujus delectari seu voluptatem capere ex alterius felicitate* »[77] ; Leibniz la répétera au temps du quiétisme, en particulier dans sa lettre à Morell du 31 mai 1697 (« lorsqu'on aime véritablement on trouve son propre plaisir dans la félicité de l'objet aimé, quand on n'en tirerait aucune utilité. Et ce plaisir est d'autant plus grand que l'objet est aimable et que sa félicité est plus grande »[78]) et dans une lettre à Bossuet d'octobre 1698[79] : « Aimer n'est autre chose que trouver son plaisir (je dis plaisir, et non pas utilité ou intérêt) dans le bien, perfection, bonheur d'autrui, et qu'ainsi, quoique l'amour puisse être désintéressé, il ne saurait pourtant être détaché de notre propre bien, le plaisir y entrant essentiellement ».

Leibniz distingue plaisir et intérêt ou utilité : l'intérêt est mercenaire ; le plaisir, désintéressé, s'adresse à l'objet aimé

---

[74] Grua, t. 1, p. 108.

[75] DAW I, t. 1, p. 34 : « *amare est delectari alterius boni* ».

[76] DAW I, t. 1, p. 461 : « *amare... alterius felicitate delectari* », avec la conséquence pour l'amour divin : « *Deum ipsum amamus super omnia quia voluptas est omni cogitabili voluptate major rei omnium pulcherrimæ contemplatione frui* ».

[77] Grua, t. 1, p. 10.

[78] Grua, t. 1, p. 108.

[79] *Correspondance* de Bossuet, t. 10, p. 243, d'après le *Codex juris gentium*.

pour lui-même[80]. La distinction est explicitement rapportée à sa source augustinienne[81] dans la lettre à P. Coste du 4 juillet 1706[82] qui fait allusion à la distinction entre *uti* et *frui* souvent rappelée par Bossuet avant et pendant la controverse[83] ; mais c'est la lecture de Lorenzo Valla, jointe à celle de Gassendi, qui avait dû éveiller en Leibniz des échos et stimuler sa réflexion[84].

Le lien de l'amour, même pur, et du plaisir est affirmé non comme un fait d'expérience, mais comme une nécessité : le plaisir est de l' « essence de la volonté »[85] ; il est de la « nature indispensable de la volonté »[86]. Le bien étant harmonie et perfection, le plaisir est sentiment d'harmonie, « sentiment de quelque perfection »[87]. Or c'est par son rapport avec les perfections divines que cet amour est désintéressé : « Le seul plaisir qu'on prend dans la jouissance des perfections divines est sûrement et absolument bon, sans qu'il y puisse avoir du danger ou de l'excès. »[88]

Après la querelle du quiétisme, ces idées sont reprises, témoin la lettre du 4 juillet 1706 citée plus haut, ou les *Nouveaux Essais* où se retrouve la distinction classique entre amour de

---

[80] Grua, t. 1, p. 11, texte sans doute de 1679 : *Elementa verae pietatis, sive de amore Dei super omnia* (Grua, t. 1, pp. 7-17).

[81] *Cité de Dieu* XI, 25.

[82] A. Robinet, *Malebranche et Leibniz...*, pp. 387-391.

[83] Sur ce thème, Jacques Le Brun, *Le pur amour de Platon à Lacan*, Paris, Seuil, 2002, pp. 65-88.

[84] Grua, *La justice...*, pp. 34 svv.

[85] Cité dans Bossuet, *Correspondance*, t. 11, p. 171 note (lettre de Leibniz à M. du Héron du 14 avril 1699 : « il est de l'essence de la volonté de tendre au bien, vrai ou faux, de celui qui veut ») ; cf. t. 10, p. 243 (citée plus haut) : « essentiellement ».

[86] En 1691 ; DAW I, t. 6, p. 198.

[87] A Nicaise, 4 mai 1698 (Gerhardt, t. II, p. 580 ; cité par E. Naert, *Leibniz...*, p. 65), reprenant des idées de 1679 : « *Gaudium seu delectatio est sensus perfectionis* » ; Grua, t. 1, p. 11.

[88] « Mémoire de Leibniz » dans Bossuet, *Correspondance*, t. IX, p. 424.

concupiscence et amour de bienveillance[89]. Adressé à Dieu, l'amour prend les deux formes : amour de bienveillance ou charité, amour de cupidité ou espérance, mais jamais l'amour ne peut être séparé de la complaisance pour l'objet aimé, et le plaisir qui vient de l'amour divin surpasse infiniment tout autre plaisir[90]. De 1686, avec le *Discours de métaphysique* qui critique l'attitude « quiétiste » et la « raison paresseuse », jusqu'à 1714 avec la *Monadologie* qui exalte le « *pur amour* véritable, qui fait prendre plaisir à la félicité de ce qu'on aime », la pensée de Leibniz manifeste une parfaite continuité dans la conception de l'amour et du plaisir[91].

Cette conception de l'amour semble rapprocher Leibniz de Malebranche dont le *Traité de l'amour de Dieu* définit la volonté comme désir du bonheur et la grâce comme délectation, justifiant cette position par le souci de la gloire de Dieu.

Un certain accord put exister entre les deux hommes sur ce point[92] ; en 1706 la lettre à P. Coste montre bien que Leibniz faisait siennes les objections de Lady Masham à Norris, disciple trop fidèle du philosophe des causes occasionnelles, mais Leibniz y approuvait toujours la conception de l'amour de Malebranche[93] ; ces rencontres cependant ne doivent pas dissimuler les présupposés et les orientations différentes des deux philosophes : chez l'un le théocentrisme bérullien, chez l'autre une

---

[89] *Nouveaux Essais*, II, ch. 20, n. 5.

[90] Grua, t. 1, p. 108 ; formules analogues en 1714 dans *Principes de la nature et de la grâce* 16 et 18, dans *Œuvres*, éd. Prenant, 1972, pp. 395-396 : « *l'amour pur véritable* » consiste « dans l'état qui fait goûter du plaisir dans les perfections et dans la félicité de ce qu'on aime » ; ainsi « cet amour doit nous donner le plus grand plaisir dont on puisse être capable, quand Dieu en est l'objet ».

[91] *Discours de métaphysique*, § IV, éd. Prenant, 1972, p. 164 et *Monadologie*, § 90, *ibid.*, p. 408.

[92] A. Robinet, *Malebranche et Leibniz...*, pp. 337-338.

[93] Robinet, *op. cit.*, pp. 387-391 ; cf. Lady D. Masham, *Discours sur l'amour divin*, trad. P. Coste, Amsterdam, 1705.

doctrine de la continuité. En tout cas, dans l'œuvre de Leibniz, on ne peut trouver d'hédonisme ; comme les *Nouveaux Essais* le montrent bien[94], tout plaisir appartient à l'esprit.

Espérance et charité

L'espérance est, selon Leibniz, fondée sur la connaissance des perfections divines ; liée à la foi et à la charité, elle entraîne une joie continuelle. Elle est bien amour de concupiscence, né de la considération des bienfaits de Dieu et des récompenses éternelles[95], mais la charité implique elle-même l'espérance. Au cours de la querelle du quiétisme, Leibniz reprend ces aperçus : l'espérance entraîne le désir que Dieu soit « mieux connu de ses créatures pour en être plus aimé, et afin que sa gloire paraisse davantage, sans y faire entrer le motif de notre bien »[96].

La même distinction se retrouve dans la lettre du 4 juillet 1706 à P. Coste et, dans les *Nouveaux Essais*[97], Leibniz reprend ce qu'il avait depuis longtemps écrit à propos de l'amour de concupiscence et de l'amour de bienveillance : « Le premier nous fait avoir en vue notre plaisir et le second celui d'autrui, mais comme faisant ou plutôt constituant le nôtre, car s'il ne rejaillissait pas sur nous en quelque façon, nous ne pourrions pas nous y intéresser, puisqu'il est impossible, quoi qu'on dise, d'être détaché du bien propre. Et voilà comment il faut entendre l'*amour désintéressé* ou non mercenaire, pour bien en concevoir la noblesse, et pour ne point tomber cependant dans le chimérique ».

Ces principes nous font comprendre que Leibniz ait été très réticent devant la fameuse supposition impossible des mystiques sur la renonciation au salut.

---

[94] II, ch. 21, n. 42-46.
[95] *Systema theologicum*, éd. Emery, p. 69.
[96] 1697/98, cité par E. Naert, *Leibniz…*, p. 82.
[97] II, ch. 20, n. 5.

« L'indifférence ne vient que de l'ignorance qui fait qu'on suspend son jugement ; rien ne saurait être indifférent à celui qui sait tout. Car il ne saurait manquer de donner son véritable prix à chaque chose [...] »[98]. « La supposition qu'un amateur de Dieu pourrait être content quand il serait damné est une fiction d'un cas impossible »[99]. On ne peut même comprendre la supposition impossible que par de fausses idées de l'enfer et du ciel, comme l'écrit A. Morell à Leibniz le 14 août 1698 : « Je compte l'expression qu'un amateur de Dieu pourrait être content, quand il serait damné, parmi de semblables manières de parler et il n'y a qu'à le prendre en bon sens. A proprement parler aimer Dieu et être damné sont choses contradictoires et ne saurait [*sic*] subsister dans un même sujet, par conséquent c'est un rien dire, cependant David dit presque l'équivalent *Wann Du mich schon in die Hölle verstossen wolltest, will ich dannoch auf Dich hoffen* et telles autres phrases se rencontrent souvent, ce sont plutôt des emphases et élévations de pensées, que l'on ne dit et n'écrit point pour servir de règle ni pour subir la critique et les tireurs de conséquences. [...] La difficulté de comprendre de semblables expressions provient de l'idée vulgaire qu'on nous prêche comme si le Ciel et l'Enfer étaient des lieux séparés et des espaces de plaisir ou de peine, ce qui est une grande erreur populaire, car Dieu, Diable, Ciel, Enfer, bienheureux, damnés, dans le monde intérieur et spirituel sont et font un même lieu : *Nur die Quall oder wallen underscheidet,* pour m'exprimer avec J. Boehme »[100].

---

[98] à A. Morell, 4 mai 1698 ; Grua, t. 1, pp. 125-126 [= DAW I, t. 15, p. 559] ; reprise de thèmes des *Elementa veræ pietatis* de 1679. Sur cette exclusion de l'indifférence, voir Grua, t. 1, p. 114 et l'attitude de Leibniz devant le problème du péché philosophique.

[99] Grua, t. 1, p. 125.

[100] Grua, t. 1, p. 130 [= DAW t. 15, pp. 774-775] ; réponse approbative de Leibniz, le 29 septembre, Grua p. 137 : « Vous dites très bien, Monsieur, qu'une âme qui aime véritablement Dieu sur toutes choses ne saurait être

La passivité

En juin 1688, à propos de la doctrine de Molinos[101], Leibniz avait condamné la « quiétude ou inaction, et cet état purement passif qu'ont introduit quelques mystiques longtemps avant Molinos »[102], et cela au nom de « la nature de l'esprit humain ». En revanche, quelques mois auparavant, le 15 mars 1688, il soutenait que « la véritable quiétude qu'on trouve dans la sainte Ecriture, dans les Pères, et dans la raison est de se détourner des plaisirs extérieurs des sens, afin de mieux écouter la voix de Dieu, c'est-à-dire la Lumière intérieure des Vérités éternelles »[103] : la *Gelassenheit*, « résignation » ou « anéantissement », de Ruysbroeck, Tauler, Valentin Weigel et d'autres mystiques tant catholiques que protestants n'a pas selon lui d'autre sens ; et Leibniz pense d'avance être d'accord sur ce point avec la *Concordia tra la fatica et la quiete* du jésuite Paolo Segneri que Spener lui a citée[104]. La raison essentielle de son refus de la passivité comprise comme « cette inaction déraisonnable des faux quiétistes » est d'ordre philosophique : comme il l'écrit nettement dans sa lettre de mars 1688, « Quoi qu'on dise, il est impossible qu'une substance cesse d'agir. L'esprit n'agit jamais mieux que lorsque les sens extérieurs se taisent. »[105]

D'ailleurs, dans le *Discours de métaphysique*, rédigé en 1686, avant ces derniers textes, le chapitre IV s'intitulait « Que l'amour de Dieu demande une entière satisfaction et acquiescence touchant ce qu'il fait sans qu'il faille être quiétiste pour

---

damnée, et ceux qui croient que cela se peut ont une fausse idée du ciel et de l'enfer » ; cf. *Nouveaux Essais*, II, ch. 21, n. 38.

[101] Connue surtout alors par le *Recueil de diverses pièces concernant le quiétisme et les quiétistes ou Molinos, ses sentiments et ses disciples*, de Cornand de la Croze, Amsterdam, 1688.

[102] DAW I, t. 5, p. 181.

[103] DAW I, t. 5, p. 66.

[104] *Ibid.*, et Grua, t. 1, pp. 77-78 (copie d'une lettre de Du Vaucel) ; et *Philosophische Studien*, 1950, p. 210.

[105] DAW I, t. 5, p. 66.

cela », et affirmait qu' « il faut agir selon la volonté présomptive de Dieu autant que nous en pouvons juger, tâchant de tout notre pouvoir de contribuer au bien général et particulièrement à l'ornement et à la perfection de ce qui nous touche, ou de ce qui nous est prochain et pour ainsi dire à portée », affirmation où nous retrouvons, explicitement dirigés contre le quiétisme, de grands thèmes de la métaphysique leibnizienne[106].

Désormais, dans la controverse entre Bossuet et Fénelon, Leibniz reprendra ces idées[107], en recommandant les « bonnes actions », ou du moins les « bons efforts »[108], tout en dénonçant de façon sommaire la paresse ou l'égoïsme dissimulé derrière le « renoncement »[109]. Lorsque le 6 octobre 1698 il écrira un projet de lettre à Bossuet, il rapprochera Mme Guyon d'Angelus Silesius et dénoncera « sous un beau semblant » les « doctrines dangereuses » des mystiques qui parlent « de repos, d'abandon et d'union avec Dieu »[110], reprenant ce qu'il écrivait à l'abbé Nicaise en 1697 et dans un mémoire sur le livre de Fénelon[111].

---

[106] *Œuvres*, éd. Prenant, 1972, pp. 164-165.

[107] Grua, t. 1, p. 125, la grande lettre du 4 mai 1698 à Morell [= DAW I, t. 15, pp. 558-562].

[108] Grua, p. 114, à Morell, 1 octobre 1697 [= DAW I, t. 14, p. 548] ; dans la même lettre : « il faut vous avouer que je n'ai jamais pu approuver les expressions de certains quiétistes, qui veulent réduire l'âme à un état passif » (*ibid.*).

[109] Grua, p. 137.

[110] Bossuet, *Correspondance*, t. 10, p. 242 : « Je me souviens d'avoir vu des vers mystiques allemands assez bien faits et imprimés plus d'une fois avec approbation dans les pays héréditaires de l'Empereur, mais qui me paraissaient contenir des doctrines dangereuses où, sous un beau semblant, en parlant de repos, d'abandon et d'union avec Dieu, il paraît qu'on va à anéantir subtilement l'immortalité de l'âme et à favoriser une opinion semblable à celle de ces peripatéticiens averroïstes de jadis et de ces philosophes anciens qui paraissaient croire que l'âme ou l'intellect agent se perdaient dans l'océan de la divinité. »

[111] *Ibid.*, t. 8, p. 295 note 2 sur « la quiétude des faux mystiques » ; t. 9, pp. 424-429, avec allusions à Angelus Silesius et à Spee.

A l'opposé de la fausse quiétude, Leibniz souligne l'activité nécessaire dans la vie morale, la tension de l'âme vers l'union à Dieu[112] et, comme nombre de ses contemporains, il met dans la « pratique », sinon dans les pratiques, le critère formel qui permet de discerner les esprits[113].

La prière de demande est justifiée par la même exigence d'activité et de participation à la formation de l'ordre des destins : « Ce n'est pas que les prières puissent rien changer dans le temps ou dans l'ordre immuable des destins, mais c'est que ces prières mêmes ont contribué à former cet ordre où elles entraient de tout temps »[114].

Même le bonheur éternel n'est pas fixé dans le repos mais comporte un infini développement des actes de connaissance et d'amour de Dieu : nous retrouvons ici la démarche de Leibniz assimilant l'approche de Dieu à une connaissance accrue des perfections divines ; nous trouvons aussi une définition de l'action donnée en 1685-1686 dans des *Notationes generales* : « Passio *est mutatio minuens perfectionem.* Actio *est mutatio eam augens vel conservans* » ; thèmes qui s'enracinent dans la conception leibnizienne de la substance : nous avons cité la lettre du 15 mars 1688 « Quoi qu'on dise, il est impossible qu'une substance cesse d'agir. »[115].

---

[112] E. Naert, *Leibniz...*, pp. 90 svv.

[113] Grua, t. 1, p. 137 ; préface de la *Théodicée* sur les « formalités de dévotion » qui sont les « cérémonies de la pratique » et les « formulaires de la croyance ». Cf. M. de Certeau, « Du système religieux à l'éthique des Lumières... », dans *Ricerche di storia sociale e religiosa*, n. 2, septembre-décembre 1972, pp. 31-94 [repris dans *L'Ecriture de l'histoire*, 2ᵉ éd. Paris, 1984, pp. 153-212], et, sur Leibniz, J. Le Brun, « Critique des abus et signifiance des pratiques », dans *Theoria cum praxi, Akten des III. Internationale Leibnizkongresses*, Band III, Wiesbaden, Franz Steiner, 1980, pp. 247-257.

[114] Cité par J. Baruzi, *Trois dialogues mystiques...*, p. 4.

[115] DAW I, t. 5, p. 66 ; cf. Grua, *La justice...*, pp. 145 svv : « Méditation contre passivité quiétiste ».

Bien plus tard, en 1714, à la fin des *Principes de la nature et de la grâce*, Leibniz pourra écrire : « Ainsi notre bonheur ne consistera jamais et ne doit point consister en une pleine jouissance, où il n'y aurait plus rien à désirer et qui rendrait notre esprit stupide ; mais dans un progrès perpétuel à de nouveaux plaisirs et de nouvelles perfections »[116]. Les *Nouveaux Essais sur l'entendement humain* développent un idéal de vie où l'inquiétude (*uneasiness* en anglais), le désir apparaissent comme l'aiguillon de l'action humaine, ce qui conduit l'homme à se dépasser : le contraire de l'indifférence[117] ; cet idéal de vie intellectuelle et morale est un des fondements de l'idéal spirituel de Leibniz.

Piété et mystique

Fidèle de l'Eglise de la Confession d'Augsbourg, Leibniz admettait la doctrine de la justification par la foi telle que la professait son Eglise ; cependant, sa réflexion le conduisait à toujours associer foi et charité et à affirmer que la foi comprend l'amour de Dieu[118], que l'amour de Dieu « *vel veram pietatem* » est « *fundamentum fidei* »[119]. Une conséquence en est qu'il a tendance à considérer comme purement verbales les controverses sur la justification[120], prenant conscience du point où en étaient arrivées les controverses confessionnelles entre catholiques et protestants ; les autres conséquences sont la position très nuancée de Leibniz dans la question des rapports entre l'attrition et la contrition, son insistance sur la nécessité de

---

[116] N. 18 ; *Œuvres*, éd. Prenant, 1972, p. 396.

[117] *Nouveaux essais…*, II, ch. 20-21. Sur ce thème, voir J. Deprun, *La philosophie de l'inquiétude en France au XVIIIᵉ siècle*, Paris, Vrin, 1979, en particulier pp. 194 et 204.

[118] DAW I, t. 4, p. 420.

[119] Grua, t. 1, p. 211. J. Baruzi a montré qu'avec ce « mélange de la foi et de la charité » Leibniz retrouvait une des plus profondes intuitions du luthéranisme, voir *Le problème du salut…*, éd. 1985, pp. 135-136.

[120] Grua, *La justice…*, pp. 194-201.

l'amour, comme F. von Spee l'avait montré dans son *Guldenes Tugendbuch*[121] et ses prises de position sur le débat entre jésuites et jansénistes[122]. Cependant, Leibniz assimile à la piété la sagesse ou la justice universelle : l'une conduit à l'autre[123]. Et dans la préface de la *Théodicée*, la « solide piété » est définie comme « la lumière et la vertu » : rationalisme et moralisme sont les horizons de la spiritualité de Leibniz ; dans ses premières années, dans les *Elementa veræ pietatis* de 1679[124], la piété était définie comme « *ea quæ propter Deum agimus aut patimur* »[125] par opposition aux « vertus seulement morales » ; mais Dieu y apparaissait comme cause des choses et de leur bonté, de tout ce qui existe hors de lui. Ce n'est pas par faveur ou par vision que Dieu est approché, mais selon une méthode rationnelle, selon une démonstration[126]. Nous sommes aussi fort éloignés de la connaissance de Dieu qui se manifeste dans la Bible (malgré d'insistantes citations de l'Evangile), éloignés de l'illumination bouleversante de Luther, de la théologie négative, de l'expérience mystique et de la plongée dans les ténèbres, et rien n'est plus significatif que la difficulté de Leibniz, malgré l'enthousiasme de Morell, à comprendre Jakob Boehme[127]. L'idée de « conversion » est absente en effet de la pensée du philosophe de la continuité et, s'il rappelle que l'homme est image de Dieu, c'est pour insister sur la ressemblance et sur le caractère exemplaire et accessible à l'esprit humain de ses perfections.

---

[121] Grua, t. 1, p. 104.

[122] Cf. DAW I, t. 5, p. 617.

[123] Cf. Dissertatio 2ª, *Codex juris gentium* : « *cum justitia nihil sit quam caritas sapientis* ».

[124] Grua, t. 1, pp. 7-17.

[125] *Ibid.*, p. 10.

[126] Grua, t. 1, pp. 27-30 : « *Specimen demonstrationum catholicarum seu apologia fidei ex ratione* », en 1683-1686 (?) : « *consensus admirabilis religionis nostræ et philosophiæ veræ* » (p. 27).

[127] Grua, t. 1, p. 118.

La reprise de thèmes apparemment mystiques ne doit pas faire illusion : Leibniz utilise le texte de saint Paul[128] en affirmant dans le *Discours de métaphysique*[129] « que Dieu est tout en tous et qu'il est uni intimement à toutes les créatures » ; il cite aussi volontiers le texte de sainte Thérèse : « L'âme doit concevoir les choses comme s'il n'y avait que Dieu et elle au monde »[130].

J. Baruzi parle à ce propos de « mysticisme rationnel » ou de « philosophie mystique », dans la mesure où la logique se confond chez Leibniz avec la pensée mystique, où « le mysticisme, ramené à son fond, pose une âme seule en face d'un Dieu seul »[131], mais, comme l'a bien montré Robert Spaemann, c'est en donnant à la mystique un sens différent de celui qu'elle a chez les quiétistes italiens et chez des spirituels français comme Fénelon[132] ; ce faisant, Leibniz retrouvait sans doute la tradition de la mystique germanique, celle de Tauler, de Boehme, de V. Weigel et d'Angelus Silesius[133]. Certes, Leibniz contrairement à sainte Thérèse, distingue peu la lumière surnaturelle de la lumière naturelle, et il a tendance à fondre le surnaturel dans le spirituel ; mais son importance est dans l'élaboration, à l'aube du siècle des Lumières, de la « mystique rationnelle » dont J. Baruzi a su expliciter le sens et la portée deux siècles plus tard ; elle est dans la « découverte, à l'intérieur de principes philosophiques, d'un secret divin »[134], dans l'acte de repenser la création religieuse, « de faire se com-

---

[128] 1 *Cor.* 12, 6.

[129] N. 32.

[130] Grua, t. 1, p. 103 ; *Discours de métaphysique*, n. 32 ; – J. Baruzi, *Trois dialogues...*, p. 10 ; ORT, p. 494 ; *Leibniz*, pp. 118-122 ; *Saint Jean de la Croix...*, 2ᵉ éd., Paris, 1931, p. 678 ; et dans *Revue philosophique*, 1946, pp. 393-396 ; – Grua, *La justice...*, p. 151.

[131] *Saint Jean de la Croix, loco cit.*

[132] *Reflexion und Spontaneität*, 1963, pp. 220-221.

[133] J. Baruzi, ORT, p. 436.

[134] J. Baruzi, *Le problème du salut...*, éd. 1985, p. 137.

pénétrer l'histoire religieuse et l'histoire des idées »[135], restauration de l'harmonie de la nature et de l'esprit. Leibniz écrit en effet : « Je commence en philosophe, mais je finis en théologien. Un de mes grands principes est que rien ne se fait sans raison. C'est un principe de philosophie. Cependant, dans le fond, ce n'est autre chose que l'aveu de la Sagesse divine, quoique je n'en parle pas d'abord »[136]. Phrases qui renvoient en écho à l'admirable conclusion de la lettre à Bossuet du 18 avril 1692 : « Toute la nature est pleine de miracles, mais de miracles de raison, et qui deviennent miracles à force d'être raisonnables »[137].

---

[135] J. Baruzi, *ibid.*, p. 122.
[136] H. Bodemann, *Die Leibniz-Handschriften*, Hanovre, 1895, p. 58.
[137] DAW I, t. 7, p. 315 [= Bossuet, *Correspondance*, t. 5, p. 134].

CHAPITRE XVIII

LE PÉRE PAUL-GABRIEL ANTOINE (1678-1743),
THÉOLOGIEN ET AUTEUR SPIRITUEL

Les grands dictionnaires biographiques consacrent au Père
Paul-Gabriel Antoine quelques lignes qui nous renseignent sur
les principales étapes de la vie de ce jésuite lorrain et présentent
rapidement ses œuvres[1], et la *Bibliothèque de la Compagnie de
Jésus* de C. Sommervogel[2] fournit une bibliographie presque
exhaustive des éditions et rééditions de ces œuvres. Cependant
ces généralités nous laissent insatisfaits et nous voudrions
mieux connaître un homme qui apparut à ses contemporains
comme un professeur de théologie dogmatique et morale, auteur
de manuels équilibrés et estimés, et comme un bon administra-

---

[1] Dom. Calmet, *Bibliothèque lorraine*, Nancy, 1751, col. 56 ; *Dictionnaire de
théologie catholique* [D.T.C.], t. 1, c. 1443-1444 [par C. Sommervogel,
1902] ; *Dictionnaire d'histoire et de géographie ecclésiastiques* [D.H.G.E.],
t. III, c. 823-824 [par P. Bernard, 1922] ; *Dictionnaire de spiritualité* [D.S.],
t. I, c. 723-724 [par P. Klug, 1937] ; *Lexikon für Theologie une Kirche*, 2e éd.,
t. I, c. 662 [par B. Schneider, 1957].
[2] T. 1, c. 419-427 [1890] ; *supplément*, t. VIII, c. 1664 [1898] et t. XII, c. 80
[1911].

teur[3], mais qui fut aussi un spirituel fort apprécié par ceux qui conservaient au milieu du XVIIIe siècle la tradition de la grande mystique du XVIIe ; de ces orientations spirituelles le grand nombre des contemporains pouvait à peine soupçonner l'existence ; pour les reconnaître, il fallait lire entre les lignes des œuvres publiées, avoir accès aux inédits, et découvrir en quels milieux s'exerçait l'activité du père Antoine ; c'est cette enquête dont nous présenterons quelques éléments : elle nous permettra de mieux comprendre, au-delà de la personnalité d'un homme, les conditions dans lesquelles s'est exprimée la spiritualité dans la première moitié du XVIIIe siècle.

1. *Le professeur de théologie*

Né à Lunéville, sans doute le 1er janvier 1678[4], Paul-Gabriel Antoine entra dans la Compagnie de Jésus au noviciat de Nancy le 9 octobre 1694[5] ; dès lors commençait une carrière de professeur qui le conduisit dans plusieurs établissements de la province de Champagne de la Compagnie : au collège de Reims de

---

[3] C'est sous ce dernier caractère que Dom Calmet le présente : « Il a rendu de grands services à sa Compagnie, non seulement par les chaires de philosophie et surtout de théologie qu'il a remplies, mais encore par le bon gouvernement de plusieurs collèges, et par le bon ordre qu'il mit à celui de Pont-à-Mousson, où il mourut le 22 janvier 1743 » (*Bibliothèque lorraine*, c. 56).

[4] C'est la date donnée par L. Carrez, *Catalogi sociorum et officiorum Provinciæ Campaniæ Societatis Jesu*, t. 9, Châlons, 1911, pp. 214-245, suivi par le D.S. ; C. Sommervogel, *Bibliothèque...*, *Supplément*, t. VIII, c. 1661, (ainsi que dans le D.T.C.) donne le 10 janvier 1678 « d'après un de nos catalogues » ; le D.H.G.E. donne le 19 janvier 1679 « d'après le *catalogus provinciæ Campaniæ* de 1723 » ; dom Calmet donne le 21 janvier 1679. Les indications de L. Carrez sont en général les plus sûres.

[5] Cette date aussi est douteuse ; nous admettons celle que donne L. Carrez (*Catalogi...*, t. 9, pp. 51, 69, 214-215) suivi par le D.S. ; le D.H.G.E. donne, à la suite du *catalogus...* de 1723, le 5 octobre 1693 ; C. Sommervogel (*loc. cit.* et dans le D.T.C.), « d'après un de nos catalogues », le 9 octobre 1693 ; dom Calmet le 3 octobre 1694.

1696 à 1698[6], au collège de Pont-à-Mousson à partir de 1698[7], à la résidence de Colmar en 1703-1704[8] ; de 1704 à 1708, il est de nouveau à Pont-à-Mousson pour y faire sa théologie[9] ; ensuite il enseigne la logique à Sedan en 1708-1709[10] et peut-être aussi en 1709-1710[11].

Le père Antoine fit profession dans la Compagnie de Jésus le 2 février 1711, et nous le trouvons de nouveau à Pont-à-Mousson de 1710 à 1715, enseignant la philosophie[12], puis de 1715 à 1725 la théologie scolastique, succédant au père Simonnet, avant de devenir recteur de l'Université de 1725 à 1728[13]. Si, semble-t-il, nous n'avons pas conservé de manuscrits du

---

[6] En classe de 6e, puis de 5e. Il pourra y rencontrer le père Nicolas Frizon qui tiendra une certaine place dans les milieux spirituels lorrains (L. Carrez, *Catalogi...*, t. 9, pp. 88, 106 ; D.S., t. V, c. 1529-1530 ; J. Le Brun, *Les opuscules spirituels de Bossuet. Recherches sur la tradition nancéienne, Annales de l'Est, Mémoire*, n° 38, Nancy, 1970, p. 31).

[7] En classes de 4e, 3e, Humanités, puis de nouveau, en 1702-1703, 3e (L. Carrez, *Catalogi...*, t. 9, pp. 120, 141, 161, 201) ; nous n'avons pas de traces de sa présence à Pont-à-Mousson pour 1701-1702. Il fut le commensal du père Claudot, jésuite qui sera lié avec les Visitandines de Pont-à-Mousson et de Nancy (cf. nos *Opuscules spirituels...*, *op. cit.*, p. 72), puis du père Tribolet lui aussi lié avec la Visitation de Nancy (*ibid.* p. 29, n. 5), du père Simonnet et du père Jean-Joseph Petitdidier.

[8] L. Carrez, *Catalogi...*, t. 10, 1914, p. 20.

[9] L. Carrez, *Catalogi...*, t. 10, pp. 34, 56, 78, 99 ; il y eut le père Petitdidier comme recteur, le père Simonnet comme professeur, et y eut, entre autres, comme confrères les pères Hurault, Viart, Hussenot et Marcol que nous retrouverons plus loin.

[10] L. Carrez, *Catalogi...*, t. 10, p. 126.

[11] *Ibid.*, p. 147 : le catalogue est incomplet pour cette année-là.

[12] Alternativement la logique et la physique (L. Carrez, *Catalogi...*, t. 10, pp. 164, 185, 207, 229) ; il y eut comme recteur de 1711 à 1714 le père Claudot (cf. nos *Opuscules spirituels...*, *op. cit.*, pp. 31, 72) et comme élèves les pères Pichon, Viart et Hussenot ; parmi les professeurs, le père Simonnet, puis les pères Petitdidier et Viart.

[13] Cf. E. Martin, *L'Université de Pont-à-Mousson*, Paris- Nancy, 1891, tables pp. 424-427 ; R. Taveneaux, *Le jansénisme en Lorraine, 1640-1789*, Paris, Vrin, 1960, p. 674.

professeur ou de cahiers de notes des auditeurs, nous pouvons toutefois connaître l'enseignement du père Antoine avec une certaine précision : plus que les thèses que soutinrent ses élèves et dont la liste a été publiée[14], ce sont les ouvrages du père Antoine qui nous transmettent la substance de son enseignement : sa *Theologia universa speculativa et dogmatica ad usum theologiæ candidatorum accommodata*[15] et sa *Theologia moralis universa complectens omnia morum præcepta et principia decisionis omnium conscientiæ casuum suis quæque momentis stabilita*[16] nous donnent en effet, sans doute fort peu retouchés, les cours professés à Pont-à-Mousson.

La *Theologia universa speculativa*, malgré sa prudence sur les questions brûlantes[17], est nettement conditionnée par la problématique du jansénisme et de l'antijansénisme : la chose est évidente au tome II[18] qui traite de la grâce et de l'action humaine en exposant les doctrines de la science moyenne et de la prédestination « *post prævisa merita* »[19] et en discutant le problème du petit nombre des élus[20], et au tome VI où nous trou-

---

[14] Nombreuses thèses soutenues à partir de 1712 par des élèves du père Antoine dans C. Sommervogel, *Bibliothèque...*, t. XII, c. 705.

[15] Pont-à-Mousson, 1723 ; Nancy, 1726 ; nombreuses rééditions, en particulier Paris, 1736, 7 vol. in-12, forme sous laquelle l'ouvrage aura une très large diffusion.

[16] Nancy, 1726-1727 ; éd. revue et augmentée, Nancy, 1731 ; et d'innombrables rééditions, avec des compléments et des mises à jour, jusqu'au XIXe siècle : cf. C. Sommervogel, *Bibliothèque...*, t. I, c. 419-427 ; D.H.G.E., t. III, c. 823-824 ; J. Zürcher, « *Die Bearbeitung von Antoine's Moraltheologie für Missionare durch den Franziskaner Philipp von Carbognano* », dans *Neue Zeitschrift für Missionswissenschaft* (Beckenried), I. Jahrgang, Heft 2, 1945, pp. 125-134.

[17] Cf. R. Taveneaux, *op. cit.*, p. 674. Le livre, de même que la *Theologia moralis*, avait été approuvé par Scipion-Jérôme Bégon, évêque de Toul : sa modération correspondait assez bien aux tendances « politiques » du prélat (cf. R. Taveneaux, *op. cit.*, pp. 482, 497).

[18] De l'édition de Paris, 1736.

[19] Pp. 388-389.

[20] P. 392.

vons une critique explicite de Saint-Cyran à propos de la doctrine de l'attrition[21] ; elle est aussi sensible au tome I, *De fide
divina*, dont une importante partie[22] est un *De Ecclesia* inspiré
par la controverse antiprotestante[23] mais qu'il est difficile de ne
pas appliquer au jansénisme en ces années de la querelle de
l'*Unigenitus* : la question de l'infaillibilité de l'Eglise dans les
choses de la foi[24] et dans la décision de l'orthodoxie et de
l'hétérodoxie des textes dogmatiques[25], et le problème du « juge
des controverses »[26] sont en effet longuement exposés par le
père Antoine, mais le recours presque exclusif aux sources bibliques et patristiques, la hauteur de vue et l'impartialité de
l'auteur rendirent difficiles les critiques[27].

Il en est de même de la *Theologia moralis universa*, qui en
de nombreuses pages ne fait que reproduire le texte de la *Theologia universa speculativa*[28] : son rigorisme strict, ses tendances
probabilioristes, les limites qu'elle met à la fréquence des
communions devaient désarmer les critiques de principe que les

---

[21] T. VI, p. 122.

[22] Pp. 305 et suiv.

[23] Sur les « notes » de l'Eglise d'après Antoine, cf. G. Thils, *Les notes de
l'Eglise dans l'apologétique catholique depuis la Réforme*, Gembloux, Duculot, 1937, pp. 14, 112, 135, 136, 141, 242, 277, 281, 311 et surtout pp. 196-
197.

[24] T. I, pp. 364 et suiv.

[25] Pp. 380 et suiv.

[26] Pp. 445 et suiv., 471 et suiv.

[27] L'interprétation antijanséniste du *De Ecclesia* est explicite dans le compte
rendu donné par les *Mémoires de Trévoux*, janvier 1743, pp. 167-179.

[28] Les réemplois sont très fréquents dans la littérature religieuse du XVIIIe
siècle et en particulier dans les œuvres du père Antoine ; nous en retrouverons
des exemples. Dans la *Theologia moralis* le *Tractatus de peccatis* (éd. Nancy,
1731, pp. 99 et suiv.) ne fait que reproduire les pages 289 et suiv. du tome II,
1, de la *Theologia* [...] *speculativa* (citée d'ap. l'éd. Paris, 1736) ; le traité des
sacrements de la *Theologia moralis* (éd. Nancy, 1731, pp. 938 et suiv.) est la
reproduction des tomes V et VI de la *Theologia* [...] *speculativa* (éd. Paris,
1736), etc.

jansénistes lançaient à toute œuvre d'un jésuite[29], et faire de cette *Theologia moralis* le manuel classique de tous ceux qui au XVIIIe siècle constituèrent ce que l'on a appelé le « Tiers Parti »[30] ; mais le rigorisme relatif du livre de Paul-Gabriel Antoine n'apparaît pas à l'historien comme une aberration, comme si la Compagnie de Jésus avait eu une attitude et une doctrine uniformément laxistes : il suffit de rappeler les luttes menées à la fin du XVIIe siècle par le général Tyrso Gonzalez pour faire triompher le probabiliorisme parmi ses confrères et les appuis qu'il trouva parmi un certain nombre de jésuites français pour voir que les tendances rigoristes du père Antoine correspondaient à une des orientations de la Compagnie[31].

2. Le spirituel

Un fait très important dans la vie du père Antoine est sa venue à Nancy, comme recteur du collège, le 23 janvier 1730[32] : non pas que, du point de vue d'une « carrière », ce soit une promotion exceptionnelle, mais les trois années passées à Nancy, de janvier 1730 à mars 1733[33], sont marquées par des rencontres et par des amitiés spirituelles qui, après l'intermède du rectorat du collège d'Epinal (1733-1736), porteront leurs fruits

---

[29] Cf. *Nouvelles ecclésiastiques*, 24 novembre 1732, pp. 213-214 : « … le père Antoine s'est préservé jusqu'à un certain point de l'air qu'il respire » ; D.H.G.E., t. III, c. 823 ; R. Taveneaux, *op. cit.*, pp. 674-675.

[30] On trouvera beaucoup d'exemples de personnages qui louèrent ou adoptèrent ce manuel, dans E. Appolis, *Entre jansénistes et Zelanti, Le « Tiers Parti » catholique au XVIIIe siècle*, Paris, Picard, 1960, voir les nombreuses références à la table s. v. « Antoine ».

[31] Cf. H. Hillenaar, *Fénelon et les Jésuites*, La Haye, Nijhoff, 1967, pp. 116 et suiv. L'auteur du compte rendu dans les *Mémoires de Trévoux* insiste sur ce point, rappelle que les adversaires du probabilisme étaient des jésuites et parle de Tyrso Gonzalez (1732, pp. 1761-1778).

[32] Cf. P. Delattre, *Les établissements des Jésuites en France*, Enghien, 1940 et suiv., t. III, c. 744.

[33] Le successeur du père Antoine au collège sera le père Hurault, Arch. de Meurthe-et-Moselle, H 1959, f° 174.

lors du second séjour nancéien (1736-1740), lorsque le père Antoine sera instructeur des pères du troisième an au noviciat des jésuites. Les activités du recteur du collège de Nancy sont connues en partie grâce à l'histoire manuscrite du collège conservée aux Archives de Meurthe-et-Moselle[34] : nous y apprenons que le recteur se rendit à Toul le 30 janvier 1730, auprès de l'évêque Bégon, pour lui présenter ses devoirs et solliciter le pouvoir d'absoudre les cas réservés, qu'il se rendit aussi à Lunéville rendre visite à Son Altesse Royale ; nous apprenons aussi qu'en 1732 le recteur fut condamné par le général à manger à la petite table pour avoir « disposé d'une manière contraire aux règles de notre Institut d'une aumône qui avait été faite à un de nos pères après avoir prêché »[35].

Mais l'événement important de ce rectorat fut la grande Mission de Nancy ouverte le 29 avril 1731[36] : avec le père Antoine qui en était l'auteur, onze jésuites prirent part à cette Mission, et parmi eux le père Tribolet, recteur du noviciat de Nancy[37], le père J.-J. Petitdidier, alors instructeur des pères du troisième an[38], et le père de Caussade qualifié d' « excellent prédicateur »[39], le célèbre auteur spirituel que nous trouvons pour la

---

[34] H 1959, f° 169 v°, 174. Nous ne trouvons pas de signature du père Antoine dans le « livre sixième du recteur » pour des vœux prononcés au collège ou des prestations de serment, Arch. de Meurthe-et-Moselle, H 1961.

[35] H 1959, f° 173 : le père Marcol avait reçu 3 000 l. pour avoir prêché l'Avent et le Carême à la Cour à Lunéville et le père Antoine avait laissé une partie de cette somme au prédicateur pour en avoir l'intérêt pendant sa vie.

[36] Cette mission est connue par l'histoire du collège de Nancy, H 1959, f°ˢ 171 et suiv., et par une anonyme *Lettre édifiante de Nancy*, datée du 1ᵉʳ septembre 1731 et imprimée, dont un exemplaire est conservé à la Bibliothèque S. J. de Chantilly.

[37] Sur lui, cf. *supra*, n. 7 et voir Arch. de Meurthe-et-Moselle, H 1959, f° 153 et E. Bocquillon, *Une maison de retraites fermées à Nancy au XVIIIᵉ siècle*, « Bibliothèque des Exercices », n° 28, Enghien, 1910, p. 92.

[38] Sur lui, *supra*, n. 9 et 12, et Arch. de Meurthe-et-Moselle, H 1959, f° 153, et nos *Opuscules spirituels…, op. cit.*, p. 30, etc.

[39] H 1959, f° 171.

première fois associé avec le père Antoine dans une œuvre commune[40]. Mais les rencontres du père Antoine et du père de Caussade furent alors de courte durée, car dès 1731 le second avait regagné Toulouse.

Ils se retrouvèrent en 1736, le père Antoine instructeur des pères du troisième an au noviciat de Nancy, et le père de Caussade depuis deux ans chargé d'un apostolat proprement spirituel à la maison des retraites qui alors faisait justement partie du noviciat[41] ; aussi n'est-il pas étonnant de voir les deux hommes signer le 16 février 1738 comme témoins à la profession du père Jean-Louis Willesme[42] ; ce qui est plus significatif c'est de les voir l'un et l'autre (et quelques-uns de leurs confrères que nous avons déjà rencontrés) très proches de la Visitation de Nancy, un des plus importants foyers de vie spirituelle de la Lorraine du XVIIIe siècle[43]. Deux lettres de la mère Marie-Anne-Thérèse de Rosen, de la Visitation de Nancy[44], à Mme de Lésen, Annon-

---

[40] Sur le père de Caussade nous nous contentons de renvoyer aux références bibliographiques données dans les *Textes inédits* que nous en avons publiés, *Revue d'ascétique et de mystique*, t. 46 (1970) et 47 (1971). Ces trois pères étaient logés au noviciat, les autres (parmi lesquels les pères Pichon, Foulon et Hussenot) étaient logés au collège auprès du père Antoine.

[41] Sur cette nomination du père de Caussade, cf. lettre de Marie-Anne-Thérèse de Rosen à Mme de Lésen, 1734, Arch. de la Visitation de Nancy, ms. n° 9, pp. 87-88. Nous trouvons à vrai dire dès 1733 des jésuites bien connus du père Antoine à la tête de cette maison de retraites : le père Tribolet recteur, le père Frizon ministre, le père Foulon « *director asceterii* », cf. E. Bocquillon, *op. cit.* pp. 60, 92.

[42] Arch. de Meurthe-et-Moselle, H 1818, à la date du 16 février 1738 ; H. 1819, f° 40 v° ; cf. *Revue d'ascétique et de mystique*, t. 40 (1964), p. 480.

[43] Lors de son premier séjour à Nancy, le père Antoine examine des Visitandines pour leur profession : cf. Arch. de Meurthe-et-Moselle, H. 2892, entre le 10 avril 1731 et le 27 mai 1732 ; déjà lorsqu'il résidait à Pont-à-Mousson, il dut être en rapport avec la Visitation de cette ville car les pères de la Compagnie étaient « amis de cette maison » (circulaire de la Visitation de Pont-à-Mousson, du 30 janvier 1720, B. N. de Paris, impr. Ld 173.2 (111), p. 3).

[44] Sur elle, cf. nos *Opuscules spirituels...*, *op. cit.*, pp. 27-29.

ciade de Saint-Mihiel[45], nous laissent deviner les rapports étroits qui unissaient ce groupe de spirituels : la première est de 1739, Mme de Lésen vient de faire profession à Saint-Mihiel : « Vous ne sauriez croire le plaisir qu'a notre chère Mère et toutes celles que vous nommez, je m'assure que le R. P. Antoine en sera dans la joie, ne manquez pas de lui écrire. M^r. de Lieure m'a écrit que Mgr de Toul agréait que vous soyez déchargée de… (*sic*) mais qu'il fallait que les R^d Pères Viart et Tribolet en fassent une exposition, sur quoi il en donnerait la permission. J'ai parlé de cette affaire au Père de Cossade (*sic*) qui m'a dit que le Père Viart lui avait dit qu'en vertu des pouvoirs qu'il avait pendant la mission il vous en avait déchargé[e], faites savoir à Mgr de Toul le changement de votre situation et votre décharge à l'occasion de la mission »[46] ; la seconde lettre est de 1741, à une date ou le père Antoine a regagné le noviciat de Pont-à-Mousson comme ministre : « Vous avez bien régalé mon cœur par les deux lettres de ces fidèles serviteurs de Dieu. Je trouve comme vous que celle du Père Antoine est d'une force divine, il y a renfermé toute sa doctrine et toutes ses instructions si solides et si pures et si justes et si s[ain]tes, que ne m'avez-vous marqué sur quel passage il vous rassure, faites-le, je vous prie, dans votre première lettre. Je vous envoie un excellent écrit de ce R^d Père sur les principes et pratiques de la volonté de Dieu. Comme je connais votre goût, chère fille, je vous fais part d'un avis excellent comme à une autre moi-même. »[47]

Ces allusions de la mère Marie-Anne-Thérèse de Rosen sont confirmées en partie par les écrits spirituels du père Antoine que nous avons conservés. Les imprimés sont au nombre de quatre : *Lectures chrétiennes par forme de méditations sur les*

---

[45] Sur elle, cf. J.-P. de Caussade, *Lettres spirituelles*, texte établi et présenté par M. Olphe-Galliard, Bruges-Paris, Desclée de Brouwer, t. I, pp. 243-267.
[46] Nancy, Visitation, ms. n° 9, p. 162 ; publié avec quelques inexactitudes dans J. P. de Caussade, *Lettres spirituelles*, *op. cit.*, t. I, pp. 266-267.
[47] Nancy, Visitation, ms n° 9, pp. 201-202.

grandes vérités de la foi[48], *Méditations pour tous les jours de l'année sur les grandes vérités de la foi, les vertus chrétiennes, les vices capitaux, les moyens efficaces du salut et de la perfection, et les mystères des fêtes principales de l'année*[49], *Les moyens d'acquérir la perfection chrétienne*[50], *Démonstration de la vérité de la religion chrétienne et catholique*[51]. En apparence cette œuvre est abondante, mais les réemplois sont très nombreux et il y a bien peu de pages des livres de 1737, 1738 et 1739 qui ne figurent dans les deux gros tomes des *Lectures chrétiennes* ; ne donnons que quelques exemples : la LXIXe *Lecture*[52] est reprise dans les *Méditations*[53] et dans la *Démonstration*[54] ; la LXXe *Lecture*[55] est reprise dans les *Méditations*[56] et dans la *Démonstration*[57] ; la LXXIe *Lecture*[58] est reprise dans la *Démonstration*[59] ; etc.

La façon dont les textes sont repris est aussi instructive : l' « Abrégé » que constituent les *Méditations* n'est pas

---

[48] 2 vol. in-8°, Nancy, 1736 ; ouvrage anonyme : « Par un père de la Compagnie de Jésus », mais le Privilège et l'approbation donnée par Bégon, évêque de Toul, donnent le nom de l'auteur.

[49] In-12, Nancy, 1737 ; ouvrage aussi anonyme, « Par un père de la Compagnie de Jésus », mais l'auteur signale que c'est « un abrégé des Lectures chrétiennes que j'ai données au public », et les approbations et permissions sont les mêmes que celles des *Lectures chrétiennes*.

[50] In-12, Nancy, 1738 ; ce sont aussi des extraits des deux ouvrages précédents.

[51] In-12, Nancy, 1739, « Par un docteur en théologie ». Le livre II « Démonstration de la vérité de la religion chrétienne et catholique par plusieurs autres motifs de crédibilité » (pp. 78 et suiv.) est la reprise de plusieurs *Lectures chrétiennes*, t. I, pp. 257 et suiv.

[52] T. I, p. 257.

[53] P. 126.

[54] P. 79.

[55] T. I, p. 261.

[56] P. 128.

[57] P. 84.

[58] T. I, p. 265.

[59] P. 88.

« neutre », et les corrections de style et de détails ne sont pas indifférentes[60] : ces corrections sont généralement volontaires, désir de précision chez le professeur de théologie engagé dans les débats du jansénisme[61], souci d'éviter tout reproche de quiétisme[62].

Cependant les *Lectures chrétiennes* de 1736 elles-mêmes ne sont pas une œuvre écrite directement pour la publication, mais en grande partie la reprise de retraites prêchées à des religieuses : le manuscrit n° 43 de la Visitation de Nancy[63] intitulé « Méditations pour une retraite de huit ou dix jours, selon les Exercices de St Ignace. Par le R. P. Ant... de la Compagnie de Jésus. 1731 »[64], nous apporte un texte qui n'est autre que celui du début du premier tome des *Lectures chrétiennes*. Cependant les variantes qu'il y a entre les deux textes nous interdisent de penser que le manuscrit est la source directe de l'imprimé : ce dernier omet plusieurs passages du manuscrit[65]. Nous pouvons

____

[60] A part quelques coquilles : *Lectures*, t. II, p. 297 « sur une vérité », devient, *Méditations*, p. 354 « sur une vertu ».

[61] Ainsi *Lectures*, t. II, p. 298 « faire méditation avec les secours ordinaires que Dieu accorde toujours à la prière ; puisqu'il ne faut... » devient, *Méditations*, p. 354 « faire méditation puisqu'il ne faut... la vie temporelle : avec cette différence que nous avons besoin de la grâce pour méditer d'une façon utile au salut, mais Dieu ne la refuse jamais à la prière ».

[62] Ainsi en reprenant la CXCIe *Lecture* « De l'exercice de la présence de Dieu » (t. II, p. 403), les *Méditations* (pp. 424 et suiv.) omettent la phrase : « L'exercice de la présence de Dieu consiste encore dans un regard simple et affectueux de Dieu souvent réitéré » ; en reprenant le début de la CXCIIe *Lecture* (t. II, p. 403), les *Méditations* remplacent « L'exercice de la présence de Dieu... nous préserve du péché » par « nous détourne du péché ».

[63] Cf. nos *Opuscules spirituels de Bossuet, op. cit.*, p. 81.

[64] Le fragment de mot « Ant » a été ajouté ultérieurement sur les points de suspension.

[65] Ainsi ms. n° 43, pp. 33-34 : le début de la méditation « sur la fin de l'état religieux » ne figure pas dans les *Lectures chrétiennes*, t. I, p. 19 ; ms. n° 43, p. 83 : le troisième point de la troisième méditation « Du péché véniel » ne figure pas exactement sous la même forme dans les *Lectures chrétiennes*, t. I, p. 51 (suivies par les *Méditations pour tous les jours de l'année*, p. 29).

donc penser que le père Antoine, au moment de le publier, a remanié le texte des méditations qu'il avait prêchées à la Visitation de Nancy en 1731. Tout laisse d'ailleurs supposer que les manuscrits de la retraite (ou des retraites) prêchée par le père Antoine à la Visitation furent nombreux, et que, selon les habitudes du temps, des fragments plus ou moins importants ont pris place dans des recueils composites : ainsi la XVIe *Lecture* « De la tiédeur »[66] se retrouve sans doute, sous une forme légèrement différente, dans un autre manuscrit de la Visitation de Nancy, au milieu de textes du père Judde[67].

Outre ces textes, dont l'authenticité est établie par leur rapport avec les œuvres publiées, plusieurs opuscules, plus ou moins étendus, sont attribués au père Antoine dans trois autres manuscrits de la Visitation de Nancy : le manuscrit n° 35 est intitulé « Bons propos de la Retraite touchant la perfection en général. Par le R. P. Antoine de la C. de Jésus »[68], et, d'après une note manuscrite de la page 85, au moins une partie avait été écrite pour la sœur de Lésen ; il n'y a pas de raison décisive pour mettre en doute l'attribution de ce recueil au père Antoine. Le manuscrit n° 8[69], intitulé « Recueil de divers avis, et sentiments de piété pour bien faire la retraite » fut copié en 1760, donc longtemps après la mort du père Antoine : il contient, outre des textes du père de Caussade, du père Hussenot (deux

---

[66] *Lectures chrétiennes*, t. I, p. 54 ; elle figure dans le ms. n° 43, p. 91.

[67] Ms. n° 3, pp. 220-227. Nous avons étudié ce manuscrit composite dans nos *Opuscules spirituels de Bossuet, op. cit.*, pp. 47 et suiv., mais, contrairement à ce que nous écrivions (p. 71), les textes qui figurent aux pages 160-391 de ce ms. n° 3 ne semblent pas être absolument tous de Judde : il y a trop de rapports entre le ms. n° 43, pp. 91 et suiv. et le ms. n° 3, pp. 220-227 pour que ce soit l'effet du hasard et d'une commune inspiration puisée dans la méditation « De la tiédeur » de saint Ignace. D'ailleurs, nous n'avons pas trouvé dans les textes manuscrits et imprimés qui sont sûrement de Judde une version de ces pages.

[68] Le nom de l'auteur a été ajouté postérieurement. Sur ce ms. cf. nos *Opuscules spirituels..., op. cit.*, pp. 80-81.

[69] Sur lui cf. nos *Opuscules spirituels..., op. cit.*, p. 73.

jésuites que nous avons déjà rencontrés) et de quelques autres spirituels, un assez court opuscule « Avis pour conserver le fruit de la Retraite »[70], donné par la table des matières comme étant du père Antoine.

Le cas du manuscrit n° 13[71] est plus complexe : il comprend une « Retraite de trois jours pour la rénovation des vœux », sans nom d'auteur, qui a été ultérieurement attribuée au père Antoine[72], et plusieurs opuscules en tête desquels on a écrit les mots « Par le R. p. Antoine », avant de remplacer ce nom par celui de Bossuet[73]. Même si des passages ont une certaine parenté avec quelques endroits des *Lectures chrétiennes*[74], nous n'oserions pas affirmer que l'attribution au père Antoine soit certaine.

3. *La spiritualité*

S'il fallait en un mot caractériser la spiritualité de notre auteur, nous dirions qu'elle est ignacienne : la retraite de 1731 est prêchée selon les *Exercices*, et en tête des *Lectures chrétiennes*, c'est à Bourdaloue, au père Nepveu et à « plusieurs autres livres spirituels composés par d'autres Jésuites » que renvoie le père Antoine[75] ; par là s'expliquent les ressemblances certaines qu'ont les œuvres de Paul-Gabriel Antoine avec celles de son confrère Claude Judde.

Écrites avant tout pour des religieuses, elles exaltent « l'état religieux » au-dessus de celui des chrétiens qui vivent dans le

---

[70] Pp. 69 et suiv.

[71] Cf. nos *Opuscules spirituels…*, *op. cit.*, pp. 73-79.

[72] L'auteur de l'article du D. S., t. I, c. 123, admet cette attribution.

[73] Le détail dans nos *Opuscules spirituels…*, *loc. cit.*

[74] Ainsi ms. n° 13, pp. 177 et suiv. et *Lectures chrétiennes*, t. II, pp. 298-299.

[75] De même dans le ms. n° 35, p. 11, c'est Rodriguez qui est invoqué comme autorité.

monde : perfection plus grande, bonheur plus grand[76], et pour tous elles recommandent longuement la mortification[77] ; mais, plus que cet ascétisme monastique et que le christocentrisme ignacien, nous relèverons quelques pages où le père Antoine définit « la manière de faire méditation »[78] : méthodique et intellectuelle[79], cette méditation, qui est mise sous le patronage de saint Ignace[80], diffère peu de celle que Rodriguez et vingt autres ont mise en honneur dans la Compagnie ; mais l'historien de la spiritualité remarque la place donnée à la présence de Dieu[81], au « repos » aux « pauses » dans la méditation[82], le souci de ne pas « s'inquiéter »[83] des distractions et de rappeler « doucement »[84] son esprit à Dieu, le caractère « facile »[85] de la méditation ; et il rapproche de cette *Lecture* celle qui est consacrée à « L'Exercice de la présence de Dieu »[86], « occupation continuelle ou presque continuelle de la vie intérieure »[87], « regard simple et affectueux de Dieu souvent réitéré »[88]. Certes cet exercice de la présence de Dieu est interprété en un sens ascétique comme remède au péché et frein aux passions, mais

---

[76] En ce monde et en l'autre : ni embarras des affaires, ni soin de sa subsistance ou de son établissement, espérance des « premiers rangs » de la gloire céleste (*Lectures chrétiennes*, t. I, pp. 19 et suiv. ; ms. n° 43, pp. 33 et suiv.).

[77] *Lectures chrétiennes*, t. II, pp. 188 et suiv.

[78] *Lectures chrétiennes*, t. II, pp. 297 et suiv.

[79] « Considération d'une vérité chrétienne avec réflexion et affection, pour s'exciter à la fuite du mal et à la pratique du bien » (*ibid.*, t. II, pp. 297-298).

[80] *Ibid.*, t. II, p. 300.

[81] *Ibid.*, t. II, pp. 298, et déjà dans la préface de ces *Lectures chrétiennes*.

[82] *Ibid.*, t. II, pp. 298-299 ; « rester en sa présence sans faire aucun acte du moins distinct et perceptible et rester ainsi en la présence de Dieu autant de temps qu'on y trouve du goût ou du repos intérieur » (*ibid.*, t. II, p. 299).

[83] *Ibid.*, t. II, p. 301.

[84] *Ibid.*, t. II, p. 300.

[85] *Ibid.*, t. II, p. 301.

[86] *Lectures chrétiennes*, t. II, pp. 402 et suiv. : cf. *Méditations pour tous les jours...*, pp. 430 et suiv.

[87] *Lectures chrétiennes*, t. II, p. 402.

[88] *Ibid.*, t. II, p. 403.

l'auteur montre aussi qu'il est « l'exercice même de l'amour divin », « pratique presque continuelle de la charité envers Dieu »[89]. Tous ces thèmes nous orientent vers une spiritualité qui a des rapports avec celle que le père de Caussade encourageait les Visitandines de Nancy à pratiquer et que la mère Marie-Anne-Thérèse de Rosen prêchait à Mme de Lésen[90], mais à chaque fois nous remarquons les atténuations, au moins verbales (« presque »), qu'apporte le père Antoine aux thèmes « mystiques » ; il en est de même dans la *Lecture* CXCIV « De la fidélité dans les sécheresses et les désolations »[91], présentée comme introduction à la « pure foi » et au « pur amour »[92] : par certains aspects, ce texte nous fait penser à des pages bien connues des *Instructions spirituelles* du père de Caussade[93], avec la grande différence que le père Antoine met dans la multiplication des actes et dans une fidélité accrue aux mortifications et aux pratiques l'issue qui permet de sortir de ces états douloureux.

Si nous avons cité le père de Caussade et si nous avons remarqué des tendances communes aux deux hommes et leur fréquentation des mêmes milieux, c'est que le père Antoine a joué un rôle, encore obscur mais certain, dans la publication en 1741 des *Instructions spirituelles en forme de dialogues sur les divers états d'oraison, suivant la doctrine de M. Bossuet*, de son confrère. Le procureur général du roi et les docteurs donnèrent en décembre 1740, l'un sa permission, les autres leur approbation[94], mais c'est le 3 août 1738 que le provincial de Champagne

---

[89] *Ibid.*, t. II, p. 409.

[90] Cf. Visitation de Nancy, ms n° 9, pp. 21-22 sur la présence de Dieu (en 1734), pp. 31-32 sur les pauses attentives (en 1734), etc.

[91] *Lectures chrétiennes*, t. II, pp. 414 et suiv.

[92] *Ibid.*, t. II, pp. 414-415.

[93] Livre II, dial. 7 et 8 ; rééd. Bremond, Paris, Bloud et Gay, 1931, pp. 201 et suiv.

[94] Donc à une date où le père de Caussade était recteur du collège de Perpignan et le père Antoine ministre à Pont-à-Mousson.

a permis au père Paul-Gabriel Antoine de « faire imprimer » les *Instructions spirituelles*, livre qui avait été vu et approuvé par trois théologiens de la Compagnie, permission donnée au moment où le père Antoine et le père de Caussade étaient l'un et l'autre à Nancy, dans la même maison. Nous pouvons supposer que le livre, qui sera imprimé à Perpignan et publié anonymement en 1741 (avec les mots « Par un P. de la Compagnie de Jésus, Docteur en théologie »), avait déjà en 1738 la forme que nous lui connaissons, et que la version « primitive » dont un fragment a été récemment découvert[95] est antérieure à cette date.

Comme l'édition définitive représente l'aboutissement d'un minutieux travail de correction destiné à aller au-devant de tout reproche de quiétisme, il est possible de voir la main du père Antoine dans ce travail : ascétisme, prudence, mais non hostilité systématique devant la mystique[96], bonne connaissance des milieux spirituels, souci de fidélité à la tradition[97], ces tendances nous expliquent que Paul-Gabriel Antoine ait pu accepter de patronner une version « prudente » du livre du père de Caussade. Le théologien dont, justement en 1741, la mère Marie-Anne-Thérèse de Rosen vantait un écrit « sur les principes et la pratique de la volonté de Dieu »[98] ne pouvait qu'être un juge éclairé des écrits du père de Caussade ; nous remarquons cependant que dans la *Theologia universa speculativa* les problè-

---

[95] Cf. *Revue d'ascétisme et de mystique*, t. 46 (1970), pp. 102-114. Le texte attribué par nous à Caussade et publié dans la *Revue d'ascétique et de mystique*, t. 47 (1971), pp. 76-85, intitulé « De l'oraison de présence de Dieu » n'est certainement pas de lui : nous l'avons retrouvé dans les *Sentiments de piété* de Fénelon, Paris, 1713, pp. 82 et suiv., mais nous avons la preuve qu'il n'est pas non plus de Fénelon ; en tout cas, sa présence dans un recueil nancéien de lettres de Caussade prouve l'influence du corpus fénelonien dans les milieux religieux de Nancy au XVIIIe siècle.

[96] Rappelons que le père Antoine a approuvé en 1736 un ouvrage spirituel de Tervenus, cf. nos *Opuscules spirituels de Bossuet, op. cit.*, p. 123, n. 4.

[97] Il n'est pas impossible que ce soit lui qui ait encouragé le père de Caussade à multiplier les références bossuétistes dans les *Instructions*.

[98] Cf. *supra*, n.69.

mes théologiques posés par l'amour pur, par l'espérance, par le désir du salut, par la nature de la béatitude, par la méditation explicite des attributs divins et de l'Humanité du Christ ne tiennent absolument aucune place : une dissociation radicale entre la théologie spéculative et la spiritualité, dommageable autant à la première qu'à la seconde, est alors acquise et nous apparaît comme une des conditions mêmes de la réflexion théologique au XVIIIe siècle ; cette ignorance mutuelle refoule hors du champ de la théologie tout ce qui est « spirituel » ou « mystique », préparant la voie aux interprétations romantiques ou préromantiques de la spiritualité par la sensibilité, l'enthousiasme, le génie, et à l'interprétation « éclairée » de la théologie comme discours rationnel. De toute évidence, la condamnation de Fénelon en 1699, sans cesse présente à la mémoire du père Antoine et du père de Caussade et que ce dernier avait espéré exorciser en multipliant les citations de M. de Meaux, a renforcé cette tendance ; mais la querelle du quiétisme était déjà au XVIIe siècle le signe de ces insuffisances de la réflexion théologique.

Lorsque les *Instructions spirituelles* parurent en 1741, le père Antoine avait regagné Pont-à-Mousson, travaillant encore à la mise au point des rééditions de ses manuels de théologie, correspondant certainement avec les religieuses qu'il avait connues à Nancy, qui lui devaient beaucoup et à qui il devait peut-être encore plus, de ne pas avoir été seulement un professeur de théologie. C'est à Pont-à-Mousson qu'il mourut le 22 janvier 1743.

CHAPITRE XIX
LE QUIÉTISME ENTRE LA MODERNITÉ
ET L'ARCHAÏSME

Qui essaie de définir l'essence du quiétisme[1] ou de faire faire
le portrait de celui que Massimo Petrocchi appelait « *il quietista
perfetto* »[2] se heurte vite à des contradictions insolubles : il élabore à partir des anathèmes et des condamnations un être de
raison, et il reconstruit un visage à partir de traits dispersés ; or
nous ne pouvons citer aucune œuvre où se rencontre expressément, liée en un ensemble cohérent, la prétendue doctrine quiétiste, et nous ne trouvons personne à mettre derrière le portrait
du « parfait quiétiste » : ni Molinos, ni Falconi, ni Malaval, ni
Petrucci, ni les frères Leoni, et moins que tous Mme Guyon ou
Fénelon. Devons-nous donc, comme certains historiens, inven-

---

[1] Sur le quiétisme en général, voir J. R. Armogathe, *Le quiétisme*, Paris,
P.U.F., 1973, L. Cognet, « *Quietismus* », dans *Lexikon für Theologie und
Kirche*, 2ᵉ éd., t. VIII, c. 939-941, J. Le Brun, « Quiétisme », dans *Encyclo-
paedia Universalis*, t. XIII, p. 894-895 et id. « Quiétisme » dans *Dictionnaire
de spiritualité*, t. XII, Paris, Beauchesne, 1986, col. 2805-2842.
[2] M. Petrocchi, *Il quietismo italiano del seicento*, Rome, Ed. di Storia e Lette-
ratura, 1948, p. 101.

ter un « préquiétisme »[3], un « semi-quiétisme »[4] ou « un quiétisme mitigé »[5], pour adapter le système à la réalité ? Ou bien
devons-nous nous contenter de juxtaposer des œuvres et des
personnalités sans chercher un fil conducteur ou des tendances
communes, et risquer de dissoudre le quiétisme dans la mystique chrétienne en général ?

Nous ne pourrons dépasser ce dilemme qu'en donnant du
quiétisme une image assez variée, et même contrastée, en faisant leur place aux différences des temps, des lieux, des conditions sociales et des personnalités, nécessité inévitable pour
celui qui étudie les hérésies[6], et plus encore s'il s'agit de courants qui, comme le jansénisme, le quiétisme ou le modernisme,
ne se sont jamais reconnus dans les « fantômes » qui prétendaient les définir.

L'apparition des mots « quiétiste » et « quiétisme » ne représentera donc pour nous ni la naissance d'un courant tout nouveau dans l'histoire de la spiritualité, ni la désignation moderne
de tendances récurrentes depuis l'Antiquité, mais le moment
d'une prise de conscience par un groupe religieux ou par ses
adversaires d'une spécificité que n'épuisaient pas les désigna-
tions antérieures, « spirituels », « mystiques », « illuminés »,
« repos », « quiétude », etc. Car l'histoire des mots marque,
dans la continuité de courants qui remontent à l'Antiquité et au
Moyen Age, des moments où, sous l'effet des circonstances
intellectuelles, théologiques ou sociales, des traditions plon-

---

[3] P. Pourrat, « La spiritualité chrétienne », t. IV, *Les temps modernes*, 2ᵉ partie, Paris, Gabalda, 1928, pp. 120 et sv., où sont étudiés les « précurseurs
inconscients » du quiétisme, en commençant par Benoît de Canfield !

[4] J. de Guibert, *Documenta ecclesiastica christianæ perfectionis studium
spectantia*, Rome, Universitas Gregoriana, 1931, pp. 310 et sv.

[5] A. Poulain, *Des grâces d'oraison*, 11ᵉ éd., Paris, Beauchesne, 1931, p. 516.

[6] Cf. la distinction de J. Orcibal entre hérésies populaires et hérésies culti-
vées ; comme le jansénisme, le quiétisme est essentiellement une hérésie
cultivée ; dans *Hérésies et sociétés dans l'Europe préindustrielle*, Paris-La
Haye, Mouton, 1968, p. 341.

geant leurs racines dans l'archaïque et s'exprimant au nom d'un retour aux origines se transforment au contact d'une modernité. Ainsi le mot « quiétisme », qui n'apparaîtra que tardivement dans les dictionnaires (il n'est pas encore dans Furetière en 1690), était devenu d'usage courant au temps de la condamnation de Molinos en 1687, mais, fait habituel dans l'histoire des hérésies, il avait été précédé par l'adjectif « quiétiste », que nous trouvons le 30 janvier 1682 dans une lettre au pape du cardinal Caraccioli, archevêque de Naples, dénonçant ceux qui abusent de l'oraison passive, l'appelant de « pure foi et de quiétude » (« *di pura fede, e di quiete* »), et prenant le nom de « quiétistes » (« *che vanno acquistando nome di quietisti* »)[7]. Le terme nous oriente donc vers une conception et une pratique particulière de l'oraison de « repos » ou de « quiétude », bien connue dans l'histoire de la spiritualité[8]. Nous avons maintenant à définir cette spécificité, à nous demander s'il ne s'agit que de résurgence d'un lointain héritage, ou si nous avons affaire à une « hérésie » vraiment moderne.

Les premiers témoins que nous interrogerons seront ceux qui ont censuré ces spirituels, qui les ont longuement réfutés et à plusieurs reprises condamnés. Certes, la dénonciation du censeur n'est pas une preuve, mais, à travers ce regard, beaucoup de choses s'expriment, en particulier l'opinion commune des contemporains. Or ce regard est ambigu : avant tout, le

---

[7] Et aussi : « *alcuni di questi quietisti...* » ; dans M. Petrocchi, *Il quietismo...*, *op. cit.*, pp. 155-156 ; J. de Guibert, *Documenta...*, *op. cit.*, p. 257 (italien et latin) ; traduction française donnée par Bossuet dans les *Actes de la condamnation des quiétistes*, à la suite de l'*Instruction sur les états d'oraison*, dans *Œuvres complètes*, éd. Lachat, t. XVIII, Paris, Vivès, 1864, p. 674. Déjà l'année précédente, en 1681, Paolo Segneri avait publié une *Lettera di Riposta sopra l'Eccezioni, che dà un Defensore de' Moderni Quietisti* (Venise, 1681 ; rééd. dans *Opere*, Venise, 1773, t. IV) où il s'en prenait aux « *moderni Quietisti* », aux « *novelli Quietisti* », opposés aux « *mistici veri* ».

[8] Cf. M. Sandæus, *Pro theologia mystica clavis*, Cologne, 1640, pp. 308-309, s. v. *Quies* ; cf. aussi pp. 294-297, s. v. *Otium*, et *Dictionnaire de Spiritualité*, s. v. « Quiétude ».

« quiétisme » est condamné pour être une « nouveauté ». Voilà un des reproches essentiels faits au XVIIe siècle à tous les mouvements spirituels : il est vrai que, depuis les Pères, l'Eglise a toujours considéré comme hérésie la « *novitas* », et, pour reprendre l'expression significative de saint Augustin dans la *Cité de Dieu*, les « *falsas ac novas opiniones* »[9], mais les hommes du XVIIe siècle, qui ont en général une conception extrêmement fixiste de la tradition[10], refusent la nouveauté en y dénonçant ce qui est injustifié dans le passé et ce qui crée un précédent dangereux. Ainsi toutes les entreprises religieuses modernes ont essuyé ce reproche[11]. Dans le cas du quiétisme, comme dans celui de la mystique du XVIIe siècle, les jugements canoniques et l'opinion des théologiens étaient en concordance avec la conviction des profanes et des mondains ; il serait facile d'accumuler les exemples : en 1682, la cardinal Albizzi dénonce dans l' « *orazione della quiete* » un « *nuovo modo di essercitare orazione mentale* »[12], et, déjà en 1671, l'évêque

---

[9] Cf. Y. Congar, *L'Eglise une, sainte, catholique et apostolique*, Paris, Cerf, 1970, p. 86 ; voir aussi Ph. Sellier, *Pascal et saint Augustin*, Paris, Armand Colin, 1970, pp. 451-452.

[10] G. Tavard, *La tradition au XVIIe siècle en France et en Angleterre*, Paris, Cerf, 1969 ; à la différence d'ailleurs de beaucoup de théologiens du siècle précédent qui, dans la légitimation des « nouveautés » catholiques, voyaient un moyen de faire pièce aux protestants. Au XVIIe siècle, la « nouveauté » paraît condamnable par les protestants comme par les catholiques : ainsi, en 1655 encore, Bossuet défendra l'Eglise catholique contre Paul Ferry qui l'accusait d'être « un accroissement de nouveautés » (*Œuvres complètes*, éd. cit., t. XIII, p. 479).

[11] Ce fur le cas pour saint Jean Eudes, cf. J. Le Brun, « La fête du cœur de Jésus et l'actualité de son temps », *Vie eudiste*, septembre 1972, p. 36 et sv. Ce fut aussi le cas des tendances jansénistes en spiritualité, témoin cette réponse de l'autorité ecclésiastique au Conseil de Brabant qui s'était ému devant d'innombrables dénonciations de « novateurs » : « Sont jansénistes tous ceux qui enseignent des nouveautés », dans P. Hoffer, *La dévotion à Marie au déclin du XVIIe siècle*, Paris, Cerf, 1938, p. 64.

[12] Dans M. Petrocchi, *Il quietismo...*, *op. cit.*, p. 147. Sur l'attitude d'Albizzi vis-à-vis du quiétisme, voir L. Ceyssens, *Le cardinal François Albizzi (1593-1684)*, Rome, Pontificium Athenæum Antonianum, 1977, p. 184.

d'Alba avait condamné un laïc, qui avait formé une congrégation où se faisaient des sermons et se lisait l'Ecriture, en l'accusant de promouvoir une « *novità* »[13]. Lors de la querelle entre Bossuet et Fénelon, l'accusation de « nouveauté » sera un argument central de l'évêque de Meaux : depuis toujours, il remarquait que, du « naufrage » de la raison humaine qui avait perdu la vérité, ne subsistait dans tous les hommes qu' « un désir vague et inquiet d'en découvrir quelque vestige », d'où était né « un amour incroyable de la nouveauté »[14] ; et Bossuet avait dénoncé à maintes reprises cet amour de la « nouveauté » comme une des sources essentielles des hérésies[15], et vu dans cette « nouveauté » la faiblesse ineffaçable de toutes les « sectes nouvelles »[16]. Or Bossuet, appelant constamment ses adversaires « les nouveaux mystiques »[17], commence son *Ordonnance et instruction pastorale* du 16 avril 1695 par le rappel des soins donnés par Innocent XI pour arrêter le « progrès de ces nouveautés »[18] ; à la fin de ce texte, il reprend le lieu commun sans cesse invoqué par les adversaires des hérésies, le texte de saint Paul dirigé contre les « profanes nouveautés de langage »[19] ; un peu plus tard, dans ses *Divers écrits sur le livre des Maximes des saints*, c'est le même texte de saint Paul qui servira à prou-

---

[13] M. Petrocchi, *Il quietismo…*, *op. cit.*, p. 150 ; cf. aussi p. 152 où un inquisiteur note que l' « *orazione di quiete* » a été introduite « *nuovamente* » en Italie et constitue une « *novità* ». Des reproches analogues se trouvent dans le livre du P. Paolo Segneri, *I sette principe su cui si fonda la nuova orazione di quiete*, Venise, 1682.

[14] Annonciation, 1660, *Œuvres oratoires*, éd. Lebarq, Urbain et Levesque, t. III, Bruges-Paris, Desclée de Brouwer, 1927, p. 434.

[15] *Discours sur l'histoire universelle*, Part. II, ch. XXXI, éd. cit., t. XXIV, pp. 565-566.

[16] Sur l'hérésie selon Bossuet, voir J. Le Brun, « Le concept d'hérésie à la fin du XVIIe siècle : la controverse Leibniz-Bossuet », plus haut chap. VI.

[17] Appellation courante dans son *Instruction sur les états d'oraison*, contre « les erreurs des faux mystiques de nos jours », éd. cit., t. XVIII, p. 367.

[18] Ed. cit., t. XVIII, p. 351.

[19] Ed. cit., t. XVIII, p. 365 ; cf. *I Tim.* VI, 20 : « *profanas vocum novitates* », texte de la Vulgate ; le grec ne contient pas l'idée de nouveauté.

ver que « toute doctrine de religion nouvelle, inconnue et inouïe dans l'Eglise, est mauvaise », et à établir le « préjugé d'erreur dans la nouveauté »[20]. Reproche ultime fait aux « nouveaux » mystiques, le reproche d'introduire « un nouvel Evangile » clôt l'ordonnance donnée par Bossuet le 16 avril 1695[21]. Nous avons cité Bossuet parce qu'il est le plus connu des adversaires français du quiétisme ; bien d'autres auteurs mineurs sont en accord avec lui dans cette accusation de nouveauté, Pierre Nicole par exemple[22].

A écouter le discours de l'accusation, il semble donc que le quiétisme se caractérise par une rupture, par une innovation ; irions-nous jusqu'à dire avec Boileau, champion des anciens, que les mystiques sont des « modernes »[23] ?

Devant cette conclusion, un autre discours des adversaires du quiétisme s'interpose : si sans cesse est présente l'accusation de nouveauté, sans cesse aussi nous voyons ressurgir les vieux anathèmes, les anciens griefs, et rien n'est moins original que la longue litanie de ces accusations lancées contre les mystiques, puis plus précisément contre les quiétistes, au cours du XVIIe siècle.

---

[20] *Divers écrits, Préface...*, Part. II, Concl. § CCXI, éd. cit., t. XIX, pp. 339-340. Sur ce thème, cf. J. Le Brun, *La spiritualité de Bossuet*, Paris, Klincksieck, 1972, pp. 467, 500, 552, 659, etc. ; R. Spaemann, *Reflexion und Spontaneität, Studien über Fénelon*, Stuttgart, Kohlhammer, 1963, pp. 50-51, 61, etc. (l'auteur montre que Fénelon accusera à son tour Bossuet de « nouveauté » comme nous le dirons plus loin). Voir aussi des remarques de M. de Certeau, « 'Mystique' au XVIIe siècle », *L'homme devant Dieu, Mélanges* [...] *de Lubac*, Paris, Aubier, 1964, t. II, pp. 281-282.

[21] Ed. cit., t. XVIII, p. 366 ; même reproche adressé aux œuvres de la mystique Marie d'Agreda, éd. cit., t. XX, p. 621, cf. notre *Spiritualité de Bossuet, op. cit.*, p. 640.

[22] Cf. notre *Spiritualité de Bossuet, op. cit.*, p. 559.

[23] Cité par J. Orcibal, dans *Revue d'histoire de l'Eglise de France*, 1957, p. 207, repris dans *Etudes d'histoire et de littérature religieuses*, Paris, Klincksieck, 1997, p. 493.

Que ces spirituels jugent l'homme parfait impeccable, que selon eux il n'ait plus besoin de faire pénitence, ni de prier, ni de pratiquer la vertu, qu'il puisse laisser son corps faire librement n'importe quoi, qu'il ne soit soumis à aucune autorité extérieure, qu'il estime imparfait de révérer le corps de Jésus-Christ à l'Elévation ou de penser explicitement à l'Humanité du Christ, toutes ces erreurs des Bégards condamnées au concile de Vienne en 1311-1312 par la décrétale *Ad nostrum*[24] sont incessamment rappelées, ainsi que les articles de la constitution *In agro dominico* de 1329 contre maître Eckhardt[25]. Une typologie s'est établie et les reproches traditionnels ne prennent une apparence moderne que par leur application à des œuvres et à des groupes de spirituels modernes : ainsi Thomas de Jésus, en 1611, consacre la seconde partie de sa *Censura in Theologiam germanicam*, censure de l'œuvre spirituelle bien connue sous le nom de *Théologie germanique*, à des rapprochements explicites entre le livre qu'il juge et la condamnation de 1311[26] ; ainsi, en 1624, le *Mercure français* publie une traduction des 76 erreurs relevées chez les Alumbrados d'Espagne faisant l'objet d'un Edit de Grâce concédé à Séville en 1623 par l'Inquisiteur : ces propositions reprennent les erreurs maintes fois condamnées et dont il est facile d'établir la généalogie[27] : répétées par Archange Ripault[28] et par bien d'autres polémistes, elles dessinent le portrait-type de l' « illuminé » et la vulgate des erreurs qu'on lui reproche. Rien d'étonnant de voir à la fin du siècle ressurgir des rapprochements entre les quiétistes proprement dits, les

---

[24] Denzinger-Rahner, 1957, § 471-478 ; J. de Guibert, *Documenta...*, *op. cit.*, pp. 155-156.

[25] Denzinger-Rahner, § 502-529 ; De Guibert, *op. cit.*, pp. 162-165.

[26] Cf. J. Orcibal, *La rencontre du Carmel thérésien avec les mystiques du Nord*, Paris, P. U. F., 1959, pp. 108 et sv., 195 et sv. : *De aliis erroribus Begardorum et aliorum mysticorum quos libellus iste continet.*

[27] Cf. H. Bremond, *Histoire littéraire du sentiment religieux en France...*, t. XI, Paris, Bloud et Gay, 1933, pp. 57-70.

[28] H. Bremond, *ibid.*, pp. 71 et sv.

Bégards et les Alumbrados[29] ; les adversaires de Molinos et des nouveaux mystiques s'attachent à découvrir dans les œuvres poursuivies les anciennes erreurs[30], et, dans la phase française de la querelle, Nicole et Bossuet font encore état des vieux anathèmes[31], relayés maintenant par la bulle *Cœlestis Pastor* de 1687 contre Molinos[32]. N'insistons pas sur des propositions qui nous apparaissent fixées à travers les siècles. Demandons-nous toutefois quel est le sens de cette récurrence : les mouvements spirituels, et en particulier les quiétismes, reprennent-ils expressément, par tradition écrite ou orale, ou par une sorte de nécessité interne, les vieilles erreurs ? N'est-ce pas plutôt que les inquisiteurs répètent explicitement ces propositions bien connues et, dans leurs interrogatoires, les soufflent aux accusés[33] ? L'attitude fondamentale des hommes du XVIIe siècle devant l'hérésie, comme d'ailleurs devant tout événement ou toute doctrine qui se présentent à eux, consiste toujours à rechercher des précédents, des antécédents, à ramener l'inconnu ou le nouveau au connu et à l'ancien. Le développement des sciences historiques[34] joue ici comme en d'autres domaines un rôle paradoxal : elles renforcent la conviction des théologiens

---

[29] Cf. le texte *Oratione di quiete* du 12 avril 1682, par Albizzi, dans M. Petrocchi, *Il quietismo…*, *op. cit.*, pp. 147 et sv. : « *vari errori anticamente pratticati da' Beguardi, et dalle Beguine in Alemagna, dagl'Illuminati in Spagna, da' Pelagini in Italia…* ».

[30] Références dans notre *Spiritualité de Bossuet*, *op. cit.*, pp. 445, 449, 454, 455.

[31] Cf. notre *Spiritualité de Bossuet*, *op. cit.*, pp. 558, 602 (*Instruction sur les états d'oraison*), etc. Voir en particulier Bossuet, *Correspondance*, éd. Urbain et Levesque, t. X, Paris, Hachette, 1916, pp. 266-267, sur la « bulle de Jean XXII contre les erreurs d'un nommé Ekard, dominicain de Cologne ».

[32] Denzinger-Rahner, § 1221 et sv. ; J. de Guibert, *op. cit.*, pp. 269 et sv.

[33] Bremond avait bien remarqué ce fait à propos des Alumbrados. Pour la pratique inquisitoriale, voir le livre fondamental de L. Garzend, *L'inquisition et l'hérésie*, Paris, Desclée de Brouwer-Beauchesne, [1913].

[34] Cf. H. J. Martin, *Livre, pouvoirs et société à Paris au XVIIe siècle*, Genève, Droz, 1969, t. I, p. 204 ; t. II, p. 846, sur la multiplication des histoires des hérésies au XVIIe siècle.

que toutes les hérésies sont issues des hérésies antiques[35], et que, de plus, les hérésies ne sont pas isolées, mais forment des chaînes, des ensembles qu'on peut grouper en catalogues, soit pour les condamner, soit, plus tard, pour les exalter[36]. Ainsi chaque condamnation s'appuie sur la précédente, et, selon le théologien ou l'inquisiteur, en apparence nouvelle, l'hérésie renvoie toujours à un lointain passé.

Ne nous en tenons pas au discours de l'adversaire : nous devons passer à celui de l'accusé. Les spirituels et les mystiques accusés de quiétisme se reconnaissent-ils effectivement modernes ou essaient-ils de nier leur modernité ? Quelques exemples permettront de préciser leur plus commune position, ambiguë elle aussi, comme les jugements de leurs censeurs. Disons tout de suite que les mystiques, et les quiétistes en particulier, se présentent comme les héritiers d'une lointaine tradition spirituelle. Même si ces mystiques affirment tous que l'expérience a plus de prix pour eux que les raisonnements des docteurs, ils se réfèrent à des autorités et à des auteurs, à ceux qu'ils appellent les « saints » et dont ils révèrent la science, la « science des saints ». Il suffit de lire la *Guiá espiritual* de Molinos pour voir l'importance que prennent ces sources ; certaines pages sont un tissu de textes anciens, de textes de spirituels du Moyen Age, des XVIe et XVIIe siècles, sans parler des nombreuses citations bibliques qui soutiennent l'exposé ; un passage de la Préface, *A quien leyere*, dénonce non seulement ceux qui méprisent les expériences, mais aussi « *que no ha visto a San Dionisio, San*

---

[35] Ainsi Bossuet affirme le caractère christologique de toutes les hérésies (cf. J. Le Brun, « Le concept d'hérésie... », art. cit., p. 104, n. 53) et il juge ses adversaires « nouveaux Capharnaïtes », « nouveaux Ariens », etc. ; de même pour G. Hermant, les Sociniens étaient les successeurs des Ariens, cf. B. Neveu, *Un historien à l'école de Port-Royal*, La Haye, Nijhoff, 1966, p. 156.

[36] Cf. Jean Pontanus, *Catalogus hæreticorum qui tam apud veteres quam recentiores grassantur*, 1615 ; en attendant l'œuvre monumentale de Gottfried Arnold, *Unparteiische Kirchen- und Ketzerhistorie* (1699-1700).

*Agustin, San Gregorio, San Bernardo, Santo Tomás, San Bue-
naventura y otros muchos Santos y Doctores aprobados por la
Iglesia, que aprueban, califican y enseñan, como experimentados, la práctica de esta doctrina* »[37]. Dans cette recherche d'une
tradition pour établir la validité de leur doctrine, les mystiques
s'appuyèrent longtemps sur l'autorité de Denys l'Aréopagite :
bien qu'une histoire de l'influence du Pseudo-Denys sur la spiritualité et en général sur la théologie de l'époque moderne
manque encore, nous disposons de suffisamment d'éléments
pour remarquer que le corpus dionysien est une des sources
essentielles de la mystique moderne : longtemps son autorité
suffit pour mettre les mystiques à l'abri des attaques des théologiens[38], et justement la condamnation du quiétisme et le déclin
de la mystique à la fin du XVIIe siècle correspondent au moment où les études critiques commencèrent à ruiner
l'authenticité des œuvres de celui que Bossuet n'appellera plus
qu'un « habile inconnu », au « style assez embrouillé »[39].

En tout cas, aussi bien Fénelon que Mme Guyon entrepren-
dront pour se défendre et pour préciser leur idées un considérable travail ; ils prouvaient que la spiritualité que l'on accusait de
« nouveauté » n'était que le point d'aboutissement d'une longue
tradition : la seconde, avec l'aide de Fénelon, rassemblait dans
ses *Justifications* des centaines de citations, commodément
consultables, classées alphabétiquement par sujets, et, dans
chaque chapitre, par auteurs, citations qui soutenaient les pro-

---

[37] Miguel de Molinos, *Guiá espiritual*, Edición critíca, introducción y notas de
Jose Ignacio Tellechea Idigoras, Univ. Pontificia de Salamanca, Madrid,
1976, p. 104 et pp. 39-43 sur le caractère peu « original » de la *Guiá* ; cf. aussi
p. 187, l. I, ch. XV, § 115 : « *Esta importante y verdadera doctrina la enseñan
todos los Santos, todos los experimentados y místicos maestros, porque todos
tuvieron un mismo Maestro, que es el divino Espíritu* ».
[38] Cf. P. Cochois, « Bérulle et le Pseudo-Denys », *Revue de l'histoire des
religions*, avril-juin 1961, pp. 173-204 ; J. Le Brun, dans *Histoire spirituelle
de la France*, Paris, Beauchesne, 1964, pp. 231-232 ; M. de Certeau,
« "Mystique" au XVIIe siècle », art. cit., pp. 275-277, 281.
[39] Cf. notre *Spiritualité de Bossuet, op. cit.*, p. 570.

positions contestées de son *Moyen court*[40] ; Fénelon lui-même allait plus loin que la constitution d'un ample fichier ; il écrivit en 1694 un assez gros ouvrage, *Le Gnostique de saint Clément d'Alexandrie*[41], où il établissait le « système » de Clément et montrait que ce « système » était semblable à celui que l'on trouvait chez les mystiques modernes, Jean de la Croix et François de Sales[42] ; de plus, et nous voyons assez bien comment chez un homme du XVIIᵉ siècle s'exprime le rapport au passé, la similitude des systèmes était expliquée sous la forme d'une succession « sans interruption », d'une « tradition secrète » des spirituels, parallèle à la tradition des docteurs et des théologiens. Fénelon, s'appuyant sur Denys, écrivait : « Saint Denys dit qu'il y a deux théologies : l'une commune et l'autre mystique, et que la mystique a ses traditions secrètes, comme l'autre a sa tradition qui est publique »[43].

Nous avons étudié ailleurs les objections que Bossuet fit au système de Fénelon, et à sa thèse de la tradition secrète, dans son important ouvrage intitulé *La Tradition des nouveaux mystiques* ; remarquons ici que, si Fénelon ne reprit pas par la suite la théorie de la tradition secrète, fort dangereuse et qui pouvait conduire à l'ésotérisme[44], le premier mouvement de sa pensée l'avait conduit à établir du présent au passé, de l'expérience moderne à l'archaïsme des origines, une ligne ininterrompue, à effacer les différences, à nier l'histoire dans le geste même par lequel il remontait à Clément, à Paul, à Jean, à Moïse. Mais, à

---

[40] Les *Justifications* furent publiées en 1720 par Poiret ; une copie annotée par Bossuet se trouve à Paris, B.N. ms. fr. 25092-25094 ; nous l'avons étudiée dans notre *Spiritualité de Bossuet, op. cit.*, pp. 522-538.

[41] Publié par P. Dudon, Paris, Beauchesne, 1930.

[42] Sur ce livre de Fénelon et la réponse de Bossuet, nous renvoyons une fois pour toutes à l'édition de P. Dudon et à notre *Spiritualité de Bossuet, op. cit.*, pp. 497-522.

[43] *Le Gnostique…*, éd. Dudon, *op. cit.*, p. 246.

[44] Voir sur ce point, mais en apportant des réserves, G. Tavard, *La tradition au XVIIᵉ siècle, op. cit.*, pp. 219-222.

l'exclusion de la thèse de la transmission secrète, Fénelon ne cessera de proclamer que l'amour pur, auquel peu à peu se ramenait pour lui la contemplation, avait de tout temps été la doctrine de l'Eglise, que c'était la tradition de tous les temps[45].

L'effort des spirituels accusés de quiétisme pour se rattacher à une tradition lointaine et même primitive ne résout pas tout problème et la question que nous posions subsiste : au-delà du discours accusateur ou apologétique, qu'en est-il du rapport du quiétisme à la modernité et à l'archaïsme ? Car les caractères de la modernité et de l'archaïsme, bien qu'ils soient toujours relatifs à un état de la pensée ou de la société, ne sont jamais assimilables au regard qu'un groupe religieux porte sur lui-même ou qu'on porte sur lui. Au-delà des discours, du rattachement à une tradition ou de la novation affirmés, subsiste le rapport conscient ou inconscient avec le présent, le passé ou l'avenir, en un mot, la façon dont l'individu ou le groupe, vit dans le temps.

Il est vrai que les mystiques invoquent une tradition, qu'ils acceptent même parfois le mythe de la tradition secrète, essayant de lui donner consistance en en repérant des traces jusque dans l'Antiquité. Cependant leur tradition est essentiellement une tradition « moderne » : l'expression ne contient pas de contradiction, et les adversaires des quiétistes ont répété que la mystique et les premières tendances dites quiétistes remontaient

---

[45] Cf. déjà dans *Le Gnostique...*, éd. cit., p. 181 : « ... l'amour pur est de tous les temps... » ; et beaucoup plus tard, dans la *Dissertatio de amore puro* : « *Luce ipsa clarior est hæc omnium temporum et in Oriente et in Occidente, traditio* » (*Œuvres complètes*, Paris, 1852, t. III, p. 548) ; sur ces thèmes, voir R. Spaemann, *Reflexion und Spontaneität*, *op. cit.*, pp. 33-34. On trouve chez Mme Guyon la même conviction d'une tradition commune dans l'Eglise : cf. cette remarque dans *Les Torrents* : « Toute la vie mystique, son commencement, son progrès et sa fin, sont décrits par saint Paul et même la vie divine : mais on n'en a pas l'intelligence. » (2ᵉ partie, chap. 2, § 10, dans *Les opuscules spirituels*, Cologne, 1720, p. 258 [reprint mit einem Vorwort von Jean Orcibal, Hildesheim-New York, 1978]).

au Moyen Age, alors que pour ces adversaires, pour Bossuet par exemple, la tradition vivante s'arrêtait au contraire à saint Bernard et à saint Thomas[46]. Assez lucide dans son hostilité, Bossuet écrira à son neveu le 2 novembre 1698 : « il y a quatre cents ans qu'on voit commencer des raffinements de dévotion sur l'union avec Dieu et sur la conformité à sa volonté, qui ont préparé la voie aux quiétistes modernes »[47]. Il suffit de lire la liste des auteurs, non seulement cités mais vraiment utilisés par Molinos dans sa *Guia espiritual*[48], celle des auteurs préférés des « quiétistes » italiens[49], celle des spirituels qu'utilise Mme Guyon dans ses *Justifications* et dont Fénelon constitue des recueils encore en partie manuscrits, pour découvrir que cette tradition qu'invoquent les mystiques est celle des « saints » modernes, canonisés ou non : outre les rhéno-flamands, les mystiques espagnols, Gagliardi, Marie-Magdeleine de Pazzi, François de Sales et Jeanne de Chantal, et les « saints quiétistes » contemporains dont le meilleur exemple est Gregorio Lopez dont la *Vie* par F. Losa, traduite ensuite par Arnauld d'Andilly, fut une des autorités importantes dans les querelles[50].

---

[46] Cf. notre *Spiritualité de Bossuet, op. cit.*, p. 579.

[47] *Correspondance*, éd. cit., t. X, p. 267. D'où le mépris avec lequel Bossuet juge les grands spirituels de l'époque moderne, les « trois grands » dont parlait Bremond, Ruysbroeck, Harphius et Tauler (cf. notre *Spiritualité de Bossuet, op. cit.*, pp. 585 et sv). Cf. aussi le début de l'*Instruction sur les états d'oraison* : « il y a déjà quelques siècles que plusieurs de ceux qu'on appelle *mystiques* ou *contemplatifs*, ont introduit dans l'Eglise un nouveau langage qui leur attire des contradicteurs », éd. cit., t. XVIII, p. 383 ; et plus loin il ajoute : « Qui connaît maintenant Harphius ou Rusbroc lui-même, ou les autres écrivains de ce caractère ? [...] leur autorité est fort petite pour ne pas dire nulle dans l'école [...] », pp. 384-385.

[48] Ed. cit. J. L. Tellechea Idigoras, pp. 42, 379 et sv., 443-444.

[49] M. Petrocchi, *Il quietismo...*, *op. cit.*, pp. 19, 25, 27, 53, 58, 60, etc. ; cf. aussi M. Bendiscoli, *Der Quietismus zwischen Häresie und Orthodoxie*, Wiesbaden, F. Steiner, 1964, pp. 6, 14, 22.

[50] Cf. Q. Fernandez, dans *Dictionnaire de spiritualité*, t. 9, Paris, 1976, col. 996-999.

Ce n'est pas un hasard si ceux qu'on appelle quiétistes se reconnaissent dans ces « saints » modernes[51] ; mais cela ne signifie pas qu'à la fin du XVIIe siècle la modernité trouve chez eux ses meilleurs représentants. En effet, cette « tradition des nouveaux mystiques », pour reprendre le titre de Bossuet, repose implicitement sur des fondements philosophiques et anthropologiques, sur une vision du monde et de l'homme peu à peu ruinés par celles que promurent Descartes et ses disciples. L'influence néo-platonicienne, celle du Pseudo-Denys, celle de l'hermétisme, encore vivantes au milieu du siècle chez des théologiens comme Yves de Paris[52], Angélique d'Alègre ou Louis Bail, s'effacent dès les années 1660 et ne se reconnaissent plus que sous forme de traces ou de survivances chez les contemporains de Bossuet[53] : la vision d'un monde unitaire, relié à Dieu par des hiérarchies d'influence, monde où l'homme aurait pour tâche de faire remonter la créature au créateur, s'efface devant la philosophie moderne et n'apparaît plus qu'à titre d'allégorie chez les mystiques et dans leur littérature.

Les « quiétistes » recherchent une unité intérieure devant la dispersion des pensées et des actes : acte simple, disparition des pensées et des images, concentration de l'homme en une puissance, la volonté, « cette souveraine des puissances » comme écrit Mme Guyon[54], qui peut exprimer en un unique élan ce qu'il y a de plus profond, et s'unir, en s'y perdant, à la volonté de Dieu : dépassement de la sensibilité et recherche d'un amour pur, loin des motifs et des récompenses. Or de plus en plus au

---

[51] M. Petrocchi, *Il quietismo...*, *op. cit.*, p. 19, parle bien d'une « *rilettura di antichi testi* ».

[52] Cf. Ch. Chesneau, *Le père Yves de Paris et son temps*, 2 vol., Paris, Société d'histoire ecclésiastique de la France, 1946.

[53] J. Dagens, « Hermétisme et Cabale en France de Lefèvre d'Etaples à Bossuet », *Revue de littérature comparée*, 1961, pp. 5-16 ; J. Le Brun, *La spiritualité de Bossuet, op. cit.*, pp. 269-301.

[54] *Vie écrite par elle-même*, Ière Partie, chap. VIII, § 10, Cologne, 1720, t. I, p. 81.

XVIIe siècle, les forces du sentiment acquièrent leur autonomie, ouvrant en l'homme une coupure entre la rationalité et l'affectivité : ce n'est que par un contresens que l'on interprétera comme revendication de la sensibilité ce qui chez les mystiques est dépassement du raisonnement, expérience de la nuit, rencontre du silence et de l'absence.

Si la notion d'expérience est au cœur de la spiritualité, si Molinos comme Mme Guyon y renvoient comme à juge ultime qui doit partager les esprits, cette notion d'expérience est très ambiguë : renvoie-t-elle à une réalité psychologique définissable et repérable ? Les mystiques sont ici réticents et proclament que ces expériences ont peu à voir avec « les dons de visions, d'extases, de paroles intérieures, de révélations, de ravissements »[55]. L'expérience désigne-t-elle seulement l'intensité d'un rapport à Dieu et le refus d'un « raisonnement » ? Parler d'expérience n'est-ce pas utiliser un langage qui seul permet d'exprimer l'ineffable ? Langage parallèle à celui du monde ou de la nature qu'utilisaient les mystiques du Moyen Age, parallèle à celui du corps, au langage du cœur, dont d'autres spirituels usaient aux XVIe et XVIIe siècles comme d'une sorte d'allégorie de l'intériorité. Les quiétistes usent aussi d'un langage allégorique ou hyperbolique, exprimant par la négation de la sensibilité, de l'activité, de la sagesse, par la parfaite pureté de l'amour, ce qui ne peut être réduit ni au langage de la théologie, ni à celui de la psychologie.

Ce faisant, les quiétistes apparaissent comme en marge des courants intellectuels de leur temps qui pouvaient paraître comme « modernes ». La perte du moi dans la négation de la sensibilité et de l'activité semble faire ressurgir les erreurs condamnées au Moyen Age, et favoriser le panthéisme, voire l'illuminisme : le caractère irréductiblement personnel de l'homme comme de Dieu, l'activité rationnelle et l'esprit criti-

---

[55] Mme Guyon, *Vie écrite par elle-même*, éd. cit., Ière Partie, chap. IX, Sommaire, t. I, p. 82.

que, l'attrait du plaisir et la recherche du bonheur apparaissent aux hommes du XVIIe siècle comme des conditions fondamentales dont s'écarter risquerait de mettre en cause une conception de l'homme, de la nature et de l'action qui peu à peu s'est élaborée. Aussi l'hostilité qu'entretiennent à l'égard des mystiques, non pas des esprits médiocres, mais des philosophes comme Malebranche[56] ou Leibniz[57], et des critiques comme Richard Simon ou même Ellies du Pin est-elle significative.

Resterait une dernière question, et, selon certains comme Leszek Kolakowski, la plus importante ; le quiétisme a-t-il moins de signification par le contenu théologique de ses affirmations ou par sa philosophie implicite, que par l'attitude qu'il implique à l'égard de l'institution, à l'égard des institutions aussi bien religieuses que laïques ? Nous ne voulons pas ici traiter le problème, qui mériterait à lui seul une étude[58], des attitudes politiques des « quiétistes » français, de Mme Guyon et surtout de Fénelon ; nous pensons en effet que l'essentiel de la politique fénelonienne s'est formé avant une connaissance directe et une influence possible des mystiques passés ou contemporains sur Fénelon, et que l'insistance sur l'humilité et sur l'anéantissement du moi, le désir de la paix et d'un ordre chrétien, et l'idéal patriarcal ne sont pas réductibles à des tendances quiétistes. Ce qui apparaît en revanche dans la conception, que se font les mystiques accusés de quiétisme, de la structure de l'Eglise, ce sont bien des traits qui vont à contre-

---

[56] Sur l'hostilité de Malebranche à l'amour pur et ses motifs philosophiques, voir son *Traité de l'amour de Dieu*, éd. D. Roustan, Paris, Bossard, 1922, et Y. de Montcheuil, *Malebranche et le quiétisme*, Paris, Aubier, 1946.

[57] Cf. E. Naert, *Leibniz et la querelle du pur amour*, Paris, Vrin, 1959 ; et notre article « Leibniz », dans *Dictionnaire de spiritualité*, t. 9, col. 548-557, repris plus haut chap. XVII. Voir aussi R. Spaemann, *Reflexion und Spontaneität, op. cit., passim*, en particulier pp. 197-222.

[58] Cf. R. Mousnier, « Les idées politiques de Fénelon », *XVIIème siècle*, 1951-1952, n° 12-14, pp. 190-206, qui souhaite qu'on cherche « les relations possibles entre la pensée politique de Fénelon et le quiétisme ».

courant de l'évolution ecclésiologique au lendemain du concile de Trente : faut-il voir dans ces nouvelles tendances un désir d'échapper aux rigides formulations dogmatiques, et une réaction contre le formalisme religieux et contre la multiplication des dévotions et des pratiques dans l'Europe de la Contre-Réforme ? C'est l'opinion de M. Petrocchi[59] et, dans une certaine mesure, celle de L. Kolakowski[60]. Il est certain que la dévaluation des œuvres extérieures et que l'amour pur de Dieu retrouvent des intuitions anciennes de la Réforme, et que cette parenté originelle peut expliquer l'ampleur qu'a prise avec le piétisme la diffusion de la mystique quiétiste en pays germaniques protestants : si la condamnation de Fénelon en 1699 a été le coup fatal porté à la mystique dans l'Eglise catholique, les véritables héritiers des quiétistes, de Poiret et de Mme Guyon sont dans l'Allemagne piétiste[61] et dans l'Angleterre wesleyenne[62]. Cependant, toute la Contre-Réforme « positive », selon l'excellente distinction de J. Orcibal[63], de François de Sales à Fénelon, en passant par maint janséniste et par le Bossuet de l'*Exposition de la doctrine de l'Eglise catholique*, tendait de la même façon à épurer le catholicisme des dévotions peu fondées ou superflues, à promouvoir ce qu'il estimait essentiel, la piété, le mouvement du cœur qui donne leur sens aux

---

[59] *Il quietismo...*, *op. cit.*, p. 19 ; mais s'appuyant surtout sur des textes hostiles aux quiétistes, M. Petrocchi donne (pp. 101 et sv.) une présentation simpliste des attitudes de ces mystiques, considérées comme un « relativisme anarchique » hostile à l'Eglise, à l'Etat, à la bourgeoisie.

[60] *Chrétiens sans Eglise. La conscience religieuse et le lien confessionnel au XVIIᵉ siècle*, trad. A. Posner, Paris, Gallimard, 1969, pp. 492-557.

[61] R. Minder, *Glaube, Skepsis und Rationalismus*, Francfort, Suhrkamp, 1974 ; W. Grossmann, *Johann Christian Edelmann. From Orthodoxy to Enlightenment*, La Haye-Paris, Mouton, 1976 ; G. Gusdorf, *Les sciences humaines et la pensée occidentale*, t. VII, Paris, Payot, 1976, pp. 244-284.

[62] Cf. J. Orcibal, « L'originalité théologique de John Wesley et les spiritualités du continent », *Revue historique*, juil.-sept. 1959, pp. 51-80, repris dans *Etudes d'histoire et de littérature religieuses, op. cit.*, pp. 527-559.

[63] Développée dans la *Revue de l'histoire des religions*, janv. 1974, pp. 92-93 ; cf. aussi ses remarques dans *Hérésies et sociétés...*, *op. cit.*, p. 341.

pratiques. De ce point de vue, le quiétisme s'insère dans tout un courant contemporain de l'histoire du catholicisme que le développement du ritualisme et des pratiques ne doit pas faire oublier.

Mais la Contre-Réforme est également marquée par un renforcement considérable des structures ecclésiales et de l'autorité cléricale[64], devant lequel les milieux mystiques, et en particulier quiétistes, retrouvent les attitudes des hérétiques de toujours, ce que M. Petrocchi appelle une « typologie de secte »[65] : affirmation que le salut passe par l'agrégation au groupe, que l'oraison est la condition nécessaire et le moyen obligé du salut, développement des tendances eschatologiques et apocalyptiques avec l'espoir d'un renouvellement imminent[66] et la croyance en un retour à l'état d'innocence[67], méfiance à l'égard de la hiérarchie ecclésiastique et préférence donnée à l'inspiration des laïcs, des simples, des « idiots », sur les ordres des supérieurs[68]. Dans ces conditions, et sous l'effet de tendances personnelles très marquées chez Mme Guyon, l'aspiration à la simplicité, l'exaltation de l'état d'enfance ou le rêve du retour aux origines rejoignent ce qu'il y a de plus archaïque dans la mystique, et cela de multiples sens : archaïsme du comportement sectaire qui cultive l'illusion de sa différence et attribue au rêve la fonction de dévaluer la réalité, archaïsme de la psychologie et du rapport interpersonnel chez les membres du groupe, archaïsme politique quand la petite Eglise se découvre la mission de sauver l'Etat et

---

[64] J. Orcibal, « L'idée d'Eglise chez les catholiques du XVIIe siècle », *Relazioni del X Congresso Internazionale di Scienze Storiche (Roma... 1955)*, vol. IV : *storia moderna*, Florence, 1955, pp. 111-135, repris dans *Etudes d'histoire et de littérature religieuses*, *op. cit.*, pp. 337-355. Cf. aussi M. Bendiscioli, *Der Quietismus...*, *op. cit.*, p. 4.

[65] *Il quietismo...*, *op. cit.*, p. 35.

[66] M. Petrocchi, *op. cit.*, p. 36 et sv. ; L. Kolakowski, *Chrétiens sans Eglise*, *op. cit.*, p. 525 et sv. à propos de Mme Guyon.

[67] M. Petrocchi, *op. cit.*, p. 36 ; L. Kolakowski, *op. cit.*, pp. 540-541.

[68] Cf. M. Petrocchi, *op. cit.*, pp. 45-47 ; L. Kolakowski, *op. cit.*, pp. 497, 512, 513, 542, etc.

s'exalte de son messianisme : il n'est pas sûr que Mme Guyon ait toujours évité ces tendances. Cependant l'archaïsme sectaire était d'autant plus fort qu'une Contre-Réforme « négative » tendait à l'emporter sur la Contre-Réforme « positive », que les procédures inquisitoriales s'appliquaient à l'examen des œuvres et des auteurs spirituels, et que l'Etat moderne réagissait, se sentant menacé par la subversion que constituait l'image en son cœur, et non à côté de lui, d'une autre société[69]. Par contrecoup, les armes mêmes qui servaient à réprimer le quiétisme renforçaient le caractère sectaire du mouvement.

Nous arrêterons-nous à cette constatation du caractère rétrograde du quiétisme ? Le quiétisme est-il la dernière des hérésies moyenâgeuses, poche d'archaïsme religieux au milieu du monde moderne ? A cette affirmation, il est possible d'apporter deux correctifs : d'abord, quand nous parlons de quiétisme, nous employons un terme abstrait qui ne rend pas compte de la réalité des hommes et des œuvres ; nous adoptons inconsciemment le point de vue des censeurs. Or les très grands esprits dépassent les contradictions que nous avons vu apparaître : Fénelon ainsi ne peut être enfermé dans le dilemme archaïsme ou modernité[70] ; il apparaît fort éloigné des tendances dénoncées comme quiétistes : en ramenant la mystique à l'amour pur et sans intérêt, il abandonnait la longue tradition du mysticisme théorique et spéculatif et il s'écartait de tout ésotérisme sectaire[71], tandis que les aspects « expérimentaux » de la mystique lui apparaissaient fort secondaires[72] ; par ailleurs l'ecclésiologie de Fénelon, ses œuvres théoriques le prouvent autant que son

---

[69] Cf. A. Dupront, « Réflexions sur l'hérésie moderne », *Hérésie et sociétés*, *op. cit.*, pp. 293-294.

[70] Cf. R. Spaemann, *Reflexion une Spontaneität*, *op. cit.*, p. 56, etc. ; H. Gouhier, *Fénelon philosophe*, Paris, Vrin, 1977.

[71] R. Spaemann, *Reflexion und Spontaneität*, *op. cit.*, p. 22.

[72] Alors que Mme Guyon, malgré ses dénégations, leur attribuait une certaine importance, Fénelon accorda peu d'intérêt à la *Vie* de Mme Guyon.

attitude après sa condamnation, correspondait tout à fait à celle du catholicisme de son temps, avec cette seule réserve, capitale, qu'il ne prêchait pas l'absolue soumission à la hiérarchie au nom d'une obéissance extrinsèque, mais pour réaliser chez le croyant la parfaite désappropriation de la volonté, qui était justement une des leçons des mystiques rhéno-flamands et des spirituels du XVIIe siècle. En outre, si par bien des aspects Fénelon est un homme du passé, s'il semble avoir été en son temps le défenseur d'un ordre que toute l'évolution de la société et de la pensée rendait caduc, il fut aussi l'homme qui au seuil du XVIIIe siècle[73] a suscité, même à son insu, des idées et des sentiments nouveaux ; du plus archaïque, d'une spiritualité que l'on pouvait croire attardée, est issue une innombrable postérité.

Il faut apporter un second correctif : dans leur isolement relatif par rapport à la communauté catholique, dans leur refus des formes ecclésiales autoritaires qui semblaient alors assurer l'essor du catholicisme, certains de ceux qu'on a condamnés comme quiétistes ont incarné pendant un temps ce qu'Alphonse Dupront appelait fort bien les traditions « du mal être religieux »[74] ; ils ont rendu visibles des formes personnelles de vivre l'appartenance aux Eglises : le souci de la simplicité et du repos intérieur, la religion du cœur, la place donnée aux laïcs et aux simples, étaient certes bien archaïques, et il est possible que les cercles guyoniens du XVIIIe siècle, comme ceux que peindra Karl-Philipp Moritz dans son roman *Anton Reiser* en 1785, n'aient pas été autre chose que des survivances au milieu de la société des Lumières ; mais l'héritage des quiétistes du XVIIe siècle, refoulés et poursuivant souterrainement leur action, ne

---

[73] Point bien exposé par J. Orcibal, « Une controverse sur l'Eglise d'après une correspondance inédite entre Fénelon et Pierre Poiret », *XVIIème siècle*, 1955, n° 29, pp. 396-430, surtout ici p. 420.
[74] Dans *Hérésies et sociétés*, *op. cit.*, p. 296.

sera pas étranger à l'ensemble des Réveils à la fois religieux, intellectuels et artistiques qui marqueront l'aube du romantisme.

CHAPITRE XX

FÉNELON : L'INVOLONTAIRE DÉFAUT DU TEXTE

Au centre de l'*Explication des Maximes des Saints* de Fénelon, en 1697, se trouvent exposées les ultimes épreuves du
mystique : l'homme se sent, et est réellement, perdu, abandonné : il expérimente un désespoir, une mort. Alors, comme le
montrent les articles XIII et XIV[1], il se fait une séparation entre
les deux parties de son âme, la supérieure et l'inférieure :
l'inférieure se trouve en « un trouble entièrement aveugle et
involontaire » : la supérieure, c'est-à-dire l'intellectuel et le
volontaire, est dans la paix et la béatitude. Cette disposition et
cette non-communication ont une double fonction : la première
c'est de mettre la partie supérieure à l'abri de toute influence ou
contagion de la partie inférieure, rendant même théoriquement
possibles des fautes de l'inférieure sans que la supérieure en
soit lésée ; ce serait l'hypothèse quiétiste dont Mme Guyon s'est
parfois approchée[2], mais que Fénelon a toujours repoussée, en

---

[1] Dans Fénelon, *Œuvres*, Bibliothèque de la Pléiade, t. I, Paris, Gallimard,
1983, pp. 1043-1047.
[2] Mme Guyon, *La Sainte Bible*, Paris, 1790, t. I, pp. 288-289 sur *Exode, XV*,
23-24.

posant que les désordres de l'inférieure, s'ils prennent la forme de fautes morales, doivent *pratiquement* être « censés volontaires », et que la partie supérieure doit en être responsable ; mais ces prudentes réserves ne sont que conclusion pratique, qui ne réduit pas l'incommunicabilité théorique des deux parties. La seconde fonction de la séparation est d'illustrer et de fonder le point central de la doctrine fénelonienne du pur amour : si les quiétistes pouvaient isoler les fautes dans la partie inférieure, donc leur dénier toute importance, Fénelon opère une mutation dans ce qu'on entend par faute ; la faute n'est plus une défaillance de la partie inférieure qui entraînerait la supérieure, ou bien une perversion de la supérieure qui choisirait le mal contre le bien ; la faute est au cœur de la partie supérieure et dans l'exercice de sa fonction la plus éminente, dans l' « acte ». Fénelon déplace la faute, de son objet (telle action contre la loi, tel péché) vers le sujet agissant, de ce que vise l'acte (le bien ou le mal) vers la structure et les modalités de cet acte. Pour que l'acte soit moralement bon, il faut qu'il soit simple, direct, rapide, momentané, dénué de réflexion[3] : ces termes désignent les conditions de la « droiture » ou de la « rectitude » de l'acte ; entre l'acte « direct » et l'acte « droit » est posée une équivalence ; ce qui évoque un chemin plutôt qu'un but, une « direction », la façon d'aller vers le but. La faute est la brisure de la ligne droite, repliement de la direction, ré-flexion, détour au moment où s'exerce l'acte. Rien là en un sens que de traditionnel, s'il est vrai que la faute est la chute, la défaillance sur la route vers le bien : Fénelon retrouve le sens premier de la *culpa*, état de faute, culpabilité (*culpa*, un mot latin qui ne s'emploie pas au pluriel), et non *un* acte mauvais. Mais Fénelon situe la faute dans la réflexion, dans le geste de se pencher en arrière, plus vaste et compréhensif que les fautes particulières. L'acte direct ou droit n'est ni un acte bon, ni un acte qui effacerait la

---

[3] Cf. Robert Spaemann, *Reflexion und Sontaneität. Studien über Fénelon*, Stuttgart, Kohlhammer, 1963 [2ᵉ éd., Stuttgart, Klett-Cotta, 1990].

faute en s'ajoutant au précédent (nous serions dans le quantitatif, la mesure, la casuistique), mais il est un acte simple, pour ainsi dire sans épaisseur. Cet acte direct emporte une « certitude intime », ni réfléchie, ni durable, ni même exprimable, car elle n'est pas de l'ordre de la preuve ou de la démonstration : il ne laisse pas de traces, en particulier pas de « trace sensible », pas de marque sur l'imagination et les sens. Car une trace sensible en la partie inférieure serait signe et cause de l'imperfection. La réflexion dissout la certitude qu'elle voudrait établir, elle conduit au « doute », au trouble. Voilà chez Fénelon une sorte de faute nouvelle, et pour ainsi dire déplacée : non une faute théologique ou morale, mais une faute que l'on pourrait appeler de modalité.

Fénelon n'est pas le seul au XVIIe siècle à avoir opéré un déplacement de ce genre : dans son analyse du péché contre le Saint-Esprit, péché sans « objet » mais plus grave que tout péché, Jean Claude réalisait aussi une sorte de déthéologisation de la faute, et, comme celle de Fénelon, sa tentative peut être rapprochée de celle des théologiens qui à propos de la foi substituaient à l'inventaire des articles à croire une élaboration des conditions et des degrés de la certitude[4].

La faute qu'entraîne la réflexion aboutit, selon Fénelon, à l'état désigné par le terme de « trouble ». La partie inférieure de l'âme est dans un « trouble involontaire et invincible »[5], un « trouble entièrement aveugle et involontaire »[6]. Le « trouble » n'est identifiable ni avec la culpabilité, ni avec un déréglement des sens : c'est une fuite devant ce qui s'offre, un moyen d'esquiver, par le brouillage des repères, le glissement sur la pente d'un désir, une perte de lucidité, perte qui permet seule d'accomplir un acte impensable. Ainsi dans *Télémaque*, où le

---

[4] Voir plus haut, chap. VII et XV, pp. 161 et 363, sur J. Claude et sur H. Holden.
[5] *Article X, vrai, Œuvres*, t. I, p. 1036.
[6] *Article XIV, vrai, Œuvres*, t. I, p. 1046.

« trouble » est souvent mentionné, mais où à chaque fois il enveloppe le sujet qui risque de céder à son désir ; amour contraire à la loi, désir de mort, détournement de la voie droite, le « trouble » dévie le sujet de sa ligne, Ulysse de son retour, Télémaque de la rencontre de son père, de la soumission à la loi. Dans les évocations du mythe, le « trouble » accompagne le crime, le parricide et l'inceste : il empêche le sujet de penser l'impensable, tout en lui permettant de l'approcher dans le geste même qui l'en sépare. Dans la représentation des épreuves mystiques, le « trouble » est fruit de la réflexion ; conséquence quasi mécanique ou punition d'une déviation, il est aveugle et involontaire, même s'il résulte d'une tentative de lucidité et de volonté. Avec lui se perdent les discours explicatifs, les références théologiques et spirituelles par lesquels le mystique, coupable de réflexion, tenterait de soutenir la droiture et la simplicité de son acte. Ce qui est « réel et intime » échappant à la réflexion, seules restent les manifestations de la partie inférieure qui envahissent le champ.

Or c'est un trouble de ce genre que l'on peut repérer dans l'état de Jésus-Christ mourant sur la croix : un abandon du Père, un « délaissement », une angoisse qui a le caractère du désespoir. Mais le trouble du Fils et cet abandon radical ne sont pensables dans l'Image du Père, parfaite et seule Image, « modèle » de toutes les images, que si on les interprète comme une sorte de *mimesis* du trouble. Le trouble du mystique, du croyant touchant le fond de l'abandon, serait repris par le Fils volontairement, dans une intention pédagogique, pour conduire l'homme au salut. Explication récurrente de la théologie, qui place une intention, une volonté salvatrice, au cœur même du mystère du Fils, et qui établit la « volonté », la lucidité sans faille, la domination de la partie supérieure de l'âme du Fils comme substitut de l'impossible domination non réflexive de la partie supérieure de l'âme de l'homme sur la partie inférieure. Mais l'explication de la théologie bute sans cesse sur l'énigme du « *Eli, Eli lamma sabacthani* », « *Deus meus, Deus meus, ut quid dereliquisti me ?* », pris à la lettre, question posée au Père dont la volonté est mise en cause par le délaissement où il a plongé le Fils.

Si le trouble est, en Jésus-Christ, volontaire, s'il est le résultat d'une décision salvatrice libre, si en lui, hors de cette décision, nulle partie ne saurait être soumise au trouble du fait de l'union hypostatique, est-ce que le trouble ne perd pas sa pointe qui vise la volonté même du Père ? Il faudrait que le trouble ait envahi la partie inférieure de l'âme du Fils sans décision de la supérieure, au-delà des distinctions de la théologie et de l'empire d'un projet salvateur, pour que le Fils soit réellement modèle et récapitulateur, que le salut ne soit pas mimé mais réel, qu'il y ait réel abandon, trouble réel, mort réelle. Cette cohérence entre l'expérience du mystique et celle de Jésus-Christ, c'est ce que Fénelon du premier mouvement de sa main laisse s'écrire sur le papier.

> C'est ainsi que Jésus-Christ, notre parfait modèle, a été bienheureux sur la croix, en sorte qu'il jouissait par la partie supérieure de la gloire céleste, pendant qu'il était actuellement par l'inférieure l'homme des douleurs, avec une impression sensible de délaissement de son Père. La partie inférieure ne communiquait à la supérieure ni son trouble involontaire, ni ses défaillances sensibles. La supérieure ne communiquait à l'inférieure ni sa paix ni sa béatitude[7].

Comment écrire la simultanéité chez le mystique de la jouissance et du trouble, sinon par la traditionnelle topique du supérieur et de l'inférieur, des deux niveaux, et en opérant une « séparation » logique entre les deux faces inséparables comme le sont le recto et le verso d'une même page ? La fiction de leur non-communication permet de saisir ce qui est insaisissable : la jouissance *et* le trouble, le trouble *et* la jouissance. Mais peut-on opérer dans ce qui apparaît comme réel, seul réel, l'exception

---

[7] *Article XIV, vrai, Œuvres*, t. I, pp. 1045-1046. Fénelon dans cet article suit presque mot à mot Louis de Blois, *Le miroir de l'âme*, ch. X, § VII, dans Louis de Blois, *Sa vie et ses traités ascétiques*, t. II, Paris, Desclée de Brouwer, Lethielleux, 1932, p. 91.

du modèle ? Excepter le modèle reviendrait à opérer dans le modèle une sorte de déhiscence de cette paradoxale organisation, à ne donner en lui comme réelle que la jouissance, et à ne faire du trouble que le jeu ou la ruse d'un pédagogue divin.

En écrivant ce que les théologies n'ont cessé de réduire ou d'expliquer, en écrivant son « trouble involontaire », Fénelon allait au but visé, et refusé parce qu'inexprimable et impossible, des théologies, le sacrifice du Fils, non comme un semblant salvateur, mais comme ce que l'expérience-limite du mystique désigne sans relâche comme seul réel. Ce que les théologies avaient évité par la fiction opératoire des deux niveaux de l'âme et par l'affirmation du contrôle inaliénable, dans la seconde Personne de la Trinité, du supérieur sur l'inférieur, la main, involontairement, en une éclipse de la réflexion, l'écrit. Ecriture d'une réalité impossible, de l'anathème, réel dans la partie inférieure, du Fils voué à la mort par son Père, écriture qui va au-delà de la supposition impossible des mystiques (l'acceptation conditionnelle de l'Enfer, du pire, si en ce choix était sauvegardé l'amour)[8]. En effet, dans cette écriture d'un trouble atteignant à travers l'anathème porté sur le Fils, la Volonté du Père elle-même, Fénelon ne transforme-t-il pas la simultanéité de la jouissance et du trouble expérimentée par le mystique en une continuité, tordant pour ainsi dire sur elle-même la feuille de papier pour que le verso vienne en continuité avec le recto ?

Le premier geste de Fénelon a été d'expliquer, de justifier le texte imprimé dans la première édition de l'*Explication des Maximes des Saints*, même s'il l'écarte et le renie en un second mouvement.

> J'ai ôté de cet endroit le mot d'involontaire qui était dans la première édition. Je puis dire avec vérité que ce terme ne ve-

---

[8] Cf. Robert Leuenberger, « *"Gott in der Hölle lieben". Bedeutungswandel einer Metapher im Streit Fénelons mit Bossuet um den Begriff des "pur amour"* », dans *Zeitschrift für Theologie und Kirche*, 82. Jahrgang 1985, Heft 2 (April 1985), pp. 153-172.

> nait pas de moi, et par cette raison je n'aurais qu'à l'abandonner à la censure du lecteur. Mais je dois remarquer pour la décharge de celui de qui ce mot est venu, qu'il ne peut jamais faire dans la place où il était aucun sens contraire à la foi. C'est seulement un pléonasme car la partie supérieure est l'entendement et la volonté. Dire que la partie inférieure qui est l'imagination ne communique point son trouble à la partie supérieure c'est dire qu'elle ne communique point son trouble involontaire à la volonté, ce qui est [une proposition absurde *biffé*] une expression superflue[9].

La justification est d'abord rhétorique : l' « involontaire » est « seulement » un pléonasme qui pose qu'hors de la volonté il y a non pas autre chose que la volonté, mais l'involontaire, et que l'imagination est le lieu de l'involontaire ; un « pléonasme », une « proposition absurde », ou plutôt une « expression super-flue » qui ne fait que redire l'évidence en un « arrangement » de « paroles », justification qui tend à briser la continuité entre Volonté du Père, trouble et jouissance que semble induire, dans le cas de Jésus-Christ, l'expression « son trouble involontaire ». Les « paroles » ne veulent pas dire que la volonté n'a pas « commandé » ce trouble, mais signifient seulement qu'il n'a pas été communiqué à la volonté. L'involontaire n'est plus ce qui échappe au pouvoir de la volonté, mais ce à quoi échappe la volonté, ce qui ne saurait atteindre la volonté, véritable retour-nement de la signification usuelle du terme « involontaire ». C'est ce que Fénelon semble redire dans sa première justifica-tion manuscrite, dans les lignes qui suivent celles que nous ci-tions.

> Mais ces paroles ne peuvent jamais par elles-mêmes signifier dans cet arrangement que le trouble qui n'est point communi-qué par la volonté n'a pas été commandé par elle. Ce trouble est volontaire en tant que commandé par la volonté, mais il

---

[9] *Œuvres*, t. I, p. 1589 ; cf. pp. 1548-1549, où se trouve une reproduction des pages biffées.

n'est pas volontaire en ce que la volonté n'en est pas troublée[10].

On remarque, en lisant ces lignes, qu'au lieu des mots attendus
(et que l'on trouve dans les réutilisations de ce passage dans
d'ultérieures apologies) « qui n'est point communiqué *à* la volonté », Fénelon a écrit « qui n'est point communiqué *par* la
volonté ». Curieux *lapsus calami*, ni corrigé, ni repris ultérieurement, qui fait glisser une seconde fois l'écriture de Fénelon
vers l'impensable, et lui fait dire que la volonté ne
« communique » pas le trouble bien qu'elle le « commande » ;
c'est établir dans la volonté elle-même une distinction entre
deux modes d'action, l'un refusé (une communication d'un
affect de la volonté à la partie inférieure), l'autre reconnu (une
relation de commandement et de décision). Pris à la lettre, le
lapsus esquisse donc une autre justification, jamais tentée explicitement par Fénelon, peut-être parce qu'elle faisait ressurgir
l'involontaire, même sous forme d'involontaire de non-
communication, dans le geste même qui tendait à l'écarter. Bu-
tant, sans s'en rendre compte, sur cette présence masquée de
l'anathème et de la soustraction d'une partie de l'âme du Verbe
à la Volonté divine, donc sur une écriture inscrivant l'échec ou
la faute dans la Volonté, Fénelon biffe de plusieurs traits de
plume la justification qu'il avait écrite en regard des pages du
livre, il abandonne ses « paroles », le mot « involontaire », et il
avoue la faute d'un copiste ou d'un imprimeur. Fénelon aurait
écrit « volontaire », on aurait écrit à la place « involontaire ».
Dans la suite de la querelle avec Bossuet, Fénelon ne cessera
d'écrire que l' « expression ne vient pas de moi », qu'elle vient
d' « un autre »[11], tout en laissant ouverte la possibilité d'une
justification.

---

[10] *Œuvres*, t. I, pp. 1589-1590.
[11] Fénelon *Œuvres complètes*, Paris, Leroux, Gaume, 1850, t. II, pp. 271-272,
299, 376 ; t. III, p. 396.

> Cette expression ne vient pas de moi ; je pourrais m'en dé-
> charger sur un autre, mais je ne veux charger personne ; il me
> suffit de déclarer qu'elle ne vient pas de moi. Dans la place où
> elle est, elle ne peut avoir aucun sens erroné. Elle dit seule-
> ment que la partie inférieure étant troublée, ne communique
> point son trouble à la supérieure, qui est la volonté. Le trouble
> est volontaire en ce qu'il est commandé par la volonté. Il est
> involontaire en ce qu'il n'est pas communiqué à la volonté qui
> n'est pas troublée[12].

Nous ne devons pas suspecter la sincérité de ces affirmations que Fénelon a données comme expression de la « vérité » ; cependant le rapport de Fénelon à cette « faute » de copiste est plus complexe que ne pourraient le faire croire ses dénégations répétées. D'abord, la juxtaposition insistante de l'aveu de la faute d' « un autre » et de la justification superflue de « celui de qui ce mot est venu »[13] montre qu'il ne s'agit pas d'un pur et simple rejet. De plus, en d'autres endroits, inconnus ou négligés par ses adversaires, Fénelon n'a pas hésité à parler de « soulèvement involontaire de la nature » en Jésus-Christ[14] ; et,

---

[12] *Œuvres complètes*, t. II, pp. 271-272. Voir aussi la lettre du 20 février 1699 à Chanterac, *Correspondance*, t. VIII, Genève, Droz, p. 442, et celle du 13 mars 1699, *ibid.*, p. 470. Il y a de nombreuses allusions à la question de « l'involontaire » dans la *Correspondance* de Bossuet du début de 1699, éd. Urbain et Levesque, t. XI, Paris, Hachette, 1920, pp. 118 et sv., 135, 424 et sv., 431. On y ajoutera le témoignage du président Dugas dans une lettre du 8 janvier 1719 à M. de Saint Fonds, Lyon, Bibliothèque municipale, ms. 6224, t. II, p. 639 : « Voici comment le P. de Vitry m'a raconté que la chose se passa. Un homme de qualité duc et pair, ami de M. de Cambrai, prit soin en son absence de l'impression du livre et revoyait les feuilles. L'auteur disait en quelque endroit que N. S. dans sa passion avait éprouvé un trouble *volontaire*. Le duc dont j'ai oublié de demander le nom crut bonnement que c'était une faute, et que ce serait attribuer un péché à N. S. puisque le volontaire est péché en nous, ou bien que l'involontaire ne l'est pas. Dans cette pensée il corrigea l'épreuve et fit mettre involontaire. »
[13] *Œuvres*, Bibl. de la Pléiade, t. I, p. 1589.
[14] Lettre à Mme Guyon, 9 ou 10 juillet 1689, *Correspondance*, publiée par Jean Orcibal, t. II, Paris, Klincksieck, 1972, p. 109.

en un rapprochement explicite avec ce dernier, d' « impression involontaire » en l'âme[15].

Par ailleurs l'aveu de la faute du copiste est aussi significatif que la faute contre la traditionnelle christologie. La faute que constitue l'écart ou la défaillance par rapport à une vérité essentielle, la divinité du Fils et l'absolue domination de l'entendement et de la volonté divins sur la Personne du Fils, cette faute théologique est réduite, non plus par le déploiement d'un sens univoque grâce à l'analyse rhétorique, mais par la substitution d'une erreur d'écriture, d'une *menda*, au péché, *peccatum* désigné comme origine de la *culpa*[16] ; c'est cette substitution que l'on doit interroger pour approcher ce que dit le texte de Fénelon.

La *menda* ou le *mendum*[17], c'est proprement le défaut sur le corps ou le visage que, selon l'art d'aimer ovidien, doit cacher qui veut susciter ou conserver l'amour, défaut absent du corps de la femme chantée par Ovide. Mais la *menda* est aussi, selon Cicéron, la faute du copiste, ce qui peut et doit se corriger, ce que la rature, *litura*, efface, restaurant, ou semblant restaurer après coup, l'intégrité du texte un instant troublée par le surgissement involontaire de la lettre ou du mot étrangers, fautifs. La *menda* n'est pas de l'ordre de la *culpa*, puisque c'est ce qui se glisse involontairement.

Au centre de l'œuvre de Fénelon, il y a donc une faute, au sens de *menda*, sorte de point aveugle situé hors de la vision, mais rendant possible la vision. Que cette faute soit un *lapsus calami*, que la faute soit le résultat d'une relecture inattentive à la vérité théologique, ou qu'elle soit le résultat d'une interpré-

---

[15] *Œuvres*, p. 1036. Sur l' « involontaire », voir aussi les références données dans Jacques Le Brun, *La spiritualité de Bossuet*, Paris, Klincksieck, 1972, pp. 650-651.

[16] Bien que lui aussi le *peccatum* soit à l'origine faux pas, ce qui précède et cause la chute.

[17] Voir Ernout-Meillet, p. 396.

tation de copiste, elle naît soit d'une absence de la réflexion, soit d'une intervention d'un autre. Dans les trois cas, un auteur, en tant que réfléchissant sur son écriture et mesurant la portée et les conséquences de son expression s'absente ou est absent du texte. La question est alors de savoir quel est le statut de ce texte où s'inscrit involontairement l'involontaire du trouble christique.

Ce n'est pas l'absurde, ou le non-sens qu'il exprime (Fénelon a pu écrire qu'il redoublait, par pléonasme, le sens !), mais une parfaite logique, d'autant plus parfaite si l'on adopte l'hypothèse d'une faute de copiste. Un copiste en effet n'introduit que quelque chose de cohérent avec sa lecture du texte : la « faute » est le produit d'une logique qui dans le texte s'est dégagée à sa lecture. Ce qu'il nous faut à notre tour dégager, c'est cette logique qui n'est accessible que dans l'inattention, ou par un autre non engagé dans un processus d'auto-censure. Comme souvent en des cas analogues (nous serions portés à dire « toujours »), c'est le texte lui-même qui révélera la logique de son altération, le texte dans la mesure où il est identique à ce dont il parle. Nous le montrons ailleurs à propos de passages décisifs, porteurs de variantes énigmatiques, de *Télémaque*[18] : la logique du texte, mais pas nécessairement celle du sens manifeste qu'il porte ou celle de l'intention de l'auteur. Il est question ici, dans une comparaison entre le mystique (ou le chrétien) dans les ultimes épreuves et Jésus-Christ, de la nature, volontaire ou involontaire, du trouble. Or la « faute » de copiste (en accord avec la logique de la lettre de juillet 1689) rétablit entre le cas du mystique et celui de Jésus-Christ une cohérence que la considération (théologique) de la seconde Personne de la Trinité tend à rompre : la discontinuité, seule pensable dans la théologie du Verbe, n'est pas compatible,

---

[18] Premières remarques dans notre article « Le leurre de la lisibilité. *Télémaque* de Fénelon », dans *Cahiers de lectures freudiennes*, n° 7/8, octobre 1985, pp. 81-92.

sinon par un détour anthropologique forcé, avec la continuité que tendent à établir l'expérience des dernières épreuves et le caractère de modèle de Jésus-Christ.

C'est ce que l'article XIV, vrai, de l'*Explication des Maximes des saints* développe longuement dans sa première version, seule publiée et dans les réécritures qu'en a faites Fénelon. Comme un impensable qui se glisse dans le texte, un « involontaire » apparaît, sans auteur à proprement parler. Et pourtant, c'est la seule leçon imprimée de ce texte, la seule à faire autorité, s'il est vrai que l'imprimé fait loi et fait foi. Aussitôt Fénelon essaie de justifier, puis d'annuler, les deux lettres privatives qui, faisant le défaut de son texte, constituent une faute. Les dénégations répétées (« Cette expression ne vient pas de moi ») apparaissent alors comme les formules négatives par lesquelles le superstitieux, disant « Je n'ai rien dit », essaie de bloquer la force à laquelle le mot a entrouvert la porte[19].

Cependant ce n'est pas n'importe quel « mot » qui est ici en cause : le « trouble involontaire » du Fils dans le « délaissement de son Père » touche non seulement à une question centrale de la théologie, mais aussi au cœur du texte fénelonien : des *Dialogues des morts*, aux *Fables*, aux *Aventures de Télémaque*, et à l'*Explication des Maximes des Saints*, et dans le reste de son œuvre, Fénelon n'a cessé de s'interroger sur le délaissement, la perte et la mort du Fils[20] et des fils, et sur la chute, la faute non théologique, mais spirituelle, qu'est la « réflexion ». Or placer au centre du problème du pur amour la question de la réflexion, c'est essayer de concevoir la volonté en une pure spontanéité, volonté non réflexive, volonté qui pourrait prendre le caractère

---

[19] Cf. André Jolles, *Formes simples*, trad. française, Paris, Seuil, 1972, p. 22.

[20] Cf. Henk Hillenaar, « Inconscient et religion dans *Télémaque* de Fénelon », dans *La pensée religieuse dans la littérature et la civilisation du XVIIe siècle en France*, Biblio 17, Paris-Seattle-Tübingen, 1984, pp. 323-324 et plus loin, chap. XXI ; et notre article cité plus haut n. 18. Voir aussi la notice des *Dialogues des morts*, dans *Œuvres*, Bibl. de la Pléiade, t. I, p. 1338.

de l'involontaire : impensable association de la volonté et de l'involontaire qui permettrait d'échapper au piège d'une volonté où la conscience se glisse comme faute inévitable. L'effort de Fénelon est de penser un état, ou un niveau de l'âme, à la fois « fond intime » et « partie supérieure », d'où le moi conscient soit absent, où il n'y ait plus réflexion ni conscience de soi, mais où non seulement il n'y ait pas le vide qui succède à la destruction, mais plutôt la négation seule source et seul critère de la pureté de l'amour.

On est alors conduit à s'interroger d'un autre point de vue sur l'in-volontaire comme faute de copiste et sur l'argumentation de Fénelon : nous y trouvons non seulement les traits du « Je n'ai rien dit » superstitieux, mais aussi ceux de la dénégation, de la *Verneinung* sur laquelle Freud écrivit en 1925 un de ses textes les plus denses et les plus pénétrants[21]. « Un contenu de représentation ou de pensée refoulé peut se frayer la voie jusqu'à la conscience à la condition de se faire *nier (verneinen)* »[22] : cette idée incidente (*Einfall*, ce qui tombe, ce qui s'écroule, mais aussi ce qui vient à l'idée), au moment où elle est niée, est marquée d'un « Non », qui est comme une marque de fabrique[23]. Mais cette voie détournée, loin de constituer une « destruction » pure et simple, apparaît à Freud comme « l'origine d'une fonction intellectuelle »[24], celle du jugement, l'être étant présenté « sur le mode de ne l'être pas », comme l'écrit Jean Hyppolite dans son commentaire de ce texte[25]. Si, dans la dénégation, l'inconscient est utilisé « tout en maintenant

---

[21] « *Die Verneinung* », dans *Studienasgabe*, Bd. III, *Psychologie des Unbewussten*, Frankfurt a/M, Fischer, 1982, pp. 371-377. Médiocre traduction française, sous le titre « La négation », dans Freud, *Résultats, idées, problèmes*, t. II, *1921-1938*, Paris, P.U.F., 1985, pp. 135-139.

[22] « La négation », p. 136, soulignement de Freud.

[23] « *Ihr "Nein" ein Merkzeichen* », « *Die Verneinung* », p. 374.

[24] « *Die Entstehung einer intellektuellen Funktion* », « *Die Verneinung* », p. 376.

[25] Dans Jacques Lacan, *Ecrits*, Paris, Seuil, 1966, p. 881.

le refoulement »[26], on peut se demander si les protestations de
Fénelon et son aveu de la faute d' « un autre » ne sont pas un
moyen de faire jouer et opérer en spiritualité le trouble involontaire du Fils, et, tout en niant la pertinence de cette opération, de montrer qu'elle n'est pas « contraire à la foi ». La
« vérité » qui se dégage n'est cependant pas celle de la théologie : la dénégation est une « forme d'aveu »[27], par laquelle se
réalise une « approximation »[28] de la vérité que tend à exprimer
le sujet qui parle. Cette vérité que Fénelon n'a pas exprimée,
son lapsus répété l'approche et prend son poids si on le met en
rapports avec un autre silence de son texte : c'est un silence
surprenant sur des aspects essentiels de la christologie que le
P. Petau avait abordés naguère de façon décisive[29] ; dans les
œuvres spirituelles de Fénelon, on trouve des pages où est évoqué Jésus-Christ lumière[30], législateur ou instituteur des hommes[31], mais on y cherche une doctrine approfondie de
l'Incarnation, du Sacrifice, de la Rédemption. Cette absence et
ce silence sont les lieux vides sur lesquels le lapsus des *Maximes des Saints* et sa dénégation portent inévitablement
l'attention. Au cœur du texte fénelonien, il y a la dénégation du
préfixe négatif, les deux lettres « in » niées, un Fils anathème,
délaissé, accueillant le trouble et l'involontaire en une partie de
son être, voué à la mort par la Volonté de son Père, ce que disent à la même époque, sous la forme de la fiction romanesque,

---

[26] Jean Hyppolite, *ibid.*, p. 887.

[27] Jacques Lacan, *Ecrits*, *op. cit.*, p. 595.

[28] *Ibid.*, p. 372.

[29] Voir D. Petau, *Dogmata theologica*, Paris, 1650, t. IV, pp. 762 et sv.
« *Liber nonus in quo de voluntate Christi disseritur* », en particulier pp. 799 et
sv. sur les deux volontés dans le Christ, pp. 805 et sv. sur sa *libera voluntas*, et
pp. 818 et sv. sur la question de savoir s'il avait deux volontés contraires au
jardin des Oliviers.

[30] *Œuvres*, Bibl. de la Pléiade, t. I, p. 734.

[31] *Ibid.*, p. 762.

le destin de Télémaque, celui du fils d'Idoménée, celui de Pha-
dael, fils de Pygmalion, celui de Pisistrate, fils de Nestor[32].

---

[32] Voir notre contribution « Mystique et christologie à la fin du XVIIe siècle »
dans *Le Christ entre orthodoxie et Lumières*, pub. par Maria-Cristina Pitassi,
Genève, Droz, 1994, pp. 31-47.

CHAPITRE XXI

FÉNELON. UN FILS EST TUÉ

Fénelon, précepteur du petit-fils de Louis XIV, écrivit, dans une intention pédagogique, une « suite » du IVe livre de *L'Odyssée*, *Les Aventures de Télémaque* : au récit classique du retour d'Ulysse, de sa quête de sa patrie et de sa femme, νόστου κεχρημένον ἠδὲ γυναικὸς[1], Fénelon substituait un récit qu'Homère ne faisait qu'esquisser, la recherche d'Ulysse par son fils et l'impossible rencontre de l'un et de l'autre. Le roman est en effet encadré par deux rencontres manquées : au début, le père vient de quitter l'île et l'amour de Calypso quand le fils est jeté par la tempête auprès de la déesse et résiste à sa séduction et à celle de ses nymphes. A la fin, au livre XIII, Télémaque rencontre un « étranger inconnu, qui avait un air majestueux, mais triste et abattu »[2], et qui le reçoit « assez mal »[3] : un vieillard consulté invente une histoire, adaptant le mythe d'Œdipe, et raconte pourquoi l'étranger est triste, comment il a

---

[1] *L'Odyssée*, I, 13.
[2] Fénelon, *Œuvres*, Bibl. de la Pléiade, t. II, Paris, Gallimard, 1997, p. 316. Les références sans titre renvoient à cette édition.
[3] *Ibid.*, t. II, p. 316.

été chassé de chez lui par la prédiction d'un oracle et erre désormais à travers le monde en quête de faire du bien. Lorsque les étrangers ont rembarqué, Télémaque, que ces paroles avaient rempli d'inexplicable tristesse, apprend que l'inconnu n'était autre qu'Ulysse qu'il n'a pas su reconnaître et qui ne s'est pas fait reconnaître de son fils.

L'écriture romanesque est une mise en scène de la perte et de la quête du père, et en même temps des « artifices » par lesquels le héros, accompagné de Mentor, tente de combler cette perte : le rôle de Mentor tend, à travers le discours et l'action pédagogiques et moraux, à substituer au père absent un « vrai père », selon le mot récurent de Télémaque, un être ambigu, dieu et homme, homme et femme, Mentor-Minerve, tenant lieu du père. Mais d'autres « vrais pères » sont, à chaque épisode, mis en scène par l'écriture romanesque : Narbal, Adoam, Idoménée, d'autres, font sentir au héros la perte qu'il a subie, tout en jouant le rôle de pères d'adoption.

L'écriture romanesque, fondée sur cette perte, existe par l'effort pour la dire, et de ce fait pour la masquer. D'ailleurs, après la rencontre manquée et la non-reconnaissance, l'écriture choit de double façon : d'une part, par la disparition, dans une théâtrale métamorphose, de Mentor qui, reprenant son apparence de déesse opère une glorieuse et baroque ascension, d'autre part, par la brusque décision de Télémaque, « étonné et hors de lui-même »[4], qui part pour Ithaque, « et reconnut son père chez le fidèle Eumée » : quatre lignes où disparaît celui qui tenait lieu de père, où tombe l'écriture romanesque, où en quelques mots est résumée la fin de *L'Odyssée*, le poète mythique prenant le relais du romancier moderne pour dire, de la façon la plus neutre, l'inexprimable rencontre.

Tel est le sujet apparent du *Télémaque*, à la fois clair et complexe, détours qui pendant dix-huit livres retardent le

---

[4] T. II, p. 326.

« happy end ». Pouvons-nous nous contenter de cette lecture manifeste ? Le texte que nous lisons, tel qu'il a été publié en 1699, et tel même que Fénelon lui a donné sa forme pour une éventuelle impression, ce texte c'est seulement ce que Fénelon, cessant de le taire, a pu écrire, ce qui subsiste à de successives pertes, à des écritures entrelacées de lectures. Ce texte, « trop » parfait au goût des hommes du XXe siècle[5], est (comme tout texte ?) construit sur la mise à l'écart d'autres textes, par des processus qui articulent écriture, lecture, rejet de la première écriture, substitution d'une écriture à une autre ; le texte est ce qui survit, et en même temps ce qui naît d'une double impossibilité d'écriture : d'abord de ce qui de toute façon est refoulé et n'a pu s'écrire, ensuite de ce qui a été bel et bien écrit, ou au moins commencé à être écrit, et qui, à l'épreuve de la lecture (même instantanée), a été rejeté. Or le considérable corpus des manuscrits de Fénelon, autographes et copies corrigées par l'auteur, nous permet de découvrir, de la première écriture et de son rejet, des traces nombreuses et accessibles au déchiffrement : des pages, des mots, des débris de mots, des lettres, chus du processus d'écriture ; seul le travail d'édition « critique », le recueil de toutes les premières leçons, de toutes les variantes, permet la lecture d'un « autre » texte ou tout au moins des épaves qui, comme autant de signes, attendent l'interprétation. Ces épaves et ces débris n'ont pas tous le même statut. Débarrassons-nous d'emblée de l'illusion téléologique d'y voir un « premier » texte, « corrigé » pour aboutir au texte « définitif » : cette conception de l'écriture serait le résultat d'un *a priori* esthétique et idéologique difficile à soutenir. Mais inversement, nous ne saurions assimiler cet « autre » texte, encore « informe », au véritable texte, à la *vérité* de l'œuvre que des censures, esthétiques, morales, sociales, auraient masquée dans le texte définitif : cet « autre » texte n'est pas plus « vrai » que

---

[5] Cf. sur ces problèmes de lecture et de textes un premier aperçu dans notre article « Le leurre de la lisibilité. *Télémaque* de Fénelon », dans *Cahiers de lectures freudiennes*, n° 7/8, « Le Manque à lire », octobre 1985, pp. 81-92.

le texte définitif, n'en donne pas la clef, car il reste lui-même à interpréter[6].

Autre question préalable, pouvons-nous assimiler ces débris à des lapsus[7] ? Certes, il y a des *lapsus calami* repérables dans les manuscrits, mais bien des éléments, phrases, première version d'épisodes, ne sauraient avoir le statut de lapsus, car ils ont été écrits, acceptés, et ont eu une fonction, au moins provisoire, dans des ensembles. A moins de prendre le terme *lapsus* au sens étymologique[8] : ce qui choit et ce qui fait choir, ce qui a rapport avec la chute et avec la faute, ce qu'il a fallu écrire ou ce qui a failli s'écrire, mais ce qui n'a pas pu rester écrit dans le texte.

En l'absence irrémédiable de l'auteur, nous sommes réduits à rapprocher l' « autre » texte du texte manifeste et ce ne sera que du rapport entre ces deux textes que pourra s'élaborer une interprétation : l'œuvre manifeste, le *Télémaque* tel qu'il est lu en 1699 et aujourd'hui, s'est écrite sur, et à la place de la perte et de la quête d'un père ; or l' « autre texte », dont nous donnerons ici quelques éléments, a aussi, et particulièrement, rapport avec le père, mais de tout autre façon : en un sens l'un et l'autre disent la même chose et autre chose.

Au livre III de *Télémaque*, Narbal, avant d'aborder en Phénicie, donne à Télémaque un conseil salutaire : qu'il garde les secrets. Le héros se récrie qu'il a pris l'habitude « de ne dire jamais [son] secret »[9]. Ce long texte, qui développe les lieux communs des éducations princières sur le secret, révèle peut-être aussi un des secrets du roman. Télémaque raconte comment Ulysse, à son départ pour la guerre de Troie, lui a laissé la re-

---

[6] Cf. H. Godard dans *Leçons d'écriture. Ce que disent les manuscrits*, textes réunis par A. Grésillon et M. Werner, Paris, Lettres Modernes, Minard, 1985, pp. 144-145.
[7] Cf. J.-L. Lebrave, dans *Langages*, n° 69, mars 1983, p. 11 : « On ne saurait réduire les ratures [...] à des ratés. »
[8] Voir Ernout-Meillet, pp. 333-334.
[9] T. II, p. 30.

commandation de toujours garder les secrets. Nous n'insisterons pas ici sur la place capitale du secret dans l'œuvre, la pensée et la spiritualité de Fénelon, le secret, la tradition secrète, le regard qui perce le secret, le regard de celui qui voit sans être vu ; nous nous demanderons seulement comment le passage du livre III de *Télémaque* fait secret et entrouvre la porte à l'élucidation d'un secret. Télémaque rapporte (et c'est le seul endroit où il le fait) les ultimes « paroles » de son père alors qu'il était lui-même trop jeune pour les « entendre », paroles rapportées par autrui, puis répétées par le héros, *ultima verba* qui n'ont aucun parallèle dans l'Antiquité[10], qui sont même présentés par Fénelon *à la place* des récits traditionnels du départ d'Ulysse ; cet éliminé, ce qui est tu de la tradition, est un des premiers secrets du texte. Les poètes et les mythographes de l'Antiquité, bien connus au XVIIe siècle, ont raconté l'épisode : Ulysse sensible aux charmes de Pénélope ne voulait pas partir pour la guerre, il feignit la folie, labourant ses terres avec un bizarre attelage et y semant du sel ; Palamède, pour l'éprouver, mit sur le chemin de sa charrue le petit Télémaque, et Ulysse fut démasqué car il fit un détour de peur d'écraser son fils ; au sens propre, il « délira », sortit du sillon, sauva son fils, mais pour le perdre, comme il perdait Pénélope, en partant à la guerre. Telle est la tradition, illustrée par les peintres modernes[11] ; récit que connaissait Fénelon et auquel il fit allusion dans le Ve *Dialogue des morts*, « Ulysse et Achille »[12], seul endroit de toute son œuvre où, à l'exception des *Aventures de Télémaque*, il mentionne Télémaque. Cette tradition, Fénelon la tait

---

[10] Les dernières paroles d'Ajax à son fils, Euryace, trop jeune pour avoir conscience des maux, ont un accent différent ; voir Sophocle, *Ajax*, v. 545 et sv.

[11] Voir des références dans A. Pigler, *Barockthemen*, 2e éd., Budapest, Akadémiai Kiadó, 1974, t. II, p. 333. La scène était racontée dans la fable 95 d'Hygin, voir éd. J.-Y. Boriaud, coll. Budé, Paris, Belles Lettres, 1997, p. 75.

[12] Fénelon, *Œuvres*, Bibliothèque de la Pléiade, t. I, Paris, Gallimard, 1983, pp. 288-290.

dans le livre III du roman, comme il tait aussi la légende, rapportée pourtant dans son Ve *Dialogue des morts*, de la mort d'Ulysse tué sans être reconnu par son fils Télégone qu'il avait eu de Circé et qui épousera ultérieurement Pénélope[13].

Pourquoi cette omission ? Les raisons esthétiques, qui peuvent s'autoriser d'Aristote[14], risquent d'être des écrans trompeurs ; seul l'examen des premières leçons du texte a des chances de nous mettre sur la voie : dans le texte reçu, Ulysse commence ainsi son discours à son fils : « O mon fils, que les dieux me préservent de te revoir jamais, que plutôt le ciseau de la Parque tranche le fil de tes jours lorsqu'il est à peine formé, de même que le moissonneur tranche de sa faux une tendre fleur qui commence à éclore, que mes ennemis te puissent écraser aux yeux de ta mère et aux miens, si tu dois un jour te corrompre et abandonner la vertu ! »[15] Parmi d'autres variantes de ce passage sur lesquelles nous n'insisterons pas ici malgré leur importance[16], nous relèverons que Fénelon, avant d'écrire « de même que le moissonneur », avait commencé par écrire les mots inachevés « de même que le labour » ; puis il avait biffé les six lettres de « labour » et écrit à leur place un « m », début sans doute du mot « moissonneur », qu'hésitant il a derechef biffé, avant d'écrire finalement ce mot « moissonneur ». Certes le texte reçu est plus cohérent et Fénelon emploie ailleurs la même image du moissonneur[17], mais ce texte reçu, apparaît après un surgissement, immédiatement refusé, de la scène de la folie du père et du meurtre possible du fils par le père, surgis-

---

[13] Cf. Bibl. de la Pléiade, t. I, p. 289.

[14] *Poétique*, 1. VIII, 1451 a.

[15] T. II, p. 31.

[16] Signalons-en une : Fénelon avait écrit « que plutôt ils te », avant de corriger en « que plutôt le ciseau de la Parque », peut-être recul devant une mort causée directement par les dieux, moyen de faire disparaître derrière le poncif littéraire la cruauté des dieux meurtriers. Pour toutes ces variantes, voir t. II, p. 1310.

[17] Bibl. de la Pléiade, t. I, p. 242.

sement d'ailleurs qui n'aurait fait paraître que la « vérité » traditionnelle de la biographie légendaire d'Ulysse. De plus, quelques lignes plus loin, Ulysse emploie pour évoquer la mort de
son fils le verbe « écraser », type de mort évoquant la scène du
labour[18] et peu cohérente avec celle de la moisson.

Refoulée de l'endroit où on l'attendait, la scène du labour
reparaît ailleurs, au livre V, à propos d'une autre mort, dont
nous dirons un mot, celle du fils d'Idoménée tué par son père[19].
Et nous pourrions aussi rappeler la place du laboureur dans
l'utopie de Salente : là[20], le geste, qui fait surgir l'âge d'or, c'est
l'ouverture du sein de la terre « au tranchant de la charrue »,
euphémisme pour désigner le meurtre évité avant le départ pour
la guerre, le meurtre qui aurait rendu impossible la victoire et la
fécondité de la terre.

En une sorte d' « autre » texte, se profilent, en une scène rejetée, le père pris de peur et refusant l'héroïsme, sa lâcheté jusqu'à la folie[21], la menace de mort qu'il fait peser sur son fils
derrière le vœu, conditionnel mais manifestement formulé : à
une mort possible causée par la faute du père est substituée une
mort conditionnelle que causerait la faute du fils ; à la première
le fils a échappé par un « dé-lire » du père ; à la seconde il
n'échappera que par la soumission à l'ordre du père. Un lien
secret est établi entre la mort promise par le père et tout le projet pédagogique et moral de Fénelon.

Un autre secret se profile cependant dans le récit par Télémaque de la scène inaugurale, un « second » arrière-texte : dans

---

[18] Cf. dans le Ve *Dialogue des morts* : « faire passer la charrue sur ».
[19] « Tel qu'un beau lis au milieu des champs, coupé dans sa racine par le
tranchant de la charrue », t. II, p. 61.
[20] T. II, pp. 169.
[21] Nous ne ferons que mentionner ici un autre arrière-texte, biblique celui-là,
la folie simulée de David chez le roi des Philistins (*I Rois* XXI, 11-16), David
qui sera ultérieurement responsable de la mort de son fils Absalon (*II Rois*
XVIII-XIX).

les adieux d'Ulysse, la présence récurrente des signifiants
« tendre », « tendresse », doit nous faire signe, non seulement
parce qu'avec le « trouble » et l' « horreur » ce sont ceux qui
reviennent avec le plus d'insistance aux endroits les plus importants de *Télémaque*, mais parce qu'ils paraissent en contradiction avec le « premier » arrière-texte refusé. Or l'examen
attentif du texte montre que Fénelon applique exactement aux
adieux d'Ulysse et de Télémaque ce que nous lisons dans
L'Iliade[22] des adieux d'Hector et d'Astyanax : le texte du XVIIe
siècle est un pastiche du texte homérique. Le texte de *L'Iliade*
se laisse donc lire ici pour ainsi dire en « palimpseste »[23], texte
évidé de ce que Fénelon appelle ailleurs la « narration »[24] : alors
dans ce creux du texte nous lisons encore le meurtre d'un enfant : le meurtre d'Astyanax par Ulysse lui-même, meurtre injustifié, comme le meurtre d'Iphigénie avait jadis été dû à
l'acharnement d'Ulysse, meurtres mis par les poètes et les mythographes au compte de la « passion », horreur primitive que
ne peut dire aucun discours sinon le mythe et la fable ; or Fénelon n'ignorait pas les textes pathétiques d'Euripide et
d'Ovide qui rapportaient cette fable. Au-delà des justifications
politiques, de tout principe d'utilité, et dans sa pure « passion »
de tuer, c'est un Ulysse meurtrier d'enfant qui se substitue à un
Ulysse menaçant.

Tels sont donc les arrière-textes qui se laissent lire derrière
le texte reçu, et que le texte reçu masque, alors que la critique
nous donne le moyen de les déchiffrer. Nous avons voulu insister sur la scène inaugurale rapportée au livre III pour donner
un exemple de méthode et des lectures que rend possible le
travail critique. Sans pouvoir développer autant d'autres exemples, apportons encore quelques éléments : si Ulysse est sans

---

[22] *L'Iliade* VI, 400 et *sq.*
[23] Cf. H. Godard, dans *Leçons d'écriture*, *op. cit.*, p. 144.
[24] Livre X, t. II, p. 170.

cesse mentionné dans *Télémaque*, mais s'il n'apparaît jamais sinon, furtivement, sous les traits de l'inconnu du livre XVIII, un personnage est au premier plan, du livre V au livre XVII, c'est Idoménée[25]. L'*exemplum* d'Idoménée, qui remonte au moins à Servius, le meurtre du fils par le père à la suite d'un vœu et le rachat du père, occupe une grande partie du roman de Fénelon, au point qu'on aurait pu imaginer que le livre s'appelât « Idoménée », comme telle tragédie représentée au collège jésuite de Louis-le-Grand en 1691[26], si ce titre n'avait pas été trop parlant. Idoménée, revenant de la guerre de Troie, avait fait à Neptune, pour échapper à la tempête, le vœu d'immoler la « première tête » qui se présenterait à ses yeux ; or celui qui « se jette à son cou » est son fils. Le vieillard Sophronyme essaie de détourner Idoménée d'accomplir sa promesse, en soutenant que « les dieux ne veulent point être honorés par la cruauté » et en proposant de sacrifier cent taureaux. Cependant le fils s'offre à mourir : « je meurs content, puisque ma mort vous aura garanti la vôtre », et Idoménée, échappant à tous ceux qui l'observaient, « enfonce son épée dans le cœur de cet enfant », puis tente de se suicider. Fénelon s'attarde à écrire la mort du fils, « tel qu'un beau lis au milieu des champs coupé dans sa racine par le tranchant de la charrue »[27]. Le père devenu « insensible »[28], hors de lui, doit s'enfuir devant la fureur du peuple. L'utopie politique développée par Fénelon, la fondation et la constitution de Salente, représentera les efforts du père pour racheter sa faute en se vouant au bonheur des hommes : la politique fénelonienne, qui trouve ici une de ses plus belles illustrations, a son fondement dans le rachat d'un père meurtrier de son fils.

---

[25] Sur Idoménée, voir notre contribution « Idoménée et le meurtre du fils. Le trompe l'œil de l'utopie », dans *Fénelon. Philosophie et spiritualité*, textes réunis par Denise Leduc-Fayette, Genève, Droz, 1996, pp. 77-93.

[26] Sur cette tragédie voir Fénelon, *Œuvres*, t. II, p. 1335.

[27] T. II, pp. 60-61.

[28] *Ibid.*, p. 62.

On aura reconnu dans l'histoire d'Idoménée, telle que la connaissaient les Anciens et les mythographes modernes, un parallèle des mythes antique du sacrifice d'Iphigénie, et biblique des sacrifices d'Isaac et de la fille de Jephté. Les hommes du XVIIe siècle, historiens, exégètes, auteurs tragiques, ont réfléchi sur ces mythes. Nous ne pouvons présenter ici tout ce qu'ils ont élaboré à leur propos : signalons seulement deux interprétations du crime de Jephté : l'une qui analyse la responsabilité et la culpabilité du criminel, donc qui engage une casuistique pour réintroduire l'acte de Jephté (et/ou d'Idoménée) dans le champ de la morale et de la piété ; l'autre qui pose comme hors de tout rachat le vœu, *hésèd*, de Jephté, et, débordant la discussion casuistique, évite la contradiction entre un acte dit « immoral » et l'inscription de Jephté au catalogue des saints par l'*Epître aux Hébreux*, XI ; seconde position, étrangère à la morale, mais qui ressortit à l'ordre de l'éthique. Fénelon, dans la mesure où l'histoire d'Idoménée masque celle de Jephté, adopte l'interprétation la plus rigoureuse, le meurtre effectif du fils (sans substitution d'une victime animale, comme dans l'histoire d'Isaac), contre la thèse du « sage » Sophronyme (avocat d'une sagesse qui est folie, selon Mme Guyon et Fénelon) ; mais les arguments de Sophronyme ne sont pas réfutés, ils sont réduits à néant par la simple logique de l'acte, l'accomplissement du vœu. Nous verrons les conséquences théologiques qu'il convient de tirer de cette mise en perspective d'Idoménée, de Jephté et d'Isaac. Cependant la scène d'une horreur « primitive » n'est pas représentée par le romancier, elle est racontée par un des ses personnages ; Idoménée n'est pas encore mis en scène.

Au livre VIII, Idoménée entre lui-même dans le roman : dès sa première rencontre avec Télémaque, il l'adopte pour « fils »[29], et nous voyons s'élaborer un discours des causes du malheur d'Idoménée qui a pour fin de transformer le meurtre du

---

[29] *Ibid.*, p. 119.

fils, de la volonté positive et horrible du crime en de simples conséquences d'une « cruelle destinée »[30] : alors se met en place, de la bouche même de celui à qui Idoménée dit « Mon cher fils »[31], une interprétation, une vérité à croire : Idoménée a été coupable parce qu'il s'est laissé vaincre par ses passions, ses « malheurs » ont été la conséquence de sa « faute », etc.[32]. Ainsi l'acte sans nom, placé à l'horizon du roman, est peu à peu intégré au discours de la pédagogie, de la morale, de l'utopie, le malheur et la souffrance se trouvant sur l'itinéraire qui, à partir de l'impensable du non-rachetable, conduit vers la sagesse, nous serions tentés de dire avec le Freud de *Das Unbehagen in der Kultur*, vers la « culture ».

Bien plus, le crime d'Idoménée devient la faute de tous « les rois », trompe-l'œil, effet du discours moral de Mentor dont on comprend qu'il « charme » Idoménée[33], lui cachant l'horreur et lui faisant entrevoir la possibilité de « gagner » la vertu : l'ὕβρις, comme déjà dans l'Antiquité, glisse vers l'abus du pouvoir politique. L'idée de « réparation » apparaît, mais ce n'est pas Idoménée lui-même qui, de son propre aveu, est appelé à effectuer cette réparation : un autre doit « réparer », c'est le « fils », le « cher fils ». Nous sommes conduits par l'ambiguïté du vocabulaire de la filiation, tantôt biologique, tantôt symbolique, par le sang ou par l'affectivité (« mon cher fils ») à lire ce passage comme une substitution à un double niveau : au père par le sang (coupable, mais dont la faute est tue, cachée dans le secret des six lettres manuscrites : l a b o u r) est substitué le père d'adoption (coupable et dont la faute est dite pathétiquement) ; au fils tué par le père est substitué le fils qu'un « délire » du père a *in extremis* sauvé et qui est voué à racheter la faute du père. « Ne songez qu'à acquérir la gloire

---

[30] *Ibid.*, p. 120.
[31] *Ibid.*, p. 119.
[32] *Ibid.*, p. 120.
[33] *Ibid.*, p. 121.

d'établir le nouveau royaume d'Idoménée pour réparer tous ses malheurs. C'est à ce prix, ô fils d'Ulysse que vous serez jugé digne de votre père »[34], dit Idoménée à Télémaque.

Derrière Télémaque se profile un Autre à qui s'adressent les paroles d'Idoménée, un Autre dont Télémaque se dit le « fils », Mentor. Télémaque réparera, mais celui qui garantit sa vertu rendra possible la réparation : il n'est de réparation que par un fils soutenu par un père tout-puissant, un fils qui peut être à la fois fils du tout Autre et fils de tout homme coupable. C'est donc à Mentor qu'Idoménée rapporte la réparation, Télémaque ne tirant son mérite et son bonheur que de prendre Mentor-Minerve pour guide. Le salut passe par un médiateur entièrement soumis à un père tout-puissant, guide, maître, sage, déesse, homme et femme, par un fils passé par une mort symbolique pour racheter une mort réelle et originelle.

Mais le déplacement de la faute primitive, du meurtre du fils, vers les communes fautes des rois et des hommes ne passe pas inaperçu de Télémaque : à Mentor qui développe les lieux communs moraux « Télémaque répondit avec vivacité : "Idoménée a perdu par sa faute le royaume de ses ancêtres en Crète, et, sans vos conseils, il en aurait perdu un second à Salente" »[35]. Alors Mentor pousse plus loin l'argumentation et établit lui-même une comparaison entre Idoménée et Ulysse : l'un et l'autre ont eu des « faiblesses » et des « défauts », et Ulysse y aurait succombé si Minerve ne l'avait « retenu ou redressé »[36]. La comparaison, qu'il faudrait analyser dans le détail, tend à rendre quasi interchangeables, les places d'Ulysse et d'Idoménée[37]. En tout cas, ce sera Télémaque qui « verra »

---

[34] *Ibid.*, pp. 125-126.

[35] T. II, p. 156.

[36] T. II, p. 157.

[37] Rappelons seulement ici deux textes homériques que Fénelon ne pouvait ignorer : Ulysse se vantera devant Athéna d'avoir tué Orsiloque, fils d'Idoménée (*Odyssée*, XIII, 256 et *sq.*), et, devant Pénélope qui ne le recon-

Ulysse non « sans imperfections », comme si ses yeux, ayant été dessillés par Mentor sur les fautes d'Idoménée, étaient devenus capables de reconnaître les fautes d'Ulysse son père.

Bien d'autres indices pourront être relevés et interprétés selon la même méthode, montrant comment les deux legs de l'Antiquité, le mythe et la culture, constituent deux façons de dire, tout en ne disant pas ou en disant autrement, ce qui serait impossible à dire non pas pour des raisons de convenances (l'art baroque sait théâtraliser l'horreur !), mais à cause du caractère à la fois trop simple (les « sujets » du mythe, de la tragédie, toujours les mêmes) et impensable de ce que dit le mythe : la mort et le crime sans le soutien du discours, la suite des générations comme condition et cause de cette mort, la faute du père, défaillance et/ou volonté mauvaise, le meurtre du fils par le père, l'horreur sans mots[38].

Arrivé ici, le lecteur de Fénelon est conduit par la logique de l'interprétation à relire les œuvres théologiques et philosophiques de l'auteur de *Télémaque* : la doctrine de l'amour pur, qui en est la pointe, pose l'amour de Dieu détaché de tout espoir de récompense et de toute crainte de châtiment : l'indifférence est le pur amour sans consolation et « sans aucun mélange du motif de l'intérêt propre »[39], même si par impossible Dieu voulait perdre, anéantir ou rendre éternellement malheureux ceux qui l'auraient aimé. Cette fameuse, et traditionnelle[40], supposition impossible est le préalable logique de cet acte qu'est le choix du

---

naissait pas encore, il adoptera l'identité imaginaire d'un frère d'Idoménée (*Odyssée*, XIX, 181).

[38] Sur le thème antique du fils tué par le père, voir Nicole Loraux dans Sophocle, *Antigone*, Paris, Les Belles Lettres, 1997, p. 125.

[39] *Explication des maximes des saints*, Bibl. de la Pléiade, t. I, p. 1011.

[40] Cf. notre article « Quiétisme » dans le *Dictionnaire de spiritualité*, Paris, Beauchesne, 1986, t. XII, 2e partie, col. 2805-2842 et notre étude *Le pur amour. De Platon à Lacan*, Paris, Seuil, 2002.

« pire », selon le mot de Mme Guyon, paradigme de l'amour pur et sa seule garantie. Or la théologie propose une image de l'amour parfait : le Fils, abaissé, voué à la mort, abandonné sur la croix par le Père. Cette Passion implique « logiquement » dans le Père une Volonté de mort, une perversion, impuissance ou faute, de la Volonté salvifique ; cette conclusion *logique*, la théologie interdit de l'écrire et a essayé inlassablement de la contourner en conciliant l'inconciliable : l'exécution du Fils comme échec (ou crime) du Père, le consentement de la victime comme ce qui comble le père[41]. La théologie du sacrifice est bâtie sur cette contradiction. Cependant, ce que la théologie contourne et devant quoi elle ne cesse de faire écran, Fénelon, de façon « involontaire », un jour l'a écrit, au centre de l'*Explication des maximes des saints*, dans l'article XIV Vrai, à propos des dernières épreuves du mystique dont Jésus-Christ est le modèle : « C'est ainsi que Jésus-Christ, notre parfait modèle, a été bienheureux sur la croix, en sorte qu'il jouissait par la partie supérieure de la gloire céleste, pendant qu'il était actuellement par l'inférieure l'homme des douleurs, avec une impression sensible de délaissement de son Père. La partie inférieure ne communiquait à la supérieure ni son trouble involontaire, ni ses défaillances sensibles. »[42] Le mot « involontaire » a été à l'origine de grands débats : Fénelon a prétendu qu'il avait écrit « volontaire » et que le mot « involontaire » avait été introduit malgré lui. Nous avons abordé plus haut[43] ce problème et ses conséquences ; notons seulement que, par ce qui est peut-être un lapsus, redoublé d'ailleurs lorsque Fénelon tente de justifier le terme discuté, se dit d'une certaine façon la Volonté mauvaise du Père et l'anathème jeté sur le Fils, à travers une soustraction du trouble de la partie inférieure du Fils à la Volonté divine.

---

[41] Cf. M. de Diéguez, *L'Idole monothéiste*, Paris, P.U.F., 1981, p. 41.
[42] Bibl. de la Pléiade, t. I, pp. 1045-1046 ; cf. documents, variantes et notes, pp. 1548-1549, 1589-1593.
[43] Cf. chapitre précédent.

Or l' « anathème » se tient au point aveugle de la spiritualité de Fénelon : l'ἀνάθημα, c'est le vœu incontournable de Jephté, le *hésèd*, par lequel il voue son enfant à la mort, le vœu par lequel Idoménée a voué son fils à la mort. Or l'anathème est l'objet même de la supposition impossible, dont jadis Moïse acceptant d'être rayé du livre de Dieu (*Exode*, XXXII, 32) et saint Paul d'être *anathema pro fratribus meis* (*Romains*, IX, 3) ont donné l'exemple. Cet anathème porté sur le Fils, dans la mesure où, à la différence d'Isaac, aucune victime animale ne lui est substituable, pose à l'origine une mort sans « récompense ». Mais il donne ainsi un modèle à ce qui est la référence constante de Fénelon : l'état réel de déréliction, de désespoir, de perte totale qu'est l'état du mystique, où Robert Leuenberger voit non pas une faute au sens théologique, mais une pulsion de destruction de soi[44].

Interrogeons-nous derechef, dans ces perspectives, sur l'anathème conditionnel d'Ulysse à son fils : n'y a-t-il pas contradiction entre le projet moral, la mort comme menace et la vie comme récompense, et une spiritualité du pur amour où récompense et punition s'effacent dans le choix du pire, l'acceptation et le choix de l'enfer avec l'amour ? La contradiction n'est pas insurmontable : la mort, dans l'anathème d'Ulysse, n'est pas punition de la transgression, mais son enjeu, sa mise, elle précède la transgression et en change le sens ; elle est inaugurale : les dieux, la Parque, les ennemis désignent, avant la faute, mais du fait même de la possibilité de la faute, un destin-à-la-mort, dont le rapport à la faute n'est établi par Ulysse que sous la forme d'une chronologie, antériorité ou

---

[44] R. Leuenberger, « *"Gott in der Hölle lieben", Bedeutungswandel einer Metaphor im Streit Fénelons mit Bossuet um den Begriff des "pur amour"* », *Zeitschrift für Theologie und Kirche*, 82. Jahrgang 1985, Heft 2 (April 1985), p. 163.

postériorité. Le destin-à-la-mort[45] personnifié par la Parque est indépendant de perspectives morales.

Dans l' « autre » texte se laisse lire le meurtre d'un Fils par la Volonté mauvaise du Père. Nous devons nous demander, comme l'exemple d'Idoménée-Jephté et le lapsus de l' « involontaire » christique nous y invitent, si nous n'avons pas ici le point extrême, la conclusion logique, presque insoutenable, d'une théologie du sacrifice. A lire l'œuvre théologique de Fénelon, nous constatons que la christologie n'est absolument pas développée et qu'en tout cas les rares textes où il est question de Jésus-Christ ne font pas allusion à son sacrifice sanglant et au renouvellement de ce sacrifice sur l'autel : que ce soit dans l'*Exhortation adressée au duc de Bourgogne au moment de sa première communion*[46], dans les entretiens pour le Jeudi saint[47], pour le Vendredi saint[48], pour le Samedi saint[49], pour la fête du Saint-Sacrement[50], il n'est pas question du sacrifice du Fils, sinon sous la forme de la mortification du cœur, de l'humilité, de la soumission à la vérité, de la véritable sagesse qui est folie. Bien plus, dans un opuscule exposant à un mondain ce qu'est le christianisme, *Réflexions d'un homme qui ne connaît point la religion*[51], nous ne trouvons que quelques lignes sur Jésus-Christ, et seulement comme celui qui a établi « une morale et un culte uniforme »[52], « le parfait modèle de toutes les vertus »[53] : Jésus-Christ est venu, dit ce texte surpre-

---

[45] Cf. Freud sur la Μοῖρα comme personnification du destin inéluctable chez Homère et son évolution vers un groupe de trois sœurs, « Le motif du choix des coffrets », trad. fr. dans *L'Inquiétante étrangeté et autres essais*, Paris, Gallimard, 1985, pp. 74-76.

[46] Bibl. de la Pléiade, t. I, p. 969.

[47] *Ibid.*, p. 949.

[48] *Ibid.*, p. 951.

[49] *Ibid.*, p. 953.

[50] *Ibid.*, p. 959.

[51] *Ibid.*, pp. 757 et *sq.*

[52] *Ibid.*, p. 760.

[53] *Ibid.*, p. 761.

nant, pour « nous instruire », « nous encourager par [son] exemple »[54] ; rien sur la rédemption ni sur le sacrifice.

Faut-il voir ici une des premières manifestations de la théologie purement morale des Lumières ? Quelle que soit l'utilisation faite au XVIIIe siècle de l'œuvre de Fénelon, ce serait expliquer le fait par ses conséquences. Il semble que dans la christologie de Fénelon le sacrifice soit tout entier défini par la perte de la raison, de la réflexion, par la pureté et la simplicité du cœur : le simple, le fou, l'enfant, sont modèles du parfait sacrifice. C'est dans « l'intérieur » que se fait la destruction essentielle à tout sacrifice. Cela ne veut pas dire qu'il n'y ait pas véritable sacrifice, mais nous trouvons ici le point d'aboutissement d'un effort qui a marqué le XVIIe siècle, Condren et Olier entre autres, et qui dans son insistance sur le sacrifice opère en réalité une mutation dans la notion même de sacrifice[55] : ces auteurs tendent à remplacer le caractère sanglant du sacrifice par l'offrande de la victime éternelle. Alors que dans son lyrisme un peu naïf Bossuet prenait à la lettre les paroles de la Bible et de la liturgie et chantait le caractère sanglant du sacrifice, les théologiens de l'oblation et Fénelon leur héritier gomment pratiquement ce caractère sanglant au bénéfice de l'offrande, de la désappropriation, de l'annihilation mystique. Tendance séculaire de la théologie, certes, mais le théologien peut-il être quitte à si bon compte avec le meurtre du Fils, l'horreur du crime et de la Volonté du Père ? Le sacrifice sanglant affirmé comme salvateur par la lettre incontournable du dogme ne reparaîtra-t-il pas ailleurs ?

Dans les œuvres de fiction de Fénelon, les *Fables*, les *Dialogues des morts*, le *Télémaque*, ne pouvons-nous lire, sous une autre forme, ce qui n'a pu se dire dans le champ de la théolo-

----

[54] *Ibid.*, p. 762.
[55] Outre le livre de M. de Diéguez, *op. cit.*, p. 55 et *sq.* et les livres de M. Lepin et du P. de la Taille qu'il cite, consulter J. Galy, *Le sacrifice dans l'Ecole française de spiritualité*, Paris, Nouvelles Editions Latines, 1951.

gie ? Comme si les mythes antiques étaient seuls capables d'exprimer la filiation *et* la mort, le lien de la filiation et de la mort. Fénelon donne ainsi à la référence antique une portée nouvelle : non que cette référence fût inconnue de son temps ; bien au contraire, c'était la référence centrale, la seule ou presque seule source du merveilleux et du beau poétique ; mais Fénelon, loin d'en faire l'ornement obligé de l'œuvre littéraire, fait de l'usage du mythe antique le moyen d'écrire ce qui ne peut s'écrire. On constate que c'est dans les passages les plus convenus, dans les morceaux qui tournent au poncif, que se glisse, peut-être à l'insu de l'auteur, l' « autre » texte[56]. Le *topos* ne laisse en apparence aucun « sens » nouveau s'accrocher, le texte n'est que répétition du texte, l'attention (de l'auteur et du lecteur) subit une éclipse, et dans cette éclipse se glisse une objectivité muette : il n'y a plus sens, et il faut prendre le texte à la lettre, les mots dans leur simple valeur de signifiants[57]. Ce que nous lisons alors, ce ne sont plus les leçons au sens dogmatique, moral, politique, ce sont des leçons au sens textuel, le texte envahi par ce qui est refusé.

Il est notable que, si Fénelon ne peut dire en un texte théologique le meurtre du fils par le père, il a recours au mythe, il réélabore les mythes antiques en les réinterprétant, hors de tout souci « scientifique », mais en les laissant se déformer et se reformer en des pastiches et des écritures modernes. Ainsi il y force un sens. Nous pensons au recours que Freud a trouvé dans

---

[56] Un exemple : tout poète a raconté les jeux funèbres célébrés pour un héros mort, mais dans l'écart par rapport à la tradition ce *topos* prendra sens : dans *L'Iliade*, les jeux sont donnés en l'honneur de Patrocle (l'amant), dans *L'Enéide*, en l'honneur d'Anchise (le père), dans *Télémaque*, en l'honneur du fils d'Idoménée tué par son père et pour trouver un successeur au père criminel.

[57] Nous pourrions analyser de cette façon le choix des noms propres et des pseudonymes dans *Télémaque* : apparemment les noms les plus usés de l'Antiquité, en fait l'involontaire émergence d'un « autre » texte.

le mythe d'Œdipe pour exprimer « scientifiquement » ce que la science ne lui permettait pas d'exprimer, ce mythe d'Œdipe que déjà Fénelon avait développé dans *Télémaque* puis rejeté[58]. Nous pensons aussi à l'élaboration par Freud d'un mythe ethnologique dans *Totem et tabou* pour dire justement ce que nous ne pouvons pas ne pas lire derrière le texte de Fénelon, les questions de la paternité, de la filiation et de la mort.

____

[58] Cf. l'article cité *supra* n. 5 des *Cahiers de lectures freudiennes*.

CHAPITRE XXII

LE *TÉLÉMAQUE* DE FÉNELON : FABLE ET
SPIRITUALITÉ

Lorsqu'il fut nommé le 16 août 1689 précepteur du duc de Bourgogne, il y avait près d'un an que Fénelon avait rencontré Mme Guyon et qu'entre eux s'était engagée une correspondance qui devait se poursuivre plusieurs années. En octobre 1689, commençait aussi une correspondance spirituelle entre le précepteur et Mme de Maintenon, tandis qu'à Saint-Cyr l'apostolat guyonien, trop peu discret, et l'influence fénelonienne se développaient avant de susciter les mouvements et les réactions qui seraient le prélude de la crise, de la disgrâce de l'archevêque et de sa condamnation. Les faits, grâce aux travaux de Louis Cognet et surtout de Jean Orcibal, suivis de quelques autres, commencent à être bien connus[1].

---

[1] L. Cognet, *Crépuscule des mystiques*, Tournai, Desclée et Cie, 1958, rééd., Paris, Desclée et Cie, 1991 ; Fénelon, *Correspondance*, éd. de J. Orcibal, Paris, Klincksieck, - Genève, Droz, 1972 et suiv. ; R. Spaemann, *Reflexion und Spontaneität. Studien über Fénelon*, Stuttgart, Kohlhammer, 1963, rééd., Stuttgart, Klett-Cotta, 1990 ; J. Le Brun, « Quiétisme », *Dictionnaire de spi-

Mais si l'on veut approcher ce que fut la spiritualité de Fénelon en ces années, il faut reprendre sa correspondance avec Mme Guyon, désormais bien publiée, au moins pour ce qui concerne les lettres de Fénelon[2]. On a souvent dit qu'en cet échange le véritable directeur était le dirigé, le cas n'est pas exceptionnel si on songe à François de Sales et à Jeanne de Chantal, à M. Olier et à Agnès de Langeac, à Jean Eudes et à Marie des Vallées, cependant la découverte que la rencontre de 1688 fit faire à l'abbé de Fénelon est de nature particulière[3]. Cet abbé, plus intellectuel que sensible, homme de grande culture classique et homme d'action, prédicateur déjà estimé, pieux et capable de mordante ironie découvrait en Mme Guyon ce qu'on pourrait appeler avec les hommes du XVIIe siècle l'expérience intérieure. Lui qui ne ressentait que sécheresse et raisonnement, absence de simplicité, réflexions et retours sur soi, il était fasciné par cette femme en qui il ne pouvait s'empêcher de reconnaître les signes d'une torrentueuse expérience du divin, mais dont la personne et les écrits choquaient son goût très sûr, sa culture raffinée, son sens de la retenue et de la discrétion. Il ne jettera qu'un œil réticent, et encore sollicité plusieurs fois par elle, sur les pages qu'elle ne cessera de lui adresser ; il ne cherchera auprès d'elle ni une doctrine, ni un système, au point qu'il serait excessif de dire que les théories qu'il élaborera les années suivantes avec une extrême intelligence aient trouvé leur origine dans les écrits de Mme Guyon. Et pourtant ce qu'elle lui a apporté est à la fois plus et moins. Tout se passe comme si l'expérience qu'il reconnaissait en elle le conduisait à lui supposer un savoir dans les voies intérieures différent des connais-

---

ritualité, t. 12, Paris, Beauchesne, 1986, col. 2805-2842 ; J. Le Brun, *Le pur amour. De Platon à Lacan*, Paris, Seuil, 2002.

[2] Pour les lettres de Mme Guyon, se reporter toujours à M. Masson, *Fénelon et Mme Guyon*, Paris, Hachette, 1907.

[3] Sur les rapports de Fénelon et de Mme Guyon, voir J. Orcibal, dans Fénelon, *Correspondance*, *op. cit.*, t. I p. 241 et suiv., et notre *Pur amour...*, *op. cit.*, p. 131 et suiv.

sances qu'elle pouvait lui apporter. Sous l'effet de cette rencontre, il multipliera les lectures des auteurs mystiques et des écrivains spirituels et acquerra une culture spirituelle alors exceptionnelle. Bien plus, il se livrera à une impitoyable analyse de soi et en soumettra le jugement à Mme Guyon à l'école de qui il avait choisi de se mettre. La déception même causée par la personne réelle et par ses écrits était aussi un des éléments du savoir indicible qu'il lui reconnaissait. A vrai dire, quelques thèmes majeurs de la spiritualité qui s'épanouira dans la correspondance avec Mme Guyon étaient déjà perceptibles dans des lettres de Fénelon antérieures à la rencontre de 1688. Il serait imprudent de faire fonds sur la trop belle lettre de M. Tronson qui le 29 septembre 1686 recommandait à cinq reprises à un correspondant, qui peut être Fénelon mais qui ne l'est peut-être pas, de ne pas se troubler et de s'abandonner[4]. Mais une lettre de Fénelon au duc de Chevreuse, affirmait dès le 3 octobre 1688 que « les vrais enfants de Dieu doivent être aussi exempts de craintes que de désirs »[5].

Les lettres de Fénelon à Mme Guyon s'organiseront pour ainsi dire en une double progression : d'une part une prise de conscience de la sécheresse, des distractions, de l'ennui dont le précepteur se sentait accablé[6], de l'absence de simplicité, de l'habitude trop marquée de se servir de sa raison et de faire des réflexions, prise de conscience de ce qu'il était lui-même, au moment où il conseillait à sa correspondante d'être simple, d'éviter les réflexions et de n'écrire que par un mouvement intérieur[7]. A la sagesse de la raison il opposait, à la suite de Mme Guyon, la folie[8], la pure foi, la soumission à l'autre. Comme un enfant, il acceptait d'être conduit comme par la main ; comme Abraham, il était prêt à aller sans savoir où, à

---

[4] Fénelon, *Correspondance*, t. II, p. 48.
[5] *Ibid.*, t. II, p. 77.
[6] *Ibid.*, t. II, p. 85.
[7] *Ibid.*, t. II, p. 84, cf. pp. 89, 90.
[8] *Ibid.*, t. II, p. 93.

s'abandonner la tête baissée à tous les mouvements de Dieu : ces comparaisons sont récurrentes au fil de cette correspondance. Par opposition au trouble qui est la suite de la vivacité naturelle et de l'exercice de la raison, la paix naît de la disparition du désir : ce thème est central dans les lettres à Mme Guyon, comme il était déjà perceptible peu de temps auparavant dans le traité *De l'éducation des filles*. La lutte contre le désir, jusqu'à sa disparition, est en effet ce qui fait lien entre la spiritualité de Fénelon au temps de la correspondance avec Mme Guyon et les essais théoriques élaborés au cours de la controverse avec Bossuet, une huitaine d'années plus tard. Le désir en effet, qu'il convient de bien distinguer de la volonté (la volonté pouvant, et devant, si elle est parfaite, être sans désir), ne peut qu'entraîner crainte et trouble[9] ; seule l'indifférence et la confiance de l'enfant sont éloignées de la crainte et du désir.

Mettre ainsi la fuite du désir et son abolition comme fin de la spiritualité n'est pas sans conséquences. C'est donner un sens nouveau à ce que depuis l'Antiquité, au moins depuis saint Jean Climaque, on représentait sous la forme d'un chemin, d'un voyage, d'un itinéraire, de « degrés » à franchir[10]. Cet itinéraire se présente moins comme une série d'acquisitions que comme un progressif détachement, comme une perte de la propriété, du moi, de la réflexion. Un autre rapport au temps s'instaure de ce détachement, ce qui compte n'étant pas le terme dont la perte qu'il constitue ne peut s'anticiper, mais le moment présent : « se renfermer dans le moment présent, sans regarder plus loin »[11], ne va pas tenter d' « aller vite » mais « bien aller », en une marche « sans savoir où l'on va », comme Abraham, ou « au travers du désert jusques à la Terre promise », comme les Israélites avec qui Dieu s'était lui-même « fait voyageur »[12]. Par

---

[9] Sur le désir, voir F.-X. Cuche, *Télémaque entre père et mer*, Paris, Champion, 1994, pp. 121-122.

[10] Fénelon, *Correspondance*, t. II, p. 120 et suiv.

[11] Lettre du 6 juin 1689 au chevalier Colbert, *Correspondance*, t. II, p. 100.

[12] *Ibid.*

ailleurs, le regard porté sur le monde change : un détachement s'instaure ; le monde apparaît comme dans un songe, évanoui dans une sorte d'irréalité ; l'absence d'illusion sur soi et sur les autres, ce que les Espagnols appelaient le *desengaño*, donne les couleurs de l'illusion à tout ce qui n'est pas l'essentiel rapport au divin.

Les premières années du préceptorat de Fénelon auprès du duc de Bourgogne coïncident avec la découverte de l'expérience spirituelle en la personne de Mme Guyon, avec de nombreuses lectures d'auteurs spirituels, et avec un intense apostolat à Saint-Cyr et auprès de tout un groupe de personnes de la Cour. Or ce sont les années où le précepteur rédige les *Dialogues des morts*, les *Fables* et les récits pédagogiques, et où il écrit *Les Aventures de Télémaque*. On peut admettre que la première rédaction du *Télémaque* date de 1692 et que des remaniements, additions et corrections eurent lieu peu après. Une coïncidence chronologique mérite ici d'être remarquée : cet ouvrage dont Bossuet dira en janvier 1700 qu'il « était indigne non seulement d'un évêque, mais d'un prêtre et d'un chrétien »[13], et « écrit d'un style efféminé et poétique, outré dans toutes ses peintures [...]. Tant de discours amoureux, tant de descriptions galantes, une femme qui ouvre la scène par une tendresse déclarée et qui soutient ce sentiment jusqu'au bout »[14], cet ouvrage fut écrit par un homme qui élaborait au même moment une doctrine spirituelle d'une extrême exigence, et faisait revivre la mystique dans la France de Louis XIV.

Il y a plusieurs façons de comprendre le paradoxe selon lequel cet auteur spirituel et ce grand interprète des mystiques a

---

[13] F. Ledieu, *Les dernières années de Bossuet*, éd. Ch. Urbain et E. Levesque, t. I, Bruges - Paris, Desclée de Brouwer, 1928, p. 13. Déjà, le 18 mai 1699, Bossuet écrivait à son neveu, à propos de *Télémaque*, « Il partage les esprits : la cabale l'admire ; le reste du monde trouve cet ouvrage peu sérieux pour un prêtre », *Correspondance*, éd. Ch. Urbain et E. Levesque, t. XII, Paris, Hachette, 1920, p. 6.

[14] *Les dernières années de Bossuet, ibid.*

écrit une œuvre qui, de l'avis de Bossuet et de nombre de ses contemporains, était un « *roman* »[15]. On pourrait souligner que la référence chrétienne y est souvent apparente, pour ainsi dire en filigrane, derrière la référence païenne[16]. Les divinités et les mythes païens laissent deviner ceux de l'Ancien et du Nouveau Testament. En bien des passages, Mentor-Minerve apparaît comme la Sagesse biblique, sa présence auprès des héros fait nécessairement penser au Dieu de l'Ancien Testament présent auprès des patriarches ou s'adressant aux prophètes, guidant leurs pas, leur prodiguant ses conseils, soit par l'intermédiaire des anges, soit en se manifestant lui-même à eux. Les Enfers et les champs Elysées d'Homère et de Virgile, que Fénelon peint au livre XIV du *Télémaque*, ont bien des traits de l'Enfer et du Paradis des chrétiens, les jouissances célestes ressemblant plus à ce que les auteurs chrétiens promettent aux fidèles qu'aux pâles joies qui attendaient les héros grecs ou romains ; la rétribution des bons et des méchants se fait dans l'au-delà suivant les mérites de chacun, à la suite d'un jugement individuel et le critère selon lequel ils sont jugés est leur plus ou moins parfait désintéressement dans la vertu dont justement à cette époque le précepteur du duc de Bourgogne faisait l'élément discriminant entre l'amour imparfait et l'amour parfait. Bien plus, ce qui cause les changements intérieurs des héros, les décisions salvatrices, l'illumination qu'ils reçoivent, les remords ou les bonnes résolutions, sont à maintes reprises présentés sous la forme que la tradition théologique donne à la grâce et à ses effets en l'âme ; des forces mystérieuses leur sont accordées par la divinité, des transports les animent, que l'on sent beaucoup plus proches de la grâce chrétienne que de l'enthousiasme des Anciens. Et même une scène difficile à interpréter comme

---

[15] *Ibid.*, p. 14.

[16] Sur les nombreuses références et allusions à la Bible qui se glissent dans le *Télémaque*, voir B. Dupriez, *Fénelon et la Bible*, Paris, Bloud et Gay, 1961 ; et A. Lanavère, « Les deux antiquités dans *Les Aventures de Télémaque* », dans *Littératures classiques*, n. 23, janvier 1995, pp. 39-52.

l'étrange transfiguration de Mentor au livre XVIII s'éclaire si on sait percevoir derrière la représentation de la divinité païenne l'écho des théophanies bibliques[17].

Cette sorte de superposition des réalités chrétiennes et des réalités païennes peut paraître assez traditionnelle. Il y a long-temps que l'on avait donné une interprétation chrétienne aux mythes et aux fables du paganisme, et, sans remonter plus haut, la Renaissance s'était enchantée à établir des parallèles entre les dieux des païens et le Dieu chrétien, les anges et les saints. Par ailleurs toute une interprétation allégorique des fables, qui, dans le cadre du néoplatonisme, s'était dès l'Antiquité appli-quée aux fables d'Homère, restait vivante aux XVIe et XVIIe siècles, sans que l'on puisse faire toujours le départ entre l'imagination littéraire ou le jeu rhétorique et la conviction pro-fonde. Au XVIIe siècle même, des hommes aussi différents que le P. Athanase Kircher ou Pierre-Daniel Huet s'étaient avancés dans cette voie allégorique au-delà même de ce que la prudence critique pouvait exiger. Fénelon ne les suit pas dans cette voie pour ainsi dire documentaire[18]. Il possède un sens littéraire, artistique et théologique qui lui fait comprendre de façon bien moins simpliste les rapports entre la Grèce païenne et la Grèce chrétienne, entre le temps de Marathon et celui des luttes contre les Turcs. Lorsqu'il désirait recueillir dans les ruines antiques « l'esprit même de l'antiquité » pour reprendre les termes si riches dans leur ambiguïté de la magnifique lettre écrite de Sarlat le 9 octobre 1686 à Bossuet[19], Fénelon associait dans une

---

[17] Cf. A. Blanc, « Au dernier livre du *Télémaque*. Rencontre du Père ou pas-sage du Divin ? », *Revue d'histoire littéraire de la France*, 5 (septembre-octobre 1980), pp. 699-706.

[18] Sur les rapports du *Télémaque* avec la fable mythologique, parmi plusieurs études importantes on consultera P. Maréchaux, « Les dieux de Fénelon : Homère, Virgile et la tradition mythographique dans le *Télémaque* », *Littéra-tures classiques*, n. 23, janvier 1995, pp. 53-67, et E. Bury, « La *paideia* du *Télémaque* : miroir d'un prince chrétien et lettres profanes », *ibid.*, pp. 73-76.

[19] Fénelon, *Correspondance*, t. II, p. 49.

même expérience spirituelle sa culture littéraire et artistique, ses désirs d'apostolat lointain, son jugement sur la situation de l'Europe contemporaine et sa réflexion théologique sur les rapports entre le monde antique et le christianisme. De la même façon, le *Télémaque* n'est, malgré les apparences, ni une œuvre allégorique, ni un roman initiatique, et les aventures du jeune héros guidé par la sagesse ne peuvent pas être lues simplement comme la représentation de l'ascension de l'âme humaine vers le bien ou la vertu. S'il y a un rapport entre l'itinéraire spirituel et les aventures des héros, c'est, non pas selon un facile parallélisme entre des faits ou des idées, mais parce que l'expérience de l'auteur, telle que l'œuvre la révèle et la transmet, opère le lien entre eux.

Il convient ici de rappeler que toute grande œuvre dit ce qu'elle est, découvre à qui le cherche son secret. Ecrit pour servir à l'éducation du duc de Bourgogne, le *Télémaque* est une œuvre pédagogique. On a bien montré comment il s'inscrit dans une longue tradition d'écrits destinés à la formation des princes[20]. Cependant c'est la relation pédagogique en elle-même qu'il faut interroger. Au-delà de la communication de préceptes et d'exemples pour bien régner, au-delà des leçons qui de façon un peu prolixe occupent de nombreuses pages du *Télémaque*, c'est la construction du roman et la relation même de l'auteur et de son royal élève représentée dans le roman qu'il convient d'étudier. La conception de la vie spirituelle comme un itinéraire, comme le parcours d'étapes jusqu'à la purification du désir se retrouve dans la composition du livre en une suite d'épisodes, la forme traditionnelle de l'épopée et du roman antiques coïncidant avec les représentations familières aux auteurs spirituels, de Jean Climaque à Thérèse d'Avila. En outre,

---

[20] V. Kapp, *Télémaque de Fénelon. La signification d'une œuvre littéraire à la fin du siècle classique*, Tübingen-Paris, Gunter Narr - Jean-Michel Place, 1982 ; J. Le Brun, « Du public au privé : l'éducation du prince selon Fénelon », dans Ran Halévi, éd., *Le savoir du prince. Du Moyen Age aux Lumières*, Paris, Fayard, 2002, pp. 235-260.

la relation pédagogique est pensée par Fénelon, ou au moins est interprétable par son lecteur, à la fois comme soumission à un maître et comme paternité. Comme soumission à un maître, elle est abandon à celui qui guide comme par la main, d'instant en instant, et à qui est supposée la connaissance du but à atteindre et des moyens d'y parvenir. Comme paternité, c'est un type de paternité qui ne s'identifie pas à la paternité biologique, mais qui, à l'inverse de ce que pourrait suggérer la métaphore, donne son sens à la paternité biologique[21]. Nous devons donc interpréter en continuité un triple rapport : celui du précepteur et du duc de Bourgogne, celui de Mentor-Minerve et de Télémaque, et celui qui dans le christianisme tente d'exprimer tout rapport de paternité, le rapport des personnes trinitaires. L'ambiguïté du personnage de Mentor, à la fois homme et femme, dieu et homme, invite à insister sur le caractère non biologique ou non « naturel » de la paternité mise en scène dans le *Télémaque*. Le jugement de Bossuet selon lequel le roman ne convenait pas à un prêtre paraît alors être une méprise et ne s'expliquer que si l'on se tient à la surface de l'œuvre.

Si le préceptorat du prince était traditionnellement confié à un évêque, en tout cas à un homme d'Eglise, cet usage de la monarchie française devrait être pris à la lettre : seul un prêtre, homme tenant la place d'un dieu, homme privé de paternité biologique, pouvait vivre, et ensuite écrire et représenter une relation de père et de fils qui ne fût pas seulement biologique ou sociale, mais réelle et ancrée sur ce que la théologie trinitaire avait essayé de construire en inscrivant ce mystère au cœur de la divinité. Dans le *Télémaque*, se révèle ainsi, non pas en un artificiel parallélisme documentaire, mais dans ce qu'elle exprime de plus réel, le sens de la relation pédagogique, et, à l'inverse, la relation pédagogique qui est mise en scène donne une des moins approximatives images de la relation essentielle,

---

[21] Sur ce thème, voir plus haut chap. XXI, et les remarques de F.-X. Cuche *Télémaque entre père et mer*, *op. cit.*, p. 191.

trinitaire, du Père et du Fils, jusque dans les aspects les plus tragiques qui en sont inséparables. Ainsi les personnages du roman de Fénelon ont une ambiguïté essentielle qui ne vient pas seulement de l'assemblage plus ou moins adroit de mythologies anachroniques et mal compatibles entre elles. Nous avons montré en plusieurs études que derrière Ulysse absent se profile le Père caché et qui se dérobe, le Père cruel des légendes dont la figure se laisse deviner comme en palimpseste dans le *Télémaque*, comme elle se laisse deviner dans l'Evangile et dans la théologie, figure qui donne à la christologie de Fénelon ses caractères à la fois tragique et problématique[22]. Nous avons aussi pu analyser récemment une autre figure de père, centrale dans le *Télémaque*, la figure d'Idoménée dont la présence occupe la majeure partie du roman : derrière Idoménée, se profile inévitablement la figure de Jephté dont le crime, jugé exemplaire par l'Epître aux Hébreux (XI, 32), n'a cessé de hanter l'imaginaire chrétien[23]. C'est en effet sur le mode du tragique qu'apparaissent dans le *Télémaque* la relation paternelle et la relation pédagogique : les jeunes héros dont la mort occupe les récits de batailles, les héros de la mythologie comme Atys et Adonis, les fils fratricides comme Etéocle et Polynice, ces personnages dont Fénelon peint le destin avec une émotion non dénuée de complaisance, conduisent le lecteur à réfléchir sur l'échec ultime qu'est pour le Père la mort du Fils, mort qu'il n'a pu éviter, que peut-être il n'a pu s'empêcher de secrètement désirer. Ce que nous racontent ces histoires avec les mots et les images d'Homère et de Virgile n'est pas très éloigné de ce que

---

[22] Voir nos articles « Le leurre de la lisibilité. *Télémaque* de Fénelon », *Cahiers de lectures freudiennes*, 7/8, octobre 1985, pp. 81-92, et « Mystique et christologie à la fin du XVIIe siècle, dans *Le Christ entre orthodoxie et Lumières. Actes du colloque tenu à Genève en août 1993*, publiés par M.-C. Pitassi, Genève, 1994, Droz, pp. 31-47.

[23] Voir notre article « Idoménée et le meurtre du fils. Le trompe-l'œil de l'utopie », dans Denise Leduc-Fayette, éd., *Fénelon. Philosophie et spiritualité*, Genève, Droz, 1996, pp. 77-93.

les *Dialogues des morts*, écrits peu auparavant ou même au temps de la composition du *Télémaque*, ne cessaient de mettre en scène, l'échec de la relation pédagogique, dont l'échec de Socrate devant Alcibiade est le plus illustre exemple[24]. Mais ces histoires tragiques ne parlent que de ce dont la théologie chrétienne n'a cessé d'élaborer le mystère pour le rendre pensable, l'impensable mort du Fils devant un Père indifférent, impuissant ou cruel.

Les leçons formulées par le maître sont abondantes dans le *Télémaque*, mais il convient d'en bien reconnaître la nature. Il y a les leçons politiques, économiques, sociales, morales, nécessaires pour la formation d'un futur souverain. Ces leçons ont été fort bien étudiées, en rapport avec la situation historique de la fin du XVIIe siècle et l'évolution de la réflexion chrétienne sur le monde et la société[25]. Il faut insister sur une autre forme de leçons qui apparaissent surtout au lecteur de la correspondance de Fénelon avec Mme Guyon. Une des leçons les plus insistantes dans le roman, comme dans les lettres, c'est la méfiance, même l'hostilité à l'égard de ce que Fénelon appelle le désir ou les désirs. Le désir est l'obstacle principal au bonheur : Pygmalion a cherché à être heureux, « il possède tout ce qu'il peut désirer »[26], or ses désirs violents sont « autant de maîtres et de bourreaux »[27]. Fénelon dénonce le vain désir de régner, le désir du superflu[28], mais plus que l'objet du désir, c'est le désir en lui-même qui est frappé de suspicion : si tout désir est cause de trouble, l'absence de désir, comme l'absence de crainte, apporte la liberté[29] et la paix. Ce qui révèle la vraie nature du désir est la

---

[24] *Dialogues des morts* XVI-XX, *Œuvres*, Bibl. de la Pléiade, t. I, Paris, Gallimard, 1983, pp. 324-348.

[25] F.-X. Cuche, *Une pensée sociale catholique. Fleury, La Bruyère, Fénelon*, Paris, Cerf, 1991.

[26] Fénelon, *Œuvres*, Bibl. de la Pléiade, éd. cit., t. II, p. 33.

[27] *Ibid.*, t. II, p. 34.

[28] *Ibid.* t. II, pp. 70, 58, etc.

[29] *Ibid.*, t. II, p. 66.

façon dont il se manifeste dans le personnage de Télémaque : comme une sorte de refrain, surgit en lui, et pas seulement dans des circonstances en apparence désespérées, le désir de la mort, désespoir insurmontable, désir de s'enfoncer dans le néant[30]. Henk Hillenaar a rappelé que le personnage de Minos, l'ancêtre d'Idoménée, le juge des Enfers, le législateur primitif à qui est due l'organisation politique de l'humanité[31], jette une ombre funèbre sur l'ensemble du roman de Fénelon. L'œuvre nous apparaîtrait ainsi comme une construction pour faire triompher la culture sur la mort, sans que néanmoins soit jamais coupé le lien du désir et de la mort, sous la forme du désir de mort. A chaque fois, il faut l'intervention surnaturelle de Mentor, pour que le héros ne soit pas entraîné sur cette funeste pente. Quoi qu'il en soit des dispositions de l'auteur lui-même qui nous sont presque irrémédiablement fermées, c'est l'œuvre dans sa structure qui, derrière les histoires manifestes, nous invite à lire d'autres histoires.

Le lien du désir et de la mort nous conduit à nous interroger sur la place que tiennent dans le *Télémaque* des réalités aussi importantes que le bonheur et le plaisir. Ces notions sont ambiguës, source des malentendus qui ont égaré maint lecteur dès le XVIIIe siècle. Le bonheur c'est, dès les premières pages du livre I, le leurre que tend Calypso à Télémaque pour le retenir auprès d'elle, comme elle a naguère retenu Ulysse et tenté de le dissuader de regagner Ithaque : « Je ferai votre bonheur, pourvu que vous sachiez en jouir », dit-elle à Télémaque dès qu'il aborde dans son île[32], « Vous trouverez ici une divinité prête à vous rendre heureux », répète-t-elle peu après[33]. Ce bonheur est proche du plaisir ou de la volupté qu'en bien des endroits Fé-

---

[30] *Ibid.*, t. II, pp. 16, 20, 51, 54, 76-77, 90. A ce propos, F.-X. Cuche, *Télémaque entre père et mer*, pp. 79-80, parle de « pulsion de mort », de « tendances suicidaires », d' « instinct de mort ».
[31] H. Hillenaar, *Le secret de Télémaque*, Paris, P.U.F., 1994.
[32] Fénelon, *Œuvres*, éd. cit., t. II, p. 4.
[33] *Ibid.*, t. II, p. 8.

nelon, comme les moralistes de l'Antiquité et le Sage de la Bible, oppose à la vertu et à la gloire[34]. Incarné dans les nymphes de l'île de Calypso et les habitants de l'île de Chypre voués au culte de Vénus, le plaisir est opposé de la vertu, mais, si nous nous en tenions là, nous n'aurions dans le *Télémaque* qu'un ensemble de lieux communs de moraliste. Or il y a dans cet ouvrage tout autre chose. D'abord une constante opposition entre les « plaisirs innocents », les plaisirs de « la vie pastorale », ceux de « la campagne »[35], et les faux plaisirs ; lieu commun encore que l'exaltation de la vie pastorale, de la vie des bergers dans le *locus amœnus* de la bucolique ; mais au-delà de la pastorale à laquelle il semble que Fénelon ne peut s'empêcher de croire comme à un beau rêve, c'est toute la culture, la poésie, la musique, les danses, un magnifique repas, en une nuit de clair de lune sur la mer, qu'Adoam offre à Télémaque et à Mentor ; « il rassembla tous les plaisirs dont on pouvait jouir »[36], occasion pour Mentor de faire à Télémaque une un peu longue leçon sur la différence entre les « plaisirs doux et modérés » et les plaisirs qui passionnent et amollissent et « rendent [...] semblable à une bête en fureur »[37]. C'est le thème central du livre VII où en quelques pages nous trouvons quatorze fois le terme « plaisir » à l'occasion des faux plaisirs auxquels se livre Pygmalion et de ceux qu'Adoam propose. D'ailleurs en ce livre VII, Adoam chante le parfait bonheur des habitants de la Bétique, « un peuple qui, suivant la droite nature, fût si sage et si heureux tout ensemble »[38]. Les pages du *Télémaque* où s'expriment les conseils politiques de l'auteur sont orientées par la préoccupation du bonheur des peuples, seul

---

[34] *Ibid.*, t. II, pp. 6, 7, 21, 22, 47, 83, etc.
[35] *Ibid.*, t. II, pp. 23-24, 33-34, etc.
[36] *Ibid.*, t. II, p. 104.
[37] *Ibid.*, t. II, pp. 104-105.
[38] *Ibid.*, t. II, p. 112.

gage du bonheur du souverain[39]. Fénelon apparaît ici fort proche de Bossuet qui, dans le *Discours sur l'histoire universelle* que le précepteur du duc de Bourgogne connaissait bien et utilisait dans son enseignement, peignait le peuple des Egyptiens comme celui qui avait le mieux approché de l'idéal du bonheur en société : « Cette nation grave et sérieuse connut la vraie fin de la politique qui est de rendre la vie commode et les peuples heureux »[40]. Pour Fénelon « le plaisir de faire le bien »[41] est donc une des seules récompenses du bon souverain.

De même que dans la vie spirituelle le terme de l'itinéraire et le critère ultime de l'amour sont dans le désintéressement, l'oubli de soi, le dépouillement, la disparition du moi, de même le *Télémaque* dénonce dans le moi le « plus dangereux ennemi »[42] et soutient que le roi parfait ne l' « est point pour lui-même », qu' « il n'est digne de la royauté qu'autant qu'il s'oublie lui-même pour se sacrifier au bien public »[43]. « On doit sacrifier, dans les peines infinies du gouvernement, pour rendre les hommes bons et heureux »[44], se vaincre soi-même[45], se dépouiller[46], ne pas rapporter sa vertu à soi-même[47], ne pas imiter le jeune Narcisse[48], ces conseils rythment le roman de Fénelon, mais ils pourraient aussi bien servir à définir l'amour parfaitement désintéressé, sans retour sur soi, sur le moi, que prêche le directeur spirituel.

---

[39] Baléazar « vit heureux, et tout son peuple est heureux avec lui », *Ibid.*, t. II, p. 103. Sur le bonheur fin de la politique selon Fénelon, voir F.-X. Cuche, *Télémaque entre père et mer*, *op. cit.*, p. 153.

[40] Bossuet, *Discours sur l'histoire universelle*, IIIème partie, chap. III, éd. Lachât, t. XXIV, p. 579.

[41] Fénelon, *Œuvres*, éd. cit., t. II, pp. 67, 245.

[42] *Ibid.*, t. II, p. 10.

[43] *Ibid.*, t. II, p. 59.

[44] *Ibid.*, t. II, p. 312.

[45] *Ibid.*, t. II, p. 71.

[46] *Ibid.*, t. II, p. 163.

[47] *Ibid.*, t. II, p. 241.

[48] *Ibid.*, t. II, p. 105.

Une contradiction apparaît néanmoins entre le plaisir, même celui de la vertu, et le parfait désintéressement. Elle réside non pas dans l'objet du plaisir, le bien ou le mal, mais dans le plaisir lui-même dans sa dimension que l'on pourrait appeler anthropologique : Télémaque, est-il écrit au livre XIII, « sentait ce plaisir si doux et si pur que les dieux ont attaché à la seule vertu, et que les méchants, faute de l'avoir éprouvé, ne peuvent ni concevoir, ni croire : mais il ne s'abandonnait point à ce plaisir »[49]. C'est le rapport de l'homme au plaisir, même pur, qui détermine la valeur de l'acte, mais cette constatation tend à miner toute entreprise de moralisation de la conduite fondée sur la détermination du contenu de cette conduite. Ainsi nous devons lire de plus près les pages consacrées respectivement au bonheur assuré à l'homme par la constitution de sociétés parfaites, et au bonheur des bons dans les champs Elysées.

Dans le *Télémaque* deux sociétés sont présentées comme exemplaires, la Bétique et Salente. Il y a entre elles une radicale différence. Fénelon l'indique lui-même lorsqu'à la fin du livre VII Adoam conclut le récit de son « voyage » en Bétique par ces mots : « Nous regardons les mœurs de ce peuple comme une belle fable, et il doit regarder les nôtres comme un songe monstrueux »[50]. La « fable » qui permet de jeter sur le monde présent un nouveau regard, de s'en désabuser, et de le voir comme un songe, est à proprement parler une « utopie », un lieu de nulle part, que l'on atteint au terme d'un « voyage », et qui n'est connu que par les « merveilles » que l'on en « raconte », par « tout ce que la renommée en publie »[51]. Un pays caractérisé par un insurmontable éloignement dans l'espace nous permet d'imaginer combien les mœurs de ses habitants sont « éloignées »[52] des nôtres. Comme l'Ile inconnue dont on ne

---

[49] *Ibid.*, t. II, p. 228.
[50] *Ibid.*, t. II, p. 112.
[51] *Ibid.*, t. II, p. 106.
[52] *Ibid.*, t. II, p. 112.

peut que « raconter » le « beau voyage » qu'on y fait[53], et comme l'Ile des plaisirs que l'on n'aperçoit qu' « après avoir longtemps vogué sur la mer Pacifique »[54], la Bétique n'est introduite dans le roman qu'à travers le récit d'un autre, inaccessible à l'expérience, objet d'une « croyance »[55]. Il ne s'agit ni d'un bonheur inimitable, ni d'un idéal, et la question que nous nous posions de la possibilité de conserver le parfait désintéressement, la distance intérieure par rapport à ce bonheur, ne se pose pas : entre cette parfaite « nature », terme récurrent dans cette description, et « notre » monde, il n'y a pas d'autre rapport que ce qui est dit, ce qui s'en donne à lire, légende, fable, récit. Dépourvue de toute réalité expérimentale, récusée même au titre d'hypothèse théologique par l'augustinien qu'est Fénelon, la pure nature n'est qu'un songe qui permet de lire comme un songe le monde et ses prestiges.

Avec Salente, nous avons tout autre chose. Salente n'est pas une utopie, et ce n'est que par approximation qu'on peut joindre ses descriptions au riche catalogue des utopies modernes, de Platon et Thomas More jusqu'à Vayrasse, Cabet et Orwell, même si aux XVIIIe et XIXe siècles nombre d'écrivains ou de théoriciens politiques ont construit d'après Salente leurs propres utopies[56]. Certes « Minerve, sous la figure de Mentor, établissait dans Salente toutes les meilleures lois et les plus utiles maximes de gouvernement », « exemple sensible de ce qu'un sage gouvernement peut faire pour rendre les peuples heureux »[57], et, comme dans toutes les utopies, il organisait la société selon une

---

[53] *Ibid.*, t. I, p. 262.

[54] *Ibid.*, t. I, p. 200.

[55] *Ibid.*, t. II, p. 112.

[56] Voir J.-M. Racault, *Nulle part et ses environs. Voyage aux confins de l'utopie littéraire classique (1657-1802)*, Paris, Presses de l'Université de Paris-Sorbonne, 2003, pp. 39-53. E. Cabet s'inspirera de Fénelon et de Fleury dans son *Voyage en Icarie* en 1845 (*Œuvres*, t. I, réimpr. anast. Paris, Anthropos, 1970).

[57] Fénelon, *Œuvres*, éd. cit., t. II, p. 194.

véritable rationalité, la place et la fonction de chacun étant lisibles à la couleur et à la forme de son vêtement, la destination d'un bâtiment étant évidente selon son architecture, la conduite étant nécessairement en accord avec le métier ou la profession. D'une certaine façon, le règne de la raison et de la morale est instauré dans la cité réformée de Salente. Mais les conditions d'instauration de ce règne de la raison, de la loi, de la morale, sont à Salente bien différentes de ce qu'elles sont dans les utopies ; il ne s'agit pas non plus de l'irruption de la raison dissipant le désordre du monde. Dans le cas de Salente, la rupture se situe à l'origine, dans une faute ou un crime originels qui ont ruiné l'harmonie du monde. A l'origine se trouve le meurtre du fils tué par Idoménée, son père, la ruine du lien social, la honteuse fuite du souverain criminel. L'établissement et la constitution de Salente seront un lent et pénible travail de deuil, de réinterprétation du meurtre primitif, de construction d'une explication rationnelle et politique du meurtre inexplicable : ainsi l'Etat, la civilisation, la culture, les lois, dont, ne l'oublions pas, Minos, dieu des morts, est l'instaurateur, seront fondés par le même geste qui, en l'interprétant, permet de penser la faute originelle et la transforme en fable, en légende, en ce dont on parle et qui fait parler. Lent travail raconté aux livres X et XI du *Télémaque*, travail qui, contrairement au cas des utopies dont parle la fable, n'est jamais achevé ou irréversible, peut toujours être remis en question.

Ici encore il serait possible d'établir un parallèle entre l'édification de la cité où règneront la raison et la loi et l'itinéraire spirituel, depuis la prise de conscience de la faute primitive jusqu'à l'état de l'amour parfait et désintéressé. L'itinéraire spirituel, lui aussi, est toujours susceptible d'échecs et de retours en arrière : le spirituel n'est jamais assuré de son état, il peut toujours déchoir, Idoménée aura toujours besoin des leçons de Mentor, maître tout-puissant et tout-sage ; sur l'un et sur l'autre, ce que l'on peut appeler grâce chrétienne ou autorité du maître doit s'exercer en chaque instant sous peine de remettre en question la victoire de la raison ou de l'amour sur les forces du mal. Dans le monde de l'utopie on ne croit pas non plus en la bonté de l'homme, mais on espère, ou l'on veut croire, que l'intervention instauratrice aura pour toujours changé la condition des choses et des hommes. Le monde construit par les efforts de Mentor et d'Idoménée, ou l'ordre élaboré par la vie spirituelle et le travail de désintéressement de l'amour ne connaît pas cette illusion. L'ombre de l'échec plane sur le roman de Fénelon, comme elle plane sur toute éducation, et la tâche du souverain apparaît comme aussi impossible que celle du précepteur.

Peut-être la conscience de cette impossibilité et la nécessité de la constante autorité du maître, comme de la constante infusion de la grâce sur le spirituel, nous aident-elle à résoudre la contradiction que nous relevions entre la recherche du bonheur des hommes, but de toute action politique et sociale, et la méfiance à l'égard du bonheur, qui, par les liens qu'il ne peut pas ne pas avoir avec le plaisir, même sous la forme du plaisir pur, comporte toujours le risque d'être intéressé et, par la réflexion, de retourner l'homme sur lui-même, d'exalter le moi. Rien n'est jamais acquis, il n'y a pas d'homme qui soit innocent, comme la Bible[58] et la théologie n'ont cessé de l'enseigner, et Fénelon ne manque pas de relever, avec autant de sévérité que l'auteur de *La Cité de Dieu*, les fautes et les défauts des dieux et des héros de l'Antiquité : comme nous le montrons plus haut[59], ni Ulysse, ni Pénélope, ni Nestor, ni Philoctète, pour ne pas parler d'Idoménée ne sont exempts de fautes graves et ils peuvent être, avec de bonnes raisons, soupçonnés ; Fénelon sait même trouver dans les légendes antiques ce qui contribue à jeter sur eux le soupçon : l'augustinisme, dont on ne saurait exagérer

---

[58] *Ex.*, XXXIV, 7.
[59] Voir plus haut chap. XXI, et notre compte rendu de H. Hillenaar, *Le Secret de Télémaque*, Paris, P.U.F., 1994, dans *XVIIᵉ siècle*, juillet-septembre 1994, pp. 608-610.

l'importance dans sa vision du monde, s'accorde avec l'exercice de la désillusion qui est au centre de son expérience et de sa spiritualité.

Un autre livre du *Télémaque*, le livre XIV, nous aidera à penser les rapports de la fable et de la spiritualité. C'est un livre qui pourrait apparaître comme le plus convenu et le plus traditionnel, toute épopée, tout roman antique se devant de présenter une descente aux Enfers sur le modèle de celles qu'avaient immortalisées l'*Odyssée* et l'*Enéide*. Cependant, comme en bien d'autres endroits du *Télémaque*, c'est peut-être le moins original, le lieu commun, qui se révèlera à une lecture attentive le plus significatif, tout se passant comme si le traitement du lieu commun permettait de repérer des écarts, des interventions personnelles, de significatives différences par rapport à la tradition.

Le livre XIV présente une évocation du sort des rois et des héros, mauvais ou bons, dans l'au-delà. On a justement remarqué que la conception chrétienne des récompenses et des punitions dernières s'y substitue à la vision païenne de l'Hadès et des Enfers, et qu'à travers une imagerie antique c'est une représentation du jugement personnel qui nous est présentée. On a aussi pu remarquer que le critère selon lequel étaient jugés les hommes dans l'au-delà était leur plus ou moins grand désintéressement dans la vertu et dans l'exercice du bien, comme si la spiritualité de l'archevêque de Cambrai servait de règle aux juges des Enfers : dans les champs Elysées mêmes, il y a une première et une « seconde demeure »[60], comme il y a dans l'itinéraire spirituel des différents « degrés » d'amour[61]. Télémaque découvre dans les Enfers un homme condamné pour avoir rapporté toute sa vertu à soi-même[62], occasion pour Fénelon d'élaborer un développement au ton très augustinien pour dénoncer la « fausse vertu » du « philosophe » qui a été lui-

---

[60] Fénelon, *Œuvres*, éd. cit., t. II, p. 252.
[61] *Ibid.*, t. I, p. 1008.
[62] *Ibid.*, t. II, p. 241.

même sa propre divinité[63]. A l'inverse, dans les champs Elysées, au-dessus même des bienfaiteurs de l'humanité, des inventeurs du commerce et de l'agriculture, Télémaque rencontre ceux qui se sont sacrifiés, Dioclide, roi de Carie, « qui se dévoua pour son peuple dans une bataille »[64], tel autre qui « partit, s'exila lui-même de sa patrie »[65], tel autre, Eunésime, roi des Pyliens, qui « demanda aux dieux d'apaiser leur colère, en payant par sa mort, pour tant de milliers d'hommes innocents »[66]. Ces souverains sont à placer à côté des héros païens qu'au temps de la querelle du pur amour exaltera Fénelon[67], faisant du sacrifice de ces païens dépourvus de tout espoir dans l'au-delà la parfaite image de l'amour désintéressé, réalisation historique, antérieure au christianisme, de la fameuse supposition impossible des mystiques, ces derniers ne pouvant qu'élaborer logiquement l'hypothèse qu'ils savent impossible de l'absence de toute récompense céleste. Au livre XIV du *Télémaque*, les récompenses sont bien présentes, mais au prix d'un évident anachronisme, et suivant des caractères qu'il convient d'étudier de plus près.

Fénelon décrit longuement le lieu où « les bons rois jouissaient [...] d'un bonheur infiniment plus grand que celui du reste des hommes qui avaient aimé la vertu sur la terre »[68], tableau de la « lumière de gloire » céleste, de la « gloire toute divine »[69], au sens où la théologie chrétienne avait tenté d'en donner une représentation[70], et avec les mots mêmes que nous

---

[63] *Ibid.*, t. II, pp. 241-241.

[64] *Ibid.*, t. II, p. 256.

[65] *Ibid.*

[66] *Ibid.*, t. II, p. 257

[67] *Ibid.*, t. I, pp. 656-671. Voir J. Le Brun, *Le pur amour. De Platon à Lacan*, *op. cit.*, pp. 23-47.

[68] Fénelon, *Œuvres*, éd. cit., t. II, p. 246.

[69] *Ibid.*, t. II, pp. 247-248.

[70] Représenter l'état des bienheureux comme pénétration de lumière dans la gloire est un thème traditionnel depuis saint Paul et le chapitre XV de la 1ère Epître aux Corinthiens. Sur ces notions capitales dans l'histoire de la spiritua-

trouvons dans la correspondance et dans les œuvres de Mme Guyon pour évoquer l'état de ceux qui sont animés d'un parfait amour. Un « abîme de joie »[71], le « comble de leur félicité »[72], l'accumulation des métaphores affectives, des termes pris au vocabulaire biblique et évangélique mêlés à ceux d'Horace ou de Virgile constituent un ensemble où paraissent concernés tous les sens, extérieurs et intérieurs, de l'homme. En une association qui fait penser aux oxymores des mystiques, Fénelon parle d'un « goût de lumière pure »[73], qui, pris à la lettre, pourrait sembler contradictoire ; les « délices », le « sentiment », les « désirs », sont niés au moment même où ils sont évoqués, en un mouvement que reconnaît tout lecteur familier de la littérature spirituelle. L'indifférence, que pouvaient manifester certains des défunts qui apparaissaient au chant XI de l'*Odyssée*, ou qui caractérisait le sage d'Horace, reparaît dans le texte de Fénelon dans l'indifférence de celui qui a atteint le parfait amour. La totale jouissance des bienheureux est, dans ce livre XIV du *Télémaque*, détachement de la récompense même dont ils semblent jouir : ce que les « hommes mortels » jugeraient de plus exquis, ces joies célestes placées dans l'ordre de la représentation, n'est plus pour eux que « viandes grossières »[74], et, de façon tout à fait caractéristique, c'est sur le même plan que la mort, la maladie, et « tous les maux » que prennent place « les regrets, les remords, les craintes, les espérances mêmes »[75], c'est-à-dire ce qui constitue le motif de la pénitence et de l'espérance chrétiennes. Le passage est remarquable dans son ambiguïté : d'une part, les métaphores traditionnelles dans la littérature mystique, comme celle des poissons plongés dans la

---

lité, et encore au XVIIe siècle, voir *Dictionnaire de spiritualité*, s. v. « Gloire », « Lumière ».

[71] Fénelon, *Œuvres*, éd. cit., t. II, p. 246.

[72] *Ibid.,* t. II, p. 247.

[73] *Ibid.,* t. II, p. 246.

[74] *Ibid.,* t. II, p. 247.

[75] *Ibid.*

mer[76] que ne manqua pas de reprendre Mme Guyon, permettent à Fénelon d'évoquer la vie des bienheureux ; d'autre part, la distance que crée la mise en scène antique rend acceptable un parfait désintéressement que la stricte théologie pourrait récuser.

C'est donc dans l'au-delà, détaché de tout espoir de récompense comme de toute crainte de châtiment (même si récompense et châtiment, irreprésentables, y ont leur lieu), que Fénelon situe la parfaite jouissance, en laissant à ce terme sa double valeur, une hyperbolique félicité et la fruition dont ont souvent écrit les mystiques : lieu de la jouissance, ou plutôt non-lieu qui n'est accessible qu'à travers la fable peu chrétienne de la descente aux Enfers, mais qui est situé au sommet du récit pour révéler au héros la vérité sur son père Ulysse. L'absence d'Ulysse dans l'au-delà fait preuve de sa survie. Cependant la façon dont Fénelon introduit cette descente aux Enfers est tout à fait remarquable : rien de tel chez ses prédécesseurs, chez Homère ou chez Virgile, sinon peut-être l'évocation à la fin du chant X de l'*Odyssée* de l'année passée par Ulysse chez Circé au milieu des festins, du vin et des viandes[77]. Fénelon seul insiste longuement sur les songes qui représentent à Télémaque son père « nu, dans une île fortunée [...] environné de nymphes [...] dans des festins, où la joie éclatait parmi les délices »[78] ; songes aussi étranges dans leur représentation que dans l'interprétation qu'en donne Télémaque, comme si l'image de la jouissance paternelle ne pouvait pour lui signifier que la mort. C'est en effet une double privation, un double exil, que signifient ces songes : ils dévoilent à Télémaque que son père a peut-être accédé à une jouissance dont toute l'éducation procurée par

---

[76] *Ibid.*, t. II, p. 246.
[77] *Odyssée*, X, 467-468.
[78] Fénelon, *Œuvres*, éd. cit., t. II, p. 233.

Mentor a travaillé à l'écarter ; ils révèlent que le sens de cette jouissance n'est autre que la mort[79].

De façon paradoxale, sous la forme de l'exil de la jouissance dans la mort ou dans l'au-delà, dans le non lieu de la fable, le *Télémaque* tente de « représenter » une purification du sens que la spiritualité de l'archevêque tentera bientôt d' « expliquer » et de « justifier ». D'une autre façon, tout aussi paradoxale, le *Télémaque* réalisera une purification des images. Nouveau paradoxe, en effet, car cette œuvre semble, comme on l'a vivement reproché à l'auteur, exposer avec complaisance de riches tableaux profanes, de séduisantes peintures des passions. Nous avons pu ailleurs[80] soutenir que le *Télémaque* était composé comme une suite d'épisodes qui prenaient la forme de tableaux : l'auteur lui-même a mis le lecteur sur la voie en désignant comme des « spectacles » les scènes qui se présentent aux yeux des personnages[81], mais c'est aussi sous la forme de descriptions, comme celles qu'il a données ailleurs des tableaux de Poussin, de Léonard de Vinci, de Le Brun, qu'il évoque le bouclier de Télémaque ou le char d'Amphitrite. Des « scènes », des « tableaux », des « spectacles » se déroulent ainsi devant le lecteur selon une rhétorique qui remonte à l'Antiquité et aux *Tableaux de plate peinture* de Philostrate si lus au XVIIe siècle : l'auteur réécrit pour ainsi dire la scène représentée, et il le fait en y introduisant le « je » du narrateur, critique ou romancier, substituant une écriture narrative à une peinture qu'il conçoit comme écriture picturale. Comme il l'écrira dans la *Lettre à l'Académie*, le lecteur doit se mettre lui-même en imagination dans le tableau et pour ainsi dire « envier le bonheur de ceux

---

[79] Sur la nudité dans le *Télémaque*, d'autant plus significative qu'elle est plus rare, voir les pertinentes remarques d'A. Lanavère, dans *Littératures classiques*, 23, 1995, p. 40 et n. 3.
[80] Fénelon, *Les Aventures de Télémaque*, coll. Folio, Paris, Gallimard, 1995, pp. 424-425.
[81] Fénelon, *Œuvres*, éd. cit., t. II, pp. 36, 57, 104, 166, etc.

qui sont dans cet autre lieu »[82]. Dans le *Télémaque*, le récit se développe ainsi en référence à un tableau au moins virtuel, faisant toujours place à l'imaginaire. Cette présence de l'image, ce rapport du lecteur à l'image sont incontestablement des faits de culture et il serait important de replacer l'œuvre de Fénelon dans une histoire de la représentation et du rapport de l'homme à la représentation ; ils correspondent par ailleurs à la façon dont Fénelon conçoit la place de l'imagination dans l'éducation[83], mais ils ont aussi d'importantes conséquences à la fois sur la façon de concevoir la fable représentée et sur l'attitude spirituelle. Les prestiges de l'image peuvent exalter le moi et susciter les passions, enchanter tous les sens du lecteur, l'introduire en imagination dans la fable qui le séduit : il entre dans la grotte même de Calypso, il est reçu comme Ulysse et comme Télémaque dans l'intimité de la déesse et de ses nymphes, il partage tous les affects que le narrateur a prêtés à ses personnages. En ce sens, l'image ne peut que développer la « gourmandise » spirituelle que condamnait jadis Jean de la Croix, ou au moins, selon un terme ambigu, récurrent dans le *Télémaque*[84], la « curiosité » que, sans pouvoir la condamner radicalement puisqu'elle est aussi un essentiel moteur de la civilisation, Fénelon dénonce à maintes reprises comme forme de l'orgueil et de l'amour-propre. Fidèle aux leçons des mystiques, Fénelon dans ses écrits spirituels établira que la purification des images, comme la simplification des actes, est un élé-

---

[82] Fénelon, *Lettre à l'Académie*, chap. 5, dans *Œuvres*, éd. cit., t. II, p. 1162.

[83] Fénelon, *De l'éducation des filles*, ch. VII, *ibid.*, t. I, p. 131 : « [...] il faut faire venir l'imagination au secours de l'esprit. [...] Il faut leur peindre la gloire céleste telle que saint Jean nous la représente [...] une joie éternelle sur la tête des bienheureux, comme les eaux sont sur la tête d'un homme abîmé au fond de la mer. Montrez cette glorieuse Jérusalem [...] un fleuve de paix, un torrent de délices [...]. Je sais bien que toutes ces images attachent aux choses sensibles, mais après avoir frappé les enfants par un si beau spectacle pour les rendre attentifs, on se sert des moyens que nous avons touchés, pour les ramener aux choses spirituelles. »

[84] *Ibid.*, t. II, pp. 68, 106, 123, etc.

ment capital de l'itinéraire spirituel, et que, parvenue à l'union à Dieu sans milieu, « l'âme transformée [...] le contemple sans image sensible ni opération discursive »[85].

Y aurait-il contradiction entre les préceptes spirituels et la pratique scripturaire de l'auteur du *Télémaque* et des descriptions de tableaux ? Il serait un peu simpliste de soutenir que les œuvres littéraires s'adressent à des commençants et que les textes spirituels ont en vue des âmes parfaites, comme si pratique exotérique et préceptes ésotériques étaient radicalement distingués. Même si Fénelon a pu un instant être tenté de soutenir une telle distinction, le rapport à l'image dans la théorie spirituelle et dans la pratique littéraire mérite un examen plus approfondi. Une des voies de la purification de l'image pourrait être la constitution d'une image qui tirerait sa pureté de la pureté de son objet ; ainsi les tableaux de la vie vertueuse des habitants de la Bétique ou de Salente, ceux des actions désintéressées des héros, des sacrifices et du désintéressement des souverains. Cependant nous resterions ici à la superficie du problème et, comme nous avons pu le remarquer à propos du tableau de la jouissance des bienheureux, il faut que le tableau se nie lui-même, nie à chaque instant l'image qu'il tend et les affects qu'il produit. Contradiction ou oxymore, que ne peuvent qu'exacerber l'échec et la réussite de la représentation.

Ce n'est pas essentiellement dans son objet ou même dans la négation de son objet que l'image peut être purifiée, c'est plutôt dans la constitution de l'image en un lieu de purification de celui qui la contemple, comme avait jadis tenté de le faire Ignace de Loyola en faisant de la question de l'image le nœud de la démarche spirituelle[86]. Fénelon, bien entendu, ne va pas aussi loin dans l'élaboration théorique ni dans la constitution

---

[85] Fénelon, *Explication des maximes des saints*, Article XL, Vrai, *Œuvres*, Pléiade, t. I, p. 1088.
[86] Voir P.-A. Fabre, *Ignace de Loyola. Le lieu de l'image*, Paris, Vrin - E.H.E.S.S., 1992.

d'un instrument nouveau permettant, dans son usage même, une radicale purification de l'imagination ; cependant il nous donne, dans le *Télémaque*, des exemples d'une pratique du tableau qui permet une purification du désir. Le rôle des images de la fable est ici important. Dès le début du livre premier, la longue description de la grotte de Calypso constituée en un *locus amœnus* transforme en un « tableau » le lieu déserté du désir par le départ d'Ulysse et sa victoire malgré lui sur soi-même ; la beauté trouve ici sa première fonction qui est de jouer du désir en l'entraînant dans l'illusion.

Il est une autre fonction de la beauté, bien souvent suggérée dans le *Télémaque*, c'est de constituer un rempart, peut-être le seul, contre l'horreur[87]. Ici la fonction de la beauté est voisine de celle de la fable. L'étude de l'histoire d'Idoménée nous avait permis naguère de le suggérer[88] : seul le mythe permettait de faire entrer dans le monde de la représentation l'horreur pure du meurtre du fils par le père. La tradition artistique avait mille fois représenté en tableaux la légende du crime de Jephté. C'est la même histoire que Fénelon écrit dans son roman.

On doit cependant se demander ici pourquoi les constructions de la théologie qui ont tenté au cours des siècles de rendre pensable l'impensable n'apparaissent plus pratiquement pertinentes à un homme du XVIIe siècle, de surcroît chrétien et auteur spirituel. Cette question, à plusieurs reprises, nous avons dû nous la poser, à la lecture du *Télémaque* comme en étudiant les œuvres spirituelles de Fénelon. Dans le christianisme, l'élaboration trinitaire pose le Fils comme l'Image qui échappe paradoxalement à la représentation, et, récapitulant en lui toute image, elle tente de rendre pensable le sacrifice du Fils incarné dans le monde. Toute représentation, toute image, de ce sacri-

---

[87] Cette notion d' « horreur » est récurrente dans les œuvres de Fénelon, ainsi dans le *Télémaque*, *Œuvres*, éd. cit., t. II, pp. 196, 213, 238, 239, etc.

[88] Voir notre article « Idoménée et le meurtre du fils […] », cité plus haut n. 23.

fice n'a de pertinence que par référence au sacrifice unique inscrit dans le drame trinitaire. Mais cela exige qu'à chaque époque la christologie puisse être réélaborée en fonction des toujours nouvelles données anthropologiques. Or nous constatons que dans les œuvres, même théologiques, de Fénelon la christologie, à la différence de la place qu'elle tient dans la pensée théologique et philosophique de Malebranche, subit une surprenante éclipse. Faute d'une suffisante élaboration christologique, bien rare à l'époque moderne, le sacrifice impensable ne peut que ressurgir dans le réel, rester à la charge du fidèle, du mystique plongé dans les dernières épreuves dont Fénelon n'a cessé d'interroger le mystère.

Une autre voie reste cependant ouverte, le recours aux mythes antiques qui permettent d'aborder l'inévitable question du lien entre la filiation et la mort. Deux siècles plus tard, un autre penseur, Freud, recréera un mythe antique en en faisant peut-être notre seul mythe moderne, celui d'Œdipe. Même si, à travers le recours à la fable, Fénelon transmet l'héritage chrétien, même si en bien des endroits il subvertit le message de la fable en lui faisant tenir d'anachroniques leçons, nous ne pouvons qu'être frappé par le caractère nécessaire de cet usage de l'Antiquité et de la mythologie. Loin d'être concession au goût de l'époque ou utilisation un peu honteuse d'une forme profane par un homme d'Eglise, la fable, qui met en scène des premières aux dernières pages l'absence et l'abandon, est le moyen de prendre une distance radicale permettant de poser les questions sur lesquelles achoppe depuis des siècles la théologie, de poser les apories sur lesquelles butera, peu après avoir écrit le *Télémaque*, le théoricien de l'amour pur[89].

---

[89] Voir plus haut, chap. XX, et notre *Pur amour. De Platon à Lacan, op. cit.*, *passim*.

CHAPITRE XXIII
DE L'*HISTOIRE CRITIQUE DU VIEUX TESTAMENT*
À *TOTEM ET TABOU*
L'INVENTION DE L'ORIGINE (XVIIe - XXe SIÈCLES)

L'étude de la littérature religieuse permet de mettre en lumière, au temps des grandes crises de la pensée qui caractérisent la fin du XVIIe siècle et les débuts du XVIIIe, une sorte de dissociation entre d'une part la littérature de piété[1], et d'autre part la littérature d'érudition, historique et critique. Tous ces écrits partaient du même corpus textuel, la Bible, les Pères de l'Eglise, les théologiens et les philosophes du Moyen Age, les vies des saints et des pieux personnages. Cependant ils réalisaient sur ce corpus une double opération qui aboutit avec le temps à une intime contradiction. Chacun opérait un choix dans l'ensemble des textes transmis par la tradition (tels versets servaient à la piété, tels autres à l'établissement d'une histoire) et il faisait de ces textes un usage, des lectures, dont les présupposés et les méthodes divergeaient de plus en plus de ceux d'autres lecteurs et d'autres commentateurs.

---

[1] Désormais, sur cette littérature, voir Ph. Martin, *Une religion des livres (1640-1850)*, Paris, Cerf, 2003.

Ainsi le livre de piété, qui recueillait l'héritage de la spiritualité ascétique ou mystique, était destiné à soutenir la méditation ou l'oraison ou à rendre compte des pratiques spirituelles ; les radicales oppositions (mystique / antimystique), source de séculaires débats s'y fondaient en une sorte de consensus dont les dénominations de « dévotion »[2] et de « piété » étaient, dans leur molle imprécision, le signe le plus manifeste. Le livre d'érudition recueillait d'autres héritages, celui de l'humanisme, celui de la naissante exégèse biblique, de l'étude « critique » des textes et de l'histoire, sacrée et profane[3].

Cette distinction entre deux grandes orientations de la littérature religieuse a son parallèle dans l'usage fait au XVIIe siècle d'un autre corpus, non chrétien, du corpus mythologique, de la « fable », selon le terme qui désignait la mythologie à l'âge classique. Etudier les usages faits en ce temps de la mythologie peut par comparaison illustrer les différentes attitudes des hommes du XVIIe siècle devant le texte chrétien transmis par la tradition.

I. Fable et mythe au XVIIe siècle. Les débuts de l'histoire des religions.

Dans un article synthétique extrêmement suggestif[4], Jean Starobinski a naguère montré qu'un double regard fut porté au

---

[2] Voir plus haut chap. IV et XIV.

[3] Voir plus haut chap. IX et XI.

[4] « Fable et mythologie aux XVIIe et XVIIIe siècles. Dans la littérature et la réflexion théorique », dans *Dictionnaire des mythologies et des religions traditionnelles et du monde antique*, sous la direction d'Y. Bonnefoy, Paris, 1981, t. I, p. 390-400. Pour l'ensemble des questions abordées ici, voir les articles rassemblés dans *Les religions du paganisme antique dans l'Europe chrétienne, XVIe-XVIIIe siècle*, Colloque tenu en Sorbonne les 26-27 mai 1987, Paris, Presses de l'Université de Paris-Sorbonne, 1988, en particulier l'article de F. Laplanche, pp. 11-28. Et, pour l'époque de la Renaissance dont

XVIIᵉ siècle sur la fable et sur les dieux antiques, donc qu'un double usage était fait de cette fable : d'une part le regard et l'usage des poètes et des artistes, d'autre part ceux des érudits, des critiques, des historiens de l'Antiquité ; les deux mondes, celui des poètes et celui des érudits, n'auraient eu aucune communication entre eux, chacun appliquant son esprit aux fables antiques suivant ses exigences et ses pratiques propres[5].

C'est la pratique des érudits, dans la mesure où elle ouvre un champ nouveau, celui de notre moderne science des religions, qu'il convient d'étudier en nous demandant si à terme elle n'eut pas, au moins négativement, une importante influence sur le regard porté sur les mythes par les artistes et les poètes. Plaçons en tête le livre de John Selden, publié pour la première fois à Londres en 1617 et maintes fois réédité à travers l'Europe au XVIIᵉ siècle, *De Dis Syris Syntagmata II. adversaria nempe de numinibus commentitiis in Veteri Instrumento memoratis*[6]. L'ouvrage de l'érudit juriste anglais a rapidement été considéré comme un classique et cité avec éloge[7] par tous ceux qui s'intéressaient aux religions de l'Antiquité. Ce n'est pas que les pers-

---

sont héritiers les auteurs que nous citerons, voir J. Seznec, *La Survivance des dieux antiques*, Paris, Flammarion, 1980.

[5] En un sens analogue, M. Detienne parle des deux « discours » qui s'entrecroisent aujourd'hui dans la « mythologie », les récits et histoires et le discours interprétatif sur les mythes, ce qu'il appelle la « mythologie-science », *L'Invention de la mythologie*, Paris, Gallimard, 1980, pp. 15-16.

[6] Nous le citerons d'après l'édition de Leipzig, 1668, qui contient après le texte de Selden des *Additamenta* d'Andreas Beyerus. Le livre de Selden avait été réédité à Londres en 1619 et à Leyde en 1629, et le sera encore à Leipzig en 1672, à Amsterdam en 1680, et ses œuvres complètes, précédées de sa biographie, en trois volumes in-fº à Londres en 1726. On consultera aussi sur Selden (1584-1654) l'article qui lui est consacré dans le Moreri. Sur cet auteur et ceux que nous citerons, voir F. Schmidt, « Naissance des polythéismes (1624-1757) », dans *Archives de Sciences Sociales des Religions*, n°59/1, 1985, pp. 77-90.

[7] « *Celeberrimus J. Seldenus* » écrira encore un siècle plus tard le grand érudit Antonius van Dale, *Dissertationes de origine et progressu idololatriæ et superstitionum*, Amsterdam, 1696, p. 24.

pectives de Selden fussent totalement révolutionnaires : comme ses contemporains, Selden était marqué, beaucoup plus qu'on ne sera plus tard, par la lecture du Cicéron des *Tusculanes* et du *De natura deorum*, par celle de Diodore de Sicile, de Plutarque, de Pausanias, de Macrobe, et toute la réflexion antique sur la mythologie lui était familière ; par ailleurs, comme l'indique la seconde partie du titre de son *De Dis Syris*, c'était par rapport à la Bible, à l'Ancien Testament, que s'était élaborée toute sa recherche : c'est parce que le nom de tel dieu du paganisme était cité dans l'Ancien Testament qu'à ses yeux il méritait une étude, sa présence appelant recherches et commentaire à partir du moment où l'on prenait au sérieux l'affirmation de la seconde Epître à Timothée : « Πασα γραφη θεοπνευστος και ωφελιμος etc. », « *Omnis scriptura divinitus inspirata utilis est, etc.* »[8]. Ainsi était justifié le travail de la comparaison entre les « *sacræ litteræ* » et les « *prophanæ litteræ* » et l' « illustration » des premières par les secondes montrait la dépravation d'une nature humaine plongée « *in multiplici* πολυπλανους και πολυπαθους *superstitionis morbo* »[9]. De façon moderne, l'apologétique était présente dans son livre qui, comme bien d'autres à sa suite, voulait découvrir par quelles voies s'introduisaient dans les religions (et il pensait surtout à l'Eglise romaine) superstitions et idolâtrie.

Le critique moderne renouvelait ainsi l'apologétique antique du christianisme, celle de Justin, de Clément d'Alexandrie, de Tertullien et de saint Augustin, et il adoptait le schéma historiographique qui dominera l'étude érudite des fables et des mythologies antiques au XVIIe siècle en posant 1°) que le polythéisme antique était né après le Déluge à cause de la défaillance, de la faute des hommes qui avaient abandonné le culte du vrai Dieu pour celui des idoles, « πολυθεοτητος *et*

---

[8] 2 Tim. III, 16.
[9] J. Selden, *De Dis Syris syntagmata II*, éd. cit., *Præfatio* n. p.

idolorum cultus »[10] ; 2°) que les hommes avaient d'abord rendu un culte au soleil, à la lune et aux astres, et ensuite à des démons, qui avaient originairement été des héros puis furent considérés comme des dieux[11], 3°) que les dieux des Européens dépendaient des dieux Syriens comme de leur origine[12].

L'époque de l'apparition du polythéisme était placée par Selden, dont la source était ici Maïmonide, aux premiers siècles suivant le Déluge[13], peut-être au temps de la tour de Babel et de la confusion des langues[14], même si le critique faisait mention du livre apocryphe d'Enoch qui la plaçait longtemps avant[15]. Quant à la priorité du culte des astres sur celui des héros, elle était fondée sur des arguments anthropologiques appelés à une longue postérité : peur de l'obscurité, consolation de la lumière, observation de la régularité des saisons seraient les émotions religieuses originelles. Le culte des héros devenus démons puis dieux était établi à partir de sources rituelles et archéologiques, et bien entendu Evhémère était mentionné[16]. Enfin l'extraordinaire développement de la mythologie antique avait été favorisé, selon Selden, par plusieurs causes qui s'ajoutaient à la cause principale, la dépravation des hommes : c'était d'abord le rôle des prêtres qui assurèrent leur pouvoir sur le vulgaire en multipliant les fables, les récits prodigieux, les statues, les rites d'invocation, les hymnes[17]. Ainsi se multipliaient les noms des dieux, d'où les possibilités d'intercession, et l'on en arrivait à diviniser des allégories, Fides, Mens, Virtus, Honor, Salus,

----

[10] J. Selden, *ibid.*

[11] J. Selden, *op. cit.*, *Prolegomena*, ch.III, *De* της πολυθεοτητος *seu Deorum multitudinis origine et processu*, pp. 25-73.

[12] J. Selden, *op. cit.*, *Præfatio* n. p., « *Europæorum maxime Dii a Syris pendent, ut propago ab origine* ».

[13] J. Selden, *op. cit.*, p. 27.

[14] J. Selden, *op. cit.*, p. 48.

[15] J. Selden, *op. cit.*, p. 45.

[16] J. Selden, *op. cit.*, pp. 38-40, 41-42, 49-52. Sur l'evhémérisme antique et sa postérité, voir J. Seznec, *La Survivance des dieux antiques*, *op. cit.*, pp. 17-23.

[17] J. Selden, *op. cit.*, pp. 53-55.

Concordia, Libertas, Victoria, Amor, etc.[18]. Pourtant, à côté de tant de cultes « ridicules » ou « infâmes »[19], les plus doctes, philosophes ou hiérophantes, gardaient l'idée d'une cause unique, d'un unique modérateur de l'univers, le « Dieu inconnu » de l'inscription d'Athènes[20] gardant une « position médiane » entre la complète dissimulation et la divulgation[21].

Selden pouvait, ayant posé ces principes généraux, étudier successivement chacune des divinités « syriennes » mentionnées dans l'Ancien Testament et, à l'aide d'une considérable mais inégale érudition[22], ramener à chacune les dieux grecs ou romains dont elles étaient l'origine. Ainsi Saturne n'était autre que Moloch, un roi phénicien qui avait immolé son fils pour obtenir la faveur des dieux dans le danger, mais à son tour cette fiction n'était qu'une version du sacrifice d'Isaac par Abraham[23] ; Zeus et Jupiter n'étaient autres que Belus, mais ils n'étaient aussi que la déformation de Jehovah[24] ; Minerve, ou Pallas, était « cachée » sous le nom de la « déesse phénicienne » dont parlent plusieurs anciens à propos d'Ulysse[25] ; et nous pourrions, avec Selden, allonger considérablement cette liste. Il y avait donc sous la forme d'une « inextricable confusion »[26]

---

[18] J. Selden, *op. cit.*, pp. 56-58.

[19] Ce sont des adjectifs qui reviennent souvent dans le livre de Selden, en particulier à propos de la religion égyptienne, *op. cit.*, pp. 63, 152.

[20] J. Selden, *op. cit.*, pp. 62-72. Cf. Act. XVII, 23 : « θεω αγνωστω ».

[21] J. Selden, *op. cit.*, pp. 68.

[22] Erudition assez inégale en effet : Rabelais pouvait ainsi apparaître comme une autorité, p. 300 : « *Numen hoc, nisi me fallat memoria, Nephleseth pro Miphlezet nuncupatur in Satyricis lepidissimi doctissimique Francisci Rablesii facetiis* ».

[23] J. Selden, *op. cit.*, p. 188.

[24] J. Selden, *op. cit.*, pp. 197-205 ; avec tout un jeu d'étymologies qui avaient été déjà proposées dans l'Antiquité : Jupiter, Jovispiter, Ιαω πατηρ, Ιαου πατηρ, Jehovah pater, et θεος Jovis, Ζευς.

[25] J. Selden, *op. cit.*, p. 296.

[26] J. Selden, *op. cit.*, p. 189 : « *Mosem, Deum, Patriarchas errore inextricabili confundebant, verba et res sacras ad impias Magorum operas arripiebant, et*

une sorte de *translatio* qui de la vérité biblique conduisait aux cultes orientaux ou « syriens », puis de ces derniers aux Grecs et aux Romains. Une histoire sacrée, vraie, était mal interprétée par les profanes, « interpolée » et racontée « faussement »[27], les Juifs eux-mêmes ayant contribué à cette déformation par leurs interprétations « fanatiques »[28]. Mais des traces de la vérité subsistaient dans les langues[29], dans les noms des divinités (dont l'étymologie permettait de découvrir l'origine) et dans les fables des païens où le critique peut percevoir le lointain écho d'une histoire véritable. La copieuse érudition de Selden allait fournir aux critiques et aux historiens qui étudiaient les mythes et les religions de l'Antiquité une ample moisson de textes, de références et d'exemples que nous retrouvons tout au long du XVIIe siècle.

Non moins important que le livre de Selden, le livre de Gérard Jean Vossius, *De Theologia gentili, et physiologia christiana, sive de origine et progressu idololatriæ, deque naturæ mirandis, quibus homo adducitur ad Deum, libri IX*, qui date de 1641[30]. Nous trouvons dans ce gros volume toute une interprétation historique des croyances et des cultes de l'Antiquité païenne. Vossius plaçait au temps d'Enoch les débuts de l'idolâtrie[31], et, comme Selden, il pensait qu'à côté de l'athéisme et de

---

ex rebus divinitus gestis et in tabulas sanctas relatis, profana numina formabant, novos, ridiculos et nefandos cultus instituebant ».

[27] *Ibid.*

[28] J. Selden, *op. cit.*, p. 124. Cf. p. 238, les « *nugæ* » des rabbins.

[29] Ainsi des « *clara Ebraismi vestigia* » dans la langue phénicienne, J. Selden, *op. cit.*, p. 17.

[30] Nous utilisons l'*Editio nova* d'Amsterdam 1668, avec dédicace d'Isaac Vossius, fils de l'auteur, à Colbert de juin 1668 ; à la suite est relié le livre de Maïmonide, *De Idololatria Liber, cum interpretatione latina et notis Dionysii Vossii*, Amsterdam, 1668, dont la première édition était de 1642. Il y aura une édition à Francfort en 1668 en 3 vol. in-f°, puis en 1700.

[31] Vossius, *De Theologia gentili, op. cit.*, p. 1.

la superstition avaient subsisté des vestiges de la tradition primitive et que Thalès, Platon et Cicéron avaient reconnu un dieu créateur du monde[32]. Lui aussi il développait longuement l'histoire du culte des esprits et des démons, et il montrait après Evhémère, connu le plus souvent au XVIIe siècle à partir d'un passage cent fois exploité du *De Civitate Dei* de saint Augustin, que les dieux avaient d'abord été des hommes que la « *publica auctoritas* » ou la « *principis potestas* » avaient fait accéder à la dignité céleste[33]. Vossius pouvait alors, avec une érudition encore plus abondante que celle de Selden mais peut-être avec une conscience méthodologique moins vive, donner nombre d'exemples de divinités qui avaient d'abord été des hommes, et ancrer sur le texte biblique les données païennes. La divinisation était ainsi pour lui multiple, comme était multiple la référence à l'origine biblique : il y avait eu plusieurs Jupiter comme plusieurs Neptune, figures mythologiques d'hommes divinisés, mais le plus ancien, « *antiquissimus* », était un des fils de Noë ; de même Saturne n'était autre que Noë, et les fils de ce dernier étaient devenus les fils de Saturne[34] ; mais Saturne était aussi un des avatars d'Adam, et Pluton était un des fils de Noë, sans doute Cham, tandis que Janus, lui aussi, représentait Noë[35]. C'est que sous des « appellations », « *appellationes* »[36], différentes les mêmes dieux, les mêmes hommes, les mêmes personnages bibliques apparaissaient en une sorte de tournoiement

---

[32] Vossius, *Ibid.*

[33] Vossius, *De Theologia gentili*, *op. cit.*, p. 15 et sv., ici p. 43, mention d'Ev-•hémère et citations de saint Augustin, *De Civitate Dei*, l.VI, c.7, et l.VIII, c.26, et p. 45 citation du *De Civitate Dei*, l.VIII, c.5, de Cicéron et de Lactance, tous textes inlassablement cités par les historiens des religions antiques au XVIIe siècle.

[34] Vossius, *De Theologia gentili*, *op. cit.*, p. 62.

[35] Vossius, *De Theologia gentili*, *op. cit.*, pp. 71, 77.

[36] Vossius, *De Theologia gentili*, *op. cit.*, pp. 77, 165, etc. Ainsi le lieu commun, « *numen-nomen* », était repris à plusieurs reprises par Vossius, par exemple p. 165, à propos d'Adon, Adonis : « *Si Arabum sit numen, nomen non græcum erit, sed arabicum, vel syriacum* ».

d'images et de légendes : c'était de l'histoire biblique de la fille de Jephté qu'Homère et les poètes avaient tiré celle d'Iphigénie, la fille d'Agamemnon[37], Hercule avait son origine biblique à la fois dans Josué, dans Samson et dans Jonas[38], à Moïse se rattachaient Osiris et Liber[39]. L'érudition moderne aboutissait chez Vossius à un gonflement des données antiques transmises par les mythologues et les poètes, Ausone par exemple[40], aux savants du XVIIᵉ siècle. Mais la réflexion critique n'était pas à la hauteur de l'érudition : toutes les sources antiques, tous les textes, tous les témoignages étaient mis sur le même plan sans critique ni chronologie. Ce qui paraissait indiscutable à Vossius, c'était, outre l'origine nécessairement biblique de toutes les mythologies, la source orientale, sous les noms variés de source « phénicienne » ou « égyptienne », de toute la religion des Grecs : « *a Phœnicibus et Aegyptiis antiquior omnis Grœcorum religio profluxit* »[41].

L'intention apologétique est encore plus évidente dans l'œuvre de Pierre-Daniel Huet et c'est explicitement dans le cadre d'une défense de la religion chrétienne que prenait place la réflexion du sous-précepteur du Dauphin sur les mythes et sur la mythologie[42]. Publiée en 1679, la *Demonstratio Evangelica*[43]

---

[37] Vossius, *De Theologia gentili*, *op. cit.*, p. 91, en enchérissant à partir d'Epiphane et d'Ovide sur les arguments historiques et étymologiques présentés par Selden.

[38] Vossius, *De Theologia gentili*, *op. cit.*, p. 193.

[39] Vossius, *De Theologia gentili*, *op. cit.*, pp. 114-116.

[40] Vossius, *De Theologia gentili*, *op. cit.*, p. 165, citation d'une épigramme d'Ausone sur les différents « noms » du soleil dans les diverses mythologies.

[41] Vossius, *De Theologia gentili*, *op. cit.*, p. 77.

[42] Sur P.-D. Huet, l'étude fondamentale, malheureusement non rééditée et donc peu accessible, est celle d'A. Dupront, *Pierre-Daniel Huet et l'exégèse comparatiste au XVIIᵉ siècle*, Paris, Ernest Leroux, 1930. Voir aussi P. Vernière, *Spinoza et la pensée française avant la Révolution*, t. I, Paris, P.U.F., 1954, pp. 126-137, 226-229.

[43] Paris, 1679 ; rééditée Amsterdam, 1680, Paris, 1690, Leipzig, 1703.

entendait prouver la vérité de la religion chrétienne par un genre de démonstration aussi certain que les démonstrations de la géométrie[44], et, contre Spinoza, établir l'authenticité, la γνησιοτης, le caractère originel des livres de la Bible. C'est dans le cadre de cette démonstration que Pierre-Daniel Huet faisait intervenir les religions et les mythes païens : puisque, selon lui, comme il entreprenait de l'établir avec un grand luxe d'érudition, toutes les religions païennes et tous les auteurs antiques avaient pris des livres sacrés leurs croyances, leurs fables, leurs rites ; ces livres sacrés, les livres de Moïse et de la Bible, étaient à l'origine de toute la création religieuse de l'humanité. Et, suivant Selden, Vossius et les autres érudits, Huet plaçait après le déluge le moment de cette diffusion, de cette dispersion, ce qui explique que l'on retrouve partout Moïse, son œuvre, les institutions et les rites qu'il a fondés. La fable antique, reflet de la vérité mosaïque puis chrétienne, rend témoignage de cette vérité et se trouve donc dans une position pour ainsi dire « secondaire » vis à vis d'elle. La fable antique laisse deviner comme à travers un voile ce dont elle n'est que l'ombre, et en une sorte de palimpseste laisse lire derrière elle la vérité. L'argument n'était pas nouveau et l'on reconnaît sous la plume de Huet bien des affirmations des Pères de l'Eglise, mais, tirant parti de toute la science accumulée par les érudits depuis un siècle, il donnait une allure scientifique aux arguments apologétiques traditionnels, et il les parait de tous les prestiges de l'érudition moderne appuyée sur des références, des citations, des exemples anciens ou récents (depuis les œuvres antiques jusqu'aux récits des voyageurs et jusqu'aux textes orientaux et extrême-orientaux depuis peu accessibles). Nous avons là le point d'aboutissement de toute une réflexion sur la fable qui a pour conséquence une lecture particulière de cette fable. D'une certaine façon la fable était, depuis au moins une génération, « désenchantée » et Huet prenait acte de ce

---

[44] Nous citons à partir de l'édition originale, Paris, 1679. Ici voir p. 3.

« désenchantement »[45] ; il n'y avait plus de place dans son système pour une quelconque forme de « *prisca theologia* », de révélation naturelle et tout un platonisme traditionnel, jadis fécond d'une apologétique, se trouvait, au nom de l'érudition et de la science, totalement dévalué. Il n'y a qu'une vérité, qu'une révélation dont le monde païen ne donne qu'une image dégradée, voire caricaturale. Si l'on se réfère aux mythes, aux divinités, aux personnages de l'Antiquité païenne, c'est en sachant (fort de la « démonstration » érudite) qu'à travers eux c'est une autre chose, c'est un autre personnage qui se cache. Ainsi Moïse se trouvait à l'origine de toute la théologie des païens et tous les dieux des païens n'étaient que des avatars du fondateur du judaïsme : « *Universa propemodum Ethnicorum Theologia ex Mose, Mosisve actis aut scriptis manavit* »[46] ; argument décisif aux yeux de Huet : quelle confirmation de la vérité de l'Ecriture que de reconnaître Moïse, le serviteur du vrai Dieu, derrière les dieux de toutes les cités les plus anciennes[47] ! Adonis n'était autre que Moïse dissimulé et revêtu de vêtements étrangers, et de même Taautus, Thammus, Marnas, etc. : « *Fabulares omnes Dii unus idemque sunt, nempe Moses* »[48]. Quant à la doctrine de Moïse et aux institutions religieuses qui organisent la vie d'Israël, elles étaient diffractées en une infinité de fables, de récits et de lois dont l'origine cachée n'était perceptible que par l'œil subtil de l'érudit : Apollon, Pan, Priape, Esculape, Promé-

---

[45] Voir E. Bury, « D'Ablancourt et le sacré : la satire des mythes dans le *Lucien* », dans *Revue d'histoire littéraire de la France*, 1989, n°4, pp. 635-642.

[46] *Demonstratio Evangelica*, p. 56.

[47] « *Quo argumento vix validius ullum, aut splendidius, ex eorum genere quæ ratio suppeditat, ad sanciendam Scripturæ Sacræ dignitatem reperire queas. Nam quid in causam nostram magis prodesse possit quam si planum fiat vetustissimas et optime constitutas civitates hunc ut Deum coluisse, Deumque habuisse, qui summi quem nos colimus Dei servum se profiteretur* », ibid., p. 57.

[48] *Ibid.*, p. 115 : « *Mosem personatum quidem, et commentitiis nominibus ac gestis, pro gentium singularum captu, dissimulatum et velut peregrinis indutum vestibus, sed agnoscendum tamen, si quis oculos adhibeat* ».

thée, Minos, Rhadamanthe, Persée, Aristée, Musée, Orphée, Amphion, Tirésias, etc., toutes ces fables renvoient à tel ou tel passage de l'Ecriture dont elles ne font que reprendre et déformer les histoires ou les leçons[49]. Allant plus loin, même jusqu'au ridicule selon le jugement de quelques contemporains, Huet pouvait soutenir que toutes les déesses de l'Antiquité n'étaient que d'autres visages de Sephora, l'épouse de Moïse : « *Fabulares omnes Deæ, una eademque Dea sunt, atque hæc Sephora est, Mosis uxor* »[50]. Quant aux voies par lesquelles s'était opérée cette *translatio*, Huet reprenait le schéma de ses devanciers, les Selden et les Vossius, et expliquait que les Israélites avaient propagé leur religion auprès des peuples voisins, Phéniciens, Egyptiens et Perses ; de là, et par l'intermédiaire des « *maritimæ gentes* » qu'étaient les deux premiers, cette religion et ces institutions avaient gagné les Grecs puis, à partir des Grecs, les Romains[51].

Nous avons donc une approche de la fable dominée par une vision christocentriste ou plutôt mosaïcocentriste de l'histoire de l'humanité dans laquelle rien n'échappait à la vérité juive israélite puis chrétienne. La fable n'était que de façon indirecte porteuse de sens. Huet, qui dans son livre *De l'origine des romans*

---

[49] *Ibid.*, p. 85. Cf. p. 124 : « *Ex Mosis libris complures manarunt variarum gentium leges, ritus et historiæ* ». Un exemple de ces équivalences, le sacrifice d'Isaac par son père Abraham se retrouve dans la fable de Saturne : « *Unam repetam Abrahami, Saræ et Isaaci immolandi historiam, quam sub Israelis, sive Saturni, Anobret et Jehud nominibus exponi, a Porphyrio ante Bochartum notavit Scaliger* », p. 57.

[50] *Ibid.*, pp. 117-118. Huet s'appuie sur l'argument : Astarté a épousé Adonis, or Adonis est Moïse, donc Astarté n'est qu'un avatar de l'épouse de Moïse.

[51] *Ibid.*, p. 57. Le commerce maritime, voie de transfert des mythologies et des religions a été étudié par Huet dans *De l'origine des romans* (rééd. Paris, An VII [réimpr. Genève, Slatkine, 1970], p. 31), et dans son *Histoire du commerce et de la navigation des anciens*, 2ème éd., Paris, 1716 ; il y utilise le témoignage des « anciens mythologues » (p. 25) sur ce commerce et conclut de la similitude des cultes et des croyances à l'origine égyptienne des Chinois et des Indiens (pp. 40-41).

se montrait sensible à l' « esprit poétique, inventif et amateur des fictions » des orientaux[52]et jugeait « agréables » même leurs « sornettes »[53], attachait dans son œuvre apologétique peu de valeur, même esthétique, à la fable et lui déniait la capacité d'exprimer les grands sentiments humains. Ailleurs il pouvait reconnaître que « l'inclination aux fables [...] est commune à tous les hommes », qu' « elle leur est naturelle et a son amorce dans la disposition même de leur esprit et de leur âme » et il voyait dans ce penchant « le désir d'apprendre et de savoir [...] particulier à l'homme »[54], ajoutant même que les « bons romans » sont « des précepteurs muets »[55]. Dans la *Demonstratio Evangelica*, toute la valeur de la fable vient de son rapport à son origine biblique[56]. Si nous trouvons là des grandes tendances de l'apologétique chrétienne depuis Justin, Clément d'Alexandrie ou saint Augustin, et si, sans s'en apercevoir, Huet reprenait un argument des controversistes protestants qui avaient mis au jour et dénoncé les « conformités de l'Eglise romaine avec le paganisme »[57], en revanche la méthode de Huet nous apparaît, avec le recul du temps, comme très moderne : comparer inlassablement les panthéons, les fables, les rites, et les doctrines c'était, sans le vouloir, poser les premiers fondements de la méthode comparative sur laquelle s'appuiera toute possible science des

---

[52] *De l'origine des romans*, éd. cit., p. 14.

[53] *Ibid.*, p. 15.

[54] *Ibid.*, pp. 108-109, cf. aussi p. 29.

[55] *Ibid.*, p. 127.

[56] Dans *De l'origine des romans*, si « l'Ecriture sainte est toute mystique, toute allégorique, toute énigmatique », c'est que les auteurs sacrés ont employé le style des orientaux pour « exprimer les inspirations qu'ils recevaient du ciel » (*op. cit.*, p. 28) ; l'accent est tout différent.

[57] C'est le titre d'un livre de Pierre Mussard, *Les Conformités des cérémonies modernes avec les anciennes où il est prouvé [...] que les cérémonies de l'Eglise romaine sont empruntées des païens*, Leyde, 1667. Sur l'importance des « conformités » dans l'élaboration d'une recherche comparatiste, voir B. Dompnier, « L'Eglise romaine conservatoire des religions antiques », dans *Les religions du paganisme antique...*, *op. cit.*, pp. 51-53.

religions. S'attacher au détail d'un rite conduisait à passer à côté de la valeur esthétique morale ou religieuse d'une scène ou d'un récit, mais c'était mettre le doigt sur le fait significatif aux yeux de l'historien. Nous verrons mieux la distance qui sépare de celle de Huet l'approche de la fable ou de l'histoire ancienne par un poète comme Racine en relevant quelques exemples précis de la méthode de l'évêque d'Avranches, exemples que nous choisissons pour leurs rapports avec l'œuvre de Racine : de l'histoire de Bérénice qu'il lisait dans *La Guerre des Juifs* de Josèphe, Huet ne retenait qu'un infime détail, le fait que Bérénice était allée « *nudo pede ad Flori tribunal* »[58] ; il le retenait non pas pour admirer l'attitude de la suppliante ou pour s'en émouvoir, mais pour étudier à travers toutes les religions le rite de la supplication pieds nus et pour remonter à partir de là jusqu'à l'attitude de Moïse s'approchant de Dieu. Si Huet mentionnait le sacrifice d'Iphigénie par Agamemnon, ce n'était que pour y voir un avatar de l'histoire rapportée par le livre des *Juges* de Jephté sacrifiant sa fille[59] et reprise par nombre de récits antiques. Et si l'on trouve dans la *Demonstratio Evangelica* mention de l'histoire de Phèdre et d'Hippolyte, c'est pour y voir un thème que deux siècles plus tard on appellera « folklorique », le thème du héros échappant aux avances de la femme impudique dont l'archétype se trouve dans la *Genèse*, XXXIX, 7-20, dans l'histoire de Joseph en Egypte échappant aux entreprises de la femme de son maître[60]. On mesure tout ce qu'une science des

---

[58] *Demonstratio Evangelica*, p. 128. Cf. Josèphe, *Histoire des Juifs [...] sous le titre de Antiquités judaïques, Histoire de la guerre des Juifs contre les Romains*, l.II, c. 26, trad. Arnauld d'Andilly, nouv. éd., Paris, 1719, t. IV, pp. 221-222.

[59] *Demonstratio Evangelica, op. cit.*, p. 157 : « *Jephte sacrificans filiam Deo, adumbratur Agamemnone Iphigeniam Dianæ immolante ; adumbratur et Idomeneo, qui tempestatibus jactatus cum Neptuno sacrificaturum se pollicitus est quidquid sibi primum ad litus appellenti obvium foret, navi egressus incidit in filium, quem et ex voto mactare coactus est* ».

[60] *Ibid.*, p. 124 : « *Ex Josephi Patriarchæ historia heræ suæ concubitum aspernati, expressæ sunt Bellerophontis, Hebri, Tanis, Myrtili, Pelei, Hippolyti*

religions à venir pourra tirer de cette approche qui est encore chez Huet totalement apologétique, mais on mesure aussi la distance qui sépare son érudition de l'usage artistique et humain du mythe chez un homme de théâtre comme Racine ou chez les artistes de son temps.

Cependant la réflexion sur la fable antique ne constituait qu'une petite partie du gros in-folio de la *Demonstratio Evangelica* de Pierre-Daniel Huet ; ce n'était qu'un argument apologétique destiné à fonder la γνησιοτης de la Bible. Nous retrouvons cette réflexion longuement développée par Huet une dizaine d'années plus tard dans les *Alnetanæ Quæstiones de concordia rationis et fidei*[61]. Dans cet ouvrage la méthode comparative se donne libre cours, au moins dans le livre II qui est intitulé : « *Dogmatum Christianorum et Ethnicorum comparatio* »[62], et dans le livre III portant sur les préceptes moraux « *ad vitam pie recteque instituendam* »[63]. Etablir la « comparaison » permettait à Huet de démontrer un consensus, une « *consensio* »[64]. L'intention apologétique est aussi évidente que dans la *Demonstratio Evangelica* : les païens n'avaient pas à juger nouvelles et incroyables les vérités du christianisme, car leurs propres religions (celles des Phéniciens, des Egyptiens, des Grecs, des Romains) présentaient elles aussi nombre de choses incroyables, voire absurdes ou ridicules[65]. De plus ces religions, Tertullien l'avait déjà dit, découlaient entièrement des vérités chrétiennes, car jamais l'ombre ne précède le corps, ou

---

et Cnemonis fabulæ, qui cum Sthenobœæ, Damasippes, Peribœæ, Hippodamiæ, Hippolytes, Phædræ et Demænetes amores sprevissent, ab impuris mulieribus apud viros tentatæ suæ pudicitiæ accusati, in maxima pericula inciderunt ; quidam etiam tristissimam mortem oppetierunt ».

[61] Caen et Paris, 1690, édition que nous suivrons. Le livre ne semble pas avoir été réédité avant l'édition de Venise, 1761.

[62] *Alnetanæ Quæstiones*, éd. cit., p. 91 et suiv.

[63] *Ibid.*, p. 309 et suiv.

[64] *Ibid.*, pp. 91-92 : « *mirificus ille Christianarum Ethnicarumque sententiarum concentus ac convenientia, tum quoad decreta, tum quoad præcepta* ».

[65] *Ibid.*, pp. 93-94.

l'image la vérité[66]. Huet pouvait alors, à propos de chaque vérité, depuis Dieu et ses attributs jusqu'au moindre événement de l'histoire sainte, de la vie de Jésus ou des croyances chrétiennes, faire une longue énumération de tous les textes ou témoignages d'auteurs païens, et, ce qui était nouveau, des musulmans, des brachmanes, des Chinois, des Japonais ou des Péruviens, qui présentent des faits, des doctrines, des rites qui peuvent lui être comparés. La comparaison, élargie aux dimensions du monde et n'étant plus limitée à l'Antiquité classique, effaçait la distance temporelle ou géographique, et chaque événement, prodige ou fait historique, dont parle la Bible devenait « croyable » du fait que tel païen de l'Antiquité ou tel sauvage d'aujourd'hui croyait des prodiges ou des faits semblables et que l'on pouvait donner une explication « naturelle » de ces faits et de ces prodiges. L'histoire de Moïse, avant ou après la sortie d'Egypte, offrait nombre d'exemples des efforts de Huet pour rendre crédible le moindre passage de la Bible et pour réduire toute explication par le « miracle » : la multiplication des mouches et des grenouilles est due au climat de l'Egypte et à la fécondité du Nil[67], l'adoucissement de l'eau par Moïse « *naturaliter id fieri potuit* »[68], la manne dans le désert « *res naturalis est* »[69], Moïse frappa-t-il le rocher, Bacchus frappa la pierre du thyrse[70], reçut-il de Dieu la Loi, Minos reçut les lois de Jupiter, Lycurgue d'Apollon, Numa d'Egérie, Sertorius de Diane[71], le serpent d'airain était attesté aussi dans la vie d'Apollonius de Tyane par Philostrate[72], etc. Huet remplissait de nombreuses pages de son in-quarto de tels exemples, allant jusqu'à trouver des parallèles à la résurrection de Jésus-Christ dans celle d'Eurydice rappelée

---

[66] *Ibid.*, p. 95 ; citation de Tertullien, *Apologétique*, ch. 47.
[67] *Ibid.*, p. 196.
[68] *Ibid.*, p. 208.
[69] *Ibid.*, p. 210.
[70] *Ibid.*, p. 212.
[71] *Ibid.*, p. 214.
[72] *Ibid.*, p. 225.

à la vie par Orphée et dans celle d'Iphigénie transportée par Diane en Tauride[73], et jusqu'à comparer la naissance virginale de Jésus à d'analogues naissances virginales attestées par les auteurs païens[74] ou par les récits de voyageurs dans des pays exotiques. Et, dans une perspective déjà « ethnographique », il comparait chaque sacrement à des rites de repas, d'onction, d'immersion attestés dans l'Antiquité et chez nombre de peuples, comme les Persans, les Japonais, les Incas, etc. Bien entendu, l'évêque d'Avranches ne mettait pas en doute l'authenticité des miracles bibliques ou chrétiens[75] et son entreprise apologétique ne constituait que le point d'aboutissement d'une démarche qui remontait à l'Antiquité et dont la *Demonstratio Evangelica* avait déjà donné un remarquable exemple. L'histoire et la fable antiques, tenues au rôle de servantes de la vérité chrétienne, avaient depuis longtemps perdu toute autonomie, mais, à la différence de ce qu'établissaient Selden et Vossius et de ce que Huet lui-même démontrait en 1679, les *Alnetanæ Quæstiones* ne se souciaient plus de reconstituer les voies historiques d'une *translatio*, de montrer comment d'Israël aux Phéniciens, aux Grecs et aux Romains s'était transmise en se dégradant la vérité : le nouveau livre de Huet tendait à établir la « concorde » entre la raison et la foi en distinguant, non pas historiquement mais théoriquement, en une analyse quasi structurale, à propos de chaque dogme, ce qui pouvait être connu par la foi et ce qui pouvait l'être par la raison. La comparaison était cependant plus dangereuse que la reconstitution historique d'une *translatio* : la fable, selon les *Alnetanæ Quæs-*

---

[73] *Ibid.*, pp. 226, 231.

[74] *Ibid.*, p. 237.

[75] *Ibid.*, p. 197, à propos des miracles de Moïse en Egypte : « *Talia [...] pleraque divino nutu apud se evenisse profanæ gentes crediderunt : sic hominum animis illudente impietate, ut cum miracula in Aegypto divinitus et præter naturæ ordinem a Mose edita, naturæ opus esse pretenderent, quæ contra apud se orta essent ex naturalibus causis ostenta Deorumque monita appellarent* ».

tiones, n'était plus une vérité dégradée mais délivrait la vérité « naturelle » de maint épisode ou fait tenu pour miraculeux, et elle redevenait paradoxalement critère de crédibilité des textes bibliques. Antoine Arnauld ne s'y trompa pas et, dès le 1er novembre 1691, il écrivait à Dodart que « sans y penser » Huet « détruirait sa propre religion en employant tout ce qu'il a d'érudition à faire voir que la raison ne s'accommoderait pas moins bien du paganisme qu'elle s'accommode du christianisme »[76]. Or, peut-être alerté par Dodart, Racine avait lu les *Alnetanæ Quæstiones*, et traduit ou résumé un certain nombre de passages du livre II où Huet comparait les dogmes chrétiens et païens. Ces notes sont intéressantes bien que Racine se contente de traduire Huet sans joindre à ces citations de réflexion personnelle : à partir de ce qu'il note et de ce qu'il omet, il n'est pas impossible de deviner quelle était sa position devant l'entreprise apologétique de Huet et devant le sens et la fonction que l'évêque d'Avranches attribuait à la fable antique[77]. On notera

---

[76] Outre les lettres d'Arnauld qui figurent dans l'édition de Lausanne, on lira le jugement sévère du collaborateur des *Nouvelles ecclésiastiques* manuscrites, jansénistes, d'avril 1691 : après avoir rappelé la réfutation du « livret » de Huet « contre la philosophie de Descartes », il écrit : « On parle d'un livre in-4° qu'on lui attribue dédié au Père La Chaise en beau latin où il prétend trouver la Religion dans les fables et dans les poètes. Ce livre est peu estimé » (B.N., ms. fr. 23501, f°63 v°).

[77] On lira les extraits du livre de Huet traduits par Racine dans les *Oeuvres complètes*, t. II, Bibl. de la Pléiade, Paris, Gallimard, 1952, pp. 703-705, avec les remarques de R. Picard, p. 1113-1114. Racine a fait des extraits des pages 208-213, 224-226, 230-286 des *Alnetanæ Quæstiones*, sans doute de l'édition de Paris 1690. Voir, sur ces notes, H. Busson, *La Religion des classiques*, Paris, P. U. F., 1948, p. 367-372, mais contrairement à cet historien, il nous paraît bien difficile de tirer de ces notes l'hypothèse que Racine aurait eu « son heure démoniaque » (p. 372). Nous avons révisé ces notes sur le manuscrit B.N. ms. fr. 12887, f°79-82, l'édition R. Picard de 1952 n'indiquant ni les premières leçons ni les corrections de Racine et présentant ici ou là une erreur de transcription : ainsi t. II, p. 704, lire « qu'un Dieu mâle pouvait se mêler avec une femme mortelle » (fr. 12887, f°80 r°).

d'abord que, sauf une exception[78], Racine ne faisait aucune mention des très nombreuses allusions de Huet à des croyances ou des coutumes des peuples de l'Orient ou de l'Extrême-Orient modernes ou des sauvages américains[79] ; de même, sauf une rapide mention de Paracelse[80], les références de Huet à la magie et à la cabale étaient ignorées. A côté de l'ouverture déjà « ethnographique » de Huet, les mythes et les religions du paganisme étaient essentiellement pour Racine grecs et latins. Par ailleurs on s'aperçoit que Racine ne relevait pas les deux références de Huet à l'enlèvement d'Iphigénie par Diane[81], dont il avait lui-même donné une version différente de celle d'Euripide. Ainsi, si toute référence « ethnographique » était négligée par Racine, c'était sur le terrain de l'Antiquité classique que se situait le plus radicalement la contradiction avec Huet. La possibilité même d'une « comparaison » entre les vérités ou les rites du christianisme et ceux du paganisme était écartée, et, pour rendre plus choquante encore l'entreprise comparative, Racine choisissait dans les exemples foisonnant dans les longues pages de Huet les rapprochements les plus scandaleux : ainsi à propos des sacrements, il comparait les sacrements aux mystères et au culte du Phallos, le baptême aux mystères d'Isis, la confirmation avec l'onction des athlètes (en oubliant l'usage paulinien de la

---

[78] Racine, éd. cit., p. 703, exemple de Mahomet II délivrant Constantinople des serpents, cf. Huet, *Alnetanæ Quæstiones*, éd. cit., p. 225. Mais Mahomet II est un personnage historique aussi connu que tous les grands hommes de l'histoire de l'Occident et il n'y a rien d' « exotique » dans la référence à un épisode de sa vie.

[79] Ainsi aux pages 234-242 des *Alnetanæ Quæstiones* Huet parlait des Brachmanes, des Chinois, des Siamois, des Boreali de l'Amérique, etc., références qu'ignore Racine.

[80] Racine, éd. cit., p. 704, cf. Huet, *Alnetanæ Quæstiones*, p. 240. Racine ne reprend pas sur Paracelse le jugement réservé de Huet qui relativisait la portée de l'argument : « *Paracelsus vir intemperantis ingenii* ».

[81] *Alnetanæ Quæstiones*, éd. cit., pp. 231 et 261 : « *Iphigeniæ immolatori a Diana ereptæ, supposita in sacrificium cerva, et in Tauros translata, vel ut vulgus Græcorum censuisse fingit Euripides, in cœlum ipsum* », avec références aux deux tragédies d'Euripide.

comparaison), Jésus-Christ avec Catilina, le sacrement de l'ordre avec l'institution des Galles et des Archigalles de Cybèle, l'extrême-onction avec le festin de Trimalcion[82] : le choix était au moins tendancieux, car bien des références de Huet non seulement étaient moins choquantes mais révélaient dans le rapprochement une véritable pertinence historique et même théologique. Faut-il voir dans cette réaction l'attitude d'un Racine converti et n'accordant de valeur qu'à la vérité du christianisme ? Faut-il y voir le signe de l'irritation d'un ami de Port-Royal devant l'œuvre suspecte de naturalisme d'un évêque ami des jésuites qui avait dédié les *Alnetanæ Quæstiones* au Père de La Chaise ? Ou plutôt ne sommes-nous pas, comme à l'époque où Racine composait ses tragédies antiques, devant deux regards difficilement compatibles portés sur les mythes et les religions de l'Antiquité et sur les paganismes ?

D'un côté le regard de l'artiste : l'artiste connaît les diverses versions d'une fable, celle d'Iphigénie par exemple[83] ; comme les érudits il n'hésite pas à dénoncer « une métamorphose [...] qui serait trop absurde et trop incroyable parmi nous »[84], et comme eux encore il sait découvrir derrière la mythique descente de Thésée dans les Enfers un fait « historique », un voyage de ce prince en Epire[85] ; même chrétien, l'artiste ne s'interroge pas sur la vérité religieuse de la fable, mais en sauvegardant la « vraisemblance », il reprend cette fable pour exprimer, par exemple à travers « les incestes, les parricides et toutes les autres horreurs qui composent l'histoire d'Œdipe et de sa malheureuse famille »[86], les grands drames et les ultimes questions de l'humanité. D'un autre côté, l'historien et le critique, qui

---

[82] Racine, éd. cit., p. 705.
[83] Racine, Préface d'*Iphigénie*, en 1675, dans *Oeuvres complètes*, t. I, *Théâtre, Poésie*, éd. par G. Forestier, Bibl. de la Pléiade, Paris, Gallimard, 1999, pp. 697-698.
[84] *Ibid.*, p. 698.
[85] Racine, Préface de *Phèdre*, en 1677, *ibid.*, p. 818.
[86] Racine, Préface de *La Thébaïde*, en 1675, *ibid.*, p. 120.

est chrétien lui aussi, qui est pris par la question, théologique et aussi historique, de la fonction de la fable, de la vérité qu'elle peut porter ou travestir, de la place qu'elle peut tenir soit dans une entreprise apologétique, soit dans une recherche qui préfigure une future science des religions.

Entre temps, tandis que les œuvres de Selden, de Vossius et de Huet avaient servi de base à la connaissance scolaire des origines de l'idolâtrie[87], une réflexion renouvelée sur la fable s'était élaborée, loin des préoccupations apologétiques de Pierre-Daniel Huet, mais aussi fort loin de l'usage artistique qui apparaissait une ou deux décennies plus tôt dans la tragédie racinienne et qui se poursuivait dans d'innombrables œuvres de poètes, de peintres et de musiciens. Je veux parler des travaux de Jean Le Clerc, qui, faute d'achever la grande *Temporum Mythicorum Historia*, l'« Histoire Fabuleuse », qu'il méditait et dont il donnait en 1686 un aperçu dans la *Bibliothèque Universelle et Historique*[88], publia plusieurs articles qu'il convient de lire pour mesurer à la fois l'étendue de son érudition et la nouveauté de sa méthode : l'*Explication historique de la fable d'Adonis*, dans la *Bibliothèque Universelle et Historique* en 1686, et l'*Explication historique de la fable de Cérès*, dans le même périodique en 1687[89]. Avec plus de hauteur de vue que

---

[87] Voir sur les élaborations des PP. Pomey et de Jouvancy, Ph.-J. Salazar, « Les pouvoirs de la fable : mythologie, littérature et tradition (1650-1725) », dans *Revue d'histoire littéraire de la France*, 1991, n°6, pp. 878-889.

[88] Voir M. C. Pitassi, *Entre croire et savoir. Le problème de la méthode critique chez Jean Le Clerc*, Leiden, Brill, 1987, p. 66 et 157. On se reportera dans cet ouvrage aux pages consacrées à « Le Clerc mythographe », pp. 66-73. Voir aussi M.-C. Pitassi, « Histoire de dieux, histoire d'hommes. L'interprétation de la mythologie païenne chez Jean Le Clerc », dans *Les religions du paganisme antique...*, *op. cit.*, pp. 129-140.

[89] *Bibliothèque Universelle et Historique* [*B. U. H.*], respectivement, t. III, septembre 1686, p. 7-38, et t. VI, juillet 1687, pp. 55-115. L'expression « Histoire Fabuleuse » est au t. III, p. 7.

celle de Huet, l'œuvre de Le Clerc fait le bilan d'un siècle de recherches érudites sur la fable et les mythologies[90]. Mais comme l'indiquent bien les titres de ses études, son point de vue est « historique » : à l'origine des fables, il y a une histoire, des hommes, des lieux et des événements[91], et ensuite, suivant une évolution que l'historien peut reconstituer, se mettent en place les mécanismes qui conduisent au mythe, à la religion, aux croyances et aux rites, le culte des morts, les liturgies funéraires, la construction de sanctuaires et les intérêts des prêtres montrant comment on passe du souvenir d'un homme au culte d'un dieu[92]. Ainsi à propos de l'« histoire » d'Adonis : Le Clerc reprend les similitudes établies par ses prédécesseurs ; Adonis est le même personnage qu'Osiris, il est fils d'Hammon qui n'est autre que Cham fils de Noë, et le grand-père d'Adonis (Cinyras ou Noë) est le même que Cronos. Rien là d'original, mais ce n'est pas l'« accord »[93] entre légendes païennes, égyptiennes, phéniciennes ou grecques, et récit biblique que Le Clerc veut démontrer ; le fait est « supposé »[94] par lui ; et il ne se soucie pas de remonter à une « vérité » biblique en deçà des altérations que manifeste la fable[95]. Selon lui, tous les documents sont sur le même plan, affectés d'un certain niveau de vraisemblance historique. Leur traitement est seulement affaire de méthode :

---

[90] Il publiera lui-même des « Remarques sur le livre de Jean Selden intitulé "Des Dieux des Syriens" », dans la *Bibliothèque Choisie*, t. VII, 1705, pp. 80-146. Dans ses articles il se réfère souvent à Selden, Meursius, Bochart, etc.

[91] Par exemple *B. U. H.*, 1687, pp. 65-67, l'interprétation de la descente aux Enfers comme un voyage en Epire à laquelle faisait déjà allusion Racine à partir de Plutarque à propos de Thésée.

[92] *B. U. H.*, 1686, p. 23 : « Il serait aisé de prouver que la plus ancienne idolâtrie a été le culte que l'on a rendu aux morts ». Sur « la tromperie des prêtres », voir *ibid.*, pp. 11-12, 15, 26, 32, 36, 38.

[93] *Ibid.*, 1686, art. cit., p. 20.

[94] *Ibid.*, 1686, art. cit., p. 18.

[95] Même si telle histoire peut avoir son origine dans la Bible : ainsi « la fuite de Myrrha en Arabie est tirée de cette circonstance de l'histoire que l'Ecriture nous apprend et que Bochart a prouvée dans son *Phaleg* », *Ibid.*, 1686, art. cit., p. 22.

analyse des noms dont l'« affinité» sert selon « les règles de
l'analogie » de preuve de l'unité de deux personnages[96] et à partir desquels on peut montrer comment ont été « inventées » des
métamorphoses[97] ; recours aux ressources de l'étymologie[98],
étude des rites, des images et des légendes qui laissent voir les
mécanismes de la déification[99] et la mise en place des phénomènes de « croyance »[100]. Le Clerc en vient alors dans son article
sur la fable de Cérès non seulement à s'interroger sur l'utilité
sociale des mythes et des rites[101], mais aussi, anticipant les sti-
mulantes réflexions des historiens de nos jours[102], à analyser le
phénomène du croire et ses différents niveaux chez les Anciens
eux-mêmes : l'attitude des Grecs devant leurs fables devient,
selon le futur auteur de l'*Ars critica*, le modèle de celle de
l'historien devant les documents, ne pas tout croire, mais seulement la part de vérité qui est à leur origine[103], et l'« usage » que

---

[96] *Ibid.*, p. 19.

[97] *Ibid.*, p. 22.

[98] *B. U. H.*, 1687, art. cit., p. 103-104, à partir de Bochart et de Casaubon,
affirmation que la langue grecque vient de l'hébraïque et réflexions sur la
portée de la preuve par l'étymologie.

[99] *B. U. H.* 1686, art. cit., pp. 13, 14, 30-31, 36.

[100] *Ibid.*, p. 12 (« ce qui a fait croire qu'Adonis lui-même était Dieu après sa
mort »), et à propos de la fable de Cérès, *B. U. H.*, 1687, art. cit., pp. 57, 98.

[101] Les fêtes et les cérémonies publiques servaient « à affermir la Religion, et
à lier une société plus étroite entre ceux qui en faisaient profession », *ibid.*, pp.
94-95, et à « porter le peuple à la vertu », *ibid.*, p. 98.

[102] P. Veyne, *Les Grecs ont-ils cru à leurs mythes ?*, Paris, Seuil, 1983. C'est
une perspective constante chez Le Clerc : dans ses *Parrhasiana* (Amsterdam,
1699 ; 2ème éd. 1701), il se placera encore au point de vue des anciens jugeant leurs fables : « Les anciens historiens grecs et latins [...] quand ils parlent du temps des fables, ils ne donnent l'histoire fabuleuse que pour ce qu'elle
vaut, c'est-à-dire pour une narration où, parmi divers faits véritables, il y a une
infinité de mensonges » (*Parrhasiana*, 2ème éd., 1701, t. I, p. 140).

[103] « On cessera d'être surpris qu'une nation aussi polie que la Grecque ait cru
une infinité de pures fables, car il n'est pas vrai qu'elle ait cru tout ce que les
fables contiennent, comme il serait fort aisé de le prouver, mais elle a été
persuadée que quelque vérité avait donné occasion aux poètes qui ont été les

nous pourrons faire aujourd'hui de la fable sera le même que celui qu'en faisaient les Anciens, distinguant « la vérité du mensonge »[104]. Ce qui est solide, derrière toute fable comme derrière toute cérémonie religieuse, ce sont les « faits » ou les « événements »[105], « ce qui s'était passé dans les siècles les plus éloignés »[106]. Cependant pour Le Clerc la démarche historique, loin de nuire au sentiment esthétique que fait naître la fable, est ce qui permet d'en découvrir les beautés : la pure invention comme l'allégorie ne font naître que froideur, mais les livres des Anciens ne sont pas de ces « livres pleins de contes, que les nourrices font aujourd'hui aux enfants pour les endormir » ; en découvrant « l'origine de ces anciennes traditions », l'historien peut seul « sentir les beautés de l'ancienne poésie des Grecs et des Latins »[107], revanche de l'érudition et de l'esthétique, du vrai et du beau, sur l'utilité d'un discours apologétique qui dominait jusqu'à Le Clerc l'approche de la fable, et déjà sensibilité aux beautés de l'histoire des premiers hommes telles que leurs créations religieuses, mythologiques et rituelles les font apercevoir.

Mais seule la vérité peut susciter la beauté ; les pures constructions de l'imagination n'aboutissent qu'au « ridicule » : reprenant ce thème des apologètes chrétiens de l'Antiquité et les

---

plus anciens historiens de la Grèce d'inventer mille choses surprenantes seulement pour embellir leur sujet », *B. U. H.*, 1687, art. cit., p. 57.

[104] *Ibid.*, p. 58.

[105] « Il suffit dans une si profonde antiquité de n'avancer rien que de vraisemblable et que l'on ne trouve dans les Anciens. Si l'on inventait des faits sur quelques légères conjectures, on devrait regarder ce qu'on dit comme des romans, mais quand on ne fait qu'ôter à des faits que l'on trouve dans l'ancienne histoire ce qu'ils ont d'absurde et d'incroyable, on n'invente rien. Aussi n'y a-t-il aucun historien qui n'en use ainsi, et si l'on croyait que tout est faux, à cause de quelques circonstances fausses que l'on remarque dans l'histoire d'un événement, il faudrait absolument rejeter la plupart des histoires », *ibid.*, pp. 58-59. Sur « la mémoire de divers événements » et les « diverses interprétations » des cérémonies, voir *ibid.*, p. 95.

[106] *Ibid.*, p. 96.

[107] *Ibid.*, p. 56.

remarques de Huet sur les dogmes païens plus ridicules et plus incroyables que ceux des chrétiens, Le Clerc dénoncera avec ironie dans ses *Parrhasiana* les fictions des poètes, celles d'un Virgile qui « a péché contre le bon sens »[108] ; « ces fictions, s'il faut dire la vérité, ne sont point merveilleuses, elles sont ridicules »[109], « les poètes sont pleins de fausses pensées, par lesquelles, si l'on n'est pas trompé, on perd insensiblement le bon goût et la droiture d'esprit qui sont les plus beaux ornements de la nature humaine »[110]. Et Le Clerc ne se prive pas d'exercer sa critique ironique sur maint passage d'Homère et de dénoncer « l'enthousiasme poétique »[111], les « absurdités »[112], et d'écarter radicalement l'interprétation du « fonds de la fable »[113] par la « prétendue allégorie» [114]. Dans cette attitude il n'était nullement un isolé, bien des textes de Pierre Bayle, son coreligionnaire, ou de Saint-Evremond présentent de semblables accents ; ce dernier, dans un texte intitulé *Du merveilleux qui se trouve dans les poèmes des anciens*, écrira : « leur espèce de Théologie fabuleuse et ridicule, est également contraire à tout sentiment de Religion et à toute lumière du bon sens »[115].

Replacées dans le cadre de cette critique des fables et des mythes antiques de la part des historiens qui ont pris le relais

---

[108] *Parrhasiana*, éd. cit., t. I, p. 14.

[109] *Ibid.*

[110] *Ibid.*, t. I, p. 8. Cf. t. I, p. 27 : « Ceux qui n'ont pas le goût gâté par l'admiration aveugle de l'Antiquité ne sauraient digérer cette prodigalité de miracles pour des bagatelles, dont Homère est tout plein ».

[111] *Ibid.*, t. I, p. 34.

[112] *Ibid.*, t. I, p. 41.

[113] *Ibid.*, t. I, p. 59.

[114] *Ibid.*, t. I, p. 65.

[115] Saint-Evremond, *Oeuvres en prose*, t. IV, Paris, Didier, 1969, p. 193. Sur ces débats lors de la querelle des Anciens et des Modernes, voir B. Magné, « Le procès de la mythologie dans la querelle des Anciens et des Modernes », dans *La mythologie au XVIIème siècle*, Actes du 11ème colloque du C.M.R. 17 (janvier 1981), Marseille, C.M.R. 17, 1982, pp. 49-55.

des apologètes chrétiens, les pages provocantes de Fontenelle, *De l'origine des fables*, prennent leur exacte portée. Lorsque Fontenelle, dans les années 1680, découvrait dans la fable « l'esprit humain dans une de ses plus étranges productions »[116] et faisait « voir comment l'imagination humaine a enfanté les fausses divinités »[117], comment les païens ont [...] copié leurs divinités d'après eux-mêmes »[118], il reprenait des idées des érudits de son siècle qui eux-mêmes renouvelaient les arguments de l'apologétique chrétienne antique. Les affirmations du philosophe trouvent facilement, jusque dans le détail des faits évoqués, leur source dans les œuvres des Selden, des Vossius, des Bochart, des Huet[119] et son étonnement devant la survie de la mythologie dans les œuvres des poètes et des peintres était partagé par les érudits et les hommes d'Eglise qui ne voyaient là que divertissement. « La Religion et le Bon Sens, écrit Fontenelle, nous ont désabusés des Fables des Grecs, mais elles se maintiennent encore parmi nous par le moyen de la Poésie et de la Peinture, auxquelles il semble qu'elles aient trouvé le secret de se rendre nécessaires »[120]. Nous avons vu que Huet, érudit et homme d'Eglise ne pensait pas autrement ; Bossuet, précepteur du Dauphin, lui aussi érudit et homme d'Eglise, jugeait, deux ans après la *Demonstratio Evangelica*, en 1681, dans le *Discours sur l'histoire universelle*, que les fables des païens n'étaient que des « folies ridicules », des « impertinences »,

---

[116] *De l'origine des fables*, dans *Oeuvres diverses*, La Haye, 1728, t. I, p. 329.

[117] *Ibid.*, p. 331.

[118] *Ibid.*, p. 333.

[119] Ainsi, parmi d'autres arguments, la « conformité étonnante entre les fables des Amériquains et celles des Grecs » (*ibid.*, p. 337), le passage des fables des Phéniciens et des Egyptiens aux Grecs (*ibid.*, p. 339), le rôle des « mots équivoques » dans le développement des récits légendaires (*ibid.*), absence de « secrets de la physique et de la morale » dans les fables (*ibid.*, p. 340), etc.

[120] *Ibid.*, p. 338. Les mythologies prolifèrent avec l'ignorance et sont signe de décadence, c'est ce que J.-F. Lahontan et Fontenelle concluent de la comparaison avec les « sauvages », M. Detienne, *L'Invention de la mythologie, op. cit.*, pp. 19-25.

preuves de l' « abîme » dans lequel « était le genre humain qui ne pouvait supporter la moindre idée du vrai Dieu »[121]. L'apparent consensus des esprits éclairés sur les pouvoirs de la religion et du bon sens pour désabuser les hommes des « fables dont [les Grecs] ont rempli le monde » et des « contes par lesquels ils ont opprimé et enseveli la vérité », pour reprendre les mots de Jurieu en 1704[122], n'était cependant que de façade : à la fois la critique protestante des idolâtries de l'Eglise romaine et le comparatisme entre toutes les formes religieuses risquaient en effet à brève échéance de soumettre la religion elle-même à la critique du bon sens, et cela contre toutes les intentions et tous les espoirs des premiers initiateurs d'une science des religions.

II. Origine, originaire et histoire des religions.

La mutation du regard porté sur la mythologie modifiait la conception que les hommes de l'âge classique avaient de l'origine et aboutissait pour ainsi dire à la constitution d'une nouvelle origine. Inversant le mouvement qui place le vrai à l'origine et qui fait écouler de cette origine toutes les influences créatrices, la véritable révolution que représentait la critique (littéraire, textuelle, historique...) instituait une autre légalité, un autre régime de vérité. Pour simplifier nous pouvons dire qu'ainsi à une conception mythologique ou théologique se substituait une conception historique et critique.

Pour comprendre cette mutation qui aboutira à la naissance d'une « histoire des religions », il convient de réfléchir sur l'écart qui a pu se constituer du XVIIe siècle à nos jours entre origine et originaire, l'origine s'effaçant peu à peu dans le tra-

---

[121] Bossuet, *Discours sur l'histoire universelle*, Partie II, chap. XVI, *Oeuvres complètes*, éd. Lachat, t. XXIV, p. 443-444.

[122] [P. Jurieu], *Histoire critique des dogmes et des cultes bons et mauvais qui ont été dans l'Eglise depuis Adam jusqu'à Jésus-Christ, où l'on trouve l'origine de toutes les idolâtries de l'ancien paganisme, expliquées par rapport à celles des Juifs*, Amsterdam, 1704, p. 446.

vail même qui la constituait comme origine, et un originaire naissant de ce travail, de la construction d'un sens dans le présent sans cesse renouvelé du sujet pensant.

En effet toute réflexion sur l'originaire doit partir d'une réflexion sur l'origine et sur la façon dont ces deux notions, origine et originaire, se distinguent et, partiellement, se recouvrent. Il semble, à une enquête historique sommaire, que l' « originaire » émerge dans le champ de la culture au moment où s'efface, disparaît, ou devient indéfinissable une origine. En effet, dans une vision du monde « théologique » ou « mythologique », l'origine est ce qui, donné, donne nom et donne sens : objet du récit fondateur (*Genèse*, *Bereshit*, Εν αρχη, *In Principio* ; origines de la cité, origines de Rome : *ab Urbe condita*, etc.), l'origine est ce qui est connu, ce qui est posé comme fondement et point de départ de l'histoire, du temps et de la pensée, et elle ne saurait être mise en cause que par ce qu'elle-même aurait autorisé[123]. Que l'origine soit acte pur, création ou séparation, de Dieu ou d'un dieu, ou d'un héros fondateur et éponyme, le récit trace à l'avance la ligne qui de cette origine conduit à l'accomplissement ; le point d'arrivée, eschatologique, et le présent de l'histoire sont moins sûrs, moins immédiatement connus que cette origine, mais peuvent être approchés dans le regard déchirant d'une apocalypse ou par un incertain déchiffrement, par une « interprétation ». Posant ainsi une stabilité originaire servant de référence à toute ultérieure production de pensée, la pensée de l'origine faisait de toute pensée une répétition ou, inversement, une progression vers un terme : répétition ou anticipation supposaient l'accessibilité d'un « essentiel ». Exorcisant l'inévitable dégradation de la Parole au fil du temps, une « Ecriture » (Bible, récit mythique des origines, épopée primitive, etc.) transmettait, en une langue « originale » un texte qui présentifiait l'origine et permettait au

---

[123] Voir Centre d'études des religions du livre, *In Principio, Interprétations des premiers versets de la Genèse*, Paris, Etudes Augustiniennes, 1973.

lecteur de l'avoir toujours pour ainsi dire sous la main ; d'autant plus que, selon un mythe récurrent, la langue originale, l'hébreu dans le cas des Ecritures juives et chrétiennes, était la langue élue, parfaite et essentielle, celle-là même dans laquelle Dieu s'était adressé à l'homme[124].

Cette représentation à la fois linéaire et descriptive et cette conception d'une révélation de l'origine transparente dans une Ecriture devinrent de moins en moins acceptables à partir de la fin du Moyen Age ; mais déjà bien auparavant, dès l'Antiquité, une critique des récits d'origine, de ceux d'Homère par exemple ainsi que de diverses mythologies, s'était élaborée au nom de la raison et de la morale. C'est cependant à l'Epoque moderne, dès le XVIᵉ siècle, que la critique a érodé les certitudes transmises par les textes et que l'enquête historique a jeté le doute sur les moments fondateurs[125]. Sous l'effet de la critique et de l'histoire, les textes de référence n'apparaissaient plus comme la parfaite expression du sens ; leur clarté, leur perfection, étaient de moins en moins évidentes ; la langue considérée comme parfaite et « originelle », l'hébreu en l'occurrence, apparaissait comme une langue semblable aux autres, soumise à toutes les vicissitudes de l'histoire. L'origine ainsi, dont plus aucun texte transparent n'assurait l'immédiate présence pour l'homme moderne, reculait à l'infini et devenait indéfinissable, indescriptible, irreprésentable, tandis que les progrès de l'histoire et la découverte des peuples dits « sauvages » faisaient surgir du passé ou du lointain

---

[124] Sur le mythe de la langue élue au XVIᵉ siècle, voir C.-G. Dubois, *Mythe et langage au seizième siècle*, Bordeaux, éditions Ducros, 1970 ; et voir M. Olender, *Les langues du Paradis. Aryens et Sémites : un couple providentiel*, Paris, Seuil, 1989 [rééd. Points Essais, Paris, Seuil, 1994].

[125] Voir J. Jehasse, *La Renaissance de la critique. L'essor de l'Humanisme érudit de 1560 à 1614*, Saint-Etienne, Publications de l'Université de Saint-Etienne, 1976 ; J. Le Brun, « Des Entstehen der historischen Kritik im Bereich der religiösen Wissenschaften im 17. Jahrhundert », dans *Trierer Theologische Zeitschrift*, avril-juin 1980, pp. 100-117 ; et *id.*, « Critique biblique et esprit moderne à la fin du XVIIᵉ siècle », dans *L'Histoire aujourd'hui*, Liège, Section d'histoire, Faculté de Philosophie et Lettres, [1989].

des mondes exotiques des civilisations manifestement plus anciennes que celle de la Bible, civilisations de l'Egypte, de la Chine, des peuples de l'Amérique. La philologie, de son côté, analysait et démontait les textes fondateurs, la Bible, bientôt aussi Homère ou Tite-Live, et établissait que ces textes, comme tous textes, avaient une histoire, étaient le résultat de multiples transformations et altérations et ne pouvaient représenter les indiscutables témoins d'une origine. L'idée s'est alors imposée, déjà au XVIIe siècle avec Richard Simon, que c'était le travail sur l'origine qui constituait lui-même l'origine comme origine : il n'y avait pas d'*Urtext*, il n'y avait pas de moment « premier », mais seulement les provisoires conclusions de qui travaillait sur les « documents » et les « monuments » (*documenta*, ce qui nous enseigne et ce que nous enseignons ; *monumenta*, ce qui nous fait signe et nous avertit). L'origine alors se dissolvait dans l'originaire[126].

Vers la même époque, au début du XVIIIe siècle, la réflexion sur la littérature et les récits populaires contribuait à dissoudre et à priver de leur sens habituel les notions d' « auteur », d' « origine » et d' « original »[127] : dans une tradition orale, l'origine est inaccessible, le texte n'a plus d'auteur, les contes, les fables et les récits n'ont pas de nom d'auteur ; ce sera l'époque où l'on formulera des doutes sur la personnalité d'Homère[128] et celle où en France on rassemblera d'amples corpus de contes de fées et bientôt en Allemagne les frères Grimm leurs *Kinder- und Hausmärchen*.[129] L'origine s'efface, avec l'auteur, au mo-

---

[126] Voir plus haut chap. IX.

[127] Voir G. Bollème, *Le peuple par écrit*, Paris, Le Seuil, 1986, p. 197-207, à partir de A. Lord, *The Singer of Tales*, New York, Atheneum, 1965 [1ère éd. 1960].

[128] Voir Kirsti Simonsuuri, *Homer's Original Genius. Eighteenth-Century Notions of the early Greek epic*, Cambridge, Cambridge University Press, 1979.

[129] Voir E. Tonnelat, *Les frères Grimm. Leur œuvre de jeunesse*, Paris, A. Colin, 1912.

ment même où elle surgit présente dans le *hic et nunc* du geste du conteur ou de l'érudit qui interprète ou fait passer à l'écrit ces récits « originaires ». Parallèlement, et non sans influences réciproques, se mettent en place, du XVIIIe au XXe siècle, une « science » ou des « sciences » des origines (et non de l'origine), qui, en une remontée sans terme, élaboraient une paléontologie (une science des παλαια), une archéologie (une science des αρχαια), une <u>pré</u>-histoire, etc., où peu à peu les origines, tout en étant « produites » (aux deux sens du mot latin *producere* : « porter sur le devant de la scène » et « fabriquer »), et constituées dans le discours que le milieu scientifique élaborait sur le passé[130], se dégageaient des déterminations temporelles absolues[131]. La science des religions, apparue dès le XVIIe siècle, essayera bien, entre les mains des apologistes, de s'appuyer sur ces découvertes archéologiques ou paléontologiques pour donner consistance objective à une origine qui, faute de l'évidence procurée par une révélation, aurait enfin la certitude qu'apporte la science, mais c'était, comme nous l'avons vu plus haut, se placer sur le terrain, dangereux pour les religions, de la science, et s'appuyer sur des faits rapidement contestés par d'autres faits. Car nous étions déjà dans un autre univers de pensée, nous étions passés, sans vraiment nous en rendre compte, du domaine de l'histoire objective et documentaire à celui des « *Geisteswissenschaften* », des « sciences de l'esprit » ou « sciences humaines ».

L'origine s'effaçait ainsi dans le geste même qui semblait la rendre présente, lorsque Jean-Jacques Rousseau, en 1755, au début de son *Discours sur l'origine et les fondements de l'iné-*

---

[130] Voir P.-M. Beaude, *L'accomplissement des Ecritures. Pour une histoire critique des systèmes de représentation du sens chrétien*, Paris, Cerf, 1980, pp. 289-295.
[131] Essentiel le livre de François Laplanche, *La Bible en France entre mythe et critique. (XVIe-XIXe siècle)*, Paris, Albin Michel, 1994. Voir aussi plusieurs des articles figurant dans le n°32, « L'Origine », de la revue *Corps écrit*, Paris, P.U.F., 1990.

galité parmi les hommes, commençant « par écarter tous les faits, car ils ne touchent point à la question » et « oubliant les temps et les lieux » pour s'intéresser à « l'homme en général », substituait à ce qu'il appelait « la véritable origine » « des raisonnements hypothétiques et conditionnels », « des conjectures tirées de la seule nature de l'homme et des êtres qui l'environnent »[132] ; Par ce véritable acte de fondation des sciences humaines, disparaissait la séculaire problématique de l'origine et se fondaient dans le présent de l'auteur du *Discours* l'expérience et la théorie de l'originaire. Bien loin d'être accessible à une science, bien loin d'être atteint par des documents, l' « état originel » était le nécessaire postulat de toute recherche sur l'homme, sur le « genre humain », sur « la vie de [son] espèce », il concernait non pas un inaccessible passé, mais ce que Rousseau appelait « notre état présent » ; mais peut-être personne ne pourra « arriver au terme » de cette enquête, « car, comme l'écrivait Rousseau, ce n'est pas une légère entreprise de démêler ce qu'il y a d'originaire et d'artificiel dans la nature actuelle de l'homme, et de bien connaître un état qui n'existe plus, qui n'a peut-être point existé, qui probablement n'existera jamais, et dont il est pourtant nécessaire d'avoir des notions justes pour bien juger de notre état présent »[133].

C'est encore à la même époque que commençait à prendre son essor une « science des religions », et cela grâce à la transformation du statut du langage entre XVIIIe et XIXe siècles avec l'apparition de la philologie et de la grammaire comparée[134] et à

---

[132] J.-J. Rousseau, *Sur l'origine et les fondements de l'inégalité parmi les hommes,* préface, voir éd. par J. Starobinski, dans Rousseau, *Oeuvres complètes,* Bibl. de la Pléiade, t. III, Paris, Gallimard, 1964, pp. 123 et 132-133. Voir plusieurs chapitres sur « Rousseau et la recherche des origines », « Rousseau et l'origine des langues », etc., dans J. Starobinski, *Jean-Jacques Rousseau. La transparence et l'obstacle,* Paris, Gallimard, 1971, pp. 319-379.

[133] J.-J. Rousseau, *Discours...,* éd. cit., respectivement pp. 133, 123.

[134] M. Detienne, *L'Invention de la mythologie,* Paris, Gallimard, 1980, pp. 25-27.

la réflexion des philosophes sur la question de l'origine et sur les récits mythologiques concernant les origines. Schelling, dans son *Introduction à la philosophie de la mythologie*, soutenait que la mythologie résultait de la « décomposition » du monothéisme primitif qui correspondait à l'unité primitive du genre humain[135]. Herder à peu près en ces mêmes temps s'interrogeait sur l'origine des langues[136] et, un siècle plus tard, un savant comme Ernest Renan, même s'il dépouillait ces idées romantiques de leur arrière-plan mystique, s'interrogeait encore sur les langues comme expression primitive du génie des nations.

François Laplanche[137] a bien montré comment la science (les sciences physiques ou l'histoire) a fait reculer jusqu'à l'inaccessible la quête de l'origine. Cependant le caractère désormais insaisissable de l'origine n'empêchait pas que, sous la forme de l'originaire, cette question restât omniprésente. En particulier, au moment même où elle était évacuée par les linguistes qui refusaient de privilégier l'origine dans la constitution des langues, l'origine était au cœur de *la science* des religions, mais de façon toute différente du mode selon lequel elle était présente dans *les religions*. Le problème de l'origine se trouvait de deux façons, qui d'ailleurs étaient liées, dans cette science des religions : d'une part le postulat que la religion se trouvait à l'origine de l'humanité, qu'elle constituait le premier stade de l'évolution, d'autre part, et ce n'était pas contradictoire avec le postulat précédent, la question des origines de la religion, c'est-à-dire comment penser un avant la religion et les conditions d'apparition et de constitution des religions.

Sous cette double forme, la question des origines hantait alors la science des religions comme elle hantait la science en

---

[135] Schelling, *Introduction à la philosophie de la mythologie*, Ière partie, trad. française, Paris, Aubier, 1945, t. I, p. 110.

[136] J. G. Herder, *Traité de l'origine du langage*, trad. D. Modigliani, Paris, P.U.F., 1992.

[137] F. Laplanche, *La Bible en France...*, *op. cit.*

général : l'*Origin of species* de Darwin est de 1859, mais c'est aussi l'origine de la culture, de la vie, de la terre qui dominait alors l'historiographie. Comment interpréter cet intérêt pour les origines ? « Nostalgie », comme l'écrira plus tard Mircea Eliade ? Recherche du sens par la recherche d'un point de départ d'une évolution ? Sens du progrès ou de la décadence ? Fascination devant les religions de la part des hommes du XIXe siècle plongés dans un monde de plus en plus laïcisé ? Nous y reviendrons, mais il est certain que ces hantises dominaient les grandes synthèses d'histoire des religions à la fin du XIXe siècle[138]. Il suffit de rappeler quelques noms, les plus connus. Max Müller cherchait les origines par la voie de la linguistique comparée : aux débuts de l'humanité l'homme aurait prononcé des mots exprimant un peu de la substance des choses et, par altération du sens primitif, des noms de dieux leur auraient été imposés, rendant le langage source d'illusion. Selon lui, l'unité originaire des langues indo-européennes aurait eu pour parallèle l'existence d'un dieu suprême commun à ces peuples et les hymnes du *Rig Véda* seraient un témoignage de la phase primitive de la religion[139]. Edward Burnett Tylor, en 1871, dans sa *Primitive Culture*[140], suivait la voie de l'ethno-anthropologie sur laquelle nombre de savants le suivront ; en s'appuyant sur l'observation des « sauvages » d'aujourd'hui qui mettent sous nos yeux l'enfance de l'humanité et représentent pour ainsi dire des « reliques de

---

[138] Voir M. Meslin, « L'histoire des religions », dans H.-Ch. Puech, *Histoire des religions*, t. III, Encyclopédie de la Pléiade, Paris, Gallimard, 1976 [rééd. coll. Folio, Paris, Gallimard, 1999, t. III**], p. 1279-132 ; et surtout H. G. Kippenberg, *Die Entdeckung der Religionsgeschichte. Religionswissenschaft und Moderne*, Munich, C. H. Beck, 1997, trad. franç. *A la découverte de l'Histoire des Religions. Les sciences religieuses et la modernité*, Paris, Salvator, 1999.

[139] Cf. M. Olender, *Les langues du Paradis...*, *op. cit.*. Voir aussi, sur Max Müller, E. Cassirer, *Langage et mythe. A propos des noms des dieux*, Paris, Minuit, 1973, pp. 12-17, 107.

[140] 3ème éd. London 1891 [1ère éd. 1871].

l'origine »[141], il présentait un des deux schémas selon lesquels était pensée la religion primitive et son évolution, le schéma de la montée vers le monothéisme à partir de l'animisme et du polythéisme, ce dernier étant la conséquence de l'animisme, car le primitif, selon lui, sentait en soi un principe vital, une âme, et pensait donc que tout le monde était plein de forces animées. Au terme, prenait forme l'idée d'un dieu unique supérieur à toutes ces forces, le monothéisme représentant le point d'aboutissement de cette évolution vers une purification progressive de l'idée de la divinité. A l'inverse, Andrew Lang discutait la théorie de Tylor et la conception attribuée aux primitifs d'un monde plein de forces animées[142] ; il posait à l'origine la croyance en de « grands dieux » attestée par l'étude des peuples primitifs et, inversant le schéma tylorien de l'évolution, il estimait que c'était chez les peuples les plus archaïques qu'on trouvait les formes religieuses les plus pures. Il ouvrait ainsi la voie à l'œuvre immense et apologétique du P. Wilhelm Schmidt et à son idée d'un monothéisme primitif recouvert ensuite par le polythéisme[143].

Nous avons du mal aujourd'hui à imaginer l'extraordinaire fermentation intellectuelle des années 1870-1914 et la multiplication des ouvrages de vulgarisation ou des textes destinés au grand public ainsi que des travaux savants portant à la connaissance les données ethnologiques ou anthropologiques en France comme dans les pays germaniques ou anglo-saxons, autour de la question des origines. En France un auteur prolixe comme J.-H. Rosny multipliait les récits des « temps primitifs » et publiait en 1895 une reconstitution de la préhistoire, totalement imaginaire malgré ses apparences scientifiques et accompagnée d'il-

---

[141] Le primitif est « transformé en document involontaire de la condition primitive de l'humanité » (C. Tarot, *De Durkheim à Mauss. L'invention du symbolique*, Paris, La Découverte, 1999, p. 154 ; sur Tylor *ibid.*, pp. 151-159).
[142] A. Lang, *Social origins*, London, 1903.
[143] Sur Müller, Tylor, Lang et Schmidt, voir M. Detienne, *L'Invention de la mythologie, op. cit.*, pp. 28-49, ainsi que C. Tarot, *De Durkheim à Mauss...*, *op. cit.*, pp. 411-426, 441-443.

lustrations, sous le titre de *Les Origines*.[144]. En Allemagne, c'est sous la forme d'une *Dichtung* qu'un peu plus tard le Dr. Fritz Wittels évoquera la vie de l'*Urmenschentier*[145]. Ces œuvres d'imagination comme ces ouvrages savants, dont un bon nombre seront cités par Freud dans *Totem et Tabou*, constituent l'environnement littéraire, documentaire et épistémologique sans la connaissance duquel la pensée de Freud ne prend ni tout son sens ni toute son importance.

Ainsi le livre de Robertson Smith[146], que nous connaissons surtout aujourd'hui par l'usage qu'en fit Freud mais qui eut à son époque un certain succès, mérite d'être replacé dans tout ce mouvement concernant les origines et d'être analysé pour lui-même. Il s'agissait dans ce livre de l'origine du sacrifice considéré comme acte sacré par excellence, et c'était une hypothèse révolutionnaire qui y était présentée : l'institution sacrificielle, centrale dans plusieurs religions (et, ce qui intéressait surtout Robertson Smith, dans le christianisme), reposait selon l'auteur sur la consommation de l'animal totémique, crime partagé qui fonde le lien social et est à l'origine de tout développement religieux ultérieur.

---

[144] De J.-H. Rosny on connaît surtout aujourd'hui *La Guerre du feu*. Parmi ses récits « primitifs » je faisais allusion à *Elem d'Asie, Idylle des temps primitifs*, Paris, 1896 et à *Les Origines*, Paris, 1895.

[145] F. Wittels, *Alles um Liebe. Eine Urweltdichtung*, Berlin, 1912, que Freud citera dans son *Übersicht der Übertragungsneurosen*, [trad. franç. *Vue d'ensemble des névroses de transfert. Un essai métapsychologique*, Paris, Gallimard, 1986] manuscrit, p. 11 (trad. franç., p. 33).

[146] *Lectures on the Religion of the Semites*, 1ère éd. 1889 ; 2ème éd. 1894. Sur la recherche à propos des mythes et du rituel au XIXe siècle et sur la place des travaux de Robertson Smith sur la religion des Sémites voir Guy M. Stroumsa, « Jewish myth and ritual and the beginnings of comparative religion : the case of Richard Simon », communication au colloque « Autorité, tradition, critique », Jérusalem, déc. 1995. Sur Robertson Smith, voir aussi F. Schmidt, « Des inepties tolérables : la raison des rites de John Spencer (1685) à W. Robertson Smith (1889) », dans *Archives de sciences sociales des religions*, 1994, pp. 121-136.

Or l'utilisation par Freud du considérable corpus documentaire disponible de son temps pose un certain nombre de questions qui pourront nous servir d'accès à la façon dont il pense l'originaire et dont il renouvelle les problématiques de l'histoire des religions. Ce n'est en effet que du point de vue de l'historien des religions que nous aborderons ces questions sans avoir l'intention de présenter dans son ensemble la conception freudienne de la religion et son évolution depuis *Sur la psychopathologie de la vie quotidienne* (1904) jusqu'à *L'avenir d'une illusion* (1927) et *L'homme Moïse et la religion monothéiste* (1939). La première question, soulevée très tôt, concerne la documentation elle-même sur laquelle s'était appuyé Freud, et c'est une question d'érudition. C'est un fait que dès 1900 plus aucun savant sérieux n'attachait de crédit aux élaborations de Robertson Smith[147] : la pièce centrale de sa théorie du sacrifice, que mentionnait Freud au paragraphe 4 de la quatrième partie de *Totem et Tabou*[148] en jugeant que l'auteur (« un homme aussi riche de talents divers que perspicace et libre de prévention ») avait « su conférer à cette hypothèse un haut degré de vraisemblance », n'était nullement un témoignage sérieux, mais un faux introduit dans les œuvres de saint Nil d'Ancyre par un moine anonyme du Ve siècle, ce moine anonyme voulant alerter l'opinion sur les razzias dont étaient victimes les monastères du Sinaï et construisant pour cela un véritable roman d'horreur écrit selon les procédés de la littérature de son temps et présentant une sorte d'envers barbare du rite eucharistique. Par là, Smith, à

---

[147] Voir l'article important, sur lequel nous nous appuierons ici à plusieurs reprises, de Ph. Borgeaud, « Le couple sacré/profane », dans *Revue de l'histoire des religions*, 1994, pp. 387-418 ; cf. à propos de Robertson Smith, p. 396 : « un leurre épistémologique,.. un mirage savant qui nous semble aujourd'hui dérisoire ».

[148] Sigmund Freud, *Totem und Tabu*, Studienausgabe, 11 Bände, Frankfurt, Fischer Verlag, 1982 [trad. franç., *Totem et Tabou*, Paris, Gallimard, 1993. Nous nous réservons de nous écarter de cette traduction sans le signaler à chaque fois, donnant d'abord la pagination de la traduction, puis entre parenthèses celle de l'édition allemande]. Ici p. 276 (t. IX, p. 417).

la suite de l'auteur anonyme, pouvait exalter le caractère origi-naire de l'eucharistie et montrer que sa forme chrétienne était le résultat d'une séculaire épuration. Par ailleurs, nous savons que Robertson Smith, en soutenant, comme le reprendra Freud[149], qu' « il n'y a aucun doute que chaque sacrifice n'ait été à l'origine un sacrifice du clan », n'avait fait, en bon Ecossais, que projeter dans l'origine l'organisation clanique écossaise qui lui était familière[150].

On pourrait croire qu'avec cette démonstration sans appel nous sommes quittes avec les élaborations que Freud a cons-truites sur ces pseudo-documents, comme nous serions quittes avec ce que fera plus tard Freud en utilisant le matériel docu-mentaire apporté par Ernst Sellin en 1922 et accueilli dans la communauté scientifique avec un « scepticisme général », comme écrira le recenseur de la *Revue des Etudes juives* en 1929[151].

Si nous restons dans une perspective purement « documentaire » (ce qui n'est pas la même chose qu'une pers-pective « historique »), la cause paraît entendue. Mais nous devons aller plus loin. Remarquons d'abord que Freud est tout à fait conscient de la nature de ses sources et du rapport qu'il en-tretient avec elles. Il désigne toutes ces élaborations des auteurs qu'il cite comme des « hypothèses »[152], il parle de la horde ori-ginaire comme d' « une hypothèse de Ch. Darwin sur l'état so-cial originaire de l'homme »[153], et il emploie très fréquemment le terme d'« *Annahme* » où est encore perceptible le sens éty-mologique et la décision de celui qui raisonne sur ces textes[154].

---

[149] *Ibid.*, p. 281 (t. IX, p. 420).
[150] Cf. M. Detienne et J.-P. Vernant, *La Cuisine du sacrifice*, Paris, Gallimard, 1979, pp. 25-26, 30, et C. Tarot, *De Durkheim à Mauss, op. cit.*, pp. 262, 527-550.
[151] *Revue des Etudes juives*, 1929, p. 89.
[152] *Totem et Tabou*, p. 127 (t. IX, p. 327).
[153] *Ibid.*, p. 264 (t. IX, p. 410).
[154] Ainsi *ibid.*, p. 287 (t. IX, p. 424).

Une longue note du paragraphe 1 de la IVème partie de *Totem et Tabou*[155] fait lucidement d'expresses réserves sur l'exactitude des témoignages rapportés par les ethnologues ; et une note du paragraphe 5 signale les objections faites à Robertson Smith, par L. Marillier en 1898 et par Henri Hubert et Marcel Mauss en 1899, tout en affirmant que ces objections « n'ont pas fondamentalement nui à l'impression que [lui] ont faite les idées de Robertson Smith »[156]. Mais déjà dans cette note nous voyons que ce qui importe à Freud c'est, non la démonstration documentaire de l'hypothèse de Smith, mais l' « impression » qu'elle a eue sur lui, impression proche de celle que lui a laissée la lecture de Frazer : le livre de Frazer l'a « charmé et instruit »[157]. De la même façon, au début de la IIIème partie, il note que « c'est un défaut inévitable des études qui veulent appliquer des points de vue de la psychanalyse à des thèmes des sciences de l'esprit [*Geisteswissenschaften*] d'offrir fatalement trop peu des deux au lecteur », et, rappelant les noms d'Herbert Spencer, de Frazer, de Tylor et de Wundt, il revendique son indépendance dans le « choix des matériaux comme des opinions »[158], jugeant que son travail n'est destiné qu'à fournir des incitations, ou des propositions, au spécialiste.

---

[155] *Ibid.*, p. 230, n.1 (t. IX, p. 389, n. 1).

[156] *Ibid.*, p. 287, n.2 (t. IX, p. 424, n. 1). H. Hubert et M. Mauss ont étudié le problème des origines du sacrifice selon Robertson Smith en de nombreuses pages de l'*Introduction à l'analyse de quelques phénomènes religieux*, du *Totémisme*, et de l'*Essai sur la nature et la fonction du sacrifice*, dans M. Mauss, *Œuvres*, t. I, Paris, Minuit, 1968, pp. 5-7 : discussion de l' « explication généalogique des sacrifices » que Smith fait « dériver tous de la communion totémique, c'est-à-dire d'une sorte de sacrement » ; p. 186 : « Robertson Smith et M. Frazer lui-même [...] ont contribué plus que personne à donner le sentiment de l'extrême complexité des faits religieux, des causes profondes dont ils dépendent, de l'évolution en partie inconsciente dont ils résultent » ; et surtout p. 193 et suiv. sur Smith et son « erreur de méthode » (p. 198).

[157] *Totem et Tabou*, p. 230 (t. IX, p. 389).

[158] *Ibid.*, p. 187 (t. IX, p. 364).

De l'ensemble documentaire disponible de son temps[159] qu'il utilise sans illusions, ce que Freud tire avant tout ce sont des faits, que j'appellerais avec lui « historiques [*historisch*] »[160], c'est-à-dire la matière de l'histoire, faits attestés par les récits des historiens ou par les rapports des voyageurs et des ethnologues. Il ne s'agit donc pas d'une objectivité factuelle, comme nous verrons plus loin, mais d'un rapport à une vérité, non d'une « vérité [*Wahrheit*] » objective, mais d'une « vraisemblance [*Wahrscheinlichkeit*] »[161] : « La horde originaire darwinienne » représente, parmi les hypothèses formulables sur les origines, celle qui est « la plus vraisemblable »[162]. Nous pouvons ainsi soutenir que ce qui pourrait apparaître comme une faiblesse qui ruinerait son entreprise est peut-être au contraire ce qui fait sa force et la sauve de la tentation spéculative ; sa référence au « document », même faux, n'aboutit en aucune manière à la description d'une origine : « *ursprünglich* » il n'y a pas une origine où s'hypostasierait le principe, mais il y a la singularité à la fois contingente et nécessaire d'un fait qui, par son étrangeté, résiste à la spéculation.

Cependant en parlant de « fait », nous devons dissiper une équivoque : parler de « fait » serait inexact si l'on entendait par là ce que Freud discute en tant que « réalité factuelle », subordonnée à la « réalité psychique »[163] ; il s'agit plutôt de ce qu'en parlant du complexe d'Œdipe, il considère comme partir « d'un unique point concret »[164], ou de ce qu'il appelle « réalité historique », « un morceau de réalité historique »[165], qui est inscrit en

---

[159] Un bon critère est de remarquer que ce sont les œuvres de base qui ont aussi servi à l'époque de point de départ aux élaborations de Marcel Mauss.

[160] *Ibid.*, p. 238 (t. IX, p. 394).

[161] *Ibid.*, p. 275 (t. IX, p. 417).

[162] *Ibid.*, p. 265 (t. IX, p. 411).

[163] *Ibid.*, p. 316 (t. IX, p. 442).

[164] *Ibid.*, p. 312 (t. IX, p. 439).

[165] *Ibid.*, pp. 317-318 (t. IX, p. 443). Cf. M. de Certeau, « Ce que Freud fait de l'histoire », dans *L'écriture de l'histoire*, Paris, Gallimard, 1975, pp. 291-311,

un point non datable du temps, en un « jour » qui est le « un jour » de la fable[166] ou le « dereinst », employé par Freud à plusieurs reprises, qui désigne en sa racine *ein* l'unicité du point où les « interdictions très anciennes », s'imposèrent de l'extérieur[167]. Ce qui fut posé en cet « un jour », c'est un acte [*eine Tat*[168], *ein Akt*[169], *ein Tun*[170]], et Freud peut reprendre le vers bien connu du premier *Faust* de Goethe, qui reprenait lui-même le prologue de l'évangile johannique (Εν αρχη ην ο λογος), en mettant *die Tat* à la place du λογος, de *das Wort*, au lieu même où est le commencement, l'αρχη : « *Im Anfang war die Tat*, Au commencement était l'acte »[171].

Si un « acte » est à l'origine, l'origine peut échapper à toute dérive spéculative, et c'est un originaire (*ursprünglich*) non hypostasiable, que pose Freud. L'étonnante faiblesse du matériau documentaire se meut ainsi en force. En une affirmation instauratrice d'une méthode, qui se lit au détour d'une note de *Totem et Tabou* et que j'aurais pu mettre en exergue à toute cette étude, Freud déclare : « La détermination de l'état originaire reste donc à chaque fois une affaire de construction »[172]. Il y a là dans l'histoire des religions et de leur rapport à l'origine un geste inaugural dont la portée n'a d'égal que celui de Rousseau que nous avons évoqué ; mais tandis que Rousseau, pour

---

à propos d'*Une névrose démoniaque au XVIIe siècle*.

[166] « Eines Tages taten sich die ausgetriebenen Brüder zusammen... », *Totem et Tabou*, p. 289 (t. IX, p. 426, avec la note à « Eines Tages » qui veut dissiper toute « méprise » « missverständlich »).

[167] *Ibid.*, p. 121 (t. IX, p. 323).

[168] *Ibid.*, p. 314 (t. IX, p. 441).

[169] *Ibid.*, p. 290 (t. IX, p. 426 : « Im Akte des Verzehrens »).

[170] *Ibid.*, p. 318 (t. IX, p. 443).

[171] *Ibid.*, p. 318 (t. IX, p. 444). C'est sur ce point de l' « acte historique » que portera la critique d'un ethnologue comme A.L. Kroeber (cité dans F. Gantheret, préface à Freud, *Totem et Tabou*, Paris, Gallimard, 1993, p. 42), et d'une autre façon celle de Lévi-Strauss.

[172] *Ibid.*, p. 230, n. 1 (t. IX, p. 389, n. 1 : « *Die Feststellung des ursprünglichen Zustandes bleibt also jedesmal eine Sache der Konstruktion* »).

établir « ce qu'il y a d'originaire et d'artificiel dans la Nature actuelle de l'homme »[173], écartait ce qu'il appelait les « vérités historiques »[174], Freud est ramené à la réalité historique par les faits que lui apportent ceux qu'il désigne comme « nos enfants et nos névrosés »[175]. L'état originaire n'est donc pas découvert comme s'il était préexistant au geste qui le « construit », il n'est pas non plus objet d'observation[176] : si l'on suit le texte freudien, on s'aperçoit que le verbe *konstruieren*, construire, et que le substantif *Konstruktion*, construction, rythment ses élaborations des années 1910 aux années 1930 : « Nous construisons l'histoire du tabou [...] sur le modèle des interdictions compulsionnelles »[177], écrivait-il dans *Totem et Tabou*, et en 1937, dans *Constructions dans l'analyse* (§ III), il désignera encore comme « un morceau de *vérité historique* »[178] ou comme « contenu de *vérité historique* »[179], l'accrochage à une histoire (*Geschichte*), celle du discours du patient, l'» histoire de malades », et celle que représente l'immense corpus de l'érudition et de l'archéologie, deux approches, l'une « historique », l'autre « psychologique »[180] qui apparaissent comme homologues ; ici et là, ce sont des « scènes (*Szenen*) », au sens théâtral du mot, « scène originaire (*Urszene*) », « scène de sacrifice (*Opferszene*) », « la scène de la défaite du père (*die Szene der Überwältigung des Vaters*) », dont l' « expression plastique » ou la

---

[173] Rousseau, *Oeuvres complètes*, éd. cit., t. III, p. 123.

[174] *Ibid.*, p. 133.

[175] *Totem et Tabou*, p. 291 (t. IX, p. 427).

[176] *Ibid.*, p. 289 (t. IX, p. 425) ; cf. p. 240 (t. IX, p. 395 : « pour remplacer l'observation manquante ». Cf. le texte de Rousseau que nous citions : « un état qui n'existe plus, qui n'a peut-être point existé »).

[177] *Ibid..*, p. 121 (t. IX, p. 323).

[178] Ces deux derniers mots étant soulignés par Freud, cf. Studienausgabe, Ergänzungsband, p. 405.

[179] *Ibid.*, p. 406. Il conviendra ici d'analyser l'écart entre réalité historique et vérité historique, expressions qui, à première enquête, ne paraissent pas employées par Freud simultanément.

[180] *Totem et Tabou*, p. 238 (t. IX, p. 394).

« représentation », pour reprendre les mots de *Totem et Tabou*, ne sont pas séparables de ce que Freud appelle, en une métaphore qui évoque les couches géologiques et archéologiques, « la stratification historique »[181].

Ainsi c'est par son origine que s'explique la religion, et la tâche de l'histoire des religions est de construire cette origine pour dérouler selon la suite des temps les transformations et les évolutions subies par les croyances, les rites et les formes. La démarche de l'interprète et de l'historien se distingue de toute explication sociologique ou politique, voire évhémériste, de la religion. Cependant il faut bien voir d'une part comment se « construit » cette origine, et d'autre part comment les différents rapports possibles à cette origine expliquent les différentes formes qu'ont historiquement prises les religions. Nous l'avons souligné, Freud part de « faits », et ces faits sont présents. C'est donc à partir d'un double présent, celui, géographiquement lointain mais toujours présent, de « ceux qu'il est convenu d'appeler sauvages et demi-sauvages » et celui des « névrosés »[182], que Freud reconstruit une origine avec ce qui subsiste sous forme de « traces », de « restes » et de « signes »[183], pour employer les termes qui reviennent si fréquemment dans *Totem et Tabou*. Les deux champs, celui de l'ethnologue et celui du psychanalyste, se recouvrent, ou plutôt c'est une analogue démarche euristique et interprétative qui, à partir de « traces distinctes dans la langue et dans les mœurs »[184], reconstruit « le sens originaire »[185], « l'origine de la religion et de la morale »[186]. Un même mot, « infantile »[187], évo-

---

[181] *Ibid.*, p. 301 (t. IX, p. 433).
[182] *Ibid.*, p. 71 (t. IX, p. 295).
[183] Parmi de nombreuses références, voir *ibid.*, p. 65 (t. IX, p. 292), 80 (t. IX, p. 300), 81 (t. IX, p. 301), etc.
[184] *Ibid.*, p. 81 (t. IX, p. 301).
[185] *Ibid.*, p. 65 (t. IX, p. 292).
[186] *Ibid.*, p. 68 (t. IX, p. 293).
[187] *Ibid.*, p. 65 (t. IX, p. 292).

quant l'enfance de l'humanité comme celle de l'individu, marque, au cœur même du présent, la présence de l'αρχη sous la forme d'un « archaïque »[188] lisible seulement dans les failles et les détours aussi bien du grand récit ethnologique que des histoires de malades.

Dans un texte qu'il ne publiera pas et dont il ne reste qu'une « esquisse » transmise à Ferenczi, *Vue d'ensemble des névroses de transfert, Übersicht der Übertragungsneurosen*[189], Freud propose, avec une hardiesse devant laquelle il a sans doute lui-même reculé, une « exposition », des « fantaisies scientifiques » selon lesquelles il y aurait un rapport, à la fois de causalité et de parallélisme chronologique, voire de similitude[190], entre les trois « dispositions à l'hystérie d'angoisse, à l'hystérie de conversion et à la névrose obsessionnelle » et les « phases par lesquelles l'espèce humaine a dû passer à un certain moment entre le début et la fin de l'époque glaciaire »[191], c'est-à-dire entre la « succession »[192] chronologique des névroses et le « développement » phylogénétique. Ainsi la névrose est-elle document présent sur les origines, elle « doit [...] ramener la figure primitive »[193]. Qu'à la « poésie » composée par Fritz Wittels chantant le bonheur de l'« animal humain primitif » dont tous les besoins étaient satisfaits Freud joigne le « mythe du Paradis originaire », et qu'il organise toute la préhistoire physiquement autour des bouleversements de l'époque glaciaire et mythologiquement autour du meurtre du père qu'il avait exposé

---

[188] *Ibid.*, p. 72 (t. IX, p. 295).

[189] Publié par Ilse Grubrich-Simitis, 1985. Texte allemand et traduction française, *Vue d'ensemble des névroses de transfert*, Paris, Gallimard, 1986, avec la pagination du manuscrit que nous suivons et qui figure en marge de la traduction française.

[190] Freud emploie le mot « erkennen » (reconnaître), corrigeant le mot « sehen » (voir), ms. p. 11.

[191] *Ibid.*, ms. pp. 11-12.

[192] *Ibid.*, ms. pp. 9, 10.

[193] *Ibid.*, ms. p. 12.

deux ans auparavant dans *Totem et Tabou*, ces « fantaisies » ne doivent pas être prises pour des reconstitutions objectives d'une histoire passée, mais pour des « constructions » dont la valeur méthodologique est aussi importante, aussi « salutaire (*heilsam*) », pour reprendre le mot de Freud dans la *Vue d'ensemble des névroses de transfert*[194], que le détail de son contenu.

Paradoxalement, la faiblesse documentaire de ces « fantaisies », encore plus évidente aujourd'hui qu'au début du siècle passé, n'entame nullement la solidité de l'approche freudienne de l'originaire : dans son insistance têtue à tirer d'ailleurs (des « spécialistes » en histoire des religions, des ethnologues, ou de ses patients) des faits et des documents, dans son désir de pousser la construction tout en laissant toujours « en question (*in Frage*) »[195] une éventuelle conclusion, Freud s'est trouvé pour ainsi dire immunisé contre une tendance récurrente de l'histoire des religions de son temps, la tendance que j'appellerais « spéculative » qui consiste à poser l'origine comme une « chose » permanente et essentielle derrière la discontinuité des faits et des discours, tendance que sous des formes diverses nous trouverions réalisée chez un Rudolf Otto, un Wilhelm Schmidt, un Romain Rolland, un Gerardus van der Leeuw, et surtout un Mircea Eliade, pour ne citer que quelques noms les plus connus.

Rien ne montre mieux cela que la comparaison entre les élaborations divergentes de Freud et de Rudolf Otto à partir du même point de départ documentaire, les *Elemente der Völkerpsychologie* de Wilhelm Wundt. Wundt posait que le tabou était à l'origine la crainte de la puissance démoniaque et que, se détachant du démonisme, il était devenu la morale et la loi[196] ; l'unité primitive du démoniaque se serait ensuite différenciée en sacré et impur et la peur objectivée aurait pris les formes de la véné-

---

[194] *Ibid.*, ms. p. 22.
[195] *Totem et Tabou*, p. 239 (t. IX, p. 394).
[196] *Ibid.*, p. 108-113 (t. IX, pp. 315-318).

ration et de l'abomination, lorsque les commandements du tabou se seraient transplantés « du domaine des démons dans celui des représentations divines »[197]. A cette thèse que je résume sommairement, Freud oppose la notion, dont le fond est déjà un lieu commun mais dont le point d'application est neuf, d' « Ambivalenz » : il reprend cette notion à Bleuler qui l'avait développée en 1910[198], mais il aurait pu la reprendre ailleurs. Il lui consacre toute la IIème partie de *Totem et Tabou*, et pose que c'est « depuis toujours »[199], que le tabou, qui « est plus ancien que les dieux et remonte aux temps antérieurs à toute religion »[200], a une double signification et que cette double signification sert à décrire une ambivalence déterminée et ce qui s'est développé sur le sol de cette ambivalence, l'ambivalence du mot étant parallèle à une ambivalence des sentiments[201] ; et Freud rapproche cette thèse, sans toutefois l'y assimiler, de celle qu'il venait de soutenir en 1910 après Karl Abel dans *Sur le sens opposé des mots primitifs* (*Über den Gegensinn der Urworte*) et dont Emile Benveniste a montré qu'elle n'avait pas de fondement scientifique[202]. C'est, comme le développera Freud en 1923 à propos du cas de Haitzmann, dans l'apparente unité de la représentation originaire que l'ambivalence est inévitablement présente comme un « contenu »[203].

Freud donc, devant la thèse de Wundt, insère l'ambiguïté dans l'originaire du tabou primitif, dépassant le schéma du pas-

---

[197] *Ibid.*, p. 112-113 (t. IX, p. 318).

[198] *Ibid.*, p. 119 (t. IX, p. 321).

[199] *Ibid.*, p. 173 (t. IX, p. 357).

[200] *Ibid.*, p. 102 (t. IX, p. 311).

[201] *Ibid.*, p. 172-173 (t. IX, pp. 356-357).

[202] E. Benveniste, *Problèmes de linguistique générale*, t. I, Paris, Gallimard, 1966, pp. 79-81.

[203] Ainsi dans *Une névrose diabolique au XVIIe siècle*, trad. franç., Paris, Gallimard, 1985, p. 288 (Studienausgabe, t. VII, p. 301), Freud posera que Dieu et le diable étaient « originairement identiques (*ursprünglich identisch*), une seule et même figure, qui fut ensuite décomposée en deux entités, dotées de qualités opposées ».

sage du démoniaque au divin. Au contraire Rudolf Otto, l'auteur d'un livre au succès surprenant, *Das Heilige* (Gotha, 1917), traduit en français sous le titre *Le sacré*[204], en affectant de ne jamais citer Freud, critique Wundt sur les mêmes points que lui, mais il pose qu'à l'origine de la religion il y a un « sentiment » (*Gefühl*), dégagé à partir de l'expérience individuelle et des textes des mystiques, sentiment qu'il appelle « le numineux » (*das Numinöse*). Il y voit « un donné originaire et fondamental »[205] par lequel s'exprime le « mystère »[206] qui n'existe que « dans le domaine religieux », et qui est « dans toutes les religions [...] le plus intime »[207]. Le livre d'Otto mériterait une analyse et une critique précises. Disons seulement que pour Otto c'est de ce sentiment originaire et non rationnel que procède la religion et que si dans le numineux, qui est « un *ineffabile* », « un *arrêton* »[208], l'antinomie semble résider, c'est sur le mode de la *dissimilitas* et de la *coincidentia oppositorum*, notions métaphysiques, et même théologiques, bien connues[209], qui se trouvent aux antipodes de l'ambivalence freudienne[210] et que l'on retrouvera chez Jung. Nous avons avec le « sacré » selon Rudolf Otto une catégorie a priori, un caractère originaire qui a avec l'esprit humain un véritable rapport de connaturalité, une origine accessible « dans le sentiment de soi-même » (*im Selbstgefühl*)[211]. L'expérience du sacré, selon Otto, nous fait quitter

---

[204] Rudolf Otto, *Das Heilige. Über das Irrationale in der Idee des Göttlichen und sein Verhältnis zum Rationalen*, rééd. Munich, Beck'sche Reihe, 1991. La traduction française, rééditée Paris, Payot, 1968, est ancienne et très médiocre. Sur R. Otto, voir l'article cité de Ph. Borgeaud, « Le couple sacré/profane », pp. 397-398. Le livre aura aussi un grand écho en Italie grâce à la traduction de E. Buonaiuti en 1926, sous le titre *Il Sacro*.

[205] R. Otto, *Das Heilige, op. cit.*, p. 7, 9 (trad. franç. p. 24).

[206] *Ibid.*, p. 101 (p. 121).

[207] *Ibid.*, p. 5-6 (pp. 19-20).

[208] *Ibid.*, p. 5 (p. 19).

[209] Le *dissimilis* de saint Augustin est cité p. 33 (p. 48).

[210] *Ibid.*, pp. 36-37 (pp. 50-51).

[211] *Ibid.*, p. 8.

subrepticement le champ de l'histoire de la religion pour celui de la théologie, voire de l'apologétique[212].

L'œuvre de Mircea Eliade serait un bon exemple du point d'aboutissement de ces tendances : Eliade, à la fois dans ses déclarations théoriques qui reprennent tous les poncifs de l'anti-freudisme[213], dans ses travaux sur les religions, et dans sa correspondance avec l'historien italien Raffaele Pettazzoni[214], pose que le sacré est une « réalité absolue », que l'être et le sens sont hors du temps, non historiques, que l'histoire doit être « dépassée », que le savant doit « renoncer au vieux rêve de saisir l'origine de la religion par des moyens historiques »[215]. Selon Eliade, l'origine pourrait être retrouvée et saisie par une « herméneutique créatrice »[216] et l'histoire des religions n'aurait pour fonction que de dévoiler « l'unité spirituelle sous-jacente à l'histoire de l'humanité »[217], de retrouver le temps primordial originel vers lequel l'humanité tenterait toujours de revenir[218]. Que ces archétypes se soient, comme le soutenait Jung, formés à travers un procès historique et soient chargés d'histoire, ou qu'il soient, selon Eliade, transcendantaux, a peu d'importance, ni pour l'un ni pour l'autre ils ne sont « historiques ». L'histoire

---

[212] Significatif est le jugement porté par Mircea Eliade sur Otto : Eliade estime que la confrontation avec le sacré a été provoquée par la « psychologie des profondeurs » et est une « expérience parareligieuse », M. Eliade, *Nostalgie des origines*, rééd. Paris, Gallimard, 1994, p. 21, cf. aussi p. 50.

[213] « Réductionnisme », *ibid.*, pp. 44, 47, distinction « théorie de l'inconscient / idéologie freudienne positiviste », *ibid.*, pp. 46, 89-90, et à l'inverse son éloge de Jung, *ibid.*, pp. 48-49 ; en 1934, Eliade faisait de Freud un exemple de « mentalité maçonnique » (voir A. Laignel-Lavastine, *Cioran, Eliade, Ionesco. L'oubli du fascisme*, Paris, P.U.F., 2002, p. 80).

[214] Voir entre autres M. Eliade, *La nostalgie des origines*, Paris, Gallimard 1971, rééd. 1994 ; M. Eliade, R. Pettazzoni, *L'histoire des religions a-t-elle un sens ? Correspondance 1926-1959*, Paris, Cerf, 1994.

[215] *La Nostalgie des origines*, éd. cit., p. 94.

[216] *Ibid.*, p. 108.

[217] *Ibid.*, p. 119.

[218] Voir M. Eliade, *Le Mythe de l'éternel retour*.

cependant devait faire retour, comme nous le découvrons à travers la biographie d'Eliade, enfin connue au delà de ses dissimulations, biographie d'un acteur non insignifiant d'une des pires histoires[219].

Cette récurrente tentation de faire de l'origine un « essentiel », un « élément fondamental », qui serait un « élément psychique originaire »[220], soustrait à l'histoire, donc de passer de l'histoire des religions à une nouvelle forme de religion, même sous la forme de l' « Heilige », du « Sacro », du « Sacré », ne semble jamais avoir fait impression sur Freud[221], et cela, paradoxalement, à cause de ce qu'il y a de plus scientifiquement contestable dans son œuvre : des documents douteux tirés des récits des ethnologues ou des discours des patients il fait un « choix », et il accorde toute l'importance à l' « impression » faite par ces documents, deux gestes qui sont de bien plus grande signification que l'ensemble documentaire inévitablement daté auquel ils s'appliquent. Grâce à ce qu'on peut appeler sa méthode, ou la structure de sa démarche, le rêve du dévoilement de l'origine cède chez Freud la place à la « construction » de l'originaire. Il n'est pas certain que les historiens des religions aient tous mesuré, pour leur discipline même, la portée de l'entreprise freudienne et aient su reconnaître que son livre le plus contestable d'un certain point de vue, *Totem et Tabou*, est bien, comme Freud l'écrivait en 1911 à Ferenczi, son « plus grand », son « meilleur [...] bon travail ».

---

[219] Voir le compte rendu de la correspondance Eliade-Pettazzoni par M. Olender, « Histoire des religions et nostalgie des origines », dans *Le Monde*, 23 décembre 1994, p. VI, où on trouvera plusieurs références essentielles concernant les activités politiques de M. Eliade. Voir aussi A. Laignel-Lavastine, *op. cit.*, pp. 212-216, sur la conception idéologique de l'origine chez Eliade.

[220] R. Otto, *Das Heilige, op. cit.*, pp. 150-151 (trad. franç. p. 174).

[221] De la même façon Freud se montrera toujours réservé devant la conception de la mystique et du « sentiment océanique » de Romain Rolland ; voir H. et M. Vermorel, *Sigmund Freud et Romain Rolland. Correspondance (1923-1936)*, Paris, P. U. F., 1993.

Il est possible pour l'historien des religions de mesurer l'importance des élaborations freudiennes, et cela en se déprenant de toutes les déformations qu'elles ont pu subir de la part de ceux qui n'ont eu de cesse d'en réduire la radicalité. Nombre de courants historiques en effet, en notre siècle, ont tenté de retrouver, dans la nostalgie des origines perdues, un terrain solide pour rebâtir une métaphysique, voire une théologie. Or l'œuvre de Freud rend d'avance vain ce récurrent et dérisoire espoir de restauration.

Un des points d'aboutissement au XXe siècle de cette longue histoire de la mutation de l'origine pourrait être désigné par l'œuvre de Michel Foucault : ce dernier a, sans se référer à Freud mais en analysant les textes de Nietzsche et la notion de « généalogie », marqué ce que le renouvellement de l'histoire dont il a été l'artisan devait à Nietzsche. Or les éléments que Foucault dégage chez Nietzsche sont, dans une large mesure, et quoi qu'il en soit des différences entre « généalogie » et « archéologie »[222], ceux que nous avons trouvés chez Freud, en particulier dans *Totem et Tabou*. Foucault s'en est expliqué dans un texte publié en 1971 comme « Hommage à Jean Hyppolite » et intitulé « Nietzsche, la généalogie, l'histoire »[223]. A la suite de Nietzsche, Foucault récuse « la recherche de l'origine (*Ursprung*) », il veut « conjurer la chimère de l'origine » toujours marquée par la métaphysique, par le « déploiement métahistorique des significations idéales et des indéfinies téléologies », par ce qu'il appelle une « finalité monotone ». Au contraire, pour le « généalogiste », il n'y a pas de « secret essentiel et sans date », mais la « construction » d'une essence[224]. Ainsi « au commen-

---

[222] Voir P.-L. Assoun, *Freud et Nietzsche*, Paris, P. U. F., 2ème éd. 1998 [1ère éd. 1980], pp. 317-323.
[223] Repris dans *Dits et écrits*, Paris, Gallimard, t. II, pp. 136-156.
[224] Toutes les citations précédentes, *ibid.*, pp. 136-140. P. 138 : « essence [...] construite ».

cement historique des choses » il y a « la discorde », « le dispa-rate », le hasard, une « dérisoire méchanceté », l'émergence d'un « événement » qui reflète un « état des forces », des « discontinuités », un « événement dans ce qu'il peut avoir d'unique et d'aigu », « des myriades d'événements perdus »[225] ; et Foucault rapproche le sens historique plutôt de la médecine que de la philosophie, faisant des deux catégories nietzschéen-nes de l'« historisch » et du « physiologisch » les deux catégo-ries de l'histoire nouvelle[226]. Cette histoire, qui tire sa fécondité du refus du platonisme implicite contenu dans toute recherche de l'origine, est, bien que le nom de Freud ne soit pas cité, en consonance avec la démarche freudienne à la fois « historisch » et « psychologisch ». Elle se centre toute autour de l' « événement », à la fois « bas » et « méchant », pour repren-dre les mots de Foucault, qui est un meurtre insensé, singulier et sans cesse répété. En cet événement se manifeste le hasard, cette τυχη qui sera évoquée par Freud en 1937 dans *Analyse avec fin et analyse sans fin*[227], et peut s'enraciner la vieille cos-mologie qu'élaborait Empédocle en faisant de φιλια et de νεικος, *Liebe* et *Streit*, ces « forces de la nature agissant comme des pulsions », les ressorts de l'histoire. Ainsi peuvent, à partir de la centralité non téléologique et non essentielle de l'événe-ment (et quels que soient les traits que la science sans cesse balbutiante à pu et pourra lui donner), autour du « fait » et de l' « acte », se construire les figures d'un originaire à la fois « présent » dans le présent et séparé de lui par toute l'épaisseur du temps et de la mort.

---

[225] Toutes les citations précédentes, *ibid.*, pp. 138-149.

[226] *Ibid.*, pp. 149.

[227] Texte allemand, *Die endliche und unendliche Analyse*, Studienausgabe, Ergänzungsband, p. 385.

ORIGINE DES CHAPITRES DE CE LIVRE

Les chapitres de ce livre reprennent, revus, corrigés et parfois considérablement remaniés, un certain nombre d'articles ou de communications dont nous donnons ici les références bibliographiques. Je remercie vivement Guilhem Bleirad qui, avec compétence et disponibilité, a réalisé le difficile travail de saisie et de mise au point de ce livre.

Chapitre 1. Une confession religieuse de l'âge classique : le « catholicisme ». Voir : « "Catholicisme" et histoire du catholicisme moderne », dans *Annuaire*, Ecole pratique des Hautes Etudes, Section des sciences religieuses, tome 108, 1999-2000, Article liminaire, pp. 35-54.

Chapitre 2. Expérience religieuse et expérience littéraire. Voir : *La pensée religieuse dans la littérature et la civilisation du XVII* siècle en France*, Actes du colloque de Bamberg 1983, Biblio 17, Papers on French Seventeenth Century Literature, Paris - Seattle - Tübingen, 1984, pp. 123-144.

Chapitre 3. Un genre littéraire, le cas ? Du *casus conscientiæ* à la *Krankengeschichte* freudienne. Voir : Cornelia Bohn, Herbert Willems (Hg.), *Sinngeneratoren. Fremd- und Selbstthema-*

tisierung in soziologisch-historischer Perspektive, « Aloïs Hahn zum 60. Geburtstag », Konstanz, UVK Verlagsgesellschaft, 2001, pp. 139-157.

Chapitre 4. Dévotion et dévotions à l'époque moderne. Voir : *Siècles*, Cahiers du Centre d'histoire « Espaces et cultures », n° 12, « La circulation des dévotions », Clermont-Ferrand, Université Blaise Pascal, 2000, pp. 139-150.

Chapitre 5. Jérôme Cardan et l'interprétation des songes. Voir : Eckhard Keßler (Hg.), *Girolamo Cardano. Philosoph. Naturforscher. Arzt*, Wolfenbütteler Abhandlungen zur Renaissanceforschung Band 15, Wiesbaden, Harrassowitz Verlag, 1994, pp. 185-205.

Chapitre 6. La notion d'hérésie à la fin du XVIIᵉ siècle. La controverse Leibniz-Bossuet. Voir : *Akten des II. internationalen Leibniz-Kongresses Hannover, 17.-22. Juli 1972*, Band III, Wiesbaden, Franz Steiner Verlag, 1975, pp. 91-109.

Chapitre 7. L'institution dans la théologie de Henry Holden (1596-1662). Voir : *Recherches de science religieuse*, t. 71, n° 2, avril-juin 1983, pp. 191-202.

Chapitre 8. Exégèse, herméneutique et logique au XVIIᵉ siècle. Voir : *XVIIᵉᵐᵉ siècle*, n° 194, janvier-mars 1997, pp. 19-30.

Chapitre 9. Sens et portée du retour aux origines dans l'œuvre de Richard Simon. Voir : *XVIIème siècle*, n° 131, avril-juin 1981, pp. 185-198.

Chapitre 10. La réception de la théologie de Grotius chez les catholiques de la seconde moitié du XVIIᵉ siècle. Voir : *The World of Hugo Grotius (1583-1645)*, Proceedings of the international colloquium organized by the Grotius committee of the Royal Netherlands Academy of Arts and Sciences Rotterdam 6-9 april 1983, Amsterdam & Maarssen, APA-Holland University Press, 1984, pp. 195-214.

Chapitre 11. Madame Guyon et la Bible. Voir : *Madame Guyon, Rencontres autour de la vie et de l'œuvre*, Thonon, septembre 1996, Grenoble, Jérôme Millon, 1997, pp. 63-82.

Chapitre 12. Pouvoir et savoir de la femme d'après l'œuvre de Jeanne Guyon. Inédit en français. Voir communication en allemand : « Macht und Wissen der Frau nach dem Werk von Jeanne Guyon », dans Heide Wunder, Gisela Engel (Hg.), *Geschlechterperspektiven. Forschungen zur Frühen Neuzeit*, Königstein/Taunus, Ulrike Helmer Verlag, 1998, pp. 156-176.

Chapitre 13. Censure préventive et littérature religieuse en France au début du XVIIIe siècle. Voir : *Revue d'histoire de l'Eglise de France*, n° 167, 1975, pp. 201-225.

Chapitre 14. Les œuvres spirituelles de Pierre Jurieu. Voir : *Mélanges de littérature française offerts à Monsieur René Pintard*, « Travaux de linguistique et de littérature, XIII, 2 », Strasbourg, Centre de Philologie et de Littératures romanes, Paris, Klincksieck, 1975, pp. 425-441.

Chapitre 15. La spiritualité de Jean Claude (1619-1687). Voir : *La Révocation de l'Edit de Nantes et les Provinces Unies, 1685, The Revocation of the Edict of Nantes and the Dutch* Republic, International Congress of the tricentennial, Leyde, 1-3 april 1985, Amsterdam & Maarssen, APA-Holland University Press, 1986, pp. 119-139.

Chapitre 16. Les conditions de la croyance d'après les œuvres de controverse de Bossuet avant l'épiscopat à Meaux. Voir : *Revue d'histoire et de philosophie religieuses*, 65ème année, n° 2, avril-juin 1985, pp. 169-188.

Chapitre 17. Sur la spiritualité de Leibniz. Version remaniée de l'article « Leibniz » du *Dictionnaire de spiritualité*, t.9, fasc. LXI, Paris, Beauchesne, 1976, col. 548-557.

Chapitre 18. Le Père Paul-Gabriel Antoine (1678-1743), théologien et auteur spirituel. Voir : *L'Université de Pont-à-Mousson et les problèmes de son temps*, colloque de Nancy, 16-

19 octobre 1972, *Annales de l'Est*, Mémoire n° 47, Nancy, 1974, pp. 365-375.

Chapitre 19. Le quiétisme entre la modernité et l'archaïsme. Voir : Myriam Yardeni, éd., *Modernité et non-conformisme à travers les âges*, Actes du colloque organisé par l'Institut d'Histoire et de Civilisation Françaises de l'Université de Haïfa [mai 1978], « Studies in the History of Christian Thought. vol. XXVIII », Leyde, E. J. Brill, 1983, pp. 86-99.

Chapitre 20. Fénelon : L'involontaire défaut du texte. Voir : *Cahiers de lectures freudiennes*, n° 15/16, 1989, pp. 59-68.

Chapitre 21. Fénelon. Un fils est tué. Voir : *Le Père. Métaphore paternelle et fonctions du père : l'Interdit, la Filiation, la Transmission*, Préface de Marc Augé, « L'Espace analytique », Paris, Denoël, 1989, pp. 465-480.

Chapitre 22. Le *Télémaque* de Fénelon : fable et spiritualité. Voir : *Literaturwissenschaftliches Jahrbuch*, Neue Folge, Band 37, Berlin, Duncker & Humblot, 1996, pp. 137-155.

Chapitre 23. De l'*Histoire critique du Vieux Testament* à *Totem et Tabou*. L'invention de l'origine (XVIIe-XXe siècles). Reprise et remaniement de deux articles : « Fable et mythe au XVIIe siècle : les débuts de l'histoire des religions », dans Gilles Declercq et Michèle Rosellini, éd., *Jean Racine 1699-1999*, Actes du colloque du tricentenaire (25-30 mai 1999), Paris, P.U.F., 2003, pp. 473-492, et « Origine, originaire et histoire des religions », dans *L'originaire*, Recueil des textes du colloque des 3 et 4 février 1996, Paris, Ecole de psychanalyse Sigmund Freud, 1996, pp. 89-97 (version allemande revue et augmentée, « Das Problem des Ursprungs in der Geschichte der Religionen und im Werk Freuds », dans *Berliner Brief*, n. 3/4, Juni 2000, pp. 27-50).

INDEX DES NOMS

Blémur, Jacqueline Bouette de : 333.

Bochart, Samuel : 225, 572, 582, 583, 586.

Boehme, Jakob : 438-440, 449, 454, 455.

Boileau, Nicolas, dit Despréaux : 480.

Boineburg, Johann Chr. : 432.

Bona, Giovanni : 106, 437, 438.

Bonaventure, saint : 368, 484.

Booz : 273, 276, 289.

Bossuet, Jacques-Bénigne : 14, 35, 36, 51-56, 62, 104, 137-162, 174, 181, 238-246, 248, 254, 255, 266, 279, 291, 296, 301, 307, 311, 313, 314, 316, 341, 347, 351-355, 360, 363, 365, 366, 369, 373, 381, 384, 387, 395, 397-429, 433, 436, 440, 441, 445, 446, 451, 456, 468, 469, 471-473, 477-480, 482-485, 487, 488, 491, 504, 529, 536-539, 541, 546, 587.

Boudon, Henri-Marie : 329.

Bouhours, Dominique : 308, 355.

Bourdaloue, Louis : 74, 469.

Bourdoise, Adrien : 105, 106, 323.

Bourignon, Antoinette : 156, 351, 434, 435, 438, 441.

Bourret, Guillaume : 310, 311.

Boutauld, Michel : 325, 435.

Bouvier de la Motte, Grégoire : 248.

Bragelonne, François de : 434, 435.

Brerewood, Edward : 197, 205, 210.

Breuer, Josef : 85.

Brigitte, sainte : 438.

Brillon, Martin : 315.

Brinon, Marie de : 151-153, 156, 157, 159, 440.

Brunetière, Ferdinand : 27.

Bruno, Giordano : 368.

Brunswick, Georg-Ludwig, duc de : 433.

Brunswick-Lunebourg, Johann Friedrich, duc de : 433.

Buonaiuti, Ernesto : 35, 607.

Burman, Franciscus : 183.

Burnet, Thomas : 442.

Burton, Robert : 94.

Büxtorf, Johannes : 182.

Cabet, Etienne : 548.

Calixt, Friedrich Ulrich : 154, 155.

Calixt, Georg : 154, 159, 412

Calmet, Augustin : 181, 457, 458.

Calov, Abraham : 219, 227, 229, 237, 244.

Calvin, Jean : 14, 24, 213, 350, 378, 379, 389, 412.

Calypso : 513, 544, 545, 556, 558.

Camus, Jean-pierre : 146, 170, 174, 190, 402, 404, 405, 407, 409, 410, 412, 413, 415.

Cano, Melchior : 13, 138, 139, 141, 153, 156.

Cappel, Louis : 182, 198, 226, 238.

Caraccioli : 477.

TABLE DES MATIÈRES

TITRE COURANT

1. Marc FUMAROLI (de l'Académie française), *Héros et orateurs. Rhétorique et dramaturgie cornéliennes*
    1996, 536 p., ISBN: 2-600-00501-3

2. Jean CÉARD, *La Nature et les prodiges. L'insolite au XVIe siècle*
    1996, 560 p., ISBN: 2-600-00502-1

3. Georges FORESTIER, *Le Théâtre dans le théâtre sur la scène française du XVIIe siècle.* 1996, 392 p., ISBN: 2-600-00503-X

4. Matei CAZACU, *L'Histoire du prince Dracula en Europe centrale et orientale (XVe siècle).* Présentation, édition critique, traduction et commentaire. 1996, 240 p., ISBN: 2-600-00504-8

5. André CHASTEL, *Marsile Ficin et l'art.* Deuxième édition revue et augmentée d'un appendice bibliographique. Préface de Jean Wirth. 1996, 232 p., ISBN: 2-600-00505-6

6. François RIGOLOT, *Les Langages de Rabelais* (Etudes rabelaisiennes X). 1996, 208 p., ISBN: 2-600-00506-4

7. Guy de TERVARENT, *Attributs et symboles dans l'art profane. Dictionnaire d'un langage perdu (1450-1600)*
    1998, 534 p., 92 ill., ISBN: 2-600-00507-2

8. Gilbert GADOFFRE, *La Révolution culturelle dans la France des Humanistes. Guillaume Budé et François Ier.* Préface de Jean Céard. 1998, 352 p., ISBN: 2-600-00508-0

9. Augustin RENAUDET, *Erasme et l'Italie.* Nouvelle édition corrigée avec une préface de Silvana Seidel Menchi
    1998, XVIII-454 p., ISBN: 2-600-00509-9

10. Marcel BATAILLON, *Erasme et l'Espagne. Recherches sur l'histoire spirituelle du XVIe siècle.* Préface de Jean-Claude Margolin Nouvelle édition. 1998, XXII-viii-904 p., 18 ill.
    ISBN: 2-600-00510-2

11. Jean EHRARD, *L'Esprit des mots. Montesquieu en lui-même et parmi les siens.* 1998, 336 p., ISBN: 2-600-00511-0

12. Philippe HAMON, *Le Personnel du roman Le système des personnages dans les* Rougon-Macquart *d'Emile Zola.*
    1998, 336 p., ISBN: 2-600-00512-9

13. Philippe CHARDIN, *Le Roman de la conscience malheureuse. Svevo, Gorki, Proust, Mann, Musil, Martin du Gard, Broch, Roth, Aragon.* 1998, 344 p., ISBN: 2-600-00513-7

14. Henri-Jean MARTIN, *Livre, pouvoirs et société à Paris au XVIIe siècle (1598-1701).* Tome I. Préface de Roger Chartier 1999, 554 p., ISBN: 2-600-00514-5

15. Henri-Jean MARTIN, *Livre, pouvoirs et société à Paris au XVIIe siècle (1598-1701).* Tome II. Préface de Roger Chartier. 1999, XXII-554 à 1092 p., ISBN: 2-600-00515-3

16. Victor I. STOICHITA, *L'Instauration du tableau. Métapeinture à l'aube des temps modernes.* 1999, 472 p., ISBN: 2-600-00516-1

17. *Une Education pour la démocratie.* Textes et projets de l'époque révolutionnaire édités par Bronislaw Baczko 2000, 530 p., ISBN: 2-600-00517-X

18. Victor I. STOICHITA, *Brève histoire de l'ombre* 2000, 304 p., ISBN: 2-600-00518-8

19. Raymond TROUSSON, *Le Thème de Prométhée dans la littérature européenne.* Troisième édition. 2001, 688 p., ISBN: 2-600-00519-6

20. Jean-François JEANDILLOU, *Supercheries littéraires. La vie et l'œuvre des auteurs supposés.* Nouvelle édition revue et augmentée. Préface de Michel Arrivé 2001, 542 p., ISBN: 2-600-00520-X

21. Daniel DROIXHE, *L'Etymon des dieux. Mythologie gauloise, archéologie et linguistique à l'âge classique* 2002, 320 p., ISBN: 2-600-00521-8

22. Chakè MATOSSIAN, *Saturne et le Sphinx. Proudhon, Courbet et l'art justicier.* 2002, 232 p., ISBN: 2-600-00522-6

23. Ann MOSS, *Les Recueils de lieux communs. Méthode pour apprendre à penser à la Renaissance.* Traduit de l'anglais par Patricia Eichel-Lojkine, Monique Lojkine-Morelec, Marie Christine Munoz-Teulié et Georges-Louis Tin. Sous la direction de Patricia Eichel-Lojkine. 2002, 552 p., ISBN: 2-600-00523-4

24. Marc FUMAROLI (de l'Académie française), *L'Age de l'éloquence. Rhétorique et «res literaria» de la Renaissance au seuil de l'époque classique.* 2002, XXVI-890 p., ISBN: 2-600-00524-2

25. René DÉMORIS, *Le Roman à la première personne. Du Classicisme aux Lumières*. Seconde édition revue 2002, 512 p., ISBN: 2-600-00525-0

26. Jean WIRTH, *Sainte Anne est une sorcière et autres essais* 2003, 304 p., ISBN: 2-600-00526-9

27. Frank LESTRINGANT, *Le Huguenot et le sauvage. L'Amérique et la controverse coloniale, en France, au temps des guerres de Religion (1555-1589)*. 2004, 632 p., ISBN: 2-600-00527-7

28. Lina BOLZONI, *La Chambre de la mémoire. Modèles littéraires et iconographiques à l'âge de l'imprimerie*. Traduit de l'Italien par Marie-France Merger. 2004, 416 p., ISBN: 2-600-00528-5

29. Georges FORESTIER, *Essai de génétique théâtrale. Corneille à l'œuvre*. 2004, 392 p., ISBN: 2-600-00529-3

30. Jean WIRTH, *La Datation de la sculpture médiévale* 2004 , 336 p., ISBN: 2-600-00530-7

31. Philippe KAENEL, *Le Métier d'illustrateur (1830-1880). Rodolphe Töpffer, J. J. Grandville, Gustave Doré* 2004, 624 p., ISBN: 2-600-00531-5

Achevé d'imprimer en 2004
sur les presses de l'imprimerie Slatkine
à Genève (Suisse).